2013

中国渔业年鉴

China Fisheries Yearbook

农业部渔业局 主编

中国农业出版社

中国渔业年鉴理事单位

农业部渔业船舶检验局	（2012–2014）	上海海洋大学	（2013–2015）
农业部黄渤海区渔政局	（2012–2014）	大连海洋大学	（2013–2015）
农业部东海区渔政局	（2012–2014）	獐子岛集团股份有限公司	（2011–2013）
农业部南海区渔政局	（2012–2014）	中国农业发展集团有限公司	（2012–2014）
上海市农业委员会	（2013–2015）	山东东方海洋科技股份有限公司	（2011–2013）
山东省海洋与渔业厅	（2012–2014）	通威集团有限公司	（2012–2014）
广东省海洋与渔业局	（2011–2013）	上海水产（集团）总公司	（2011–2013）
广西水产畜牧兽医局	（2011–2013）	烟台海洋渔业有限公司	（2012–2014）
青岛市海洋与渔业局	（2011–2013）	蓬莱中柏京鲁渔业有限公司	（2013–2015）
威海市海洋与渔业局	（2013–2015）	山东宝莱利莱生物工程股份有限公司	（2013–2015）
上海市长江口中华鲟自然保护区管理处	（2013–2015）	舟山市普陀远洋渔业总公司	（2011–2013）
中国水产科学研究院	（2011–2013）	大连壹桥海洋苗业股份有限公司	（2013–2015）
中国水产学会	（2012–2014）	东山县远德胜渔业有限公司	（2012–2014）
中国渔业互保协会	（2012–2014）	广州远洋渔业公司	（2013–2015）

中国渔业年鉴编辑部

通讯地址　北京市朝阳区农展馆北路2号18号楼

邮政编码　100125

电　　话　(010) 59194981　65074693

传　　真　(010) 65005665

电子信箱　yynjcn@ccap.com.cn

中国渔业年鉴编辑委员会

中国渔业年鉴编辑部

2012年5月29日，中国远洋渔业协会成立大会在北京举行，农业部部长韩长斌、副部长牛盾共同揭牌。农业部副部长、中国远洋渔业协会会长牛盾在成立仪式上表示，中国远洋渔业协会将致力规范行业行为，加强行业自律，为我国远洋渔业持续健康发展做出新贡献。

农业部部长韩长斌、副部长牛盾共同为中国远洋渔业协会揭牌。

2012年12月23日，2012全国渔业工作会议在北京召开。会议系统总结了2012年全国渔业工作，部署了2013年渔业重点工作。农业部副部长牛盾出席会议并讲话。

2012年11月27日，全国渔政执法技能比武总决赛暨渔政队伍建设年活动总结大会在山东省烟台市举行。农业部副部长牛盾，山东省副省长贾万志，农业部渔业局局长赵兴武，渔业局副局长、渔政指挥中心主任陈毅德等领导出席活动。

2012年6月4日，农业部和环渤海地区的河北、辽宁、天津、山东省（市）人民政府分别在秦皇岛市、绥中县、滨海新区、蓬莱四地同步举行2012渤海生物资源修复放流活动。农业部牛盾副部长、张玉香党组成员等出席了放流活动。

2012年6月，由农业部与黑龙江省人民政府共同主办，农业部渔业局、黑龙江省农业委员会、大庆市政府承办的放流仪式在杜尔伯特县江湾乡浮桥举行。农业部副部长牛盾、渔业局副局长李彦亮、黑龙江省委农村领导小组办公室主任、省农业委员会主任王忠林等领导参加了仪式。

2012年4月16日，农业部副部长牛盾会见了来访的俄罗斯联邦渔业署署长卡利亚尼一行，渔业局副局长崔利锋参加会议。

双方简要回顾了中俄近年来的渔业合作情况，对中俄两国通过密切双边合作推动两国渔业发展取得的成绩给予一致肯定，并就联合打击非法水产品贸易、边境水域渔业资源保护、恢复远洋捕捞及开展水产养殖等领域的合作深入交换了意见。双方重申了在未来继续加强合作的重要性，并表达了共同加强信息交换、人员交流和科研成果共享等合作的意向。

双方会后签署了会议纪要。

编辑说明

一、《中国渔业年鉴》由农业部主管，农业部渔业局主持编撰，中国农业出版社渔业年鉴编辑部负责编辑、出版。

二、本年鉴是一部反映中国渔业年度基本情况的权威性资料工具书，每年出版一卷，以出版年份标序。

三、本年鉴所载资料全部截止到2012年底。

四、年鉴文稿主要由全国渔业行政机构、企事业和科研单位、水产院校等部门的管理人员和专业技术人员撰写。全部文稿由中国渔业年鉴编辑部负责编辑修改或删节，由农业部渔业局审定后发表。

五、各省、自治区、直辖市及计划单列市，按全国行政区划顺序排列。

六、各类资料数据均未包括台湾省和港澳地区。

七、本年鉴在编撰过程中，得到全国各级渔业行政主管部门和有关单位的大力支持，在此表示衷心感谢。

目　录

发 展 综 述

渔 业 管 理

渔业科技与推广

各 地 渔 业

全国渔业重点事业单位

渔业社会团体

法律法规文献

渔业经济统计

领 导 讲 话

专 题 论 坛

2012 年渔业大事记

索 引

发 展 综 述

全国渔业发展概况

2012 年渔业大事多、好事多、重要活动多、各方支持多、社会关注度高，渔业发展实现了稳中有进、进中有好。全国水产品总产量 5 907.68 万吨，同比增长 5.4%；渔民人均纯收入 11 256 元，同比增加 1 244 元、增长 12.4%。按当年价格计算，全社会渔业经济总产值17 322亿元，实现增加值 7 915 亿元，其中渔业产值 9 049亿元，实现增加值 5 078 亿元。

1. 渔业生产稳定增长 受价格、政策等因素影响，渔民生产积极性比较高，水产养殖业保持了较快增长，国内捕捞生产保持稳定，远洋渔业产量小幅增长。2012 年全国水产品总产量同比增加 304.5 万吨。海洋捕捞产量 1 267.2 万吨，同比增长 2%；远洋渔业产量 122.3 万吨，同比增长 6.6%；海水养殖产量 1 643.8 万吨，同比增加 92.5 万吨，增长 5.96%；淡水捕捞产量 229.8 万吨，同比增长 2.9%；淡水养殖产量 2 644.5 万吨，同比增加 172.6 万吨，增长 6.98%。在总产量中，捕捞产量 1 619.3 万吨，占总产量的 27.4%，养殖产量 4 288.4 万吨，占总产量的 72.6%；海水产品产量 3 033.3 万吨，占总产量的 51.3%，淡水产品产量 2 874.3万吨，占总产量的 48.7%。全国水产品人均占有量 42.5 千克。

2. 水产品市场健康运行 2012 年国内水产品供应充足，市场运行平稳。水产品批发市场月度成交价格先扬后抑，年底翘尾，总体上涨。上半年水产品批发市场月度成交价格逐月上涨，在 6 月份达到最高点后开始回落，但整体高于上年同期。据对全国 80 家水产品批发市场成交价格统计，2012 年水产品批发市场综合平均价格 19.29 元/千克，同比上涨 5.76%。其中海水产品综合平均价格 34.81 元/千克，同比上涨 5.26%；淡水产品综合平均价格 13.52 元/千克，同比上涨 10.28%。另据对可比的 43 家水产品批发市场成交情况统计，成交量 774.48 万吨，同比增长 12.96%；成交额 1 507.02 亿元，同比增长 17.43%。水产品国际贸易平稳发展，贸易顺差实现历史性突破。据海关数据统计，2012 年我国水产品进出口总量 792.50万吨，进出口总额 269.81 亿美元，同比分别下降 2.9% 和增长 4.54%。其中，进口量 412.38 万吨，进口额79.98亿美元，同比分别下降 2.94% 和 0.27%；出口量 380.12 万吨，出口额 189.83 亿美元，同比分别下降2.83% 和增长 6.7 %。贸易顺差 109.85 亿美元，同比增长 12.44%，首度突破百亿美元。水产品继续位居大宗农产品出口首位，出口额占农产品出口总额的比重达到 30%，较上年提高 0.7 个百分点。

3. 渔业投入实现重大突破 2012 年中央强渔惠渔政策力度加大，渔业投入大幅增加。“菜篮子”项目渔业扶持资金达到 2 亿元，范围扩大到 26 个省（自治区、直辖市），增殖放流资金达到 4 亿元，分别比上年增加 1 亿元。国内海洋渔船更新改造投入实现零的突破。自 8 月 23 日开始，国家发展和改革委员会先后三次安排海洋渔船更新改造及渔政装备建设资金 80.1 亿元，成为渔业历史上最大的投入，扶持海洋渔船更新改造 500 艘，渔政执法装备设施建设投资提前完成“十二五”规划任务。柴油补贴创历史新高，达到 351.13 亿元。其中 2011 年 239.97 亿元，比上年增长 39.8%；预安排 2012 年 111.16 亿元。远洋渔业探捕资金增加 400 万元，远洋渔业捕捞与加工关键技术国家“863”专项正式立项，已下达项目资金 2 062 万元。渔政巡航执法经费和海难救助补助经费分别比上年增加 4 160 万元和 2 000 万元，增长 106% 和 242.4 %。用于渔业的农业基层技术推广体系改革与建设的补助资金达到 2 亿元以上，占补助总额的 10% 左右。新增水产育种、资源、饲料和装备类科研项目资金近亿元。

4. 渔业综合生产能力不断提升 渔业科技促进年活动深入推进。以“科技进塘入场到户，助推健康安全增收”为主题，组织实施了水生生物疾病远程辅助诊断服务网、稻田综合种养技术示范、百人专家团科技下乡、渔业科技周、渔业专家西部行、百万渔民大培训、现代水产种业建设促进等10项活动,收到了显著效果,受到了渔民的欢迎。稻田综合种养技术示范扩大到10个省、自治区。渔业标准化工作稳步推进,25项国家和行业标准经批准发布实施。渔业节能减排试点示范工作取得新成效。水产健康养殖示范场创建活动继续扩大,新建健康养殖示范场979家,超过年初设定目标96%以上。养殖水域滩涂规划编制和养殖证发放工作加快,全年新发养殖证5.6万本,新增确权面积107万公顷。新建渔港11个。创建首批全国休闲渔业示范基地111个。远洋渔业综合实力增强,作业远洋渔船总数达1 822艘,同比增长11.9%,"十二五"以来,新增远洋企业22家。

5. 水生生物资源与水域生态保护成效显著 水生生物增殖放流活动深入开展,2012年落实中央财政增殖放流项目补助资金3.06亿元,带动全国共投入增殖放流资金超过9.7亿元,同比增长15.6%;农业部与9个省(自治区、直辖市)联合开展了10次重大放流活动,组织各级放流活动1 579次,放流重要水生生物苗种达307.5亿尾(只),放流濒危水生野生动物1 787万尾。组织科研单位在渤海湾、辽东湾、舟山渔场、太湖、密云水库等重点水域,对四大家鱼、中国对虾、牙鲆、梭子蟹、海蜇等主要放流物种开展效果评估。渔具渔法管理继续加强,海洋伏季休渔、长江禁渔期、珠江禁渔期等休禁渔制度顺利实施,据监测局部水域渔业资源有一定恢复。加强水生生物自然保护区和水产种质资源保护区的建设和管理,审查和公布第六批国家级水产种质资源保护区86个,国家级水产种质资源保护区总数达到368个,形成覆盖范围更加广泛、保护效果更加明显的保护体系。开展濒危物种保护,组织制订中华鲟、中华白海豚、斑海豹保护行动计划及长江江豚拯救行动计划并组织实施。加强渔业生态环境监测和渔业污染事故调查处理与指导,妥善应对广西镉污染、福建赤潮等事件,组织指导各地开展调查处理,减轻渔业和渔民损失,保障水产品质量安全。落实蓬莱19-3溢油事故养殖渔民和渔业资源赔偿补偿资金13.5亿元,成为国内乃至国际通过行政协调处置渔业污染事故的成功范例。加强各类涉渔重大规划、工程项目环评报告审查,建立健全涉渔工程渔业资源生态补偿机制。

6. 渔业行政执法有力有效 渔政队伍建设年活动扎实推进,不断加强制度建设、能力建设和文化建设,全国共举办各类执法培训2 026期,培训人员3.59万人次,修订渔政执法管理制度347项,队伍整体素质进一步提高。加强长江、珠江流域及黑龙江、乌苏里江边境水域渔政执法,维持禁渔秩序,打击电、毒、炸鱼等违法违规行为。全面开展水产养殖和水产品质量安全执法。坚持专属经济区巡航护渔,全年组织72艘渔政船执行专属经济区渔政巡航279航次,保障渔业协定水域和北太公海巡航管理顺利实施,海上渔业生产秩序稳定。按照中央的统一部署,农业部与外交、公安边防、海监、总参等部门密切配合,紧密结合专属经济区渔政巡航,妥善应对海上突发事件,护渔维权工作取得显著成效,在南沙、黄岩岛、钓鱼岛海域坚持巡航护渔,在涉朝韩敏感水域西侧与公安部联合开展海上行动,配合外交部妥善处置多起突发事件,避免了涉外渔业事件的发生。北部湾、西沙海域在相关联合监管机制的管控下,形势保持平稳。

7. 渔业安全态势平稳向好 全国"平安渔业示范县"和"文明渔港"创建深入开展,推进建立渔业安全生产长效机制,完善渔业安全生产制度。根据国务院总体部署,全国渔业系统开展"安全生产年"和"打非治违"专项行动,认真做好渔业船舶水上突发事件应急处置工作,全国各级渔政渔港监督管理机构共组织渔业力量参加海难救助935起,分别调动渔船、出动渔政船(艇)1 215艘次和410艘次,救助渔船1 252艘次、救助渔民6 061人,投入救助经费2 619.5万元,挽回经济损失近4.9亿元。全国渔业安全生产形势保持稳定,全年共发生渔业船舶水上事故323.5起,死亡(含失踪)352人,同比分别减少1.5起、72人。水产品质量安全水平继续稳定向好,产地水产品质量安全监督抽查合格率达到98.5%,市场水产品例行监测合格率达到96.9%,同比分别提高0.2和0.1个百分点,全年没有发生因养殖环节问题而引发的重大水产品质量安全事件。

(农业部渔业局 张 成)

渔 业 投 入

【概况】 2012年,中央财政对渔业的投入达到98.582亿元,比上年增长497%。其中,基本建设投入89.328亿元,同比增长998%;财政专项投入(包括转移支付)9.254亿元,同比减少14.87%。中央加大渔业投入力度,为提高渔业综合生产能力,加快转变渔业发展方式,推进现代渔业建设,增加渔民收入创造了有利条件。

【渔业基本建设项目】

(1)安排水产原良种场建设项目42个、遗传育种中心项目5个,中央资金11 650万元。

(2)安排县级水生动物防疫站项目145个、水生动物疫病监控中心项目1个，中央资金9 770万元。

(3)安排渔政类项目中央资金436 369万元。其中，安排建造渔政执法船艇543艘，以及建设渔政基地及配套设施、购买直升机等。

(4)安排渔港类项目中央资金21 191万元。其中，安排建设中心渔港1个，一级渔港10个。

(5)安排水生野生动物保护区项目7个，中央资金2 000万元。

(6)加强直属单位自身能力建设，安排中国水产科学研究院等单位建设项目7个，中央资金6 070万元。

(7)安排农业综合开发项目25个，中央资金2 790万元。

(8)海洋渔船更新改造共落实中央资金403 440万元。

【渔业财政项目】

(1)安排部门预算内专项资金32 540万元，主要用于渔业资源保护、渔政管理等方面。其中：农业生态环境保护(渔业节能减排)300万元，渔业统计2 000万元，渔业国际交流与合作150万元，水生野生动物资源保护费400万元，动物疫情监测与防治经费500万元，农产品质量安全监管(水产品质量安全监管)1 250万元，渔政管理8 600万元，渔业生产损失救助2 300万元，渔业政策性保险试点1 000万元，南极海洋生物资源开发利用2 000万元，海洋渔业资源调查与探捕2 200万元，渔业种质资源保护11 740万元，追加预算100万元。

(2)安排中央财政专项转移支付资金60 000万元，其中：安排资金30 600万元用于渔业资源增殖放流；8 970万元用于海洋牧场建设；430万元用于减船转产和渔民培训；20 000万元用于扶持“菜篮子”产品(水产品)生产。

(农业部渔业局　鲁　泉)

水产养殖

【概况】 2012年，全国各级渔业主管部门进一步采取促进水产养殖业发展的各项工作措施，积极争取资金和政策扶持手段，稳定水域滩涂养殖使用权，全力推进水产健康养殖，加强良种和防疫体系建设，提高水产品质量安全水平，确保了国内水产品的安全有效供给，水产养殖业总体保持平稳发展。

1. 水产养殖生产形势总体平稳 根据全国16个省(自治区)200个养殖渔情信息采集定点县747个信息采集点的数据分析，2012年养殖水产品出塘量同比增长1.5%，收入同比增长3.5%，其中鱼类出塘量增加收入减少，虾类、藻类出塘量和收入均减少，蟹类、贝类出塘量和收入均增加；水产品市场活跃、行情较好，多数养殖水产品综合出塘价格上涨，在重点监测的45个养殖品种中，31个品种出塘价格同比上涨，罗非鱼、斑点叉尾鮰、海水鱼类、牡蛎、海参等价格出现下跌；大宗淡水鱼类和名优鱼类投苗平稳，海水鱼类、虾蟹类、贝类投苗减少，藻类投苗增加；各地生产投入加大，生产成本持续增加；养殖病害和灾害损失总体减少，全年没有发生重大流行性病害。

2. 水域滩涂养殖权制度建设取得进展 各地贯彻党中央关于稳定渔民水域滩涂养殖使用权有关精神，按照《农业部关于稳定水域滩涂养殖使用权　推进水域滩涂养殖发证登记工作的意见》，加强养殖权制度建设，积极推进养殖水域滩涂规划编制以及养殖发证登记工作，取得显著成效。截止到2012年12月底，全国已有11个省级、130个地(市)级和1 374个区(县)级人民政府颁布实施本行政区域《养殖水域滩涂规划》。根据中国渔政管理指挥系统的数据统计，全国累计核发《水域滩涂养殖证》(以下简称养殖证)233 720本，确权登记面积434万公顷，其中新版养殖证95 270本，确权登记面积208万公顷。2012年核发养殖证62 103本，确权登记面积117万公顷。截止到年底，全国大部分重点养殖县(市、区)已经完成《养殖水域滩涂规划》编制，规划区域内发证登记率也已达到95%以上的工作目标，但仍有个别地区工作进度缓慢，甚至停滞不前，已对此项工作整体推进造成影响。农业部已经要求各地切实加快养殖水域滩涂规划编制和养殖发证登记工作。

3. 健康养殖示范场创建活动又掀高潮 2012年，农业部继续将推进水产健康养殖示范场创建作为加快发展现代渔业建设的重要举措，积极鼓励和支持各地养殖企业(合作社)参加创建活动。各地申报参加创建活动的单位达到1 146家，活动规模创历年新高。经过一年的创建活动，最终有979家创建单位达到创建标准，获得“农业部水产健康养殖示范场(第七批)”称号，979家示范场养殖面积211万公顷，培育健康养殖示范户2.6万户，年供应优质水产品60万吨，示范场命名数量和示范规模又创历年新高，农业部水产健康养殖示范场数量7年累计已达到3 512个。各地示范场持续升级生产设施设备、提高生产条件标准化；大力推广健康养殖模式、提升生产过程规范化；强化健全养殖技术规范、实现生产管理制度化；努力扩展养殖技术服务，增强示范辐射规模化，创建活动取得显著成效,资源节约、环境友好、可持续发展的现代养殖理念已深入人心。农业部还组织了优秀水产健康养殖示范场宣传,提高辐射和带动作用,开展了"水产健康养殖执法示范活动",积极探索和建立有效的水产养殖执法规范化模式和工作机制。

4. 积极推进养殖池塘标准化改造 农业部在内蒙古召开"三北"及沿黄地区低洼盐碱荒地渔业开发现场会,总结近年来工作进展,明确低洼盐碱荒地渔业开发的基本工作思路,推动这些地区在加大池塘标准化改造的同时,积极开展低洼盐碱荒地的养殖开发,拓展水产养殖空间。将"菜篮子"生产扶持项目、养殖生态环境修复示范试点项目与养殖池塘标准化改造紧密结合,积极争取各级财政资金、引导社会资金投入池塘改造。2012 年中央财政"菜篮子"产品生产扶持项目(水产类)规模扩大到 2 亿元,支持范围扩大到全国 26 个省份。据不完全统计,2012 年全国投入养殖池塘标准化改造资金 114 亿元,其中,中央财政资金 6.3 亿元,地方财政资金 33 亿元。改造养殖池塘 25.6 万公顷,新建池塘 5 万公顷。

5. 推进现代水产种业建设 农业部在广东湛江召开了全国水产种业建设和苗种生产监管工作会议,总结交流近年来全国水产种业建设和苗种生产监管工作的进展、经验和启示,分析我国水产种业发展所处的历史阶段和面临的机遇挑战,提出了发展育繁推一体化的现代水产种业的总体思路,对当前和今后一段时期发展水产种业重点工作进行了总体部署。加强对国家级水产原良种场复查和监管,组织开展对 9 家国家级水产原良种场复查,验收通过了 5 家国家级水产原良种场。组织开展水产原良种场基本信息调查摸底,初步建立水产原良种场数据库。继续实施水产原良种场基建、水产原良种保种选育和亲本更新等项目,水产种质资源保护和利用能力进一步提高。进一步规范水产苗种进口审批、延期、变更程序,简化办事材料,编制办事指南,方便办事企业。2012 年,批准进口水产亲本和苗种 4 亿尾(粒、只),免税金额达 2 722 万元。

6. 强化水生动物防疫工作 组织实施《2012 年国家水生动物疫病监测计划》,对鲤春病毒血症(鲤科鱼类)、白斑综合征(对虾)、刺激隐核虫病(海水鱼)、传染性造血器官坏死病(鲑鳟鱼)和链球菌病(罗非鱼)5 种重大水生动物疫病进行年度监测,全年国家监测计划共计抽样 2 985 个;指导实施水产养殖动植物病害测报,全年编印全国水产养殖病害测报月报 9 期;在主要养殖季节开展病害预警预报,指导渔民科学防治水产动植物病害;组建农业部水产养殖病害防治专家委员会,成立水产养殖病害防治专家队伍;组织研究并推动在水产高校设立水生动物医学本科专业,加大培养水生动物防疫人才队伍力度。

(农业部渔业局 王 丹)

远洋渔业

【概况】 2012 年,我国远洋渔业持续稳定发展。据统计,2012 年获得农业部远洋渔业企业资格的企业共有 120 家,经批准作业渔船 1 830 艘(注:不包括 2012 年从事朝鲜东部海域远洋渔业项目的非专业远洋渔船),比上年增长 12%。总产量、总产值分别为 122.3 万吨、132.1 亿元,分别比上年增长 6.6%、4.9%。作业海域分布于 38 个国家的专属经济区和太平洋、大西洋、印度洋公海及南极海域。外派船员 4.3 万人,运回国内自捕水产品 72.2 万吨。

1. 大洋性渔业 2012 年大洋性渔业项目投产渔船 967 艘,较上年增加 115 艘,产量和产值约 61.3 万吨和 67.7 亿元,同比增长 7.4% 和 3.8%。投产船数、产量和产值分别占远洋渔业总船数、总产量和总产值的 52.8%、50.12% 和 51.17%。其中,从事金枪鱼渔业企业 45 家,作业渔船 410 艘,比上年增加 86 艘,同比增长 26.5%;总产量约 17.2 万吨,同比增长 11%,总产值约 32.8 亿元,同比增长 21.5%;从事鱿钓企业共 55 家,投产鱿钓船 546 艘,总产量约 38.8 万吨,单船均产 711 吨,总产值约 28.2 亿元。与上年相比,渔船总数增长 14.0%,总产量增长 11.8%,总产值下降 9%。

2. 过洋性渔业 过洋性渔业主要分布在亚洲、非洲及南美洲等国家的管辖海域,作业方式以单拖网为主,包括少量定置网、流刺网、中上层围网等。据统计,2012 年过洋性渔业项目投产渔船 863 艘,较上年增加 86 艘,产量 61.1 万吨,产值 64.0 亿元,同比分别增长约 5.9% 和 6.3%。其中亚洲国家海域项目是我国过洋性渔业的重要组成部分,主要包括印度尼西亚、缅甸、朝鲜、马来西亚、印度等 10 个国家,投产专业远洋渔船 438 艘、非专业远洋渔船 599 艘,总产量和产值分别为36.7万吨和 33.8 亿元。亚洲国家海域项目专业远洋渔船数和产量、产值分别占过洋性远洋渔业的 50.8%、60.0% 和 52.8%;西非是我国远洋渔业起步较早的地区之一,在我国过洋性渔业中占有重要地位。入渔国包括毛里塔尼亚、摩洛哥、几内亚、几内亚比绍、莫桑比克、马达加斯加等 12 个国家。投产渔船 389 艘,产量 21.6 万吨,产值 27.8 亿元,分别比上年增长 13.1%、15.4%;2012 年南美入渔国有阿根廷、乌拉圭、苏里南 3 个国家,其中入渔阿根廷的企业 4 家,作业渔船 13 艘,产量 2.2 万吨、产值 1.9 亿元,分别比上年下降18.5%、17.4%。

【发展特点】

1. 远洋渔业发展得到高度重视 中国工程院数十名院士、专家呼吁，将远洋渔业作为战略产业予以重点扶持。国务院对海洋渔业发展进行了专题研究，出台了相关支持政策。各地政府更加重视远洋渔业发展，山东、浙江、福建等传统海洋渔业大省将远洋渔业作为重点产业列入本省经济社会发展总体规划，江苏、上海、宁波、青岛、厦门、深圳等省、直辖市及计划单列市也开始研究制定本地远洋渔业发展规划和扶持政策。重视和扶持远洋渔业发展的氛围初步形成。

2. 远洋渔船更新建造速度明显加快 在国家和各地扶持政策带动下，远洋渔业企业积极建造远洋渔船，新投产渔船数量为历年最多。另外，国内第一艘大型金枪鱼围网船和新型秋刀鱼捕捞船建成下水，填补了我国渔船建造史上的空白。进口带国际配额的金枪鱼围网船2艘、超低温金枪鱼钓船17艘、专业南极磷虾生产船（含全套加工设备）1艘，远洋渔船装备水平显著提升，国际竞争力和渔业资源开发能力进一步增强。

3. 产业链延伸及市场开拓取得进展 到2012年底，我国国内远洋渔业产品专业加工厂已达20多家，境外的缅甸、印度尼西亚、巴布亚新几内亚等7座基地已在建，总冷藏加工能力达20多万吨。受欧债危机和美日经济衰退影响，金枪鱼、鱿鱼的国际市场进入低迷期，远洋渔业加大了国内市场的开拓力度，远洋产品开始走进郑州、重庆等国内中西部地区。

4. 远洋渔业发展空间不断拓展 虽然国际管理日趋严格，入渔门槛不断提高，我国通过开展灵活多样的多边和双边合作，有效地拓展了远洋渔业发展空间。积极参加南极海洋生物资源养护委员会活动，并在其管理框架下开展南极磷虾捕捞项目，2012年继续派出5艘渔船开展捕捞生产；在区域金枪鱼管理组织中积极争取配额，保证了我国渔船的正常生产；与印度尼西亚开展双边会谈并达成了部门间渔业合作谅解备忘录；与朝鲜达成合作意向并继续实施朝鲜东部海域远洋项目。

（农业部渔业局　万　晨）

水产品加工

【概况】 2012年我国水产加工品总量1 907万吨，同比增长7.0%，其中海水加工产品1 563万吨，同比增长5.8%；淡水加工品344万吨，同比增长12.7%。水产品加工企业数量9 706个，同比增长1%，加工能力达2 638万吨/年，同比增长8.6%。水产品加工实现产值3 148亿元，同比增长17.1%。水产品加工企业数量较为稳定，但企业发展规模明显壮大，水产品加工能力显著增加，小规模企业逐渐退出市场。随着水产品先进加工技术的应用、综合利用水平的提高和多元化系列产品的研发，水产加工品的种类日益丰富，高附加值的水产加工品在内销和出口中所占比例逐渐攀升。开拓海洋新资源，加大水产品精深加工开发利用力度成为水产品加工业转型升级的主要方式。

1. 加工能力 加工水产品比例有所上升，产品结构进一步优化。2012年，用于加工的水产品总量为2 136万吨，占水产品总产量的36.2%，比上年提高0.8个百分点。虽然我国水产品加工比例有所上升，但与发达国家60%～90%的加工比例相比依然还存在较大差距。其中，海水产品加工比例为53.6%，比上年提高1.2个百分点；淡水产品加工比例为17.8%，比上年提高0.7个百分点。淡水产品加工量明显提高，其中淡水鱼糜制品功不可没，近年来淡水鱼糜加工技术日渐成熟，各种淡水鱼糜制品受到广大消费者欢迎，市场需求大幅增加。2012年，我国水产加工品仍以冷冻产品为主，罐藏和鱼糜制品的加工量相比上年增幅较大，海洋功能性食品、海洋药物、海洋化工及化妆品等高附加值产品也取得了较大进展，产品结构得到合理优化。同时，大型加工企业通过引进当前国内外先进加工技术和加工设备，以及对特色渔业资源进行精深加工和标准化加工，提高了产品档次和质量，丰富了市场供给，满足了不同层次、品味消费者的不同消费需求，有效提高了水产品的市场竞争力。

2. 区域布局 地方和区域特色水产品加工快速发展，加工区域规划布局渐趋合理化。2012年，沿海各省水产加工品产量由高到低依次为山东、福建、浙江、辽宁、江苏、广东、广西和海南，基本上延续了与上年相同的态势。沿海8省（自治区）的水产加工品总量达到1 747万吨，占全国水产加工品产量的91.6%，其中山东省水产品加工总量达595万吨，占全国水产品加工总量的1/3。水产品加工企业充分利用当地原料资源优势，形成了广东、广西、海南南美白对虾和罗非鱼加工区域；山东、福建、广东、辽宁、浙江海捕水产品加工区域；福建蟹肉和大黄鱼加工区域；江苏条斑紫菜加工区域；湖北小龙虾、斑点叉尾鮰加工区域以及北方特色水产品加工区域。江苏省在淡水产品加工能力上取得突破，淡水产品年产量达84万吨，超过湖北省成为全国最大的淡水产品加工省份。近年来，特色水产品加工区域的发展，进一步推动了产业集约化和规模化，形成了具有地方特色，区域经济特色的优势产业聚集区。

3. 工作进展 近年来，科研院所、高校和企业联合搭建的国家水产品加工技术创新体系在利用现代食品加工技术发展精深加工水产品、开发新型水产功能性食品和生产营养化、方便化、即食化、优质化的加工水产品等方面开展了大量富有成效的工作。在罗非鱼精深加工技术、海水虾类保鲜技术、贝类净化与零废弃加工技术、藻类高质化加工技术、加工设备研发等方面取得了重大的科研成果。2012 年 11 月，农业部渔业局在大连市召开全国水产品加工业发展促进工作会议，会议提出以保障水产品安全有效供给、促进渔民增收为首要任务，以水产品精深加工和产业集聚发展为主攻方向，以科技创新为重要支撑，以体制机制创新为动力，加快转变水产品加工业发展方式，促进产业优化升级。会议对指导和推进水产品加工业现代化发展具有十分重要的意义。

（农业部渔业局　朱亚平）

水产品批发市场运行情况

【概况】 据对全国 80 家水产品批发市场成交价格统计，2012 年水产品批发市场综合平均价格 19.29 元/千克，同比上涨 5.76%。其中海水产品综合平均价格 34.81 元/千克，同比上涨 5.26%；淡水产品综合平均价格 13.52 元/千克，同比上涨 10.28%。另据对可比的 43 家水产品批发市场成交情况统计，成交量774.48 万吨，同比增长 12.96%；成交额 1 507.02 亿元，同比增长 17.43%。

（1）2012 年以来，水产品批发市场月度成交价格先扬后抑，年底翘尾。上半年水产品批发市场月度成交价格逐月上涨，在 6 月份达到最高点后开始回落，但整体高于上年同期。重点监测的 49 个水产品种中，37 个品种价格同比均有不同幅度上涨，14 个品种涨幅超过 10%，其中海鳗、马面鲀和蛙价格同比分别上涨 28.15%、19.59% 和 19.15%；3 个品种价格持平；9 个品种价格下降，其中鲐鱼、虹鳟、墨鱼价格分别下降 11.88%、9.62% 和 8.72%。

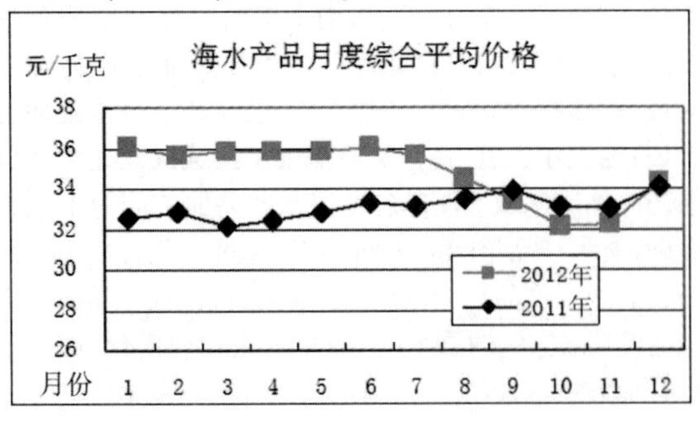

（2）2012 年以来，海水产品前三季度价格总体较高，各月均超过了上年同期最高水平，维持高位运行。从类别看，监测的 5 个大类的海水产品价格同比全部上涨，鱼类、甲壳类、贝类、头足类和海藻分别上涨 8.05%、5.48%、10.76%、0.52% 和 4.11%。从品种看，监测的 31 个品种的海水产品中，23 个品种价格上涨，其中 9 个品种上涨幅度超过 10%；2 个品种价格持平；6 个品种价格下降。

（3）淡水产品价格先涨后跌，大宗淡水鱼价格普遍上扬。上半年淡水产品价格逐月提高，3 季度价格平稳回落，但仍高于上年同期水平。从类别看，监测的 3 大类产品中，淡水鱼类和淡水其他类价格分别同比上涨 6.12% 和 4.48%，甲壳类价格同比微降 0.03%。从品种看，监测的 18 个淡水品种中，15 个品种价格上涨，其中，蛙、黄鳝、乌鳢和鳜鱼价格分别上涨19.15%、16.94%、13.56% 和 11.76%，其他品种涨幅均在 10% 以内；3 个品种价格下降，虹鳟、中华绒螯蟹和黄颡鱼价格分别下降 9.62%、1.95% 和 1.34%。大宗品种价格普遍上涨，仅鲤鱼价格微降。

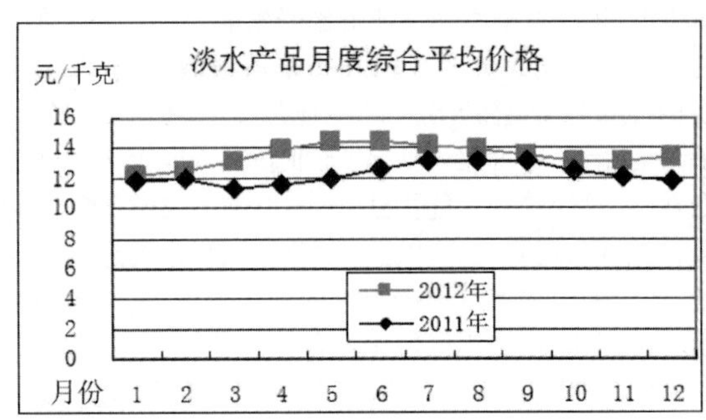

【重点品种价格走势分析】

（1）2012 年鲢鱼价格总体高于上年同期，同比上涨 7.96%，各月价格均高于上年同期。受成本推动的影响，全国淡水产品价格普遍上涨，随着淡水鱼糜加工技术日渐成熟，鲢鱼作为淡水鱼糜制品的主要原料，市场需求大幅增加，价格随之上涨。国庆节过后，鲢鱼进入大量上市期，价格有所回落。

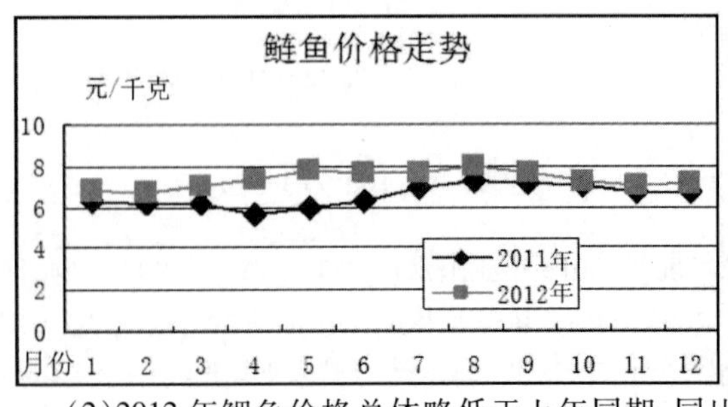

（2）2012 年鲤鱼价格总体略低于上年同期，同比

微降0.01%，月度间价格无明显波动。上半年受居民消费习惯、物价指数、养殖周期等因素影响，价格高位运行，但因上年鲤鱼行情较好，养殖面积激增，7月份开始鲤鱼集中大量上市，价格也因此有所回落。从全年同比涨幅看，鲤鱼也是淡水主要品种中唯一价格下降的品种。

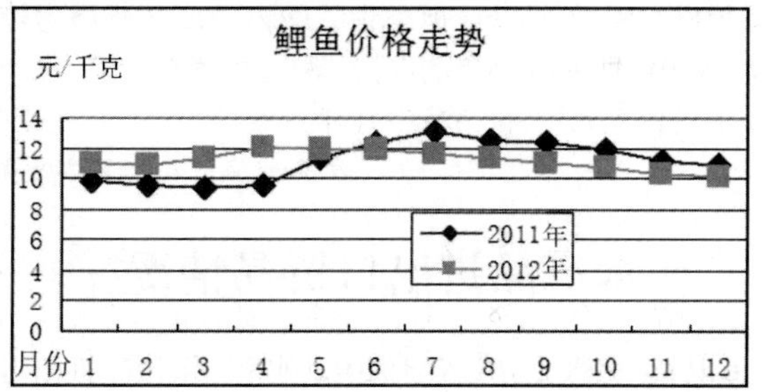

(3)2012年黄鳝价格总体高于上年同期，同比上涨16.94%。2011年年底黄鳝价格相对较低，许多养殖户亏本后转养其他品种，导致2012年黄鳝总体供应量下降，价格维持在较高水平。清明节前后，随着养殖黄鳝逐渐上市，价格开始回落。6、7、8月份由于养殖户集中投苗，上市量减少，价格略有回升。9月份后虽然养殖黄鳝逐渐上市，但由于第四季度各地需求持续增长，价格未能如期回落。

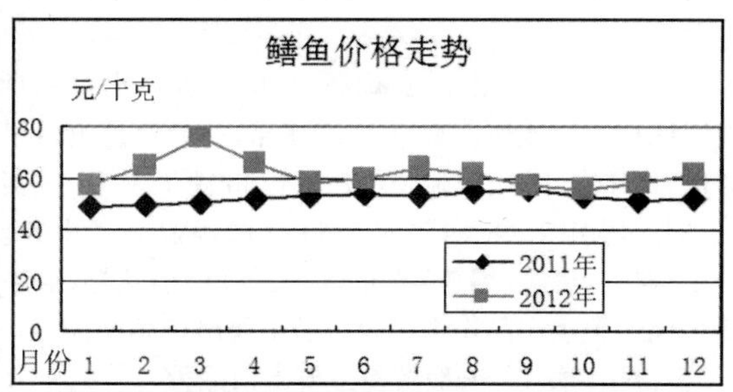

(4)2012年南美白对虾价格走势基本延续了与上年相同的态势，全年均价同比上涨6.53%。其中，上半年价格持续高位运行，随着早造虾逐渐上市，价格开始回落。据了解，南美白对虾养殖病害较多，养殖成功率较低，造成苗种等养殖成本大幅上升，是2012年对虾价格持续高位运行的主要原因之一。

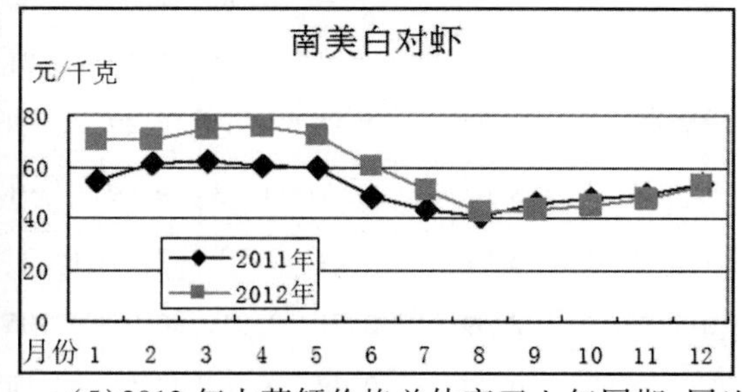

(5)2012年大菱鲆价格总体高于上年同期，同比上涨34.57%，价格持续高位运行，月度间价格无明显变化。2006年多宝鱼事件后，经过近几年对行业加强质量监管和养殖规范，特别是循环水养殖技术的推广，可追溯等质量安全措施的实行，使大菱鲆消费量逐渐上升。2012年大菱鲆价格在每千克80元价格高位微幅波动。

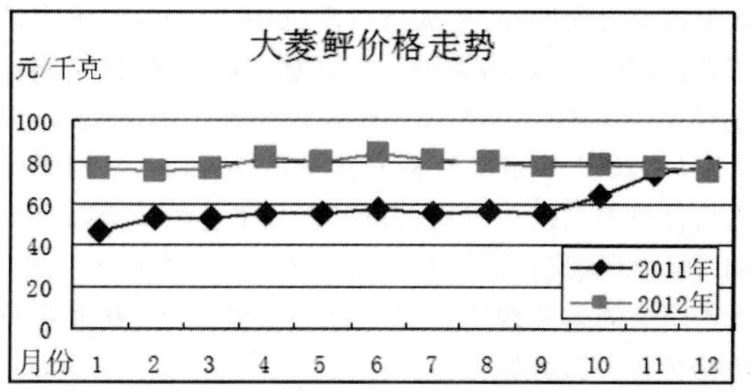

(6)2012年罗非鱼价格总体略高于上年同期，同比上涨4.71%。罗非鱼是我国主要的水产出口品种之一，50%以上产品出口国外，价格受国际市场影响较大。由于国外进口水产品的需求明显下降，上半年罗非鱼出口形势较差，出口价格从年初开始持续下降，随着圣诞节的临近，国外订单大增，带动塘边收购价有所回升。国内批发市场罗非鱼价格因受其他淡水鱼价格的拉动，以及运费上涨等因素影响，价格同比有所上涨并一直在高位运行。

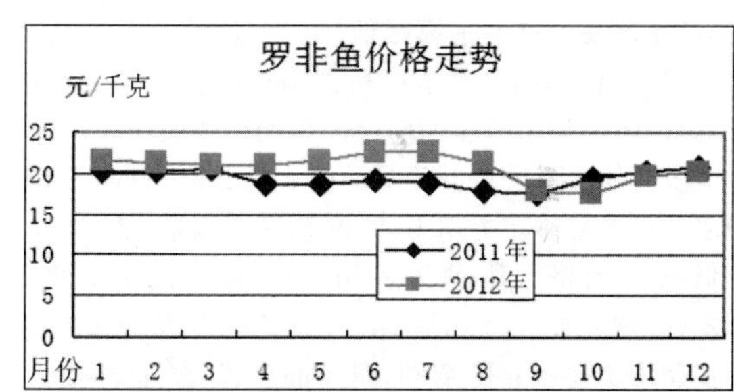

(7)2012年中华绒螯蟹总体价格低于上年同期，同比下降1.95%。据水产批发市场反映，市场销售中华绒螯蟹价格多为小规格蟹的价格，大规格的多用于礼盒或餐饮消费，不通过批发市场销售，是造成中华绒螯蟹价格同比偏低的主要原因。2012年中华绒螯蟹

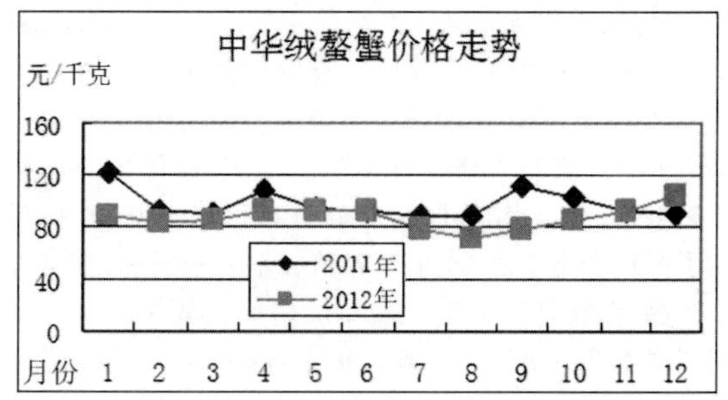

价格的走势表现为低开高走的态势。经历了2011年10月后河蟹价格急速下滑后,2012年9月河蟹上市价格同比偏低,中秋、国庆双节过后,河蟹价格逐步走高,到11月初,大规格大闸蟹价格已经达到上年高位水平。由于养殖户大量养殖小规格河蟹,出现大规格河蟹价格高,小规格河蟹价格偏低的情况。市场对河蟹规格需求分化明显,小规格河蟹价格同比略降,大众消费普遍欢迎,大规格河蟹满足高端市场需求,价格同比上涨10%左右。

(8)2012年扇贝价格同比上涨16.52%。由于受沿海浮筏养殖虾夷扇贝大量死亡和主要供应商减产影响,国内虾夷扇贝总产量较上年略降,市场供不应求,无论是大连等货源地还是北京等消费地区,虾夷扇贝价格全年一直高位运行。

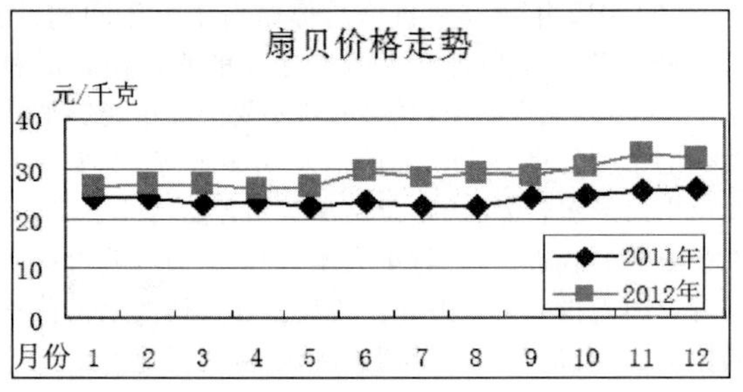

【影响水产品价格的主要因素】

(1)资源短缺推动水产品价格持续上涨。受资源衰退影响,近几年海洋捕捞量一直处于零增长状态,资源减少促使大部分海捕产品价格上涨;另一方面,越来越多的水库被确定为水源库,网箱养殖被禁,淡水产品产量减少,价格上升;海水养殖方面,随着沿海工业的开发(如河北曹妃甸新区、渤海新区的开发建设),进一步挤压了海水养殖空间,海产品产量逐年减少的趋势很难扭转。

(2)自然灾害对水产品价格影响显著。受2011年旱涝灾害影响,部分渔民为降低损失,将商品规格以下鱼种捕捞上市,打压了当年水产品均价,导致2012年本已偏高的4、5月份水产品价格同比有较大幅度上涨。另外,受岁末年初水产品价格持续走高的影响,养殖产品大量出水,春季存塘鱼减少,因此价格上涨。

(3)生产成本上涨持续推动水产品价格上行。一是渔业生产资料价格持续上涨。受美、俄等出口国减产影响,玉米、豆粕等原材料的进口价格上涨,直接推动了饲料价格上涨,使水产养殖成本大幅增加,推动养殖产品,尤其是淡水养殖产品价格的大幅攀升。二是用工成本持续上涨。随着近年企业招工难问题从沿海发达地区向内地蔓延,多数养殖企业即使提高待遇也招不到合适的工人。据调查,江西省前三季度与上年同期相比,苗种上涨了10%,渔用饲料上涨了5%,人工费用(特别是短期人工费用)上涨15%,渔用其他生产资料上涨8%。

(4)其他因素。随着肉类食品价格坚挺,更多消费者转向食用水产品,市场需求量越来越大,造成水产品价格上涨,但远低于肉类食品增幅。2012年面对经济下行压力,水产品市场保持了稳定的发展态势,水产品市场供应充足,价格稳中有升。

(农业部渔业局 张琳琳)

水产品进出口贸易情况

【概况】 据海关数据统计,2012年我国水产品进出口总量792.50万吨,进出口总额269.81亿美元,同比分别下降2.9%和增长4.54%。其中,进口量412.38万吨,进口额79.98亿美元,同比分别下降2.94%和0.27%;出口量380.12万吨,出口额189.83亿美元,同比分别下降2.83%和增长6.7%。贸易顺差109.85亿美元,比上年增加12.15亿美元,同比增长12.44%。水产品继续位居大宗农产品出口首位,出口额占农产品出口总额的比重达到30%,较上年提高0.7百分点。

(1)一般贸易出口量减额增,优势养殖出口品种继续保持主导地位。2012年,水产品一般贸易出口量251.54万吨,同比下降6.97%;出口额134.17亿美元,同比增长7.68%,产品出口价格普遍高于上年。其中,对虾、贝类、鳗鱼、罗非鱼、大黄鱼、小龙虾、鮰鱼等名优养殖水产品作为一般贸易主要出口品种,出口

表1 一般贸易主要出口品种

数量:万吨;金额:亿美元

出口品种	占一般贸易出口额比例(%)	2012年		同比增减(%)	
		数量	金额	数量	金额
蟹类	19.23	18.58	25.80	13.93	23.65
对虾	14.46	21.42	19.40	-7.33	2.80
贝类	9.12	22.79	12.24	-6.62	3.81
鳗鱼	8.97	3.73	12.03	-12.47	10.78
罗非鱼	8.67	36.20	11.63	9.59	4.91
大黄鱼	2.01	4.24	2.70	-2.51	16.24
小龙虾	2.09	2.71	2.81	80.22	63.05
斑点叉尾鮰	0.20	0.38	0.26	-42.00	-48.68

额占我国一般贸易出口总额的45.5%。对虾、贝类、大黄鱼和鳗鱼出口量减额增，罗非鱼出口形势有所好转，出口量和出口额均有一定幅度的上涨。淡水小龙虾由于2011年大旱，出口锐减，2012年呈现恢复性增长，出口量额分别上涨80.2%和63.1%。自捕水产品中蟹类(含梭子蟹、大闸蟹、其他蟹及加工品，以捕捞蟹及其制品为主)出口量18.6万吨，出口额25.8亿美元，同比分别增长13.9%和23.7%，超越贝类、对虾等传统优势品种成为我国第一大出口种类。

(2)来进料加工贸易略有下滑，进料加工比重与上年基本持平。2012年我国水产品来进料加工贸易出口量113.29万吨，出口额53.37亿美元，同比分别减少6.22%和增长0.13，来进料加工贸易出口额占水产品出口总额比重为28.12%，同比减少1.83%。进料加工贸易虽然利润较来料高，但受全球经济不景气、加工风险较大、市场开拓难等因素影响，2012年出口增长受阻，量额双降。2012年进料加工出口量85.79万吨，出口额38.73亿美元，同比分别减少4.47%和0.18%；而来料加工客户相对稳定，2012年出口量27.51万吨，出口额14.64亿美元，同比分别减少11.18%和增长0.75%。但是，在来进料加工贸易出口额中，进料加工仍占72.6%，与2011年的72.8%基本持平，表明进料加工在来进料加工中的主导地位没有改变，我国加工企业更加注重品牌建设、积极参与国际市场竞争的势头没有改变。

(3)多个市场出口呈现负增长，对欧盟出口持续下降。日本和美国依然位列我国出口市场前两位。韩国从我国第四大出口市场滑落至第六位，且份额持续下降。主要出口市场中，只有我国台湾省和香港出口量、额双双增长，日本、美国、东盟出口量减额增，欧盟和韩国则是出口量、额双双下降。值得注意的是，连续多年稳定增长的欧盟市场自上年下半年起，出口开始呈现下降趋势，预示着欧债危机对我国水产品出口的影响已开始显现，其后续影响值得高度警惕并积极应对。

表2 主要出口市场

数量:万吨;金额:亿美元

出口市场	数量	同比增减(%)	金额	同比增减(%)
日本	67.93	-4.46	42.16	3.53
美国	53.84	-1.34	29.47	1.14
欧盟	51.25	-10.81	22.10	-9.73
东盟	49.29	-1.07	21.26	23.80
中国香港	20.15	13.28	20.59	31.89
韩国	44.39	-11.52	14.83	-6.84
中国台湾省	12.10	8.10	10.74	27.72

(4)主要省份出口增速均有所放缓，山东、福建、辽宁、浙江出口量降幅明显。山东、福建、辽宁、广东、浙江、海南、江苏、广西等沿海省、自治区仍是水产品主要出口省份，出口额之和占全国水产品出口总额的93.9%。其中山东省继续稳居我国水产品出口第一大省位置，山东、福建两省出口额之和占全国水产品出口总额的近一半。浙江省水产品出口量大幅下降，出口额小幅增加。广西壮族自治区出口量额均有大幅增加，超过江苏位居第七位。内陆省份中，江西、湖北和吉林省位于前三位，其中，湖北省2011年因遭受严重自然灾害出口量额大幅下降，2012年呈现明显恢复性增长。

表3 主要出口省份

数量:万吨;金额:亿美元

沿海	数量	同比增减(%)	占出口总量(%)	金额	同比增减(%)	占出口总额(%)
山东	114.62	-5.97	30.15	48.90	-0.73	25.76
福建	68.87	-0.29	18.12	45.61	18.51	24.03
广东	43.92	0.60	11.55	27.36	6.29	14.41
辽宁	68.59	-5.18	18.04	24.35	1.12	12.83
浙江	43.15	-9.29	11.35	19.55	-0.97	10.30
海南	13.86	6.36	3.65	5.21	6.82	2.75
广西	10.39	34.80	2.73	3.92	28.39	2.07
江苏	5.40	-4.85	1.42	3.36	7.12	1.77
内陆	数量	同比增减(%)	占出口总量(%)	金额	同比增减(%)	占出口总额(%)
江西	0.98	-9.30	0.26	3.29	30.08	1.73
湖北	2.40	51.37	0.63	2.57	63.21	1.35
吉林	1.39	19.99	0.36	0.73	-4.68	0.39

(5)来进料加工原料进口量额双降，鱼粉进口量增额减，国内食用水产品进口量减额增。2012年我国来进料加工原料进口量140.37万吨、进口额28.97亿美元，同比分别下降7.77%和11.68%，预示来进料加工贸易在今后仍不容乐观。鱼粉进口量增额减，进口

量124.57万吨,同比增长2.95%,进口额16.9亿美元,同比下降3.43%。供国内食用水产品进口量减额增,进口量147.44万吨,同比下降2.8%,进口额34.11亿美元,同比增长14.46%。

表4 主要进口国家和地区

数量:万吨;金额:亿美元

国家和地区	占进口总额比例(%)	2012年		同比增减(%)	
		数量	金额	数量	金额
俄罗斯	17.92	95.90	14.33	-6.86	-13.86
美国	17.27	60.67	13.81	-4.53	1.37
秘鲁	14.68	84.79	11.74	0.48	-8.00
东盟	9.29	41.18	7.43	11.48	25.15
智利	6.49	21.12	5.19	-5.39	14.02
挪威	5.07	16.82	4.05	-7.89	-3.64
加拿大	4.32	6.72	3.46	-7.08	10.39
新西兰	3.45	7.39	2.76	-5.01	46.15
欧盟	2.87	9.55	2.30	-8.85	0.39
日本	2.36	9.87	1.89	14.21	8.86

2012年水产品出口增长速度放缓,主要源于以下几方面:一是国际市场消费能力下降,受欧洲主权债务危机和美国公共债务规模扩大的影响,一些大型进口商、批发商和零售商持谨慎态度;二是水产品原料和劳动力等生产成本不断上涨,部分加工企业开始向次发展中国家转移,而部分国家也开始实施扩大出口战略,与我国形成同构竞争态势;三是日本2011年受大地震、海啸和核泄漏影响,自身水产品供应难以满足需求,增加了水产品进口,随着日本国内水产品生产的恢复,对我国水产品进口逐步恢复到正常水平。尽管如此,2012年我国水产品出口仍然取得了骄人业绩,水产品对外贸易顺差首次突破百亿元,提前三年完成了《全国渔业发展第十二个五年规划(2011—2015年)》确定的到2015年达到年出口额180亿美元的目标任务,水产品继续位居农产品出口首位,出口额占农产品出口总额的比重提高到30%。以上成绩的取得,主要得益于近年来采取的一系列重要举措:一是利用国内外两种资源,推动出口增长;二是转变增长方式,提高产品竞争力;三是强化源头管理,保障产品安全;四是加快产业带建设,提升出口企业的实力;五是发挥协会作用,加强行业自律;六是加强政策研究,注重服务引导。

(农业部渔业局 朱亚平)

国际交流与合作

【概况】 为推动渔业领域的对外交流与合作,参与国际渔业管理规则的制订,执行我国与相关国家签署的渔业协定,认真履行我国负责任渔业大国的国际义务,维护并争取国家海洋权益,扩大我国在国际渔业领域的影响力。2012年,我国在渔业国际合作领域开展了大量工作。

(1)在多边领域,积极参与各区域国际渔业管理组织的工作,派出多个团组参与渔业规则的制定和谈判,包括派团出席南太平洋区域渔业管理组织筹备会议、养护大西洋金枪鱼国际委员会会议、印度洋金枪鱼委员会会议、美洲间热带金枪鱼委员会会议、国际捕鲸委员会会议、中西部太平洋渔业委员会会议、南极海洋生物资源养护委员会会议、北太平洋渔业委员会筹备会、联合国粮食及农业组织渔业委员会养殖分委会以及水产品贸易分委会等相关会议、国际海事组织有关渔船安全会议等,取得了积极成果。

(2)在双边领域,进一步强化了与有关国家的渔业合作关系,2012年,我国分别与日本、俄罗斯、美国、韩国、越南、阿根廷、缅甸、印度尼西亚和欧盟等就渔业问题进行了双边磋商和交流,就打击非法捕鱼、专属经济区入渔安排以及水产品国际贸易等问题进行了协商,与联合国粮农组织的渔业专家就水产养殖发展、渔业统计进行了交流。

【重要事件】

(1)中纳签署部门间渔业合作谅解备忘录。2012年4月,国务院副总理回良玉访问纳米比亚共和国。访问期间,农业部部长韩长赋与纳米比亚渔业与海洋资源部部长于4月2日在温得和克签署了《中华人民共和国农业部与纳米比亚共和国渔业和海洋资源部渔业和水产养殖合作谅解备忘录》。

(2)2012年4月15~19日,俄罗斯联邦渔业署署长卡利亚尼率团访华。俄罗斯是我国水产品加工原料的重要供应国,中俄两国在边境水域渔业资源管理有着密切合作。4月16日,农业部副部长牛盾与其在北京就推动两国渔业合作进行了会谈。会谈期间双方就两国渔业合作现状和前景交换了意见,并就中国渔船重返俄海域捕捞、打击非法水产品贸易以及开展水产养殖领域的合作进行了交流。

(3)中加签署部门间渔业合作谅解备忘录。应加拿大农业部的邀请，2012 年 5 月 21～22 日，农业部副部长张桃林率团访问渥太华。访问期间，张桃林副部长与加拿大渔业与海洋部副部长帮办大卫·贝文签署了《中华人民共和国农业部与加拿大渔业及海洋部渔业合作谅解备忘录》。

(4)与经济合作组织在渔业方面合作。2012 年 5 月 28 日，农业部副部长牛盾在北京会见了经济合作组织(OECD)副秘书长鲍彻一行，双方就我国与经合组织在农业和渔业领域合作情况进行了交流。根据双方就我国与该组织开展渔业合作达成的共识，我国派员到组织政策局工作，负责该组织《渔业评估》中有关中国部分的内容编撰工作。

(5)2012 年 9 月 17 日，农业部副部长牛盾在北京会见了以缅甸畜牧与渔业部副部长钦盂诶为团长的缅甸渔业代表团。缅甸是我国较为重要的远洋渔业合作国，远洋渔业合作始于 1996 年。双方就中缅渔业未来合作和中方渔船在缅甸开展捕捞生产的有关问题交换了意见。

(6)中墨签署部门间渔业合作协定。2012 年 10 月 29 日，农业部副部长牛盾在北京会见了来访的墨西哥农业部长马约尔加，双方就加强中墨农业合作交换了意见，并签署了《中华人民共和国农业部和墨西哥合众国农牧业、乡村发展、渔业与食品部关于渔业及水产养殖合作的协议》。

(7)中俄渔业合作混合委员会第 22 次会议于 2012 年 12 月 12～16 日在俄罗斯海参崴召开。以农业部渔业局副局长崔利锋为团长的中国代表团和以俄罗斯联邦渔业署副署长亚历山大·弗敏为团长的俄罗斯代表团出席了此次会议。会议总结了 2012 年中俄渔业合作情况，包括边境水域渔业联合执法检查和渔业资源增殖合作，并就中俄于 2012 年 12 月 6 日在莫斯科签署的《中华人民共和国政府和俄罗斯联邦政府关于预防、阻止和消除非法、不报告和不管制捕捞海洋生物资源的合作协定》的实施进行了交流，同时协商了我国远洋捕捞船队入渔俄罗斯海域的问题，讨论了 2013 年中俄渔业合作内容。双方商定，将于 2013 年 3 月在华举行第二轮磋商。

(农业部渔业局　姜　伟)

渔　业　管　理

渔业法制建设

【概况】 2012年，全国各级渔业行政主管部门不断推进依法治渔、依法护渔、依法兴渔，健全完善渔业法律法规体系、加强渔业执法、维护渔民权益、保护渔业资源与环境，进一步加强渔业法律理论研究和立法工作，深入开展渔业普法，渔业法制建设得到进一步加强。

1. 渔业立法活动

(1)积极推进《渔业港口管理条例》立法，与国务院法制办公室联合开展渔港立法调研，并对条例草稿征求地方渔业部门和有关部委意见。

(2)对《渔业法》和《渔业法实施细则》的有关条款进行梳理，向全国人民代表大会和国务院法制办提出修改建议，《渔业法》已经列入全国人大农委"十二五"修订计划。

(3)加强渔业部门规章和规范性文件的研究和出台，农业部颁布了新修订的《渔业船舶登记办法》，进一步完善渔船登记管理制度，颁布了新修订的《渔业船舶水上安全事故报告和调查处理规定》，进一步完善渔船安全应急管理制度。组织开展《水产苗种生产许可证管理办法》、《水产新品种审定办法》等部门规章的研究。

(4)积极开展立法协调，在海洋环境保护法、自然遗产保护法、旅游法、航道法、农技推广法、农业保险条例等20多部法律法规的制(修)订中，农业部积极协调，为全国渔业发展和保护渔民权益创造良好的法制环境。

2. 渔业普法活动 各级渔业主管部门积极推进"六五"普法，深入基层，开展各种形式的普法活动，普及渔业法律法规，宣传保护渔业资源和生态环境，提高渔民依法生产意识。新华社、《人民日报》、中央电视台、《农民日报》、《中国渔业报》、《中国水产杂志社》及各种地方媒体对重要渔政执法管理行动、增殖放流活动、伏季休渔、长江春禁和重要渔业制度等进行宣传报道，有力地宣传了渔业法制。组织汇编了新的《渔业法律法规规章汇编》，对2005年以来制(修)订的涉渔法律法规和规章进行了梳理编辑。各级渔业部门开展的形式多样的渔业法制宣传活动，有效提高了广大渔业管理人员和生产经营者的法制观念。

(农业部渔业局　江开勇)

渔业标准化

【基础性工作】

(1)加强标准化工作指导。以实施《"十二五"渔业标准化工作规划》为主线，进一步加强渔业标准体系建设。组织编制了2013—2015年渔业国家标准和行业标准制定和修订项目规划，内容涉及水产养殖、资源增殖、水产品加工、休闲渔业和渔业装备等为建设现代渔业服务的标准项目。

(2)完善标准化队伍建设。针对部分人员的变动情况，经国家标准化管理委员会批准，第四届全国水产标准化技术委员会调整了主任委员和一位副主任委员及部分委员，并组织召开了第二次全体委员会议，总结了2009年以来渔业标准化工作开展情况，部署了下一阶段工作。例行召开了全国水产标准化技术委员会及各分技术委员会秘书长会议，组织秘书长和委员开展了综合标准化理念学习指导。开展了海水养殖、海水产品加工、渔具与渔具材料、渔业机械仪器、渔业资源等分技术委员会年会活动，交流了各专业领域标准化工作经验，结合现代渔业建设对标准化的需求，就如何更好发挥标委会作用、为渔业现代化发展服务提出意见和建议。

(3)加大标准宣传贯彻培训力度。持续认真宣传贯彻《标准化工作导则 第1部分：标准的结构和编写》(GB/T1.1—2009)，自2010年起，举办了第三期渔业标准知识培训班，培训了渔业行政管理人员、全国水产标准化技术委员会及各分技委委员、承担渔业领域国家和行业标准制(修)订任务等标准化骨干人员100余人，累计培训400余人次。

【水产标准制(修)订】 积极推进渔业相关国家和行业标准制(修)订工作,组织33项农业部下达的渔业行业标准制(修)订计划项目实施。召开9次渔业国家和行业标准审定会,对62项渔业国家和行业标准进行了审定,同时对30多项标准进行了复审,当年报批标准90项。《白斑综合征(WSD)诊断规程第1部分:核酸探针斑点杂交检测法》等61项归口渔业管理的国家和行业标准分获国家质量监督检验检疫总局、国家标准化管理委员会和农业部批准实施,其中国家标准8项、行业标准53项。组织有关单位和专家对与渔业相关的多项国家标准征求意见稿提出了具体意见和建议。组织完成了89项国家标准立项审查,推荐立项43项,其中4项获国标委批准2012年立项。组织完成了2013年农业行业标准制定和修订指南渔业项目的征集、遴选和推荐工作,征集项目项,遴选后推荐45项,40项纳入指南。

【技术性贸易措施官方评议】 2012年,完成了48项来自各国或地区的TBT和SPS通报的初评工作。对其中较为重要、可能影响我国水产品出口贸易的5项通报进行了重点评议,对外提出评议意见4条,对内预警与建议7条,均在评议期内及时地反馈了评议意见。积极开展信息预警工作,将重要技术性贸易措施通过《中国渔业质量与标准》等期刊发布,使行业协会、企业等利益相关方及时掌握贸易国最新技术性措施、及早做好防范。此外,进一步完善了"水产品技术性贸易措施官方评议信息服务平台",并已开始数据库的信息录入工作。此外,为进一步加强官方评议工作基础,在总结前期工作的基础上编写了官方评议的科研计划建议内容。

【国际交流合作】 组织专家开展CAC标准跟踪研究工作,及时了解和掌握国际食品法典委员会(CAC)水产品标准制(修)订动态。完成了国际食品法典委员会第32届鱼及鱼制品委员会(CCFFP)会议和第18次CAC-亚洲地区协调会参会任务,积极表达了我国对相关国际标准的意见。积极参与CAC-紫菜亚洲区域标准制定工作,组织专家参加了中日韩三国CAC亚洲区域紫菜产品标准制订第一次中日韩三方磋商会,在中国举办了第二次磋商会,初步掌握了各方意见,开展了对应考察交流活动。组织人员参加了CAC第44届食品添加剂委员会(CCFA)会议,掌握了相关国际标准动态及水产品相关添加剂使用范围和使用量议题进展动态。

【国家和行业标准目录】

2012年发布国家标准和行业标准目录

序号	标准编号	标准名称	实施时间
		一、国家标准	
1	GB/T 28630.1-2012	白斑综合征(WSD)诊断规程第1部分:核酸探针斑点杂交检测法	2012年11月1日
2	GB/T 28630.2-2012	白斑综合征(WSD)诊断规程第2部分:套式PCR检测法	2012年11月1日
3	GB/T 28630.3-2012	白斑综合征(WSD)诊断规程第3部分:原位杂交检测法	2012年11月1日
4	GB/T 28630.4-2012	白斑综合征(WSD)诊断规程第4部分:组织病理学诊断法	2012年11月1日
5	GB/T 28630.5-2012	白斑综合征(WSD)诊断规程第5部分:新鲜组织的T-E染色法	2012年11月1日
6	GB/T 28790-2012	渔业船舶柴油机节油装置技术条件及检测方法	2013年4月1日
7	GB/T 28793-2012	渔业船舶柴油机节油技术要求	2013年4月1日
8	GB/T 28794-2012	渔业船舶油污水分离系统技术要求	2013年4月1日
		二、行业标准	
1	SC/T 1008-2012	淡水鱼苗种池塘常规培育技术规范	2012年6月1日
2	SC/T 1111-2012	河蟹养殖质量安全管理技术规程	2012年6月1日
3	SC/T 1112-2012	斑点叉尾鮰　亲鱼和苗种	2012年6月1日
4	SC/T 1115-2012	剑尾鱼　RR-B	2012年6月1日
5	SC/T 1116-2012	水产新品种审定技术规范	2012年6月1日
6	SC/T 2003-2012	刺参　亲参和苗种	2012年6月1日
7	SC/T 2009-2012	半滑舌鳎　亲参和苗种	2012年6月1日
8	SC/T 2016-2012	拟穴青蟹　亲蟹和苗种	2012年6月1日
9	SC/T 2025-2012	眼斑拟石首鱼　亲鱼和苗种	2012年6月1日

（续）

序号	标准编号	标准名称	实施时间
10	SC/T 2042－2012	斑节对虾　亲虾和苗种	2012年6月1日
11	SC/T 2054－2012	鮸状黄姑鱼	2012年6月1日
12	SC/T 3120－2012	冻熟对虾	2013年3月1日
13	SC/T 3121－2012	冻牡蛎肉	2013年3月1日
14	SC/T 3202－2012	干海带	2013年3月1日
15	SC/T 3204－2012	虾米	2013年3月1日
16	SC/T 3209－2012	淡菜	2013年3月1日
17	SC/T 3217－2012	干石花菜	2013年3月1日
18	SC/T 3306－2012	即食裙带菜	2013年3月1日
19	SC/T 3402－2012	褐藻酸钠印染助剂	2013年3月1日
20	SC/T 3404－2012	岩藻多糖	2013年3月1日
21	SC/T 5051－2012	观赏渔业通用名词术语	2013年3月1日
22	SC/T 5052－2012	热带观赏鱼命名规则	2013年3月1日
23	SC/T 5101－2012	观赏鱼养殖场条件　锦鲤	2013年3月1日
24	SC/T 5102－2012	观赏鱼养殖场条件　金鱼	2013年3月1日
25	SC/T 6053－2012	渔业船用调频无线电话机(27.5～39.5MHz)试验方法	2013年3月1日
26	SC/T 6054－2012	渔业仪器名词术语	2013年3月1日
27	SC/T 6072－2012	渔船动态监管信息系统建设技术要求	2013年3月1日
28	SC/T 6073－2012	水生哺乳动物饲养设施要求	2013年3月1日
29	SC/T 6074－2012	水族馆术语	2013年3月1日
30	SC/T 7016.1－2012	鱼类细胞系第1部分:胖头鲹肌肉细胞系(FHM)	2013年3月1日
31	SC/T 7016.2－2012	鱼类细胞系第2部分:草鱼肾细胞系(CIK)	2013年3月1日
32	SC/T 7016.3－2012	鱼类细胞系第3部分:草鱼卵巢细胞系(CO)	2013年3月1日
33	SC/T 7016.4－2012	鱼类细胞系第4部分:虹鳟性腺细胞系(RTG－2)	2013年3月1日
34	SC/T 7016.5－2012	鱼类细胞系第5部分:鲤上皮瘤细胞系(EPC)	2013年3月1日
35	SC/T 7016.6－2012	鱼类细胞系第6部分:大鳞大麻哈鱼胚胎细胞系(CHSE)	2013年3月1日
36	SC/T 7016.7－2012	鱼类细胞系第7部分:棕鮰细胞系(BB)	2013年3月1日
37	SC/T 7016.8－2012	鱼类细胞系第8部分:斑点叉尾鮰卵巢细胞系(CCO)	2013年3月1日
38	SC/T 7016.9－2012	鱼类细胞系第9部分:蓝腮太阳鱼细胞系(BF－2)	2013年3月1日
39	SC/T 7016.10－2012	鱼类细胞系第10部分:狗鱼性腺细胞系(PG)	2013年3月1日
40	SC/T 7016.11－2012	鱼类细胞系第11部分:虹鳟肝细胞系(R1)	2013年3月1日
41	SC/T 7016.12－2012	鱼类细胞系第12部分:鲤白血球细胞系(CLC)	2013年3月1日
42	SC/T 7017－2012	水生动物疫病风险评估通则	2013年3月1日
43	SC/T 7018.1－2012	水生动物疫病流行病学调查规范第1部分:鲤春病毒血症(SVC)	2013年3月1日
44	SC/T 7216－2012	鱼类病毒性神经坏死病(VNN)诊断技术规程	2013年3月1日
45	SC/T 9403－2012	海洋渔业资源调查规范	2013年3月1日
46	SC/T 9404－2012	水下爆破作业对水生生物资源及生态环境损害评估方法	2013年3月1日
47	SC/T 9405－2012	岛礁水域生物资源调查评估技术规范	2013年3月1日
48	SC/T 9406－2012	盐碱地水产养殖用水水质	2013年3月1日
49	SC/T 9407－2012	河流漂流性鱼卵、仔鱼采样技术规范	2013年3月1日
50	SC/T 9408－2012	水生生物自然保护区评价技术规范	2013年3月1日
51	SC/T 9409－2012	水生哺乳动物谱系记录规范	2013年3月1日
52	SC/T 9410－2012	水族馆水生哺乳动物驯养技术等级划分要求	2013年3月1日
53	SC/T 9411－2012	水族馆水生哺乳动物饲养水质	2013年3月1日

（农业部渔业局　郭　薇）

水产品质量安全监管

【概况】 根据国务院食品安全重点工作安排和部农产品质量安全专项整治工作的统一部署，围绕落实"努力确保不发生重大农产品质量安全事件"的中心目标，农业部渔业局按照整体推进、重点治理，标本兼治、重在治本的工作原则，一手抓重点水产品种的突出质量安全问题专项治理，一手抓监管制度、体制的创新和完善，产地水产品质量安全状况总体稳定，抽检总体合格率达到98.5%，同比提高0.2个百分点，全年没有发生群体性的突发事件。

【主要措施】

1.全面部署，督导工作落实 农业部渔业局印发《2012年产地水产品质量安全监管工作要点》，并于4月23～25日在广西南宁市召开全国水产品质量安全监管工作会议，同期套开水产养殖及质量安全执法工作座谈会，对2011年监管、执法工作成效进行全面总结，分析存在问题，部署了2012年工作，引导各地围绕重点做好产地监管。局长赵兴武到会并发表指导性讲话。根据各地工作进展，渔业局领导带队，适时对广东、湖北、四川、陕西等重点地区的质量安全工作进行督导。

2.多措并举，整治重点隐患 根据2011年监测结果，农业部渔业局确定2012年对鳜鱼、大菱鲆等质量安全问题相对突出的重点水产品种进行综合治理。组织召开了重点水产品种禁用药物残留专项治理工作座谈会，16个省、自治区、直辖市渔业主管部门水产品质量安全监管分管厅局长、业务主管处负责人及相关专家参加会议，对重点品种的质量安全问题进行了全面梳理，研究治理措施。针对基层反映孔雀石绿等药物禁用后部分鱼病无高效、低毒药物可用的问题，委托全国水产技术推广总站组织20余位渔药、鱼病防治和技术推广专家，根据孔雀石绿和硝基呋喃类药物的不同功能开展替代药物筛查。完成主要禁用药物在水产养殖动物体内的残留规律评估分析研究，初步结果表明，大多数水产品种如果仅在苗种阶段使用禁用药物，到养成品后不会检出。

3.加强监测，狠抓检打联动 针对12个重点水产苗种生产省份、20种水产品的苗种开展监督抽查，抽检样品480个，合格率88.3%，同比增加4个百分点。结合各地水产品生产季节安排，开展两次产地水产品质量安全监督抽查工作，由30家具备资质的质检机构对全国30个省、自治区、直辖市的21种水产品开展监督抽查，抽检样品数量3 027个，总体合格率98.5%，同比增长0.2个百分点。根据环渤海水产品石油污染监测计划，继续对环渤海的水产品石油污染情况进行监测，为开展风险评估、制订水产品石油污染限量标准收集数据资料。结果表明，按照国际标准，目前绝大多数水产品石油烃残留水平在允许范围内。根据水产苗种和两次产地水产品质量安全监督抽查结果，先后召开3次会商会，通报有关情况，并督导有关省份举一反三，加强水产品质量安全管理。

6月中旬，农业部渔政指挥中心会同渔业局启动了2012年度全国水产养殖质量安全执法交叉督查工作，分10个片区，由10个督查组独立完成。督查组对各地开展执法及工作规范性情况进行了摸底，总结了存在问题，并提出了下一步推进水产品质量安全执法的工作措施。同时，督导组还积极促进相关省（自治区、直辖市）渔业执法部门之间的交流与合作。针对水产苗种和两次产地水产品质量安全监督抽查发现的阳性样品，农业部渔政指挥中心下发督导文件，要求问题严重省份切实加大案件的查处力度，并报送相关案卷材料，确保执法到位。据统计，所有不合格产品的违法查处率达到100%。

4.创新机制，强化监管支撑 一是组织开展水产品中禁用药物残留快检产品检验能力验证，5家企业生产的16种快检产品能够达到其产品标识的检验能力，为各地开展现场执法提供了支撑手段。二是选择辽宁、湖北、山东及北京、天津等8个省（直辖市）开展重点水产品种产地准出和质量安全追溯制度试点，探索落实生产者质量安全主体责任的制度性安排。三是举办质检机构负责人培训班，开展质检机构检验资质认定、结果复核和检验能力验证，确保检验结果的科学性和准确性。

5.关注舆情，加强消费引导 加强水产品质量安全舆情监测，编制相关专报33期，高度关注青斑鱼喂食麻醉药事件和注胶虾事件等，分析、过滤、处置水产品质量安全焦点、热点和苗头性信息，防止酿成重大水产品质量安全事件。配合《人民日报》完成四期《求证》栏目的制作工作，对大闸蟹、黄鳝等品种的用药情况，以及水产品质量安全标准、监管难点等进行分析、澄清，积极开展消费引导。

6.深入调查，摸排安全隐患 结合产地贮藏保鲜质量安全风险评估工作，组织专家对江苏省和江西省部分养殖场使用的渔药、饲料及其他投入品开展质量安全状况调查。调查在江苏取样21件，其中有药品批号的14个，没有批号的7个（包括环境改良剂、清塘剂、解毒剂和生物肥料等），14个有批号的产品中仅有

6个产品批号符合国家要求,5种药物有添加与其标注不相符合的隐性成分,包括喹乙醇、甲砜霉素、敌敌畏等;在江西取样13件,包括6件药物和7件饲料,其中仅有1个药品批号与所批准的相符,7件饲料中4件检出喹乙醇、2件检出呋喃西林,1件同时检出喹乙醇和呋喃西林等违禁成分。调查结果说明,渔药、饲料市场秩序仍比较混乱,对水产品风险隐患极大。

【存在问题】 尽管水产品质量安全监管工作取得一定成绩,但存在的问题和制约瓶颈也日益凸显,主要表现在部分水产品种,特别是水产苗种的禁用药物残留问题还比较严重,质量安全隐患较大。主要原因:一是县乡两级普遍存在"缺机构、缺人员、缺经费、缺手段"的"四缺"现象,很多监管职能和任务难以落实到位;现场执法监管中亟须的水产品流动检验实验室无法启动。二是水产品质量安全影响因素的广域性、多因性、引致性特征日益明显,除药物残留外,贝类毒素等多种因素也均可引致水产品质量安全突发事件。三是市场准入、质量安全追溯等相关制度缺失,生产者质量安全主体责任落实不到位。四是基础科研投入较少,高效、安全、低毒、经济的新型替代渔药和疫苗研发滞后,渔用药物、饲料等投入品市场秩序混乱是造成水产品质量安全水平止步不前的重要因素。

(农业部渔业局 郭云峰)

渔业安全生产

【概况】 2012年,各级渔业部门认真贯彻《国务院办公厅关于加强渔业安全生产工作的通知》精神,加大工作力度,采取有力措施,扎实推进平安渔业建设,组织开展"打非治违"专项行动,渔业安全生产形势保持平稳好转态势。2012年全国渔业船舶水上生产安全事故发生323.5起,死亡(失踪)352人,同比分别减少1.5起、72人。

1.夯实基础,扎实推进"平安渔业"建设 将"平安渔业示范县"和"文明渔港"两个创建作为抓手,与国家安监总局联合组织开展两个创建活动,创建并公布首批45个"全国平安渔业示范县"和两批37个"全国文明渔港"。通过开展"两个创建"、"抓点带面",促进安全生产责任制的落实,提高了地方政府对渔业安全生产的重视,为构建安全监管长效机制奠定坚实基础。

2.强化监督,深入开展"打非治违"专项行动 重点加大对"三无"及套牌渔船、渔船渔港救生、安全设施配备情况、渔船船员持证情况、渔船和船用产品生产企业资质管理等四个方面情况进行重点检查督查,组织基层政府、管理部门和生产经营单位开展行业自查,各省渔业主管部门和三个海区渔政局开展交叉检查,同时对重点区域和环节开展督查,加大对违法违规行为的查处力度,确保渔业安全生产形势稳定好转。

3.加强合作,着力强化相关部门协调配合 强化与交通运输部、中国电信和中国气象局等部门合作。2009年与交通运输部合作签署两部合作备忘录。3年来,共同加强安全生产宣传教育,强化船员培训,发布航行警告,开展联合检查,对减少商渔船碰撞事故发挥了积极作用。2012年商船与渔船碰撞事故共发生19.5起,死亡(失踪)86人,同比分别减少11.5起、53人。

4.强化培训,切实提高渔民安全意识和技能 组织开展形式多样的宣传教育活动。积极推动全国渔业船员培训机构认定工作,从根本上做好渔业船员安全生产培训的基础性工作。积极推动阳光工程培训项目的落实工作,加强渔业安全生产宣传教育和渔船船员培训工作力度,开展船员持证情况的检查,切实提高渔民安全生产意识和技能。

5.完善机制,及时做好防台及海难救助工作 每逢汛期和重大灾害性天气,及时会商研究,下发紧急通知,提前部署防御工作,督导地方渔业部门进一步落实防御措施。制订《渔业船舶水上安全突发事件应急预案》,进一步完善24小时渔业应急值班制度,制定并落实各项安全生产应急制度。2012年,渔业力量参加海难救助935起,救助渔船1 252艘次、救助渔民6 061人,挽回经济损失近5亿元。

(农业部渔业局 朱宝颖)

渔港监督管理

1.积极推进渔船渔港立法工作 一是完成《渔业船舶登记办法》修订草案的审议和公布工作。在组织各地渔业部门和有关专家深入研究基础上,起草形成了《渔业船舶登记办法》修订草案送审稿。经农业部常务会议审议通过并正式发布,于2013年1月1日起实施。二是组织《渔港管理条例》立法研究起草工作。在开展渔港情况调查研究基础上,组织进行研究论证、开展立法调研,起草渔港管理初稿和有关专题研究报告,经进一步修改形成征求意见稿印发有关部门和各地征求意见。经积极争取,国务院法制办已将渔港立法列入2013年二类立法计划。

2.组织开展"文明渔港"创建活动 在2010年组织开展"文明渔港"创建活动并公布首批"全国文明渔

港"基础上，协调并争取国家安全生产监督管理总局同意，以两部（局）名义联合发文，部署开展新一轮"文明渔港"创建活动。在各地创建、推荐和初评基础上，经报两部（局）领导同意并公示，确定了第二批17个"全国文明渔港"。同时，经积极协调，将"文明渔港"和"平安渔业示范县"两个创建活动纳入国务院批准的全国安全生产"十二五"规划之中，进一步提升各级人民政府对渔业安全生产工作的重视和支持。

3. 切实加强渔用航标维护与管理 2012年，中央财政在渔政管理经费项目下增加了渔用航标维修养护经费。为落实好该经费项目，组织开展航标管理调研，下发通知要求各地组织落实好项目实施并做好监督管理工作，确保国家财政资金使用安全，确保维修养护和更新改造后的航标正常运行并发挥功能。在2011年开展沿海渔港航标数据核查工作基础上，编制形成数据核查手册，进一步推进渔港、航标数据库和地理信息系统建设，为科学规划建设和维护渔港航标、积极争取加大渔业安全投入、提高安全保障水平提供决策依据。

4. 继续深化与交通运输部水上安全管理合作 深入贯彻落实农业部和交通运输部水上安全管理合作备忘录精神，多渠道与交通部门开展研究和会商，农业部副部长牛盾亲自参加会商交流活动。以两部名义联合印发了《关于进一步深化合作加强水上安全管理的通知》，要求各级交通、渔业部门进一步深化部门合作，全面落实两部合作备忘录要求，切实加强水上安全管理工作，继续联合在沿海和内陆重点渔区广泛开展商船渔船安全警示教育活动，特别是在强化商船船长职责、加强外籍商船监管和碰撞事故调查处理等方面有所突破和明确，有利于推动海事机构进一步加强和规范对商船及其船员的监管、避免和减少商渔船碰撞事故的发生。

5. 积极参与国际海事组织渔船安全公约谈判 2012年国际海事组织在南非召开国际渔船安全外交大会。为保障和促进海上渔船安全，维护我国远洋渔业利益，会同交通运输部认真组织研究对策并起草与会方案，报经国务院批准。根据与会方案，积极参加外交大会讨论，多方协调争取支持，适时引导谈判导向，妥善把握原则性与灵活性。经过艰苦努力，最终大会通过的《国际渔船安全公约2012年开普敦协定》充分体现了我方主张，圆满实现了延缓公约生效、减轻对我影响、争取过渡时间等预定目标，为有效应对公约生效和港口国检查、提高我国远洋渔船安全水平和竞争力创造了有利条件。

（农业部渔业局　孙海文）

渔业船舶水上安全事故及救助情况

【事故情况】 2012年，全国共发生渔业船舶水上事故323.5起，死亡（含失踪，下同）352人，同比事故起数和死亡人数分别减少1.5起、72人。

（1）从事故类型分析，事故起数排前三位的分别是溺水、机械损伤、自沉；死亡人数排前三位的分别是溺水、水上交通、机械损伤（与自沉同人数）。全年共发生溺水事故87起、死亡91人，分别占事故总起数和死亡总人数的26.89%和25.85%，同比分别增加23起、24人；发生机械损伤事故40起、死亡25人，分别占事故总起数和死亡总人数的12.36%和7.10%，同比分别减少13起、15人；发生自沉事故28起、死亡25人，分别占事故总起数和死亡总人数的8.66%和7.10%，同比分别减少3起、27人；发生水上交通事故19.5起（事故起数已减半）、死亡86人，分别占事故总起数和死亡总人数的6.03%和24.43%，同比分别减少11.5起、53人。

（2）从事故等级分析，较大事故27.5起、死亡167人，分别占事故总起数和死亡总人数的8.50%和47.44%，同比分别减少8.5起、52人；重大事故1起、死亡10人，分别占事故总起数和死亡总人数的0.31%和2.84%，同比分别减少3起、53人。

（3）从事故特点分析，2012年渔业船舶水上安全情况总体向好，水上安全形势依然不容乐观，主要呈现出以下几个特点：

一是溺水事故频发。2012年共发生溺水事故87起、死亡91人，分别占事故总起数和死亡总人数的26.89%和25.85%，事故起数和死亡人数均居全年事故首位。溺水事故高发与大量内陆务工人员未经培训出海作业、缺少安全防护知识、违章违规操作密切相关。

二是水上交通事故高发。2012年共发生水上交通事故19.5起（事故起数已减半），死亡86人，分别占事故总起数和死亡总人数的6.03%和24.43%，此类事故呈现出事发时间、区域相对集中，人员伤亡、财产损失惨重，外籍商船肇事逃逸现象增多等特点。渔船作业区域和商船航线交叉重叠，国际海上避碰规则未能有效执行，商船船员过分依赖雷达及自动驾驶设备而疏于瞭望，肇事惩处机制不健全都是造成商渔船碰撞事故高发的主要原因。

三是自沉事故势头难扼。2012年共发生自沉事故28起，死亡25人，分别占事故总起数和死亡总人数的8.66%和7.10%。究其原因，主要是船舶质量差、配载不合理、船舶操纵不当等。而渔船远离编队、单船出海作业及通讯联络不畅则导致事故发生后无法及时展开救助,造成救助成功率较低。

【救助情况】 2012 年 1 ~ 12 月,各级渔政渔港监督管理机构共组织渔业力量参加海难救助 935 起,出动渔船、渔政船(艇)分别为 1 215 艘次和 410 艘次,救助渔船 1 252 艘次、救助渔民 6 061 人,投入救助经费 2 619.5万元,挽回经济损失近 4.9 亿元。

(农业部渔政指挥中心 骆 强)

渔业防灾减灾

【概况】 2012 年各类自然灾害频发重发,尤以台风灾害为重,呈现出“连续性”、“集中性”和“不规律性”等新特点,甚至同时出现双台风、三台风现象和风、暴、潮“三碰头”等重大险情,给渔业生产造成巨大损失,对渔民安全造成重大威胁。据统计,全年受灾水产养殖面积 108.77 万公顷,损失水产品 138.54 万吨,死亡(失踪)133 人,重伤 31 人,直接经济损失 237.39 亿元。

面对严峻的渔业防灾减灾形势,农业部渔业局始终坚持“以安为先”,将保护好渔民群众的生命财产安全和水产品的安全有效供给作为工作重点,突出“四强化”,积极做好渔业防灾、抗灾、救灾各项工作。一是强化制度建设。制定印发《渔业船舶水上突发事件应急预案》、《渔业船舶水上安全事故报告和调查处理规定》和《渔业海难救助补助项目的实施办法》,渔业防灾减灾工作制度和规范性文件修订工作取得积极成果。二是强化应急值守。强化 24 小时应急值班和领导带班制度,在灾害天气和渔业船舶水上事故(险情)中,做到人员及时到位、信息及时上报、处置迅速恰当,未出现误时、误事和造成负面影响情况。三是强化台风防御。按照《渔业应对台风工作制度》,切实加强防台风信息报送和宣传工作,做到及时预警和迅速部署。局、中心领导带队深入山东、江苏、浙江、福建等省防台一线,指导当地落实渔船回港避风和人员上岸避险等渔业防台措施,最大限度地减少了渔民的生命财产损失。四是强化救助协调。加强与交通、气象等部门合作,协同推进渔业气象灾害预报预警工作,落实海上搜救联动机制,及时有效处置渔业船舶水上突发事件。

(农业部渔业局 袁晓初)

渔 船 管 理

1. 全面落实“十二五”海洋渔船控制制度 负责组织实施“十二五”渔船控制制度,通过完善规定,狠抓工作落实,促进规范管理,通过健全协调机制,强化督促指导,确保渔船管理各项重点工作有序推进。开展调查研究,推动成果转化,调查剖析未纳入管理渔船的原因并提出政策建议,颁布实施《海洋捕捞渔船拆解操作规程》和《南沙生产渔船专用船网工具指标管理办法》。加强协调沟通,组织启动《渔业捕捞许可规定》修订,明确将渔船建造初步设计方案作为审批造船的前置条件,配合开展老旧渔船报废标准与管理办法制(修)订工作,推动渔船用柴油机源头监管和型谱规范。

2. 扎实开展内陆渔船规范化管理 加快推进内陆渔船管理制度建设,组织开展内陆渔船管理和数据库建设专题调研,研究起草内陆渔船数据库建设具体实施计划和工作方案,基本完成内陆渔船管理数据库和全国所有渔船信息统计分析系统研发、测试和启动系统推广应用工作,为进一步推进内陆渔船规范化管理奠定基础。

3. 全面推进海洋渔船动态管理系统建设 按照“管理集中化、安全系统化、运维专业化、拓展灵活化”要求,全面梳理渔船管理业务流程,建立健全全国统一的渔船管理数据库,实现渔船船网指标审批、船名核定、渔船检验、渔船登记、捕捞许可和渔船报废拆解等各管理环节相互衔接。负责组织全面推进渔船检验、登记和捕捞许可管理数据清理整合,督促指导各地按系统协调小组第二次会议纪要要求,对渔船实船功率、渔船检验证书和捕捞许可证记载功率不一致,以及制造、更新改造和购置渔船管理、证书审验等重点问题进行了梳理和明确,为建立统一、规范和准确的全国海洋渔船数据库,实现渔船各管理环节相互衔接奠定基础。同时,指导研发渔船数据“三级”纠错和渔船数据资源共享接口等应用软件,组织测试及推广应用,充分发挥了全国渔船动态管理系统的服务功能。

4. 进一步规范渔船许可审批 渔船许可审批时间紧、任务重、涉及面宽、政策性强,既要认真审核,又要按时办结,既要严格把关、又要优质服务。2012 年,共受理各类渔船许可审批申请 310 多份、涉及渔船近 929 艘,其中远洋渔船和跨省买卖渔船审批同比增加 3 倍以上。同时,为转变工作作风,推进远洋渔船审批公正透明,推动建立了远洋渔船造船审批局长办公会制度,共同研究,集体决策。对渔船许可审批中遇到的矛盾和问题,及时与有关方面沟通协调,予以妥善解决。

(农业部渔业局 张信安)

渔业节能减排工作

【概况】 2012 年,农业部渔业局以组织实施渔业节能减排项目为重点，结合渔船更新改造升级工作，推进渔业节能减排，工作取得一定成效。

(1)继续推广渔船节能技术与产品。在辽宁、山东、浙江、江苏等省开展渔船节能试点示范，研发设计13种玻璃钢及3种钢质标准化渔船新船型，分别建造21艘玻璃钢、24艘钢质标准化渔船，推广节能型柴油机等渔船节能装置346台套，节约燃油7 500吨。同时，按照发展“安全、环保、经济、节能、适居”要求，研究渔船的优化修改方案，进行船型有关情况调研、船型技术经济特征分析。

(2)积极推进渔船升级更新改造。组织编制了《渔船及装备升级更新重大工程建设方案》，提出了拟组织实施远洋渔船更新升级、三沙海域渔船更新改造、海洋渔船标准化更新改造等工程。同时在投资补助政策方面取得重大突破，2012年国家累计投资40.34亿元用于支持海洋渔船更新改造。资金的下达，对拓展我国海洋渔业发展空间、推进渔业节能减排起到重要作用。此外还配合工业和信息化部举办了渔业装备研讨活动。

(3)完善水产养殖节能减排模式。在广东、山西两省分别开展了海水和淡水养殖节能减排试点示范，探索和完善了水产养殖节能减排技术新模式。其中海水高位池循环水养殖模式得到完善，示范范围不断扩大，节水和经济效益显著，养殖水循环利用率90%以上，养殖对虾平均每公顷产15吨，最高达到21.75吨；淡水池塘养殖节能技术集成示范项目，单位面积池塘电费较传统养殖减少30%以上，每公顷效益平均增加1.2万元，同时病害明显下降，成活率平均提高4%。

(4)开展渔业节能减排宣传与研究。在重点渔区、养殖场举办了各种渔船节能及养殖减排技术培训，培训渔民等1 400多人次。收集整理国内外渔业节能减排信息，组织编印了4期《渔业节能减排通讯》和《日本挪威渔船现状与管理》专辑。研究提出了木质渔船状况与更新淘汰政策建议。在中国渔业装备与工程科技信息网上开设“节能减排专栏”，已发布有关政策法规和国内外动态信息共计300余条。渔船研究项目争取取得突破，将节能渔船研究列入《2012年高技术船舶科研项目计划》，被工业和信息化部和财政部批准立项。继续组织实施农业行业科研专项“渔业重大节能关键技术与装备研究”和“淡水池塘工程化改造与环境修复”等项目，在节能船型研究、船型标准化、节能产品技术评价体系研究以及池塘精准投喂技术等方面取得新进展。

(农业部渔业局　于秀娟)

水生生物资源养护与水域生态修复

2012年，农业部继续深入贯彻党的十七届三中全会和《中国水生生物资源养护行动纲要》要求，扎实推进水生生物资源养护各项工作，加强增殖放流宣传和管理，推进资源养护制度和水产种质资源保护区建设，成功签订《蓬莱19－3油田溢油渔业损失赔偿补偿协议》，妥善处理养殖渔民赔偿工作，积极推动蓬莱溢油生物资源养护和生态环境修复，实现我国水生生物资源养护事业稳步前进。

【抓好增殖放流，积极修复水域生态】

1.组织办好重大活动，不断扩大社会影响 2012年农业部共与9个省(自治区、直辖市)联合开展了10次重大放流活动，组织各级放流活动1 579次。4月26日，农业部与陕西省在汉中市联合开展了汉江鱼类增殖放流活动，共向汉江汉中段投放鲢、鳙、鲤、鲫、乌鳢、黄颡鱼等230万尾，副部长牛盾和副省长祝列克参加了放流活动。6月4日，农业部和环渤海地区的河北、辽宁、天津、山东三省一市人民政府分别在秦皇岛市、绥中县、滨海新区、蓬莱市同步举行了2012渤海生物资源修复放流活动，投放中国对虾、梭子蟹、海蜇、牙鲆、红鳍东方鲀、黑鲪、半滑舌鳎、鲈鱼、黑鲷等生物苗种1.4亿尾，渤海沿岸相关市县同步放流各类水生生物苗种34亿尾，成为继2009年农业部与环渤海三省一市人民政府共同发布《渤海生物资源养护宣言》后，在渤海海域举行的放流规模最大、参加人数最多、影响范围最广的一次资源养护行动。6月26日，农业部与黑龙江省人民政府联合在大庆市举办嫩江生物增殖放流活动，副部长牛盾和黑龙江省人民政府领导参加，活动期间向嫩江投放鲢150万尾、鳙50万尾、黑龙江野鲤100万尾。7月17日，农业部和宁夏回族自治区人民政府在贺兰县共同举办2012年黄河渔业资源增殖放流活动，向黄河宁夏段放流黄河鲶、黄河鲤等540万尾，黄河土著鱼类资源得到修复，副部长牛盾和自治区副主席郝林海出席。7月21日，农业部与黑龙江省人民政府联合在佳木斯市举办松花江生物增殖放流活动，部长韩长赋、副部长牛盾和副省长吕维峰参加了放流活动。8月9日，农业部与内蒙古自治区人民政府联合在中蒙界湖举办贝尔湖渔业资源增殖放流活动，副部长牛盾出席活动并讲话。8月15日，农业部与云南省人民政府联合在西双版纳举办了2012年澜沧江水生生物资源增殖放流行动，副部长牛盾出席活动并讲话。

2.认真实施增殖放流，促进渔业增效渔民增收

积极争取并落实中央财政增殖放流项目补助资金3.06亿元，带动全国共投入增殖放流资金超过9.7亿元，同比增长15.6%；放流重要水生生物苗种和珍稀濒危物种达307.7亿尾（只），同比增长3.95%，有效促进了渔业资源恢复，实现了渔民增收。辽宁省2012年在黄海北部和辽东湾共回捕中国对虾555吨，同比增加121吨，增长21.8%，放流效果好于上年。据不完全统计，截止到11月底，山东全省累计回捕增殖渔业资源4.14万吨（不包括底播贝类），创产值19.92亿元，同比分别增长10%和12.43%，回捕总产值创历史新高，成为渔业资源修复行动以来增殖效益最好的一年。河北省中国对虾、三疣梭子蟹、海蜇等主要放流物种渔获量增加，捕捞渔民经济效益彰显，全年产量分别达1 500吨、5 800吨和4 350吨，投入产出比分别为1 ∶ 2.6、1 ∶ 2.9和1 ∶ 2.8。据测算，江苏省2012年增殖放流可为渔民增收2.1亿元，浙江省5年来增殖放流累计增加社会总产值20亿元以上。湖南洞庭湖2012年仅增殖鲢鳙累计获得经济效益分别达到1 248万元和762万元，投入产出比分别为1 ∶ 4.8和1 ∶ 3.0。随着增殖放流的频密开展，回捕中国对虾、梭子蟹、海蜇等增殖资源已成为黄渤海沿岸渔民重要的收入来源，山东省2012年直接受惠渔民约40万人，仅此一项带来的渔民人均增收就达到2 827元。青海省2002—2012年，累计向青海湖流域放流1龄苗种7 600余万尾，到2012年底资源量可恢复到35 000吨，是保护初期的13.5倍。增殖放流还对净化水质、保护水域生态环境发挥了重要作用。密云水库通过近些年连续开展增殖放流，估算2012年可净输出氮33吨、磷9.8吨，对净化水质、保障首都供水安全发挥了重要作用。湖北省香溪河流域通过放流，连续第二年没有发生水华，水体透明度由放流前约90厘米提升至170厘米，理化因子整体下降50%。鲢鳙鱼类的投放对巢湖蓝藻生长起到了明显的扼制作用，总磷显著降低，对铜绿微囊藻的消化吸收率分别达到35% ~48%和23% ~38%，改善了巢湖的水质。山东省通过放流、回捕增殖资源，从海水中移除大量碳、氮、磷元素，有效缓解了水体富营养化，2012年回捕的1.44万吨梭子蟹可净移除碳1 149.6吨，相当于每年植树造林300平方千米的固碳量。湖南省通过放流鲢鳙等鱼类，以渔获物形式移出湖体的氮、磷分别达到47.6吨和13.9吨，明显改善了水域生态环境，维护了水域生态平衡。

3.切实加强监督检查，不断规范项目管理 为进一步规范和加强增殖放流项目管理，提高财政资金使用效率，确保中央支渔惠渔政策落到实处，农业部渔业局继续加强增殖放流项目监督检查。年初下发通知，要求福建省做好增殖放流项目整改工作，并联合财务司对江苏、福建和陕西三省的增殖放流项目执行情况以及福建省整改落实情况进行了检查。通过检查，总结了地方在增殖放流项目管理方面取得的好经验、好做法，也发现其中存在的一些问题和今后需要改进之处，提出了进一步完善的要求。各地不断提高对增殖放流管理工作的重视程度。北京市第一次探索第三方监管模式，在放流过程中做到"四个严格把关"（即严格把好起塘关、运输关、放流关和验收关）、做好"三个记录"（即检斤记录、影像记录和验收记录）。黑龙江省注重抓好"苗种质量关"、"苗种投放关"和"苗种监护关"，规范实施，保证放流质量和效果。江西省为进一步规范水生生物增殖放流，对2012年的增殖放流项目实行绩效考评制度，省渔业局出台了《江西省增殖放流项目绩效考评办法》，对项目验收未达考评标准的实施单位，取消下一年度的项目承担资格。

4.继续加强效果评估，提升放流科技含量 增殖放流效果评估工作是科学评价放流成效，指导放流工作科学有序开展的重要基础性、支撑性工作。农业部渔业局自2009年起，在部门预算中连续4年安排经费支持20多家科研单位在渤海湾、辽东湾、舟山渔场、太湖、密云水库等重点水域，对四大家鱼、中国对虾、牙鲆、梭子蟹、海蜇等主要放流物种开展效果评估工作，并形成专题年度汇编报告。各地对增殖放流效果评估工作的重视程度也在不断提高。福建省海洋与渔业厅于2012年开始组织对官井洋大黄鱼增殖放流主要区域进行初步评估，对城洲岛人工鱼礁投放区水域进行资源调查和评估，又选取闽江、九龙江两个省内最大河流水系进行增殖放流后评估。湖南省水产科学研究所开展了"洞庭湖鱼类资源增殖放流跟踪监测与效果评估"专题研究。山东省首次投入400万元专项资金用于增殖放流效果评估研究，对中国对虾、海蜇、梭子蟹、魁蚶等重要放流品种进行定期监测和评估。该省还积极推行标准化放流，除牵头制定《水生生物增殖放流技术规程》行业标准外，还制定了中国对虾、竹节虾、海蜇等10项增殖地方标准，对抽样、计数、称重和评估等要点加以规范。

【加强制度建设，积极保护渔业资源】

1.海洋伏季休渔制度大局总体稳定 2012年黄渤海区和东海区伏季休渔制度进一步调整，刺网渔船休渔时间调整到2个月。由于这次制度调整做到制度早公告、渔政早宣传、渔民早准备，加之采取强化异地休渔渔船监管、加强海陆联查等方式，伏季休渔大局总体稳定。其中：黄渤海区应休渔船46 680艘基本休渔;东海区实现休渔渔船 53 726 艘,因浙江配套休渔的辅助渔船和江苏乡镇管理渔船上报伏休数据造成总体数量较上年有所增加;南海区实现休渔渔船 25 820 艘,涉及渔业劳动力 136 508 人。为加强南海近海渔业资源保护,推进外海渔业资源开发,更好地适应当前南海渔业维权斗争的需要,农业部渔业局于 10 月 22 日在海南省海口市组织召开了南海伏季休渔制度调整研讨会,副局长李彦亮、南海区渔政局局长吴壮和副巡视员刘桂茂以及南海三省(自治区)、所辖沿海市(县)渔业行政主管部门分管领导和中国水产科学研究院南海水产研究所有关专家共 44 人参加了会议。与会代表对调整休渔范围、实行特许管理两个方案进行了利弊比较,多数代表倾向于特许管理,部分海南省市县代表倾向于调整范围。考虑到两个方案在现阶段均存在较大弊端,已请南海区渔政局对有关基础情况作进一步分析研究,为决策提供支持。

2. 长江禁渔在总结基础上创新提高 2012 年是长江禁渔期制度实施第 11 个年头。长江流域渔业管理机构认真落实 2011 年长江禁渔十周年总结大会精神,继承和推进十年来形成的好的管理制度、管理措施和工作规范,组织领导有力、宣传动员有效、自查督查有方、民生保障有为、生态修复有序,维护了良好的禁渔管理秩序。全年各级财政下拨长江禁渔管理专项经费 1 894 万元,比上年增长 44%。各地加大禁渔期间渔民补助力度,共向渔民群众支付低保、补助经费 2 390万元,享受低保人数 21 609 人、享受生活困难补助人数 3 990 人。江苏南京、张家港市将禁渔渔民生活补助提高到 500 元/(人·月),安徽铜陵县政府帮助 18 户渔民上岸定居彻底告别“连家船”生活,湖北团风县渔政部门为 11 名血吸虫渔民申请了免费治疗。资源养护和生态修复力度加大,上半年沿江各省、直辖市投放苗种 7.7 亿尾,灌江纳苗和江湖连通活动在湖北、安徽多个湖泊开展,三峡生态调度再次成功实施。

3. 珠江禁渔在巩固基础上不断规范 2012 年是珠江禁渔期制度实施的第二年,禁渔渔船 28 571 艘、渔民 114 896 人。禁渔期间,各地总体上能做到应禁渔船按时封网停捕,基本上实现“江上无生产渔船,水中无作业网具,市场无捕捞江鱼”的目标;全流域共放流青、草、鲢、鳙等各类鱼苗 1.3 亿尾,投入资金 1 000 万元;各级政府投入补贴或救济金共 542 万元,纳入低保的渔民 5 929 人。据监测,广东肇庆珠江断面的鱼苗密度明显高于 2011 年(珠江首次禁渔)和 2010 年(珠江禁渔前),鱼苗总量分别达到同期的 8.9 倍和 11.7 倍,资源得到了一定程度的休养生息。

4. 渔具渔法管理扎实稳步推进 3 月 27 日,在上海召开农业部捕捞渔具专家委员会 2012 年第一次工作会议,对《全国海洋捕捞渔具目录》进行审查,提出修改完善意见。7 月 9 日,在兰州召开农业部捕捞渔具(海洋)专家委员会 2012 年第二次工作会议,会议对增补、归类后的 84 种渔具(30 种准用、13 种禁用以及 41 种过渡)逐一进行审核,并对下一步修改完善工作提出明确要求。截止到年底,三个海区的报告已经修改完毕并形成《全国海洋捕捞渔具目录》汇总稿。11 月 27 日,在广州召开了《全国海洋捕捞渔具目录》审定会议,对《全国海洋捕捞渔具目录(征求意见稿)》提出修改完善意见,并就如何做好实施前的准备工作提出要求。会后,形成纪要下发各地,部署做好工作,并在有关新闻媒体上开展宣传。

【保护种质资源,积极维护渔业权益】 做好水产种质资源保护区申报和培训工作。年中组织各地申报国家级水产种质资源保护区,进一步扩大保护区覆盖范围;8 月底在太原组织了第六批国家级水产种质资源保护区申报培训班,培训学员 100 多人,切实提高保护区申报质量。组织开展了第六批国家级水产种质资源保护区审查工作。各地共申报保护区 88 个,经国家级水产种质资源保护区评审委员会审查和局务会审议,通过 86 个,有 2 个保护区因故未通过审查。起草农业部公告,报请部领导同意后正式公布第六批国家级水产种质资源保护区名单,使截止到 2012 年底的国家级水产种质资源保护区总数达到 368 个,形成覆盖范围更加广泛、保护效果更加明显的保护体系。继续推进保护区规划编制工作。根据各地申报情况,整理出《全国水产种质资源保护区总体规划》初稿。核实第五批国家级水产种质资源保护区面积范围等相关材料,以农业部办公厅文件形式对外公布;对已经划定的前五批材料进行审查修改、编辑成书,便于环境评价、规划编制等工作使用。

【强化环境保护,妥善处理污染事故】

1. 集中力量做好蓬莱 19-3 油田溢油事故渔业处置 按照党中央、国务院的统一部署安排,农业部成立了溢油事故渔业应急处置工作小组,启动了渔业应急处置程序,加强渔业资源调查监测,开展养殖损害排查分析,及时与有关方面沟通协调,积极推动渔业索赔行政调解工作,努力帮助渔民群众挽回损失。先后参加蓬莱 19-3 油田溢油事故联合调查组、国务院应急办、中央政法委相关会议 20 次,提交报告、请示、建议 30 余份,与地方政府和渔业部门会商 9 次,约谈中国海洋石油总公司和康菲公司代表 10 余次,参与的重大事项达90多项。经过多轮艰苦谈判，争取到以最高案达成渔业赔偿补偿协议，养殖渔民和渔业资源共获赔13.5亿元，远高于以往类似事故渔业赔偿标准和数额，为渔民和渔业发展争取了最大的利益。

行政调解协议达成后，农业部多次通过发函、电话、会议、现场调查等形式，指导河北、辽宁两省稳妥、有序地推进养殖渔业赔偿补偿资金发放工作进度。河北、辽宁两省各级党委、政府及有关部门高度重视，成立了资金发放工作领导小组，制订了工作方案，层层落实责任，扎实开展调查摸底，结合当地实际，推进资金发放工作。到年底，两省养殖渔业赔偿补偿资金发放工作已基本结束。同时，农业部在组织专家多次研讨论证的基础上，制订了渤海渔业资源生态修复总体方案和管理办法，计划用三年时间，在渤海增殖放流经济物种苗种150亿尾以上，建设渔业生态修复示范区10个，开展渔业资源与生态环境调查监测评估以及溢油污染专题研究。相关工作已全面开展。

2.组织做好渔业生态环境监测，加强其他渔业污染事故调查处理和工作指导 继续组织全国渔业生态环境监测单位开展全国重要渔业水域生态环境监测。农业部与环境保护部联合发布了2011年度《中国渔业生态环境状况公报》，公布了120个重要渔业水域和43个国家级水产种质资源保护区、共计1 920.7万公顷监测范围的渔业生态环境状况。加强渔业污染事故调查处理单位和个人资质管理，做好培训和资质认定工作。经过培训考核，483人获得了渔业污染事故调查鉴定资格。及时应对广西镉污染、湖南新墙河死鱼、广东汕尾沉船及福建赤潮等事件，组织指导各地开展调查处理，减轻渔业和渔民损失，保障水产品质量安全。10月下旬，农业部在海南省海口市召开了全国渔业污染事故调查处理工作会议，交流了渔业污染事故调查处理的典型案例和工作经验，分析了存在的突出问题，研究提出了下一步工作思路和工作重点。

3.积极推动建立涉渔工程渔业资源生态补偿机制，加强各类涉渔重大规划、工程项目环评报告审查 3月农业部在云南省召开渔业资源生态补偿工作交流会，对涉渔工程建设项目开展环境影响评价、落实生态补偿资金情况进行交流，明确下一步工作方向和工作重点，副部长牛盾出席会议并讲话。进一步加强与环保部门沟通，研究出台加强涉渔工程建设项目环评的指导意见，为渔业资源生态保护工作提供保障。对长江、珠江、松花江、淮河、太湖等内陆水系流域规划进行认真审查，争取重要的渔业生态环境保护目标纳入其中，保证渔业发展空间；对国家海洋功能区划和沿海省、直辖市海洋功能区划(2011—2020)稿多次提出修改完善要求，并与国家海洋局进行了反复多次沟通，最终多数意见被采纳进国务院批准的功能区划中，实现了保护天然渔业资源、维护沿海养殖和捕捞渔业作业空间和渔民权益的目标。完成了31个省级或片区主体功能区划的审查工作，就保护水产种质资源和水域生态环境提出要求。据统计，共参与审查各类工程建设环境影响评价报告131项，争取到17.95亿元渔业资源生态补偿资金纳入项目环保投资，并按照“三同时”原则落实。组织专家对32个涉及国家级水产种质资源保护区的工程建设项目环境影响专题报告进行了审查，纳入环评报告的渔业资源生态补偿资金达3.77亿元。

(农业部渔业局　郭　睿)

水生野生动植物保护与管理

【自然保护区建设与管理】

(1)推动自然保护区制度建设，规范保护区管理。一是组织有关单位制订海洋、湖泊、河流类型保护区管理规范，针对不同类型保护区采取不同管护措施，形成规范初稿。二是完善涉保护区工程建设生态补偿机制，组织有关专家研究制订涉珍稀濒危水生物种栖息地建设工程项目生态损害核算规范。组织召开3次专家和保护区管理人员参加的会议对标准草稿进行修改，形成送审稿。三是组织制订水生生物自然保护区管理工作考核办法，经征求各省级渔业行政主管部门意见，形成报批稿。

(2)加强保护区日常巡护管理，加大执法检查力度。首次在全国组织开展涉省级以上水生生物自然保护区建设项目执法检查活动。在大连、镇江同步举行启动仪式，会同黄渤海区渔政局、长江流域渔业资源管理委员会办公室对大连斑海豹、长江上游珍稀特有鱼类、张家界大鲵等国家级自然保护区及江苏镇江豚类、江西鄱阳湖豚类、湖南岳阳东洞庭湖等地方级自然保护区进行了执法检查。各地共对64个省级以上水生生物自然保护区中涉保护区进行了执法检查，执法检查行动期间，各有关省共开展渔政专项执法行动近460次，出动车船765台次，执法人员6 000余人次。

(3)开展基层培训，加强保护区管护能力建设。举办第三期渔政执法培训班暨水生野生动物保护管理培训班，重点对涉保护区管理的市(县)渔政人员，就水生生物保护执法管理、资源监测及项目建设对水生生物自然保护区生态影响评价方法等开展培训。

【长江江豚拯救行动】

(1)针对洞庭湖江豚危机和发生的集中死亡事件

先后两次赴洞庭湖调研，同当地渔民、渔政人员、保护区管理人员、江豚保护志愿者等进行座谈，会同环境保护部自然生态保护司组织中国科学院水生生物研究所有关专家与湖南省畜牧水产局、岳阳市政府、岳阳县委县政府紧急召开加强江豚保护措施会商会，并下湖实地巡查，向农业部领导上报《关于洞庭湖长江江豚保护有关情况的报告》。

（2）及时了解掌握江西鄱阳湖受困、搁浅及受伤长江江豚救治救护情况，组织对影响长江江豚的挖沙等建设项目进行专项执法检查，对江西鄱阳湖渔政局申请解决救护经费的报告进行研究，提出支持方案。

（3）组织中国科学院水生生物研究所等有关单位对长江宜昌至上海段干支流长江江豚资源进行全面科学调查，本次考察没有发现白鱀豚，长江江豚目视发现372头次，声学考察发现172头次，和2006年科考相比下降趋势明显，科学测算结果将于2013年公布。

（4）下发《关于加强长江江豚保护管理工作的通知》，要求长江中下游地区各省级渔业部门采取切实措施加强长江江豚保护工作。

（5）组织召开长江豚类保护网络会议。推动新建湖北监利何王庙长江豚类迁地保护区，长江江豚人工繁育工作取得阶段性成果。

【濒危水生野生动物增殖放流】

（1）全国放流濒危水生野生动物1 787万尾，放流物种数量和规模不断增加，社会影响不断增强。

（2）组织农业部濒危水生野生动植物种科学委员会专家对各地新申报的48家珍稀濒危水生物种放流苗种供应单位进行审核，并以农业部名义对通过审核的30家单位进行公告。

（3）会同农业部财务司对陕西省2010—2011年度珍稀濒危水生动物增殖放流项目进行调研和抽查。

（4）组织长江水产研究所等有关单位开展中华鲟等濒危水生动物标志放流、跟踪监测工作，对放流效果进行评估。

【旗舰物种保护行动计划】 组织制订中华鲟、中华白海豚、斑海豹保护行动计划及长江江豚拯救行动计划。召开濒危野生动植物种科学委员会，对几个行动计划进行论证。已征求各有关省渔业部门意见，并根据各省意见进行修改，形成报批稿。

【水生野生动物特许利用管理】

（1）在北京联合举行启动仪式，组织重点省（直辖市）开展省际间互查，并对北京、辽宁、广东、广西开展了执法行动重点抽查。全国共开展执法行动2万多次，出动执法人员15万人次，查处案件1 300多起，有力打击了非法利用水生野生动物行为，提高了公众守法保护意识。

（2）组织对2011年原则通过评估的11家水生野生动物展演场馆开展现场核查和再评估，以农业部办公厅文件对整改核查情况进行了通报；对辽宁、山东、广西等地4家新申报的水生野生动物展演场馆进行现场核查，并组织中华人民共和国濒危物种科学委员会（以下简称国家濒科委）专家对4家场馆的展演活动进行评估；对上海、四川等地提交的人工驯养松江鲈鱼经营利用可行性研究报告及人工养殖鲟鱼籽酱出口可行性报告进行评估，并出具评估意见。

（3）组织北京、陕西等12个大鲵分布和特许利用重点省（直辖市）渔业行政主管部门和企业代表就我国大鲵保护和特许利用的管理现状和存在问题进行了认真交流和讨论，提出下一步工作意见，印发《大鲵保护和特许利用管理工作会会议纪要》。

（4）根据濒危野生动植物种国际贸易公约有关规定，会同国家濒危物种进出口管理办公室下发《关于欧洲鳗鲡及其产品再出口有关事宜的通知》，要求再出口欧鳗及其产品需提供可追溯的来源证明。针对欧鳗再出口审批中遇到的实际问题，会同国家濒管办召开座谈会，与福建省海洋与渔业厅、中国渔业协会鳗业工作委员会、福建省鳗业协会及有关鳗鱼加工出口企业一起研究讨论，提出了简化审批程序、保障产业平稳发展的解决方案。

（5）共办理水生动物进出口审批345件，水生野生动物经营利用审批194件，水生野生动物驯养繁殖审批27件，共计566件，收取水生野生动物资源保护费410万元。

【履约及对外交流】

（1）组团赴美开展中美自然保护交流与合作项目，实地考察了美方相关水利、水电工程建设对鱼类栖息地的影响及资源恢复措施，交流了各自珍稀鱼类栖息地保护、水生生物自然保护区建设管理的工作经验。

（2）参加濒危野生动植物种国际贸易公约第26届动物委员会、第62届常委会会议，代表国家履行公约，参与水生物种议题讨论，维护国家渔业权益。

（3）与国家濒管办共同召开3次研究会议，对欧鳗、鲨鱼、龟鳖保护管理、海上引进等CITES履约议题进行研讨。

（4）带团代表我国参加国际捕鲸会议。

【宣传】

(1)组织举办第3届水生野生动物保护科普宣传月活动,发放宣传手册数十万份,发放宣传视频光盘数百张,悬挂展板近千块。

(2)开展绘画、摄影、征文及水生野生动物卡通形象征集大赛,共收到来自各地的绘画作品100余幅、摄影500余幅、征文50余篇、卡通形象30余个。

(3)充分发挥水生野生动物保护形象大使濮存昕的影响力,组织制作"保护水生野生动物"平面公益广告和公益宣传片。平面广告已在北京地铁、公交车站等公共场所发布,视频广告在中央电视台和地方电视台及各地水族馆等公共场所播放。

(4)举办北京市首届中学生保护水生野生动物科普知识竞赛,强化水生野生动物保护宣传,在青少年中普及水生野生动物保护知识。

(农业部渔政指挥中心　刘　颖)

双边渔业协定执行情况

【中日渔业协定执行情况】 2012年是《中日渔业协定》实施的第十三年。经过中日双方共同努力,协定水域海上作业秩序稳定,协定执行情况良好。中日渔业执法会谈、海洋生物资源专家会议如期举行,相互入渔手续办理、暂定措施水域许可渔船名册通报等相关工作顺利开展。

2012年4月20日,中日双方政府委员在日本东京签署了中日渔业联合委员会第十三次会议纪要。根据纪要规定,从2012年起,双方作业渔期从自然年度调整为每年6月1日至次年5月31日。2012年6月1日至2013年5月31日,日方许可我国进入日本专属经济区管理水域作业的底拖网渔船为288艘、配额5 733吨;鱿钓渔船(含辅助船)58艘、配额4 141吨。底拖网渔船自2012年12月27日开始入渔日本管辖水域,截止到12月31日总计入渔17艘;鱿钓渔船自10月31日开始入渔,截止到12月底已入渔55艘,完成配额3 211.9吨。同期我国许可日本渔船进入我国专属经济区管理水域作业的总船数为346艘、总配额9 874吨,其中拖网渔船26艘,配额621吨;围网渔船111艘,配额8 558吨;延绳钓渔船91艘,配额156吨;曳绳钓渔船30艘,配额23吨;钓业渔船88艘,配额516吨。日方共向我提交80份围网渔船入渔许可申请,申请配额8 556吨,我方全部予以签发,但实际未有日方渔船到中方作业。

2012年7月,中日双方根据规定交换了各自许可进入暂定措施水域的渔船名册。中方通报2012年中日暂定措施水域作业渔船名册18 214艘,2011年中方在暂定措施水域渔获量为174.7万吨。日方向我通报了2012年许可日方作业渔船名册542艘,并通报2011年日方在暂定措施水域渔获量为38 278吨。根据第八届渔委会对《暂定措施水域资源管理措施》的修订内容,双方还相互交换了各自在中日暂定措施水域对许可的不同作业方式渔船的主要作业规定。

【中韩渔业协定实施情况】 2012年是《中韩渔业协定》实施的第十二年,在中韩双方共同努力下,协定得以顺利实施,海上作业秩序总体保持稳定,协定执行情况良好。

2011年10月20日,中韩渔业联合委员会第十一届年会在中国黄山市召开,双方就2012年执行《中韩渔业协定》有关问题达成协议。2012年,韩国许可我渔船进入韩国专属经济区管理水域作业渔船1 650艘,渔获配额6.25万吨。我实际入渔渔船1 526艘,入渔率91.49%,完成配额35 431.2吨,配额完成率56.7%。与2011年相比入渔率和配额完成率都有所下降。同期,我许可韩方入渔渔船1 600艘,渔获配额6.2万吨。实际共有287艘次韩国渔船入渔我水域作业,完成配额697吨,与2011年相比入渔船数有所增加,产量大幅度减少。

根据中韩渔委会第十一届年会安排,中韩渔业执法工作会谈于2012年4月在中国青岛召开,应韩方要求,中韩渔业执法工作会谈级别由处级升格为副局级,双方就维护协定水域作业秩序相关议题和渔委会委托事项深入磋商并达成广泛共识。第九次中韩海洋生物资源专家组会议于6月中旬在中国桂林召开,双方就评价鲐鱼配额管理实施情况、实行鱿鱼钓配额管理的可行性、调整渔获报告对象鱼种、暂定措施水域渔业资源调查及互派专家情况、鱼种指南制作等相关事宜进行了深入讨论并签署了纪要。

2012年10月11日,中韩渔业联合委员会第十二届年会及中韩渔业高级别会议在韩国济州岛举行,双方就2013年实施《中韩渔业协定》有关问题达成一致,并分别签署了《中韩渔业联合委员会第十二届年会纪要》和《2012年中韩高级别会议纪要》。会议期间,中方代表团参加了中韩联合增殖放流活动。

【中越北部湾渔业合作协定执行情况】 2012年是《中越北部湾渔业合作协定》实施的第九年。经过中越双方共同努力,北部湾渔业生产秩序基本稳定,渔业生产进一步发展。

根据中越北部湾渔业联合委员会第九届年会达成

的共识,2012 年度进入共同渔区对方一侧水域的船数和功率数均保持与上年度不变,分别为 1 543 艘和 155 478千瓦,执行日期为 2012 年 9 月 1 日至 2013 年 8 月 31 日。截止到2012 年底,我渔民实际申请进入共同渔区对方一侧水域船数 791 艘,渔船总功率为 153 865千瓦;越方安排共同渔区渔船 1 127 艘,总功率 155 432千瓦。

协定执行过程中,双方作业渔船基本遵守协定有关规定,悬挂有效标志牌,凭捕捞许可证生产,渔业生产秩序良好。根据协定规定,两国继续开展共同渔区资源联合调查,完成了第三阶段的联合调查任务,为合理利用共同渔区渔业资源提供了科学依据。在第九届渔委会年会上,双方同意于 2014—2016 年间开展第四阶段的联合调查任务。2011—2012 年度双方海上执法机关继续开展共同渔区联合巡航检查,进一步完善海上执法应急机制。双方还就实行共同渔区休渔制度进行了讨论,越方同意向其政府报告在北部湾共同渔区进行休渔。双方将在 2013 年召开的第十届渔委会上审议确定共同渔区休渔方案。

(农业部渔政指挥中心 张吉喆)

渔业通信与信息化管理

【渔业通信管理】

1. 全国海洋渔业通信网的建设与维护 2012 年,农业部和各级渔业主管部门加强通信和信息化项目建设力度,继续实施海洋渔业通信网和渔船监管信息系统的建设与维护工作,为海洋渔业生产保驾护航。一是完成了“北斗海洋渔业应用示范项目”立项工作,中国人民解放军总装备部和农业部已联合批复立项,项目总投资 9 826 万元,总装备部北斗重大专项投资 2 000万元,为辽宁、山东、浙江、海南、大连和青岛等地 11 143 艘海洋渔船安装北斗二代终端。二是向农业部申报了“中韩入渔渔船 RFID 身份识别系统建设项目”,申请项目总投资 3 473 万元,其中中央投资 2 976 万元,并积极向农业部发展计划司等有关部门沟通汇报,争取支持。同时为加强渔政管理通信指挥能力建设需要,组织编制了《中国渔政管理指挥系统三期项目可行性研究报告》,并请渔业通信专家组和信息化专家组全体专家对项目可研报告进行了评审。三是开展了全国范围的海洋渔业通信网岸台维护与新型渔用对讲机补贴配备工作,进一步加强各地岸台维护和渔船通信设备配备工作,提高安全通信保障能力。全年共配备新型渔用对讲机总数为 2 000 台,辽宁省和浙江省各 1 000 台,自 2007 年开展此项工作以来,共带动地方渔业部门为近 7 万艘渔船配备了新型渔用对讲机。四是组织召开了全国渔业通信和无线电管理工作会议,总结工作成效,分析存在问题,研究部署下一步工作。五是以中华人民共和国渔政局名义与中国电信集团签订了《渔业 CDMA 移动通信系统及卫星系统合作协议》和《渔政船船载移动通信系统赠送协议》,接受了中国电信集团公司捐赠的一批卫星通信设备,农业部副部长牛盾出席了签字和捐赠仪式。

据统计,2012 年,全国海洋渔业安全通信网岸台共处理遇险、求救信号 3 468 次,救助船舶 663 艘次,救助人员 2 781 人次,挽回经济损失11 392.55万元。播发气象、航行报警 34 859 次,开展渔民日常通信业务(含有无线转接)52 439 次。

2. 渔业无线电管理 2012 年,各级渔业部门加强渔业无线电管理,开展通信设备核查登记、队伍建设等工作,并积极参与国际研究。一是与工业和信息化部无线电管理局沟通协调,启动了海洋渔业船舶制式电台和安全通信设备核查登记工作,力争全面摸清海洋渔业船舶通信设备信息代码情况,为渔船监管和渔船救助提供通信保障。二是加强队伍建设,组建了新一届渔业通信专家组和信息化专家组,在此基础上,初步形成了集行政、专家、企业三位一体的支撑保障队伍。经报请部领导同意,确定了农业部渔业无线电管理办公室领导成员,进一步明确了农业部渔业无线电管理工作机制。三是积极参加国际电信联盟海上移动通信工作组会议,重点研究海上移动通信业务及全球海上遇险与安全救助系统、水上移动业务船载通信电台的频谱需求和船舶自动识别系统(AIS)技术新应用的频谱划分等。

3. 渔业通信和信息化制度规范建设 2012 年,重点开展了以下 4 项工作:一是建立了巡航渔政船船位监测制度,根据巡航渔政船管理工作需要,印发了《专属经济区巡航渔政船船位监测管理暂行办法》,并组织开展了渔政船通信设备信息代码登记和设备入网工作。二是为统一渔政船通信设备配备要求,印发了《海洋渔政船通信设备配备规范》,积极推进渔政船正规化建设。三是为加强渔政执法监管和渔船安全救助保障,印发了《农业部办公厅关于加强渔业通信和无线电管理工作的通知》,提出了加强安全通信网运行维护、渔业船舶通信设备管理等 9 个方面工作措施。四是加强了相关标准和规范制定工作,包括渔业通信和信息化标准体系、渔港监控标准和信息化平台标准等。五是印发了《农业部办公厅关于进一步加强渔政通信安全管理的紧急通知》,督促护渔巡航各单位抓紧落实渔政巡航通信安全各项管理制度和措施,确保渔政巡航通信和信息安全。

【渔政管理指挥系统】

(1)中国渔政管理指挥系统二期项目建设。2012年,中国渔政管理指挥系统二期建设项目建设基本完成。及时进行了二期项目调整建设内容的申报工作,于2012年10月得到《农业部办公厅关于调整中国渔政管理指挥系统二期建设项目建设内容的批复》,批复增加国家中心站服务器1台、内陆重点渔业县信息站点电脑和打印机各300台,新建渔船安全技术监督应急响应系统,项目总投资及资金来源维持不变。2012年内,批复调整的各项建设任务基本落实,国家中心站增配服务器已安装到位;内陆重点渔业县信息站点电脑和打印机已发放到位;渔船安全技术监督应急响应系统建设承担单位招标工作开始进行。

(2)中国渔政管理指挥系统升级改造与运行维护。2012年,中国渔政管理指挥系统应急修复和优化项目实施完成,并通过验收。系统实现了硬件设备双机备份,单点隐患得以排除;实现了系统应用负载均衡、数据库双机备、系统内部网络结构分区域管理,应用服务能力得到优化;完善了容灾备份中心备份功能,增加应用备份功能,在应急情况下容灾备份中心可对外提供服务,系统应急保障能力进一步提升;实现了7×24小时不间断运维服务,对系统软硬件及网络环境进行实时监控系统运行,及时发现、定位、分析系统故障,系统运行管理能力得到加强。通过升级改造,系统的正常运行得到有效保障,减少了业务流转时间,提高了系统办理证书、证件效率,维护了广大渔民群众的切身利益,为进一步推广应用全国海洋渔船动态管理系统提供了有力支撑。

据统计,截止到2012年底,中国渔政管理指挥系统中共有各类数据5 618万条,主要包括渔船管理数据5 098.7万条,渔业油价补助管理数据382.3万条,渔政执法管理数据34.1万条,渔业安全应急管理数据11.8万条,渔政队伍和渔政基础设施管理数据44.1万条,养殖信息管理数据45.6万条,水生野生动物保护管理数据1.5万条。

(农业部渔政指挥中心 张晓兰)

渔政队伍建设

2012年,农业部决定开展渔政队伍建设年活动,全国渔政系统积极响应,在农业部统一指导下,各级渔政机构一手抓队伍建设,一手抓渔政管理。"两手硬、两促进",一方面依法履职尽责,强化重点敏感水域护渔维权和渔船管控,妥善处置重大渔业突发事件,加强水生生物资源养护管理,开展水产品质量安全执法,切实保护渔民生命财产安全;另一方面按照"抓班子、建队伍、强基础"的思路,狠抓制度建设、能力建设和文化建设,渔政队伍建设年活动取得了显著成绩,

【概况】

1. 渔政队伍规范化建设情况

(1)渔政队伍建设年活动扎实推进。一是制定完整详细的活动方案,相继印发8个文件,对整个活动进行了周密部署。二是对四项标志性活动进行具体落实,精心组织开展全国渔政系统的文明执法窗口创建、队伍规范化建设督察活动以及征文比赛、摄影比赛和渔政执法技能比武选拔比赛各项活动。三是注重督导,确保活动取得实效。通过要求各地报送实施方案、开展专项督察、点片结合的经验交流、交叉检查、现场整改等措施,强化对活动的检查和督促落实。农业部渔政指挥中心和各海区渔政局多次组织人员到基层,对50多个渔政机构进行检查指导。四是注重总结宣传,在有关渔业媒体上对活动全过程进行了广泛宣传报道。编印了摄影集、征文集和宣传片;印发了3个文件对标志性活动进行总结;召开了渔政队伍建设年总结大会。

2012年全国创建树立了新的30个窗口单位;征集了1 029份摄影作品和422篇渔政文章进行评选;组织开展了执法文书评查、军体操、抢先救生演练、执法知识竞赛等执法业务竞赛;在组织开展的各项标志性活动引领下,全国渔政系统开展了形式多样的队伍创建活动,营造出了渔政系统创先争优、比学赶超的浓厚氛围,切实转变工作作风,提升队伍整体素质。

(2)启动中国渔政三年执法培训计划。举办了中国渔政2012—2014年执法培训计划启动仪式、组织了四期全国范围的渔政执法培训,内容涉及所有渔政执法领域,对象涵盖渔政领导干部和一线执法人员(包括船员),共培训学员近1 100人,覆盖了全国几乎所有渔政机构,每期培训都有考试考核。海区、省、市、县级也组织了规模不等的执法培训,总数达2 026期,培训人员多达3.5万多人次。同时,进一步完善培训效果评估和相应管理办法。

(3)继续做好"五统一"队伍规范化建设工作。完成为12 000名执法人员换发执法证件工作;完成渔业执法文书制作格式在全国渔业系统征求意见,形成标准格式;增加执法统计功能的渔业执法文书电子化制作软件完成升级和审定,进行使用推广;完成了新式渔政制服调整改进设计,通过专家评审,制作印发《制服着装规范图册》;完成新一轮定点厂家的招标和新式

制服的换发工作；完成《渔业行政执法船舶代表船型汇编》的编辑印发。

2.渔业行政执法督察工作开展情况

（1）部署年度督察工作重点。指导、督促各地充分发挥督察工作的监督保障作用，确保政令畅通，渔政监管落实到位。敦促执法人员严格规范并约束自己的行为，提高遵纪守法的自觉性，遏制个别单位和个别人发生职务犯罪现象。以督察为手段推进渔政监管和队伍建设各项工作落到实处。

（2）继续推进参公和自收自支单位整改。结合队伍建设年活动的开展，督导各地继续把推进渔政机构参公管理和加快自收自支单位整改作为工作重点，继续想方设法寻找解决渔政队伍执法和经费保障上的问题和困难。

（3）做好举报案件的调查和督促整改工作。调查了解媒体反映的个别地方及个别渔政人员涉嫌违规操作发放燃油补助和执法不规范等问题，了解队伍建设和渔政管理工作情况，提出工作建议，督办落实整改；按工作程序接待来访渔民反映渔检、渔政人员办理查验证件过程的有关问题，耐心解答，按政策规范帮助协调解决，化解矛盾。

3.渔政设施装备建设管理及渔政基础数据收集

（1）渔政设施和装备建设。完成《全国渔政基础设施和装备建设规划》的编写、修改和上报；组织成立了全国渔政装备建设专家委员会，召开了渔政船建设专家组会议，为渔政装备建设工作提供技术支撑平台；按照要求组织开展渔政船统一招标建造相关工作；帮助协调调入船舶入列中国渔政，执行护渔巡航任务。

（2）渔政基本建设项目管理。完成2011年130艘渔政执法快艇购置项目的建造监管，后期收尾工作；落实2012年131艘执法快艇建设项目的招投标和建造监管工作。

（3）参与海洋渔业装备升级更新工程规划方案的制定。撰写了我国渔政队伍海上装备建设现状和需求情况的专题报告，多次为行业主管部门和有关领导提供渔政队伍建设管理历史沿革和发展战略建议等专题报告。

【取得成效】

一是队伍执行力进一步增强。2012年是渔政海上护渔维权任务最为艰巨的一年，中国渔政坚持常态化巡航，跨海区组织联合巡航船队，很多渔政人员全年出海超过250天，在国庆、中秋双节期间，顶着海上三次12级以上台风的叠加影响，顽强奋战，圆满完成了各项护渔维权任务。中国渔政赢得了举国关注和广泛赞誉，得到了各级领导的充分肯定。队伍的战斗力、执行力在护渔维权和妥善应对突发事件中得到历练和检验。

二是装备建设取得历史性突破。2012年国家投资建造多艘渔政船艇，中国渔政装备建设迈上新台阶，执法装备能力水平大幅提升，渔政装备设施建设投资提前完成“十二五”规划。同时还调入船舶入列中国渔政，执行护渔巡航任务。

三是推进了队伍制度化、规范化建设。制定了海上执法和水上安全事故报告等5个规范性文件。建立了领导干部带队参加巡航执法、违法重点地区蹲点值守等项制度。完成了渔政历史上最全面、系统的制服改革并启动了新式制服换装工作。

四是弘扬“南沙精神”激发了队伍建设活力。在队伍建设年活动中，全国渔政系统开展深入理论研究和丰富多彩的文化活动，以“南沙精神”为基础挖掘提炼中国渔政核心价值观、深化中国渔政精神，推进各地队伍的文化建设深入展开。

2012年全国渔政队伍建设取得明显成效，得到农业部领导充分肯定。副部长牛盾在活动总结大会上指出：2012年的渔政管理和队伍建设“有亮点、有突破、有作为，成效明显”。驻部纪检组组长朱保成在活动汇报材料上批示：渔业局和渔政指挥中心抓渔政队伍建设思路清晰，措施有力，成效显著，为农业部作风建设创造了经验。中央海权办也来函，对中国渔政的海上护渔维权行动表示满意和感谢。

【总结推广】 渔政队伍建设年活动虽然取得成功，但渔政队伍建设是一项扎扎实实的基础性工程，只有起点，没有终点，更重要的是要通过这项活动的开展在推进队伍建设常态化、制度化、标准化方面取得突破。通过总结活动中提炼出的，渔政员海上执法操作规程、渔政船“五个一”工程建设、培训执证上岗等多项具有推广价值的经验，今后将形成规范化制度在各级渔政机构施行。

渔政队伍建设年活动是契机和新的起点，部长韩长赋要求“在下一步工作中，牢记使命、履职尽责，为维护国家海洋权益、保护渔民生命财产安全做出新的贡献。”全国渔政都会牢记领导嘱托，朝着建成政治合格、作风优良、纪律严明、技能过硬、廉政为民、执法公正、形象一流的中国渔政队伍的目标迈进。

（农业部渔政指挥中心　杨　靖）

渔政执法

【海洋专属经济区渔政巡航】 2012年，共组织72艘渔政船执行专属经济区渔政巡航279航次(超计划完成46.8%)、3 958天(超计划完成36.5%)、航行28 188.1小时、航程283 349.56海里;观察记录本国渔船6 409艘次、国外船舶1 324艘次;登临检查国内渔船1 931艘、外国渔船119艘;查处国内各类违法渔船334艘次;查处外籍渔船10艘、没收5艘;美国海岸警备队移交的"DA CHENG"号大型北太非法流网渔船已没收;成功解救我被袭扰、抓扣渔船6艘;驱赶外国渔船220艘次;救助韩国渔船1艘。

(1)协定水域巡航监管。为有效执行双边渔业协定,确保协定水域良好的渔业生产秩序,以农业部3个海区渔政局的巡航渔政船为骨干,各有关渔政机构积极组织开展协定水域巡航监管。一是中韩协定水域。2012年,黄渤海区和东海区共执行渔政巡航31航次,巡航230天,航行1 750小时,航程19 760海里,观察记录我国渔船1 089艘次、外籍渔船1艘次,登临检查我国渔船23 1艘次,查处违法违规渔船44艘次。二是中日协定水域。全年共执行渔政巡航46航次,巡航496天,航行5 265小时,57 444海里,观察记录我国渔船1 028艘次、外籍渔船147艘次,登临检查我国渔船124艘次,查处违法违规渔船61艘次。三是中越协定水域。组织9艘渔政船执行北部湾巡航任务15航次、237天,航行911小时,航程11 109海里,观察国内渔船412艘次、外籍渔船109艘次,查处6艘,没收3艘,驱赶25艘次。其中,4月24~26日,派出2艘渔政船与越南海警编队开展第七次中越北部湾共同渔区联合检查,巡航海域达3万多平方千米。

(2)涉朝韩敏感水域巡航监管。针对朝鲜半岛紧张局势,中国渔政积极会同外交、公安等部门和有关省份人民政府部署制捕工作,保证了海上形势总体平稳可控。据统计,2012年全年共安排涉朝韩敏感水域巡航60航次,625天,航行3 371小时,航程34 602海里,观察记录渔船1 981艘次,登临检查渔船656艘次。

(3)钓鱼岛海域巡航。2012年9月,日本"购岛"闹剧以来,农业部按照国家统一部署,积极配合外交部门,在常态化巡航基础上加强巡航力量,打破了日本对钓鱼岛的所谓"实际控制",维护了国家主权和海洋权益。据统计,2012年,农业部共组织海区渔政局和地方渔政船14艘,执行渔政巡航35航次,484天,航行7 808小时,航程59 478.6海里,观察记录我国渔船1 375艘次,各类外籍船舶(含军舰、公务船和渔船)178艘次,登临慰问在钓鱼岛水域渔场生产的我国渔船20艘次。

(4)西沙海域巡航监管。农业部会同外交部、公安部等部门和海南省人民政府密切配合,加强西沙海域管控力度,打击越南渔船侵渔行为,维护我西沙主权。2012年,共组织7艘渔政船开展日常和专项监管13航次,巡航311天1 549小时,航程11 845海里,观察记录渔船303艘次,其中国内渔船222艘次,外籍渔船81艘次;驱赶越南侵渔渔船39艘次,查处越南渔船4艘,没收越南渔船2艘,没收渔获物1 950千克以及炸雷管和其他作案工具一批,有效遏制了外国渔船侵渔势头,维护了我西沙主权和海洋权益。

(5)黄岩岛海域巡航监管。2012年4月10日,菲律宾蓄意制造黄岩岛事件后,按照国家统一部署,农业部积极组织渔政船赴黄岩岛海域开展渔政巡航。据统计,共组织9批20艘次渔政船执行黄岩岛护渔巡航任务529天,航行2 586小时,发现空情13架次,海情47艘次。

(6)美济礁海域。全年共组织6艘渔政船执行美济礁守礁任务504天,航行1 827小时,航程17 994.5海里,观察国内渔船163艘次、外国渔船106艘次,登临检查国内渔船108艘次,发现海情105艘次、空情11架次,驱赶外国渔船35艘次。

(7)南沙海域伴航护渔。2012年,农业部继续在南沙开展伴航护渔,为南沙生产渔船提供现场保护,及时处理各种突发事件。共组织南沙伴航护渔5航次,巡航180天1 835小时,航程17 505.9海里;观察渔船322艘次,其中国内渔船211艘次,外籍渔船111艘次;驱赶外籍渔船4艘次,解救我国渔船9艘。

(8)交界海域护渔行动。通过开展交界海域护渔行动,重点抓好伏季休渔管理,有效打击了海上越线违规作业的渔船,遏制了海上暴力抗法趋势,取得了较好的社会效果。一是北纬35°线海域。自2012年9月4日起,组织黄渤海、东海区10艘渔政船开展了为期两周的北纬35°线伏季休渔联合执法行动。参加联合执法的渔政船共计巡航200余天,航时1 200多小时,观察记录渔船37艘次,登临检查20艘次,共立案查处17艘。二是闽粤交界海域。自2012年7月29日起,组织东海区、南海区6艘渔政船开展了为期一周的闽粤交界海域"护渔"联合执法行动。行动期间,参加行动的渔政船累计巡航52天,航时229.4小时,航程2 021海里,观察记录中国渔船8 5艘次,查获违规渔船6艘次。

(农业部渔政指挥中心 姜俊杰)

【内陆渔政管理】

(1)长江流域渔政执法。2012年1月11日印发了《农业部办公厅关于加强2012年长江禁渔期渔政执法检查的通知》，要求各地加强组织领导，采取多种有效检查方式和执法形式，加强对重点水域的执法检查，有效管控长江禁渔期间各种非法行为；4月1日，农业部渔政指挥中心会同东海区渔政局、江苏省海洋与渔业局在江苏南京联合举办了“2012年长江流域护渔行动暨长江禁渔期同步执法行动”启动仪式；8月30日印发了《农业部办公厅关于开展长江流域渔政专项执法护渔行动的通知》，组织沿江有关省、直辖市开展了为期2个月的护渔行动，重点打击电毒炸鱼等非法捕捞行为。

（2）珠江流域渔政执法。2012年是珠江流域禁渔工作开展的第2年，沿江各地高度重视，认真组织，在调查研究的基础上，珠江禁渔范围得到进一步扩大，各项执法管理工作得到进一步推动。3月1日，印发了《农业部办公厅关于做好2012年珠江禁渔期渔政执法检查的通知》，要求各地加大珠江禁渔宣传力度，加强交叉检查和联合执法，巩固珠江禁渔成效。4月1日，农业部渔政指挥中心会同南海区渔政局、广西壮族自治区水产畜牧兽医局、柳州市人民政府，在广西柳州联合举办了以“养护生物资源、共建和谐家园”为主题的“2012年珠江流域护渔行动暨珠江禁渔期同步执法行动”。

（3）中俄黑龙江、乌苏里江边境水域渔政执法。根据中俄渔业混委会第21次会议纪要，中俄夏、秋两季渔政联合执法检查分别于2012年6月4~16日和9月18~30日在黑龙江、乌苏里江如期进行。联检期间，在八岔、街津口和三江口重点水域没收并销毁渔船3艘，没收并销毁网具18件；在黑龙江、乌苏里江两江共查获非法捕鱼船100多艘，销毁10艘，销毁违法网具地笼1 000多个，网杖子2 000延长米。在黑瞎子岛水域没收147千瓦飞龙快艇2艘，查获并销毁违规网具淌网6 000多延长米，销毁快钩400多杆。在兴凯湖水域抓扣非法捕鱼快艇4艘、运送给养面包车1辆，抓捕非法捕捞人员9名，收缴非法越界人员丢弃的快艇壳5个，有力打击了不法分子的嚣张气焰，有关行动受到了俄方的好评。

（4）水产养殖和水产品质量安全执法。继续大力推进水产养殖质量安全执法工作。4月份召开了水产养殖质量安全执法工作座谈会，确定了全年工作重点，总体上实现了“三个首次”。一是首次开展执法示范。选取北京、辽宁、江苏、湖南4省（直辖市）的9个县级渔政执法机构为2012年执法示范单位，积极探索和建立规范、有效的执法模式和工作机制，促进执法部门和养殖生产经营单位之间的良性互动。2012年11月召开了水产健康养殖执法示范工作总结会，并对下一年的示范单位和示范方案进行了研究。二是首次开展国家层面的执法督察。要求有关省级渔业主管部门按照《渔业行政执法督察规定》，对农业部组织的苗种和产地水产品质量监督抽检中发现的不合格样品案件全部进行执法督察，并且对其中的重点案件点名要求报送完整的执法文书复印件，对督察程序不符合规定、督察效果不好的地区责令重新督察，要求必须切实惩处违法违规行为。三是首次开展全国执法交叉督查。全年共派出10个督查组分两个阶段开展全国水产养殖质量安全执法交叉督查，了解基层有关执法情况，查找问题，分析原因，提出对策，总结各地好的经验做法。

（5）涉渔违法举报奖励制度。按照中心《关于对举报涉渔违法案件给予奖励的通告》、《渔政指挥中心举报案件受理及奖励资金发放工作规范》等文件的规定，接管和处理涉渔群众举报工作。全年，先后共接听群众举报电话近百次，制作电话记录46份，排查后发函核实案件情况24起。

（农业部渔政指挥中心　许　强　李　博）

【涉外渔业执法合作交流】

（1）中日渔业执法合作交流。2012年4月16~19日，中日渔业执法会谈在日本东京举行，顺利完成了所有议题。双方主要通报了中日渔业协定规定作业的违规情况和处理情况，讨论了防止违法作业的措施以及违法捕捞红珊瑚、中方渔船避风等问题。为实施好《中日渔业协定》，确保协定水域良好的生产秩序，农业部继续将中日渔业协定暂定措施水域的巡航监管作为2012年重点工作，不断强化该水域巡检力度。

（2）中韩渔业执法合作交流。2012年4月10~13日，中韩双方在青岛举行了2012年中韩渔业执法工作会谈。双方就2011年《中韩渔业协定》水域作业秩序评价、维护作业秩序的措施和计划、第十一届中韩渔业联合委员会委托事项和其他关心事项进行了深入讨论，并达成相关共识。双方还承诺将逐步建立担保金缴纳窗口和不断完善违规渔船移交机制。根据执法会谈部署，2012年5月11~15日中韩双方互派3名公务员随船出海观摩渔政执法。中方派出“中国渔政116”船，韩方派出“无穷花10”船执行了互换乘船交流活动，共观察到我渔船30余艘次。

（3）中越北部湾渔业合作交流。2012年9月12~17日，2012年中越北部湾共同渔区渔业联合检查工作会议在越南河内市召开。会议对2012年4月份举行的中越海上联合检查情况进行了总结，并对2013年中越北部湾共同渔区海上联合执法检查方案进行了讨论和确定。按照2011年11月15日在中国广东省广州市召开的中越北部湾渔业海上联合检查第七次工作会议纪要要求，中国渔政派出2艘渔政船与越南海警编队于2012年4月24～26日开展了第七次中越北部湾共同渔区联合检查，巡航海域达3万多平方千米。

(4)中美渔业联合执法。2012年5月7～9日，2012年中美渔业执法会谈在浙江杭州举行。会上通报了2011年中美渔业联合执法情况，商议了2012年中美北太平洋渔业执法合作和中方渔政员参加中美渔业联合执法的行程安排等。根据会议纪要要求，2012年7～8月，农业部派出"中国渔政202、118"两船组成的编队赴北太平洋执行公海渔政巡航任务，共巡航67天，航程11 420海里，观察记录渔船131艘次，拍摄照片1 000余张，未发现违规渔船。2012年6～9月，中方派出3批6人次渔政执法人员赴美国海岸警备队执行联合执法任务。期间，成功与美国海岸警备队RUSH号执法船开展联合巡航，并与美方顺利移交涉嫌在北太平洋公海非法从事大型流网作业的无国籍渔船"DA CHENG"号。

经过3个多月的调查取证，"DA CHENG"号船在北太平洋公海非法从事流网作业的事实清楚、证据确凿，我办案人员依法对"DA CHENG"号船作出没收渔获物51 289千克；罚款人民币10万元；没收流网渔具1 379片(规格40米/片)；没收"DA CHENG"号船的行政处罚决定。2012年12月19日，"DA CHENG"号船和非法渔获物在定海香楠大酒店开槌拍卖。最终，该船以118万元的价格成交，渔获物也以26.5万元的价格成交。拍卖款已上缴国库。

(农业部渔政指挥中心　姜俊杰)

政务信息与宣传

2012年，在农业部渔业局领导关心和大力支持下，在各处的密切配合和共同努力下，渔业局政务信息与宣传工作顺利开展，成效明显。

1. 加大宣传力度，展示发展成就　2012年是我国"十二五"发展承上启下的一年，也是我国渔业取得巨大成就、渔业生产实现平稳健康发展的一年。各项强渔惠渔政策支持力度不断加大，产业发展水平逐步提升，行业发展能力和管理水平进一步加强。全国各级渔业主管部门充分利用各类信息渠道和各种新闻媒介积极宣传汇报成果和成就，使渔业工作得到了各级领导和社会的关注、重视和支持，营造了良好的舆论氛围。农业部渔业局围绕渔业经济发展、资源环保、安全生产、渔民上岸安居等多个专题进行系列宣传，协调《人民日报》、新华社、《经济日报》等中央主流媒体进行多角度报道。其中，水产品出口首破百亿大关、部省联合增殖放流、渔业科技年建设活动、平安渔业示范县及文明渔港创建等新闻报道均引起社会热议，反响颇好。据不完全统计，2012年，《人民日报》、新华社、《经济日报》、中央电视台、中央人民广播电台等中央主流媒体有关渔业的正面宣传报道有200多次。为引导协调全国渔业系统大力做好信息宣传工作，印发了《农业部办公厅关于贯彻落实党的十八大精神加强渔业政务信息与宣传工作的通知》，对今后一段时间渔业宣传工作重点进行部署。

2. 及时报告情况，反映行业动态　2012年，农业部渔业局大力加强信息报送力度，积极开展渔业政务信息报送评比活动，充分调动全体人员的积极性，信息报送工作取得明显进步。全年共上报相关信息64篇，采用50篇，报送相关舆情291条，采用216条，部分信息得到国办信息刊物采用，或得到部领导批示。全年上报信息工作成绩在部机关各司局中名列前茅，农业部渔业局被评为宣传信息工作优秀司局，1位同志被评为宣传工作先进个人、2位同志被评为信息工作先进个人。除上报信息外，还通过组织全国渔业系统向农业部渔业局报送信息，并通过中国渔业政务网等渠道刊发。一年来，仅通过中国渔业政务网编发信息就达9 700多条。通过各种途径报送、编发信息，及时报告和通报了渔业发展重大情况和工作进展，为各级领导了解渔业发展情况、部署有关工作、制定有关措施政策提供参考，较好地促进了有关工作的开展。

3. 做好信息公开、正确引导舆论　2012年，渔业突发事件时有，台风等自然灾害频发，水产品质量安全、渔业涉外、台风频发、江豚死亡等事件高度敏感，社会高度关注，在不涉密前提下，农业部渔业局及时公开工作信息、正确引导公众舆论。台风频发期间，追踪报道各地渔业防灾减灾工作情况，并及时发布防台风动态信息，指导渔民安全避风，减少生命财产损失。蓬莱19－3油田溢油事件渔业行政调解协议签订后，及时主动发布相关消息，积极妥善应对多起社会公开申请，较好地配合了行政调解落实工作的开展。全年共主动公开信息117条，主动公开率、按时公开率均达到100%，得到农业部办公厅肯定；共受理申请公开事项10件，均做到按规定的方式及时答复申请人，有效保障人民群众知情权、参与权、表达权和监督权；年初按照农业部信息公开交叉检查小组统一安排，认真开展自查自纠工作，并做好交叉检查其他相关工作。

(农业部渔业局　徐乐俊)

渔业科技与推广

全国渔业科技促进年活动

【概况】 2012年，农业部渔业局在全国范围内开展了以"科技进塘入场到户、助推健康安全增收"为主题的全国渔业科技促进年活动，得到了各级渔业主管部门高度重视和大力支持，有关科研院校、推广和学会等单位积极参与，共同努力，开展了大量卓有成效的工作，取得了明显成效。

1. 渔业科技创新取得新进展 通过加强对外协调，2012年争取用于渔业科技创新经费近2.8亿元，其中科技支撑计划投入经费5 304万元，现代农业产业技术体系投入9 860万元，公益性行业科研专项投入1.06亿元，"南海渔船高效节能设计应用技术研究"项目首次列入《2012年高技术船舶科研项目计划》，获得工业和信息化部和财政部批准立项，3年投入总经费2 250万元。此外，提出了2013年公益性农业行业科研专项渔业项目立项建议，其中东海资源养护等5个项目获得批准立项，总经费在7 000万元以上。东海水产研究所、黄海水产研究所海洋渔业资源调查船项目列入了国家计划，进入了前期工作可行性研究阶段。各地的渔业科研投入也有较大幅度增加，据不完全统计，各地用于渔业科技创新的新增经费约5亿元。

2. 渔业科技成果转化取得新突破 一年来，各地各单位多形式、多渠道、多途径开展渔业科技成果转化活动，普及先进适用技术，促进技术进塘入场到户，提高渔民科学文化素质。据不完全统计，2012年各地培育科技示范户近10万户，开办培训班1.6万个，培训渔民和技术人员160余万人次，发放各类技术资料460万份，现场向渔民提供技术咨询30万人次，向渔民赠送优质鱼苗近4亿尾，配合饲料70多吨，渔业机械1 255台(套)，水质分析仪140台套。农业部发布了2012年渔业主导品种13大类和主推技术9项，各地也结合实际筛选了本地主导品种和主推技术。

3. 渔业人才队伍建设取得新成绩 2012年，科技促进年活动中各地高度重视渔业人才队伍建设，依托现代农业产业技术体系、公益性行业科研专项、科技支撑计划、"948"计划等重大渔业科研项目以及重点学科、科研基地、重点实验室，加强科技创新人才培养。据统计，我国已形成各类渔业科技创新团队200余个，培养了一批渔业科技领军人才；依托基层农技推广体系改革与建设补助项目，全年共培训各类水产技术推广人才近1万人，依托"菜篮子工程"、转产转业等产业类项目以及阳光工程项目，全年共培训各类渔业实用人才近100万人，有效提高了渔业从业者的素质。

4. 渔业科研条件建设有新起色 着眼于提高科技基础条件建设水平，农业部加强了农业领域重点实验室建设，渔业方面规划建设了渔业综合重点实验室2个，专业性重点实验室15个，科学观测实验站16个，水产科学试验基地15个。国家水产遗传育种中心、病害防治中心等建设也不断得到加强。据统计，截止到2012年底，农业部共建设水产遗传育种中心22个，水生动物疫控中心13个，水生动物病害研究室3个，有效提升了渔业科技创新能力。与此同时，各地也积极采取措施改善科技条件，如浙江省建设了15个省级重点实验室和1个科技创新平台，示范基地200多个；江苏省投入5 600万元用于建设科技创新与成果转化平台。

公益性农业行业科研专项渔业项目

2012年，公益性农业行业科研专项的主要任务是继续实施好已立项启动实施的科研项目，启动实施2012年新立项的渔药使用风险评估及其控制技术研究与示范等7个项目。

【渔药使用风险评估及其控制技术研究与示范】

1. 总体目标 全面掌握我国主要水产养殖区渔药使用、残留水平的状况；建立46种国标渔药在10种淡水养殖经济动物、5种海水养殖经济动物和5种出口水产养殖经济动物体内的残留分析方法，研究其在不同给药途径和养殖环境条件下的药物处置过程和药代动力学参数,制定合理的用药方案和休药期;建立3种以上禁用药物在水产养殖过程中的风险评估和溯源技术方法;研究渔药在饲料、水产动物、水体、浮游生物、沉积物等不同介质之间的迁移转化规律、区域归趋行为和环境生态效应。针对渔药在使用过程中可能出现的残留超标、耐药性、无效治疗、生态效应等风险,建立渔药使用风险的评价指标、判别模型和控制技术。在此基础上形成渔药规范使用技术体系,并在主要水产养殖区域建立风险可控的渔药安全使用示范区。

2.研究任务

(1)渔药使用风险评价指标以及数学模型的建立。

①我国渔药使用状况的调查和分析;

②渔药使用风险主要要素的确立;

③渔药使用风险评价指标的建立;

④渔药使用风险评估数学模型的建立。

(2)渔药使用的主要风险因素及其控制技术研究。

①常用渔药在我国主要水产养殖区耐药性的监测和分析;

②常用渔药在主要水产动物体内处置过程研究及休药期的制定;

③禁用药物在水产养殖过程中的风险评估和溯源技术方法研究;

④渔药在水环境中的归趋及其对环境生态效应的研究;

⑤我国主要养殖区渔药使用风险的综合评价和控制。

(3)渔药使用风险的控制技术集成与示范。

①渔药安全使用技术规范体系的建立及集成与示范;

②推广示范区渔药使用风险控制技术有效性的评价。

【现代渔业数字化及物联网技术集成与示范】

1.总体目标 围绕现代渔业生产管理高效、健康、生态、安全、环保和可持续发展的需求,从提高渔业监管水平、生产管理水平、生产效率等角度出发,开展水质多参数智能感知技术、无线传感器网络技术、云计算与云服务关键技术研究,开发水产养殖物联网系统和现代渔业云服务平台;针对不同养殖模式,选择主要水产品优势产地,建立现代渔业数字化与物联网技术应用示范基地。通过项目实施,实现基于物联网技术的渔业生产信息全方位感知、渔业信息可靠安全传输、健康养殖过程智能决策、水产品流通过程安全可溯与电子商务。在关键技术研究、系统开发及应用示范过程中,建设现代渔业数字化服务体系,形成相关技术标准,提高水产养殖生产管理和渔业渔政管理信息化水平,促进渔业生产方式转变。

2.研究任务

(1)现代渔业智能传感关键技术集成研究。针对现有渔业生产、流通过程缺乏有效信息监测技术和手段,水质及环境信息在线监测和控制水平低等问题,在水质多参数信息获取、小气候环境信息采集、渔业生产现场多媒体图像信息获取等方面开展研究。实现现代渔业生产和管理信息多角度、全方位感知,为现代渔业生产自动化、智能化,管理决策科学化提供可靠依据。

(2)现代渔业信息可靠传输关键技术集成研究。针对渔业生产领域应用覆盖范围大、能耗约束强、环境恶劣和维护能力差等问题,在无线节点设计、移动终端开发、无线网络管理等方面开展研究,实现渔业信息可靠、安全传输。

(3)现代渔业信息智能处理与数字化管理系统研究。针对现代渔业数字化、智能化生产、科学管理决策的需求,围绕渔业生产水质管理、饲料投喂决策、病害防治和现代渔业渔政管理的信息化需求,开展渔业信息智能处理模型方法研究及数字化管理系统开发,实现渔业生产过程全程可测可控、水产品流通全程可溯。

(4)现代渔业云服务平台关键技术开发与示范。针对现代渔业管理对信息化服务的需求,开展现代渔业云服务平台建设,包括渔情监测子系统,季节性、流行性鱼病监测子系统,渔业生产资料(饲料、渔药)监管子系统,渔业生产信息发布子系统,水产品质量认证及追溯子系统,渔业生产技术推广子系统,水产品电子交易子系统。

【长江口重要渔业资源养护与利用关键技术集成与示范】

1.总体目标 实现长江口渔业种质资源的合理开发利用和科学保护。动态监测长江口生态环境与湿地质量变化,开发预警系统,提出合理利用的技术方案。实现长江口濒危渔业种质资源的恢复和重建。通过就地保护和人工增殖放流措施,恢复和增加刀鲚与中华鲟幼鱼的自然种群。实现长江口优良潜在人工养殖品种的开发利用。开展淞江鲈、刀鲚、鮸、菊黄东方鲀等鱼类的苗种规模化繁育技术研究;开展四指马鲅、滩涂贝类的人工驯养繁育和增殖研究。实现长江口重要渔业种质资源的保存与共享,构建长江口渔业种质资源数据共享平台;建立长江口重要经济种类的种质资源基因保存库及精子保存库，为长江口渔业种质资源的利用和交流提供条件。构建长江口生态环境动态监控预警与生态修复技术平台；长江口渔业资源增殖放流效果评价技术平台。

2. 研究任务

(1)长江口中华绒螯蟹和日本鳗鲡苗种资源增殖及合理利用。

①中华绒螯蟹亲蟹人工增殖放流及效果评价技术；

②中华绒螯蟹天然繁殖场保护技术；

③日本鳗鲡苗种合理捕捞区域及时间窗口确定。

(2)刀鲚、淞江鲈和中华鲟的资源恢复、种质开发与保护。

①刀鲚的规模化人工繁殖及自然种群增殖技术；

②刀鲚种质资源就地保护(纳苗蓄养)技术；

③刀鲚的商品化人工养殖技术；

④淞江鲈自然种群重建技术；

⑤淞江鲈商品化养殖及系列饵料的优选；

⑥中华鲟幼鱼种群洄游跟踪与增殖放流。

(3)鮸、四指马鲅、菊黄东方鲀和滩涂贝类的人工繁育与增殖。

①鮸规模化繁育和养殖关键技术开发；

②菊黄东方鲀的人工繁殖和养殖工艺；

③四指马鲅的人工驯养及繁殖技术；

④滩涂多元化生态养殖技术研究。

(4)长江口重要渔业种质资源的保存、利用与共享平台建设。

①长江口重要渔业种质资源保存库；

②长江口渔业种质资源数据共享平台。

(5)长江口敏感水域受损环境评价与生态修复。

①长江口生态环境动态监控预警与生态修复；

②长江口渔业资源增殖放流效果评价技术。

【渔场捕捞技术与渔具研究与示范】

1. 总体目标 通过项目的实施，从南极磷虾资源与渔场、渔具与装备、渔情信息服务系统构建等方面综合研究，提升我国南极磷虾资源开发利用的综合能力，提高竞争力，建立我国南极磷虾规模化、商业化高效开发利用技术支撑体系，为我国南极磷虾产业的有序发展提供技术支撑。通过我国近海主要渔具结构、规模、性能、数量和标准化等研究与集成，完善我国近海资源养护型捕捞技术，构建适合我国不同海域特点的渔具渔法准入管理体系，为合理开发与养护近海渔业资源，完善我国渔业资源养护型捕捞技术，建立资源养护型渔具渔法管理规范，提高我国近海渔业资源养护决策与管理能力，确保我国近海渔业资源的可持续开发利用。

2. 研究任务

(1)南极磷虾资源生态高效捕捞关键技术集成与示范。

①南极磷虾资源分布与评估技术研究；

②南极磷虾高效捕捞技术及其装备研究；

③南极磷虾生态友好渔具的研制；

④南极磷虾渔场信息应用服务系统构建；

⑤生态高效捕捞技术集成与示范。

(2)主要近海渔场捕捞容纳量研究。

①拖网、张网、刺网渔具渔法捕捞能力研究；

②拖网、张网、刺网渔具不同时空分布捕捞能力综合评估；

③基于生态系统东海区拖网、张网、刺网渔具容纳量研究；

④拖网、张网、刺网渔具渔法作业区划与管理研究与示范。

(3)渔具渔法调查与渔具作业性能评估。

①拖网、张网、刺网渔具渔法调查规范与指标体系构建；

②拖网、张网、刺网渔具数量、结构与区域分布调查；

③拖网、张网、刺网渔具渔法渔获品种抽样鉴定与分析；

④拖网、张网、刺网主要渔具结构特点与性能研究。

(4)渔具装备关键技术研究与示范。

①不同选择方式、方法与渔具适应性能研究；

②选择性装置与拖网、张网渔具匹配性能的研究；

③不同捕捞对象与渔具选择性能的研究；

④不同渔具最小网目尺寸标准参数的研究；

⑤拖网、张网渔具及其装置的应用示范。

(5)渔具准入关键技术研究与示范。

①渔具属性与分类判别标准的研究与完善；

②拖网、张网、刺网渔具准入标准参数的研究；

③张网、刺网船载渔具规格与数量的技术规范研究；

④拖网、张网、刺网渔具准入指标体系的构建；

⑤拖网、张网、刺网准入渔具对比试验与应用示范。

【淡水池塘工程化改造与环境修复技术研究与示范】

1. 总体目标 从我国水产养殖业可持续发展的根本需求和长远利益出发，以提高池塘养殖质量和社会、经济效益为目标，按照“健康养殖、高效生产、资源节约、环境友好”的要求,以老旧池塘工程化改造、池塘养殖环境修复为重点,围绕健康养殖技术的整体性提升,运用工程学、生态学、生物学等方法,开展关键技术突破和集成研究,形成可控的养殖生态系统。通过本项目实施,建立适应不同建设要求的养殖小区规划与布局系统技术,以及以技术手册、评价方法为主要内容的技术体系,制定技术规范 3 ~ 5 项;研发一批水体净化与环境修复技术,研发实用技术 5 ~ 10 项;建立 4 个以上的典型系统模式,并在养殖主产区示范推广,建立核心示范区 1 333 公顷,辐射推广 3.3 万公顷。核心示范区养殖用水的利用率提高 60% 以上,养殖污染物(总氮、总磷和 COD)排放减少 50%;综合生产经济效益提高 10% 以上。同时以本项目为依托,培育一支行业科技研究队伍,培养一批基层技术骨干。

2. 研究任务

(1)池塘养殖设施工程化构建与土质条件研究。根据不同区域的气候特点、地质条件、养殖品种和养殖方式,开展池塘养殖设施工程化构建与土质条件研究,建立池塘养殖设施工程建造规范。研究提出对应不同条件的池塘建设技术规范,进行应用推广。

(2)“微生物—植物—动物”复合净化技术应用与示范。针对我国池塘养殖的特点和环境条件,开展池塘养殖系统生态工程化调控关键技术研究,优化建立“微生物—植物—动物”复合的各类净化技术。

(3)养殖小区水质控制技术与集成应用。以设施系统优化改造、养殖环境修复技术为核心,形成技术体系,构建健康养殖小区,为池塘养殖生态修复提供保障。

【珍稀水生动物人工繁育与物种保护技术研究与示范】

1. 总体目标 随着我国经济社会发展和人口增长,经济建设与资源环境的矛盾日显突出,水域生态环境不断恶化,珍稀水生野生动物濒危物种数量急剧增加,濒危程度不断加剧。部分物种自然资源量减少,部分面临灭绝,针对以上问题,通过在自然保护区内对代表性物种的自然种群保护和恢复技术研究与示范,建立珍稀水生动物就地保护和种群重建技术体系;实现中华鲟等 8 种珍稀水生动物苗种的规模化繁育,建立大鲵等 4 种珍稀水生动物的规模化繁育技术体系并进行产业化示范;评估江豚等 8 种珍稀水生动物自然种群的遗传多样性状况,建立 3 种珍稀水生动物繁殖群体的遗传档案,初步形成遗传多样性保护及家系管理技术;建立珍稀水生动物保护信息平台并实现共享。在生态系统、种群和遗传多样性层面为水生野生动物保护及其资源的可持续利用提供技术支撑。

2. 研究任务

(1) 珍稀水生动物自然地理种群遗传多样性保护及家系遗传管理。

①珍稀水生动物遗传多样性保护;

②珍稀水生动物家系管理。

(2) 珍稀水生动物自然种群保护与恢复技术研究与示范。

①我国珍稀水生动物自然保护区基本情况;

②长江天鹅洲故道长江江豚种群及其栖息地的优化技术;

③秦岭细鳞鲑自然保护区管理与种群恢复技术;

④大鲵自然种群恢复技术研究与示范。

(3) 中华鲟、达氏鲟和达氏鳇规模化繁育及人工保种技术。

(4)大鲵健康养殖及产业化示范。

①大鲵健康养殖模式研究与示范;

②大鲵养殖病害防治技术研究;

③大鲵规模化繁育技术体系标准化研究与示范。

(5) 胭脂鱼规模化繁育及产业化示范。

(6)西部地区裂腹鱼的规模化繁育技术研究。

①西藏 4 种濒危裂腹鱼类人工繁育技术;

②高原裂腹鱼类繁育技术体系标准化研究与示范;

③齐口裂腹鱼规模化繁育技术研究与示范。

(7)圆口铜鱼人工驯养和繁殖及亚东鲑的规模化繁育技术研究。

①圆口铜鱼规模化人工驯养技术研究;

②圆口铜鱼人工繁殖技术研究;

③亚东鲑的规模化繁育技术研究。

(8)珍稀水生动物保护信息平台建设与共享。

【“稻—渔”耦合养殖技术研究与示范】

1. 总体目标 针对我国“稻—渔”共作生态系统结构、功能等研究缺乏,水质环境调控技术水平低,稻田施肥、施药与水产养殖矛盾突出,产品质量安全保障能力弱等技术问题,以提高物质与能量转化效率为目标,以环保、安全和健康为宗旨,通过“稻—渔”耦合种养技术研究,总结出适宜不同地区的“稻—渔”耦合模式研究 15 ~ 20 个,筛选出适宜“稻—渔”生态种养的水稻安全优质主栽品种 20 ~ 30 个及其高效栽培方式,确定适宜稻田养殖的水产经济动物 8 ~ 10 种;制定相关技术标准 14 ~ 16 项,集成系列适宜不同地区的科学系统的“稻—渔”田间工程建设技术和生态种养技术规程 5 ~ 6 套,构建“稻—渔”水质环境信息数据库 1 个。通过项目的实施,有效解决制约“稻—渔”种养生产的技术瓶颈，实现水稻种植与水产养殖的有机结合，为“稻—渔”种养产业的健康、均衡发展、农民增收、国家粮食及食品安全提供重要保障和技术支撑。同时以本项目为依托，培育一支行业科技研究团队，培养一批基层技术骨干。

2. 研究任务

（1）“稻—渔”共作生态系统环境特征及调控技术研究。

①“稻—渔”共作生态系统水质环境动态监控及信息数据库构建；

②“稻—渔”共作生态系统营养网络结构与功能研究；

③“稻—渔”共作生态系统水质管理技术研究与示范；

④“稻—渔”共作生态系统土壤底质改良技术研究与示范；

⑤“稻—渔”生态调控技术研究；

⑥“稻—渔”共作生态系统节水减排模式构建及其技术研究。

（2）“稻—渔”共作系统对水稻优良品种选择和高效栽培模式研究。

①“稻—渔”共作系统适宜品种的选择与应用；

②“稻—渔”共作系统不同稻作方式的特性与应用；

③“稻—渔”共作系统对水稻群体结构和植株生长影响研究；

④“稻—渔”共作水稻安全施肥模式与技术研究；

⑤“稻—渔”共作系统水稻病虫草害防控技术研究；

⑥“稻—渔”生态种养水稻高效栽培模式研究。

（3）“稻—渔”共作优质水产品养殖技术研究。

①适宜“稻—渔”共作生态系统水产养殖品种的选择；

②“稻—渔”共作生态系统水产动物标准化养殖技术研究；

③“稻—渔”共作生态系统优化同步模式研究；

④“稻—渔”共作生态系统优质水产品营养调控技术研究；

⑤“稻—渔”共作生态系统水产养殖动物疾病生态防控技术研究。

（4）不同地区的“稻—渔”耦合模式研究。

①不同地区“稻—渔”耦合模式田间工程建设技术研究；

②适宜不同地区“稻—渔”耦合模式的研究；

③不同地区“稻—渔”共作生态系统生态效应研究；

④不同“稻—渔”耦合模式经济效应评价。

“十二五”科技支撑计划渔业项目

在科技部大力支持下，“十二五”科技支撑计划共启动实施两个渔业项目，国拨经费 5 304 万元。

【淡水养殖品种选育及规模化繁育技术研究与示范】

1. 总体目标 针对淡水主养品种种质资源混杂、人工选育的良种少、选育效率低等产业关键技术问题，开展重要水产种质资源群体构建与评价研究，建立种质资源高效、快速评价与鉴别技术，形成主要水产生物的种质资源库和信息平台；将传统育种与生物技术相结合，建立现代育种技术体系，选育出优质、高产、抗逆性强的淡水养殖新品种，创制育种新材料；突破名优特色养殖品种的苗种规模化繁育技术瓶颈，并进行产业化应用示范。培养和造就一支科技创新能力强、学术水平高的淡水遗传育种研究队伍，完善一批设施完备、功能齐全、运行高效的育种研究基地，奠定我国淡水主要养殖品种育种研究可持续发展基础。

2. 主要任务 本项目重点围绕重要水产种质资源群体构建与评价、主养对象新品种选育和名优特色品种苗种规模化繁育三个方面，开展重要水产种质资源群体构建及遗传评价方法、大宗淡水主养鱼类新品种选育、淡水经济鱼类新品种选育、淡水虾蟹贝类等新品种选育、名优特色养殖种类规模化繁育技术研究与产业化示范。拟设置 5 个课题。

3. 预期成果 全面构筑我国淡水主养品种选育技术体系，建立现代淡水主养鱼类育种技术创新平台，创制育种新材料，选育优质、抗病、高产新品种，为提高淡水养殖品种良种覆盖率、调整养殖品种结构、提升淡水养殖效益、促进农民增收提供技术支撑。

【海洋重要生物资源养护与环境修复技术研究与示范】

1. 总体目标 针对我国近海渔业亟待解决的资源养护与开发利用的突出矛盾，重点突破近海典型水域生态承载力和渔业增殖潜力评价等关键技术，集成近海渔业典型生境修复、重要渔业种类增殖和近海资源养护型捕捞等近海水生生物养护与环境修复新模式，构建近海渔业技术创新平台，为近海渔业可持续发展提供技术支撑。

2. 主要任务

（1）近海典型渔业水域增殖潜力与环境修复评价

技术研究与应用。针对近海典型水域渔业生态容量和渔业增殖潜力评价等所存在的关键技术问题，摸清我国近海典型渔业水域渔业资源及其栖息环境、渔业利用状况及生产力水平状况，研究近海典型水域渔业资源群落结构及渔业利用现状及变化特征；开发近海典型渔业水域生态承载力、渔业生态容量及渔业资源增殖潜力评价与评估技术，提出近海典型水域渔业生态容量和增殖潜力。

（2）重要渔业水域环境修复与示范。针对我国南北方大规模开展的人工鱼礁和藻礁建设，集成与优化黄海和南海近海典型水域人工鱼礁牧场、大型海藻（草）场、浮筏立体式增殖生境及底栖动物栖息生境营造工程技术，构建典型渔业生境生态修复效果评估技术模式，集成富营养化水域生物消减与资源化利用技术，开发退化产卵场、索饵场生态修复技术，创新我国近海典型渔业生境造成与优化技术体系，开展集成示范与推广应用。

（3）重要渔业种类增殖模式构建与示范。针对近海水域开展的增殖放流活动，研究近海典型水域食物网生物生态功能特征，筛选适合增殖养护水域和增殖种类，开发生物群落结构优化技术；根据目标水域的生态容量和最大承载力，确定增殖数量；研究重要渔业种类增殖补充对渔业生态系统的影响及其变化规律，集成重要渔业种类标志技术和增殖效果评价技术，建立和完善渔业资源增殖养护技术体系并进行示范推广。

3. 预期成果 查明近海典型水域渔业资源种类组成、数量分布及种间关系，提出水域渔业资源适宜增殖种类、年放流数量，人工鱼礁和藻礁适宜构建的水域。制（修）订标准和规范（草案）2 项。

国家高技术船舶科研计划项目

【概况】 经努力争取，“南海渔船高效节能设计应用技术研究项目”首次列入《2012 年高技术船舶科研项目计划》，工业和信息化部和财政部批准立项，3 年国拨研究经费达 2 250 万元。

项目由中国水产科学研究院渔业机械仪器研究所牵头。项目针对南海渔业装备落后的现状，以南海 LNG 拖网渔船、电力推进围网渔船和金枪鱼延绳钓高效节能渔船为主线，开展南海高效捕捞与船机桨网优化匹配技术、船型综合节能与复合材料应用及抗碰撞结构优化技术、LNG 燃料动力系统和调距桨应用技术、高性能三型渔船相关标准与规范研究等共性关键技术研究，以三型高技术船专用技术为重点，通过系统集成，以实现南海渔船安全、高效、节能的目标，按照共性技术、专用技术以及系统集成与示范船建造应用三个层次进行南海 LNG 拖网渔船船型优化、南海电力推进灯光围网渔船船型优化、南海金枪鱼延绳钓渔船船型优化及节能技术系统集成与实船示范，开发出满足我国法定要求、适合南海海域作业的高技术船型。一是 40～50 米级 LNG 拖网渔船，示范船型同比节能≥5%，同比 NOx 减排≥70%；二是 50～70 米级电力推进灯光围网渔船，示范船型同比节能 10%～15%，捕捞效率提高 10%；三是 30～40 米级金枪鱼延绳钓船，示范船型同比节能 10%～15%，捕捞效率提高 10%。

基层农技推广体系改革与建设补助项目

【概况】 2012 年中央 1 号文件下发后，各地渔业主管部门和水产技术推广机构积极行动起来，根据文件精神和农业部部署，制定了具体实施方案，强化了与相关部门沟通、协调，全力推动政策的落实。从各地反映的情况，以及全国水产技术推广总站通过督导调研了解的情况看，“一个衔接、两个覆盖”政策在渔业领域基本上得到落实。其中，“一个衔接”政策基本落实到位。由于地方财政加大了投入力度，基层水产技术推广人员工资待遇均有大幅度提高，全额拨款的水产技术推广机构人员工资待遇基本实现了与当地事业单位人员工资平均水平相衔接。“两个覆盖”政策中的农业技术推广改革与建设补助项目基本覆盖到渔业重点县。据统计，全国用于水产技术推广体系改革的补助资金达到 2 亿多元，约占补助总额的 10%，部分省渔业补助比例超过 10%，山东、福建、四川等 10 多个省份渔业项目争取到经费切块，由渔业部门组织实施。“两个覆盖”政策中的乡镇农业技术推广机构条件建设项目覆盖所有乡镇综合站，有渔业内容的乡镇综合站得到支持，而单独设立的水产站还未覆盖到。总体来说，在中央政策的引导和各级领导的高度重视下，“一个衔接、两个覆盖”政策在渔业方面得到较好落实，基层水产技术推广机构和队伍趋于稳定，公益性职能得到强化，经费保障水平显著提高，设施条件有所改善。

稻田综合种养技术示范项目

【概况】 2012 年稻田综合种养技术示范工作得到农业部科教司大力支持，各地渔业主管部门高度重视、大力支持，项目承担单位开展了大量卓有成效的工作，取得了明显成效。

1. 示范规模不断扩大，辐射带动效果显著 很多地区在稻田养鱼方面有很好的工作基础，长期以来就有稻田养鱼的传统，这些地区既充分利用传统稻田养殖优势，又不断改进，按照新一轮稻田综合种养特点和要求，对稻田进行改造，对技术模式进行完善，进一步巩固和加强了稻田综合种养工作基础，扩大了新技术新模式的示范规模。如宁夏示范面积虽然不多，但有效带动了 0.8 万公顷稻田种养面积。据初步统计，2012 年承担稻田综合种养技术示范项目的 10 省（自治区）共建立核心示范区 1 300 多公顷，建立核心示范户 1 000 余户，建立稻田综合种养合作社 10 余个，直接辐射示范超过 3.3 万公顷。

2. 技术指导服务深入，技术水平得到提升 各地积极推动龙头企业、种养大户、专业合作社牵头示范，带动千家万户实施稻田综合种养新技术、新模式。各地高度重视稻田综合种养示范点建设，高标准、高要求选择示范点和示范户，加大对技术指导员和示范户的培训力度。根据各地统计，2012 年，10 个示范项目全年培训稻田综合种养技术骨干就达 1 000 多人次，全年开展现场技术指导和各种形式的技术咨询近 200 次，培训人员 5 000 人次。技术指导工作及时有力，确保养殖户在关键环节、关键时期都能得到有效技术指导，有效提高了稻田综合种养技术到位率，示范户技术水平普遍提高。全国水产技术推广总站制定了项目技术实施方案，并多次组织专家召开技术研讨和现场交流会，组织专家进行现场技术指导，对新技术模式进行总结提升，组织制定稻田综合种养技术规范，为项目实施做了大量技术支持工作。

3. 示范综合效益提高，实现稳粮增收目标 在当前生产条件下，单纯种植水稻综合效益偏低，农民积极性不高，而稻田综合种养既可以确保水稻稳产增产，又可以确保水稻和水产品质量安全，而且其产品价格普遍高于其他未采取综合种养措施的水稻和水产品，大幅度提高了稻田综合效益，增加了农民收入。如四川省稻田综合种养示范户每公顷平均收益将近 15 万元。据统计，2012 年，10 省（自治区）稻田综合种养技术示范点单位面积平均综合效益提高 50% 以上，每公顷增效 15 000 元以上。开展稻田综合种养技术示范工作的地区普遍反映，农民开展稻田综合种养的积极性非常高，有的地区，如辽宁盘山、湖北潜江等，稻田综合种养已成为当地农民一项非常受欢迎的农业生产模式。

一年来，各地大胆创新，扎实工作，有效推动了稻田综合种养技术示范工作的开展，取得了一些好的经验。

一是加强领导、健全组织机构。为切实加强对稻田综合种养技术示范工作的领导，各地都成立了工作领导小组，由分管领导任组长，相关行政管理、科研、推广、教学等单位参加，统一领导和组织协调稻田综合种养技术示范工作。各地各单位都制定了切合本地实际的实施方案，组建了专家组，确定了技术指导员，建立核心示范区，遴选了示范户，将各项工作责任明确落实到岗、到人，确保各项工作有条不紊开展。

二是注重培训、提升科技素质。新一轮稻田综合种养不是简单的种植加养殖，而是种植与养殖相互促进，促进生态与安全，提高综合效益的一项新技术。因此，做好技术培训，掌握关键技术，确保技术到位，是新一轮稻田综合种养技术示范能否成功的关键。各地高度重视技术培训工作，在各有关科研教学推广单位协助下，将稻田综合种养的技术要领和好的做法编成典型材料和实用性强的教材，下发到示范户，让养殖户看得懂、信得过、用得上，提升了养殖户科技素质，有效提高了新技术、新模式的普及和推广。

三是因地制宜、创新技术模式。各地结合本地实际，遴选了不同的品种，探索不同养殖模式。一年来，各地初步摸索出了稻—蟹共生、稻—虾共生、稻—鳖共生、稻—鲤、虾—稻—辣椒、稻虾轮作等稻田综合种养新技术模式，在边试验边示范的基础上进一步对新技术模式进行了完善，并向广大养殖户进行推广示范。在这些新技术、新模式的带动下，浙江、湖北、宁夏等地稻田综合种养发展势头喜人，先后形成了多个稻田养殖专业合作社，组织化程度提高，效益也进一步提高。

四是整合资源、增加投入。为使有限的稻田综合种养技术示范工作经费发挥最大效益，一些地方将稻田综合种养技术示范工作与“基层农技推广体系改革与建设补助项目”、“阳光工程”、“农业标准化综合示范区建设”以及当地的一些科研、技术推广和标准化示范等项目整合起来实施，不仅扩大了项目规模和技术辐射面，而且提高了项目资金效能，提升了各个项目的建设水平，推动了稻田综合种养技术示范工作的有效开展。五是加强宣传、营造氛围。各地都比较注重宣传，开展了大量宣传工作，有的借助启动仪式进行宣传，有的专门在新闻媒体上开展宣传，比如浙江省通过中央电视台七频道、省内报纸等进行了宣传，起到了很好的作用。农业部渔业局还与全国水产技术推广总站一起组织了稻田综合种养集中宣传报道，组织《农民日报》、《经济日报》、《中国渔业报》、《中国水产杂志》等新闻媒体深入辽宁、宁夏、浙江等地示范区进行了现场采访和宣传报道。总的来看，取得了较好的效果，扩大了影响，提高了社会认知度，为稻田综合种养技术示范工作营造了良好的社会氛围。

（农业部渔业局　王雪光）

各 地 渔 业

北京市渔业

【概况】 2012年，北京市渔业水域面积超过2万公顷，其中大水库增殖面积1.53万公顷，池塘养殖面积4 620公顷，水产品总产量达到6.38万吨，渔业产值达到12.98亿元。

在池塘养殖中，观赏鱼养殖面积近0.1万公顷，休闲垂钓池塘面积0.1万公顷，垂钓场所约1 200个，苗种场52家，健康养殖示范场30家，工厂化养殖场18家，同比新增6家。

1. 以工厂化养殖场建设为抓手，探索生态渔业发展新路径 为了加快推广工业化水产养殖模式，2012年上半年，市农业局主管局长带队分别赴广州、上海等地进行实地考察，与中国水产科学研究院渔业机械仪器研究所研究起草了《2012年北京市全封闭工厂化循环水水产养殖场建设与验收规范》，并及时向市农委、市财政局汇报。下半年，市农委、市财政局和市农业局联合下发《关于2012年促进蔬菜、水产品工厂化生产的实施意见》，支持改建全封闭工厂化循环水水产养殖场6家，并逐步推进试验示范。

2. 以高产高效生产基地建设为契机，着力推进基础设施改造提升 在新一轮"菜篮子"工程建设的推动下，2012年全市开展渔业高产高效生产基地建设工作。为了保障工作顺利开展，市区两级财政安排以奖代补资金近5 680万元，渔民自筹资金4 100多万元，总投入资金达1亿元以上。全年完成渔业高产高效生产基地改建养殖场共40家。其中标准化高产高效生产基地33家，循环温室类型1家。全封闭工厂化循环水水产养殖场6家，改造面积达130多公顷。

3. 以组织机制创新为关键，提升水产品质量安全监管水平 2012年，为了加快促进渔业发展方式转变，全市在渔业生产、组织管理、监管机制等方面不断探索创新。

在生产方面，全面推广健康养殖模式，有效控制苗种、投入品、水质三个关键点，在13个水产养殖区县建立健康养殖示范点41个；积极落实健康养殖新技术、新规程，健全各项投入品管理制度。

在管理方面，面向全市水产养殖场，扎实推进水产品质量安全检打联动行动；使用快速检测试剂盒，开展大范围快速检测，将检测出现阳性样品的养殖场（户）确定为执法联系户，由渔政人员和水产技术推广人员组成联合小组进行重点帮扶，一个月后再对其抽取样品进行定量检测，检测仍不合格的交由渔政部门依法从严处理，全市速检水产养殖户已达3 200户，重点抽检养殖户1 000户。

在机制方面，积极探索水产品产地准出制度。在市农业局党组的大力支持下，联合中国农业大学启动了"北京市水产品产地准出制度调查与研究"项目，经过理论分析、专家研讨和赴北京水产重点区县、上海、天津、广东、湖北、宁夏等地的实地调研，对产地准出制度的内涵、与市场准入和可追溯制度的关系、制度建立的必要性等形成了统一认识，对前期制度方案设计进行了初步印证，也对面临难点问题和政策需求进行了系统梳理，实施思路初步形成，为继续深入探索指明了方向。

2012年全市水产品质量安全水平稳步提升，在农业部的例行监测中，市场抽测合格率为99.2%，比上年提高了2.5个百分点，产地抽测合格率为100%，比上年提高了3.7个百分点。

4. 以增加水生生物和养护为载体，创建渔业生态文明新标志 全市及时总结增殖放流工作经验，制定了《2012年增殖放流工作方案》，秉承"合法、科学、规范、廉洁"的原则，对放流地域选定、苗种招标和过程监管等方面做出了详细规定并有效落实。

2012年，对13个区县170多处近2万公顷的水库、河流、湖泊和景观水域进行了增殖放流，总投资达942.9万元，其中中央转移支付资金530万元，市级财政资金412.9万元，共放"四大家鱼"1 130余万尾，积极推动了水源区的养护和生态文明建设，也大幅度提高了生态、经济、社会等综合效益。

在增殖放流过程中，首次引入了第三方监理公司，对鱼苗放流进行全程监理。按照以往监理施工工程经验，结合鱼苗增殖放流工作特点，监理公司编制了监理方案和流程，确定了监理的关键节点，包括起塘质量和重量、运输质量和重量、投放水域、投放质量和重量等，并在节点处留有文字和影像资料，实现可查阅和可追溯。通过购买服务，增殖放流工作达到了质量好、数量准、不跑不漏的良好效果。

5. 以科研单位和创新团队为支撑，收获渔业科技创新新成果 根据农业部《渔业科技促进年活动方案》的总体部署，结合本市渔业现状和发展战略目标需求，制定了《北京市渔业科技促进年活动方案》。2012 年 4 月，市农业局与中国水科院渔业机械研究所签订合作协议，还与中国农业大学、中国科学院动物研究所、首都师范大学等科研单位深入合作，“借脑建渔、借力兴渔”，使全市在渔业基础设施改造、渔业机械应用、养殖监测和自动化、水产品市场准入、增殖放流等方面取得了多项创新成果，为养殖模式、养殖品种、质量安全等的改进提升提供了良好的技术支撑。

6. 以强化服务力度和能力建设为手段，促进渔业种业提质增量 截止到 2012 年底，全市水产苗种企业增加到 52 家。其中国家级良种场 4 家，市级良种场 5 家，形成了三大苗种产区，分别是以怀柔区为主的具有冷水资源的鲟鱼、鲑鳟鱼苗种生产区，以昌平区为主的具有热水资源的罗非鱼、彩虹鲷苗种生产区，以通州区为主的以观赏鱼苗种生产区；其中虹鳟鱼、鲟鱼的苗种繁育量占全国总量的 60% 以上。

【大事记】

[1]2 月 29 日，市农业局办公会第二次会议审定通过了《北京市地方重点保护水生野生动物名录》，多鳞白甲鱼等 17 种北京野生鱼类将得到重点保护。

[2]3 月 15 日，农业部在北京市顺义区举办第八届放心农资下乡进村现场咨询活动。农业部党组成员张玉香、市农业局局长赵根武等有关领导出席。

[3]3 月 22 日，市农业局召开全市水产工作会议。农业部渔业局、市财政局、市农林科学院等单位领导到会并讲话。

[4]3 月 26 日，市农业局局长赵根武、副局长沙松平等一行赴北京市水产技术推广站海南基地调研考察。

[5]4 月 5 日，市农业局与中国水产科学研究院渔业机械仪器研究所科技合作协议签字仪式在北京举行。农业部渔业局副局长李书民、中国水科院院长张显良、北京市农业局局长赵根武等领导出席并讲话。

[6]5 月 17 ~ 21 日，市农业局副局长马荣才率领“北京市水产品产地准出制度调研”项目组成员共 9 人，对上海、广东实施水产品产地准出和水产品质量安全监管的主要措施及方法进行了考察和学习。

[7]6 月 11 ~ 12 日，市渔政站举办了 2012 年北京渔政违禁药物残留快速检测仪器发放仪式暨快速检测培训班。各区县 40 余名渔政执法骨干及 7 个大水产批发市场检测人员 20 余人参加了此次培训。市农业局副局长马荣才出席仪式并讲话。

[8]6 月 14 日，市财政局副局长李玉国一行 4 人，在市农业局副局长马荣才的陪同下前往怀柔区、密云县考察了以梭草渔场为代表的“三节两高”建设工厂化循环温室的具体做法和效果。

[9]7 月 21 日，北京市遭遇 61 年来最大的一次降水，房山区是重灾区，房山区河北镇的平均降雨量达到了 460 毫米，受灾人口 80 万人，直接经济损失超过 50 亿元，渔业生产也遭受了重大损失。

[10]7 月 22 日，遭遇特大暴雨袭击后，市农业局局长赵根武等领导赴受灾一线考察灾情，并组织有关部门展开救灾工作。

[11]10 月 19 日，由全国水产技术推广总站、中国水产学会观赏鱼分会、北京市农业局、市农林科学院主办的“2012 北京 · 金鱼锦鲤大赛暨国际水族休闲渔业用品展销会”在全国农业展览馆开幕。农业部渔业局副局长李书民、全国水产技术推广总站站长魏宝振，全国农业展览馆馆长隋斌，农业部渔业船舶检验局巡视员李小芬，农业部农产品质量安全监管局副局长金发忠，市农业局局长赵根武、北京市农林科学院书记高华、院长李云伏等领导参加了活动。

[12]12 月 9 日，北京市水产技术推广站海南育种中心举行了“海南育种中心改扩建项目”奠基仪式。市农业局副局长马丽英等领导出席。

[13]12 月 18 日，市农业局召开渔业保险工作会，市农委副主任李海平、市农业局副局长马丽英及有关区县和单位负责人参加了会议。

[14]12 月 21 日，北京市水产推广系统第四届水产实验技能竞赛举办，市农业局副局长马丽英及有关领导亲临现场。

（北京市农业局）

天津市渔业

【概况】 2012 年，天津市渔业经济总产值 79.5 亿元，比上年增长 4.39%，其中渔业总产值 63.37 亿元，比上年增长 5.35%。水产养殖投产面积 4.134 万公顷，比上年增长 2.33%。水产品总产量 36.5 万吨，比上年增长3.66%,其中:淡水养殖31.20万吨,海水养殖1.43万吨,海洋捕捞2.73万吨,淡水捕捞1.1万吨。繁育各类苗种152亿尾。全市拥有机动渔船4 039艘,其中投产海洋捕捞渔船494艘。增殖放流各类水生生物苗种12.67亿尾(只、粒)。全市渔业人口5.74万人,渔民人均纯收入1.74万元。

1.现代渔业 2012年优势水产品养殖示范园区建设圆满完成任务,现代渔业提升工程全面启动。上半年,结合“调、惠、上”活动与“机关干部下基层,为民服务解难题”活动,对最后一批14个优势水产品养殖示范园区建设进行了督查,坚持边调研、边服务、边帮扶、边听取意见建议,对园区建设起到积极的推动作用。组织专家对这些园区进行验收。至此,全市55个优势水产品养殖示范园区建设圆满完成任务,且园区建设标准逐年提高。

全面启动渔业设施提升工程项目。根据市农委《天津市设施农业提升工程实施方案》,计划用4年时间,建设渔业设施提升工程园区70个,其中:精品园区20个、提升园区50个。编写了《天津市渔业设施提升工程建设实施方案》、《天津市渔业设施提升工程建设管理办法》和《天津市渔业设施提升工程项目评审办法》,起草了工厂化养殖园区、池塘养殖园区、观赏鱼工厂化养殖园区和休闲渔业养殖园区4个建设标准,为做好今后的园区建设打下了坚实的基础。经专家组论证,确定2012年建设渔业设施提升工程项目17个。其中:池塘型园区7个(精品3个、提升4个)、工厂化养殖园区4个(精品1个、提升3个)、工厂化观赏鱼4个(全部为提升)、休闲渔业2个(全部为提升)。总投资1.98亿元,其中:市补助资金2 800万元。

2.资源养护 2012年,继续加大中国对虾、三疣梭子蟹、梭鱼、海蜇等品种的增殖放流力度,全年共投入资金1 350余万元,放流各种海淡水苗种12.67亿尾(只、粒),其中:海水品种增殖放流12.56亿尾(只、粒),淡水品种增殖放流1 183.2万尾。承办了农业部主办的以“养护海洋生物资源 促进生态文明建设”为主题的渤海生物资源修复放流活动。经过连续5年的增殖放流,效果十分明显:2012年渤海湾天津地区捕捞产量909吨,产值17 271万元,社会效益、经济效益和生态效益显著。

继续实施人工鱼礁建设,海洋牧场项目取得重大突破。年初投放了2011年制作的人工鱼礁礁体1 187个,形成礁区面积约0.34平方公里。2012年投入资金660万元,制作人工鱼礁礁体1 916个,形成礁区面积0.58平方公里。2012年成功进行了羊栖菜、鼠尾藻和龙须菜的筏式养殖,面积逾2公顷,长势良好,这在渤海湾地区尚属首次。

科技引导,加强合作,共同修复天津海域生态环境。与市海洋局建立全面合作机制的框架协议,就共同开展2011—2012年度海洋生态修复工作签订了合同,拨经费400万元,主要用于天津海域牡蛎礁区生态修复与生物资源恢复示范。

3.科技兴渔 全年承担、实施科技项目66项,其中:国家级项目4项、市级27项、局级19项、区县级16项;其中包括国家农业产业技术体系综合试验站项目4个。进行成果登记22项。承担农业科技成果转化与推广项目11项,如“淡水池塘设施化高效健康养殖关键技术研究”,通过对新技术、新模式的实施,实现向节水、无污染、生态、高效、高产目标转变,为转变传统发展方式,探索出更为科学的、可持续发展的技术途径,该项目的单位面积产量为园区产量1倍以上,单位面积效益增长40%以上。全年共举办各类培训班60期,培训科技人员、农(渔)民8 000余人次;建立科技示范户302个、科技示范基地60个;制订养殖技术规范10个。对1 000名渔业特有工种(水生动物饲养、水生动物苗种繁育、水生生物病害防治等)进行了职业技能鉴定,提高了全市水产科技人员的业务水平和实际操作能力。落实渔船燃油补贴政策,下拨2011年渔业油价补助资金11 095万元,其中:国内机动渔船渔业油价补助资金7 304万元(海洋5 124.25万元,内陆2 179.75万元),远洋渔业油价补助资金3 791万元;落实海洋渔船更新改造补贴政策,新建海洋渔船5艘,总投资11 337.3万元,其中国家专项补贴资金2 700万元。

4.水产品质量安全 2012年按照农业部部署,创建水产健康养殖示范场4个,截止到年底全市拥有农业部水产健康养殖示范场45个。实施农业部2012年扶持“菜篮子”产品生产项目,5家“菜篮子”项目实施企业已全部通过验收。

加强无公害水产品认定认证。2012年新增申报无公害养殖企业16家,新增产品28个,新增认定面积925.4公顷,新增无公害产品产量近6 325吨,增加产值2.83亿元。全市通过认证的企业已达84家,养殖面积22 320公顷,占全市养殖水面的55.2%,获得农业部批准的无公害水产品认证189个,为保障全市水产品质量安全打下了坚实的基础。

开展专项整治活动和水产品质量安全监测。制定了《2012年天津市水产品质量安全监管计划》,对优势水产品养殖示范园区和50家水产苗种生产企业开展了专项执法检查,并对存在问题提出了整改意见,确保水产苗种质量安全。配合农业部城市水产品质量例检,4次共抽检市场水产品120个样品,14个样品超标,合格率88.3%;对无公害水产养殖基地进行实验室监督抽检,抽取样品149个,合格率100%;水产品质量安全水平好于上年。另外,重点强化了快速检测工作,举办了两期快速检测技术培训班,全市12个区县、13个养殖示范企业,共45名技术人员参加了培训,为尽快推广快速检测技术,扩大检测覆盖面积提供了强有力的技术支持。同时对6个区县下达了共计600个样品的快检任务,经检测,样品合格率保持在99%以上。

深入推进水产品质量安全全程追溯示范项目。完成了20个项目示范点的筛选和养殖环境、投入品、苗种等检验检测工作,开展了健康养殖、投入品规范使用及水产品质量安全控制等相关技术培训。在蓟县、北塘、王顶堤等设置水产品可追溯专营店,销售的水产品真正实现条码、手机、触摸屏可追溯查询。

进一步做好进出市水产苗种检疫工作。全年共检疫水产苗种259.903亿尾,其中:区县检疫216.513亿尾,机场检疫34.39亿尾,增殖放流检疫9亿尾。机场检疫的34.39亿尾苗种中,仅有少量虾苗携带纤毛虫导致轻度感染,从整体来看全年苗种质量较好。加强水生动物疾病预防控制工作。开展水生动物防疫和重大疫病监控,重大疫病检测样品662个,对检疫出病原阳性的样品分别进行了无害化处理或消毒,杜绝了流行病暴发。组织了无公害水产品内检员培训班和水生生物防疫检疫职业技能培训班,全市150余名技术人员参加了培训,业务能力进一步提高。同时,新建汉沽、宁河、津南3个县级水生动物疫病防治站,对控制全市水生动物疫病的传播和流行,推动水产养殖业健康发展和水产品质量安全水平的提升起到积极作用。

5.渔政管理 2012年加强中韩入渔管理工作。根据公安部、农业部的部署,加强组织领导,和公安边防积极合作,组织开展涉外安全培训,共培训涉外船员160余人次;全市86艘入渔渔船没有越界捕捞现象发生。

强化执法能力建设。组织执法人员参加了执法工程再提高培训,提高了执法人员素质;加强渔业装备升级改造,开展"50艘渔船双燃料改造项目",市海洋局已将该项目列为天津市科技兴海重点项目,已完成20艘双燃料渔船动力改造工作,对大神堂和东沽码头现有的监控系统和AIS服务器进行修护,协助完成RFID射频签证系统的建设,并为远洋渔业企业发放MMSI识别码,提高了渔船和渔港动态监控能力。

加强渔业执法和监督检查。针对养殖证、苗种生产许可证持证情况、水产养殖兽药使用情况、水产养殖生产记录制度执行情况等几项内容,开展水产养殖业专项执法检查,对12个有渔业的区县进行抽查,总检查数量达到40次。加大海上执法检查力度,全年共计出海检查210天,航行1 143小时,航程12 406海里,全年处理渔业海上违法案件57起,收缴罚款61.71万元,有力地打击了渔业违法行为。根据市农委《关于在天津海域禁止使用地笼网的通知》精神,与边防海警联合开展打击违规使用地笼专项行动,维护了海上正常的生产秩序。强化涉海工程项目对海洋渔业资源损害的监督检查,对涉海建设工程损害渔业资源问题进行了全面清理和检查,北疆、大港两大电厂对天然渔业资源造成损害的补偿款30万元,全部用于增殖放流。

加强水生野生动物管理。举办了以"关爱水生动物,保护生物多样性"为主题的2012年水生野生动物保护科普宣传月活动启动仪式,开展了为期两个多月的打击非法捕捉走私经营利用水生野生动物的专项执法检查,下达限期整改通知书56份,对24个违规当事人进行警告。全年救助受伤江豚1头、鳄鱼龟5只,对3家斑海豹养殖单位的5只斑海豹进行了全面检查救治。

【重点渔业区(县)基本情况】

天津市重点渔业区(县)基本情况

区(县)	总人口(万人)	水产品总产量(吨)	其中				养殖面积(公顷)	其中	
			海洋捕捞	海水养殖	内陆捕捞	内陆养殖		海水	内陆
武清区	85.55	68 625				68 625	7 313		7 313
宁河县	38.74	49 780		901	634	48 245	7 288	233	7 055
西青区	36.60	41 895			1 000	40 895	4 008		4 008
宝坻区	67.59	41 392			2 037	39 355	3 564		3 564
蓟 县	84.27	28 746			4 614	24 132	1 571		1 571
汉沽区	17.00	26 955	6 443	8 941		11 571	1 129	691	438

注:总人口为2011年数据。

【大事记】

[1]3月1日，在全市开展了以"科技进塘入场(厂)到户、助推健康安全增产"为主题，以"促进实现水产品安全有效供给和渔民持续稳定增收"为目标的科技服务活动。

[2]6月4日，2012年天津市渤海生物资源修复放流活动，由农业部主办，农业部渔业局、天津市农村工作委员会、滨海新区人民政府承办。主题是"养护海洋生物资源 促进生态文明建设"。

[3]7月下旬的连续强降雨，造成天津市10个涉农区(县)的渔业生产受到不同程度的损失。为了更好地帮助各区(县)做好防灾抗灾工作，8月15日下发了《关于开展科技救灾服务活动的通知》，对活动内容、任务进行了安排。并组织市农业技术顾问委员会养殖业组的专家深入宝坻、西青两区指导救灾减灾工作，中央电视台新闻频道和天津卫视进行了报道。

[4]9月16～17日，副市长尹海林接见了缅甸渔业代表团，该团参观考察了天津市海发珍品实业发展有限公司工厂化养殖车间和循环水处理设施。

[5]市水产局组织沿海渔区水产局召开了渔业互助保险工作专题会议，决定2012年以入韩作业渔船为突破口，全力促进入韩作业渔船参保，从而带动其他渔船参保。

[6]天津市首次在渤海湾地区进行了羊栖菜、鼠尾藻和龙须菜的筏式养殖，获得成功。

[7]截止到2012年底，天津市累计在渤海湾海区投放人工鱼礁6 298个，2.04万空立方米，1.96平方公里。

[8]天津牧洋渔业有限公司更新改造三艘专业远洋渔船，投入资金9 820万元，其中中央资金2 710万元，自筹资金7 110万元。

(天津市水产局 崔露文)

河北省渔业

【概况】 2012年，河北省渔业工作认真贯彻落实全国渔业工作会议和全省农业工作会议精神，积极实施渔业"四百工程"战略，不断解放思想、攻坚克难，突出生态、高效、安全，加快推进发展方式转变，积极发展特色水产业，着力推进渔业发展环境和生态环境改善，切实为渔民增收和渔业发展服务，各项工作稳步推进，渔业经济保持了健康持续的发展势头。据统计，2012年全省水产品总产量达到116.3万吨，同比增长9%；渔业总产值达221.4亿元，同比增长12.5%；渔民人均纯收入9 639元，同比增长5%。

1. 产业结构调整 一是海洋捕捞业。调整作业结构，狠抓海上渔业生产秩序和渔事纠纷隐患排查、应急处置与调处工作，渔船编队生产水平提高，渔损海难事故发生率较上年同期降低13.6%，涉外渔船无严重违规事件发生。二是水产养殖业。大力推行工厂化、生态养殖、立体混养等标准化健康养殖模式，繁育各类水产苗种达919亿尾(只、粒)，新创建农业部健康养殖示范场15个，省级以上健康养殖示范场达85个(其中国家级59个)，示范区总面积达6万公顷；高标准建设完成24个"菜篮子"水产品生产建设项目，实施总面积1 053公顷，增产790吨，年增产值超过800万元。唐山对虾、秦皇岛海参、昌黎扇贝、黄骅梭子蟹、胜芳河蟹、两山中华鳖六大特色品种基本建成省级以上原(良)种场，并列入省名牌培育计划。三是水产加工流通业。以规模型龙头企业改造升级和水产专业合作社组建为抓手，综合生产能力提高，市场开拓和品牌推介方面取得新进展，唐山"恒行"牌蟹、沧州"渤辰"牌蟹、阜平县"山泉黄"牌中华鳖、石家庄"康态"牌中华鳖4个产品被评为省名牌产品。

2. 水产品质量安全 一是加强水产品质量安全监管工作。认真落实全省农产品质量安全专项整治行动的部署，加强关键环节治理，加大水产品质量抽检力度，未发生等级以上水产品质量安全事故。全年组织水产品质量安全抽检994个样品，其中产地水产品抽检831个，合格率99.4%，同比提高0.1个百分点，高于农业部要求的基地合格率目标2.4个百分点，不合格样品追溯查处率达到100%。二是加强"三品一标"认证工作。新认定无公害产地6处、面积1 027公顷，新认证无公害产品19个、产量1 974吨，全省无公害产地覆盖178个生产单位、10.39万公顷养殖水域，共86个单位的144个产品获得无公害水产品标识，产量达到17.3万吨。三是加强水产品质量安全执法工作。全省组织执法检查870次，出动执法人员4 216人次，检查苗种生产企业413家，水产养殖企业1 876家，处罚违法违规案件6起，处罚金额3.25万元，发出责令整改通知书171份，问题处理率达100%。贝类养殖区域划型、水产养殖病害测报、重水生动物疫病专项监测和水产苗种产地检疫工作有序推进，为水产品质量安全提供了有力保障。

3. 渔业资源养护 一是继续加大渔业资源增殖放流工作力度。全省各级累计投入财政资金、资源补偿、企业和渔民自筹资金等共计4 800多万元，在沿海和内陆各大中水域增殖放流各类水产苗种近54亿尾(只、粒)。二是进一步严格各项渔业资源管理措施。

认真落实捕捞许可、伏季休渔、内陆大水面禁渔期(区)等资源养护和管理制度,鲅鱼、鲈鱼苗、对虾亲虾、水生野生动物保护等专项资源管理工作扎实开展。三是深入开展渔业水域生态环境保护工作。积极参加涉海工程环境影响评价评审,加大渔业资源生态补偿(赔偿)金收缴力度。全省落实渔业生态损害补偿资金2 529.9万元,其中已用于资源修复的资金495.54万元,增殖放流褐牙鲆苗种400.54万尾。蓬莱19－3油田溢油事件处置基本结束,渔民满意、渔区稳定。四是推进水产种质资源保护区建设。新建平山县柏坡湖、曲周县沙漳河和永年县永年洼等3个国家级水产种质资源保护区。

4.渔业科技与推广 围绕全省渔业发展重点,组织实施科研项目20多项,鉴定科技成果4项,获省科技进步奖二等奖1项。推介渔业主导品种6个,主推技术3项。下发2012年农业部农业行业标准制定项目1项,组织制定2012年渔业地方标准2项。做好渔业标准的推广落实工作,组织实施全省渔业标准化示范区项目12项,已建设国家渔业标准化示范县3个,省级渔业标准化示范区45个,示范区池塘养殖总面积达到1.19万公顷;工厂化标准化养殖面积25.5万平方米。印发2009—2010年度省渔业地方标准1 000册,下发全省水产技术推广系统。

5.水生野生动物保护 一是严格落实水生野生动物利用特许制度,全年共办理特许许可事项263项,包括驯养繁殖26项、经营利用215项、进出口审核14项、运输证明4项、同意运输函4份。二是开展水生野生动物保护宣传月活动。利用暑期与秦皇岛新澳海底世界、山海关乐岛欢乐海洋公园联合开展以"保护江豚、热爱水生野生动物"为主题的宣传活动,采取张贴宣传画和宣传标语、发放宣传手册等方式,宣传水生野生保护知识。三是继续加强水生野生动物展馆管理工作,做好监督检查,并按规定收取资源保护费,完成了驯养繁殖和经营利用证件的年度审验。

6.渔业法制建设 围绕"六五"普法和渔业法制建设要求,以科学发展观为指导,以涉渔法律法规为依据,深入贯彻《国务院依法行政实施纲要》。一是抓宣传培训。通过《中国渔业报》、河北渔业网和《河北渔业》杂志撰写行业特写,宣传渔政执法工作经验和做法。努力提高渔政执法人员素质,积极开展涉渔法律法规知识培训,规范电子执法文书制作,提高办案能力和水平。二是抓立法调研。对《河北省人工鱼礁建设管理规定》和《河北省水产局赴韩国专属经济区入渔管理规定(暂行)》进行修订。对《河北省休闲渔业管理办法(征求意见稿)》进行调研和论证,草案已上报省政府法制办。三是抓执法督察。完善省市两级渔政执法督察体系,重点对自收自支渔政执法机构整改、纳入或推进参公管理工作进展情况、伏季休渔执法、渔船管控等部位和环节开展督察行动,强力推进自收自支渔政执法机构整改和渔船监管工作。四是抓行政审批。进一步梳理涉渔行政许可、非行政许可和行政监管事项,明确行政审批事项的实施主体、疏理审批依据、细化审批流程,规范审批手续。五是抓规范化建设。以推进渔业文明执法窗口单位创建、文明渔港创建和休闲渔业示范基地创建为抓手,规范执法行为,完善执法程序,提升综合素质。唐山市乐亭县渔政船检港监站和石家庄鹿泉市渔政管理处被评为全国2012年度渔业文明执法窗口单位;沧州市黄骅南排河渔港被评为全国第二批文明渔港;唐山市永友水产养殖服务有限公司、承德市御水庄园渔业示范基地、秦皇岛市海洋牧场增养殖有限公司和秦皇岛冀弘水产养殖观光有限公司4个单位被评为首批全国休闲渔业示范基地。

7.渔业综合管理 围绕渔业中心工作,加大项目谋划力度,促进全省渔港、渔政执法装备、水产原(良)种场、水生动物疫病防治体系建设进一步加强,全年共争取国家财政、基建项目51项、资金69 521万元,比2011年增加2.2亿多元,特别是渔政项目创历年之最,共争取14项。及时完成了2011年度5.65亿元燃油补贴资金发放的审核工作。各级渔业主管部门及其船检港监机构,结合渔业"平安渔业示范县建设"、"安全生产月"等活动开展,狠抓渔船检验、渔港监督、安全设施配备、职务船员培训等各项安全管理措施。省级在省船检港监处设立海务科,建立了河北省渔船船位监控指挥系统,首次组织海事突发事件应急演练,使海上安全救助制度化,提高了应急处置能力。全年组织较大抢险救助39次,救助渔民156人、渔船33艘,挽回经济损失1 633万余元。渔业互保体系进一步健全,工作再次实现突破,承保渔船2 473艘、渔民32 043人,实际收取互保费2 644.68万元,同比增长20.16%,人均互保金额达11.8万元,为全省渔民群众提供风险保障41.623亿元。同时积极引导金融资金进入渔业,省渔业互保协会与秦皇岛市商业银行签订战略合作协议,以采取给银行提供违约信用担保的形式,共为全省188户渔民会员提供2 000万元低息商业贷款。

8.渔业宣传 全省渔业宣传工作围绕中心,精心策划,展示了河北渔业良好形象。各级渔业行政主管部门,围绕"一产抓特色",抓住典型经验做法、渔业重大活动、突发应急事件以及重点热点难点问题,加大政务信息采集与报送、新闻宣传报道、“一报两刊”发行工作，通过省委、省政府信息专报渠道、中国渔业报、中国水产、河北渔业等行业报刊以及主流媒体，发布省内渔业信息近500条，其中在《中国渔业报》刊发稿件90篇，特别是《2012渤海生物资源修复行动启动仪式》的稿件，在《人民日报》、中央电视台、中央人民广播电台等多家国家级新闻媒体刊发，渔业政务信息工作被农业部渔业局、省委信息宣传中心评为先进单位。河北渔业门户网站规范高效运行，刊发各类信息600多条，充分展现了全省渔业发展取得的成就。

9. 存在的问题 一是渔业可持续发展面临严峻挑战。随着工业化、城镇化进程的加快，港口建设、海洋海岸工程、工业开发征用等侵占养殖水域滩涂、捕捞海域的情况越来越多，渔业生产空间大幅度萎缩，水产品质量提高难度加大，对渔业可持续发展形成了严峻挑战。二是渔业设施装备老化、落后问题突出。捕捞渔船船型小、老旧落后、耗能高，养殖池塘老化、路电网等配套设施不健全、机械化装备水平低，制约着渔业综合生产能力的提高。三是全省渔业产业化程度不高，水产品精深加工发展滞后，规模型龙头企业少，在激烈的国内外市场竞争中没有明显优势。四是支撑服务体系薄弱。由于各级财政投入相对较少，基础设施建设滞后，渔业科技力量薄弱，不能适应现代渔业发展要求。

【重点渔业县(区)基本情况】

河北省重点渔业县(区)基本情况

市 (县、区)	渔业人口 (人)	水产品 产量 (吨)	其中				养殖面积 (公顷)	其中	
			海洋捕捞	海水养殖	内陆捕捞	内陆养殖		海水	内陆
乐亭县	12 459	158 520	56 315	95 528	939	5 738	40 630	39 986	644
北戴河新区	24 975	107 475	12 113	95 271	6	85	32 922	32 816	106
昌黎县	13 510	97 708	3 040	94 413	30	225	23 644	23 549	95
唐海县	23 110	93 566	20 007	7 317	4 369	61 873	12 743	5 807	6 936
滦南县	12 820	85 651	37 888	23 965	1 101	22 697	14 929	13 302	1 627
黄　骅	48 599	78 236	66 690	9 074		2 472	6 158	4 959	1 199
丰南区	10 906	72 321	24 741	654	2 919	44 007	3 963	920	3 043
抚宁县	5 920	56 120	6 966	46 644	972	1 538	5 826	4 083	1 743
迁西县	2 000	38 830			3 000	35 830	1 128		1 128
磁　县	4 700	32 750			9 438	23 312	656		656

【大事记】

[1]1月5日，全省农业工作会议在石家庄市召开，会议印发《河北省农业厅关于2012年全省渔业工作指导意见》。

[2]1月7日，河北、天津渔政管理协作会议在秦皇岛市召开。

[3]1月8日，河北、辽宁交界水域维护渔业生产秩序协调会在秦皇岛市召开。

[4]1月30日，河北渔政、海警维护海上渔业生产秩序联席会在秦皇岛市召开。

[5]3月7日，河北省与辽宁省渔政、边防、海警春季渔业生产座谈会在辽宁省绥中市召开。

[6]3月8日，黄渤海区渔政局局长马毅带队到河北调研渔业工作。

[7]3月21~22日，冀京两地渔政机构携手增殖放流细鳞鱼活动座谈会在北京市召开。

[8]5月22日，河北省水产局品牌创建工作领导小组正式成立并召开第一次会议

[9]5月25日，河北省2012年海洋渔政工作会议在秦皇岛市昌黎县召开。

[10]5月28~30日，全国水产技术推广总站在石家庄市召开全国水产技术推广新机制新模式交流会。全国31个省(自治区、直辖市)的水产技术推广站负责人参加了会议。

[11]6月3日，农业部副部长牛盾、渔业局局长赵兴武、渔业局副局长李彦亮、黄渤海区渔政局马毅局长一行在河北省政府副秘书长曹振国、省农业厅厅长赵国岭、省农业厅副厅长、省水产局局长吴更雨及河北省、秦皇岛市等省市渔业主管部门相关领导的陪同下，在秦皇岛市亲切慰问了河北渔政执法人员。在中国渔政13001号渔政船上与河北省、秦皇岛市渔业主管部

门相关领导及渔政执法人员代表进行座谈交流。

[12]6月4日,由农业部与河北省人民政府共同主办的2012渤海生物资源修复放流活动启动仪式主会场在秦皇岛市港务局码头举行,环渤海其他省市同步设分会场开展放流活动。农业部副部长牛盾、河北省人民政府副省长沈小平,全国人大、中央政法委、农业部、环保部、最高人民法院、河北省和秦皇岛市有关方面及社会各界代表共500余人出席主会场活动。

[13]6月5日,农业部黄渤海区渔政局局长马毅、副书记罗汉亚一行到黄骅市调研渔政管理工作。

[14]6月27日,省水产局印发《关于做好当前渔业品牌建设工作的通知》,提出加快全省渔业品牌建设的决策部署,重点加快唐山对虾、秦皇岛海参、昌黎扇贝、黄骅梭子蟹、胜芳河蟹、两山中华鳖"六大品牌"建设步伐。

[15]6月27日至7月1日,唐山市农牧局首次使用用海企业唐山曹妃甸实业港务有限公司上缴的渔业生态补偿资金近500万元,在滦南县西河口外海域放流体长5厘米以上牙鲆苗种400.54万尾。

[16]7月3~5日,冀辽两省组成联合执法船队在交界海域开展伏季休渔联合执法行动。

[17]7月5~7日,省农业厅巡视员王进带队对唐山市渔业安全生产和伏休管理工作进行监督检查。

[18]7月9日,冀津2012年伏季休渔执法工作联席会议在河北省秦皇岛市召开。

[19]8月16~17日,全省水产健康养殖推进工作座谈会在张家口市召开。

[20]8月20~21日,全国政协人口资源环境委员会副主任王曙光带领全国政协调研组一行20人到唐山市调研海洋环境保护工作。省水产局副局长韩振九等陪同调研。

[21]9月1日,全省海洋伏季休渔管理工作结束。伏休期间,全省共出动检查人员7 150人次、检查车786辆次、出动渔政检查船舶949艘次,累积海上巡航里程39 323海里,检查渔港和渔船停泊点1 635个次,查处违规渔船70艘。

[22]10月17日,河北、天津渔政管理协作总结会议在天津蓟县召开。

[23]10月30日,河北省首次渔船安全应急演练在秦皇岛市海域举行。

[24]11月14~15日,全省水产养殖渔情信息采集分析总结会议在石家庄市召开。

[25]11月18~21日,全省渔政执法师资骨干培训班在秦皇岛市举办。

[26]12月3日,河北省渔业互保协会与秦皇岛市商业银行在秦皇岛市举办河北省渔民小额贷款业务合作签约仪式。

(河北省水产局　崔校武　马志敏)

山西省渔业

【概况】 2012年是实施"十二五"规划承上启下的关键之年,也是山西省渔业工作扎实推进、狠抓落实、取得突破性进展的一年。各项渔业工作取得新进展、新突破,渔业生产和经济呈现出较快平稳发展态势,水产品质量安全水平稳中有升,全年未发生重大渔业安全事故。水产品总量大幅增加,有效供给能力明显提高。在国家扶持"三农"政策和坚持"以养为主"方针的指引下,以池塘养殖为主导的水产养殖业发展迅猛、势头强劲。全省水产品总产量41 243吨,较上年增长14.24%,其中:养殖产量40 121吨,增长14.6%;渔业经济快速发展,渔民收入持续增加。在水产品市场价格持续攀升的大好形势下,渔业生产继续加大转方式、调结构、增投入、强科技、促增收力度,全省渔业经济总产值达6.68亿元,较上年增长17%,渔民人均纯收入6 035元,较上年增长11.7%。

1.水产健康养殖 水产健康养殖示范场创建活动深入推进,2012年山西省进一步改进创建标准、完善创建程序、提升创建质量、严格创建考核,新创建农业部水产健康养殖示范场7家,省级水产健康养殖示范场16家,示范场创建整体水平进一步提高。养殖单位(户)参与省部级水产健康养殖示范场创建活动的热情空前高涨,创建数量和规模再创新高。有4家部级示范场创建单位被农业部授予"农业部水产健康养殖示范场"称号,有21家省级示范场创建单位被省水利厅授予"2011年省级水产健康养殖示范场"称号。

池塘标准化改造建设工程全面铺开、进程加快,促进了池塘养殖业的快速发展,新改造老旧池塘422.6公顷,新建池塘193公顷,分别比上年增加207公顷和8.8公顷;池塘养殖产量25 689吨,池塘养殖面积2 435公顷,分别增长22.3%和19.8%,印发了《关于加快推进池塘标准化改造建设的实施意见》、《山西省池塘标准化改造建设标准》和《山西省池塘标准化改造建设项目考核验收暂行办法》,为指导池塘标准化改造建设提供了可靠的政策和标准依据。

"菜篮子"水产品标准化生产项目取得实效,2012年全省有16家部省级水产健康养殖示范场获得中央财政扶持"菜篮子"水产品标准化生产项目补助资金,进一步提升了水产健康养殖示范场的档次和安全供给能力,促进了渔民增收、渔业增效。

2. 水产品质量安全监管 认真贯彻落实《国务院关于加强食品安全工作的决定》和《国务院办公厅关于印发国家食品安全监管体系"十二五"规划的通知》精神,坚持日常监管与专项整治相结合、综合治理与隐患排查相结合,加大检打联动和隐患排查力度,加强宣传培训服务,完善配套监管手段,持续加强水产品质量安全监管工作。2012 年山西省水产品质量安全形势稳步向好,水产品质量安全水平稳中有升,全年未发生重大水产品质量安全事故。省水利厅组织开展的产地水产苗种监督抽查合格率连续四年保持在 100%,产地水产品质量安全监督抽查合格率 99.5%,同比提高 3.1 个百分点,市场水产品质量安全例行监测合格率首次达到 100%,同比提高 4.3 个百分点。农业部对山西省开展的产地水产品质量安全监督抽查合格率为 97%,虽较上年有所下降,但仍保持在 97% 以上的水平,市场水产品质量安全例行监测合格率达到 90%。

坚持"认证与监管并举"的原则,加快推进无公害水产品认证工作,加大证后监管力度,全年新认定无公害水产品产地 27 家,认定面积 572 公顷,认证无公害水产品 52 个,认定产量 2 364 吨,超额完成年度计划任务。开展了吴王渡牌黄河鳖地理标志登记保护工作。

3. 水产种业建设 针对长期以来山西省水产种业工作基础薄弱、发展滞后的突出问题,将水产种业建设纳入重要议程,首先从完善制度和健全组织机构入手,规范和加强省级水产原(良)种场资格认定和管理,印发实施了《山西省省级水产原(良)种场资格认定和管理办法》,组建了山西省水产苗种审定委员会,有 8 家水产苗种场取得了省级水产原(良)种场资格。加快鲤鱼品种改良和更新换代,针对主导养殖品种鲤鱼品种退化、品质下降、生长缓慢、效益滑坡,质量安全和有效供给难以保证的问题,先行从中国水产科学研究院淡水渔业研究中心引进 60 万尾鲤鱼选育新品种福瑞鲤夏花和 5 000 尾两个品系的福瑞鲤亲本,选择了 7 家基础条件好、生产能力强的鲤鱼苗种场进行试验示范,取得了明显成效。

4. 渔业发展方式转变 将加快产业结构、养殖结构和品种结构调整作为转变渔业发展方式的重要举措。2012 年继续以稳步开展休闲渔业示范园区(单位)创建活动为引擎,以鼓励扶持休闲渔业发展为主导,不断加快渔业产业结构调整步伐。首次创建全国休闲渔业示范单位 4 家,新创建省级休闲渔业示范园区 11 个,全省休闲渔业产值达到 2 865.92 万元,增长 9.32%。

大力实施水库渔业示范工程,不断调整和优化水库渔业养殖结构,将大规模放养鲢、鳙鱼作为水库渔业的发展重点,开展了名优品种匙吻鲟大水面牧式放养,带动了 1.33 万公顷大水面增养殖和 4 公顷滤食性鱼类网箱养殖。

在巩固和发展鲤鱼、草鱼等大宗水产品和虹鳟、鲟鱼、黄河鳖等特色水产品养殖生产的同时,引进和扩大加州鲈、南美白对虾、大闸蟹、黄颡鱼、斑点叉尾鮰等经济效益高、市场销路好、适合山西省养殖的名优水产品种养殖,名优水产养殖品种的比例稳步提高,养殖品种结构持续优化。

5. 渔业资源与环境保护 一是增殖放流力度不断加大,放流区域不断扩展。2012 年,省水利厅在全省 9 个市组织开展了水生生物增殖放流活动,有效地扩大了增殖放流活动的社会影响,全年共投入资金 461 万元,放流经济鱼类 1 351 万尾。二是水产种质资源保护区建设与管理初见成效。对黄河流域渔业资源保护区建设和运行、维护、管理情况进行了重点调研,完成了山西省黄河流域渔业情况调研报告和水生生物自然保护区建设管理情况调查。三是按照农业部、公安部、海关总署的要求,联合省公安厅、太原海关等单位开展了打击非法捕捉走私经营利用水生野生动物保护专项执法行动,提高了全社会水生野生动物保护意识,规范了水生野生动物特许利用行为。四是水生珍稀濒危物种和特有鱼类保护不断加强。在沁河安泽段采捕乌苏里拟鲿、唇鱼骨、鲶鱼、雅罗鱼野生亲本 1 600 尾进行保种和亲本培育,为实现全省特有鱼类人工繁育奠定了基础。

6. 渔政渔船管理 积极开展"全国平安渔业示范县"创建活动,运城市垣曲县荣获"全国平安渔业示范县"称号。不断加强渔政执法工作,突出抓好水产养殖质量安全执法检查,依法严厉查处了两起水产品中氯霉素药残超标事件和一起孔雀石绿药残超标事件,产地水产品质量安全执法查处率达到 100%。开展了黄河流域(山西段)联合执法行动和渔业行政督察活动,有效维护了正常的渔业生产秩序,全年共开展渔政执法行动 112 次,出动执法人员 820 人次,检查渔船 329 艘次,检查养殖单位 700 余家,销毁有毒有害水产品 400 千克,查封"三无"渔船 64 艘,非法网具 1 万余米。渔船管理工作取得新进展,除圆满完成了年度渔船检验工作外,还着手开展了渔船船用产品检验学习、调研等各项前期工作,为下一步正式开展船用产品检验工作做好了充分准备。

7. 渔业科技与标准化 深入开展以"科技进塘入场到户、助推健康安全增产增收"为主题的渔业科技促进年活动,组织开展了水产养殖规范用药暨科普下乡、水产苗种质量安全管理培训、水生野生动物保护科普宣传月、水产品质量安全宣传周、渔业科技周等六项标志性活动,启动实施了池塘标准化改造建设模式试验示范、池塘节能减排养殖试验示范、渔业增殖放流效果评价等渔业科技创新项目,其中池塘节能减排养殖试验示范项目在阶段性验收中受到全国水产技术推广总站的充分肯定,渔业科技对现代渔业建设的支撑保障能力显著提升。水产地方标准体系进一步完善,经省质监局批准发布实施了《山西省水产原(良)种场建设规范》、《鲢鳙鱼大水面养殖技术规范》、《鲢鳙鱼网箱养殖技术规范》、《虹鳟多倍体制种技术规范》4 项渔业地方标准。

8. 渔业投入 2012 年中央和省级财政支渔资金投入再创新高。省水利厅党组对渔业工作的重视程度日益提高,在全省水利建设资金十分紧张的情况下,仍千方百计协调省财政厅增加省级财政支渔资金投入,从 2013 年起省级渔业发展与水域保护项目资金将从 580 万元增加到 600 万元,省级渔业重点项目资金从 900 万元增加到 1 000 万元。2012 年农业部对山西省渔业的投入也持续增加,达到 1 449 万元,比上年增加 350 万元,其中:首次增加基层水产技术推广体系改革与建设项目资金 450 万元,增加水生生物增殖放流资金 135 万元。

9. 体系和队伍建设 基层渔业体系和队伍建设取得重大突破,支撑服务保障能力得到明显提高,突出表现在三个方面:一是基层水产技术推广体系改革与建设工作取得突破。首次争取到中央财政支持基层水产技术推广体系改革与建设补助项目资金 450 万元,选择了 26 个基层水产技术推广机构改革与建设到位的县实施了该项目,填补了多年来基层水产技术推广体系改革与建设工作无资金的空白,使基层水产技术推广体系的功能和作用得到了有效发挥。二是水产品质量安全检验检测体系建设稳步推进。按照“提升加强省级、重点突破市级、兼顾补充县级”的思路,通过完善配套仪器设备和加强人员业务技能培训,使省水产品质检中心的业务能力不断提升,业务范围不断拓展;阳泉市编办批复阳泉市渔政监督管理站加挂了阳泉市水产品质量检测中心的牌子,长治、晋城 2 个市级水产品质检站已全面完成了建设任务,进入试运行阶段,晋中市水产品质检站建设也在加紧建设之中。三是渔船检验和渔政执法队伍建设不断加强。认真落实农业部渔业局“渔政队伍建设年”活动,加强渔政执法业务培训,共培训渔政执法人员 200 名,13 名船检工作骨干取得了渔船检验资格,壮大了验船师队伍,166 名渔船船员取得了内河渔船船员资质证书,渔船船员持证率达到了 50%。

10. 存在的问题 一是水产品质量安全基础薄弱,安全隐患依然突出,制约水产品质量安全的深层次问题没有得到根本解决;二是渔业环境和水域污染日益加剧,养殖水域滩涂不断被挤占,渔业发展的空间不断受到挤压;三是渔业发展方式粗放,生产经营分散,规模化、组织化和产业化水平不高;四是渔业生产资料成本持续上涨,养殖者投融资能力、抗风险能力和市场竞争能力不强,增产容易、增收难;五是南北差异大、地区间发展不平衡,渔业装备落后、基础设施条件差、应急管理处置能力不强;六是县、乡两级渔业机构队伍不健全、不配套,难以适应新形势下渔业发展的需要;七是渔业灾害风险政策性保障制度尚未建立,养殖水域滩涂规划编制发布进展缓慢,养殖者的合法权益得不到有效保护。

【重点渔业县(市、区)基本情况】

山西省重点渔业县(市、区)基本情况

市(区、县)	渔业产值(万元)	水产品产量(吨)	其中		养殖面积(公顷)
			内陆捕捞	内陆养殖	
永济市	14 346.26	12 092		12 092	541
曲沃县	1 815.29	1 565		1 565	305
清徐县	1 974.04	1 404		1 404	77
垣曲县	1 688.2	1 391	800	681	46
尧都区	667.99	1 375		1 375	204.4
万荣县	1 280.8	1 104	4	1 100	140
芮城县	1 491.6	1 079	30	1 049	256
晋源区	2 089.84	1 023		1 023	77
洪洞县	971.04	972		972	82.3
文水县	3 179	705		705	316

【大事记】

[1]1 月 6 日,省水利厅组织渔业管理、水生动物疫病防治、基建、计划、财务等方面的有关专家组成验收组对永济市水产技术推广站承担的永济市水生动物疫病防治站建设项目进行了竣工验收。

[2]3 月 8 日,省渔业协会第二届二次理事会和水产专业委员会第四届二次委员会召开。省水利厅副巡视员范晓兵出席会议并讲话。

[3]4 月 6 日,全省渔业科技促进年暨水产养殖规范用药科普下乡活动启动仪式在临汾市曲沃县举行。

[4]4 月 10 日,黄河流域渔业资源管理委员会会议在山西省召开。农业部渔业局副局长、黄渔委副主任委员李彦亮,黄渤海区渔政局局长、黄渔委副主任委员马毅、省水利厅副巡视员范晓兵出席会议并讲话。黄渔委全体委员、沿黄 9 省(自治区)渔业行政主管部门负责人及渔政、渔业科研和资源监测部门有关负责同志参加了会议。黄河水利委员会、世界自然基金会、大自然保护协会的代表应邀出席了会议。

[5]4 月 16 ~ 17 日,山西省第四届水利行业职业技能大赛水产养殖工实操比赛在太原市鱼种场成功举行。山西省水利厅副厅长常书铭、副巡视员范晓兵及省人力资源和社会保障厅的有关领导出席比赛仪式,并莅临比赛现场巡视指导。

[6]5 月 27 ~ 28 日,全省水产苗种质量安全培训班在太原举办。省水利厅渔业局、水产技术推广站负责人出席了开班仪式,来自 11 个市、重点县的技术骨干和水产良苗种场的技术负责人近 70 人参加了培训。

[7]6 月 11 日,省科技厅组织有关专家对省水产科学研究所完成的"山西省渔业资源利用与物种保护研究"项目进行了成果鉴定。

省水利厅组织开展了水产品质量安全宣传周活动启动仪式。

[8]6 月 11 ~ 14 日,农业部渔业局和全国水产技术推广总站检查团在山西省运城、忻州、大同的试验示范点参观考察节能减排项目。

[9]6 月 13 日,全国水产技术推广总站副站长王德芬一行对山西省水产养殖节能减排工作进行调研。

[10]6 月 14 ~ 17 日,农业部渔业局和全国水产技术推广总站联合在山西省调研休闲渔业工作。省水利厅副巡视员范晓兵与调研组一行进行了座谈。

[11]6 月 18 日,全省渔业科技创新暨池塘标准化改造建设现场会在永济召开,来自全省 11 个市水利(水务)局、池塘养殖重点县水利(水务)局、部分规模化池塘养殖单位(户)及新闻媒体单位代表 110 余人参加了会议。农业部全国水产技术推广总站副站长孙喜模,省水利厅副巡视员范晓兵出席会议并讲话,太原市、长治市、运城市水利(水务)局,永济市人民政府分别作了典型发言,与会代表现场参观了永济市鸳鸯养鱼专业合作社、温流水良种繁育场等四家渔业生产单位池塘标准化改造建设和健康养殖技术的推广应用情况。

[12]6 月 17 ~ 21 日,全国水产技术推广总站副站长孙喜模一行调研山西省水产技术推广基层体系改革与建设情况。

[13]8 月 3 日,省水利厅渔业局在太原组织召开了 2012 年"菜篮子"水产品标准化生产项目培训部署会。

[14]8 月 8 ~ 11 日,全省首期渔政执法干部培训班在大同举办,省水利厅副巡视员范晓兵出席培训班开班仪式并作重要讲话,培训班邀请中国渔政指挥中心胡学东副主任等资深专家进行授课,来自全省各级渔政执法干部 128 人参加了培训。

[15]8 月 10 日,农业部渔政指挥中心副主任胡学东在省水利厅、朔州市人民政府和朔州市水务局有关领导的陪同下,深入朔州市东榆林水库调研渔政工作。

[16]9 月 23 日,全国第三届水生野生动物保护科普宣传月活动山西区的启动仪式在太原市迎泽公园举行。山西省水利厅范晓兵副巡视员作讲话。

[17]9 月 26 ~ 27 日,全省第三期无公害渔业产品检查员和内检员培训班在太原举办。省水利厅渔业局局长李俊智出席培训班并讲话,来自全省各有关市、县水利(水务)局及渔业养殖生产单位负责无公害水产品工作的业务骨干共计 58 人参加了培训。

[18]10 月 15 日,省水利厅渔业局和省水产技术推广站联合组织召开吴王渡黄河鳖农产品地理标志感官品质鉴评会。

[19]10 月,省水利厅组织开展了 2012 年扶持"菜篮子"水产品标准化生产项目督导检查工作。

[20]11 月 7 ~ 10 日,中国水产学会秘书长陈恩友一行四人检查山西省 2010 年以来的渔业统计工作。

[21]12 月 3 ~ 5 日,山西省渔政监督管理局在太原市举办渔业执法文书电子化制作软件培训班。全省 11 个市、26 个渔业重点县和有关单位的执法骨干人员近 70 余人参加了培训。

[22]12 月 13 日,全省水产品质量安全监管专题会议暨水产品质量安全形势会商分析会在太谷举行。省水利厅副巡视员李润山出席会议并作工作报告。太原、晋中、长治等市水利部门的代表作了典型发言。

[23]12 月 25 日,由省水利厅组织制定的《山西省水产原(良)种场建设规范》、《虹鳟多倍体制种技术规范》、《鲢鳙鱼大水面养殖技术规范》、《鲢鳙鱼网箱养

殖技术规范》4项渔业地方标准经山西省质量技术监督局山西省地方标准公告(2012年第19号)批准发布,从2013年1月25日实施。

(山西省水利厅渔业局　蓝天慧)

内蒙古自治区渔业

【概况】 2012年在内蒙古自治区党委、政府和农牧业厅的正确领导与大力支持下,全区渔业坚持以科学发展观为指导,以现代渔业建设为主攻方向,以渔业增产增效和渔民增收为首要任务,以推进"双十万"工程建设为抓手,加快转变渔业发展方式,积极推进现代渔业产业体系和支撑保障体系建设,有力促进了水产健康养殖、资源养护、技术推广、水产品质量安全、渔业安全生产,全区渔业呈现持续、稳定、健康发展,全年水产品总产量13.2万吨,比上年增长7.5%,养殖产量首次突破10万吨,比上年增长8.7%,渔业产值17.2亿元,比上年增长9.55%,渔民人均纯收入9 086元,比上年增长12.2%。

1. 落实强渔惠渔政策 2012年,下发渔船燃油补贴1 055万元、水生生物资源增殖放流资金485万元、自治区水产补助经费550万元、国家扶持"菜篮子"项目资金400万元、农业部良种场建设项目资金400万元、渔机补贴资金87.6万元。开展了以船为家渔户居住情况摸底调查。

2. 渔业基础设施建设成效显著 《内蒙古自治区农牧业厅实施"双十万"工程,促进渔民增收的意见》出台两年来,各盟市纷纷制定了宜渔低洼盐碱地开发和老旧池塘改造规划和实施方案,加快现代渔业园区建设步伐。2012年,全区累计投入资金3.16亿元,新建池塘1 400多公顷,改造老旧池塘近1 200公顷。

7月12~14日,农业部渔业局在鄂尔多斯市达拉特旗召开了"三北"及沿黄地区低洼盐碱荒地渔业开发现场会。全区12个盟市渔业主管局分管领导和水产站长也列席了本次会议。会议肯定了内蒙古在低洼盐碱荒地渔业开发采取的措施、发展思路及所取得成绩。大会提出:要充分认识到开发低洼盐碱荒地的重要意义,科学制定低洼盐碱荒地渔业开发总体规划,多渠道增加对渔业开发和池塘改造的投入,切实抓好低洼盐碱荒地渔业开发工作,大力推进养殖业发展,让沉睡的资源为当地经济社会发展做出新贡献。这次会议的召开为全区宜渔低洼盐碱荒地开发提供了宝贵经验。

2012年,内蒙古克什克腾旗上湾子水库综合开发有限公司等6个单位通过了第七批农业部水产健康养殖示范场评选。截止到年底,全区已创建农业部水产健康养殖示范场34个。建设完成16个菜篮子生产基地。呼伦贝尔市鲑鳟鱼良种场、锡林郭勒盟水产良种场已经下达资金批复,鄂尔多斯市达拉特旗水产良种场、兴安盟察尔森水库水产良种场可行性报告已经获得农业部批复。

3. 渔业资源养护取得新突破 2012年全区在境内河流、湖泊、大型水库放流经济鱼类苗种3.7亿尾。放流活动得到了各级领导的重视,农业部副部长牛盾、农业部渔政指挥中心主任、渔业局副局长陈毅德,农业部黄渤海区渔政局局长马毅、农业部东海区渔政局局长李富荣、农业部南海区渔政局局长吴壮、副局长刘添荣,自治区副主席王玉明、自治区党委农牧办主任于清理、农牧业厅厅长郭健、副厅长布仁·云挨厚、总畜牧师靳延平、副巡视员王雨峰,有关盟市领导参加了放流活动。中央人民政府网、新华网、人民网等网站和有关电视台、广播电台、报刊等新闻媒体对上述活动进行了大量的跟踪报道。6月6日,自治区农牧业厅和巴彦淖尔市人民政府联合在黄河内蒙古段举办了放流活动。8月9日,农业部和内蒙古自治区人民政府首次在中蒙界湖贝尔湖联合举办了渔业资源增殖放流行动。同日,全区其他的11个盟市也在重要河流、湖泊、大型水库同步开展了增殖放流活动,对养护内蒙古境内水域鱼类资源,保护水生生物多样性,促进渔业经济发展起到了积极的推动作用。此外,甘河哲罗鱼细鳞鱼省级水产种质资源保护区、霍林河黄颡鱼省级水产种质资源保护区晋升为国家级水产种质资源保护区。自治区水产技术推广站完成了黄河干流鄂尔多斯段国家级黄河鲶水产种质资源保护区、黄河干流内蒙古段主要经济鱼类产卵场索饵场——万家寨水库和呼伦湖三个重点渔业水域以及哈素海、达里湖湖区等自治区重要渔业水体进行了水质环境常规监测和渔业资源调查,提出了水域生态修复的技术措施。

4. 产业结构不断优化 一是在东部天然水域,继续开展网箱、网围生态养殖、冷水鱼养殖、稻田养殖;在沿黄河、西辽河池塘集中地区,稳步推进常规经济鱼类和名优特养殖和品种结构调整;在西部盐碱水域,大力发展特色养殖。二是各地注重休闲渔业发展,将渔业生产与旅游业有机结合,吸引大中城市旅游消费,全面开展观光、垂钓、休闲度假、餐饮娱乐、鱼文化节等休闲项目。2012年,全区休闲渔业产值1.77亿元,比上年增长15.8%。呼伦湖、达里湖、鄂尔多斯达拉特旗大树湾养鱼协会被农业部评为"全国休闲渔业示范基地"。三是水产品加工业得到快速发展。呼伦湖渔业集团公司、达里渔场、乌梁素海渔场、岱海渔场、蒙健螺旋藻业有限公司等39个加工企业均取得良好的经济效益。四是在品牌建设方面,呼伦湖红鳍鲌、达里湖瓦氏雅罗鱼、哈素海鲜活鱼、察尔森鲜活鱼等品牌深受广大人民群众喜爱,产品销往北京、吉林、黑龙江等地。

5. 渔业科技水平稳步提升 结合"渔业科技促进年"活动,全区组织开展了适用技术推广示范、技术人员下基层服务、基层水产技术推广体系人才培训、新型渔民培训行动等重点活动。结合大宗淡水项目实施,大力推广名优产品养殖、池塘健康养殖、淡水牧场技术,进一步完善、推广"淡水牧场"中小水面精养技术,开展了微生态制剂改良池塘水质新技术研究和推广,红鳍鲌、细鳞鱼、高白鲑、瓦氏雅罗鱼的人工繁育等方面的研究,完成了呼伦湖、达里湖、哈素海及居延海的生态环境和渔业资源调查和水域生态修复的技术措施。各盟市结合本地生产需要,邀请国家、自治区专家和技术人员有针对性地开展相关培训。据统计,全区累计举办培训班 56 期,培训人员 4 849 人次,科技下乡人员 1 948 人,提供技术咨询 2 429 次。

6. 水产品质量安全水平稳步提高 2012 年,全区开展了养殖执法检查、督查,检查了 300 多个水产养殖场(户)。启动了产地准出制度,建立了《准出试点旗县生产单位数据库》和《重点监管单位(水产苗种生产单位、获得"三品"认证单位、农业部健康养殖示范场)数据库》,对产地水产品调出和苗种准入实施了速检,探索建立水产品质量安全监管长效机制。配合农业部山西检测中心,完成对乌兰察布市、锡林郭勒盟、赤峰市、通辽市 60 个批次产地水产品的抽检,合格率达到 100%;另外,自治区水产品质量检测中心在全区范围内共抽检了 102 个批次的产地水产品,合格率 100%;各盟市自行组织抽检的 55 个产地水产品合格率也达到 100%,全区产地水产品质量安全水平稳步提高。配合农业部水产品质量监测(周山)中心,对呼和浩特市市场水产品三次抽检了 60 个批次产品,对其中不合格产品进行了追溯。兴安盟森森水产有限责任公司等 21 家单位被认定为自治区无公害农产品产地。全区水产品质量安全管理工作得到了农业部渔业局督查组的充分肯定。

7. 渔政管理不断加强 结合"渔政队伍建设年"和"农牧业规范执法年"活动,加强渔政队伍建设,深入开展渔业文明执法窗口创建和渔政执法督察工作,推进文明执法,兴安盟渔政站、呼伦贝尔市莫力达瓦达斡尔族自治旗渔政站被评为全国文明执法窗口单位。强化渔政执法装备,全区新增 50 吨级渔政船 2 艘,渔政执法快艇 5 艘,不断完善渔政管理指挥系统内容,提高渔政管理信息化水平。切实加强渔政执法,严厉打击非法捕捞行为,保护重要水域鱼类资源。6 月,配合农业部黄河渔业资源管理委员会,开展了沿黄渔政执法督查,并对海勃湾水利枢纽工程涉渔项目进行了督办。8 月,黄渤海区渔政局局长马毅一行对黄河内蒙古鄂尔多斯段进行了执法检查。据统计,2012 年,全区累计开展专项执法行动 40 次,出动执法人员 1 865 人次,处理渔业案件 24 件,没收非法渔具 32 件(套)。

8. 渔业安全生产态势持续稳定 2012 年,全区深入贯彻落实国家、自治区渔业安全生产年各项要求。不断加强渔船检验安全管理,强化渔船安全生产宣传教育和船员培训、考核、发证制度,扎实做好渔业船舶水上突发事件应急处置工作。在全区范围内组织开展了渔业安全隐患大排查活动,指导企业建立健全各项制度,全面落实渔业安全生产责任制。打击渔船假牌照、套牌、涂改牌照的违法行为,对个别单位救生、消防、防污染设备不全的情况,要求进行整改,有效推动了全区安全生产管理工作,推进了平安渔业建设。渔业互保工作取得新的进展,全区已有 400 多名渔政执法人员和 505 名渔民参与了保险。

9. 外省区考察学习交流增强 2012 年 10 月 15 ~ 16 日,自治区农牧业厅渔业局组织自治区水产技术推广站、渔业船舶检验站、沿黄五个盟市水产站长,赴宁夏回族自治区考察现代渔业建设。10 月 27 日至 11 月 2 日,自治区农牧业厅渔业局、自治区水产学会组织全区水产科技和管理人员赴江苏、山东、天津等地考察了河蟹养殖、沿黄渔业养殖品种、养殖模式、管理方式、良种繁育等方面内容,促进了省份之间现代渔业发展的友好交流和良性互动。

【重点渔业市(县)基本情况】

内蒙古自治区重点渔业市(县)基本情况

市(县)	总人口(万人)	渔业产值(万元)	水产品产量(吨)	其中		养殖面积(公顷)
				捕捞	养殖	
呼和浩特市土默特左旗	35	9 108.27	5 344		5 344	2 885
鄂尔多斯市达拉特旗	33.6	12 937.5	5 323	50	5 273	1 302
包头市九原区	27.7	7 459.78	4 266	173	4 093	514

（续）

市（县）	总人口（万人）	渔业总产值（万元）	水产品产量（吨）	其中		养殖面积（公顷）
				捕捞	养殖	
鄂尔多斯市准格尔旗	27.1	5 599.89	2 400	110	2 290	1 404
赤峰市克什克腾旗	25.6	5 228	2 635	500	2 135	5 375
巴彦淖尔市临河区	53.3	5 888.2	4 186	224	3 962	1 430
呼伦贝尔市新巴尔虎右旗	3.4	5 199	3 933	3 304	629	1 974
巴彦淖尔市杭锦后旗	31.2	5 647.13	4 200	340	3 860	2 015
鄂尔多斯市鄂托克旗	94.7	7 858.4	2 015	80	1 935	1 162
呼伦贝尔市莫力达瓦达斡尔族自治旗	33.8	6 794	5 748	1 362	4 386	4 801

【大事记】

[1]2月22～23日，自治区渔政渔港监督管理局召开全区渔业专业会议。

[2]4月15日，自治区渔政渔港监督管理局组织全区开展《渔业法》宣传月活动。

[3]5月1日至7月31日，自治区渔政渔港监督管理局组织各盟市渔业主管部门及其所属的渔政执法机构，在黄河内蒙古段，贝尔湖、额尔古纳河等边界水域，自治区重要湖泊、水库开展禁渔期渔政综合执法行动。

[4]6月6日，由自治区农牧业厅和巴彦淖尔市人民政府联合举办的黄河内蒙古巴彦淖尔段水生生物资源增殖放流活动在乌拉特前旗举行。

[5]7月12～14日，农业部渔业局"三北"及沿黄地区低洼盐碱荒地渔业开发现场会在内蒙古举办。

[6]8月9日，由农业部和内蒙古自治区人民政府联合主办，农业部渔业局、自治区农牧业厅、呼伦贝尔市人民政府承办的2012中蒙界湖贝尔湖渔业资源增殖放流活动在贝尔湖举行。同日，区内其他11个盟市同步举行了渔业资源增殖放流活动。

（内蒙古自治区农牧业厅渔业局　陈春雷　冯伟业）

辽宁省渔业

【概况】 2012年，辽宁现代渔业建设呈现良好发展势头，渔业经济继续保持快速发展，渔业产业不断壮大。渔业经济总产值实现1 340.6亿元，增加值680.9亿元，同比分别增长12%和10%。水产品总产量480万吨，同比增长5.8%；水产品出口额23.1亿美元，占农林牧渔业的一半。渔民人均纯收入实现13 800元，同比增长6.15%。

1.海洋牧场建设全面推进 新建人工鱼礁37处，面积0.68万公顷。新增浅海底播面积3.33万公顷，同比增长6.9%。增殖放流再创历史新高，总规模达到117亿个单位。海水增殖47亿个单位，同比增长30%。首次在辽东湾海域大规模开展三疣梭子蟹增殖放流。锦州市开展底播和鱼礁增殖，毛蚶和菲律宾蛤仔等贝类资源恢复形成种群。丹东市、本溪市继续开展濒危物种增殖放流，分别投放松江鲈鱼4万尾和细鳞鱼3.1万尾。

2.精品养殖持续发展 各市大力推进优质、高效、生态养殖模式，精品养殖面积达到36万公顷，实现产量213万吨，同比分别增长3.8%和3.9%。海参养殖快速发展，池塘养殖规模达到5.33万公顷，同比增长33%。对虾养殖达到1.6万公顷，同比增长20%。大菱鲆工厂化养殖达到178万平方米，同比增长17%。长海县被省政府批准为"一县一业"示范县。盘锦光合蟹业有限公司获准成为国家级水产良种场。葫芦岛多宝鱼工厂化养殖产量占全国份额58%以上。抚顺、铁岭、阜新、朝阳积极开展大水面水库养殖，效益明显。锦州、营口、盘锦、葫芦岛、沈阳5家企业获"全国休闲渔业示范基地"称号。

3.远洋涉外渔业形势向好 中韩入渔渔船576艘，同比增加18艘，入渔率实现100%。远洋渔船总数达434艘，同比增加21艘。远洋产量20万吨、产值22.5亿元，同比分别增长7.5%和3.2%。辽宁大平渔业集团、大连长海远洋渔业公司159艘渔船入渔朝鲜东部作业。扶持8家远洋企业新建远洋渔船81艘，补助资金2.4亿元。

4.加工龙头项目相继落地 新改扩建投资额1 000万元以上加工项目11个，新增固定资产投资2.4亿元。水产加工能力达到278万吨，同比增长11.6%。水产加工量213万吨、产值282.8亿元，同比分别增长8.2%和13%。鞍山市招商引资大型淡水鱼深加工项目，提高了辽宁省淡水鱼精深加工水平。

5.科技兴渔成果丰硕 全年向国家、省推荐科研项目10余项，推荐省部奖项5项，下达科技项目18项。组织验收项目15项。“海蜇资源可持续利用综合技术开发与灾害水母制约机理研究”成果整体水平处于国际领先。修订地方标准11项，其中8项通过审定。大连海洋大学参与完成的“海水池塘高效清洁养殖技术研究与应用”获得国家科学技术进步二等奖。渔业科技促进年活动共组织培训班85期，开展培训645场(次)，培训渔民1.2万人次。加强基层水产技术推广体系建设，对16个渔业重点县基层水产技术推广机构给予了支持。

6.渔政执法取得新成效　各级渔政机构认真组织实施伏季休渔制度，会同公安、边防等部门海陆联合执法，出动检查人员4万人次，有力地维护了伏季休渔秩序。实行科学管蜇，合力管蜇，蜇情公开，民主决策，辽东湾海蜇连续十年实现全省适时统一开捕。大连市伏季休渔管理狠抓重点海域、重点港口、重点渔船，成效明显。加强了涉外渔业管理，组织6艘渔政船，开展两次联合执法行动，有效遏制了非法越界捕捞行为。严格渔船“双控”制度，没收拆解“三无”渔船3艘。加强了渔港监督和渔船检验，全年港口签证20余万船次，检验渔船34 085艘。旅顺董坨子、庄河南尖子渔港被评为“全国文明渔港”。

7.渔业安全监管力度加大　认真组织开展渔船安全生产专项整治行动，层层落实安全责任制，开展安全生产宣传教育，经常性开展安全大检查，共排查隐患8 210个，全部得到整改。全省共发生各类渔业生产安全事故26起，死亡(失踪)渔民35人，同比分别下降23.5%和20.5%。实施安全救助62起，救助渔民238人，挽回经济损失6 979.6万元。全省互保展业实现1.2亿元，入保渔民6万人，入保渔船8 000余艘。水产品质量安全监管深入开展。继续将水产品质量安全监管工作纳入对各市政府绩效考评范围。深入开展以打击养殖生产中违法使用禁用药物为重点的专项整治行动。全年省本级共抽检水产苗种25个品种，合格率80.19%，抽检产地产品35个品种、1 549家养殖单位，合格率98.5%，国家监督抽查合格率100%。

【重点渔业市(区、县)基本情况】

辽宁省重点渔业市(区、县)基本情况

市(区、县)	渔业人口(人)	渔业产值(万元)	水产品产量(吨)	其中				养殖面积(公顷)	
				海洋捕捞	海水养殖	内陆捕捞	内陆养殖	海水	内陆
庄河市	64 508	2 016 762	528 384	92 143	427 341		1 000	55 148	621
东港市	67 786	790 327	286 577	34 822	165 832	345	34 018	35 891	5 934
长海县	38 957	1 317 774	487 768	115 240	298 194			389 315	
普兰店市	28 250	913 060	202 806	50 112	149 895		2 799	19 992	13 858
甘井子区	8 015	352 712	77 466	65 676	10 064			3 067	
旅顺口区	12 723	451 150	187 166	62 964	122 000			19 941	
瓦房店市	19 080	566 420	131 300	65 000	64 300		2 000	19 427	1 941
金州区	45 590	1 013 420	322 264	75 045	247 219			27 552	
大洼县	114 650	498 625	183 023	46 000	30 032	4 365	102 626	18 598	30 000
凌海市	12 715	298 403	172 414	19 998	144 986		7 430	65 707	667

【大事记】

[1]1月8日，辽冀两省跨界海上渔事纠纷座谈会在河北省秦皇岛市召开。

[2]1月10日，辽宁省海洋与渔业工作会议在沈阳召开。会议总结了2011年全省海洋与渔业和党风廉政建设工作，分析了当前所面临的形势，对2012年工作进行了安排部署，共150余人参加了会议。

[3]2月17～18日，由农业部渔业局副处长袁晓初等一行4人组成的农业部检查组对辽宁省2011年“菜篮子”工作进行检查指导，对“菜篮子”工程水产品生产项目工作所取得的成效予以充分肯定。

[4]2月28日，全省渔业生产管理工作座谈会在营口召开。会议全面总结了2011年全省渔业情况，部署2012年全省渔业重点工作。

[5]3月15日，全省海洋渔业安全生产工作会议在大连市召开。会议总结了2011年度全省海洋渔业安全生产总体情况，全面部署了2012年度安全生产各项工作安排。

[6]3月28日，韩国驻辽宁领事馆总领事赵百相

一行3人来省海洋与渔业厅拜访。双方就制止非法越界捕捞、扣押渔船的处理方法和中韩入渔指标分配等情况交换了意见。

[7]4月20日，辽宁省人民政府副省长赵化明、副秘书长何焕秋一行赴大连调研渔业经济发展。

[8]4月27日，全省沿海渔港建设座谈会在沈阳召开。

[9]5月11日，全省水产品质量安全监管工作会议在沈阳召开。全面总结全省水产品质量安全监管工作，明确2012年度水产品质量安全重点监管任务和主要工作目标措施。

[10]5月，省海洋与渔业厅组织抽调省属及大连、丹东两市的5艘渔政船，全面开展制止非法越入朝韩水域捕捞海上巡航执法行动。

[11]6月1日，由农业部和辽宁省政府共同主办的"2012年辽东湾海洋生物增殖放流活动"启动仪式在绥中县申江渔港举行。

[12]6月14日，全省渔业油价补助资金发放工作座谈会召开。

[13]6月28~29日，农业部农产品质量安全中心副主任高光一行来辽宁省调研无公害水产品认证管理工作。调研组到沈阳市绿生水产养殖场进行现场检查。

[14]6月30日，完成了《全国海洋渔业生产安全环境保障服务系统》建设，开展了面向渔港的海洋环境预报和海洋灾害警报发布。

[15]7月10~30日，辽宁省开展了辽东湾海蜇资源管护海上管理工作。海上巡航检查船队共计航行4 000余海里，航时达300多小时，对其中查获的10艘违法违规渔船全部实施扣港处理。

[16]7月30日，印发《辽宁省2012年扶持"菜篮子"水产品生产项目实施方案》。

[17]7月31日，全省贝类产品质量安全风险评估暨预警防范工作会议在丹东东港市召开。

[18]7~9月，省海洋与渔业厅、公安厅、大连海关、沈阳海关联合开展打击非法捕捉走私经营利用水生野生动物保护专项执法行动。

[19]8月17日，2012年省级水产良种场评审会在盘锦召开。

[20]8月28日，全省海洋捕捞信息动态采集及316项目工作会议在沈阳召开。

[21]9月6~9日，农业部地理标志检查组完成了对辽宁省水产品地理标志登记检查工作。检查组听取了省海洋与渔业厅地理标志管理工作机构负责人的工作汇报并到东港市实地检查。

[22]9~10月，省海洋与渔业厅联合省公安厅、大连海关、沈阳海关开展了打击非法捕捉走私经营利用水生野生动物行为专项执法活动。

[23]10月12日，农业部批准盘锦光合蟹业有限公司为国家级良种场。

[24]11月15日，辽宁省基层水产技术推广体系改革与建设补助项目工作会议在沈阳召开，来自全省16个项目县渔业行政主管部门的主管领导、水产技术推广站站长及所在市渔业行政主管部门的主管领导参加了会议。

[25]12月3日，农业部办公厅公布第一批全国休闲渔业示范基地名单，辽宁省8家单位获此称号。

[26]12月5日，海洋岛省级水产种质资源保护区和建昌六股河中华鳖省级水产种质资源保护区成立。

[27]12月6~9日，农业部农产品质量安全中心和国家认监委领导一行对辽宁省无公害农产品认证实施效果进行调研。

（辽宁省海洋与渔业厅　董泽江）

吉林省渔业

【概况】 2012年，全省渔业系统以科学发展观为指导，以转变渔业发展方式为主线，以加快推进现代渔业建设为主攻方向，圆满完成了全年各项目标任务。渔业经济保持良好发展态势，渔业生产稳定增长，水产品市场平稳运行、质量安全稳步提高，渔民收入保持较快增长，生态建设大踏步前进，为全省农村经济和生态文明发展做出了重要贡献。

1. 产业结构进一步优化，渔业经济持续健康发展 各地因地制宜、突出重点，着力调整优化渔业结构，渔业经济继续保持平稳发展。养殖业方面，以查干湖、松花湖、月亮湖等为代表的湖库渔业发展迅速，主打有机品牌，开展冬季捕捞，实现效益提升；以河蟹、鳜鱼、黄颡鱼等为代表的名优水产品养殖方兴未艾，大安市新荒渔场2012年生产河蟹近200吨、实现销售收入600万元，镇赉县开展稻田养蟹3 667公顷、产蟹550吨。加工业方面，通过招商引资、扩大规模、提升档次，进一步提高了以延边鳕鱼等海产品来料加工为代表的水产加工能力和水平。休闲渔业方面，大安市被评为"中国休闲垂钓之乡"，查干湖等2家单位被评为全国休闲渔业示范基地，全省以渔为特色的休闲、餐饮、旅游场所过千家，产值或营业额近10亿元。总体看，2012年全省渔业经济呈现出规模不断扩大、结构不断优化、基础不断夯实、效益不断提升的显著特点。当年全省共开展水产养殖面积30万公顷，繁育水产良种12亿尾，完成水产品产量18.2万吨，实现渔业产值35亿元,较上年均有不同幅度增长。水产品批发市场综合平均价格 18.5 元/千克,市场交易总量达到 40 万吨。水产品出口创汇 7 328 万美元,连续 11 年排在全国内陆省份前 3 位。渔民人均纯收入达到 8 533 元,同比增长 8%。

2. 投入显著增多,渔业基础设施加快改善 全年共落实中央及省级渔业投资 7 300 万元,其中基础设施建设资金 2 600 万元、资源养护资金 800 万元、燃油和渔机补贴资金 2 700 万元、科技及其他渔业管理经费 1 200 万元,重点加强了水产良种繁育、推广体系建设、渔业资源养护、渔港、渔政执法装备、"菜篮子"水产品生产基地等领域的建设,2012 年仅渔政船艇就新增 15 艘,为提高渔业综合生产能力、增加渔民收入、改善生态环境创造了有利条件。需要特别提到的是,由于项目管理工作出色、实施效果良好,2012 年农业部大幅增加吉林省扶持"菜篮子"水产品生产项目投资,经过一年建设,该项目再次成为渔业工程建设的样板工程,当年建成标准化养殖基地 32 处,累计完成养殖池塘清淤超过 100 公顷,改造流水养殖池 5 万平方米,维修注排水渠道 14 千米,架设输电线路 49 千米,修缮生产用路 42 千米。项目综合效益十分显著,有效改善了养殖渔区生态环境和持续发展能力,提高了产品品质,增加了渔农民收入。

3. 管理力度加大,水产品质量再上新台阶 面对消费者对水产品质量安全要求越来越高、质量安全监管任务越来越重、质量安全隐患不断增多等严峻挑战,全省各级渔业主管部门认真贯彻落实农业部和省政府的决策部署,紧紧围绕"努力让消费者吃上放心鱼"的根本目标,进一步强化水产品质量安全监管,取得了新的成绩。完成制(修)订地方标准 20 项,创建农业部水产健康养殖示范场 55 处,认定无公害水产品产地 58 处、认证产品 147 个,水产健康养殖技术得到更大范围的推广应用。加强了对水产养殖场的监管,集中开展了水产品专项整治、渔需物资打假、苗种专项整治、"十二冬"专项和"健康水产品上餐桌"等行动,累计出动检查人员 3 880 人次,检查生产单位 2 385 家,重点对养殖证、苗种生产许可证和"三项记录"进行了监督检查,规范了苗种、饲料和渔药的使用和管理。开展了水产养殖病害测报工作,参与县市达 42 个,监测面积 0.77 万公顷。强化了水产品抽检,先后组织省内自检、省际互检和与工商联检等多次抽检活动,累计抽检水产养殖场、批发市场、超市等水产品样品 1 020 个,检测结果显示,全省水产品综合合格率高于 95%。

4. 养护生物资源,生态文明建设取得明显成效 深入贯彻实施《中国水生生物资源养护行动纲要》,广泛动员,大力推进水生生物资源养护工作由部门行为上升为社会行动。加快推进渔业保护区建设,新建 3 处国家级、9 处省级水产种质资源保护区,保护区总数位居全国前列。加大了濒危水生生物保护力度,开展了水生野生动物保护宣传月和专项执法活动,查处了一批非法经营利用水生野生动物案件。大力开展水生生物增殖放流,先后在鸭绿江、松花江、图们江、牡丹江、东辽河、密江河、查干湖、云峰水库、二龙湖等重要水域组织增殖放流活动 46 次,放流各类鱼苗 2.5 亿尾,投入资金超千万元。通过多年持续努力,增殖放流活动效益初步显现、社会影响不断扩大,全省水生生物资源状况得到了一定改善,全民水生生物资源保护意识有了明显提高,"水里放鱼"与"陆上植树"、"空中护鸟"一样,成为重要的生态公益工程,逐渐深入人心。

5. 科研推广并进,渔业科技硕果累累 围绕渔业健康可持续发展目标,加快渔业科技创新,在水产科研、技术推广、科技服务等领域取得了较大成绩。全年完成渔业科技攻关重点项目 10 项,"长白山珍稀冷水性鱼类——细鳞鱼苗种繁育技术研究"获省科技进步三等奖;深入实施了大宗淡水鱼产业技术体系建设,完成了大宗淡水鱼高效池塘养殖模式构建与示范,松浦镜鲤、长丰鲢、异育银鲫中科 3 号等优良品种得到大面积推广。组织开展了渔业科技服务年活动,广泛开展了送科技下乡、科技入户、技术咨询培训,累计办班 202 期、培训农渔民 9 200 余人次,发放各类技术资料 5.3 万份。开展了"鲤春病毒血症"等重大水生动物疫病专项监测和池塘养殖渔情动态信息采集工作,完成监测采样 75 个,监测面积近 87 公顷。加强了基层水产技术推广体系建设,在 22 个县实施了补助项目,落实补助资金 550 万元。渔业科技成果转化应用方面,开展水产技术推广及试验示范项目 11 项,推广面积 1.33 万公顷,重点实施了"稻田综合种养技术"推广项目,通过采取建立核心示范区、召开现场会等措施,2012 年共推广稻田综合种养面积 0.7 万公顷,实现增收 4 280 万元,其中鱼蟹增收 2 680 万元、稻谷增收 1 600万元,项目取得显著经济效益。

6. 强化行政执法,渔业生产秩序井然 以渔业资源保护管理为重点,实行专项执法与日常监管相结合,不断加大执法力度,有效维护了正常的渔业生产秩序。严格执行禁渔期、禁渔区制度,根据全省主要自然水域鱼类繁殖特点,及时发布了 2012 年禁渔通告,通过组织开展涉外渔业、重点湖库、自然保护区等渔业专项执法行动,加强了松花江、嫩江、鸭绿江、图们江等主要江河及边境水域的渔业管理,严厉打击了各类破坏渔业资源的违法行为。组织开展了"渔政队伍建设年"活动，推进自收自支渔政机构整改，全省最后一个自收自支渔政机构东辽县渔政站顺利纳入财政预算；建立健全了全省渔政指挥信息系统，举办渔业执法人员培训班5期、培训人员410人；组织开展了文明执法窗口单位创建和渔业执法文书评选活动，镇赉县渔政站被评为"全国渔业文明执法窗口单位"。组织开展了水产养殖业专项执法行动，推动了以养殖证制度和水产苗种生产许可制度为核心的养殖业规范化管理，2012年全省新登记发证429本、确权面积1.5万公顷。

7.管防结合，渔业安全生产形势稳定 各地严格贯彻执行安全生产的有关规定，狠抓渔业安全生产责任制的落实，坚持"安全第一、预防为主"，认真开展渔业安全生产宣传检查和"平安渔业示范县"创建活动，并针对存在的薄弱环节，重点落实整改措施，规范渔业安全生产行为，有效杜绝了渔业安全生产事故的发生。全年共培训渔业船员202人，检验渔业船舶4 896艘，组织3 074名渔民、47个渔业单位、234艘渔船参加了渔业互助保险；松原和吉林市渔船检验处被评为全国先进船检机构。组织开展了冬季冰上捕鱼安全生产专项检查活动，督促生产单位从严落实从业人员安全知识培训、安全责任制度建立、安全预案制订和演练、生产区管理等工作措施，保证冬捕期实现了安全生产。

【重点渔业县(市)基本情况】

吉林省重点渔业县(市)基本情况

县(市)	渔业产值(万元)	水产品产量(吨)	其中		养殖面积(公顷)
			养殖	捕捞	
前郭尔罗斯蒙古族自治县	39 917.06	16 510	15 426	1 084	41 279
镇赉县	15 500.00	15 003	12 635	2 368	17 986
扶余市	13 530.00	12 300	8 653	3 647	7 105
舒兰市	7 164.50	7 153	6 835	318	4 885
磐石市	9 750.00	7 030	7 030		3 587
大安市	12 327.00	7 011	6 061	950	28 199
蛟河市	6 867.00	6 572	6 572		1 113
梅河市	9 106.40	5 880	5 633	247	4 337
农安县	9 373.36	5 800	5 135	665	10 680
集安市	10 221.90	5 678	4 993	685	321

(吉林省渔业局)

黑龙江省渔业

【概况】 2012年，全省渔业系统认真贯彻落实省委、省政府关于发展特色养殖的工作部署，坚持以网箱养鱼和特色养殖为牵动，以"菜篮子"工程和"安全生产年"创建活动为抓手，全面推进以规模化、集约化和健康养殖为主要内容的渔业建设，加大渔业资源养护力度和渔政监管力度，全省渔业经济继续保持良好的发展势头。全省放养面积达到48.28万公顷，比上年增长17.6%；名特优水产品养殖面积达到20.24万公顷，比上年增长8%；水产品总产量达到58.9万吨，比上年增长10.7%；渔业经济总产值达到110亿元，比上年增长14%；渔民人均纯收入实现9 370元，比上年增长12.48%。主要特点如下：

1.网箱特色养殖迅猛发展 为贯彻落实好黑龙江省委书记吉炳轩提出的发展特色养殖的指示精神，特别是省第十一次党代会做出的"努力发展北方寒地淡水养殖，打造特色鲜明、品质优良的龙江渔业"的重要工作要求，黑龙江省农委渔业局精心研究，抓紧落实，于5月31日在绥滨县召开了全省加快渔业产业发展暨绥滨网箱养鱼现场会议，对全省渔业产业发展，特别是对如何抓好特色养殖，提出了新的要求。全省网箱养鱼面积达到11.7万平方米，比上年增长28.4%。

2.水产品质量管理进一步强化 一方面加大了水产健康养殖示范场(区)建设力度。截止到2012年底，全省已建成部级水产健康养殖示范场(区)105处、省级水产健康养殖示范场(区)160处，全省无公害水产品养殖面积达到39.07万公顷，比上年增长11%。另一方面加大了投入品使用的检查力度。组织6个工作组，深入到哈尔滨、齐齐哈尔、佳木斯等6个市的27

个县(市、区),对水产品质量安全进行了督促检查,使全省在农业部组织的专项检查中取得了较好成绩(农业部抽检合格率100%)。

3.集约化、规模化、科技化水平明显提升 全省驯化养鱼呈集约化、规模化发展态势,面积达4.8万公顷,比上年增长16.9%;全省千亩以上集中连片驯化养鱼池塘占驯化养鱼池塘面积的比重达68.6%;驯化养鱼的机械化程度不断提高,投饵机、增氧机在驯化养鱼池塘已基本实现全覆盖。与此同时,科研和技术推广部门以渔业科技促进年活动为载体,积极开展面向基层和养殖户的技术培训,2012年,全省共举办各种培训班286期,培训渔民近万人。

4.名优鱼类养殖快速发展 一是抓了名优鱼类苗种的繁育。全省共繁育各类地产名贵优质鱼苗4亿尾,比上年增长8.1%。二是抓了名优鱼类养殖技术的推广。以黑龙江野鲤、兴凯湖大白鱼和泥鳅为主推品种,加大技术推广力度,全省共举办名优鱼类推广培训班86期,培训渔民4 000多人次,有力地推动了全省名优鱼类养殖的发展,2012年,全省名特优鱼类养殖面积已达20.24万公顷,占养鱼水面的41.7%。

5.渔业经济结构调整不断深化 一是休闲渔业快速发展。全省各地积极发挥自身优势,将垂钓、餐饮、娱乐、旅游有机结合在一起,促进休闲渔业提档升级。2012年,全省游钓面积发展到7.67万公顷,比上年增长6.4%。二是积极发展水产品加工业。全省水产品加工厂发展到115家,加工量达到500吨。三是外向型渔业有了良好开端。巴彦、海林等地大力开拓外销渠道。巴彦县2012年继续扩大出口规模,全年出口俄罗斯松荷鲤180多吨,实现产值近400万元。绥芬河水产局加挂了"绥芬河发展海洋经济办公室"牌子,主要任务就是到俄罗斯滨海边区进行海参养殖,养殖面积已达80公顷,2 000平方米的加工厂已在绥芬河保税区建成。

6.渔业资源养护水平进一步提升 2012年,增殖放流工作力度进一步加大,主要有三个特点:一是层次高。农业部与省政府联合进行增殖放流活动两次,农业部部长韩长赋、副部长牛盾分别在佳木斯市、杜尔伯特蒙古族自治县参加了增殖放流活动。二是数量多、规格大。全年放流鱼苗的数量和规格均超过历年,全省放流各类鱼苗1.18亿尾,比上年增长23%;体长5厘米以上苗种占放流总量的64%,比上年增加21个百分点。三是冷水性鱼类多。仅大兴安岭地区就向呼玛河自然保护区增殖放流细鳞鱼2万尾、哲罗鱼5万尾。同时,各地还联合公安、海关、工商、濒管办等部门,采取"水上清、岸上查、通道堵"的办法,认真开展了严厉打击非法捕捞水生野生动物专项执法工作,加大了对资源产地、驯养繁殖基地、集贸市场、饭店餐馆和运输环节的监督检查力度,有效地推进了水生野生动物规范化管理。

7.渔政执法监管力度进一步加大 重点抓了三件事:一是抓宣传教育。各地利用禁渔期、冰封期的有利时机,通过广播、电视、报刊和举办渔民培训班等形式,宣传和讲解《渔业法》、《黑龙江省边境管理条例》、《黑龙江省渔业船舶安全管理办法》等,全年出动宣传车、船360多台(艘)次,举办渔民培训班200多期,培训渔民近万人,增强了广大渔民守法意识、养护意识和安全意识。二是责任落实。通过年初召开全省边境水域渔政管理工作会议,对相关工作进行全面部署,并同边境地区的渔业行政主管部门及其渔政管理机构签订了边境水域渔政管理责任状。三是抓执法检查。结合中俄渔政联检和禁渔期执法检查,先后多次派出工作组,深入重点水域和关键区域进行检查和抽查,确保各项监管措施落实到位。黑瞎子岛回归祖国后,不法分子冒险进入岛边水域进行非法捕捞作业,为此,抚远县水产局在岛上建设渔政站,常年进行布控,投入50万元,购置220.65千瓦快艇2艘,实施界江执法,查获非法捕鱼船只100多艘,销毁10艘,在黑瞎子岛水域没收147.1千瓦快艇4艘,全年共罚款30余万元。鸡西市政府统一组织涉边部门,采取封湖停产、设卡堵截、联检联查方式对兴凯湖地区非法越界捕捞行为进行专项联合打击,抓扣非法捕鱼快艇4艘,抓捕非法捕捞人员9名,有效遏制了越界捕捞的势头。

8.渔政执法队伍建设进一步加强 一是执法人员素质有了新提高。以开展"渔政队伍建设年"活动为契机,从强化培训工作入手,积极开展了渔业行政执法人员培训,省局先后举办渔政执法人员培训班2期,培训156人。全省渔政执法人员已基本做到不经培训不得持证,不持证不得上岗的规范性要求。二是执法装备有了新改善。2012年,农业部渔业局批准黑龙江省建造200吨级渔政船1艘、100吨级渔政船2艘、50吨级渔政船8艘、执法快艇8艘,使全省渔政执法装备水平得到了很大提高。三是抚远县黑瞎子岛渔政站典型事迹在全国推广。抚远县黑瞎子岛渔政站,在生活条件艰苦、管理手段落后、执法难度较大的情况下,不畏艰难,克服了重重困难,常年坚守在岛上,为维护国家渔业主权做出了突出贡献,得到农业部渔业局领导的表扬,中国渔业政务网宣传了该站的典型事迹。

9.存在的问题

(1)水产养殖的经营体制还有待进一步完善。特别是大中型水库由于管理体制的问题,经营主体不明,造成投入不足,导致产量上不去。

(2)水产养殖成本攀升。饲料、渔药等渔业生产资料和雇工价格全面上涨,养殖成本不断上升。

(3)水产品质量安全形势仍然严峻。水产品在运输和暂存过程中过量使用防腐剂、保鲜剂,导致局部的、个别的水产品质量安全事件时有发生。

【重点渔业市(县、区)基本情况】

黑龙江省渔业重点市(县、区)基本情况

市(县、区)	总人口(万人)	渔业产值(万元)	水产品产量(吨)	其中		养殖面积(公顷)
				捕捞	养殖	
肇东市	90.6	42 000	35 815	303	35 512	13 822
杜尔伯特蒙古族自治县	25	57 300	33 500	67 00	26 800	28 000
哈尔滨市区	398.6	34 462	32 873	1235	31 638	12 024
北林区	87	30 200	27 066	60	27 006	7 084
大庆市区	132	45 555	26 212	1 100	25 112	13 960
密山市	43.9	41 500	25 500	2 000	23 500	23 667
肇源县	45.1	41 641	23 700	4 300	19 400	28 000
巴彦县	69.6	17 385	18 000	380	17 620	6 800
林甸县	22.9	29 870	17 388	3 478	13 910	8 000
五常市	108	17 000	15 336	1 050	142 86	7 600

【大事记】

[1]1月1日,按照农业部《关于加强内陆捕捞渔船管理的通知》要求,由黑龙江省渔政局、黑龙江渔业船舶检验局设计、印制的《内陆"三合一"捕捞渔船证书(试行)》,在松花江流域的依兰县、嫩江流域的泰来县、黑龙江流域的逊克县进行试点。

[2]2月16日,全省渔业工作会议在哈尔滨市召开,全省13个市(地)和38个县(市、区)渔业行政主管部门、中国水产科学研究院黑龙江水产研究所、省农垦总局及下属三个分局、省水利厅、省渔业协会、省直属水产事业单位及重点水产品加工企业负责人、省渔政局全体机关干部共计100余人参加会议。省农委白雪华副主任做了题为《乘势而上,攻坚克难,推动全省渔业实现新跨越》重要讲话,省农委渔业局局长张侃做了题为《突出重点,扎实推进,加快我省现代渔业建设步伐》的工作报告。

[3]2月16日,全省边境水域渔政工作会议在哈尔滨召开,省渔政局张侃局长总结了2011年工作,部署了2012年重点工作,并与边境市、县渔业行政主管部门及渔政监督管理机构签订了边境水域渔政管理工作责任状,会议由省渔政局副局长于泽江主持。

[4]3月5~9日,以农业部渔业局副局长崔利锋为团长的中方代表团和以俄罗斯联邦渔业署副署长亚历山大·弗敏为团长的俄方代表团的中俄渔业混合委员会第21次会议在吉林省延吉市举行。黑龙江省渔政局局长张侃、副局长于泽江等出席。

[5]3月25日,省水产技术推广总站承担的"大规格优质河蟹养殖技术",推广面积15 060公顷,总产河蟹1 497.76吨,总产值5 384.27万元,总盈利3 153.73万元,投入产出比1: 2.3,项目获2012年黑龙江省农业丰收奖一等奖。

省水产技术推广总站承担的"松浦镜鲤健康养殖技术",推广池塘面积7 666.67公顷,总产鱼4.81万吨,总产值5.29亿元,总盈利0.97亿元,投入产出比1: 1.22,项目获2012年黑龙江省农业丰收奖一等奖。

[6]5月14日,勤得利农场渔工陈林,在黑龙江中游额图江段(黑龙江中游航道200~205千米)捕获了一尾重达308.5千克的雌性达施鳇,活体取卵没有成功,制作成标本存放在勤得利农场展览馆。这是新中国成立以来有文字记载捕获到的第4尾体重200千克以上的鳇鱼。

[7]5月17日,抚远县渔民贾光升(船名号:抚渔捕291)在黑龙江中游小河子滩地(黑龙江中游航道58~62千米)捕获一尾体长3.49米,体重342.5千克的雄性鳇鱼,投放在抚远县鲟鳇鱼繁育养殖有限公司活鱼馆养殖。这是新中国成立以来有文字记载捕获到的第5尾体重200千克以上的鳇鱼。

抚远县渔民李忠宝(船名号:抚渔捕227)在黑龙江中游九龙滩滩地(黑龙江中游航道85~90千米)捕

获一尾体长 3 米,体重 218 千克的雌性鳇鱼,投放在抚远县鲟鳇鱼繁育养殖有限公司活鱼馆养殖。这是新中国成立以来有文字记载捕获到的第 6 尾体重 200 千克以上的鳇鱼(其中:200 ~ 250 千克的 2 尾,300 ~ 350 千克的 2 尾,500 ~ 600 千克的 2 尾)。

[8]5 月 31 日,全省加快渔业生产发展暨绥滨网箱养鱼现场会议在绥滨县召开,全省各市(地)、县(市、区)渔业行政主管部门、省农垦总局畜牧兽医局、省渔业协会、省直属水产事业单位负责人及鹤岗矿业集团、双矿集团负责人共计 160 余人参加会议。会间,参观了绥滨县网箱养鱼基地现场,5 个典型单位介绍了经验,省农委白雪华副主任做了重要讲话。

[9]6 月 4 ~ 16 日,中俄进行黑龙江、乌苏里江边境水域渔政联合执法检查。黑龙江省渔政局渔政处处长王志民为中方代表团团长,俄渔业署阿穆尔渔业局副局长德 · 阿 · 科雷洛夫为俄方代表团团长。

[10]6 月 26 日,农业部与黑龙江省人民政府在嫩江干流杜尔伯特蒙古族自治县江段,举行了增殖放流活动,农业部副部长牛盾宣布启动放流活动,农业部渔业局局长赵兴武主持活动仪式,省委农村工作领导小组办公室主任、省农委主任王忠林,农业部渔业局、渔政指挥中心领导及当地政府有关领导参加了放流活动。

[11]7 月 21 日,农业部与黑龙江省人民政府在松花江干流佳木斯市江段,举行了主题为“养护水生生物资源,促进生态文明建设”的增殖放流活动,农业部部长韩长赋宣布启动放流活动,农业部副部长牛盾、省政府副省长吕维峰分别发表重要讲话,农业部总经济师陈萌山主持仪式,佳木斯市市长孙喆致辞,农业部渔业局、省农委主要领导和有关负责人参加了放流活动。

[12]7 月 21 ~ 23 日,农业部渔业局局长赵兴武、全国水产技术推广总站站长魏宝振等在黑龙江省农委副主任白雪华、总农艺师陈志超、省农委渔业局局长张侃、省水产技术推广总站站长邹民的陪同下,到同江市、抚远县和抚远县黑瞎子岛渔政站,对边境渔业水域进行调研,肯定了“两县(市)一站”的渔政工作,并做了重要工作安排。

[13]8 月 6 日,全省上半年渔业工作会议在五常市召开,全省各市(地)、部分县(市、区)及省直管县渔业行政主管部门负责人,省农垦总局、省渔业协会、省直在哈尔滨市水产事业单位负责人,省农委渔业局全体机关干部共计 90 余人参加会议,省农委渔业局局长张侃总结了上半年工作落实和开展情况,对下半年重点工作做了部署。省农委总农艺师陈志超做了重要讲话。

[14]9 月 11 ~ 12 日,由云南、贵州、四川和农业部渔政指挥中心组成的养殖执法督查组,对哈尔滨市巴彦县和绥化市北林区养殖执法工作进行了督查。

[15]9 月 13 日,哈尔滨市呼兰区人民法院,对哈尔滨市农业行政综合执法支队渔政稽查大队执法人员,于 2012 年 6 月 12 日(禁渔期)在松花江呼兰区腰堡江段(松花江下游航道 22 千米)查获的呼兰区腰堡乡两人使用违禁渔具电海拉网捕鱼案,以被告人非法捕捞水产品罪,各判处有期徒刑 6 个月缓刑一年(因主动到公安机关投案)。哈尔滨市渔业行政主管部门没收了违禁渔具电海拉网,各处罚款 5 000 元。

[16]9 月 18 ~ 30 日,中俄进行黑龙江、乌苏里江边境水域渔政联合执法检查。黑龙江省渔政局渔政处处长王志民为中方代表团团长,俄渔业署阿穆尔渔业局副局长德 · 阿 · 科雷洛夫为俄方代表团团长。

[17]11 月 27 日,全国渔政执法技能比武总决赛在黄渤海区渔政局养马岛渔政码头举行,省农委渔业局王剑锋同志参加的黄河流域代表队获得集体一等奖,本人并获个人渔政执法技能标兵,农业部办公厅颁发了荣誉证书。

[18]12 月 12 ~ 16 日,以农业部渔业局副局长崔利锋为团长的中方代表团和以俄罗斯联邦渔业署副署长亚历山大 · 弗敏为团长的俄方代表团的中俄渔业混合委员会第 22 次会议在俄罗斯海参崴举行。黑龙江省渔政局副局长于泽江、渔政处处长王志民等出席会议。

(黑龙江省农委渔业局　郭政学)

上海市渔业

【概况】 2012 年全市水产品总产量达 29.87 万吨,比上年增长 5.29%,其中养殖产量 16.21 万吨,同比增长 1.31%,捕捞产量 13.66 万吨,同比增长 10.43%;渔业总产值达 61.64 亿元,同比增长 8.03%;渔民人均纯收入达 18 200 元,同比增长 14.83%。

1. 渔业科技促进年活动成果丰硕 微孔增氧高效健康养殖等七项主推技术得到推广,辐射带动 207 家科技辐射户,40 家渔业科技示范场,同比 2011 年平均增效 33.6%。在 2010 年 28 家养殖场与 33 位专家教授对接基础上,2012 年又有 10 余位专家教授与养殖场建立了对接关系,两年多来全市科研人员和学生共下乡对接 3 000 多人次,成功申请各级各类科研课题和项目 100 多项。

2. 水产种源和“三虾一蟹”产业体系建设进展顺利 水产苗种体系建设有序推进。积极搭建平台,做好水产苗种供求与产销对接,"申漕"牌罗氏沼虾苗种本市供应量由原来的2亿尾上升到5亿尾,保障了本市水产苗种供需基本平衡,并辐射服务全国。2012年计划改建的4家水产良种场已通过项目评审;奉贤区水产技术推广站海南南美白对虾基地(二期)完成验收,获得市级水产良种场资质;金山丰泽淡水鱼种场一期改造建设基本完成并投入使用,二期项目已通过市级评审。松江区水产良种场作为松江鲈鱼苗种放流供应单位,通过了农业部第三批珍稀濒危水生动物增殖苗种放流单位审批,全市已有5家单位获批成为农业部公布的中华鲟、胭脂鱼和松江鲈鱼苗种放流供应单位。"三虾一蟹"产业体系建设进展顺利。2012年全市虾蟹养殖面积13 027公顷,占淡水养殖面积的57.92%,产值约23.18亿元,占淡水养殖产值的60%。河蟹产业技术体系各专业组和试验站按照实施方案的要求开展科研攻关和科学实验,已形成了一系列亲本选育、生态育苗、蟹种养殖、大规格池塘成蟹养殖以及蟹产品加工等科研成果,在2012年举办的"王宝和"杯全国河蟹大赛中本市有4个品种获得金蟹奖,在市兴农办组织的对第一轮4个产业技术体系的考核中名列前茅。河蟹产业技术体系的影响不断扩大,体系种源与技术已推广辐射至江苏、辽宁、台湾、新疆和广西等地。2012年上海海洋大学崇明竖新大闸蟹养殖基地提供的33.7万只蟹种输入台湾省苗栗县47个养殖户,成蟹养殖获得成功。

3. 水产养殖基础设施建设有序推进 标准化水产养殖场建设有序推进。在前期批复建设8 447公顷基础上,2012年又立项批复了30个标准化水产养殖场,建设面积1 420公顷,总投资2.57亿元。水域滩涂养殖使用权制度建设工作全面完成。按照农业部的统一部署,本市至9月份全面完成了水域滩涂养殖证登记换发工作,共发放水域滩涂养殖证489本,其中持新版养殖证的池塘面积为7 700公顷,持土地承包经营权证的池塘养殖面积为13 267公顷,持未失效的旧版养殖证的池塘养殖面积为787公顷,全市合计持证的池塘养殖面积为21 754公顷,持证率达96.07%,全面完成了规划内水域滩涂养殖发证登记率达95%以上的预定目标。淡水养殖保险工作取得突破。在青浦区试点运行南美白对虾养殖互助保险并收到良好效果的基础上,2012年又扩大到奉贤和金山两个区,互助保险投保面积达2 220公顷,平均出险率控制在57.38%,大大低于原来的出险率。2012年全市共完成淡水养殖投保面积12 547公顷,占全市养殖池塘面积的74.33%。

4. 水产品质量安全监管有力有效 地产养殖水产品"准出"范围得到扩大,145家水产养殖场通过审核、公示,取得水产行业协会颁发的准出证明,覆盖养殖面积超过8 667公顷。按照年初抽检计划,全年抽检各类地产水产品638件,仅检出1例不合格,合格率为99.8%。组织开展水产苗种专项整治行动,在区县自查的基础上,共出动执法检查人员246人次,检查苗种生产单位34家,责令整改8家,检测苗种样品38个,合格率100%。2012年农业部共在上海采集26个鲤春病毒血症(SVC)样品,经检测全部合格。配合出入境检疫部门认真做好迎接欧盟专家组来华对我国水生动物疫病控制体系的检查评估工作,得到了专家组的认可,通过了检查。

5. 渔业生产安全保障能力进一步增强 2012年上海地区共发生各类渔业事故7起,死亡(失踪)9人,伤残2人,沉船2艘,直接经济损失约165.2万元,渔业安全生产形势平稳可控。组织举办了主题为"同创渔业安全,共享平安生活"的渔业安全生产宣传周活动,副市长姜平出席宣传周活动启动仪式并向渔民代表赠送了4 000件新型防寒救生衣和380个应急救护箱,观摩了渔业水上防灾救灾演练。渔港渔船安全救助信息服务系统建设得到完善,制定了《上海市渔港渔船安全救助信息服务系统运行和管理办法》。推进标准化渔船更新改造工作,2012年共有9艘渔船列入第一批改造计划,其中8艘已建成,第二批11艘渔船已列入改造计划。推进海洋捕捞渔船减船拆解工作。2012年本市计划减船转产渔船6艘,总功率255.4千瓦,转产人数23人。横沙国家一级渔港核心功能区陆域建设项目已完成建设单位的变更,已开始抓紧施工。芦潮港改扩建一级渔港的前期工作积极开展,芦潮港渔港改建选址方案和渔港货运量的评审以及渔港建设项目建议书的编制已完成。

6. 渔业产业链和发展空间得到拓展 休闲渔业稳步发展。成功举办了主题为"缤纷水族、和谐生活"的2012第七届上海国际休闲水族展览会。共有100多家企业参展,吸引了2万多人次观展,展出2 000多种各类观赏鱼,除传统的金鱼、七彩神仙鱼、锦鲤鱼大赛外,首次举行了龙鱼大赛和竞拍,为展会锦上添花。本市松江区泖田风情园获农业部"全国休闲渔业示范基地"称号。浦东观赏鱼中心项目基本建成已正式对外营业,一批著名的国内外观赏鱼企业已入驻并开始运行。远洋渔业有力推进。2012年全市远洋捕捞产量11.17万吨,比上年增长15.72%。2012年上海水产集团充分利用自身的原料优势,成功开发、遴选和定型了一批以国内市场为主,兼顾国外市场的新、特产品,与锦江集团合资组建了中高端远洋水产品回国平台——上海水锦洋食品有限公司，有效促进了“产业外扩，产品回国”发展战略的实施，进一步延伸了远洋渔业产业链。

7. 渔业行政执法管理和生态资源养护水平得到提升 推进《上海市志·农业分志·渔业卷》编纂工作。在确定编纂篇目大纲基础上已进入资料收集阶段，成立了编纂委员会并对联络员进行了培训，各项工作进展顺利。做好渔业油价补助工作。据测算，全市群众渔业和远洋渔业企业 2011 年度 1 175 艘渔船总功率 152 022 千瓦，合计补助用油量 128 406 吨，补助总资金 4 亿余元。水产业务综合管理平台建设项目基本开发完成，其中内陆捕捞许可管理系统已经正式启用，本市水产业管理信息化水平大大提高。认真开展 2012 年长江禁渔和鳗苗管理工作，严控捕捞强度，共计审核发放鳗苗捕捞许可证 1 462 张（比 2011 年减少 127 张），刀鲚专项捕捞许可证 125 张、凤鲚捕捞许可证 63 张，中华绒螯蟹专项捕捞许可证 10 张。针对近年来由于鳗苗和刀鲚价格高涨，吸引大批船只进入长江口非法捕捞，给长江渔政管理带来较大难度的问题，会同渔政部门加大执法管理力度，重点打击深水张网等违规渔具，共收缴、查处深水张网 348 顶，是历年之最，确保了长江渔业生产有序、深水航道畅通和重点工程顺利施工。认真做好伏季休渔管理工作。2012 年全市 403 艘应休渔船都做到了按时休渔，无违规渔船在外航行作业。加强了打击电捕鱼工作力度。组织开展了 5 次“天网”行动，查处各类违法案件 134 起，其中电捕鱼案件 59 起，并与公检法等单位开展了“两法”衔接的研讨，已形成合力重点打击非法捕捞行为。中国渔政 31001 船不畏艰险、不辱使命，圆满完成了钓鱼岛海域护渔维权任务。加强渔业行政执法督察工作，对长江深水张网、杭州湾渔业生产管理等渔政执法工作开展了重点督察。渔政队伍建设年活动扎实开展，渔政执法队伍整体素质进一步提高。上海渔港监督局 1 000 吨级渔政执法船建造项目建议书编制工作基本完成，崇明县 100 吨级沿海渔政执法船项目可研报告已获农业部批复，正抓紧落实初步设计。上海海洋大学远洋渔业资源调查船项目建议书已通过国家发展和改革委员会有关部门评审。2012 年本市各级渔业部门和有关单位共投入水生生物增殖放流、海洋牧场建设和生态环境修复资金 2 000 多万元，共在长江上海段、淀山湖、黄浦江上游、杭州湾上海沿岸等水域放流各类苗种约 1.5 亿尾（只）。完成淀山湖、黄浦江上游增殖放流效果评估项目，并顺利通过专家验收，科学评估了淀山湖、黄浦江的渔业资源状况及增殖放流效果。中华鲟保护区域内的海洋牧场示范区项目第一阶段工作已完成，共建设了 6 万余平方米的竹阵鱼礁，底播了 70 余吨河蚬、缢蛏等底栖生物。2012 年度青草沙水库邻近水域生态修复专项取得了系列阶段性的成果，达到了预期目标。2012 年全市共核发水生野生动物驯养繁殖许可证 8 张、经营利用许可证 14 张、运输证 1 张，办理进出口贸易手续 65 件；共成功救护水生野生动物 4 起，抢救中华鲟 2 尾、糙齿海豚 2 尾、海龟 1 只。中华鲟保护区崇明基地项目建设有所进展，正处于扩初设计方案审批阶段。

【重点渔业区（县）基本情况】

上海市重点渔业区（县）基本情况

区（县）	渔业产值（万元）	水产品产量（吨）	其中			养殖面积（公顷）
			海洋捕捞	内陆捕捞	内陆养殖	
崇明县	159 890.50	58 142	16 205	367	41 570	5 643
奉贤区	81 436.84	24 520	571	1 052	22 897	3 480
浦东新区	77 924.00	23 714	3 141	349	20 224	3 327
金山区	54 239.40	18 129	4 454	731	12 944	1 672
青浦区	51 800.46	21 665		1 253	20 412	3 103

【大事记】

[1]7 月 18 日，本市在横沙国家一级渔港举行“同创渔业安全，共享平安生活”为主题的 2012 年上海市渔业安全生产宣传周活动启动仪式，渔业水上防灾救灾演练作为启动仪式的重要内容同期举行，上海市政府副市长姜平全程观摩了演练活动。

[2]10 月 24 日，中国水产科学院东海水产研究所和光明集团海丰标准化水产养殖公司签订了战略合作协议，双方共建的“中国水产科学研究院东海水产研究所海丰标准化养殖示范区”、“中国水产科学研究院盐碱地渔业工程技术研究中心海丰分中心”、“中国水

产科学研究院东海水产研究所长江口研究中心"正式揭牌成立。中国水产科学研究院党组书记柳正、上海市农业委员会副主任张贵龙等领导与科研人员参加了揭牌仪式。为深入贯彻2012年中央1号文件《关于加快推进农业科技创新 持续增强农产品供给保障能力的若干意见》精神,落实农业部与上海市人民政府关于《共同推进农业现代化建设合作备忘录》相关内容,双方结合各自发展需求和目标,加强水产产学研、农科教结合,共同搭建水产科技合作平台,建立水产试验示范基地,集成、熟化、推广水产科技成果。

[3]11月3日,新中国第一所本科高等水产学府上海海洋大学迎来100周年校庆,江泽民同志为校庆亲笔题词:"发扬优良传统,不断开拓创新,把上海海洋大学建设成为一流的高水平特色大学"。

[4]11月28日,农业部副部长牛盾考察浦东观赏鱼中心,对本市大力推进观赏鱼产学研基地建设,为观赏鱼技术研究和市场交易搭建平台、丰富现代农业发展内涵予以充分肯定。该中心的建设,为本市休闲渔业稳步发展注入了新的活力。松江区"泖田风情园"被评为全国休闲渔业示范基地。

[5]12月26日,上海市人民政府办公厅转发了市发展改革委、市农委《关于上海市推进海洋渔业发展和建设的若干意见》的通知。《若干意见》共分三个部分、十条内容,涉及本市发展改革委、农委等12个部门。《若干意见》明确本市海洋渔业发展的重点是控制近海捕捞强度、扩大远洋捕捞规模,并提出到"十二五"期末,远洋捕捞年产量争取达到20万吨、自捕鱼回运比例在原有基础上提高50%的目标。《若干意见》布置了六个方面的任务,分别是:加强渔港基础设施规划和建设;推进近海渔业结构转型;鼓励远洋渔业加快发展;提升海洋渔业行政执法和管理能力;建立和完善海洋渔业产业链;加强海洋渔业资源开发、利用和养护。市各有关部门将按照《若干意见》明确的职责分工,推进落实各项任务,切实推进本市海洋渔业发展和建设。

(上海市水产办公室)

江苏省渔业

【概况】 2012年,江苏省水产品总产量493.7万吨,比上年增长3.9%,其中淡水产品345.3万吨,海水产品148.4万吨,分别比上年增长3.4%和4.5%。渔业产值1 100亿元,同比增长10%,继续位居全国前列。渔业经济总产值1 800亿元。全省渔民人均纯收入超过1.57万元,比上年增长20%。

1.渔业基本现代化指标体系 为准确把握和科学引领江苏渔业现代化发展进程,2012年上半年,江苏省海洋与渔业局根据全省实施"农业现代化工程"的总体要求,在全国率先制定出台了《江苏省渔业基本现代化评价指标体系(试行)》,从六个方面23项指标对渔业现代化实现程度进行考核评价,使全省各地在发展现代渔业中有了量化评判标准,明确了工作方向。

2.水产种业发展 根据国务院和省政府关于加快推进现代种业发展的要求,江苏省海洋与渔业局编制了《江苏省水产种业发展规划》,明确了今后一个时期全省水产种业发展的总体目标和建设重点。对近100家省级以上原(良)种场和繁育场进行提档升级以及动态资格复查。新认定省级水产良种场2家、省级良种繁育场1家、省级青虾苗种繁育基地9家,撤销了6家在复查中不合格的省级良种繁育场。大力开展良种选育与推广,长江1号河蟹和太湖1号青虾推广面积分别达到0.4万公顷和1万公顷左右。

3.高效设施渔业建设 组织开展水产养殖池塘标准化建设工作,全省新建、改建池塘面积7.66万公顷,其中新建与改建标准化池塘4.46万公顷。重点推广微孔增氧、水质养殖智能化控制等新型渔业机械,新增微孔增氧面积7 187公顷。组织实施省级高效设施渔业项目,全省新增高效渔业面积7.33万公顷,新增设施渔业面积3.46万公顷,高效渔业和设施渔业总面积分别达到53万公顷和13.47万公顷。

4.渔业产业化经营 积极培育现代渔业经营主体,在全省组织开展现代渔业"四个一批"建设,即:一批省级现代渔业产业园区、一批现代渔业精品园、一批现代渔业示范场(基地)和一批现代渔业示范村。在制定出台相关建设要求和认定程序以及各地积极申报基础上,经省政府批准,新增省级现代渔业产业园区6家;省海洋与渔业局认定省级现代渔业精品园19家、示范场38家、示范村31家。积极培育渔业龙头企业,新增省级渔业产业化龙头企业10个,总数已达到74个(其中国家级9个)。新增渔民专业合作组织500多个,总数已接近3 000个,渔户参合率超过42%。加大市场开拓力度,参加第十届中国国际农产品交易会等展示展销活动,在加拿大、巴西举办江苏省名优水产品推介会,在台湾省举办江苏大闸蟹品尝会,江苏大闸蟹成功重返台湾市场。水产品出口创汇稳步增长,全省出口渔业产品10.6万吨,出口金额6.2亿美元,分别比上年增长12.6%和16.7%,其中出口水产品5.4万吨,出口金额3.3亿美元。

5.渔业科技创新 根据农业部科技促进年活动

部署,以"渔业科技进村入户,助推健康安全增收"为主题,组织实施了千名科技人员访万家、渔业科技入户、工程院院士江苏渔业行、职业渔民培训等10项渔业科技促进年活动。组织实施江苏省水产"三新工程"(新品种、新技术、新模式),重点项目太湖1号青虾项目,累计推广池塘主混养面积1.73万公顷;长江1号河蟹项目共出产蟹种3 000万只;黄颡鱼项目取得重要突破,苗种繁育成活率明显提高;泥鳅项目低密度、低投入生态养殖模式试验获得成功;小黄鱼、松江鲈鱼等品种人工繁育获得成功。2012年渔业科技入户工程扩大到72个涉渔县(市、区)、655个乡镇、4 259个村,1 700多名科技人员参与实施,全省共培育渔业科技示范户和辐射户45.5万户,建立健康、安全、高效养殖示范区面积44.19万公顷,占全省养殖面积60%以上。在全省范围内启动了职业渔民培训工作,制定并印发了《江苏省职业渔民培训实施方案(试行)》,全年结合渔业科技入户工程、劳动力培训、职业技能鉴定等各类培训计划,累计培训职业渔民11万人次。

6.水产品质量安全监管 推进健康生态养殖,新增农业部水产健康示范场110家。修订省级地方标准16项,建设省级标准化示范区2个(宝应中华绒螯蟹产业标准化示范区、姜堰溱湖河蟹产业标准化示范区)。新认定无公害水产品产地287个,面积8.5万公顷,复查换证产地228个,面积11.47万公顷;认定无公害水产品314个,复查换证水产品82个。截止到2012年底,全省无公害水产品产地共1 387个,面积52.25万公顷,无公害水产品达1 366个。新增地理标志产品2个、地理标志证明商标7个、江苏名牌农产品8个和江苏名牌产品13个。启动实施了水产品药物残留快速检测示范,在全省22个渔业重点县建设133个快速检测室。加强水生动物防疫体系建设,新修订的《江苏省动物防疫条例》确立了渔业部门、水生动物卫生监督机构、水生动物疫病防控机构的法律地位,县级水生动物防疫机构达46个。全省水产品抽检综合合格率达到97.7%,其中产地水产品抽检合格率达98.8%,没有发生水产品重大质量安全事件。

7.增殖放流 加大水生生物资源放流力度,2012年全省共举办各类水生生物增殖放流活动62次,其中省级9次,市县级53次,在海洋、长江、湖泊共放流各类苗种15.15亿尾(只、颗),投入资金7 339万元。其中海洋品种放流10.76亿尾,淡水品种放流4.39亿尾,其中珍稀水生动物44万尾。

8.休渔禁渔 认真执行海洋、主要湖泊和长江休渔禁渔期制度。海洋伏季休渔。2012年,全省伏休渔船总数8 201艘,其中:拖网101艘;桁拖网797艘;刺网3 202艘(流刺网3 187艘);张网311艘(帆式张网96艘,流动张网215艘);笼壶、耙刺20艘;定置作业3 770艘。长江禁渔。调集沿江8市的渔政力量,在南京组织了声势浩大的长江禁渔启动仪式和执法观摩活动。禁渔期间,全省各级共组织执法检查行动660次,出动检查车辆733辆次,出动渔政船(艇)850艘次,渔政人员5 184人次;查获违禁捕捞渔船113艘次,取缔迷魂阵1.4万多米、深水张网17部,没收电捕鱼器具42台(套)。全年禁渔期间共落实财政补助资金351万元,享受低保和受补助渔民达5 625人。湖泊禁渔。在太湖、滆湖、洪泽湖、高宝邵伯湖、骆马湖、阳澄湖、长荡湖、固城湖等湖泊实施了为期3~9个月不等的禁渔期,渔业资源恢复成效明显。

9.渔船改造 实施海洋捕捞渔船更新改造工程,2012年全省审批建造292艘大功率渔船(110千瓦以上),共拆解报废渔船1 041艘,其中更新改造标准化渔船155艘,省级下达补助资金3 720万元。中央财政下达江苏省300千瓦以上海洋渔船更新改造项目资金7 500万元。

10.远洋渔业发展 全省新注册远洋渔业企业3家,申请农业部船网工具指标批准书32艘,开工建造远洋渔业渔船15艘。南通大型专业鱿鱼钓船首航东南太平洋国际公海水域,实现了江苏远洋渔业从过洋性作业到大洋性生产的突破。

11.渔业生态环境监测 对5个省管湖泊、长江干流江苏段、吕泗渔场、海州湾渔场等重要渔业水域进行了渔业生态环境和渔业资源监测,共设监测站位330个。监测项目主要是渔业资源和对水生生物的正常生长产生影响的主要环境因子和污染物。监测结果表明,2012年,江苏省渔业生态环境状况总体良好。

(1)省内主要湖泊。水质状况总体良好。铜、砷、铅、镉、总汞符合渔业水质标准,与2010年、2011年相比,湖泊水质总氮、总磷、化学需氧量有所降低,湖泊底质状况良好。鱼类群落结构逐步改善,浮游生物饵料资源丰富,水生生物资源养护效果明显。

(2)长江干流江苏段。水质状况总体良好。石油类、铜、砷、铅、镉、总汞符合渔业水质标准,总磷符合地表水三类标准,与前两年相比,江阴段、常熟段有所降低,南京段有所升高,石油类呈逐年降低趋势。鱼类群落生物多样性水平有所提高,饵料生物数量保持平稳,水生生物资源养护效果逐渐显现。

(3)海洋重要渔业水域。水质状况总体良好。大部分水域化学需氧量、粪大肠菌群符合海水水质一类标准;海州湾渔场活性磷酸盐符合海水水质一类标准;海州湾渔场、吕泗渔场无机氮较高;吕泗渔场活性磷酸盐较高。沉积物及海洋生物质量状况良好。渔业资源总体稳中有升,浮游动植物生物密度较上年显著提高,饵料生物密度丰富,鱼卵仔鱼生物密度处于相对稳定状态,底栖生物种类多样,密度丰富,滩涂潮间带贝类等生物资源呈上升趋势。

12. 渔业安全生产 5月30日,省政府颁布了《江苏省渔业安全生产管理办法》,并于7月1日起实施。组织开展了渔业安全生产专项整治、渔业安全年、"打非治违"等专项行动。省海洋与渔业局和省安全生产监管局联合开展"全国文明渔港"和"江苏省平安渔业示范县"创建活动,赣榆青口渔港、射阳黄沙港被国家安监局和农业部评为"全国文明渔港",太仓、如东、东台、连云区、新沂、吴中区、泗洪等8县获得"江苏省平安渔业示范县"称号。全省共发生渔业安全生产事故17起,死亡(失踪)14人,同比分别下降32.0%和12.5%。其中较大事故2起,死亡(失踪)8人。死亡人数和较大事故起数均在省安委会控制指标以内。

13. 渔业互助保险 2012年,江苏省渔业互助保险协会抓住省政府出台《江苏省渔业安全生产管理办法》的有利时机,将雇主责任险最高保险金额从每人20万元提高到60万元,提高了渔民风险保障水平。争取各级财政补贴2 312万元,同比增长24.5%。全年实现互保展业收入7 536.59万元,同比增长14.98%,为全省渔民渔船提供风险保障174.60亿元,同比增长25.77%,向656名渔民、114艘渔船提供经济补偿2 171万元。

14. 渔业行政执法 重点开展了专属经济区巡航、"护渔2012"、长江禁渔、内陆打非和水产品质量安全等"五大执法行动"。全省渔政机构实施各类执法检查行动12 578次,立案10 373宗,结案10 160宗,结案率达98%,罚赔金额4 400余万元,全省渔业生产秩序进一步改善。

【重点渔业市(县、区)基本情况】

江苏省重点渔业市(县、区)基本情况

市(区、县)	水产品产量(吨)	其中				养殖面积(公顷)	其中	
		海洋捕捞	海水养殖	内陆捕捞	内陆养殖		海水	内陆
赣榆县	430 140	120 724	215 433	1 146	92 837	27 485	22 108	5 377
启东市	356 182	199 606	113 690	8 238	34 648	38 044	25 571	12 473
如东县	283 380	52 396	171 287	7 405	52 292	57 518	48 551	8 967
兴化市	272 507			10 267	262 240	34 265		34 265
射阳县	194 585	35 007	68 907	8 492	82 179	16 927	6 927	10 000
东台市	171 030	29 942	66 561	13 710	60 817	31 703	25 200	6 503
大丰市	165 156	13 022	62 042	14 061	76 031	27 150	18 550	8 600
高邮市	160 299			5 581	154 718	26 253		26 253
宝应县	148 157			16 871	131 286	23 736		23 736
建湖县	95 919			9 000	86 919	12 378		12 378

【大事记】

[1] 1月6日,江苏省委副书记石泰峰在省委副秘书长胥爱贵、省委农工办主任曲福田陪同下到江苏省海洋与渔业局调研。石泰峰一行听取了局党组书记、局长唐庆宁的汇报,对近年来省海洋与渔业局的工作给予了充分肯定,并对贯彻落实省委、省政府"八项工程"部署,做好今后的海洋与渔业工作提出了要求。

[2] 1月12日,全省海洋与渔业工作会议在南京召开。江苏省副省长徐鸣出席会议并作重要讲话,江苏省海洋与渔业局局长唐庆宁作工作报告。省政府副秘书长杨根平、省人大农委主任宋家新和省有关部门的负责同志,沿海各县(市、区)政府分管领导应邀出席会议。

[3] 2月25日,全国渔政工作会议在江苏南京召开,此次会议是2007年后再次召开的全国性渔政工作会议。会议总结了5年来全国渔政执法工作取得的成就,交流了各地渔政管理经验,并对2012年及今后一个时期渔政队伍建设、渔政执法工作等重大问题进行了研究部署。农业部副部长牛盾出席会议并讲话,江苏省副省长徐鸣到会致辞。

[4] 2月28日,主题为"鱼跃龙城·美丽太湖"的第四届太湖放鱼节在常州启动,本届放鱼节由江苏省

海洋与渔业局、浙江省海洋与渔业局和常州市共同主办,沿太湖的4市常州、苏州、无锡和湖州共同参与,历时约1个月,一直延续到3月底。自2009年以来,太湖放鱼节已举办至第四届。

[5]3月27日,江苏省海洋与渔业局在南京召开全省渔业安全生产工作会议,总结2011年全省渔业安全生产工作情况,表彰先进,分析问题,全面部署落实全省渔业安全生产工作。江苏省海洋与渔业局局长唐庆宁、副局长夏前宝,江苏省安全生产监督管理局副局长陆贯一、江苏省海洋与渔业局副巡视员、省渔政监督总队总队长林建华、江苏海事局秦德生副主任参加会议。

[6]3月30日,江苏省水产学会在海安召开了第八届会员代表大会。江苏省科协副主席张铁恒、中国水产学会副秘书长陈恩友到会祝贺。会议选举了第八届理事会理事、常务理事、理事长、副理事长和秘书长。唐庆宁当选省水产学会第八届理事会理事长。

[7]4月1日,2012年长江流域“护渔行动”暨长江禁渔期同步执法行动在江苏省南京市正式启动。中国渔政指挥中心副主任居礼,农业部东海区渔政局局长、长渔委副主任委员李富荣,江苏省海洋与渔业局局长唐庆宁等参加相关活动。

[8]4月25日,农业部正式公布全国水产原种和良种审定委员会审定通过2011年度水产新品种,江苏省淡水水产研究所历经10年培育出的中华绒螯蟹长江1号获得农业部颁发的水产新品种证书(品种登记号:S-01-003-2011)。

[9] 4月26日,江苏省渔网机械协会在扬州宣告成立,协会理事会聘请江苏省海洋与渔业局副局长吴以桥为名誉理事长。

[10]4月28日,江苏省万艘渔船更新改造工程标准化渔船建造开工仪式在南通举行,标志着江苏万艘海洋捕捞渔船更新改造工程进入正式实施阶段。

[11]5月7日,江苏省现代渔业管理高级研修班在上海海洋大学开班,江苏省海洋与渔业局局长唐庆宁、副局长沈毅,上海海洋大学校长潘迎捷、副校长黄硕琳等领导出席了开班仪式。各市渔业主管部门分管领导、渔业处处长及重点县渔业主管部门主要负责人等60多人参加了研修班学习。江苏省现代渔业管理高级研修班由江苏省海洋与渔业局委托上海海洋大学组织,学习时间为期5天,开设《渔业科技创新与渔业发展方式转变》、《渔业法律法规》、《现代渔业产业体系建设》等9个专题讲座,邀请多位国内知名的渔业专家到班授课,并实地考察现代渔业建设现场。

[12]5月23日,作为“2012台湾·江苏周”一项重要内容的农渔产业交流会在台北市花园大酒店隆重举行,江苏省海洋与渔业局局长唐庆宁、台湾省农渔会永续发展学会代理理事长林锦洪、台湾省农渔协会理事长黄一成等来自江苏和台湾的渔业界人士60余人出席了会议。

[13]5月29日,江苏省海洋与渔业局印发《江苏省渔业基本现代化指标体系(试行)》;7月31日,印发《关于开展渔业现代化建设试点工作的通知》,决定在全省选择13个县(市、区)开展渔业现代化试点工作。

[14]5月30日,江苏省人民政府第93次常务会议讨论通过了《江苏省渔业安全生产管理办法》,于2012年7月1日起施行。

[15]6月12日,江苏省海洋与渔业局在南京举办仪式,正式开通江苏省水产品质量安全追溯系统。江苏省海洋与渔业局局长唐庆宁、副局长沈毅、农业部渔业局市场处、农业部农产品质量安全中心、省财政厅、省食品安全委员会办公室等部门负责同志,追溯体系实施县(市、区)渔业主管部门领导及水产品流通消费环节代表参加开通仪式。

[16]7月9~11日,江苏省海洋与渔业局组织召开江苏沿海地区千亿元级现代渔业建设推进会。省海洋与渔业局副局长沈毅到会并讲话。沿海三市及所辖县区渔业主管部门和省属有关单位主要负责同志参加会议。

[17]7月26日,江苏省海洋与渔业局与江苏出入境检验检疫局在南京联合举行促进水生动物出口联席会议,签署了输台大闸蟹质量安全监管合作协议。

[18]9月3日,江苏省副省长徐鸣到省海洋与渔业局调研海洋与渔业工作,强调要加快推进渔业现代化发展进程,进一步提高海洋综合管控水平,大力发展海洋经济。

[19]9月14日,全国人大常委会副委员长桑国卫一行赴江苏省开展《农业法》执法检查,视察了高淳县的江苏固城湖青松水产专业合作联社。

[20]9月21日,产自太湖的第一批225千克江苏优质大闸蟹顺利通过了台湾省食品卫生署的严格检验,全部合格并通关重返台湾市场。

[21]9月28日,第十届中国国际农产品交易会在北京全国农展馆开幕。开幕式结束后,中共中央政治局委员、国务院副总理回良玉参观江苏展区,农业部部长韩长赋、副部长张桃林、党组成员张玉香、江苏省政府副秘书长杨根平、省海洋与渔业局党组书记、局长唐庆宁陪同参观。

[22]10月9日,由江苏省海洋与渔业局与中国工

程院农业学部联合举办的“中国工程院院士江苏渔业行”活动在南京启动。中国工程院林浩然等4名院士和1名国家罗非鱼产业体系首席科学家,应邀到江苏开展为期5天的渔业考察活动,为江苏加快推进渔业现代化建设把脉献策。副省长徐鸣会见了各位专家。

[23]10月25日,2012年东海区及长江流域渔民民生与渔业发展座谈会(第三届东海渔业论坛)在江苏省南通市举行,农业部副部长牛盾出席会议并讲话,江苏省政府副秘书长杨根平到会致辞。

[24]10月25~26日,农业部副部长牛盾、渔业局副局长崔利锋、东海区渔政局局长李富荣等一行在江苏省海洋与渔业局局长唐庆宁等陪同下,来江苏考察现代渔业建设情况,并出席了“江苏省苏州市相城区国家现代农业示范区”揭牌仪式,与挂钩联系的阳澄湖镇消泾村村干部和农民代表座谈。

[25]10月26日,江苏省休闲垂钓协会在南京成立,江苏省人大常委会副主任、省总工会主席张艳,老同志冯敏刚、李佩佑分别被聘请为垂钓协会顾问,李国平当选为会长。

[26]11月14日,江苏省海洋与渔业局在台北市圆山大饭店隆重举行台湾·江苏中华蟹文化交流会。

[27]11月15日,农业部渔业局副局长李书民带队到江苏调研渔船更新改造工程,江苏省海洋与渔业局局长唐庆宁、副巡视员张建军参加了在南通召开的座谈会。

[28]12月6日,江苏省渔业协会于在南京市召开了第三届第一次会员代表大会。会议选举产生了新一届理事会,省人大农委主任、原省海洋与渔业局局长宋家新任协会会长。

(江苏省海洋与渔业局 钱林峰)

浙江省渔业

【概况】 2012年,浙江省水产品总产量541.9万吨,比上年增长2.1%。全省渔业经济总产值1 633.9亿元,比上年增长8.8%;其中渔业产值630亿元,比上年增长7.2%;涉渔工业和建筑业产值599.8亿元,比上年增长12.4%;涉渔流通和服务业产值404.1亿元,比上年增长6.3%;涉渔一、二、三产业比例由上年的39 ∶ 36 ∶ 25调整为38.6 ∶ 36.7 ∶ 24.7。全省平均每吨水产品初次售价为11 626元,同比上涨5.9%;全省水产品出口量40万吨,同比减少12.4%;出口贸易额20亿美元,同比减少3.7%;规模以上水产品交易市场成交量399.5万吨,同比增长6.3%;成交额547.6亿元,同比增长12.7%。2012年全省渔民人均纯收入为16 017元,同比增长8.1%。

1.水产养殖 2012年全省水产养殖总面积30.3万公顷,产量184.5万吨,产值330.2亿元,分别比上年增长-0.3%、2.8%和8.8%。培育发展水产养殖主导产业,以龟鳖类、对虾类、海水蟹类、海水贝类、珍珠等为主体的水产养殖主导品种产量达101.5万吨,产值232.9亿元,分别占全省水产养殖业总产量和总产值的55.01%、70.53%。养鱼稳粮增收工程深化推进,在全省粮食主产区和欠发达地区全面推进“稻鱼共生、稻鱼轮作”等新型种养模式,确定建立15个标准化新型稻田养鱼示范县(市、区),扶持建设30个以上规模化的省级示范基地,总面积达3 300多公顷。全省有40家水产养殖单位最终确定为2012年“菜篮子”水产品生产项目实施单位,计划总投资2 099.35万元,实际完成投资2 211.93万元,建设成效明显。水产原(良)种体系建设取得新成果,完成2家国家级良种场的项目竣工验收和6家省级(良)种场的资格认定,对17家2009年以前通过资格验收并挂牌的省级水产原、良种场开展复查评审,认定23家省级水产优质种苗规模化繁育基地,建立25个良种良法示范点,繁育推广优势特色品种20余个。

2.海洋捕捞 2012年浙江省国内海洋捕捞总产量316.02万吨,比上年增长0.74%;总产值241.80亿元,比上年增长5.68%;海洋捕捞渔民人均纯收入16 059元,比上年增长8.08%。为优化渔船设施装备和经营作业模式,全年共落实“一更新二调整三改造”为主要内容的国内海洋捕捞渔船转型升级示范工程89个,总投资47 159万元。其中,落实渔船更新建造38艘,作业方式调整渔船53艘,经营模式调整渔船22艘,卫生设施改造渔船44艘,安全设施改造渔船13艘,节能改造渔船874艘,为加快国内海洋捕捞作业结构调整步伐,提高海洋捕捞渔业安全生产能力、节能环保水平和综合效益作出了积极的贡献。

3.远洋渔业 2012年浙江省继续积极稳妥发展远洋渔业,开展远洋渔船更新改造和渔场探捕等工作,争取并落实中央财政专项扶持资金8.8亿元,计划对140艘新建远洋渔船进行政策补助,使全省远洋渔船数量达到530艘。全年远洋渔业投产渔船480艘、产量31.4万吨,产值25.74亿元,各项指标均居全国第一。

4.渔业二、三产业 按照多元化、规范化、标准化的要求,继续打造省级休闲渔业精品基地,2012年认定公布省级休闲渔业精品20家,有8家休闲渔业基地获首批全国休闲渔业示范基地称号,扶持建设休闲渔业基地20余家。2012年全省共有各类休闲渔业经营主体1 563个,比上年增长6.54%;从业人员1.8万人,比上年增长11.4%;总投资28亿元,比上年增长3.7%;接待游客人数1 240万,比上年增长7.1%;创造休闲渔业总产值17亿元,比上年增长44.1%。当年组织企业参加美国波士顿、比利时布鲁塞尔、俄罗斯莫斯科、日本东京等4个国外展会及第17届中国国际渔业博览会、2012中国农产品品牌博览会等众多国内展会,取得了良好的业绩。开展月度和年度全省水产品批发市场价格分析、水(海)产品对外贸易情况及预警的季度、半年、年度分析,及时向68个重点企业和13个重点批发市场发布预警信息。

5.初级水产品质量安全管理 2012年,结合实施初级水产品质量安全大整治百日行动,开展水产品中非法添加孔雀石绿专项整治行动,共出动执法人员17 164人次,检查生产单位7 929家(船)次,查处各类违法行为为172起。加强水产品质量安全监督抽查,全年共安排3 200批次主要水产品药物残留与质量安全监控抽检、200批次主要水产养殖投入品质量安全抽检和940批次初级水产品质量安全风险监测抽检,全年初级水产品的合格率保持在99%以上,未发生重大水产品质量安全事故。有241家水产养殖单位通过了无公害产地认定、124个产品通过了无公害产品认证,通过2012年到期的水产健康养殖示范场检查复核43家,新创建农业部水产健康养殖示范场31家,累计已有161家被授予农业部健康养殖示范场荣誉称号。继续开展贝类质量安全划型工作,设置103个贝类质量监控抽样点和24个水质监测点,检测了1 445个贝类产品和278个海水水质样品,划型工作进展顺利。

6.现代渔业园区建设 通过抓好计划落实、示范引导、机制创新、要素整合、质量提升和典型宣传六项工作,积极推进园区建设。全年共启动以渔业为主的省级综合区创建点7个,启动省级渔业主导产业示范区创建点57个,启动省级特色渔业精品园创建点146个,总投入10.8亿元,实施省级现代渔业园区相关建设项目170个,在建园区面积1.45万公顷,并组织完成了吴兴、越城2个综合区和48个省级主导产业示范区和特色精品园考核挂牌工作。

7.渔业安全生产监管 全省渔业系统认真落实《国务院关于坚持科学发展安全发展促进安全生产形势持续稳定好转的意见》精神,坚持以人为本,扎实开展"安全生产年"活动,全省渔船安全生产态势平稳。浙江省2012年共发生渔船事故106起、沉船15艘、死亡(失踪)99人、直接经济损失1 448万元,与上年同期相比,事故起数上升9.28%,沉船数、死亡(失踪)人数、直接经济损失数分别下降25%、23.26%和26.65%。公务船救助71起,渔船互救387起,救回遇险渔民2 248人,挽回经济损失12 818万元,减少了遇险渔民的死亡人数和经济损失。

8.标准渔港建设 发布实施《浙江省标准渔港建设与提升"十二五"规划》。《规划》在充分分析全省"十一五"标准渔港建设现实基础和面临的发展形势基础上,提出了"十二五"期间全省标准渔港建设与提升的指导思想、基本原则、发展目标与建设任务,为全省"十二五"期间标准渔港建设与提升描绘了蓝图,具有较强的前瞻性和可操作性。继续加强标准渔港建设的督查指导。2012年,通过全面部署,分析现状,查找问题,采取对策等措施,推动了全省标准渔港建设。据统计,截止到12月底,全省全年新开工3个项目,11个项目完工,6个项目通过竣工验收,还有在建项目32个,3个项目在做前期工作。1~12月份累计完成投资6.4亿元,完成年度计划的106.9%。四季度,组织4个检查组对舟山、宁波、温州和台州四市分别进行了标准渔港建设检查,分析项目推进存在的制约因素,提出了2013年标准渔港建设的计划对策。

9.渔船安全救助信息系统建设 编制《浙江省渔船安全救助信息系统提升工程整体实施方案》,制定多项重点任务分年度实施计划,开展渔业无线电岸台升级改造调研,推进系统终端设备统筹维保、卫星终端设备更新补助工作,完成省局信息综合平台和应急视频会商系统,并推进省、市、县三级视频会商体系的建设。根据渔船动态管理平台统计显示,全省渔船基础数据完整率达到96.3%,渔船安全事故比往年又大幅度下降,渔船碰撞事故实现了连续4年持续下降。利用系统平台的组合功能,实时监测钓鱼岛周边、韩朝敏感水域附近本省渔船动态,完成了台风防御、海上维稳等工作。

10.水生生物资源增殖放流 2012年全省共投入增殖放流资金4 455.23万元,放流各类水生生物苗种57种,共计11.76亿尾(粒),创历史之最。举行各类增殖放流活动148次,其中国家级放流活动4次,省级21次,市县级118次,社会捐赠5次。经实地采样、社会调查及估算表明,连续多年的大规模增殖放流,其良好的经济效益、生态效益和社会效益已得到了初步显现。据科研部门测算,近5年来,全省增殖放流的投入产出比约为1∶8,加上其他相关效益,累计增加社会总产值在20亿元以上。

11.捕捞许可管理 2012年共审批、审核海洋捕捞渔船制造、更新改造和购置等1 273艘次,审核上报远洋渔船237艘次,出具渔船船网指标转移证明等

129 艘次。办理申请入渔中日暂定措施水域渔船 14 500艘次（捕捞渔船 13 000 艘，捕捞辅助船 1 500 艘）。办理申请入渔韩方管辖水域的双拖、单拖、刺网和运输船 273 艘。全省共批准制造海洋捕捞渔船 589 艘，相应地，淘汰减少海洋捕捞旧渔船 1 012 艘（其中木质渔船 473 艘）。增减相抵，实际减少海洋捕捞渔船 423 艘，但渔船主机总功率并未减少，渔船大型化趋势仍未改变。

12. 渔业科技与推广 2012 年浙江渔业科技与推广工作稳步推进。一是以强化水产技术推广体系改革与建设为抓手，实施“农业部 2012 年基层农技推广体系改革与建设补助项目”，省部级共投入 1 400 万元，并联合省农业厅加强实施了乡镇农业公共服务中心建设，创建了第一批 477 个基层农业公共服务中心（其中示范性中心 166 个）。二是以建立和完善水产科技创新体系为抓手，实施开展稻田综合种养和南美白对虾设施养殖为主要内容的关键技术集成创新与示范推广。其中推广以稻鳖共作、稻虾轮作、稻鳅共生、稻鱼共生等 4 个模式为主要内容的面积达 2.3 万公顷；以南美白对虾设施大棚二茬、分级多茬养殖模式为主要内容的面积 0.1 万余公顷，每公顷年均效益近 15 万元。三是以实施联合行动为抓手，组织全省推广体系联合推进 10 大主推品种和 10 项主推模式与技术，养殖示范推广面积 6.84 万公顷，大水面保水增养殖面积超过 7 万公顷，增加产量 7.5 万吨，增加产值 16.2 亿元。

13. 渔业互助保险 2012 年全省累计互保费 3.89 亿元，同比增长 10.2%，承担风险保额 701.59 亿元。其中，参加雇主责任互保 126 973 人，风险保额 600.32 亿元，互保费 2.49 亿元，同比增长 5.65 %；参加渔船互保 13 562 艘，风险保额 99.53 亿元，互保费 1.39 亿元，同比增长 18.9%；其他责任风险保额 1.74 亿元，互保费 148.09 万元。全省累计受理赔案 6 454 起，已决赔案 5 036 起，为受灾渔民赔付金额 1.58 亿元；渔船互保赔案 2 269 起，赔付金额 5 141.98 万元；其他责任赔案 1 起，赔付金额 3.49 万元。未决案件 1 418 起，未决预估赔款 4 775.07 万元，综合赔付率 61.11 %。

14. 渔业专业合作组织建设 2012 年继续加强渔业专业合作组织建设工作，于 5 月 2 ~4 日在杭州举办“全省示范性渔业专业合作社负责人实务培训班”，全省各市、重点县（市、区）渔业主管局有关人员和拟列入 2012 年省级重点培育计划的渔业专业合作社负责人共 70 多名学员参加了培训。年内，会同省农业厅共认定了 21 家省级渔业示范性专业合作社。至此，全省共已认定省级渔业示范性专业合作社 116 家。

15. 渔业综合执法 2012 年，开展了查处捕捞海洋生物幼体资源专项执法行动、海洋禁渔休渔执法管理、浙北渔场专项整治、“护渔”专项执法、水产品质量安全执法、维权巡航执法等执法活动，全省共派出船艇 8 856 航次、航时 44 525 小时、航程 474 738 海里，派出车辆 11 235 车次，行程 736 223 千米，各类执法检查 25 127 次，投入执法人员 64 934 人次，查处各类渔业违法案件 6 373 起，办结案件6 308起，收缴罚没款 2 197.39 万元，资源赔偿费567.61万元。

16. 渔业防灾减灾 2012 年全省渔业灾害总体较 2011 年同期重，全省渔业因灾直接损失 356 945 万元。主要灾害种类为风暴潮、赤潮、洪涝灾害。2012 年浙江海域先后遭受 8 个台风影响，其中 1209 号“苏拉”、1210 号“达维”、1211 号“海葵”、1214 号“天秤”和 1215 号“布拉万”等 5 个台风引发的灾害性海浪、风暴潮灾害均对海洋与渔业造成严重影响。台风期间，按照《防台减灾应急预案操作手册》要求，全省海洋与渔业系统采取了积极有效的防范措施，取得了“少沉船、不死人、少损失”的良好防台效果。开展海洋渔业应急演练。6 月 28 日组织开展了台风代号为“水手”的海洋渔业防台应急演习，目的是检验省市县三级防台应急指挥体系、视频系统和预警信息分发系统的有效性。在“5·12 防灾减灾日”，开展广场咨询活动，发送海洋与渔业灾害科普宣传手册、布置大型海洋与渔业灾害宣传展板。

17. 渔民技能培训 2012 年全省累计举办各类培训班 980 期，共培训渔民 88 147 人次。其中举办渔业实用新技术培训班 635 期，培训渔民 44 741 人次；渔业行业职业技能培训班 345 期，培训渔民 43 406 人次，有 29 865 位渔民培训后取得了相关职业技能资格证书。

【重点渔业县（区）基本情况】

浙江省重点渔业县（区）基本情况

县（市、区）	总人口（万人）	渔业产值（万元）	水产品产量（吨）	其中					养殖面积（公顷）	
				海洋捕捞	海水养殖	内陆捕捞	内陆养殖	远洋渔业	海水	内陆
象山县	54.17	547 072	582 441	449 863	111 657		10 296	10 625	10 833	2 700

（续）

县（市、区）	总人口（万人）	渔业产值（万元）	水产品产量（吨）	其中					养殖面积（公顷）	
				海洋捕捞	海水养殖	内陆捕捞	内陆养殖	远洋渔业	海水	内陆
宁海县	61.49	189 079	146 404	10 093	130 913	236	5 162		15 190	2 086
奉化县	48.39	143 000	136 334	125 613	7 369	719	2 633		1 651	1 677
慈溪市	104.15	164 333	50 590	4 711	21 022	2 136	2 2721		6 721	5 958
洞头县	12.93	82 805	148 747	135 038	13 709				3 033	
苍南县	131.65	206 393	203 298	178 382	18 274	612	6 030		4 921	2 411
平阳县	87.45	62 457	57 189	50 685	3 668	865	1 971		1 403	1 589
瑞安市	121.12	76 368	85 710	79 682	3 965	321	1 742		611	1 261
乐清市	126.03	117 362	72 174	3 594	63 390	668	4 522		9 532	2 324
定海区	37.82	85 129	114 902	57 762	4 635		4 911		886	1 169
普陀区	32.21	585 326	718 866	481 017	31 147		4 357	202 345	2 568	563
岱山县	19.05	324 738	350 961	340 018	10 024		919		1 326	220
嵊泗县	7.9	158 630	298 310	227 585	70 125			600	1 482	
玉环县	42.25	220 889	249 602	161 231	86 264	290	1 817		6 189	603
三门县	43.23	210 292	208 152	16 287	188 042	408	3 415		12 862	971
温岭市	119.93	499 281	503 863	433 576	63 295	318	6 674		5 108	1 089
临海市	117.09	111 508	121 204	96 150	10 350	3 069	11 635		1 277	3 052

注：总人口系2011年底数。

【大事记】

［1］1月6日，“2012中国农产品品牌博览会、浙江省名特优水产品展示展销会、杭州都市圈优质农产品迎新春大联展”在杭州开幕。农业部党组成员总经济师张玉香、副省长龚正、省政协副主席冯明光等出席开幕式。

［2］2月21～22日，全省海洋与渔业工作会议在杭州召开，浙江省委常委、副省长葛慧君到会并讲话，省政府副秘书长陈龙，省人大环资委副主任委员周玉根、农业农村委员会副主任委员洪建新，省政协农业与农村工作委员会主任叶鸿达和20多个省级部门有关负责人应邀到会。

［3］3月18日，由农业部渔业局主办，以“科技进塘入场到户、助推健康安全增收”为主题的全国渔业科技促进年活动启动仪式在浙江省三门县举行。农业部渔业局局长赵兴武、浙江省海洋与渔业局局长赵利民参加仪式并讲话。中国水产科学研究院、全国水产技术推广总站、中国水产学会、上海海洋大学、部分省渔业主管部门代表、省相关科研院所、水产企业、渔业合作社和渔民代表等2 000多人参加启动仪式。

［4］3月19日，农业部渔业局副局长李书民等在浙江省海洋与渔业局副局长俞永跃陪同下赴省淡水水产研究所调研指导工作。

［5］3月27日，农业部渔业局在乐清召开2011年度全国渔业统计年报数据汇总会，副巡视员李学民到会并致词。会上，浙江省海洋与渔业局被评为2011年度渔业统计工作表现突出单位。

全国渔业安全应急管理体系建设课题研讨会在嘉兴桐乡召开，中国渔政指挥中心副主任胡学东、东海区渔政局副局长宋志俊、浙江省海洋与渔业局副局长林东勇和有关省渔业安全应急管理负责人参加会议。

［6］5月4～5日，浙江省政协组织的“走进基层、走进群众”活动月——送科技下乡活动在龙游县横山镇举行。省政协主席乔传秀、副主席冯明光等领导出席。省海洋与渔业局赠送1 000多本技术书籍、水质改良剂1 000包、水质测试盒200个，并举办泥鳅繁育和养殖技术讲座。

［7］5月17日，农业部渔业局局长赵兴武一行赴舟山调研现代渔业发展情况。浙江省海洋与渔业局局长赵利民等陪同调研。

［8］5月18～20日，由舟山市人民政府、浙江省商务厅、中国渔业协会、中国水产流通与加工协会主办的第四届中国舟山国际渔业博览会在舟山市体育（展

览)中心举行。浙江省委常委、副省长葛慧君,农业部党组成员张玉香,农业部渔业局局长赵兴武、副局长崔利锋,省海洋与渔业局局长赵利民、副局长俞永跃等出席大会并参加相关活动。

[9]5月19日,首届中国鱿鱼产业大会在浙江舟山召开。来自全国鱿鱼捕捞生产和加工企业、各地水产批发市场和大型超市、水产流通贸易商以及国际采购商、餐饮业界代表等200余人参加了大会。农业部渔业局局长赵兴武、浙江省海洋与渔业局局长赵利民等领导出席大会并致辞。舟山是全国鱿鱼第一市。大会期间,组委会对本届鱿鱼大会的参展产品进行了评奖,共评选出10个金奖,其中舟山占了8个。

[10]5月24日,农业部部长韩长赋、浙江省人民政府省长夏宝龙签署协议,农业部和浙江省人民政府将共同把浙江舟山国际水产城建设成国家级水产品专业批发市场,合力打造中国第一鱼市,推进国家现代渔业市场体系建设。

[11]5月25日,第三届浙江农(渔)民创富大赛启动仪式在诸暨市举行。省人大常委会副主任程渭山,省广播电影电视局局长张宝贵,省海洋与渔业局局长赵利民等出席。

[12]5月25日,全省国内海洋捕捞渔业转型升级示范工程推进会在杭州召开。有关市、县(市、区)海洋与渔业局部门负责人近40人参加会议。

[13]5月27~29日,浙江省委书记、省人大常委会主任赵洪祝先后赴宁波、舟山考察调研海洋经济发展情况,并就进一步完善省第十三次党代会报告征求意见建议。

[14]6月18~20日,全国水产技术推广总站副站长孙有恒一行来浙督导与调研基层水产技术推广体系改革与建设及中央1号文件贯彻落实等情况。省海洋与渔业局副局长俞永跃等陪同调研。

[15]7月8~13日,农业部渔业局、全国水产技术推广总站组织农民日报、经济日报、中国渔业报、中国水产杂志等中央媒体记者,来浙江开展"稻田综合种养技术"专题采访,详细了解浙江省开展"养鱼稳粮增收"工程有关情况。

[16]7月11~14日,中国渔政33001首次参加农业部东海区渔政维权护渔执法巡航编队,赴钓鱼岛护渔维权。

受农业部委派,由辽宁省水产苗种管理局局长林军带队的督查组一行6人,对浙江省水产品质量安全执法工作进行专项督查。这是农业部为深入推进水产品质量安全执法监管而首次组织的省际间交叉执法督查。

[17]7月16日,浙江省政府副省长王建满在副秘书长陈龙、谢济建等陪同下莅临省海洋与渔业局检查指导工作,实地视察渔船安全救助信息、海洋灾害预报和海域使用动态监视监测等三个系统,观看《浙江海洋与渔业》宣传片,并与局领导班子成员及局机关各处室、直属事业单位主要负责人等进行座谈。

[18]8月14~15日,中共中央政治局常委、国务院总理温家宝在浙江省杭州、湖州、嘉兴等地调研经济运行情况。14日下午,温家宝总理冒高温到湖州市长兴县洪桥镇橡树下村,实地视察长兴县洪桥省级现代渔业示范区。省委书记赵洪祝、省长夏宝龙等省市领导陪同视察。

[19]9月16日,第十五届中国开渔节开幕式暨开船仪式在象山石浦港举行。

[20]10月29~30日,省海洋与渔业局在杭州召开全省首届甲鱼产业推进大会。副省长王建满为大会发来贺信,农业部渔业局副局长李彦亮应邀出席。

[21]10月31日,由杭州市人民政府、浙江省海洋与渔业局、中国渔业协会共同主办的第三届中国杭州·千岛湖有机鱼文化节在淳安千岛湖开幕。省海洋与渔业局副局长俞永跃出席并致辞。

[22]11月5日,浙江省选派的唯一女队员——省海洋监测预报中心预报员王晶乘"雪龙"号启程开赴南极,参加中国第29次南极科考队保障服务工作。

[23]11月23~27日,2012年浙江农业博览会在浙江新农都会展中心、杭州和平国际会展中心举办。展会期间,省委副书记、省长夏宝龙等省领导在省海洋与渔业局长赵利民、副局长俞永跃陪同下参观省海洋与渔业局展区。

[24]12月26日,"浙江省渔船安全救助信息系统"被评选为2012年度"浙江省十佳民生工程"。省海洋与渔业局长赵利民出席颁奖典礼并领奖,总工程师童加朝等参加。

(浙江省海洋与渔业局　方康保　谢雷宁)

安徽省渔业

【概况】 2012年,全省各级渔业部门认真贯彻落实中央、省委、省政府工作部署,以增加农民收入为核心,以水产跨越工程为抓手,强化科技推广服务,调整优化养殖结构,推进水产健康养殖,加强渔业基础设施建设和渔业资源保护工作,加大水产品质量安全监管力度,渔业经济稳步健康发展,结构调整不断优化,水产品质量和渔业生产安全稳定。全省水产养殖面积55.6万公顷,同比增加2.6万公顷;水产品总量207.5万吨,同比增长4%；全省渔业经济总产值563亿元，同比增长17.3%；渔民人均纯收入9 402元，同比增长10.4%。

1. 主要工作与成效

（1）着力加强水产品生产基地建设。一是在40个规模养殖基地组织实施农业部“菜篮子”产品生产（渔业）项目，建设标准化养殖池塘667公顷。二是新创建了45个农业部健康养殖示范场，全省部级示范场达到181个。三是推广池塘、湖泊、水库、采煤塌陷区生态养殖新技术、新模式，发展生态健康的水产养殖业和环境友好的水产增殖业，全省生态养殖面积达到33.3万公顷。

（2）大力发展渔业产业化经营。一是培育壮大龙头企业。扩大招商引资，积极引导社会资本投资渔业。富煌三珍完成股份制改造积极筹划上市，宁国山里仁公司联手台资企业合作开发青龙湖，广东海大投资东至水产饲料等一批渔业项目落地，壮大了全省渔业产业化龙头企业规模。二是发展水产品加工。富煌三珍、明光永言、霍山绍峰、宁国华瑞、江涛水产等企业加大校企合作，加强科技创新，围绕市场需求开发水产食品、调味品、旅游休闲食品等系列新产品。2012年全省加工鲜活水产品16.3万吨，加工产值33.1亿元，同比分别增长10.1%和73.3%。三是加强国内外市场开拓。组织重点企业参加国内外渔业博览会，开拓两个市场。继续深化与台湾省中华养殖渔业发展协会及相关企业合作，开展皖台渔业交流；支持合肥、马鞍山、庐江、无为等市县办好龙虾节、螃蟹节、水产节等，推介宣传安徽名优水产品，有力地提升了“皖字号”名优水产品影响力和知名度。2012年全省水产品流通产值105.1亿元，较上年增长35.6%；水产品出口4 766.8吨、货值4 500万美元，同比分别增长26.2%和21.3%，新增水产品出口国家和地区达到11个。

（3）积极开展渔业科技服务年活动。在全省范围内开展以“科技进村入场到户、助推健康安全增收”为主题的渔业科技促进年活动。各地结合新型农民培训，因地制宜举办形式多样、内容丰富的技术培训，培养新型水产养殖科技示范户，辐射带动连片实行标准化健康养殖，提高渔业劳动者科技素质、技能水平和经营能力。继续组织实施池塘养殖单产效益倍增计划，通过高产高效健康养殖技术集成配套和养殖模式的推广应用，实现池塘养殖产量效益倍增，养殖环境优化，水产品质量安全。

（4）切实强化水产品质量安全管理。一是按照《农业部办公厅关于印发2012年产地水产品质量安全监管工作要点的通知》要求，结合本省实际，制订方案，明确重点，部署并组织开展产地水产品质量安全监管和专项整治工作。二是依托农业部农业194号职业技能鉴定站，首次对全省第一至第七批的136家农业部水产健康养殖示范场生产技术管理人员，开展水产养殖质量管理员职业技能鉴定培训。三是加强水产品质量安全监测。认真配合农业部开展的产地水产品、市场和水产苗种质量安全监测工作，开展水产品质量安全风险评估调研。组织对16个市养殖基地、农贸市场、超市、批发市场进行了水产品质量安全例行监测，并对所有增殖放流供苗单位进行强制性统一抽样检测。

（5）扎实开展水生生物资源养护。一是深入实施禁渔期管理。在抓好长江春季禁渔的同时，组织实施全省161处、38万公顷湖泊、河流等水域同步禁渔。二是继续扩大增殖放流。根据农业部《水生生物增殖放流管理规定》，省农委精心制订方案，对放流区域、分工、进度进行了周密布置，并对苗种供应单位、放流程序等事项提出了统一要求。同时，对长江、淮河、巢湖等水域进行放流效果监测评估。三是积极开展水生野生动物保护宣传月活动。省农委与农业部水生野生动物保护办公室在无为县联合举办了首届全国水生野生动物保护摄影大赛活动，进一步营造全社会关注、关爱水生野生动物的良好氛围，吸引更多社会力量共同投身我国水生野生动物保护事业。四是推进水产种质资源保护区建设。2012年省农委批准新建4处省级水产种质资源保护区，使全省保护区数量累计达到32个，其中国家级16个、省级16个。

2. 存在的主要问题

（1）水产品综合生产能力不强，池塘改造任务艰巨。全省20万公顷养殖池塘，多建于20世纪80～90年代，淤积严重，蓄水量少，进排水系统滞后，对养殖病害和自然灾害的抗御能力很差，制约了养殖单产和效益，甚至影响水产品有效供应和质量安全。

（2）水产品质量安全监管体系建设滞后。基层水产品质量安全监管体系十分薄弱，全省只有省渔业环境监测中心具有水产品质量安全检测能力，市、县及以下均没有水产品质量安全检测装备和技术队伍，绝大部分地区水产品质量安全监管执法仅靠查、看、闻等传统手段。特别是由于缺乏水产品产地准出、市场准入等制度规范，水产品质量安全追溯困难，质量安全主体责任难以落实。

（3）渔业安全生产存在隐患。安徽省水域面积大，渔船质量普遍较差，船体旧、功率小，事故隐患多。而渔业安全生产监管队伍力量薄弱、资金缺乏、装备落后，加上农民生产自备船归口农业部门管理，安全生产监管压力大。

【重点渔业县(市、区)基本情况】

安徽省重点渔业县(市、区)基本情况

县(市、区)	总人口(人)	渔业产值(万元)	水产品产量(吨)	其中		养殖面积(公顷)
				养殖	捕捞	
巢湖市	895 907	521 949	33 504	22 262	11 242	4 755
枞阳县	970 584	286 238	82 000	75 500	6 500	25 666
宿松县	836 922	252 945	77 540	71 190	6 350	49 330
当涂县	655 717	242 411	54 620	50 365	4 255	10 025
庐江县	1185 786	239 600	44 500	39 500	5 000	12 666
明光县	649 979	209 014	72 163	65 291	6 872	16 429
天长市	634 956	203 453	66 000	61 200	4 800	13 046
望江县	632 077	200 564	61 600	53 764	7 836	23 333
无为县	1 429 170	171 023	64 505	57 217	7 288	16 400
寿 县	1 375 462	159 271	93 020	74 320	18 700	25 670
蚌山区	278 580	132 671	1 306	1 106	200	191
五河县	732 197	129 714	49 300	34 991	14 309	9 776
肥西县	938 647	129 655	42 913	33 942	8 971	6 633
宣州区	865 870	124 433	58 308	49 166	9 142	16 000
霍邱县	366 390	114 561	83 000	60 500	22 500	16 000

注:1. 以产值取前15位。蚌埠市蚌山区因水产品专业批发市场而跻身前列。
2. 渔业数据采集于2012年渔业统计年报。
3. 人口数(2011年末数)由省统计局提供。

【大事记】

[1]2月1日,根据《中华人民共和国渔业法》和《安徽省实施〈中华人民共和国渔业法〉办法》,安徽省农委决定巢湖禁渔6个月。

[2]2月12日,原安徽省委常委、副省长余欣荣在省政协朱湖根委员提交的代表议案"发挥安徽资源优势,实施水产业提升工程"上作出批示:建议针对性、操作性均强,要从良种繁育、标准化建设、产业化发展等多方面予以推进,提高我省水产业发展水平,为农民增收作出新贡献。

[3]2月22日,安徽省农委发出通知,决定对黄湖等161处、近39万公顷水域实施禁渔期制度管理。

[4]3月5日,安徽省农委发出通知,全面部署2012年渔业科技促进年活动。

[5]3月11日,安徽省农委授予197个农业生产单位"安徽省农业标准化生产示范基地"称号,有效期3年。其中,水产养殖标准化示范基地37个,约占20%。

[6]3月16日,安徽省政府办公厅明电通知加强2012年长江禁渔期管理工作。

[7]5月13日,安徽省农委在宁国市召开全省水产跨越工程暨产业化推进工作会议。会上,省农委对2011年度巢湖市等15个实施水产跨越工程先进县进行了表彰。并邀请上海海洋大学校长潘迎捷教授、经管学院院长平瑛教授做专题学术报告。

[8]6月8日,全国首家"中国国际休闲垂钓基地"挂牌安徽舒城万佛湖。

[9]6月21日,中国渔业协会河蟹分会授予安徽当涂县湖阳乡"中国贡蟹之乡"和塘南镇"中国河蟹产业第一镇"称号。

[10]6月29日,安徽省农委按照2012年省政府第14号专题会议纪要"农民生产自用船安全管理归口农业部门,所在乡镇政府负安全监管责任"的精神,发出通知部署加强农民生产自用船安全管理工作。

[11]7月21日,安徽省农委渔业局和合肥市畜牧水产局联合主办以"加快科技创新 做强龙虾经济"为主题的第六届中国·合肥龙虾经济论坛。来自全国龙虾养殖、加工、餐饮以及科研教学机构的代表150余人参加论坛。

[12]8月18日,农业部水生野生动物保护办公室、安徽省农委、芜湖市政府在安徽无为县联合主办了

首届全国水生野生动物保护摄影大赛启动仪式。本次大赛受到了安徽省长江水生动物保护研究中心的大力支持。

[13]9 月 10 日,安徽省农委批准建立茨河湖大银鱼省级水产种质资源保护区、黄姑河光唇鱼省级水产种质资源保护区、黄溢河鳆虎鱼青虾省级水产种质资源保护区、登源河特有鱼类省级水产种质资源保护区。至此,全省水产种质资源保护区达到 32 家,其中国家级、省级各 16 家。

[14]9 月 14 日,安徽省农委部署全省长江水域渔政专项执法护渔行动。在长江安徽段干流,重点是交界水域、非法捕捞现象严重水域、群众举报反映强烈的地方、各级水生生物自然保护区和水产种质资源保护区组织实施。

[15]11 月 4 日,安徽优质河蟹再次获得全国河蟹大赛("王宝和杯")"最佳种质奖"、"金蟹奖"和"蟹王"称号。

[16]12 月 3 日,农业部授予舒城县万佛湖休闲渔业基地、淮南市焦岗湖水产旅游开发有限公司、全椒丰乐新农业开发有限公司、合肥金葡萄旅游开发有限公司和颍上县八里河渔场"全国休闲渔业示范基地"称号,有效期 4 年。

[17]12 月 7 日,农业部公布 2012 年度 979 家单位"农业部水产健康养殖示范场(第七批)"称号,安徽省当涂县花津湖水产品有限公司等 45 家养殖单位在列。至此,全省农业部水产健康养殖示范场总数达到 181 家。

[18]12 月 8 日,农业部通报表彰全国 2012 年度 30 家"全国渔业文明执法窗口单位"。安徽省芜湖县渔政监督管理站在列。至此,全省获得农业部"全国渔业文明执法窗口单位"称号的基层渔政机构已达 6 家。

[19]12 月 17 日,安徽富煌三珍食品集团有限公司获得由安徽省科技厅、财政厅、国税局、地税局联合颁发的国家级高新技术企业证书(证书编号:GR201234000121),成为国家级高新技术企业。

(安徽省农委渔业局 王永东 钱东方)

福建省渔业

【概况】 2012 年,福建省渔业系统在省委、省政府的正确领导下,坚持以科学发展观为指导,全面贯彻落实省第九次党代会精神,按照《海峡西岸经济区发展规划》各项部署,开拓创新,真抓实干,主动服务福建跨越发展和海西大局,加快渔业经济发展方式转变,以建设现代渔业为目标,积极调整渔业结构,切实提升渔业产业效益,促进渔民增收。2012 年全省渔业经济总产值达 2 017.32 亿元,同比增长 14.17%;增加值 1 070.5 亿元,同比增长 14.4%,占全省 GDP 的 5.43%;渔民人均纯收入 11 790 元,同比增长 14.1%,比全省农民人均纯收入高出 1 823 元;全省水产品总产量 628.61 万吨,同比增长 4.1%。

1. 水产养殖 设施渔业发展迅速,全年完成标准化水产养殖池塘改造建设 2 333 公顷,发展大型抗风浪深水网箱、塑胶渔排 8 000 多口,创建农业部水产健康养殖示范场 23 个。优势品种养殖规模不断扩大,海参产业发展迅速,全省商品刺参总产量近 2 万吨,扶持建设海参精深加工生产线 7 条。完善水产苗种生产管理体系,新增省级水产良种场 4 家、国家级原种场 1 家。

2. 海洋捕捞 远洋渔业产业发展实现新突破。全年新增远洋渔业企业 9 家;新增外派远洋渔船 81 艘,成为全省远洋渔业新增外派渔船最多的一年;全省外派远洋渔船达 276 艘,占全国近 1/8。全年全省海洋捕捞(含远洋)产量 213.88 万吨,同比增长 1.82%。

3. 水产品加工 全年实现水产加工产值约 500 亿元,产值亿元以上企业突破 100 家,产值超 10 亿元企业达 10 家。东山县海魁水产集团有限公司、福建腾新食品股份有限公司成功上市。2012 年水产品加工产值 546.81 亿元,同比增长 19.34%。

4. 水产品质量监管 完善水产品质量安全检测体系。水产品质量安全水平保持稳定,产地水产品监督抽查合格率 98.6%,连续 6 年保持 97% 以上;全省 9 类水产品、26 家养殖企业纳入水产品质量安全追溯体系,追溯试点覆盖所有设区市。

5. 外向型渔业 持续推进合作平台建设。承办了第十届"6·18"国家海洋主办馆相关活动。精心布置了海洋科技成果展并举办了海洋与渔业科技成果推介会暨项目签约仪式,期间并推出科研成果 230 项、行业关键技术难题 56 项、企业技术需求 45 项,供各地常年开展项目成果对接使用。本届"6·18"成效显著,共对接项目 83 个,总投资约 20 亿元,比上年高出 4.4 亿元。水产品出口额 47.8 亿美元,同比增长 17.8%,占全省农产品出口总额的 63.2%。

6. 科技推广 围绕重点领域积极开展科技自主创新,继续实施水产种业创新和产业化工程,石斑鱼、罗非鱼种业创新与产业化工程项目,组织实施"中国南方刺参养殖产业化关键技术集成与示范"项目,推动刺参养殖产业的发展。渔业科研项目有 5 项成果获福建省科技进步奖,2 项标准获福建省标准贡献奖。

渔业科技入户示范工程不断深入，培育 1 600 名科技示范户，辐射带动养殖户约 3 万户。"五新"推广工作有序开展，实施"五新"推广项目 19 项。

7. 防灾减灾 修订完善《福建省渔业防台风应急预案》、《福建省水生动物疫病应急预案》，增强了预案的科学性和可操作性。2012 年有效应对"苏拉"等热带风暴 12 个，组织渔业海难救助 50 起，成功救助遇险船员 492 人，挽回经济损失 7 257 万元；处置赤潮、水生病害等突发事件 21 起。渔业水域污染事故处置能力不断提升，全省 14 个渔业重点养殖水域规划、64 个县级养殖水域规划颁布实施；全省淡水重点养殖区域监视监测系统建设逐步推进。海洋渔业安全环境保障系统进入业务化运行，全省海洋渔业船舶自动识别管理系统（简称 AIS 系统）、应急指挥管理系统、渔业船舶数据管理系统顺利对接，有效提升海洋预警预报对海上渔船管理服务的效率。

8. 渔业安全管理 渔业生产安全方面，全省渔业水上安全事故主要指标实现连续 3 年大幅度下降，2012 年死亡失踪 11 人，同比下降 31.3%。制定下发渔业船舶水上事故调查处理工作意见，水上事故调查结案率 100%。全面推进渔船"小改大、木改钢"工作，完成渔船技术升级改造 72 艘，实施海洋渔船更新改造 17 艘。渔船安全生产标准化建设扎实推进，渔船覆盖率近 98.9%。

9. 渔政执法 基层执法力量得到加强，2012 年全省一线渔港监督机构已挂牌 47 家，人员到位 264 人；省海洋与渔业执法总队新增高级船员编制 51 名。伏季休渔政策有效落实，结合渔业专属经济区巡航检查、"护渔 2012"执法行动等，加强对辖区海域的巡逻检查；与广东、浙江渔业执法机构组织联合执法，确保不发生影响海区休渔事件。切实加强水产养殖执法，药残超标案件的查处率达到 100%。敏感海域渔船管控全面加强，充分利用 AIS 系统监控平台，落实渔船管控措施，密切关注渔船动态，同时加强海上日常巡查，开展敏感水域常态化巡航执法，避免引发涉外事件，保护渔民群众人身财产安全。

【重点渔业市（县、区）基本情况】

福建省重点渔业市（县、区）基本情况

市（县、区）	渔业产值（万元）	水产品产量（吨）	其中				养殖面积（公顷）	其中	
			海洋捕捞（含远洋）	海水养殖	内陆捕捞	内陆养殖		海水	内陆
福清市	717 117.1	354 113	20 907	246 759	100	86 347	18 995	13 538	5 457
平潭县	501 434.4	395 707	197 373	198 112		222	4 683	4 595	88
连江县	1 431 637.0	762 778	298 558	458 146	545	5 529	15 680	15 251	429
秀屿区	339 716.7	420 880	75 120	344 542	527	691	10 073	9 751	322
霞浦县	551 983.2	326 295	99 276	226 632		387	17 617	17 427	190
惠安县	288 716.1	230 928	114 776	115 123	458	571	3 591	3 286	305
石狮市	345 724.7	378 668	345 985	32 389		294	1 187	1 153	34
龙海市	434 442.2	366 604	112 653	154 608	5167	94 176	9 180	4 641	4 539
漳浦县	447 833.5	357 762	60 400	249 231	3 955	44 176	16 859	13 623	3 236
东山县	418 292.6	320 406	152 184	158 859		9 363	7 449	6 955	494

【大事记】

［1］8 月 8 日，福建省海洋渔业船舶自动识别管理系统（简称 AIS 系统）通过专家评审验收。

［2］9 月 15 日，2012 海峡（福州）渔业周暨第七届海峡（福州）渔博会在福州开幕。渔业周期间，共有 30 家水产企业与 38 家境内外企业及高等院校、科研院所签订渔业合作重点项目，签约金额首次突破百亿大关，达 102.7 亿元。

［3］9 月 16 日，以"养护海洋渔业资源，共建和谐海峡两岸"为主题的海峡两岸渔业资源增殖放流活动在福州海事局马江处举行启动仪式。

［4］东山县海魁水产集团有限公司、福建腾新食品股份有限公司上市。

（福建省海洋与渔业厅）

江西省渔业

【概况】 2012 年，江西省渔业部门在各级党委、政府正确领导下，在农业部渔业局大力支持下，全方位融入鄱阳湖生态经济区建设，大力推进现代渔业建设，不断提升渔业生态安全、水产品质量安全和渔业生产安全，切实转变渔业发展方式，全省渔业经济保持了持续稳定健康的发展态势。突出表现为：全省渔业经济总产值717.25亿元，同比增加116.45亿元，增幅19.38%；水产品总量237万吨，同比增加14.19万吨，增幅6.4%；水产养殖面积43.21万公顷，同比扩大0.39万公顷；渔民人均纯收入9 513元，同比增加1 080元，增幅12.8%；水产品自营出口额达3.39亿美元，同比增长34%，超历史最高水平，提前3年完成"十二五"渔业发展规划；争取中央和省级财政强渔惠渔资金突破5亿元；2012年5月25日，江西省第十一届人大常委会第三十一次会议表决通过《江西省渔业条例》，于2012年7月1日正式实施。

1. 水产养殖

(1)渔业现代化建设。2012年，全省连续第五年开展中央财政支持现代渔业项目建设，争取中央扶持资金1亿元，整合地方财政各类支农配套资金0.53亿元，项目建设单位自筹0.73亿元，在35个县(市、区)改造标准化池塘3 640公顷，改扩建规模化良种繁殖场12个。项目的实施对促进全省水产业的健康稳定发展、渔业现代化建设、提高水产品质量安全水平、保护生态环境、增加渔民收入发挥了重要作用。

(2)"菜篮子"水产项目建设。为推进渔业标准化健康养殖，提高抗御灾害能力，增强水产品综合生产能力和应急供应保障能力，确保项目取得实效，2012年争取到"菜篮子"项目资金1 000万元，共选择了40家规模较大、建设较规范、基础条件较好、积极性高的农业部水产健康养殖示范场参与建设，覆盖了全省11个设区市的36个县(市、区)，共有500余公顷池塘进行了清淤、整坡、进排水等关键技术的改造。示范场的建设，适应了当前水产业快速发展的需要，在保障水产品安全、防灾减灾、稳定水产品供给、增加农民收入和农村劳动力就业等方面起到了重要作用。

(3)水产健康养殖。一是与珠江水产科学研究所合作在全国率先开展草鱼出血病无规定疫区创建工作，以解决长期困扰我国水产品质量安全问题，从根本上改变疫病不可控的被动局面，为渔民增收、渔业增效及养殖产业可持续发展提供技术支撑。二是在新余仙女湖和武宁庐山西海试点碳汇渔业，引进唐启升、曹文宣院士进入现代农业示范园院士工作站，通过试点实现大湖不施肥、不投饵，进行"放牧式"养殖，以达到控制水质健康养殖的目的。三是新创建农业部水产健康养殖示范场82家，全省示范基地达到356家，总面积突破10万公顷，示范基地草鱼免疫率达到90%以上，水产健康养殖水平居全国前列。

2. 水产品流通与出口贸易

(1)价格指数平稳增长。2012年，江西各地水产品市场供应充足，水产品"三大价格"指数平稳增长，具体表现为：零售市场价格指数为110.13，同比上涨了10.13个百分点，批发市场价格指数为109.82，同比上涨了9.82个百分点，塘边起水价格指数为112.92，同比上涨了12.92个百分点，监测的所有品种全面上涨，这充分说明赣产主要水产品符合市场需求，以市场为导向的水产养殖品种和产业结构的调整给江西省内渔业生产者带来了实在的利益。

(2)省内外销量齐头并进。经对全省5个水产品批发市场和50个产地交易点的水产品流向调查，2012年江西省水产品外销量达115万吨，较上年增加10万多吨。

(3)水产品出口逆势上扬。全年自营出口额达3.39亿美元，同比增长34%，超历史最高水平，提前3年完成"十二五"渔业发展规划。省长鹿心社、副省长姚木根分别作出重要批示，农业部渔业局专门发来贺信，祝贺江西省水产品出口名列全国内陆省份前茅。

3. 渔业产业化 2012年，江西省渔业产业化发展按照"主攻加工、搞活流通、延伸服务"的方针，渔业产业化取得了长足发展。主要表现为：一是省级水产龙头企业、规模以上企业大幅增加。全省规模以上水产企业有410家，同比增加30家，省级以上龙头企业同比增加15家，达50家。二是渔业专业合作社快速发展，规模壮大。全省渔业专业合作社有420家，同比增加40家；全省合作社员户数达4.2万余户，同比增加4 000多户；带动农户达13.6万余户，同比增加2.1万户；销售额达70亿元，同比增加10亿元。三是水产品加工持续发展，附加值大幅提高。2012年全省水产品加工企业消耗鲜活水产品达58.25万吨，水产品加工率达24.58%，水产品加工总产值达170亿元，加工附加值提高1倍多。四是休闲渔业发展稳健。全省有水面3.3公顷以上的垂钓休闲渔业基地420个，水面约2万公顷，从事休闲渔业的人数达15万人，休闲渔业直接产值为20亿元，间接产值70亿元，从事休闲渔业增加的附加产值达8亿元。

4. 科技兴渔 依托科研项目的实施，继续围绕科研工作主题，争取项目，研发产业关键技术。一是继续承担了"国家大宗淡水鱼类产业技术体系"专项、农业部农业行业公益专项"珍珠"、"小龙虾"、"养殖工程研究"等项目、农业部948"淡水鱼糜研究"项目和鮰鱼联合育种项目，新增稻田综合种养新型模式与技术示范推广及江西省草鱼出血病无规定疫区的建设项目。二是依托科研项目,建立了1项技术及6个品种的现代水产产业技术体系,新聘了7名首席专家及1名院士,组建了7个专家组共计100余人的团队,联系了7个省级龙头企业的30个养殖加工基地。三是承办院士专家江西行活动,举办发展现代渔业专题研讨会,促进草鱼出血病无规定疫区建设,提升产业竞争力。四是3月28日,由中国水产科学研究院和省农业厅共同主办的中国渔业科技促进年暨百人专家团科技下乡活动启动仪式在南昌举行,农业部副部长张桃林和省政府副省长姚木根出席了此次活动。

5.科技服务 2012年是渔业科技促进年,全省以科学发展观为指导,以新技术、新成果推广为切入口,普及现代渔业科技知识;以新型农民培训为平台,增强农民的就业创新能力。大力实施科教兴渔战略,全面推进科技入户,引导养殖者转变观念,提高科学养殖水平,提升科技对现代渔业建设的支撑保障能力。一是开展了“百期、千人、万户”大培训行动。举办百期渔业产业技术培训班,培训上万户养殖农民,全年共免费赠送各类养殖技术资料2万余份。二是开展了六大产业关键技术科技大巡回行动。组织6个科研项目的课题组成员,在项目示范基地县、市开展为期30天的巡回指导大行动,着力解决制约克氏原螯虾、珍珠、黄鳝、河蟹、大宗淡水鱼、稻田综合种养等产业发展的技术瓶颈,提升产业科技水平。三是举办5期企业沙龙活动。为鳗鱼、河蟹、鮰鱼、鲟鱼等产业的企业、科研、教育、推广部门搭建平台,促进产业各部门大协作,共同提升产业整体水平。四是开展基层渔技人员素质提升大行动,组织全省基层渔技人员开展2期300人的培训。

6.水产品质量 2012年,全省水产品质量安全总体情况良好。一是2012年,农业部渔业产品质量监督检验测试中心先后2次对江西省产地水产品进行了抽检,共抽检5个品种(鳗鲡、鳜鱼、黄鳝、草鱼、鲫鱼)120个批次,合格率为99.17%。二是依照《江西省省级水产原良种场资格验收办法》,批准了17家企业获得省级水产良种场资格,使省级以上原(良)种场达到29家。三是进行替代孔雀石绿药物试验,宣传禁用药物的危害,推广水产新药的使用,并向各地赠送了价值3万余元的孔雀石绿药物替代。四是完善了水产品监督抽查数据库、苗种生产单位数据库,录入近600个养殖单位。五是加强产地水产品药物残留监督抽查工作,杜绝在养殖生产过程中使用禁用药物及非法添加物,分别于3月、5月对全省水产养殖场、户进行监督检查,查看生产记录、投入品的使用情况。

7.渔业资源保护

(1)禁渔期制度实施工作。为促进生态文明建设,养护长江及珠江流域生物资源,预防和查处禁渔期渔业违法违规行为,巩固禁渔10年来的成果,实现渔业资源的可持续利用,3月18日和28日,省政府分别在南昌市和赣州市寻乌县举行了“江西省2012年鄱阳湖及长江江西段禁渔暨增殖放流、渔政执法检查启动仪式”和“江西省2012年珠江流域禁渔暨增殖放流启动仪式”。全年各级政府和渔政部门共出动宣传车、船120余次;张贴散发禁渔通告2万余份,刷写标语5 000余条;电视、电台播报新闻80余次;报刊刊登新闻稿件50余篇。禁渔期间各级渔政部门共组织开展渔业执法统一行动139次,查处偷捕渔船35艘,收缴销毁有害渔具3 000部,有效维护了禁渔期秩序。

(2)增殖放流工作。一是各级投入增加。农业部渔业局支持江西省增殖放流经费1 700万元,省财政配套100万元,各项目所在市、县财政配套资金600余万元,加上社会各界赞助经费约600万元,全年全省增殖放流经费达3 000万元以上。二是放流数量增加,种类增多。以“四大家鱼”为主的经济鱼类苗种达15亿尾,大鲵、胭脂鱼、棘胸蛙等珍稀物种达164万尾。三是增殖放流活动进一步规范,为此专门制定了《江西省增殖放流项目绩效考评办法》,实施增殖放流项目化运作并实行绩效考评制度。

(3)水产种质资源保护区建设工作。2012年,各级渔业行政主管部门对水生生物资源养护工作予以了高度重视,并进一步加以推进。经省水产种质资源保护区评审委员会评审,批准设立了赣江峡江段四大家鱼、鳡省级水产种质资源保护区;12月《中华人民共和国农业部公告》(第1873号)公布赣江峡江段四大家鱼水产种质资源保护区、琴江河细鳞斜颌鲴水产种质资源保护区、上犹江特有鱼类水产种质资源保护区和东江源平胸龟水产种质资源保护区为国家级水产种质资源保护区。此外江西省铜鼓棘胸蛙、鄱阳湖鲤鲫鱼产卵场和鄱阳湖银鱼产卵场三家省级自然保护区已通过省自然保护区评审委员会评审,报省政府待批。

8.《江西省渔业条例》颁布实施 为进一步加强渔业资源的保护、增殖、开发和合理利用,规范渔业生产和管理,促进渔业可持续发展,经过多年探索,多方征求意见及多次修改,《江西省渔业条例》于2012年5月25日江西省十一届人大常委会第三十一次会议表决通过,7月1日正式实施。《条例》首次提出稳定基本养殖水域面积理念、按照水产养殖规划控制投饵、养殖容量等新举措。《条例》还对进一步推动水产养殖业的健康发展,捕捞强度控制,捕捞许可的管理,渔业资源的增殖和保护,渔业可持续发展及保障水产品质量安全等问题作了有关具体规定。《条例》的实施对保护渔业资源、合理控制捕捞、维护渔业生产者的合法权益、发展水产品健康养殖、保护渔业水域生态环境将发挥积极作用。

【重点渔业县(市)基本情况】

江西省重点渔业县(市)基本情况

市(区、县)	渔业产值(万元)	水产品产量(吨)	其中		养殖面积(公顷)
			捕捞	养殖	
鄱阳县	670 425.9	156 383	22 722	133 661	469 311
余干县	480 367.86	135 080	16 080	119 000	412 620
南昌县	527 076.25	129 398	17 212	112 186	175 032
进贤县	396 791.48	115 936	25 256	90 680	460 395
丰城市	200 837	95 695	5 288	90 407	240 000
新建县	258 030.75	77 878	12 734	65 144	120 000
都昌县	229 047	76 890	18 707	58 183	192 728
九江县	165 200	48 408	2 307	46 101	196 248
彭泽县	89 421	48 000	3 435	44 565	117 000
高安市	96 509	45 534	7 047	38 487	112 730

【大事记】

[1]1月31日,人民日报头版文章《三年间出口总量从中部地区垫底到跃居前列——江西出口这样赶超》将江西水产品出口作为江西外贸出口的亮点专门报道。

[2]3月20日,江西省2012年鄱阳湖及长江江西段禁渔暨增殖放流、渔政执法检查启动仪式在南昌举行。省政府副省长姚木根出席并宣布仪式启动,省农业厅党委书记、厅长甘良淼在仪式上讲话并就2012年全省禁渔及增值放流工作进行部署。

[3]3月27日,农业部渔业局局长赵兴武来到南昌市鄱阳湖农牧渔产业发展有限公司及江西省国旺集团进行视察在建的淡水水产品物流中心及现代渔业标准化养殖池塘改造基地。

[4]3月28日,农业部副部长张桃林和江西省副省长姚木根出席由中国水产科学研究院和省农业厅共同主办的中国渔业科技促进年暨百人专家团科技下乡活动启动仪式,并前往永修县三角乡西湖水产场实地考察渔业养殖工作。

[5]7月1日,《江西省渔业条例》正式实施,该《条例》于5月25日由江西省第十一届人民代表大会常务委员会第三十一次会议通过。

[6]7月19日,江西省水产标准化技术委员会成立暨第一次委员会会议在南昌召开。会议审议通过了《标委会章程》、《标委会秘书处工作细则》等文件。

[7]10月31日,省政府副省长姚木根到宁都县鑫鸿水产田头"四大家鱼"良种场实地察看良种场各种生产设施,了解良种场生产经营状况,并要求良种场负责同志再接再厉,继续搞好良种生产与经营,在搞好"四大家鱼"良种繁育和推广的基础上,适当增加新产品,提高经济效益,增强良种市场供应能力,为促进农业和农村经济发展做出更大贡献。

[8]11月18日,2012中国·南昌"军山湖杯"第十一届鄱阳湖螃蟹节暨江西·进贤(北京)招商推介会新闻发布会在北京人民大会堂举行。

[9]12月6~9日,由江西省人民政府主办,江西省农业厅承办的第八届江西名优农产品(上海)展示展销会在上海国际农展中心举办,展会特别设立"鄱阳湖"水产展区,展会期间,现场交易额达到169.7万元,签订产品销售合同5个、金额3 032万元,达成产品购销意向协议2个、金额9 215万元。

(江西省渔业局)

山东省渔业

【概况】 2012年,山东省渔业系统以科学发展观为指导,紧紧把握稳中求进的工作总基调,全力服务山东半岛蓝色经济区和黄色三角区高效生态经济区建设,加速推进现代渔业转型升级,全省渔业经济保持了健康稳定发展态势。全省水产品总产量841.9万吨,比上年增长3.4%;其中,海水产品686.1万吨,淡水产品155.8万吨，同比分别增长3.2%和4.5%。全省渔业经济总产值3 153.9亿元，比上年增长17.8%；其中，渔业产值1 267.1亿元（不含远洋渔业），同比增长19.75%。渔业产值占农林牧渔业总产值的比重为15.9%，比上年提高了1.18个百分点。渔业工业和建筑业产值1 049.1亿元，增加值342.3亿元，同比分别增长14.0%和8.5%。渔业流通和服务业产值757.8亿元，增加值342.3亿元，同比分别增长8.5%和12.9%。水产品出口48.6亿美元，比上年下降0.6%；渔民人均纯收入1.25万元，比上年增长9.8%。

1.政策研究 全省系统启动了7个渔业软科学课题研究，鼓励和引导各地把渔业重大问题调研纳入经济社会工作全局。山东省政府研究室与山东省海洋与渔业厅联合开展了建设现代渔业重大问题调研，进一步理清了“四化同步”背景下山东省现代渔业发展的基本思路、目标任务、战略重点和政策措施。各市围绕现代渔业园区建设、渔船整治等热点、难点问题开展研究，提出了许多有重要价值的成果，多项成果纳入上级部门和当地市委、市政府决策，提升了渔业工作的地位和作用。创建省级现代渔业园区、建设黄河三角洲国家生态渔业基地等研究成果进入了山东省委、省政府领导决策部署，进一步优化了全省渔业发展政策环境。

2.现代渔业建设 积极探索用工业化模式发展渔业，像建设工业园区一样建设现代渔业园区，打造规模化、标准化、产业化现代渔业发展高地和亮点。现代渔业园区建设取得了突破性进展，省海洋与渔业厅会同省发改委、财政厅出台了一系列创建现代渔业园区的规划和政策措施，创立了省级现代渔业园区单体规划制度，为保护渔业发展空间，提升渔业发展水平，打造有竞争力的现代渔业聚集区创造了良好的政策环境。全省共命名66家规模大、标准高、具有引领示范作用的省级现代渔业园区。东营、滨州、菏泽等地规划建设了一批0.67万公顷以上的特大园区。积极推进水产品健康养殖，新建69处国家级和81处省级健康养殖示范场，新增健康养殖面积6.5万公顷；全省健康养殖示范场累计达到384处，养殖面积16.77万公顷，健康养殖示范规模提高到养殖总量的25%以上。加大渔民专业合作社建设力度，全省渔民合作社发展到864家，成员6.4万人，分别比上年增长27%和163%。大力发展休闲渔业，促进了渔业与文化旅游产业融合发展。组织开展以好客山东休闲汇“相约海洋，渔乐无限”为主题的系列活动，主题活动获省政府2012年“好客山东休闲汇优秀专题休闲活动奖”；全省17市共举办150多项有影响、有规模的海洋与渔业专题休闲活动，取得了良好效果。

3.资源修复 成功组织开展了海湖河联动增殖放流系列活动，推进渔业资源修复从海洋向内陆水域、从农村水域向城市水域拓展，全省共放流重要水生生物苗种58.2亿尾（只、粒），促进了生态平衡、渔民增收。其中，海洋增殖资源秋汛回捕产量4.1万吨，产值19.9亿元，分别比上年增长10%和12.4%；省级淡水放流计划扩大到全省十大库、两大湖泊、一大河流，放流淡水鱼类苗种1.2亿尾，年回捕产量超过5万吨，产值4亿元。新选划建立了6处国家级、10处省级水产种质资源保护区，全省保护区总量达到64处，面积34.15万公顷。人工鱼礁建设势头迅猛，省扶持项目计划总投资2.2亿元，其中省级以上财政扶持6 530万元，比上年分别增长5%和5.2%。新上财政扶持项目17个，在建项目达到32个，示范带动全省165处人工鱼礁建设，总建设规模达950万空立方米，用海面积1.5万公顷。全省各地组织开展了丰富多彩的放鱼节活动，广泛宣传水生生物资源养护和水域生态理念。济宁、枣庄、泰安等地认真做好南水北调沿线渔业养殖污染防控，共清理拆除了非养殖区养殖网箱、网围1.386万公顷，改造养殖区内投饵性网箱、网围0.632万公顷，基本完成了投饵性网箱网围清理改造；清理改造后的养殖区基本达到三类水质标准，为南水北调工程“一泓清水北上”做出了突出贡献。

4.水产品质量安全 着力完善水产品质量监管体系，品牌渔业影响力和市场占有率进一步提高。加强水产品质量安全监管，推进省级水产品质量安全示范县创建，健全基层监管网络，强化监管责任，规范监管程序，省级以上共监督抽检水产样品1 891个，产地产品合格率为97.6%。探索开展海参质量追溯试点，建设省、市、县三级质量信息追溯管理平台和企业信息采集平台，取得了阶段性成果。启动重点养殖品种药物残留代谢试验，努力防控养殖过程质量风险。围绕优势主导水产品种，新制定省地方渔业标准23项，全省地方渔业标准已达210余项。累计认定无公害水产品1 401个、无公害产地680个，认证地理标志登记保护产品24个，渔业标准化建设、“三品”认证、健康养殖示范场区和贝类划型面积达30万公顷，数量和面积均居全国首位。在新加坡和北京分别举办了“山东十大渔业品牌”推介活动，进一步扩大了品牌渔业的影响力。积极应对国际市场消费需求不足影响，多方位促进水产品出口，保持了水产品对外贸易的稳定增长。

5.远洋渔业 加强远洋渔船更新改造，远洋渔业呈现跨越发展态势。大力实施渔业“走出去”战略，远洋渔船装备水平、作业空间和冷链建设等方面即将实现新的重大突破。自2011年到2012年底,农业部批准山东省建造专业远洋渔船284艘,总投资达52亿元,渔船类型从过洋性单拖网、中小型鱿鱼钓向大型金枪鱼围网、大型拖网加工、金枪鱼延绳钓、专业鱿鱼钓等现代化远洋渔船转变。全省具有农业部远洋渔业资格的企业占全国的1/5,从事远洋渔业生产的渔船占全国的1/3,赴朝鲜东部海域作业渔船占全国的72%。远洋渔船装备水平显著提升,代表世界先进水平的远洋秋刀鱼渔船建成下水。积极拓展远洋渔业发展空间,开辟了4个新的作业渔场,新成立5家境外渔业合资企业。金枪鱼超低温储存能力已达4.7万吨,占全国75%。全省境外作业渔船达1 300余艘,其中专业远洋渔船400艘,总功率34万千瓦,总吨位28万吨,建成国内规模最大、装备水平最先进的远洋秋刀鱼生产船队、公海作业大型单拖网船队和金枪鱼生产船队,综合实力跃居全国首位。

6. 科技兴渔 抢抓政策机遇,科技创新和渔业技术推广取得重要成果。财政部和国家海洋局从2012年起,在山东等沿海四省开展海洋经济创新发展区域示范,安排山东省2012年度财政资金2.6亿元,支持海洋生物等战略性新兴产业发展。山东省承担的5个国家海洋公益性重大科研项目全面启动,安排专项经费1亿元。科技平台建设取得新进展,山东省健康养殖工程技术研究中心等获批建设,组建了省现代农业产业技术体系刺参创新团队,全省省部级以上的工程技术研究中心已达15个、重点实验室39个,为渔业科技创新提供了有力支撑。在全省83个县启动实施了基层渔技推广体系改革与建设项目,覆盖了全省80%以上水产养殖区域,提升了科技服务能力和质量。组织开展渔业科技促进年活动,在全省推广20个主导品种和8项主推技术,辐射推广养殖面积13万公顷,科技入户核心示范区优质苗种覆盖率达100%,示范区养殖效益明显提高。积极组织科研攻关,国家海洋公益性专项、良种工程等一批重大项目顺利通过验收,在生态修复、良种选育、养殖新模式等领域取得了一批优秀成果,有60项获得市级以上科技奖励,为现代渔业发展提供了技术储备。

7. 渔船专项整治 省政府确定2012年为全省渔船专项整治年。全省渔业系统上下迎难而上,扎实工作,全力开展以"三无"渔船、渔船标识、异地挂靠渔船和涉外违规渔船为重点的专项整治行动。建立实施了渔船购建预审、跨省流转渔船总量平衡、违规渔船黑名单等渔船管理制度,制定出台了20多项政策性文件,专项整治取得重要阶段性成果。全省共查出"三无"渔船8 798艘,已纳入管理6 420艘。全部完成了4 435艘钢质渔船专用标识船名号刷写工作,制作完成了2.4万余艘渔船的船名牌,开始全面发放安装。共清理出异地挂靠渔船1 770艘。确立了制造渔船、跨省购置渔船预审批制度,强化捕捞许可管理,渔船年审率达100%。与省安监局联合开展文明渔港创建活动,全省有7座渔港获得"省级文明渔港"称号。

8. 渔业执法 强化组织领导,健全完善制度,实行联合执法,加大海陆检查,共查处违规渔船437艘,伏季休渔秩序为历年最好。伏休期间强化对朝鲜东部海域作业渔船和涉韩渔船电子监控,加大对违规越界捕捞行为的打击力度,维护了涉外渔业生产秩序。组织开展了两次为期一个半月的以打击"三无"、套牌、非捕捞渔船违规出海作业行为为重点的"护渔2012"海上专项执法行动,查处违规船868艘次。根据国家统一部署,派出渔政船和执法人员赴钓鱼岛参加巡航执法行动,为维护我国海洋权益做出了贡献。扎实开展"安全生产基层基础强化年"活动,异常天气下提前预警、提前防范,向省外、省内派出协调督导组,全力做好防范工作。积极应对台风"布拉万"、"达维"等海洋自然灾害,及时做好观测预报和应急处置,全年共组织救援57起,救助渔民525人,救助渔船140艘,挽回直接经济损失2 915万元,保持了全省渔业安全形势稳定。努力开拓渔业互保工作,全省参保渔民10.8万人,参保渔船6 393艘。

9. 法制建设 组织开展"行政程序年"活动,制定出台《山东省海洋与渔业厅规范性文件制定程序规定》等配套文件,组织《行政强制法》和《山东省行政程序规定》知识竞赛答题、专题培训,进一步增强了系统上下行政执法程序意识,提高了规范化执法水平。积极推进《山东省渔业港口和渔业船舶管理办法》立法,该《办法》列入省政府二类立法项目。加快《山东省国有渔业养殖水域滩涂提前收回补偿计算方法》制定工作,实现了渔业管理制度创新。认真做好省级行政处罚行政征收事项的梳理工作,总共梳理行政处罚事项205项,行政征收事项11项。加快信息化建设步伐,全省渔业信息网络平台建成运行,渔船管理、公文传输、水产品质量追溯等管理服务系统开始运转,为全省渔业信息化管理提供了重要支撑。宣传工作力度加大,全年共组织各类宣传采访活动20余次,制作视频宣传片3部,省级以上主流媒体发稿400余条,其中,中央媒体发表有较大影响的稿件数量有明显提升,新闻报道的深度和强度不断扩大,营造了渔业发展的良好舆论氛围。

10. 渔业发展中的问题 一是渔业经济结构性矛盾仍较突出。受欧债危机影响,全省远洋渔业、水产品对外贸易受到阻碍。渔业生产经营进入新的高投入、高成本阶段,提高渔业比较效益、保护渔民生产积极性、增加渔民收入难度加大。二是资源环境压力依然很大。近海渔业资源严重衰退的态势短期内难以根本扭转,突发性的水生环境事件和灾害以及由此引发的各种社会矛盾增多。三是渔业领域社会管理问题仍然繁重。基础设施投入欠账大,公共服务体系建设滞后。"三无"渔船数量多、范围广,渔船船证不符问题突出,跨省经营渔船清理难度大。渔民组织化程度还不够高,水产品质量安全管理难度大,科技支撑能力不足。

【重点渔业市(县)基本情况】

山东省重点渔业市(县)基本情况

市(区、县)	渔业产值(万元)	水产品产量(吨)	其中			养殖面积(公顷)	其中	
			海洋捕捞	海水养殖	内陆养殖		海水	内陆
荣成市	1 418 434	1 122 922	454 762	655 092	13 068	34 802	34 047	755
胶南市	566 152	310 620	65 658	236 980	7 982	10 754	8 474	2 280
长岛县	565 808	387 325	123 064	264 261		53 330	53 330	
文登市	372 368	375 269	134 447	220 570	20 252	13 895	10 726	3 169
即墨市	353 010	297 894	65 048	230 847	1 999	13 253	12 079	1 174
乳山市	342 495	348 847	56 394	285 963	6 490	9 410	8 990	420
环翠区	342 056	335 121	116 356	218 765		9 200	9 200	
海阳市	328 855	323 163	122 865	196 498	3 800	13 556	12 424	1 132
莱州市	314 199	328 229	125 963	201 244	1 022	42 927	41 804	1 123
蓬莱市	306 015	325 239	164 579	160 010	650	8 473	7 595	878

【大事记】

[1]3月9日,省政府印发《关于加强渔船管理保障渔业安全生产的意见》,在全省部署开展以"三无"渔船、渔船标识、异地挂靠渔船和涉外渔船整治为重点的渔船专项整治行动。

省海洋与渔业厅、省发改委、省财政厅联合印发《关于创建现代渔业园区的实施意见》,在全国率先开展省级现代渔业园区建设。作为现代渔业发展的总抓手,年内,全省编制实施了省级现代渔业园区建设规划,印发了省级现代渔业园区单体规划编制规程和省级现代渔业园区管理暂行办法,确定了第一批省级现代渔业园区66个。省政府召开工作会会议,专题研究部署,要求各级政府加强组织领导,完善扶持政策,强化督查考核,确保现代渔业园区建设稳步推进。

[2]6月25日,省海洋与渔业厅与省统计局联合举办新闻通报会,向社会公布渔业养殖设施、渔船、渔港、渔业企业、水产品批发市场、渔业从业人员等六大类渔业基础信息数据普查成果,为全省各级政府制定现代渔业发展宏观布局、产业发展规划、产业发展政策等提供了科学依据。

[3]10月22日,山东省海洋经济创新发展区域示范实施方案获国家批准,当年中央财政资金投入2.6亿元。示范创新以海洋生物高效健康养殖为主体,以海洋生物医药与制品为补充,以海洋装备和平台建设为支撑的协同创新、集聚发展、产学研用一体化的海洋经济发展新模式。

[4]2012年,在全省启动实施基层渔业技术推广体系改革与建设项目。中央财政扶持专项资金2 000万元,在80个渔业重点县实施,主推20个主导品种和8项技术,计划建设示范基地80处,培育科技示范户1万户,辐射带动养殖户8万户以上,同时开展宣传培训、技术下乡和科技合作,为现代渔业建设提供支撑保障。

(山东省海洋与渔业厅 尤 强)

河南省渔业

【概况】 2012年,全省水产系统广大干部职工深入贯彻落实科学发展观,认真执行省委、省政府的决策部署,用好各项支渔惠渔政策,同心协力,真抓实干,促进了水产业平稳健康发展。全省水产品总产量达到109.7万吨,比上年增加6.8万吨,增长6.6%;水产行业总产值达到210亿元,比上年增加25.9亿元,增长14.1%;渔民人均纯收入达到9 823元,比上年增加520元,增长5.6%,实现了水产品安全有效供给目标。

1. 积极开展高产池塘创建和低产池塘改造　为进一步提高水产品综合生产能力，夯实水产业发展基础，省里选择了郑州、开封、洛阳、新乡等沿黄基础设施较好的地区，开展高产池塘创建；选择信阳、驻马店、周口等豫东南基础设施薄弱的区域，开展低产池塘改造。各地结合自身发展实际，充分利用无公害基地建设、健康养殖示范场创建和"菜篮子"等项目资金，因地制宜开展工作，取得了较大成绩。如郑州、开封利用黄河滩区资源丰富的有利条件，加大政策扶持和招商引资力度，积极开展现代水产园区规划和建设，已建成或正在建设的高起点、高标准的鱼池达万余公顷。据统计，2012 年全省新建鱼池 0.4 万公顷，改造鱼池 1.56 万公顷。

2. 实施健康养殖示范场创建和"菜篮子"项目　一是深入开展农业部水产健康养殖示范场创建活动。全省申报的第七批农业部水产健康养殖示范场 64 家，有 51 家通过验收。组织开展对农业部第三、四批 26 家水产健康养殖示范场复查，24 家复查合格。二是开展"菜篮子"工程建设。2012 年中央继续投资河南"菜篮子"生产项目，按照《河南省农业厅、河南省财政厅关于做好 2012 年"菜篮子"产品生产扶持项目验收考核有关工作的通知》要求，结合各地水产品消费需求和水产业发展实际，省农业厅确定了 44 个备选项目，经与省财政厅协商，抽调财务、工程、水产等方面专家组成 4 个考核验收小组，对 44 个"菜篮子"水产品生产项目进行了验收，36 个验收合格。另外，参与编制了《河南省人民政府办公厅关于统筹推进新一轮"菜篮子"工程建设实施的意见》。

3. 加快水产原(良)种体系建设　一是进一步加强水产原(良)种场管理，促进水产种业健康发展。根据农业部《关于组织开展水产原(良)种场基本信息统计工作的通知》要求，组织各省辖市水产主管部门开展水产原(良)种场调查摸底。调查了 15 家省级良种场自身建设情况，包括生产设施情况、技术人员数量、亲本保存数量、生产能力、销售数量、年生产苗种情况等。二是申报了民权县河蟹养殖中心水产良种场、汝南县华跃水产养殖有限公司水产良种场、荥阳市河南省康源生态渔业有限公司水产良种场等 3 个水产良种工程。三是组织有关专家评审增补了镇平康苑鳖业有限责任公司、宿鸭湖生态养殖股份有限公司等 5 家为省级水产原良种场。四是组织督促检查农业部 2006—2011 年对河南投资建设的固始青虾原种场、潢川中华鳖原种场、镇平县康苑鳖业有限责任公司"黄河鳖"原种场扩建、南阳市卧龙区冢岗庙水库水产苗种繁育场建设、潢川县黄湖农场水产良种场繁育场建设、河南省黄河鲇良种场建设等 6 家水产良种场项目。

4. 大力推动渔业科技推广工作

(1)扎实开展"渔业科技促进年"活动。2012 年全省坚持创新渔业科技服务机制，推广应用渔业先进适用技术，着力推进渔业科技进塘、入场、到户。一是根据本省实际制订下发了《河南省渔业科技促进年活动实施方案》，对活动进行具体安排；二是成立了全省渔业科技促进年活动技术指导小组，提供技术支撑；三是遴选确定发布全省推广 10 个养殖主导品种和 10 项主推技术；四是协助中国水产学会在延津县开展"深入一线，服务基层，为百姓谋福，为党旗添彩"活动；五是组织人员开展渔业科技促进年活动督导调研。全省渔业科技年活动坚持与产业结构调整和产业化经营相结合，与培养乡、村技术人员相结合，与促进渔业增效、渔民增收相结合，以渔业专家、技术人员为主体，采取科技大篷车、科技大集等形式，多层次、多渠道开展科技下乡入户活动，受到了广大渔民的热烈欢迎，得到了农业部渔业局有关领导的肯定。

(2)稳步推进基层水产技术推广体系改革与建设补助项目。一是按照农业部渔业局部署和农业部办公厅、财政部办公厅《关于印发〈2012 年基层农业技术推广体系改革与建设实施指导意见〉的通知》精神，制定了《河南省 2012 年基层水产技术推广体系改革与建设项目实施方案》和《河南省 2012 年基层水产技术推广体系改革与建设项目绩效考评方案》；二是争取基层农技推广补助项目资金 1 775 万元，资金量位居全国同行业首位。按照水产技术推广体系比较健全、水产品产量较多等条件，择优选取 53 个水产养殖重点县实施项目。三是积极筹措资金，邀请河南师范大学、郑州牧业专科学校等单位专家教授，举办两期基层水产技术人员培训班，共培训人员 599 人。四是采取项目县自荐、省辖市推荐，省局综合评价方法，向农业部推荐 47 名水产专业人员参加农业部举办的全国万名农技推广骨干人才培养计划。五是组织开展项目延伸绩效评价工作，推进项目各项工作落到实处。六是组织淮阳、淮滨、尉氏、鲁山等县参加农业部举办的全国水产大县局长培训班。全省基层水产技术推广体系改革与建设项目实施进展顺利、操作规范，遴选技术指导员 599 人，科技示范户 5 969 个，建立试验示范基地 100 个，试验示范基地面积达 0.4 万公顷；上传中国农业推广网有关项目数据，上报信息 130 余条。统一制作了试验示范基地标牌、科技示范户门牌，印发了技术指导员手册和科技示范户手册，规范了项目实施工作。经综合评定，总体情况满意。通过基层水产技术推广补助项目的实施，有力推动了基层水产技术推广体系改革与建设,机构队伍得到了加强,推广机制得到了完善,技术推广工作得到了有力保障,调动了技术人员的工作积极性,培育了一大批水产科技示范户,建设了一批示范基地,提高了技术人员的业务素质和工作能力等。

(3)完成河南省渔业标准化调研统计工作。按照农业部部署,积极开展渔业标准化的调研统计工作。截止到年底,全省拥有渔业国家行业标准2项,地方标准48项,已制(修)订标准8项,积极申报标准2项;拥有国家级标准化示范区2个,面积467公顷;省级标准化示范区13个,面积0.4万公顷。提出的"加强水产标准化示范区调研"、"规范水产标准化示范区建设"等建议得到农业部渔业局和省农业厅及省质监局的肯定。

(4)积极争取阳光工程培训资金240万元,培训渔民4 000人,其中渔业船员1 200人、水产养殖技术员2 800人。

(5)完成全省水产技术推广机构人员和乡镇区域站特岗人员需求情况调研统计,为争取基层农技推广项目经费打下了良好基础。全省各类水产技术推广机构已达241个,其中省级站1个,市级站18个,县级站111个,乡镇站107个,区域站4个。全省乡镇和区域站农技推广机构特岗人员需求预计2013年为1 178人。

5.持续发展休闲渔业 一是开展全省休闲渔业情况调研统计。全省有各类休闲、观光、度假、垂钓渔业基地5 000多家,年产量11万吨,年收入10亿多元。基地面积大于6.7公顷的170个,面积3.4万公顷,年收入4.2亿元,年净利润1.5亿元,年接待游客350万人次。二是按照中国休闲垂钓协会要求,经考察评选择优确定济源市为《游钓中国》河南拍摄基地,并及时上报中国休闲垂钓协会,积极筹备择期开机拍摄。三是根据农业部办公厅《关于开展休闲渔业示范基地创建工作的通知》,组织各地申报国家级休闲渔业示范基地,经严格评选推荐,陆浑休闲渔业园区、驻马店市薄山湖鱼瑶度假村等5个休闲渔业基地获得国家休闲渔业示范基地称号。河南已成为获批国家休闲渔业示范基地最多的省份之一。

6.强化水产品质量安全监管 一是加强产地水产品监督检查,重点检查水域滩涂养殖证持证情况,水产苗种生产许可证持证情况,养殖生产记录、用药记录、销售记录,规范苗种的繁殖、孵化、养殖等操作过程,规范健康养殖技术操作过程,以提高广大渔业生产者水产品质量安全意识和法律法规意识,督促各地制定和落实行动方案。二是开展水产品抽检工作。2012年农业部委托河北省水产品质量检验检测站在省内开展2次抽检,共抽检样品70个,抽检品种有鲫鱼、草鱼、鲤鱼。在第一次抽检发现2个阳性样品氯霉素微量超标后,通过省水产局督导督查和渔政人员严格执法,对全省各地养殖者进一步规范要求,严格生产过程执行养殖标准,在下半年第二次重复抽检中达到全部合格。

7.加强水生生物资源养护工作 一是开展增殖放流活动。全年共开展水生生物增殖放流活动46次,共放流经济鱼类7 811万尾(条),投入放流资金2 680万元;放流大鲵1 700尾、黄缘闭壳龟250只,投入放流资金110万元。二是开展禁渔活动。4月1日至6月30日,全省境内黄河、淇河、汉江干支流河道、水库等天然水域开展禁渔活动,禁渔期间各地共出动宣传车450余次,张贴禁渔通告3 600余份,挂、贴禁渔标语3 100余幅,印发宣传资料2.8万余份,出动执法人员3 800余人次,执法车辆1 300余次,执法船艇130余艘次,共查处违法捕捞案件25起。三是开展水生野生动物保护科普宣传月活动。9月21日,"2012全国水生野生动物保护科普宣传月"在河南省的启动仪式在开封市龙亭景区与北京主会场同步进行,同时,郑州、洛阳、南阳、信阳等市同步举行了宣传活动。四是加强保护区建设和涉渔工程管理。根据农业部申报第六批国家级水产种质资源保护区的要求,结合本省2011—2020年水产种质资源保护区规划,组织水产、环保、水利、交通等方面的专家成立水产种质资源保护区评审委员会,评定小潢河中华鳖水产种质资源保护区、汝河黄颡鱼水产种质资源保护区为省级水产种质资源保护区。积极与有关部门和单位沟通协商,修改完善淇河鹤壁段淇河鲫鱼水产种质资源保护区的范围,与小潢河中华鳖水产种质资源保护区、汝河黄颡鱼水产种质资源保护区一起申报第六批国家级水产种质资源保护区。为加强水生生物自然保护区和水产种质资源保护区建设,减少涉渔工程对渔业资源、生态环境的破坏,按照有关法律法规和农业部的要求,积极开展涉渔工程评审和补偿工作。已审核批准三淅高速穿越西峡省级大鲵自然保护区和焦桐高速穿越黄河郑州段2个工程项目,西峡大鲵自然保护区涉渔工程赔偿已部分拨付到位。五是加强水生野生动物经营利用监管。根据农业部、公安部和海关总署的统一安排部署,各级渔政部门与当地公安、工商、林业等部门相互协调配合,加大执法监管力度,打击违法经营利用水生野生动物行为。同时开展全省水生野生动物驯养繁殖和经营利用基本情况调查,掌握第一手材料,2012年依法办理水生野生动物驯养繁殖和经营利用证件15个。

8.扎实推进平安渔业建设 一是组织安全生产

大检查。为全面贯彻《国务院办公厅关于加强渔业安全生产工作的通知》,落实农业部2012年安全生产检查活动方案,省水产局组织了多次全省范围的安全生产大检查,并督促各地按要求建立渔业安全生产责任制,制订渔业“安全生产年”活动方案,认真落实检查工作。对济源市以村为单位成立公司方便渔业部门渔船管理的模式进行了专门调研,并计划在全省其他条件适合的地区推广。二是开展渔船和船用产品检验。省局委托具有渔业船舶检验资质的郑州、洛阳、安阳、三门峡、商丘和信阳等渔船检验机构在完成本辖区内机动渔船检验的基础上,对没有渔船检验机构的其他省辖市机动渔船实施检验并发证,已完成3 810艘机动渔船检验工作。在技术力量较少的情况下,按照农业部渔业局要求,对所有船用产品厂家进行了摸底,对其质量保证体系、生产能力、生产场所、质检能力等进行了考察,对每批出厂的船用产品,均到现场进行试验。三是认真完成渔业油补资金发放工作。2012年河南省共补贴渔船4 041艘,功率59 694千瓦,平均每艘船补贴11 755元,每千瓦补贴795.7元。四是强化渔业互助保险。渔业互助保险130元/份,提供最高20万元的风险保障,为渔政人员和广大渔民增加一份安全保障,解除后顾之忧。全省已成立互保机构23个,培训业务人员100余人。2012年受理赔付10位渔民,金额达12.3万元。

9. 切实加强渔政队伍建设　2012年是渔政队伍建设年,在农业部渔政指挥中心的统一部署下,全省认真开展工作,着力提高渔政队伍素质和装备水平,切实保障渔业健康可持续发展。一是着力推进渔政机构整改。为加快渔政自收自支机构整改,省农业厅下发《关于加快渔政机构自收自支整改工作的督察函》,督促当地政府高度重视,对存在的问题尽快解决。二是加强培训。省农业厅水产局举办了一期渔政骨干和渔业执法文书培训班,集中培训渔业法律法规、执法程序,提高执法人员业务素质。三是规范渔政执法服装管理。为进一步加强全省渔政人员着装的统一管理,根据农业部关于2011式新渔政服装制作的有关精神,省农业厅水产局本着“统一规划、统一管理、统一制式”的原则,对全省渔政部门提出了制服制作的具体要求,指定了服饰的制作厂家,并要求没有渔政制服的单位要积极与当地财政部门沟通,做好渔政制服制作资金的筹措工作。四是组织参加全国渔政系统技能大比武活动。为规范渔业执法行为,做到执法程序规范、法律适用准确、裁量适当,在全省范围开展渔业执法案卷评审,选评出规范的渔业执法案卷报送农业部参加全国的评选。按照农业部渔业局要求,选派一名素质高、业务精的渔政人员参加黄河流域团队进行全国执法技能比武,并获先进个人。五是积极参加长江护渔行动。2012年是河南省加入长江流域渔业资源委员会后正式开展工作的第一年,除认真开展长江流域渔业基本情况的调查摸底外,还主动加强与长渔委办公室的联系沟通衔接,积极向长渔委领导汇报河南有关工作,取得他们的关注支持。长渔委对河南开展的工作给予充分肯定,首次选派2名渔政人员代表河南参加长江特编渔政执法船队上海至铜陵江段的统一执法检查行动,既开阔了视野,又锻炼了队伍,效果很好。

(河南省农业厅水产局)

湖北省渔业

【概况】　2012年,全省渔业以转变发展方式为主线,以现代渔业建设为主攻方向,围绕打造“双千亿”生态产业的目标,走“鱼池改造、加工带动、品牌增值、流通助力”发展之路,呈现出结构趋优、质效提升、活力增强、生机勃发的态势,主要经济指标实现大幅增长。全省淡水产品总产量388.9万吨,同比增加23.9万吨,增长6.5%;养殖面积68万公顷,同比增加1.3万公顷,增长2%;渔业产值626亿元,同比增加141亿元,增长29.1%;渔民人均纯收入9 585元,同比增加1 385元,增长16.89%;渔业经济增长速度创16年新高。

1. 产业发展

(1)渔业政策扶持。2012年共争取省级以上财政专项达58 980万元,同比增加5 783万元,增长10.9%。其中,省级财政安排支渔专项近9 000万元,安排中央现代农业资金1.04亿元用于现代渔业基地建设。部门预算取得历史性突破,省水产局新增项目支出预算686万元,其中局机关项目支出预算由十年不变的基数510万元增加到1 070万元,新增560万元,增幅109.8%。

(2)精养鱼池改造。各地抓住实施“四化同步”和湖北“黄金十年”重要战略机遇期,各地结合“三万”活动,大力推进池塘标准化改造,引导水面有序流转和集中连片开发,抓好基础设施配套,全省共计流转水面近2万公顷;新增塘堰养殖面积1.33万公顷;高标准改造精养鱼池2.67万公顷,平均增产40%;新增水产板块面积3.33万公顷,提高了规模化集约化水平。

(3)养殖结构调整。结合精养鱼池改造,推广“长丰鲢”、“全雄黄颡鱼”等十大新品种,普及“种青养鱼”、“虾稻连作”等十大生态模式。大力推广稻田综合种养技术,虾稻连作、稻鳅共生、稻鳖混养、“18221”

鱼鳖混养、两年段养鳝、虾蟹混养、种青养蟹、鳜鱼专养等高效养殖规模进一步扩大，新增名特优养殖面积3.33万公顷，达54万公顷，占全省总面积的78%。其中，新增河蟹、小龙虾、黄鳝、龟鳖、鲟鱼等5大名特优品种养殖面积2.67万公顷，增值10亿元；主导品种的"一鱼一产业"发展较快，产业链初步形成，市场占有率居全国前列。小龙虾、黄鳝产量占全国的50%以上。

(4)水产品牌建设。通过抓展会推介、构建产销战略合作联盟、新闻媒体集中强力宣传，湖北水产品市场占有率和美誉度不断攀升。全省现有中国驰名商标、湖北著名商标等省级以上水产知名品牌35个。在第十届农交会上，湖北名优水产品荣膺9个金奖，创历史之最，同时还获得最佳组织奖和最佳展位设计奖，成为湖北农业展团最大的亮点。在鄂台农业产业化合作洽谈会上，水产三大品牌供台合同总额达到4.2亿元。由湖北闽洪投资集团承办的首届"洪湖清水"螃蟹节成功举办，正式签约近5亿元，标志着水产展会市场化运作迈出了新步伐。第八届"梁子"牌梁子湖大河蟹文化节吸引项目投资和签订出口协议共计34.1亿元。"梁子"牌河蟹由过去的"提篮叫卖"变为"论只卖"，均价同比接近翻一番，实现了由"卖产品"向"卖品牌"的华丽转身，市场占有率迅速扩大。省委、省政府领导对水产品牌创建工作高度赞扬，省委办公厅在有关信息专报上专题刊发"多措并举唱响梁子牌，全力打造百亿元河蟹产业"，省委副书记张昌尔作了重要批示："顶层设计和推动，至关重要。今年的效果令人鼓舞，望深入总结，举一反三，把打造优势农产品品牌作为一件大事常抓不懈"。

(5)水产品加工增殖。全力推动优势产品向重点基地集中、基地生产与龙头企业配套，带动龙头企业向加工园区聚集，做大产业集群。不断优化加工业发展环境，吸引近百亿元社会资本投资水产加工业。产业链延伸取得新进展，潜江华山投资4.78亿元甲壳素项目竣工投产，可年产甲壳素等高附加值产品7 500吨，年加工水产品6万吨，新增销售收入30亿元，可带动10万虾稻连作农户、30万人就业。全省现有加工企业236家，其中规模以上加工企业132家，同比新增16家，其中国家级龙头企业6家，省级龙头企业31家。加工能力突破110万吨，同比增长22%。全省水产品加工转化量达到80万吨，同比增长19%。在农产品出口整体低迷情况下，水产业出口一枝独秀，保持了强劲的增长势头，出口水产品达到2.54万吨，同比增长42.83%；创汇2.57亿美元，同比增长47.68%。

(6)流通服务业发展。全省进一步整合资源，依托现代水产业示范区、水产产业化示范区、水产品加工园区等平台，加快建成省有区域性水产品市场、市县有骨干水产品市场、乡镇有产地市场、基地有塘头市场的水产品市场体系。全国淡水产品专业交易中心已落户荆州，仙桃江汉平原水产品批发市场、汉口北四季美农产品交易市场等一批特大型批发市场正在建设之中，白沙洲水产品批发市场正在筹划改造升级，湖北莱克、洪湖德炎、浠水神鹭等龙头企业冷链物流中心项目稳步推进。全省现有年交易额1亿元以上的水产批发市场317个，年交易量近500万吨，年交易额近800亿元，其中农业部定点大型批发市场3个，水产流通专业合作组织1 060个，水产经纪人7万余人，在全国建立营销窗口1 000多个，基本形成"买全国、卖全国"的流通网络。

(7)河蟹产业发展。1月6日，全省河蟹产业发展座谈会在武汉召开。鄂州、仙桃、洪湖、汉南等11个县(市、区)水产主管部门及省河蟹产业协会、省水产技术推广中心、省良种试验站主要负责人参加了会议。2012年全省河蟹养殖面积190 537公顷，产量11.55万吨。

(8)龟鳖产业协会成立。3月1日，湖北省龟鳖产业协会筹备会议在荆门市京山县隆重举行。会议讨论通过了《关于申请成立"湖北省龟鳖产业协会"的报告》、《成立"湖北省龟鳖产业协会"的可行性报告》和《湖北省龟鳖产业协会章程(草案)》，推荐了拟任协会理事候选人名单。2012年全省龟鳖养殖面积148 580公顷，产量3.41万吨。

2. 渔业抗灾救灾

(1)旱灾。主要发生在上半年，湖北北部部分地区降水持续偏少，部分县(市、区)降水量较常年同期偏少50 %以上。随州、孝感、襄阳等地出现严重干旱。旱情对灾区渔民生产、生活造成较大影响。受灾严重的襄阳、随州和孝感的大悟、安陆等地上报的数据统计显示：四地渔业受灾面积21 920.8公顷(其中精养鱼池受灾面积5 410.27公顷、塘堰16 510.53公顷)，成鱼损失36 936吨，鱼种损失14 246吨，受灾直接经济损失7.64亿元。省水产局及时发布渔业灾情预警，完善和落实值班制度，加强应急值守，主动收集、核实灾情并及时上报，同时要求各地要科学指导水产业防灾抗灾工作。各地纷纷采取措施，一是加强组织领导，成立了以一把手为组长的水产抗旱领导小组，指导开展水产抗旱救灾工作。二是科学指导抗灾救灾。水产科技人员深入塘头池边，指导渔民做好加强巡塘管理和鱼病预防工作。襄阳市水产技术推广站技术人员编制了怎样保持良好水质的技术手册，在下乡指导时分发给渔民。三是及时组织成鱼销售，减少水体负载，缓解溶氧压力，防止缺氧浮头，甚至死亡，最大限度地减少旱灾损失。

（2）洪灾。洪灾主要发生在8月份，全省自东向西发生较大范围中到大雨和局部暴雨，降雨中心在十堰市、襄阳市等地。暴雨导致襄阳、十堰两市渔区道路毁损严重，渔业基础设施遭到严重破坏，水产损失十分惨重。两市渔业受灾面积达1.67万公顷，损失鱼种、成鱼5 130吨，倒塌渔棚5 200平方米，冲毁网箱1.5万只，冲走、损坏渔船116艘，直接经济损失过亿元。灾情发生后，省水产局立即启动应急预案，迅速成立由局领导带队、水产专家参与的水产抗灾救灾指导小组，奔赴襄阳、十堰等地了解灾情、指导救灾。受灾市、县水产主管部门成立救灾突击小分队，奔赴受灾一线，现场指导落实抗灾措施，组织人力物力，帮助渔民修复塘埂、网箱等水毁渔业设施，加强疫病防控，组织调剂鱼种，稳定鱼种价格，帮助渔民投种复产。

3. 渔业科技

（1）科技下乡。2月中旬在监利县举办了全省水产“喜迎十八大、争创新业绩”暨渔业科技促进年活动启动仪式，现场赠送价值30万元的渔药、渔肥、技术资料等渔需物资，开展为期2天的技术指导和培训。省水产局组织省水产技术推广中心、省水产科学研究所、省良种试验站、华中农业大学水产学院分别与当地水产大镇、健康养殖示范场、良种场和养殖大户签订科技合作协议。组织各级水产技术推广和服务人员积极开展驻户、驻场、驻厂，与广大渔民、养殖场和生产企业工人同吃、同住，手把手提供技术指导和服务，为他们解决生产难题提供了科学帮助。2012年，全省共投入培训经费1 586万元，举办培训班3 125期，发放技术资料115万余份，培训渔民及渔业技术推广服务人员50万人次。

（2）示范推广。省水产技术推广中心在全省大力开展高效养殖模式示范推广，一是建设生态高效示范点。在黄州白潭湖、浠水策湖、汉川汈汊湖、潜江龙湾、天门沉湖、当阳袁家湖等地大力普及和推广纳米微孔增氧、水质在线监测、工厂化循环水利用等现代化养殖技术。二是建立科技示范基地。分别在鄂州、洪湖、新洲、长阳、荆门等县市建立科技示范基地7个。三是建立新技术、新模式示范基地。在湖北省8个县、市推广新型养殖模式4个，推广面积达0.45万公顷，主要包括团头鲂池塘生态养殖模式、青鱼池塘生态高效养殖技术、草鱼池塘生态养殖技术、网箱投饵自动控制技术等。

（3）开展“稻—渔”耦合养殖技术研究与示范。开展了33.33公顷核心试验示范基地稻田改造的规划设计，完成了13.33公顷基地的工程建设任务。从泥鳅、克氏原螯虾、鲫鱼、黄颡鱼等4个养殖对象中筛选出3个品种开展试验示范。研究提出了1个适宜于“稻—渔”耦合养殖技术的优良水稻品种，初步形成了“稻—渔”耦合养殖新模式，推广面积达66.67公顷。在荆门、洪湖33.33公顷的示范基地，出产优质鱼类每亩750千克，取得了稻渔共生、稻鱼双丰收的良好效果。

（4）高坝洲水库岩原鲤、白甲鱼、中华倒刺鲃增殖放流与生态修复技术项目。开展鱼类增殖放流与水域容纳量，监测水域理化因子变化规律，鱼类种群结构形成与增加渔业产量的变化规律，以及生态环境修复种质、容纳种群数量与结构比例、浮游生物、理化因子、氮磷等污染源流入量监测、净化水质与投放数量、比例等方面的研究，初步取得高坝洲库区水域水质上升到2～3类之间，透明度长年达到2.03米，总氮磷下降73%，鱼类种群数增加4种，渔业产量达到21.35千克，发表论文5篇，初步制定出高坝洲库区增殖放流技术规范。

（5）香溪河增殖放流示范推广项目。开展滤食性鱼类增殖放流控制水华发生、增殖放流次数、放流数量、水质理化因子、浮游生物变化规律等监测。2012年7次增殖放流香溪河未发生水华，采用生物净化水质的方式达到预期效果，该方式已得到了国务院三峡工程建设委员会办公室认可，后期规划采用该方式调控库区富营养的水华问题。

（6）国家大宗淡水鱼类产业技术体系武汉综合试验站建设。在鄂州、洪湖、新洲、长阳、荆门五个示范区，重点开展了青鱼、草鱼、白鲢、鳙鱼、团头鲂、鲫鱼等品种的选育和繁殖技术、高效环保饲料与投饵技术、生态健康高效养殖技术、主要病害防治技术等领域的试验和示范，建立操作规程和规范，开展技术培训和推广工作。建立四个大宗淡水鱼繁育基地，为湖北地区提供大宗淡水鱼优质苗种13亿～15亿尾；建设7个大宗淡水鱼高效养殖示范片，核心示范面积67公顷，推广大宗淡水鱼高效养殖模式面积达0.45万公顷；在五个示范区开展了大宗淡水鱼类病害防控及监测预报工作，设立了20个监测点，监测池塘面积2 375.53公顷，网箱12 000平方米，预报了流行性疾病发生的时间及鱼类主要病害。

（7）克氏原螯虾产业技术研究与试验。全省建立大型现代化繁育基地10个，面积196.2公顷，水泥繁育池20 708平方米；建立健康养殖示范场6个，总面积1 440公顷，筹建潜江市、洪湖市2个小龙虾种质资源保护区。已完成《克氏原螯虾人工规模化繁育技术规程》、《虾稻轮作 克氏原螯虾稻田养殖技术规程》、

《克氏原螯虾池塘无公害养殖技术规程》;申请专利2项;与湖北电影制片厂合作拍摄《淡水小龙虾的养殖》、《虾蟹混养》2部科教片,获第13届中国电影华表奖优秀科教片奖。

4. 水产品质量安全

(1)水产品质量监测。全年部省抽检12次,从48个县(市、区)共抽取样品843个、13个品种,检测孔雀石绿、氯霉素、硝基呋喃代谢物、五氯酚钠、喹乙醇、己烯雌酚、磺胺类、喹诺酮类等8种(类)禁用药物残留(下同),水产品总体抽检合格率达98.6%,水产苗种抽检合格率达100%。

(2)“全省水产品质量安全培训月”活动。3月份,省水产局举办全省水产品质量安全监管培训班,邀请农业部渔业局、水科院质标中心、省农安办相关专家授课,共培训各市(州、县)监管干部近200余人。培训月期间,各地举办培训班852个,培训渔场负责人、技术人员、销售企业人员、加工企业人员等6.3万人次。

(3)水产品市场准入。3月份,在荆门市东宝区召开了全省水产品市场准入工作推进会,动员部署全省水产品从2012年1月1日起实行市场准入。水产品市场准入工作逐步纳入各级政府和水产主管部门的工作职责范围,逐步为经营者所接受,并成为水产主管部门监管市场的有效手段。

(4)苗种专项整治。5月份,省水产局先后赴黄冈市、黄州区、浠水县、嘉鱼县、荆州市、荆州区、汉川市、应城市、孝南区等地,以国家级(省级)良种场和近几年抽检中有阳性样品的苗种场为重点,共检查苗种场20家。各地采取了宣传培训、制度入场上墙、普查登记换证、兼并重组、统一印发“三项记录”登记本、执法查处等一系列措施,使苗种生产更加规范化,生产者质量安全意识明显提高。

(5)查处和应对质量安全事件。针对某企业鮰鱼片被美国FDA检出孔雀石绿超标事件,接到通报后,省水产局第一时间成立专班,赴德炎公司调查事件原因,并督促企业积极整改,建立长效机制。8月份,针对一批运往西安的草鱼检出孔雀石绿超标,事件发生后,省水产局迅速反应,联合相关地区政府和待业管理部门进行详细调查取证,督促相关区县作出严肃处理。

(6)十八大期间水产品质量安全督查。9月份,省水产局下发了《切实做好十八大及两节期间水产品质量安全监管工作的通知》,转发了农业部办公厅《加强十八期间水产品质量安全工作的通知》,并制定了十八大期间水产品质量监管的实施方案。9月27日,省农业厅、省水产局和武汉市农业局联合开展了水产品市场督察活动,省水产局局长李胜强亲自率队对武汉白沙洲水产市场、四季美水产市场和中百超市水果湖店进行督查。十八大期间,全省无一例水产品质量安全事故发生。

(7)水产品质量安全追溯试点。在长阳县和京山县开展清江鱼、龟鳖的可追溯试点工作,建立水产品质量安全追溯体系,搭建产品溯源、监管、查询为一体的农产品质量安全追溯平台,长阳县级平台基本建成,实现了“基地到市场”的全程监控,保证其养殖生产过程的可控制、流通消费过程的可追溯、问题农产品的可追踪、责任问题的可追查,达到智能化、信息化、多方协同的管理目的。

(8)湖北省水生动物疫病监控中心改造升级。对实验室及辅助用房进行了改造,配置通信、电力、供水、控温等配套设施;购置仪器设备145台(套)。建立了有效的水产病害防治和疫病监控机制,全省建立46个水产养殖病害监测点,控制水生动物病害的传播和流行,提升水产品质量安全,提高湖北省水产病害防治技术能力。

(9)建立水产病害监测预报机制。在全省46个县市建立鱼类病害监测预报、防控预警机制,建立鱼病专家诊断系统,开展鱼病远程诊断。共设立监测点152个,监测池塘1.5公顷,网箱12 000平方米,主要监测“四大家鱼”、团头鲂、鲫等14个养殖品种,主要监测病种包括出血病、烂鳃病、肠炎、细菌性败血症、车轮虫锚头鳋等。

(10)疫病防治项目管理暨疫病防治技术培训。11月1~2日,湖北省水产科学研究所、省水生动物疫病监控中心在武汉举办湖北省水生动物疫病防治项目管理暨疫病防治技术培训会。全省46个县(市、区)水产局分管局长、水生动物疫病防治站站长、技术员等100多人参加了会议。全国水产技术推广总站病防处副处长李清、华中农业大学水产学院教授陈孝煊、中国科学院水生生物研究所研究员王桂堂、中国水产科学研究院长江水产研究所研究员曾令兵等领导与专家到会并授课。

5. 渔业资源养护

(1)禁渔期制度。3月9日,全省渔政船检港监暨长江禁渔工作会议在武汉召开。全省各市(州)、重点和特色县(市、区)渔业主管部门及渔政船检港监管理机构120多人参加了会议。禁渔期间,全省共出动渔政车船艇1 560多辆(艘)次,出动渔政执法人员13 000多人次,查获违法捕捞渔船50多艘,没收电捕鱼器具(主要为背包式,电源为电瓶)200多台(套)。

(2)灌江纳苗活动。6月20日,在新洲区涨渡湖举办了2012年灌江纳苗启动仪式。农业部渔业局资环处处长郭睿、东海区渔政局副处长宋志俊、长渔办主任赵依民等参加了启动仪式。活动由长江流域渔业资源管理委员会和省水产局共同主办,新洲区政府具体承办,世界自然基金会(WWF)给予了大力支持。

(3)增殖放流。全省共组织开展各种放流活动100余起,共放流"四大家鱼"等经济鱼类10.2亿尾,放流中华鲟4 900余尾、大鲵2 000尾、胭脂鱼15.5万尾。4月22日世界地球日,在石首市和监利县同时开展了2012年"四大家鱼"亲本标志亲本放流活动,共放流亲本1 000组。4月23日和11月7日,省水产局联合由省南水北调管理局、襄阳市人民政府、荆门市人民政府,分别举办了南水北调中线工程襄阳段、荆门段增殖放流项目启动仪式,放流15厘米左右"四大家鱼"、鳊等优质原种,其中襄阳段放流150万尾、荆门段放流265万尾。全省各地继续组织实施湖泊生态修复行动,34个湖泊和老江河、老河2条故道中共计放流以"四大家鱼"为主的鱼苗3亿尾、种植水草0.28万公顷,底播贝类420万粒。

(4)养殖证制度。全省共发放水域滩涂养殖证35 025本,确权面积38.3万公顷(国有水域2 602本,确权面积18.5万公顷,集体水域32 423本,确权面积19.8万公顷),其中省直管水域发放水域滩涂养殖证144本,确权面积11 295.284公顷,养殖发证登记率有较大幅度的提高。

(5)涉渔工程环境评价。全年组织或配合召开涉渔工程项目评审会14场,落实补偿经费4 000余万元。2012年通过环境评价的主要涉渔工程:湖北三新硅业高纯硅材料有限责任公司精细加工及综合利用项目对宜昌长江中华鲟自然保护区影响;荆门汉江堤防加固一期工程对汉江钟祥段鳡鳤鯮鱼国家级水产种质资源保护区影响;蔡甸至汉川城关公路汉江大桥工程对汉江汉川段国家级水产种质资源保护区影响;黄石港棋盘洲港区二期工程建设对长江黄石段"四大家鱼"国家级水产种质资源保护区影响;宜昌港宜都港区红花套作业区综合码头工程对中华鲟自然保护区影响;荆门市沙洋港中心港区一期综合码头工程对汉江沙洋段国家级水产种质资源保护区影响;宜昌港主城港区古老背作业区海汇综合码头一期工程环境影响;赤壁晨鸣林纸一体化搬迁改造项目对长江新螺段白鱀豚国家级自然保护区影响。

(6)国家级水产种质资源保护区建设。全省共16家申报国家级水产种质资源保护区材料均通过农业部组织的专家评审。全省国家级水产种质资源保护区已达39个。

(7)水生野生动物保护。忠建河大鲵自然保护区成功晋升国家级;农业部水生野生动植物保护办公室同意监利县何王庙故道建立豚类自然保护区。省水产局组织全省5个省级以上水生生物自然保护区开展了非法开发建设项目专项执法检查工作,并会同省公安厅,武汉海关等部门联合开展打击非法捕捉走私经营利用水生野生动物保护专项执法行动。9月21日,以"关爱水生动物,保护生物多样性"为主题的"2012年湖北省水生野生动物保护科普宣传月"活动启动仪式在海昌·武汉极地海洋世界举行。宣传月期间出动渔政执法车(船)500余辆(艘)次,执法人员1 500余人次进行了各类宣传活动,共发放宣传资料13 000余份。

6.渔船管理和渔业水上安全

(1)开展"打非治违"活动。通过积极组织开展渔业应急救援演练,严格查处"三无"船舶、套牌、假船牌、涂改渔船船名号等违法行为,加大排查渔港渔船安全设备隐患工作力度,进一步督促落实渔船安全生产主体责任和渔业主管部门的安全监管责任,有效防范和坚决遏制了非法违规行为导致的重特大水上安全事故,切实维护了渔民群众生命财产安全。全省开展渔业应急救援演练2次,排查机动渔船4.2万艘,排查率86%,整改隐患71处。发生渔船一般事故39起,渔民意外死亡3人,伤28人,经济损失92万元。

(2)签订安全生产责任状。2012年,各地继续实行与船东签订《渔业安全生产责任书》,100%明确和落实了船东的安全生产主体责任,渔业安全生产责任制基本得到落实。各地与海事部门建立联动机制,协同管理,对长江、汉江、湖泊水库区域非法、违规造船等行为进行严厉打击,从源头保障渔船质量,强化了安全监督管理,共建长江、汉江水上安全。

(3)"平安渔业示范县"创建。通过渔业"安全生产年"活动和平安渔业示范县创建活动,全省渔业安全管理取得显著成效,有效杜绝了渔业安全责任事故的发生,并实现全年零责任事故。沙洋、洪湖两市、县获得"全国平安渔业示范县"称号,江夏区等8个县(市、区)获得省级平安渔业示范县称号。

(4)渔船检验机构建设。随县、武当山以及红安、老河口、枣阳等13个申报渔船检验机构认可的县、市渔政机构通过农业部船检局审批,解决了部分县、市因行政区划变更产生的渔业安全管理问题。全省共90个渔业执法机构通过渔船检验资质认可,渔船管理网络进一步健全,渔业安全管理实现全覆盖。

(5)"三证合一"工作。"三证合一"软件开发成功后,全省对软件系统的信息录入、证书打印、签发、盖章等动作进行了规范,制作了渔业船舶"三证合一"证书样板,编写了操作手册。全省各地上报"三证合一"征订单 55 380 套,截止到 11 月底,发放 17 600 套,换证率达 51.5%。

(6)渔船检验。全年排查机动渔船 4.2 万艘,整改隐患 71 处。武汉南华公司建造的江苏连云港 300 吨渔政船及宜昌发中船务有限公司建造的夷陵区 30 吨渔政船分别于 1 月和 4 月份顺利出厂。鄂州鄂东船业公司、丹江口坝上渔船修造厂等 4 个企业获农业部渔业局资质认可。

(7)渔业互助保险。5 月 17 日,省水产局在洪湖市召开全省渔业互保工作暨平安渔业示范县创建工作总结表彰会议。会议表彰了全省渔业互保工作先进单位、先进个人和全省平安渔业示范县。中国渔业互保协会理事长王朝华、省安全生产监督管理局处长胡其瑞、洪湖市政府领导、全省有关渔业主管部门及渔政船检港监管理机构负责人参加了会议。截止到年底,全省已实行机动渔船全覆盖,超额完成 450 万元年度目标,继续保持全国内陆省份第一。全省新增渔政船险业务,洪湖保护区、宜昌和黄冈 3 家单位的渔政船入险,共处理渔民报案 40 多起,理赔近 50 万元。

【重点渔业市(县)基本情况】

湖北省重点渔业市(县)基本情况

市(县)	渔业人口(人)	渔业产值(万元)	水产品产量(吨)	其中		养殖面积(公顷)
				养殖	捕捞	
洪湖市	132 600	449 820	398 127	385 122	13 005	56 458
鄂州市	93 160	564 442	396 551	374 800	21 751	42 016
仙桃市	133 928	510 870	309 150	272 383	36 767	36 767
监利县	139 445	444 747	264 947	256 127	8 820	37 999
沙洋县	48 488	292 457	181 576	175 559	6 017	24 234
钟祥市	35 067	235 828	150 005	143 367	6 638	21733
汉川市	37 487	194 800	147 636	128 981	18 655	19 521
公安县	19 112	197 246	133 138	119 697	13 441	19 717
石首市	9 625	128 498	123 724	111 400	12 324	15 204
天门市	49 334	209 302	120 509	118 317	2 192	14 667

【大事记】

[1]2 月 2 日,副省长赵斌赴省水产局专题调研水产工作。省政府副秘书长梅祖恩主持调研会。省农业厅厅长祝金水、副厅长焦泰文出席会议并汇报了全省水产业发展情况。

[2]4 月 12 ~ 13 日,省水产局与华中农业大学联合举办全省水产原(良)种场建设培训班。农业部渔业局养殖处处长丁晓明、全国原良种审定委员会委员胡红浪、华中农业大学副校长陈兴荣,市州水产局分管局长、产业科长和企业负责人共 131 人参加了此次培训班。

[3]4 月 18 ~ 20 日,农业部东海区渔政局局长李富荣率该局财务处处长张伟志、长渔委办公室主任赵依民等,检查了湖北长江禁渔工作。

[4]5 月 8 日,省委副书记张昌尔赴省水产局调研全省淡水产品加工龙头企业发展情况,参观了淡水产品加工成果展,并召开湖北省淡水产品加工龙头企业座谈会。省委副秘书长刘田喜,省委副秘书长、省委财经办(农办)副主任刘兆麟,省委办公厅、省农业厅、发改委、科技厅、财政厅等有关单位负责同志,省内十佳淡水产品龙头企业负责人参加了座谈会。

[5]5 月 10 日,鄂台农业产业化暨荆门"中国农谷"产业合作洽谈会在台湾省台中市召开。会议由湖北省农业厅厅长祝金水、副厅长徐能海分别主持,湖北省人民政府省长王国生致辞,省农业厅厅长祝金水、荆门市委书记王玲发表讲话。

[6]6 月 5 ~ 7 日,农业部渔船检验局局长柳正到湖北省考察指导工作。

[7]6 月 16 ~ 18 日,第三届中国湖北潜江龙虾节在潜江市开幕,省人大常委会副主任罗辉、省人民政府副省长赵斌、省政协副主席陈柏槐,省委副秘书长朱忠华、刘田喜,省人大常委会副秘书长杨三爽,省政协副秘书长熊维明和相关厅局领导出席了开幕式。来自国家、

省直有关单位、科研院所、企业负责人和全省市州、县水产局负责人及新闻媒体参加了开幕式及有关活动。

[8]8 月 17 日,省水产局和省烹饪酒店行业协会联合在武汉召开"梁子"牌梁子湖大河蟹产销对接协商会,东湖宾馆、洪山宾馆等 11 家省内知名餐饮酒店和武汉市梁子湖水产集团等 7 家品牌河蟹核心定点生产单位就酒店挂牌宣传和产品营销达成了初步合作意向。

[9]8 月 29 ~ 31 日,农业部渔政指挥中心主任、渔业局副局长陈毅德一行考察调研湖北渔政队伍建设工作情况。

[10]9 月 21 日,以"关爱水生动物,保护生物多样性"为主题的"2012 年湖北省水生野生动物保护科普宣传月"活动启动仪式在海昌 · 武汉极地海洋世界举行。

[11]9 月 28 日,"中国淡水产品交易中心"挂牌仪式在北京举行,荆州市获得"中国淡水渔业第一市"称号。

[12]10 月 20 日,由省水产局、武汉市农业局、江夏区人民政府主办的湖北(江夏)第八届"梁子"牌梁子湖大河蟹文化旅游节在江夏区世纪广场开幕。活动现场,省农业厅授予梁子牌梁子湖大河蟹"湖北生态名蟹"牌匾。

[13]12 月 14 日,农业部渔业局在湖北省召开了 2012 年度水产养殖生产形势调度会。农业部渔业局副局长李彦亮出席会议并讲话。

省水产局与荆门市人民政府在荆门市签署共同推进"中国农谷"水产业发展合作协议。根据协议,双方将进一步加强合作,共同推进"中国农谷"建设,促进荆门市水产业发展。

(湖北省水产局　田厚孝　成　专　刘定柱)

湖南省渔业

【概况】 2012 年,湖南渔业坚持以科学发展观为指导,围绕"保供给、保安全、保生态"目标,着力改善养殖设施,增殖水生资源、优化渔业结构,推进健康养殖,全省渔业保持稳健发展的良好态势。水产品总量 220.8 万吨,实现社会渔业总产值 260 亿元,较上年分别增长 11.1% 和 22.1% 。主要特点有:

1. 养殖方式更趋健康 推进水产健康养殖示范区创建,新增部级水产健康养殖示范场(区)45 个,达到 198 个,涵盖水面 3.32 万公顷,年产鲜鱼 15.1 万吨。规范养殖行为,推广水产健康养殖、循环生态养殖、名特优品种仿生态养殖、鱼病综合防治等水产养殖新技术,发布水产品地方标准和养殖技术规范 34 个;落实水产苗种管理用药、生产、销售登记制度;检查更换水产苗种审批许可证 467 本。完善基础设施,建成县级水生动物防疫站 37 个、水产病害测报站(点)35 个,有国家级水产原种场 4 个、省级 28 个,年产优质苗种 370 亿尾;争取中央投资 1 400 多万元,实施养殖环境生态修复工程项目 4 个,新增水产品菜篮子项目工程 40 个;省财政安排 1 000 万元设立专项,采取"以补代投"方式,启动池塘标准化改造;带动社会投资 4.35 亿元,完成池塘标准化升级改造 1.7 万公顷,其中新开挖池塘 0.23 万公顷。安乡县水产健康养殖示范区、汉寿县甲鱼标准化养殖示范区、大通湖生态渔业养殖示范区、资兴市冷水性鱼类养殖示范区、望城区百里水产走廊等一批精品示范养殖基地成效明显。

2. 产业经营更具规模 完善渔业经营体制,推进渔业水面使用权流转,培育渔业经济合作社,推进渔业产业化进程。全省已组建各类渔业经济合作组织 1 100多家,参与农户 4.2 万户,约占养殖渔民总数的 15% 。各地出台优惠政策,改善投资环境,引导社会资金扶持龙头企业,全省渔业规模养殖户达 3.8 万户,水产品加工企业 114 家,年加工量 7.5 万吨,其中规模加工企业 99 家,国家级龙头企业 3 家、省级 12 家,大湖股份、益华水产等骨干龙头企业生产规模不断扩大,辐射带动力不断增强。水产品出口贸易突破万吨,年创汇额 3 000 余万美元。"大湖股份"在全国 10 多个中心城市启动"千店工程",以定点专供方式为 1 000 家高端酒店和专卖店供应优质大湖鱼、大闸蟹;"和平水产"在香港、广州等地设立水产品销售专店,年交易额 2 亿元。启动休闲渔业示范创建,创建全国休闲渔业示范基地 5 个、省级休闲渔业示范点 60 个。10 月 19 日,在长沙市望城召开全省渔业工作会议,规划了全省四大特色休闲渔业区。

3. 产品质量更为安全 强化水产品质量安全监管,各地将水产品质量安全整治经费纳入同级财政预算,建立健全"以农业部渔产品质检中心(长沙)为龙头,市级检测中心为骨干,县级检测机构为基础,市场和养殖基地检测点为补充"的质量检验检测体系,岳阳市成立水生动物防疫监督站。实行水产品规模养殖场(户)监管领导和监管责任人登记备案制度,长沙市推行水产品市场准入制度,建立水产品质量追溯体系。加大水产投入品和水域环境监管,严厉打击渔用兽药、饲料和水产苗种的制假、售假行为,全力净化水产品投入市场。新认定标准化养殖水面 1 298.57 万公顷,认证无公害水产品 74 个(年产量 15 427.75 吨)、绿色水产品 36 个、有机水产品 35 个。全省水产品样品抽检合格率达100%。

4. 渔业服务更加完善 各地坚持科技兴渔,推进水产技术推广体系改革,优化渔业科技推广服务。全省现有各级水产推广机构1 236个,水产技术推广员2 524人。推动科技创新,近年共完成水产科研项目15个,其中省畜牧水产技术推广站的"优质蟹种规模化培育与成蟹养殖示范"项目获省农业丰收奖一等奖。示范推广主导品种和主推技术,组织筛选30个渔业主导品种和13项渔业主推技术,推广养殖水面近27万公顷;举办水产养殖科技培训1 069次,培训8.46万人次。出台各级水域滩涂规划80个,发放养殖证4.94万本,涵盖水面近37万公顷。推进环洞庭湖生态渔业经济区建设,编写《环洞庭湖生态渔业经济区建设规划》,下发《关于推进环洞庭湖生态渔业经济圈建设的通知》,全面启动环洞庭湖生态渔业经济区建设。

5. 资源养护更有力度 长江、珠江流域湖南段等自然水域全面实行禁渔期制度,全省春季禁渔水面达16万公顷。长株潭地区连续4年联合开展湘江渔业资源养护行动,农业部授予湖南省渔政渔港监督管理局等7个单位和9名渔政人员分别为长江禁渔工作先进集体、先进个人称号。开展鱼类人工增殖放流,4月19日省政府组织开展"建设东方莱茵河——湘江"渔业资源人工增殖放流活动启动仪式,并首次在湘江和洞庭湖实施标志放流,75个市(县、区)投放各类鱼苗鱼种4亿尾(粒),张家界市投放大鲵650尾。加大水生生物及水域生态环境监测,在洞庭湖及长江城陵矶江段设置渔业环境监测点13个;抽样检测10个市(州)的65个养殖场水体,合格率为100%。调查处理渔业水域污染案件17起;省政府组织实施水府庙库区专项整治工作,开展库区非法捕捞、网箱整治行动。加强水生野生动物自然保护区建设和管理,张家界市被授予"中国大鲵之乡"称号,省政府下发《关于进一步做好江豚保护工作的通知》,实行江豚保护工作联席会议制度和绩效考核制度,启动江豚原地保护与迁地保护工作。加强渔政执法队伍建设,组织换发渔政执法证,望城、安乡、沅江被农业部评为全国水产健康养殖执法示范单位。

6. 渔业发展存在的主要问题 一是渔业投入不足,基础设施老化,苗种良繁、科技推广、病害防治和检验检测体系还不健全,名特优水产受苗种制约发展不快。二是水产品加工业比较滞后,缺乏大项目、大企业、大基地带动,加工转化增殖率低,产业化程度不强。三是渔业水域流转机制不活,分散养殖仍占主体地位,标准化养殖水平不高,先进技术推广不快,抵御市场风险能力不强。四是渔业资源衰退和渔业水域污染加剧的趋势未得到根本转变,水产资源优势没有充分转化为产业优势和经济优势。

(武深树 杨明友)

【重点渔业县(市、区)基本情况】

湖南省重点渔业县(市、区)基本情况

市(县、区)	渔业产值(万元)	水产品产量(吨)	其中		养殖面积(公顷)
			养殖	捕捞	
湘阴县	132 000	171 500	155 710	15 790	20 526
沅江市	80 250	126 161	110 584	15 577	11 120
华容县	78 825	109 914	90 271	19 643	16 900
安乡县	225 000	90 000	81 000	9 000	20 000
南县	78 795	82 783	73 750	9 033	10 210
汉寿县	175 207	79 993	74 486	5 507	21 643
鼎城区	112 746	62 530	61 352	1 178	16 933
衡南县	69 285	61 651	60 542	1 109	8 780
祁阳县	69 480	60 800	59 158	1 642	6 986
祁东县	65 700	57 664	55 383	2 281	6 220

【大事记】

[1]4月19日,由湖南省政府主办、省畜牧水产局和长沙市政府联合承办的湖南水生生物增殖放流启动仪式在长沙橘子洲码头举行,现场放流春片鱼种200万尾、草鱼1 000尾、背瘤丽蚌10万只、胭脂鱼2万尾、乌龟500只、青鱼亲本若干组。

[2]10月18日,大通湖湖南和平水产有限公司生

产的1 000千克优质大闸蟹,在长沙黄花国际机场登机直飞台北机场,这是大通湖大闸蟹打通港澳和东南亚市场后首次出口台湾省,开创了湖南省水产品直接出口台湾省的先河。

[3]10月19日,在湖南省渔业工作会议上,望城区和安乡县被授予“全省现代渔业示范县”荣誉称号。

[4]10月,湖南省政府发文,将江豚等水生野生动物保护工作纳入政府绩效考核内容,并建立江豚保护工作联席会议制度,由省政府办公厅定期组织省发改委、财政厅、交通厅、林业厅、省畜牧水产局、岳阳市政府等成员单位召开联席会议。

[5]12月4日,第二届中国湖泊论坛“湖泊生物多样性与水产健康养殖”分论坛在长沙开幕,来自全国各地近200名专家、学者参加开幕式。论坛由中国科协、湖南省人民政府主办,湖南省水产学会、省水产科学研究所、湖南文理学院联合承办。论坛围绕“养护湖泊生物资源、促进水产健康养殖”主题,对近年来湖南保护洞庭湖区生物资源、发展水产健康养殖的相关情况进行了全面梳理;对环洞庭湖生态渔业经济区建设的科学规划、健康养殖、政策支持等方面的举措进行认真总结,为进一步探索湖泊资源养护与水产健康养殖协调发展,以及洞庭湖江豚分布现状与保护对策提出了新思路。

[6]12月13日,由全国水生野生动物保护分会、湖南省畜牧水产局和张家界市政府共同主办的2012年大鲵保护与发展论坛在张家界举行,会上,全国水生野生动物保护分会向张家界市颁发“中国大鲵之乡”匾牌和证书。

(李书庚 温罗云 张艳春 杨明友 王冬武)

广东省渔业

【概况】 2012年广东渔业获得长足发展,渔业经济总产值1 985亿元,比上年增长8.5%,水产品总产量793万吨,比上年增长4%,水产品出口总额30亿元,占全省农产品出口30%以上,渔民人均纯收入达到11 000元,比上年增长7.2%。在诸多经济发展指标中,全省渔业经济总产值、水产品总产量两项指标多年居全国前列。

1.加强基础设施建设 在海洋渔业方面是加强渔港建设。2012年中央财政下达给广东渔港建设专项资金1.86亿元。广东利用该项资金建成国家级中心渔港1个,在建国家级中心渔港、一级渔港13个,其中新建渔港7个,总投资1.14亿元。启动了汕尾市海丰县鲘门和小漠渔港建设,实现省级渔港建设零的突破。在养殖渔业方面是开展鱼塘技术更新改造。2012年,广东加快鱼塘标准化建设和更新改造步伐,中央和省下达标准化鱼塘建设项目32个,全省建成标准化鱼塘18万公顷,其中新建鱼塘面积0.93万公顷、改造鱼塘面积2 300多公顷。

2.兴建渔业产业园区 2012年,广东首次安排专项资金6 000万元,通过竞争性资金安排,启动建设10个代表现代渔业先进水平和未来发展方向的节地节水高质高效渔业示范园区。争取省财政每年安排2 500万元深水网箱产业发展专项资金,支持深水网箱养殖产业园区建设,建成深水网箱1 300多个,年产优质海水鱼8 806吨;加快创建农业部“水产健康养殖示范区”,建成水产健康养殖示范场79个,其中新建37个。

3.发展“深蓝渔业” 广东通过落实国家财政扶持政策,审批下达补助资金1.02亿元,扶持建造适合远洋和南海外海作业的大型钢质海洋捕捞渔船45艘。组织多批渔船赴南沙生产,年产值超亿元。引导企业赴北太平洋和东南太平洋公海从事鱿鱼钓生产,开辟了海洋捕捞转型升级的新路径。

4.科技研发和推广 广东组织开展了一系列渔业重大科技攻关,形成了一批具有自主知识产权的渔业科技成果,对虾、石斑鱼、军曹鱼等大宗品种苗种繁育技术走在全国前列,成功引进美国夏威夷海洋研究所“南美白对虾选育技术”。积极争取省财政每年安排2 000万元水产良种体系专项资金,加快水产良种体系建设,全省建成省级以上水产良种场56个,其中新建6个。按照中央1号文精神和农业部渔业局、全国水产技术推广总站工作部署要求,全面启动基层水产技术推广体系改革与建设,组织开展渔业科技促进年活动。

5.水产品质量安全 广东率先在全国探索建立水产养殖处方制度和职业渔医制度,建成一批水生动物防疫检疫站、实验室和鱼病诊所。通过制定实施《广东省水产品标识管理实施细则》,在全国率先推行水产品标识管理,建立水产品质量安全可追溯平台和监管平台。深入开展水产品质量安全“三打两建”,查处案件118宗,水产品抽检合格率达96.2%。认真办理省政协“加强鲜活水产品质量安全监管的建议”重点提案,得到时任省政协主席黄龙云的高度肯定。通过抽检完成诸如深圳大运会等一系列大型活动的水产品质量安全保障任务。

6.渔业资源环境保护 广东成功举办了南海生物资源增殖放流、2012年增殖放流暨第五届广东休渔放生节、首次粤港澳(东江)渔业增殖放流等活动。广州、佛山、肇庆、清远等市联合举办“爱我珠江亲水节”渔业增殖放流活动,全省共投放水生动物4.6亿尾

(粒)。认真组织实施人工鱼礁议案,全省建成人工鱼礁区33座,正在建设人工鱼礁区7座,礁区面积达283平方千米。建成水产种质资源保护区15个。

7. 渔业政策倾斜 广东认真做好渔用柴油补助资金发放,全年共发放柴油补助32.3亿元。近5年,积极争取省财政共安排扶持沿海渔民转产转业议案资金10亿元,用于推动沿海传统捕捞渔民上岸转产转业。认真实施省政府10件民生实事,近3年下达渔民安居工程补助资金4 500万元,建成渔民安居房3 000多套,其中2012年新建1 200多套。积极争取省财政设立休(禁)渔补偿专项资金,从2013年起省财政将安排6 600万元,对休(禁)渔期间生活困难的渔民给予生活补助。

8. 建设平安渔业 建成广东省渔业安全生产通信指挥系统,全省近1.5万艘渔船纳入安全生产指挥平台监管。完成了广东省渔船管理系统升级和29个渔港的视频监控系统建设。积极参与海上搜救72次,救回遇险人员282人,全省渔业船舶生产较大事故、死亡失踪人数分别同比下降80%和48.8%。开展专项整治,在全省135个渔港开展封港查船行动,发现并及时消除了存在隐患渔船9 617艘。深入开展"护渔"等专项执法行动,加强南海伏季休渔、珠江禁渔专项执法。按照农业部统一部署,积极参与国际维权巡航执法行动。

【重点渔业市基本情况】

广东省地级市渔业基本情况

市别	总人口(万人)	渔业产值(亿元)	水产品产量(万吨)	其中				养殖面积(万公顷)	
				海洋捕捞	海水养殖	内陆捕捞	内陆养殖	海水	内陆
广州	1 275.1	64.5	46	2.4	5	5	33.6	0.3	2.5
深圳	1 046.7	12	3.2	2.8	0.3		0.1	0.2	0.1
珠海	156.8	1.7	21.5	1.1	2.9	0.2	17.3	1.9	1.6
汕头	541.7	2.6	41.7	16.3	18.1	0.3	7	1.1	0.4
佛山	723.7	23.8	58.4			0.7	57.7		3.8
韶关	285	2.5	7.4			0.2	7.2		2
河源	298.2	1.7	4.1			0.2	3.9		0.7
梅州	426.8	5.6	10			0.9	9.1		1.4
惠州	463.4	6.9	14.9	2.4	5.1	0.1	7	0.4	1.7
汕尾	295.5	7.5	58.4	26	27	0.3	4	2	0.7
东莞	825.5	5.5	7.7	1.2	0.6	0.1	5.8	0.1	1
中山	314.2	4	35.4	0.2	2	0.2	33.1	0.2	2.3
江门	446.6	116	71.2	10.7	23.4	1.3	35.8	2.5	4.2
阳江	706.9	37	109.2	37.4	61.1	0.8	10	2.4	1.6
湛江	706.9	121	116.3	30.5	71	0.6	14.2	6.3	3.2
茂名	588.3	48	84.1	16.2	43.7	0.4	23.2	1.5	2.2
肇庆	395.1	19	36.1			0.6	35.5		3.2
清远	373.8	1.2	10.9			0.2	10.7		1.7
潮州	268.4	11.2	19.9	3	11.7	0.3	4.8	0.7	0.6
揭阳	591.5	7	15.1	5.7	2	0.4	7	0.2	0.9
云浮	237.9	3	10.2			0.1	10.1		0.9

注:人口数据来源于《广东年鉴2012年》中的各市年末常住人口数,渔业数据来源于广东省海洋与渔业局编写《广东省2012年渔业统计年报》。

【大事记】

[1]1月12日,省海洋与渔业局与梅州市政府在广州举行发展山区现代渔业暨共建绿色生态水产创新

示范园战略合作框架协议签约仪式。郑伟仪局长和梅州市委副书记、市长朱泽君分别代表双方签约。

[2]2月2日,全省海洋与渔业工作会议在广州召开。副省长刘昆出席并讲话,会议由省政府副秘书长颜学亮主持,省海洋与渔业局局长郑伟仪作工作报告。

[3]2月19日,广东放生协会"宝能号"放生船在韶关市区北江河段首航。全国政协港澳台侨委员会副主任、广东省委原副书记、广东放生协会荣誉会长蔡东士,广东省人大常委会原副主任、广东放生协会会长陈坚,中国工程院院士、中山大学教授、广东放生协会名誉会长林浩然以及韶关市领导林耀明、张志才等出席活动。

[4]2月21日,省水产技术推广总站与中国水产科学研究院珠江水产研究所签订合作框架协议。根据该协议,双方将在共建现代渔业技术公共服务体系、共同开展科技服务、共同推进渔业科技成果转化等三个领域开展紧密合作。

[5]3月19日,全省海洋与渔业执法暨政治工作会议在江门市召开。省海洋与渔业局党组成员、副局长,省渔政总队总队长刘物开作工作报告。

[6]3月29日,省海洋与渔业局和省工商行政管理局签订《关于流通环节水产品质量安全监管合作框架协议》,双方将建立合作体制机制,在互通信息、联合执法、共同处理流通环节水产品质量安全事件、实现检测资源共享,共同推进水产品标识和市场准入管理等方面进行广泛合作。省海洋与渔业副局长、省渔政总队总队长刘物开和省工商行政管理局副局长钱永成代表双方签字,省海洋与渔业局局长郑伟仪、巡视员李建设,农业部渔业局、国家工商行政管理总局市场司、省食安办和签约双方各有关处室负责人出席了签约仪式。

[7]4月1日,第二年珠江禁渔期于当日12时正式开始,一直延续到6月1日12时。为增强禁渔成效,2012年将继续扩大禁渔范围,禁渔江段总长度达5 365千米,湖库面积1 300多平方千米。

[8]4月6日和15日,中国渔政44183船和44061船分别自珠海和湛江启航,分赴西沙和南沙维权护渔。。

[9]4月20日,由省水产技术推广总站和珠江水产研究所联合举办的广东渔业科技促进年系列活动之广东2012年渔业科技下乡暨"优鲈1号"推介活动在佛山市南海区九江镇举行。全国水产技术推广总站副站长王德芬、全省各级水产技术推广机构负责人和养殖户代表共计100多人参加。

[10]4月25日,广东省庆祝"五一"国际劳动节暨劳动模范表彰大会在省委礼堂举行,省大亚湾水产试验中心负责人张海发荣获"广东省劳动模范"称号。

[11]5月9日,广东省水产标准化技术委员会成立大会暨第一届委员会全体会议在广州召开。来自全省各地的渔业管理、质监、科教、质检、推广、企业、协会等单位的代表以及第一届委员会委员,共计60余人参加了会议。

[12]5月16日至8月1日,广东省海域进入为期两个半月的伏季休渔期,除单层刺网、钓业外,禁止其他所有作业类型生产。

[13]6月5日,省鳗鱼业协会第四届理监事会换届选举大会在顺德举行,110名会员参加了无记名投票。大会选举产生了协会新一届理监事会,周添雄当选为新任会长,徐宏远为监事长。

[14]11月26~28日,首届中国(顺德)龟鳖产业发展论坛暨首届中国(顺德)龟鳖文化实物展在顺德举行。来自全国龟鳖养殖主产区近1 000名龟鳖养殖企业或大户、行业协会、专业合作社和中介服务组织的负责人或代表参加。

[15]11月30日,第二届中国(江门)锦鲤博览会暨2012中国锦鲤交易会在江门举行。博览会吸引了全国80多家锦鲤养殖场、1 000多尾中国自产精品锦鲤参加了展示,这是我国举办的规模最大、参与范围最广、参展渔场档次最高、文化内容最丰富的一次全国性锦鲤盛会。此次博览会共有锦鲤产业合作项目8个,涉及锦鲤科研、锦鲤生产、锦鲤流通体系建设,以及锦鲤饲料、药物、水族器材等领域。其中,在开幕式签约的项目有2个,签约金额达8 000万元。

(广东省海洋与渔业局 姚国成 钟小庆)

广西壮族自治区渔业

【概况】 2012年广西水产品产量303.87万吨,同比增长5.2%;全区渔业总产值348.95亿元。渔民人均纯收入达1.48万多元,在西部省、自治区排名第1,是沿海渔民人均纯收入超万元省份之一。

1.渔业发展成效

(1)夯实基础,提升能力。

①良种供应能力、质量水平增强。2012年,全区水产苗种生产单位812个,持证生产率达到100%,继续保持水产苗种场持证生产实现全覆盖;全区水产苗种繁殖量725亿尾(粒、只),其中,对虾、罗非鱼、龟鳖苗种繁殖量分别达到248亿尾、24亿尾(海花20亿尾)、1.5亿只,特别是罗非鱼越冬苗种近3 000万尾,

同比增长50%，极大地改善了全区优势特色品种苗种供应不足尤其是罗非鱼越冬苗种严重不足的状况，水产苗种的质量也不断得到提高。

②池塘养殖生产防灾增产能力提高。继2012年初之前，全区在6市18县开展1 800公顷池塘标准化改造示范工作的基础上，年内共完成各类中低产池塘改造13 000多公顷，仅此一项，2012年新增产量4万吨，新增效益8亿元左右。2012年财政部门又安排广西现代农业生产发展（池塘改造）项目资金1亿元，项目计划在全区8市34县示范改造池塘面积3 100多公顷，在全区示范带动完成近1.5万公顷池塘改造任务，实现年新增产量8万吨，新增效益16亿元左右的目标。

③水生动物疫病防控有力推进。2012年全区获农业部县级水生动物疫病防治站立项建设项目5个，并已开始建设。截止到年底，全区共有41个县建设了县级水生动物疫病防治站，为全面开展水产苗种检验检疫和水产养殖病害防治工作打下了牢固的基础。2012年全区共有25个县区开展水生动物疫病精准测报工作，县级水生动物防治站实验室检测量达到330批次。

（2）特色明显，产业发展。

①养殖面积稳步增加。2012年，全区水产养殖总面积22.87万公顷，同比增长1.32%，其中，海水养殖5.3万公顷，同比增长1.57%，淡水养殖17.57万公顷，同比增长1.39%。池塘养殖面积7.83万公顷，同比增长6.25%；浅海滩涂养殖面积1.96万公顷，同比增长2.54%；淡水网箱养殖面积580万平方米，同比增长11.4%；深水抗风浪网箱48万立方米、同比增加25万立方米。

②产量产值稳步增长。一是全区水产品总产量303.87万吨，同比增长5.21%，其中，淡水养殖126.12万吨，同比增长7.26%，海水养殖97.73万吨，同比增长5.80%；淡水捕捞12.95万吨，同比增5.03%，海洋捕捞66.66万吨，同比增长0.20%。养殖产量223.85万吨、捕捞产量80.01万吨，分别占总产量的73.67%和26.33%。海水产品1 647 922吨、淡水产品1 390 778吨，分别占总产量的54.23%和45.77%。人均水产品拥有量65.9千克，明显高于全国平均水平。二是全区实现渔业产值总计348.95亿元。

③特色产业发展提速。一是罗非鱼养殖面积2.88万公顷，同比增长2.86%；产量26.85万吨，同比增长14.25%；产值28.55亿元，同比增长8.55%。二是对虾养殖面积逾2万公顷，同比增长1.62%；产量19.37万吨，同比增长6.49%；产值65.86亿元，同比增长20.69%。三是牡蛎养殖面积1.76万公顷，同比增长2.67%；产量44.00万吨，同比增长5.77%；产值30.85亿元，同比增长6.02%。四是龟鳖养殖产量2.77万吨，同比增长47.73%；产值68.00亿元，同比增长23.64%。五是海水鱼类养殖面积2 373公顷，同比增长10.62%；产量4.50万吨，同比增长15.45%；产值11.06亿元，同比增长18.33%。六是亚冷水性鱼类产量0.23万吨，同比增长15%；产值1.06亿元，同比增长18.33%。

④休闲渔业起步良好。一是钓鱼活动普遍开展。广西现有钓鱼爱好者约100万人，钓鱼俱乐部100余家，渔具商店近1 000家，竞技钓鱼场17个，主要休闲垂钓基地2 000多处；海钓人数2.5万人，出海游钓船1 000多艘。二是以“渔”为主题的渔业活动蓬勃开展。第二届中国—东盟（南宁）渔业文化周活动丰富，影响巨大，共有172支钓鱼队伍、500名钓鱼选手参加了各项钓鱼比赛，72个龟鳖企业或个人参加了龟鳖比赛，13万人参加了相关活动；此外，柳州“百里柳江中国—东盟千人万竿钓鱼邀请赛”、钦州“蚝情节”等节庆活动在全区遍地开花。三是全区钓鱼活动年产值约达15亿元，综合产值约50亿元。

（3）效益提升，增收明显。

①渔业对农民增收贡献大。2012年渔业总产值348.95亿元，扣除价格上浮因素，增加值约220多亿元，全区按4 200万农业人口计算，渔业对农民收入贡献值达512.3元/人。

②完成了“339”工程目标任务。根据“339”工程提出的目标要求，重点推进罗非鱼、对虾、龟鳖、牡蛎等优势水产品种养殖，实现农民增收。2012年，罗非鱼、对虾、龟鳖、牡蛎产量分别达26.85万吨、19.37万吨、2.77万吨、44万吨，产值分别达28.56亿元、65.86亿元、30.85亿元、68亿元，超额完成了2012年“339”工程目标任务。

③渔民增收效果明显。一是渔民人均纯收入1.48万元，在西部省、自治区排名第1，是沿海渔民人均收入超万元省份之一。二是罗非鱼养殖户均收入1.8万元，对虾养殖户均收入6.5万元，龟鳖养殖户均收入7.8万元，牡蛎养 殖户均收入4.9万元。

2. 渔业生产工作经验

（1）深入开展调研活动，科学制定规划计划。

①深入开展调研活动。据不完全统计，一年来，自治区水产畜牧兽医局前后共单独或联合组织开展了9次调研或考察学习活动，到百色市、河池市调研大水面养殖开发情况；到北海调研钓鱼资源情况；到江苏考察休闲渔业和农耕文化发展情况；到北海、防城港调研海

洋渔业特别是南珠产业发展情况;赴福建、江西、山东等省份考察学习促进渔业发展经验;到桂林市开展中华绒鳌蟹养殖可行性调研;到广东湛江进行以海水名特优品种选育繁育与引进开发为主要内容的调研活动。通过调研或考察,掌握了情况,开阔了视野,理清了思路,促进了工作。

②组织编制有关产业发展专项规划。为了科学指导有关产业发展,先后组织编制了《广西深水抗风浪网箱养殖发展规划》、《广西休闲渔业发展规划》、《广西现代渔业示范区建设规划》等3个产业发展专项规划,并草拟了相应的《关于加快发展广西休闲渔业的指导意见》和《广西休闲渔业示范基地创建标准》等2个文件。这些规划和文件,对推进全区现代渔业建设有着重要的作用。

(2)强化基础建设,夯实发展基础。

①扎实开展水产原(良)种体系建设工作。一是积极争取农业部支持建设水产原(良)种场,2012年,全自治区共获得农业部立项支持建设的水产良种场3家。二是组织开展自治区级水产良种场的资格认定工作。2012年,全区共认定自治区水产良种场9家,覆盖了罗非鱼、龟鳖、对虾、"四大家鱼"、珍珠贝等广西主要优势特色品种。三是组织开展水产原(良)种场苗种场建设工作。2012年,共安排财政资金2 800多万元,在全区建设包含11个特色品种15家水产原(良)种场苗种场、2家罗非鱼良种选育繁育场(中心)、12家罗非鱼越冬场。四是支持建设广西农业良种海南南繁育种基地,争取财政投入资金1 600万元,水产苗种南繁基地正在加紧建设。

②组织实施广西中央财政现代农业——优势水产品产业发展资金项目。一是继续跟踪落实2011年项目实施后续工作。4月,自治区组成4个督查组分赴南宁等6市18县(市、区),对各市县实施2011年项目进行现场督查;4~5月,对18县(市、区)实施2011年项目情况进行跟踪调查,并按照有关要求,对项目实施效果情况进行绩效考评,向全区通报和上报财政部绩效考评报告;10月,联合自治区财政厅在钦州市组织召开项目现场会,对2011年项目实施情况进行交流学习和总结,布置2012年项目实施工作。二是组织落实2012年项目有关工作。配合自治区财政厅制定2012年项目申报指南,组织开展2012年项目申报、核实、筛选、编写实施方案、评审、批复等工作。

(3)进一步规范管理,严格源头监管。加强水产苗种规范管理、水产原良种场建设管理和两证制度管理。一是开展培训,强化水产苗种规范管理和推进水产原良种场建设管理,多种形式强化培训,进一步提高相关工作人员的法律法规和业务水平。二是加强宣传《水域滩涂养殖证管理办法》和《水产苗种管理办法》,进一步提高养殖户申办养殖证和苗种生产许可证的积极性。三是检查督促各市县依据水域滩涂养殖规划,加快养殖权证登记与核发工作。

(4)突出示范引导,促进健康发展。

①开展水产健康养殖示范场创建工作。通过组织申报创建、开展督促检查和考核验收等方式,在全区组织开展水产健康养殖示范场创建工作,全区共申报创建农业部和自治区水产健康养殖示范场38家,年底有26家养殖场通过专家的现场考核验收,其中,获农业部水产健康养殖场14家,获自治区水产健康养殖示范场12家。迄今为止,全区获得农业部和自治区水产健康养殖示范场172家,其中自治区水产健康示范场80家,农业部水产健康养殖示范场92家。

②开展休闲渔业示范基地创建工作。一是在全区扶持建设一批休闲渔业示范基地。2012年自治区级部门预算安排400多万元,在全区重点扶持6个休闲渔业示范基地创建。二是推选"广西休闲渔业十大精品"。在"五一"长假期间开展"休闲农业乐五一"活动,在全区推选"广西休闲渔业十大精品",并通过新闻媒体大力宣传推介。三是开展全国休闲渔业示范基地创建工作。根据农业部通知要求,在全区组织开展申报创建全国休闲渔业示范基地工作,并根据创建标准要求,组织专家对30家申报单位进行评选,择优推选上报5家单位作为广西全国休闲渔业示范基地创建单位,已有3家被农业部批准为第一批"全国休闲渔业示范基地"。

3. 水产标准化工作　一是组织开展了"三品一标"产品认证工作。围绕保障水产品质量安全,推进标准化生产,增强产品市场竞争力,组织开展了产地认定产品认证工作。全年组织认定水产无公害产地33家,产地规模1 542公顷;组织申报并获得水产无公害农产品认证47个,年产量13 439吨;组织申报并通过评审农产品地理标志备案登记产品2个。全自治区共拥有水产无公害产地117家(有效期内)、无公害农产品182个(有效期内),累计获得农产品地理标志备案登记产品8个。二是组织实施技术标准制订计划。年内组织有关单位新编制广西水产业技术标准(地方标准)7项,全区累计发布实施并在有效期内的广西水产业技术标准已达99项,水产业技术标准体系得到了进一步完善。三是组织开展水产标准化技术委员会的筹建工作。根据广西实施技术标准发展战略工作的分工和自治区质量技术监督局有关文件精神,自治区水产畜牧兽医局组织广西水产技术推广总站完成了"广西水产业标准化委员会”的筹建工作。

4. 水产品质量安全监管 为努力确保不发生重大产品质量安全事件，2012年广西产品质量安全整治工作目标被纳入各级政府年终绩效管理和目标考核，推动了各级各部门齐抓共管产品质量安全整治工作。年内广西持续开展水产苗种和水产品质量安全专项整治，落实生产、经营者的第一责任，要求规模养殖场（户）、兽药（渔药）、饲料和饲料添加剂生产经营企业、专业合作社必须签订《水产品质量安全监管工作责任书》。实施《广西水产畜牧产品质量安全“黑名单”管理办法（试行）》，对违反有关规定企业列入“黑名单”管理。通过严格许可制度、规范生产记录、严查非法使用硝基呋喃类代谢物和氯霉素等违禁品的行动，全区依法应领取水产苗种生产许可证的苗种场领证率达到100%；水产健康养殖示范场、出口原料备案基地、无公害水产品生产企业、水产苗种场等四类生产单位100%建立生产记录、用药记录和销售记录，整治率达到100%；产地水产品监督抽查规范化、水产品药物残留监测合格率稳中有升。全年共监测水产品样品1 400个，合格样品数为1 380个，合格率为98.57%。

5. 渔业安全生产 针对以往受恶劣气象条件等多种因素影响，水上安全事故多发、安全生产形势严峻的实际，自治区水产畜牧兽医局按照自治区政府、农业部安全生产工作部署，全面贯彻落实全国渔业安全生产暨平安渔业示范县创建工作会议精神，深入宣传渔业安全生产法律法规，继续组织创建“全国平安渔业示范县”、“全国文明渔港”，全面落实渔船安全生产责任，开展安全生产打非治违行动、安全生产大检查和专项整治，充分发挥渔船安全救助系统在渔业安全应急中的作用，确保了渔业生产形势总体平稳。全年全区发生渔业船舶水上生产安全事故22起，死亡（失踪）16人，同比分别增加8起、12人；水上交通事故6起，死亡（失踪）6人，同比分别减少1起、4人；自然灾害事故1起，无死亡（失踪）人员，减少5人；未发生重特大渔船安全生产事故。广西渔业安全应急中心坚持24小时值班制度，全年通过渔船安全救助信息平台共接收渔民报警702起，处置渔民有效报警66起，涉及渔船70艘、涉及渔民500余人，救助或协助救助渔民125人。适时启动防台风应急预案，并派出工作组到沿海各市渔业防台风一线配合指导防御工作，全年全区渔业没有发生一例风灾人员伤亡事故。

6. 水生生物资源 一是增殖放流。2012年，全区共投入增殖放流资金1 313.31万元，其中中央财政下达950万元，地方财政安排资金150万元，社会各界投入213.31万元。举办增殖放流活动100多次，其中国家级8次，自治区级2次，市县级活动89次，中越跨国联合放流活动1次，共投放水生生物47 327.06万尾（只）和珍稀濒危物种苗种1 500尾（只）。二是人工鱼礁与海洋牧场建设。2012年，继续执行农业部下达海洋牧场示范区项目，共投入海洋牧场建设经费900万元，投放人工鱼礁礁体576座，在人工鱼礁区增殖放流虾苗300万尾，恋礁性鱼类1万尾，贝类苗种10万粒。此外，梧州市利用长洲水利枢纽生态补偿款，在苍梧县龙圩镇四分村浔江南岸投放人工鱼巢5 000平方米。三是开展水生生物资源增殖效果评估。2011—2012年度，继续安排专项经费32.5万元，委托北海市水产技术推广站开展海洋水生生物增殖放流效果评估，已取得7艘信息渔船提交529天捕捞生产记录，在广西沿岸各主要渔港发放并回收有效的渔民调查表450份。2012年5～10月，实施鱼类生物学测量20批次，开展生长对比和大规模鱼类增殖放流的染色标识试验，已取得初步成效。

7. 水域生态修复 一是涉渔工程生态资源影响评价工作。积极参与涉渔工程生态环境影响评价，以保持渔业资源生态平衡为原则，合理提出保护渔业生态资源环境的意见和措施要求，切实维护渔业生态环境。2012年，共参加内河工程项目环境影响评价2项次，参加海洋部门开展海洋工程项目环境影响评价评审50项次，参加农业部渔业局、自治区环保部门、海洋部门等组织开展的专题评价及相关区划、规划等评估审查6项次。经审查，核实的应收生态资源补偿费约3.6亿元。二是渔业污染事故调查处理工作。采取重点指导、组织协调办案等措施，加强对全区渔业污染事故调查处理的监管和指导，有效地促进渔业污染事故调查处理。据统计，全区共发生内陆渔业污染事故30起，造成直接经济损失2 444.70万元。自治区水产畜牧兽医局牵头调查渔业污染事故26起，处理结案20起，结案率为66.66%；获损失赔偿852.04万元，占直接经济损失总额的34.85%。三是渔业生态环境监控工作。2012年，全自治区渔业水域生态环境监测布设8个站位（合并站位）、40个采样点，进行海水16个指标项目、淡水15个指标项目的重点渔业水域生态环境监测分析。其中沿海海域渔业水域站位5个（合并站位），内陆重要江河渔业水域站位3个。按照计划，广西渔业环境监测中心已完成现场采样监测和实验室检测分析工作，编制《2012年广西渔业生态环境监测技术报告书》，并按要求向国家渔业生态环境监测中心提供广西渔业水域生态环境监测和提交公报评价等数据。

8.水生野生动植物保护与管理 2012年6～10月，根据农业部、公安部、海关总署联合通知要求，在全区开展“打击非法捕捉经营利用水生野生动物保护专项执法行动”，组织开展水生野生动物管理执法检查，对宾馆饭店、农贸市场、水生野生动物养殖场、水族馆等单位进行检查和清理整顿，共计开展行动236次，出动车辆1 106辆次，出动人员3 314人次，检查经营利用单位1 289个、驯养繁殖单位223个，其他场所355个，查处无证收购运输水生野生动物案件46宗，共罚款46 000元。通过开展执法行动，严厉打击非法捕捉、杀害、加工、贩卖水生野生动物的违法犯罪行为，加强规范水生野生动物特许利用管理，进一步提高全社会水生野生动物保护意识。同时，加快柳江长臀鮠桂华鲮赤魟国家级水产种质资源保护区建设步伐，进一步完善广西泗涧山大鲵、左江佛耳丽蚌、红水河来宾段珍稀鱼类自然保护区和漓江光倒刺鲃、金线鲃国家级水产种质资源保护区及西江梧州段国家级水产种质资源保护区建设，继续向农业部申报建设凌云珍稀洞穴鱼类自然保护区。

9.渔政执法和渔船减船转产 一是加强海洋渔业执法。根据农业部办公厅、农业部南海区渔政局有关开展“护渔2012”海洋渔业执法行动的通知要求，组织全区渔业执法机构开展广西“护渔2012”海洋渔业执法专项行动926次，检查渔船6 083艘次，查获违规作业渔船682艘次。2012年，全区沿海各渔政机构共派出6艘渔政船完成北部湾广西管辖海域、西沙、南沙15次巡航任务，维护国家主权和海洋权益，此外，中国渔政45001船在南沙巡航守礁期间积极配合美济礁生产性网箱养殖试验调研工作6次。二是加强渔政监管，确保休渔和禁渔效果。根据《农业部关于实行珠江禁渔期制度的通知》和珠江流域渔业管理委员会《关于印发2012年珠江禁渔管理实施方案的通知》要求，在内陆9市、53县（市、区）的2 010千米水域，继续组织实施珠江禁渔期制度，全区应参加禁渔渔船11 311艘全部按时停泊禁渔，3 689名困难渔民纳入了低保范围，在两个月的珠江禁渔期间，基本实现了“江上无生产渔船，水中无作业网具，市场无捕捞江鱼”的管理目标。根据《农业部办公厅关于加强海洋伏季休渔管理工作的通知》要求，继续组织实施海洋伏季休渔制度，全区3 083艘应休渔船全部按时进港休渔，休渔期间，渔港、渔船没有发生大的安全事故，休渔秩序总体良好。三是继续组织实施海洋捕捞渔船减船转产，全年全区减船25艘、1 397.46千瓦。

10.渔业科技与推广 2012年，广西渔业部门认真贯彻落实中央1号文件，开展渔业科技促进年活动，扎实推进渔业科研和技术推广工作，取得了较好的成效。年内科技项目立项69项，获得项目经费1 802万元；有11项科技成果通过技术鉴定和成果登记，“广西水产品质量安全监控技术研究与应用示范”项目获广西科技进步三等奖；申报专利22件，获得授权8件；编制完成技术标准送审稿29项；发表科技论文53篇，其中SCI论文4篇。桂海1号南美白对虾新品种通过了农业部新品种审定，罗非鱼链球菌病疫苗研发制备口服疫苗24批次，在40个示范点推广应用。广西水产研究所与国家自然科学基金委主任陈宜瑜院士合作实施“广西常见养殖牡蛎品种鉴定的研究”课题研究，掌握和建立了水产品种DNA条形码研究技术。广西水产研究所与中山大学教授、中国工程院林浩然院士合作实施“卵形鲳鲹苗种规模化繁育及养殖技术的研究”项目，掌握了三种孵化方法的水温、盐度、溶氧量、pH等和孵化率密切相关因子的参数值，申报专利1件。广西水产研究所与中国水产科学研究院淡水渔业研究中心研究员、国家罗非鱼产业技术体系首席科学家杨弘研究员合作实施“优质高产罗非鱼新品种的选育”项目，选育百桂1号罗非鱼生长、繁殖和出肉率等主要经济性能均有显著提高。广西水产引育种中心与中国水产科学研究院淡水渔业研究中心研究员、国家罗非鱼产业技术体系首席科学家杨弘研究员合作实施“建鲤新品系的育种研究及示范推广”项目，开展建鲤新品系分子遗传分析研究，建立了鲤鱼TRAP－PCR反应体系。组织107个县（区）实施基层农业技术推广项目，选定技术专家441名、技术指导员4 232名，建立科技示范户12 495户，举办科技培训班148期，培训9 657人次，推广渔业主导品种22个、主推技术41项。

11.渔业发展的存在问题 渔业发展基础仍很薄弱。水产良种繁育场、越冬培育场建设工作相对滞后，优质水产苗种供给能力还很弱；设施装备水平低，严重老化池塘面积比例仍较大，网箱、渔排、渔筏等养殖设施简陋；海洋捕捞渔船装备水平低。渔业综合生产能力、抵御自然灾害能力和开发外海渔业资源能力比较弱。

【大事记】 2012年10月18日，中国—东盟（南宁）渔业文化周活动在南宁国际会展中心隆重举办，活动主办单位有广西壮族自治区水产畜牧兽医局、农业部渔业局、国家体育总局社会体育指导中心、全国水产技术推广总站、农业部渔船检验局以及广西壮族自治区体育局、旅游局、广西国际博览事务局、南宁市人民政府，农业部国家首席兽医师于康震、中国渔业协会会长齐景发、农业部渔业局局长赵兴武亲临现场指导。

（广西壮族自治区水产畜牧兽医局）

海南省渔业

【概况】 2012年,全省渔业总体上仍然保持增长态势。一是渔业经济总量保持增长。全省水产品总产量188.19万吨,比上年增长8.4%;渔业总产值349亿元,增长16%。二是渔民收入保持稳步增长。全省渔民人均纯收入11 839万元,增加1 361元,增长13%。年内,继续推进渔业发展方式五大转变:一是以外延扩大再生产为主,向外延扩大再生产与内涵扩大再生产并举,逐步向以内涵扩大再生产为主转变;二是水产品生产从以捕捞为主,向捕捞与养殖并举,逐步向以养殖为主转变;三是从以淡水养殖为主,向淡水养殖与海水养殖并举,逐步向以海水养殖为主转变;四是从以近海捕捞为主,向近海捕捞与外海、远洋捕捞并举,逐步向外海远洋捕捞为主转变;五是水产品从由初级加工为主,向初级加工与精深加工并举,逐步向水产品综合利用为主转变。渔业发展方式五大转变取得新突破:一是外海捕捞能力不断增强,三沙渔业开发稳步推进;二是深水网箱养殖规模快速壮大,标准化池塘改造稳步推进;三是水产加工产品档次不断提高;四是休闲渔业初步发展,海南海研热带海水鱼类良种场成为全国第一批休闲渔业示范基地。渔业发展逐步形成从陆到海,从浅到深,从水面到水底,从第一产业为主到一、二、三产业协调发展的现代渔业格局。继续抓好造大船闯深海、创建健康养殖基地、发展深水网箱养殖、罗非鱼精养、发展养殖新品种、渔业资源增殖养护、市场推介、质量安全、渔业生产安全、灾后救助和恢复生产等工作。

1.海洋捕捞 2012年,全省海洋捕捞产量123.42万吨,其中外海捕捞产量42.99万吨,同比增长6%,占水产品总产量的65.65%。继续推进压小造大工程,鼓励渔民报废旧小渔船建造大中型外海捕捞渔船;实施渔船更新改造项目,通过报废旧小渔船更新改造大型钢制外海捕捞渔船赴三沙捕捞生产;做好扶持壮大外海捕捞能力工作,安排300万元渔业产业化资金用于扶持30艘80吨以上外海捕捞渔船;制定渔船业务审批办理规程,对全省渔船报废、买卖和制造的审批权限和办理流程进行规范和统一;完善渔船制造内部审批流程;推进渔船管理信息系统建设,规范渔船数据管理和业务管理;完善海洋捕捞渔船数据,调查海洋捕捞辅助船情况,全面掌握渔船情况;完成渔业油价补助资金分配工作;开展捕捞企业、专业合作社普查建档工作,探索组织化生产模式;开展捕捞生产力分布情况调研,做好捕捞项目指导工作;捕捞渔船数据导入方案获得农业部同意。三沙生产渔船由392艘发展到1 287艘,特别是2012年成功组织了全省有史以来最大规模的南沙捕捞活动,30艘百吨以上钢质捕捞渔船编队赴南沙生产作业,为组织化、规模化开发外海捕捞探索新路。

2.水产养殖 2012年,全省水产养殖面积5.63万公顷,同比增长1.5%,其中淡水养殖4.05万公顷,海水养殖1.58万公顷;水产养殖产量62.53万吨,增长12.46%,其中海水养殖产量23.05万吨,淡水养殖产量39.48吨;水产养殖产值104.71亿元,增长16%,其中海水养殖产值67.17亿元,淡水养殖产值37.53亿元。

主要做法:第一,大力推进深水网箱养殖产业的发展。继续扶持深水抗风浪网箱养殖。全省投放深水网箱3 499口,比2011年"纳沙"台风受灾后增加2 948口,其中临高仍然是全国乃至亚洲最大的深水网箱养殖基地。第二,积极做好低产池塘标准化改造工作。全省累计完成池塘改造面积1 632.2公顷,完成投资9 760万元。第三,抓好水产健康养殖示范场的创建。全省共有2家第三批"农业部水产健康养殖示范场"复查合格并获农业部批复继续保留称号,有6家养殖场经考核验收合格并获农业部授予"农业部水产健康养殖示范场"称号。第四,做好水产苗种日常管理。加强对水产苗种场的行政检查,评定3家省级水产良种场,协助企业申请农业免税进口苗种。第五,加强水产养殖病害测报体系建设。每月定期发布病害测报与预测预报信息,给养殖户提供较为准确、有利的指导信息。

3.渔业资源增殖 2012年继续加强伏季休渔管理。从5月16日至8月1日,全省8 994艘应休渔船按时进港休渔,涉及渔民35 611名。各市县对休渔渔船建立了管理档案,绘制了渔港休渔渔船停泊示意图,清理了渔港航道,安排渔政执法人员进驻伏休重点渔港、渔业村队、水产码头,组织伏休渔船按时返港,同时派出执法船(艇)和执法人员在港口陆上、港口水域和出海通道构筑三道防线,层层把关,实现"船进港、网封存,人上岸,证集中"。2012年度海南省用于增殖放流项目资金共计881.43万元,其中农业部2011年增殖放流项目440万元,省内各级财政配套441.43万元。投放各类虾鱼苗约14 214.11万尾。省海洋与渔业厅承担农业部增殖放流项目440万元,以及部分省财政增殖放流项目91.43万元,共计531.43万元。项目于2012年11月28日结束,放流斑节对虾5 600万尾,各类海水鱼苗61万尾,各类淡水鱼苗1 998.21万尾,大珠母贝苗20.5万粒,合计7 679.71万尾(粒)。

投放于三亚、海口、东方、临高附近海域及大中型公益性和万泉河、昌化江、南渡江等重要的淡水河流域。农业部渔业局组织的“西沙永兴岛海龟放生和资源增殖放流活动”为三沙市成立以来开展的第一次增殖放流活动，组织南海水生野生动物救助中心、省水产研究所参与，放生海龟 500 只，投放方斑东风螺苗种 100 万粒、麒麟菜种苗 3 吨。琼海市、陵水县和东方市三个市县组织增殖放流项目共计投资 250 万元，投放各类虾、鱼苗种约 5 484.40 万尾。取得了较为显著的社会效益、生态效益。

4. 水产品质量安全 2012 年，农业部对海南省进行产地水产品质量安全监督抽查，抽取对虾、罗非鱼样品共 120 个，合格率为 100%，连续四年保持稳定；农业部在海南省开展水产苗种质量安全监督抽查，抽取对虾和罗非鱼苗共 40 个，合格率为 90%，提高 5 个百分点；完成农业部 4 次水产品质量安全例行监测，抽取罗非鱼、对虾、草鱼、乌鳢等样品 160 个，合格率为 95%。扩大了全省监督抽查覆盖率，水产品质量安全监督抽查范围从 2011 年的 15 个市（县）扩大至全省 18 个市（县），抽样对象从以公司企业和合作社为主向以个体养殖户为主转移，抽样数量从上年的 186 个增加到 257 个，合格率为 96.50%。其中，水产品样品 150 个，合格率为 96.67%；水产苗种样品 70 个，合格率为 94.3%；投入品 37 个，合格率为 100%。为确保水产品质量安全，采取以下措施：一是加强水产品质量安全监管。根据年度工作计划，厅机关组织相关处室、省水产技术推广站和省水产品质量安全检测中心组成水产品质量安全专项督查组，每个季度开展 1 次水产品质量安全督查，并及时下发督查通报，指导各市（县）加强水产品质量安全监管工作。同时，制订下发了《海南省海洋与渔业厅水产品质量安全监管工作检查评价办法（试行）》，对监管工作进行细化，明确了监管工作内容，并对市县水产品质量安全监管工作进行检查评价考核，进一步督促落实水产品质量安全监管责任，推动全省水产品质量安全工作稳步发展。二是推进无公害水产品产地认定和产品认证一体化及渔业标准化工作。2012 年全省有 16 家企业通过无公害水产品产地认定与产品认证（认定认证面积超过 700 公顷）；制订了 2 项渔业标准，推进渔业标准化管理工作，促进渔业经济可持续发展。三是开展水产品质量安全宣传和培训。开展了放心渔资下乡进村和食品安全宣传周活动，深入渔村、企业、养殖基地宣传水产品质量安全知识，全省共出动人员 1 008 人次、车辆 204 台次，发放宣传材料 17 000 多份，悬挂横幅 71 条，同时组织水产养殖、技术推广和质量安全检测专家开展咨询服务活动。全省举办水产品质量安全培训班 80 多期，培训水产养殖从业人员 6 000 多人，从业人员质量安全意识明显增强，为保障水产品质量安全奠定基础。

5. 科技兴渔 2012 年，继续做好科技兴渔工作。一是继续推进渔业科技进村入户，省水产研究所和省水产技术推广站承办培训班 32 期，集中培训基层农渔技人员 4 200 余人，内容涉及深海网箱，主导品种主推技术。同时针对罗非鱼产业面临的困境，在培训中积极引导渔、农民进行品种结构和养殖模式的调整。二是加强水生动物疫病防控，在全省 18 个市（县）设立测报点，建立主要养殖品种罗非鱼、对虾、石斑鱼、卵形鲳等病害测报网点，开展养殖病害疫情监测，分析防控措施，由省厅组织省水产技术推广站对全省水产养殖病害进行跟踪和汇总，每月定期发布水产养殖病害测报信息，及时向社会公开养殖疫情。三是由省水产研究所承办的中沙群岛漫步暗沙海洋渔业资源增养殖科研基地建设，系三沙建市后启动的第一个科研项目，建成后将在中沙群岛漫步暗沙海域进行科研基地建设，实施渔业增殖放流、鱼虾增养殖和贝藻类底播增养殖试验等相关科学研究。国家海洋公益性科研专项“南海深水区高值鱼类大型网箱健康养殖关键技术集成与示范”项目已经顺利启动，并按计划实施。四是国家级南美白对虾遗传育种中心通过验收，成为我国第一个通过验收并投入运营的水产遗传育种中心。农业部授予水产研究所海研热带海水鱼类良种场为第一批全国休闲渔业示范基地。

6. 渔业基础设施建设 2012 年继续大力推进渔港项目建设。临高新盈中心渔港、儋州白马井中心渔港、乐东岭头一级渔港分别累计完成投资 4 290 万元、4 297 万元和 3 205 万元，占总投资的 47%、97% 和 84%。琼海潭门中心渔港概算总投资 6 228 万元，项目主体工程基本完成，码头、护岸及航道疏浚工程建成投入使用。东方八所中心渔港项目总投资 5 570 万元，已完成东港区建设内容。昌江海尾一级渔港原计划总投资 3 508 万元，昌江黎族自治县政府追加项目建设资金 2 897 万元，项目总投资调整为 6 405 万元，累计完成投资 6 177 万元，占总投资的 97%。文昌清澜一级渔港概算总投资 4 358 万元，中央投资未下达，已完成动工前准备工作。继续推进现代渔业项目建设，续建 5 个现代渔业基地，其中文昌潭牛万亩罗非鱼健康养殖基地、临高深水抗风浪网箱养殖基地、海口三江湾万亩罗非鱼健康养殖基地建设完成，儋州罗非鱼健康养殖基地、定安罗非鱼健康养殖基地进展顺利。推进水产原（良）种场建设，2010 年农业部批准建设的文昌鲍鱼良种场和陵水金鲳鱼良种场建设项目已完成建设工作。

7. 水产品加工与流通 2012 年,全省水产品出口量 13.8 万吨,出口额 5.3 亿美元,分别比上年增长 6.15% 和 8.2%,其中罗非鱼出口 10.8 万吨,出口值 3.16 亿美元,分别增长 5% 和减少 0.36%。海南水产品出口 71 个国家和地区。全省有水产品加工出口企业 34 家,水产品年加工能力近 60 万吨。海南水产品出口额在全国排名第六位。主要做法:一是深入海南泉溢食品、海南蔚蓝海洋食品、海南翔泰渔业等 10 多家企业开展调研。主要了解春节后企业恢复生产、罗非鱼原料供应、企业招工以及国际市场销售等情况,与企业交流国内外市场开拓情况,总结经验,为扩大水产品出口提出指导性建议,确保全年出口任务的完成。二是对江西、江苏、青海、甘肃四省开展水产品市场调研,了解市场需求,为全省如何发挥海洋渔业的优势,找准突破口,提供科学的依据。三是组织企业参加布鲁塞尔渔业博览会、日本东京国际海产品与技术博览会、中国国际渔业博览会、中国农产品博览会和海南冬交会等渔业交流和贸易活动,有效地促进了全省水产品加工出口企业与国内外客商的交流与合作,促进了水产品的流通和出口。

8. 护渔执法 2012 年,把南海维权护渔作为护渔执法的重点,渔政巡航 76 个航次,总航程 1.05 万海里,驱赶外国渔船 51 艘,抓扣外国渔船 24 艘,没收外国渔船 5 艘,以维护正常的渔业生产秩序和海洋权益。加强渔政执法检查,对重点地区、重点海域采取省与市(县)联合执法,开展港口行动 563 次,检查渔船 2.24 万艘,责令整改 2 481 项。组织海上专项行动 580 次,出动执法渔政船 691 艘次,检查渔船总数 5 406 艘,没收渔船 9 艘,没收渔获物 8 064 千克,没收渔具 1 621 片,严厉打击毒鱼、电鱼、炸鱼以及破坏性捕捞等违法行为。开展涉外渔业安全培训,对南沙、北部湾渔民进行涉外渔业安全生产知识、渔业法律法规等培训,全省举办培训 32 期,培训渔民 4 000 人次。

9. 渔业防灾减灾 2012 年,为减少汛期灾害损失,全省海洋渔业系统采取多项措施。一是灾前做好各项准备工作,及时发出预警通知,组织渔船回港或转移避险。二是灾情发生后及时部署抗灾救灾,包括启动海上救助联动机制,开展海上救助工作,组织渔民自救互救,把损失降到最低程度。三是部署开展渔业恢复生产工作,对各市(县)渔业恢复生产进行全面部署,包括派出专家组赴灾区进行技术服务和技术指导,帮助渔民树立恢复生产的信心。2012 年,全省发生渔船生产安全事故 8 起,渔民死亡(失踪)10 人(不含自然灾害事故和海上交通事故),事故起数较上年同期多 1 起,渔民死亡(失踪)人数减少 1 人,没有发生重特大渔业安全生产事故。一是加强制度建设,修订了《渔业安全生产工作责任目标考核实施细则》,贯彻落实《海洋渔船跟帮编队生产管理暂行办法》。二是提升装备保障能力,加大资金投入,完成了海洋渔业生产安全环境保障服务系统 2012 年工作任务,系统正式运行;加强渔港消防设施设备配备;实施救生筏财政补贴配备;完善渔港监控系统;推广"渔信通"手机沿海定位通信系统建设,解决小渔船难监控、难管理的问题。三是抓好海洋灾害预报预警工作。推动省海洋灾害信息预警报发布系统建设,2012 年基本完成 LED 屏信息发布系统、防灾减灾网站、移动 PDA 灾害信息发布系统等建设。该系统主要包括海洋灾害预警报文字和图片产品制作系统、影视制作系统、中心网站发布系统、传真发布系统、短信息发布系统、广播电视发布系统。四是开展海洋防灾减灾与渔业安全生产培训和宣传。开展"5·12"防灾减灾宣传活动,走进文昌基层开展宣传教育活动;2012 年安全演练月(6 月份)活动期间,组织文昌、陵水、儋州、三亚、琼海、海口、临高等 7 市(县)渔业部门进行消防、救生、海上渔船救助演练,开展海洋与渔业灾害知识普及活动。五是增播西南中沙岛礁海洋环境预报。按照《海洋观测预报管理条例》规定和国家海洋局有关指示精神,结合海南省的实际情况,制定了《西、南、中沙群岛海域海洋环境预报节目播出方案》,及时准确提供海洋环境预报,进一步保障了南沙作业渔民安全,得到了国家海洋局的肯定和支持。六是开展安全隐患排查治理执法行动。通过抓重点市(县)、重点渔船、重点海域和查重点环节,采取综合检查与专项检查相结合、定期检查与不定期检查相结合的形式,对检出的问题进行整改。七是加强海上救助工作。全年海洋渔业部门直接参与渔业海上救助 80 起,成功救助救援 485 多人,救助渔船 105 艘,挽回经济损失 2 501 万元。八是抓好渔业互助保险工作。截止到 2012 年底,全省参保渔船 5 884 艘,参保渔民 45 535 人,已收保费 2 983.45 万元;理赔 731.94 万元。

10. 全省渔业安全生产工作会议 2012 年 4 月,全省渔业安全生产工作会议在海口召开,主要回顾 2011 年全省渔业安全生产工作情况,分析当前渔业安全生产形势,部署 2012 年渔业安全生产工作。省海洋渔业厅、省安全生产监督管理局、南海救助局海口基地、省渔业监察总队、省海洋监测预报中心等单位负责人和相关人员,各沿海市县海洋渔业局局长、分管副局长、渔政渔监机构负责人,中部市县渔业主管部门分管副局长等出席会议。会议要求,全省渔业主管部门要落实责任,强化措施,努力做好渔业安全生产工作。

11. 南海维权工程 2012 年,加强开展南海定期巡查执法及专项执法,参与维护黄岩岛主权的维权巡航,参与南海总队对海南省周边海域 18 个领海基点的巡查工作。开拓航空执法新领域,联合南海总队航空支队开展了航空巡航执法。开展南海维权护渔,完成巡航任务 20 余航次,历时 200 天,航程 1 万余海里,登临、驱赶进入我国管辖海域进行违法活动的国外(越南)渔船上百艘次,有力打击了外国侵权侵渔行为,维护了我国海洋权益。积极推进维权执法专用海监船及基地建设,两艘 1 000 吨级省级维权执法专用海监船建造项目稳步推进,完成了中国海监 2131、2132、2133 海岛执法快艇验收和入列工作,并向农业部提出建设 3 000 吨级渔政船 1 艘、1 000 吨级渔政船 2 艘的申请。积极推进海口海监渔政综合服务基地和琼海维权执法基地维修改造项目进度。

12. 西南中沙群岛渔业资源调查 2012 年,省水产研究所继续开展西南中沙群岛渔业资源调查。从 2009 年开展的调查活动,已基本摸清中南西沙群岛渔业资源的品种组成、分布区域、数量分布水平和季节变化等情况,为海南及我国开发这一区域的渔业资源提供了科学依据。中南西沙群岛海域是海南渔民的传统渔场,渔场面积超过 140 万平方公里。调查结果表明,中南西沙群岛海域拥有深海和珊瑚礁岛架礁盘浅海两种生态环境,鱼类种类繁多、总储量巨大,已知栖息鱼类有 500 种以上,其中经济价值较高的鱼类有 30 多种。

【重点渔业市(县)基本情况】

海南省重点渔业市(县)基本情况

市(县)	渔业产值(万元)	水产品产量(吨)	其中			海水养殖面积(公顷)	淡水养殖面积(公顷)
			海洋捕捞	海水养殖	淡水养殖		
临高	724 335	498 406	445 990	43 372	8 014	1 507	2 094
儋州	620 758	430 993	305 687	61 927	59 583	3 126	4 515
文昌	447 532	216 882	30 849	33 759	150 851	3 571	8 578
陵水	446 081	102 037	87 168	11 124	3 745	472	588
琼海	156 069	100 729	55 000	7 050	36 275	766	3 603

(*海南省海洋与渔业厅*)

重庆市渔业

【概况】

1. 主要指标完成情况 2012 年以来,重庆市渔业按照巩固提高的原则,以保供增收为中心,以增量提质为目标,积极构建现代渔业产业体系和支撑保障体系,努力推动现代渔业建设取得了积极成效。全年水产品产量 33.07 万吨,渔民人均纯收入 9 180 元,同比增幅分别达到 19.8% 和 12.5%,产地水产品质量抽检合格率 100%,渔业安全形势保持稳定。

2. 主要工作及成就

(1)政策支持力度持续增强,社会投资渔业热情高涨。市委、市政府出台《关于加快推进农业现代化建设的意见》,将渔业作为特色效益农业重要支柱产业,为未来渔业持续快速发展提供了强有力的政策支撑,加之前两年支持渔业发展的政策效应和渔业在农业中比较效益较高的特点,各地发展渔业的热情高涨,纷纷出台支持政策,增加渔业投入。2012 年中央和市级财政投入 1.1 亿元,区县财政投入 0.3 亿元,社会投入 7.7 亿元。开县投入财政资金 1 500 万元用于池塘建设和苗种繁育,到 2017 年县级财政投入扶持资金的额度将达到 8 000 万元;渝北区政府出台了《重庆市渝北区现代都市农业发展扶持办法》,对在“一区三带十基地”规划范围内,新流转耕地养殖水产品 3.3 公顷以上的企业,新建标准化休闲鱼池,每公顷补助 6 万元。

(2)“双保计划”扎实推进,渔业保供增收能力增强。按照市政府《关于加快渔业发展的会议纪要(2009—237)》的部署和要求,2012 年是推进“双保计划”的收官之年,市农业委员会采取一系列措施确保计划任务的圆满实现。一是按照扶优扶强的原则建设商品鱼基地。支持新建商品鱼基地 240 公顷,带动新开挖池塘 2 200 公顷;新创建 11 家部级水产健康养殖示范场,全市部级水产健康养殖示范场达到了 37 家,面积 0.97 万公顷。二是努力推进“吨鱼万元”示范区上档升级。支持改造旧塘 380 公顷,带动旧塘改造

2 267公顷;推广以"一改五化"和"80: 20"核心技术0.83万公顷,每公顷产鱼19 455千克、平均收入21万元、纯利润45 750元。三是千方百计推动"稻鳅双千"工程走出低位徘徊。全市稻(莼菜、藕)田养鳅面积接近0.6万公顷,有3 467公顷稻田养鳅(鱼),每公顷平均利润达21 780元,超额完成既定目标。泥鳅苗种繁育量达到20亿尾,生产能力翻番,形成了荣昌、永川、铜梁、南川、大足等鳅苗供给支柱基地。四是大力推广鱼菜共生技术。推广面积从上年的600公顷增加到2 633公顷,实现每公顷产水产品19 549.5千克、蔬菜13 858.5千克、利润73 338元。重庆市的稻田综合种养技术和鱼菜共生技术已被全国水产技术推广总站选为"十二五"全国水产养殖主推技术。同时,以规模化基地为依托,加强宣传指导,渔业专业合作社发展迅速,年内新增88家,累计达到437家。

(3)多方支持配合狠抓落实,生态渔场建设成效明显。自2010年11月三峡库区天然生态渔场正式启动以来,已整合投入各方面资金2.15亿元,有序推进了天然生态渔场建设。一是水域牧场示范成效初见。市农投集团组建的重庆三峡生态渔业发展有限公司,在忠县干井河、龙滩河实施了2 000公顷水域牧场示范项目,生产的"三峡鱼"已获国家有机水产品认证,得到了广大市民的认可。本年销售400吨,销售收入2 000万元。二是苗种繁育体系基本建成。配套建设的每个投资1 000万元的15个库区水产良种场,严格按照《库区天然生态渔场良种场项目与资金管理办法》以及《验收标准》积极组织实施,已有13个建成投产并通过市级验收。三是湿地渔业取得积极成效。开县积极推进厚坝湿地渔业基地建设,争取400万元财政资金完善基础设施、美化基地环境,200多公顷高效湿地渔业基地已建成投产。

(4)特色名优品种加快发展,渔业效益空间有效拓展。泥鳅、大鲵、虹鳟、裂腹鱼等特色土著鱼品种养殖发展迅猛,有稻田养殖、池塘套(主)养、流水养殖等多种形式,全市特色水产品产量达到4万吨,占养殖产量的11.8%。坚持在保护中发展、在发展中保护的原则,对大鲵的经营利用在法律允许范围内实行逐步放开的政策,现已批准两家养殖企业经营利用许可;对符合有关规定的青蛙驯养繁殖许可申请,采取了适度放开政策。特色土著鱼品种的加快发展,有效地拓展了渔业效益空间。北碚池塘鱼鳖混养20公顷,每公顷产值达到90万元左右;巫溪鱼鳞乡逾7公顷虹鳟、金鳟流水养殖基地,每公顷产量195吨、利润225万元;铜梁少云40多公顷乌鱼养殖基地,产商品乌鱼1 500多吨,产值3 500万元,利润超过500万元,其中,池塘养殖商品乌鱼每公顷利润超过45万元;万州新田镇67公顷池塘生态虾蟹养殖,每公顷利润达12万元。

(5)近郊休闲渔业稳步发展,示范基地建设取得突破。沙坪坝、九龙坡、南岸、渝北等区渔业养殖基地集观光、美食、娱乐、休闲、垂钓为一体,不断完善基础设施,延伸产业链条,拓展渔业空间,增加综合效益,市里积极引导,区里全力推进,近郊现代渔业展示区初具雏形。九龙坡区规划了以西彭镇为中心,以毛毛虫、巴人渔家、雪泓渔村等为示范点的"1+10"休闲垂钓基地,制定了休闲垂钓基地建设标准,已建成综合性休闲渔业基地20余家。沙坪坝区上天池度假村以垂钓为主,配搭其他休闲项目,年吸引游客7万人次,收入700万元;江津区明翰热带鱼养殖专业合作社利用温泉水养殖罗非鱼的同时,陆续开发休闲项目,年吸引游客6万人次,收入3 000万元,年内被农业部授予全国休闲渔业示范基地称号。

(6)渔业资源保护工作加强,综合效益得到逐步显现。一是强化属地管理责任,抓好春季禁渔。建立专管与群管相结合的管理机制,加大查处打击力度,共查处违规渔船71艘次、没收深水张网131部、查获电捕鱼器具51台套、毒鱼案1起,行政处罚97人次、罚款19.56万元、刑事处罚(司法移送)18人次,禁渔取得良好效果。二是认真开展水生野生动物保护专项执法。开展了打击非法捕捉走私经营利用水生野生动物保护专项执法行动,检查经营单位1 200余家,清理登记水生野生动物的经营户400余家,共查处非法贩卖、经营水生野生保护动物案件50余起。三是认真组织涉渔工程环评和执法检查。组织参与江津港区朱扬镇码头、主城港区黄礤码头和巴南麻柳开发区船舶加气站等涉渔工程环境影响评价并加强执法检查,涉及生态补偿资金2 300万元。

(7)推进管理规范化常态化,水产品质量保持稳定向好。全面加强养殖生产管理,促进水产品质量安全稳定,产地抽检合格率一直保持在100%。一是推广健康养殖技术,编写出了渔民一看就懂、一学就会、一用就灵的"傻瓜养殖技术"《水产养殖技术汇编》,培训指导1万多人次。二是普遍推行"三项记录"。推行的水产养殖生产、用药和销售等"三项记录"制度,实现了专业养殖户全覆盖。三是加大产地水产品抽检力度。坚持齐抓共管、分级管理的原则,加强产地水产品抽检力度,市级抽查样品223个,同比增长50.7%。四是配合农业部抽检规范化。强化质量安全责任意识,严格执行抽检工作规范,配合部级抽查样品327个,同比增长30.8%。同时,坚持超标事件查处法制化;推进水产品"三品一标"认定认证,新增认定产地

10 处、面积 1 300 多公顷，认证产品 18 个。

(8)监督管理能力水平提高，渔船安全得到有效保障。一是扎实开展渔业船舶打非治违行动。全市共排查隐患 7 000 余处，排查出一般隐患 596 项，整改率 100%。销毁非法从事渔业生产活动的"三无"船舶 32 艘。二是实施"重庆渔民生命之光"工程。为全市 7 000多艘渔船安装了防碰撞灯光信号设备。三是黔江、云阳、涪陵、南川、江北、忠县等区县组织开展了渔船安全应急救援演练，提高了应急处置能力。四是积极开展船检工作。共完成 390 余批次共计 5 000 余台(件)船用产品检验工作，产品价值 3 亿余元；推进渔业互保工作，做到了应保尽保，实现了长江干支流区域渔民全覆盖，累计办理 6 737 人次参保，保费 47 万余元，办理理赔案件 16 件，赔款 50 万余元。全年渔船安全生产形势稳定，实现了"零指标"死亡。渔船安全设施配备率和受检率以及安全违法案件查处结案率均达到 100%，全面完成了市政府下达的目标任务。

3. 主要问题 一是渔业基础条件依然落后。尤其是池塘老化问题较为突出。二是渔业从业人员总体能力偏低。渔业从业者文化水平和业务技能偏低，渔业公益服务机构队伍建设滞后是制约渔业快速健康发展的重要因素。三是渔业抗风险能力依然薄弱。

【重点渔业区(县)基本情况】

重庆市重点渔业区(县)基本情况

区(县)	总人口(万人)	渔业产值(万元)	水产品产量(吨)	其中		养殖面积(公顷)
				捕捞	养殖	
合川区	155.92	52 882.42	32 186	681	31 505	3 104
永川区	112.88	48 788.70	31 498	128	31 370	4 182
长寿区	90.65	36 566.99	25 000	700	24 300	12 194
万州区	174.56	34 280.21	21 500	350	21 150	4 772
涪陵区	116.50	32 034.34	20 133	2 204	17 929	3 120

【大事记】

[1]1 月 5～8 日举行的第十一届中国西部国际农产品交易会上，重庆市政府常务副市长马正其要求稳步发展三峡库区生态渔业。

[2]2 月 24 日，重庆市农委组织召开了全市渔业工作会，会议总结交流了上年渔业工作经验，研究部署了当年的工作任务。

[3]4 月 12 日，国家星火计划重大项目——三峡地区(重庆)特色水产业关键技术集成及产业化启动暨重庆市水产产业技术创新战略联盟成立大会在重庆市万州区召开。中国水产学会副理事长、秘书长司徒建通出席会议。

[4]4 月 12 日，在第十届中国重庆高新技术交易会暨第六届国际军民两用技术博览会上，重庆渝欣牧业开发有限公司与台湾洪国实业股份有限公司签约，标志着内陆最大的集海水产品品种培育、养殖、研发为一体的高新科技水产养殖基地正式落户重庆(江津)现代农业园区。

[5]5 月 20 日，重庆市忠县水域牧场"三峡鱼"首捕体验活动在三峡库区龙滩河水域隆重举行，标志着重庆市三峡库区天然生态渔场建设正式进入收获期。重庆市农委主任夏祖相出席活动。

[6]5 月 23～26 日，农业部渔业局副局长李书民率科技处、全国水产技术推广总站示范处负责人等一行来渝调研特色渔业和三峡库区大水面生态渔业发展情况。

[7]6 月 15 日，重庆市政府参事室副主任连英俊与参事、市农委副主任张洪松一行调研鱼菜共生示范项目推广情况。

[8]9 月 3 日，重庆市农委副主任吴纯主持召开了特色效益渔业规划论证会，会议集中研究讨论了《重庆市特色效益渔业规划》。

[9]9 月 12 日，重庆市人民政府副市长张鸣对重庆梁平现代渔业示范园区进行了实地调研，要求梁平县委、县政府加大对渔业园区的支持力度，为重庆特色效益渔业的发展做出榜样。

[10]9 月 27 日，重庆市三峡生态渔业发展公司生产的"三峡鱼"牌鲢、鳙鱼获得中绿华夏有机食品认证中心颁发的有机产品认证证书。

[11]10 月 9 日，重庆市组织起草的地方标准《水生生物增殖放流技术规范》和《草鱼出血病检疫技术规范》获得国家标准化管理委员会备案。

[12]10 月 27 日，《农民日报》社党委书记、社长唐

园结对永川区现代农业园区渔业基地的山地现代农业发展情况进行了调研。

[13]11月,重庆市三峡生态渔业发展公司生产的有机"三峡鱼"进入重庆主城新世纪超市,实现"农超"对接。

[14]12月3日,重庆市江津区明翰热带鱼养殖专业合作社养殖场和上天池度假村休闲渔业示范基地被农业部授予全国休闲渔业示范基地称号。

[15]12月12日,市委常委、市委农工委书记刘光磊到梁平,对重庆梁平现代渔业示范园区及三峡库区生态渔场梁平良种场调研,希望梁平县加快推动现代渔业发展,为保障全市水产品供给和特色效益农业发展做出更大贡献。

(重庆市农业委员会渔业发展处 程 渝 妙晓东)

四川省渔业

【概况】 2012年,全省水产行业以科学发展观为指导,狠抓健康养殖、新农村水产示范片建设、资源养护、科技推广、质量安全、项目实施等重点工作落实,水产经济保持良好发展势头,超额完成了各项目标任务。全省水产品产量达到118.91万吨,比上年增产6.76万吨,增长6.03%。全省人均水产品占有量达到14.77千克,比上年增加0.84千克,增长6.03%。全省渔业经济总产值达到278.12亿元,比上年增加24.76亿元,增长9.77%。全省农民人均渔业收入421.67元,比上年增长10.61%,人均增收40.45元。全省渔民人均实现纯收入9 523元,比上年增收1 060元,增长12.53%。

1.水产养殖

(1)水产养殖面积稳步增加。全省水产养殖面积达到18.84万公顷(不含稻田养鱼面积),比2011年增加0.43万公顷,增长2.34%;其中,池塘10.03万公顷,水库6.91万公顷,河沟1.90万公顷。稻田养殖面积29.94万公顷,比2011年减少0.58万公顷。

(2)各类水产养殖产量保持增长态势。全省水产养殖产量达到112.88万吨,比2011年增产6.65万吨,增长6.26%,占总产量的94.93%。其中,池塘56.48万吨,水库21.66万吨,河沟8.31万吨,稻田25.37万吨。

(3)常规养殖品种产量持续增长,占总产量的比重略有上升。名优鱼养殖稳步发展,大鲵、泥鳅、黄颡鱼、鲑鳟鱼等名优品种养殖保持良好发展势头,成为渔业增效、农民增收的新亮点。常规品种产量85.29万吨。比上年增加4.43万吨,增长5.48%,占总产量比重71.72%,比上年增长0.24个百分点;名特优水产品产量33.62万吨,比上年增加2.33万吨,增长7.45%,占总产量比重达到28.28%。

(4)水产苗种生产能力稳步增强。改扩建良种场3个,省级以上水产原(良)种场达到29个,水产良种覆盖率达到60%以上。全年生产水花鱼苗188亿尾,比上年增产18.06亿尾,增长10.63%。

(5)水产养殖灾害损失偏轻,养殖受灾面积1.62万公顷,损失产量3.64万吨。

2.水产捕捞 积极推进渔业生态文明建设,全面控制捕捞强度,压减捕捞产量取得进一步成效。全省水产捕捞产量6.03万吨,占总产量比重5.07%,下降0.21个百分点。

3.水产科技 扎实开展渔业科技促进年活动,科技对水产经济发展的贡献率持续提升。水产养殖平均每公顷产量达到4 492千克,比上年增加112千克,增长2.56%。其中:池塘、湖泊、水库平均每公顷产量分别达到5 632千克、219千克、3 133千克、4 379千克,分别比上年提高191千克、27千克、98千克和减少234千克,分别比上年增长3.51%、14.27%、3.60%和减少5.08%。稻田养鱼平均每公顷产量达到847千克,比上年提高99千克,增长13.29%。

大力开展科技下乡、农渔民大培训活动。全省共举办水产健康养殖技术、质量安全等培训4 500余场次,培训农渔民24万余人次,发送各类资料110万余份。完成基层水产技术推广人员培训271人次;完成水产职业技能鉴定803人次,其中,高技能人才721人次。

科技攻关与推广取得新成效。大鲵人工繁育、大西洋鲑健康养殖、雅鱼全人工养殖技术、稻田综合种养技术、名优主推品种示范推广等科技推广计划取得重要成果。

水产标准化工作稳步推进,16项标准通过省质量监督局专家评审,9项标准完成起草工作。基层水产技术推广体系改革与建设工作有序推进,项目经费、人员配备、考评机制、业务培训得到有效落实,人员素质、服务能力显著增强。

4.质量安全 坚持把水产品质量安全监管摆在突出位置,大力开展法规宣传贯彻、源头治理、产地治理、专项治理,健全完善监管制度机制,强化监管工作体系建设,加大主体责任落实力度,严厉查处违法违规行为,落实质量安全组织保障措施,取得了切实成效,全省产地水产品抽检合格率达到98.22%。省水产局新设立了质监处,承担全省水产品质量安全监管职能。建立了省水产品质量安全专家委员会,为质量安全监管工作提供了技术支撑服务。省水产品质检中心新增一批检测设备,检验监测能力进一步加强,顺利通过农业部复评审。建成威远、罗江两个县级质检站,新津、仁寿等6个县级质检站建设项目已获批复。为19个市(州)、45个水产重点县配置了药物残留快检仪及试剂盒。全省无公害水产品生产基地达到239个、面积6.4万公顷,无公害水产品达到707个。

5. 水产产业化 全省旅游休闲渔业、流通加工、渔药渔用饲料产业继续保持蓬勃发展势头,休闲渔业产值16.78亿元;渔业流通和服务业产值71.43亿元;渔用饲料产值25.23亿元;渔药产值1.03亿元。水产龙头企业和专业合作经济组织取得新发展,全省新增水产龙头企业27个,总计达到294个,其中国家级2个、省级6个、市(县)级286个;各类专业合作经济组织达到1 081个,其中省级示范组织达到34个。

6. 新农村水产示范村 积极参与新农村建设,省级投入2 900万元,选择29个片区开展新农村水产示范村建设。各市(州、县)水务水产部门因地制宜,开展示范基地、示范片建设。全省新农村水产示范片达到626个,示范片面积1.2万公顷,涉及农户11.2万户,辐射带动面积5.33万公顷,带动农户48万户,示范村人均渔业收入4 000元,占到了总收入的40%。不少水产示范村已成为全省产村相融互动发展的典范。

7. 渔业资源保护 依法落实春季禁渔制度,严厉整治违法违规违禁行为,取得了预期成效。深入开展增殖放流,全省投入资金2 500万元,放流重要水生生物苗种1.35亿尾,比上年增长12.5%。长江上游国家级鱼类保护区建设项目顺利通过农业部和三峡总公司验收,白鲟、达氏鲟救护中心建设项目通过国务院三峡工程建设委员会办公室验收。新增4个国家级、4个省级水产种质资源保护区。强化水生野生动物驯养经营利用监管,办理经营利用证76个、驯养繁殖许可证108个、捕捉证8个、特许运输证10个。积极开展工程建设对鱼类资源影响的补救工作,全省共计对40个建设项目进行了涉渔影响评价,并针对性地提出了补救措施。强化渔政执法,会同公安、工商等部门多次联合开展春季禁渔、水生野生动物保护专项执法等行动,查处各类案件1 020起。

8. 项目资金 千方百计争取农业部及地方各级政府对水产业的投入,全省争取农业部"菜篮子"、良种体系建设、种质资源保护、增殖放流、渔政执法装备、推广体系建设、燃油补贴等项目资金达到1.7亿元,比上年增长15.65%。争取省级财政健康养殖、良种补贴等项目资金5 500万元,比上年增长27.99%。带动市(州)、县(区)及民间资金投入超过20亿元,有效增强了水产综合生产能力、支撑保障能力、促农增收能力、执法监管能力。

【重点渔业市(县、区)基本情况】

四川省重点渔业市(县、区)基本情况

市(县、区)	总人口(万人)	渔业产值(万元)	水产品产量(吨)	其中		养殖面积(公顷)
				养殖	捕捞	
仁寿县	160.10	99 028	36 360	36 350	10	7 802
眉山市东坡区	86.17	158 811	28 560	28 454	106	2 949
泸县	108.70	32 010	26 428	25 818	610	2 785
资中县	130.90	46 999	22 561	21 630	931	2 871
简阳市	147.60	35 300	22 100	21 232	868	4 449
武胜县	84.30	35 000	21 800	21 254	546	2 286
乐山市市中区	59.40	38 ,000	21 000	20 650	350	985
安岳县	160.70	33 582	21 000	19 562	1 438	4 133
井研县	42.00	31 ,087	20 700	20 670	30	1 440
内江市东兴区	88.60	40 984	19 372	18 507	865	2 145

【大事记】

[1]1月20日,省委常委李昌平在《四川省水利厅关于2011年全省渔业经济发展情况报告》上作重要批示:请继续发挥渔业经济对农村经济的支撑作用。

[2]2月1日,省水利厅党组成员、副厅长刘俊舫深入到成都市水产批发市场、锦江黄龙溪段检查春季禁渔工作。省水产局副局长何强、成都市水务局副局

长丁鹤、双流县副县长万琳等陪同检查。

省水产局局长卿足平带队检查遂宁市春季禁渔工作,他要求,市渔业主管部门要继续保持禁渔工作好势头,加强执法检查,加大查处力度,确保全市禁渔工作得到有效落实。

[3]2月20～22日,农业部东海区渔政局副局长宋志俊带领长江渔业资源管理委员会办公室主任赵依民、上海中华鲟保护区管理处处长刘建等同志,深入四川省乐山、宜宾、泸州三市检查春季禁渔工作。省水产局副局长何强等陪同检查。

[4]3月2日,全省水产工作会议在成都召开,会议全面总结了2011年工作,分析了形势,部署了2012年工作。会议传达了省委常委、副省长钟勉对全省水产工作的重要批示。省政府副秘书长赵学谦、省水利厅党组书记、厅长冷刚出席会议并作重要讲话,省水利厅党组成员、副厅长刘俊舫主持会议,省水产局局长卿足平作工作报告。

[5]3月5～9日,省水产局派出督查组,先后到眉山市、乐山市等地督促检查水产品质量安全工作。

[6]3月13日,省水产局在成都召开了全省渔业互保工作会。省水产局副局长何强主持会议并讲话,全省水产渔政机构、渔业互保机构负责人及具体经办人员60余人参加了会议。

全省渔业柴油补贴工作座谈会在成都召开。省水产局副局长何强出席会议并对2006年以来全省渔业柴油补贴工作作了全面总结,对下一步工作提出了要求。

[7]3月30日,全省渔业科技促进年活动启动仪式在广汉市三水镇友谊村优势特色水产养殖基地举行。省水利厅党组成员、副厅长刘俊舫出席仪式并宣布活动正式启动,省水产局局长卿足平、德阳市政府副市长何明俊出席仪式并讲话,广汉市政府副市长梁筱萍致辞。

省水利厅副厅长刘俊舫、省水产局局长卿足平等领导在出席"全省渔业科技促进年活动启动仪式"后,在当地政府、水务部门领导的陪同下,先后来到广汉市现代化灌区示范基地和旌阳区名优水产养殖示范基地、稻鳖种养新模式示范基地调研水利水产工作。

[8]4月26日,省水利厅党组书记、厅长冷刚在省水产局局长卿足平陪同下,检查指导内江市水产工作。内江市委书记曾万明,市委副书记、代市长杨松柏,市人大副主任张长安等领导陪同检查。

[9]4月26～28日,省委常委李昌平率有关部门负责人在巴中市调研农业农村工作期间,来到南江县黑潭乡南鹰村水产养殖基地,听取汇报,提出要求。他要求,一定要坚持以生态饲料进行生态养殖,以巴山作物进行绿色养殖,坚持打造自己的品牌,进军高端市场,促进农民增收致富。

[10]5月3日,省委常委、副省长钟勉在省政府副秘书长张宁,省水利厅副厅长胡云,内江市市委书记曾万明等陪同下,到隆昌县调研渔业新村建设。

[11]5月11日,由省水产局主办、绵阳市水务局和安县人民政府承办的"全省水产农资打假专项治理暨放心渔资下乡活动"启动仪式在绵阳市安县时新水产生物技术发展有限公司养殖基地举行。省水利厅副厅长刘俊舫出席仪式并宣布活动正式启动,省水产局局长卿足平、绵阳市人民政府副市长赵琪出席仪式并讲话。

省水利厅副厅长刘俊舫、省水产局局长卿足平一行先后到盐亭县华腾水产养殖场、小龙虾养殖场、毛公生态农场调研,并听取了县委、县政府水产工作情况汇报。

[12]5月15～19日,农业部全国水产技术推广总站副站长李可心率领由吉林、河北、四川三省人员组成的全国基层水产技术推广体系改革与建设第三调研组,先后到四川省自贡、眉山、绵阳、德阳四市进行督导调研。省水产局副局长漆乾余陪同。

[13]5月28～29日,国务院三峡办水库管理司组织专家对长江上游自然保护区珍稀特有鱼类驯养救护中心建设项目进行了验收。验收组在现场考察、听取工作汇报、查阅财务及基建档案资料后,一致同意救护中心建设项目通过验收。

[14]5月30日,省水产局局长卿足平、副局长漆乾余及相关处室负责人在成都市水务局总工程师季建的陪同下,到龙泉驿区西河镇观赏鱼基地调研。

[15]6月7日,省水产局在蓬溪县开展了"渔业科技进塘入场到户,助推健康安全增收"为主题的渔业科技下乡活动。

[16]6月11日,四川省政府和成都市在成都共同举行"2012年食品安全宣传周启动仪式暨万户食品生产经营企业公开承诺食品安全活动"。常务副省长魏宏在参观水产品质量安全宣传展台时要求,水产部门要一如既往地抓好水产品质量安全监管工作,注重宣传引导,让群众吃上放心鱼。

[17]6月19日,省水产局局长卿足平、副局长漆乾余及相关处室负责人,深入到金堂县丰润水产养殖合作社和三台县建兴水产合作社联合在金堂县云合镇新建的鱼、虾、蟹、菜立体生态养殖基地调研。

[18]6月25日,四川省水产学会流通与加工研究会、成都市水产行业协会、中国工商银行成都高新支行

在成都市花园宾馆共同举办了水产品质量安全培训会,来自水产品市场商家、水产品生产企业负责人等共110人参加了培训。

[19]6月26日,省水利厅在在成都召开全省渔政工作会议。会议要求,全省渔政工作要以维护渔业安全和秩序、保护水生生物资源为核心,持续推进渔政队伍建设,重点加强制度建设、能力建设和执法装备建设,全面提升依法行政能力,努力构建适应现代渔业发展的渔业管理体系,为实现全省水产业持续快速健康有序发展提供可靠保障。

[20]7月14日,温家宝总理在川视察时作了重要讲话,在谈到"巩固和加强农业基础地位,促进农业稳定发展和农民持续增收"时指出:依托江河、池塘等水域,大力发展高产、优质、生态水产养殖业。

[21]7月20~22日,四川大部分地区普降大到暴雨,致使成都、泸州、宜宾、内江、自贡、资阳、绵阳、乐山等16个市遭受洪涝、泥石流灾害,渔业受损严重,部分渔业基础设施被洪水冲毁,池塘、稻田养殖的鱼苗、鱼种、成鱼被洪水冲走逃逸。

[22]8月1日,省水产局派出工作组,先后深入到内江市东兴区、市中区调研指导渔业抗洪救灾和灾后恢复生产工作。

[23]8月2日,武胜县渔民陈某收到中国渔业互保协会支付其丈夫龙某意外死亡理赔金10万元,这是武胜县首例渔民人身平安互保理赔案件,也是四川省参保渔民首例意外死亡理赔案件。

[24]8月17日,"雅鱼"国家地理标志产品保护授牌仪式暨"雅鱼"地理标志产品保护新闻发布会在雅安市雨城区举行。这标志着雨城区在获得国家商标局批准注册的"雅鱼"证明商标之后,又获得"雅鱼"国家地理标志产品保护。

[25]8月21日,中航安盟保险公司将25万元的赔付金预付款送到水产养殖户宋伦祥手中。这是成都市开展水产养殖业政策性保险试点3年来,金额最大的一笔保险赔付。

[26]9月3日,袁隆平院士率科研团队来到双流县籍田镇"天府新区高科农业示范园",调研指导四川省水产研究所承担的农业部公益性行业科研专项"稻—渔"耦合养殖技术研究与示范项目双流示范基地。

[27]9月21日,由农业部水生野生动植物保护办公室和四川省水利厅共同主办的"2012年全国水生野生动物保护科普宣传月活动"启动仪式在成都海昌极地海洋世界举行。

[28]10月25~28日,以农业部科技司副巡视员郭立彬为组长的农业部基层农业技术推广体系改革与建设督导检查组一行五人到四川督导检查工作。

[29]10月26日,国家质量监督检验检疫总局组织中国农业大学、浙江大学、山东大学、中国科学院、北京检验检疫局技术中心等单位的专家,对广元市"汉王山娃娃鱼"申报国家地理标志保护产品进行了评审,并通过技术审查。

[30]11月5~7日,四川省水产学会八届三次常务理事会在攀枝花市召开。省水利厅巡视员、学会名誉理事长刘俊舫,省水产局局长、学会理事长卿足平出席会议并讲话。

[31]11月5~22日,省水产局在绵阳市举办了三期基层水产技术推广人员培训班,全省118个重点县的274名县乡级水产技术推广人员和水产科技示范户参加了培训。

[32]11月22日,省水利厅厅长冷刚到内江市调研水产工作。他强调,要深入贯彻落实科学发展观,加快转变发展方式,努力实现现代渔业持续快速发展。内江市市委书记曾万明陪同调研并介绍情况。

[33]12月16日,由中国工程院院士雷霁霖为组长,农业部渔业局、中国水产科学院、省水产局、省畜牧局、省科技厅、省水产研究所、四川农业大学、西南大学的专家教授为成员的专家组,对通威股份有限公司承担并在广元白龙湖养殖基地试验的省科技支撑计划项目"投饵网箱鱼体排泄物收集技术及效能研究"进行了鉴定与验收。

(四川省水产局)

贵州省渔业

【概况】 2012年,贵州省水产品产量达到13.5万吨,同比增长24%;养殖面积4.9万公顷,同比增长50.6%;渔业经济总产值45亿元,同比增长30%,其中大鲵产值21亿元。

1.中央支农惠农政策进一步落实 2012年,中央财政对贵州省渔业的投入达2 689万元,其中,基本建设资金投入2 279万元,同比增加7倍,落实了中央财政渔船柴油补贴资金3 251万元,发放范围涉及8个市(州)的35个县(市),惠及渔民近万人,渔船4 275艘;为发展特色渔业,争取省财政将大鲵产业纳入财政预算,落实财政资金800万元。

2.特色渔业发展保持良好态势 2012年,全省共有65个县、200个乡镇、314个村开展大鲵养殖,养殖企业201家、养殖农户达3 001户;扶持建设大鲵繁殖基地7个、大鲵健康养殖示范基地24个。有7家企业突破大鲵繁殖瓶颈,共繁殖大鲵苗 11.7 万尾,全省大鲵存池数 43.5 万尾,较上三年新增 14.4 万尾,增长 49%,实现产值 21 亿元,同比增长 40.9%。全省鲟鱼、虹鳟等冷水鱼养殖面积 48 公顷,同比增长45.9%,产量达 7 251 吨,同比增长 11.55%,产值 3.2 亿元。省水产研究所规模化人工繁殖鲟鱼获得成功;在绥阳建设了西南地区最大的鲟鱼人工孵化基地。

3.生态健康养殖成为主要养殖方式 一是万峰湖、乌江、龙滩、三板溪等大型水域生态健康网箱养殖持续健康发展。全省网箱养殖面积 294 万平方米,同比增长 39%;养殖产量 7.1 万吨,同比增长 16%,产值 12.7 亿元。二是水产健康养殖示范场创建工作得到加强,余庆县、沿河土家族自治县、六枝特区、碧江区、兴义市、兴仁县等地 11 家养殖单位被评为农业部水产健康养殖示范场;第三批、第四批农业部水产健康养殖示范场全部通过复查。三是开展了休闲渔业示范基地创建工作,安顺汇成特色农业科技发展有限责任公司、绥阳县风华镇银鱼村鱼子孔养殖基地被农业部评为全国第一批休闲渔业示范基地。

4.水产品质量安全和养殖病害监控得到加强 一是开展水产品质量安全专项整治行动,加强水产品产地质量安全监管,深入养殖生产基地监督检查,现场查阅养殖证、苗种生产许可证及“三项记录”,将水产品质量安全监管工作纳入目标考核。二是开展水产品产地监测工作,全省共抽检 760 个水产品样品,合格率达 100%。三是在重点城市开展市场流通环节(批发、农贸、超市等)禁用渔药抽检,合格率为 93%,对不合格的样品进行了追溯。开展了水产品药物残留快速检测培训,培训人员 80 人。四是加强了鱼类病害防治监控工作,在 28 个县(市)建立了 66 个测报点,对池塘、稻田、网箱、流水等养殖场进行监测,监测面积 280 公顷,开展了大鲵流行病调查与防控工作,及时通报病害流行动态,采取预防措施。

5.渔政管理工作取得新成绩 一是全面完成禁渔工作。各地加大渔政执法力度,狠抓落实,借助各类媒体大造禁渔声势,采取自查、督查、联合检查、重点部位专项整治检查等办法,加大执法力度,确保了长江禁渔、珠江禁渔和全省禁渔期制度的顺利实施。二是加强队伍建设,开展了渔政队伍建设年活动,制定了活动方案并认真组织实施,建立健全了各项规章制度,切实转变工作作风,规范了渔政执法程序。举办了渔政检查员上岗培训班,培训人数 80 多人。三是加强渔业文明执法窗口单位创建。推行服务渔民公开承诺,建立健全渔民群众评议机制,推动了渔政队伍规范化、专业化建设。榕江县渔政管理站获得农业部文明执法窗口单位称号。四是开展渔政人员执法技能提升活动,推选人员参加了全国渔政系统法律法规知识竞赛活动,参加了农业部组织的渔政执法文书评比活动。五是开展了渔业行政执法督察行动,通过座谈、暗访等方式,深入重点水域、渔船、水产养殖场所,督察禁渔期制度、渔船安全管理、水产品质量监管和农资打假等措施落实情况,督察各地渔政执法工作。

6.渔业资源养护取得新进展 一是广泛开展人工增殖放流活动,各级政府和企业共投入资金 3 000 多万元,以“四大家鱼”、鲤、鲫等经济鱼类为主,在各主要河段及水库投放鱼苗 1.5 亿尾。二是加快了水产种质资源保护区创建工作。赫章、大方、玉屏、石阡、德江 5 个县创建了国家级水产种质资源保护区。三是会同公安、海关等部门开展了打击非法捕捉走私和经营利用水生野生动物保护专项执法行动,配合农业部等部委完成了长江上游珍稀特有鱼类国家级自然保护区(贵州江段)非法开发建设项目专项执法检查工作。四是完成了乌江水库渔业污染事故的调查处理工作,配合政府和有关部门做好赔偿资金发放、维护渔民稳定,恢复养殖生产等工作,使这次特大渔业污染事故得到较为妥善的处理。同时,按照省政府要求,委托长江水产研究所编制了乌江库区水域生态修复和渔业利用规划。

7.渔业安全生产管理得到进一步加强 一是渔船检验机构队伍建设。截止到 2012 年底,全省已有 8 个市(州)、48 个县(市、区)建立了渔船检验机构。加强渔船检验队伍培训,举办了内河渔业船舶检验员培训班,培训人员 135 人。开展了渔船初次检验、年度检验工作,渔船检验率达 95%,渔船建档率(含电子档案)达到 100%。二是开展了“安全生产年”、“平安渔业”创建活动,加强渔船安全生产管理,及时排查渔业隐患,对船体质量、检验情况、渔船编号标识、渔船建档、发证情况以及船员持证、消防、救生设备配备、渔业安全责任书进行了检查,建立了渔船管理数据库。三是开展渔船质量大检查活动,加大对低质渔船整治力度,全省共查处、销毁渔船 16 艘,查处无证或证照不全行为 626 起,关闭取缔后又擅自建设、生产、经营的 6 起,不按规定进行安全培训或无证上岗的 316 起,其他违法建设、生产、经营的 1 067 起。排查渔业生产经营单位(渔船)7 881 家(艘),排查一般事故隐患 927 项,全部得到了整改,整改率 100%;落实治理资金 14.36 万元。积极有效防范和遏制安全事故,全省未发生一起渔船安全事故。

8.存在的问题 渔业资金投入不足、规模化、产业化程度较低;渔业科技推广体系薄弱;随着生产发展和水域资源的增加,渔业管理和执法任务艰巨,涉渔工程监管和生态补偿难度增大,现有执法能力与管理任务不相适应。

【重点渔业市(县)基本情况】

贵州省重点渔业市(县)基本情况

市(县)	渔业产值(万元)	水产品产量(吨)	其中		养殖面积(公顷)
			捕捞	养殖	
兴义市	55 375	16 201	2 121	14 080	271
遵义县	48 270	14 548	113	14 435	3 573
安龙县	31 078	9 300	1 735	7 565	182
息烽县	20 124	6 022	125	5 897	265
罗甸县	14 841	4 842	523	4 319	612

【大事记】

[1]2 月 14 日,农业部在贵阳召开大鲵保护和特许利用工作会议,农业部渔政指挥中心副主任肖放出席。

[2]6 月 12 ~ 16 日,农业部渔业船舶检验局在贵阳举办了验船师上岗资格培训班,培训人数 135 人,农业部渔业船舶检验局局长柳正出席并讲话。

[3]7 月 28 日,中国南方渔业论坛及第二十八届学术交流会议在贵阳召开,130 人参会,交流论文 97 篇。

[4]8 月 27 ~ 30 日,农业部、环境保护部、长江渔业资源管理委员会对长江上游珍稀特有鱼类自然保护区(贵州段)联合开展非法开发建设项目专项执法检查。

(贵州省渔业局　高　敏)

云南省渔业

【概况】 2012 年,在政策环境进一步优化、市场需求稳步增长、社会资金投入不断增加及宜渔水面不断扩大的有利条件下,全省渔业工作者和生产者凝心聚力、扎实工作,推进淡水渔业实现了又好又快发展,全省水产养殖面积、水产品产量、渔业产值、渔业人口人均纯收入分别达到 12.4 万公顷、68 万吨、145 亿元、6 521 元,与上年相比,分别增加 0.7 万公顷、13.1万吨、32.4 亿元、1 005 元,增幅分别为6%、24%、29%、18.2%,均超额完成目标任务。

2012 年全省渔业发展呈现五大亮点:一是水产品产量增速为十年来最高,增幅居全国第四位。二是社会资金投入创新高。据统计,2012 年投入渔业发展的社会资金达 3.34 亿元,比上年增加 1.854 亿元,增幅达 125%。三是基地县成为重要支撑力量。2012 年建成 29 个万吨级水产品基地县(超过计划数 4 个),产量达到 38.5 万吨,占水产品总量的 56%。四是主推品种发展迅猛。罗非鱼产量达 16.8 万吨,跃居全省水产养殖品种产量第一。冷水鱼类产量突破万吨大关,达到 11 571 吨。五是涉渔工程生态补偿工作有新突破。保山市腾冲县三岔河电站工程建设对水生生物资源补偿资金达 3 566.4 万元,牛栏江—滇池补水工程水生生物补偿资金达 2 833.3 万元。

1. 各级党委、政府重视渔业 《中共云南省委云南省人民政府关于加快高原特色农业发展的决定》明确将淡水渔业列入重点推进的特色农业和集中发展的特色优势产业,提出了云南淡水渔业发展的目标。12 月 13 日,省委副书记仇和到省农业厅调研时指出:“云南水资源十分丰富,形成了大小电站几百个,但是综合利用效益都不高。若把形成的 1 600 亿方水开发水产养殖,每方水产生 1 元钱的效益,那就是 1 600 亿元的大产业,所以说云南渔业发展大有可为。”文山、普洱、西双版纳、临沧等州(市)和县(区)都把渔业作为当地农业农村经济发展的重要产业,通过一系列措施扶持壮大。

2. 积极争取财政经费投入 省农业厅积极主动地向农业部汇报渔业工作。农业部副部长牛盾 2012 年三次到云南调研指导渔业工作并指出:“云南高原淡水渔业很有特点,也很有特色,有这样好的水资源,完全可以做大做强,成为全国生态渔业生产的大省、强省。”2012 年农业部扶持云南渔业发展的经费共计 2 267万元,其中渔政执法船艇建设经费 902 万元、渔业资源养护经费 480 万元、养殖生态环境修复经费 200 万元、渔业燃油价格补贴 445 万元;省级财政渔业项目经费 1 000 万元,其中水产技术推广经费 800 万元、渔业资源保护经费 200 万元。

3. 推进渔业增长方式转变 结合渔业发展目标,围绕罗非鱼、鲟鱼、鳟鱼等重点品种和菜篮子工程建设,以养殖设施设备建设完善为重点,省级共安排经费建设各类基地共 49 个,其中罗非鱼基地县 15 个、冷水鱼基地县10个、大宗淡水鱼基地县13个、特色渔业基地5个、水产良种基地6个,新增万吨级水产养殖基地县19个。继续大力推进罗非鱼和鲑鳟鱼产业的建设发展,"两条鱼"在全省水产品产量中的比重上升到28%。渔业二、三产业的产值占渔业经济总产值的比重提高到36.5%,水产加工量和水产品加工值增加到7.3万吨和9.5亿元,淡水养殖每公顷产量和产值提高到5 490千克和75 720元。水产健康养殖有效推进,新增农业部水产健康养殖示范场28个,累计创建农业部健康养殖示范场44个。继续推广电站库区网箱养鱼技术、池塘高产生态健康养殖技术、稻田养鱼示范工程技术等先进适用技术,开展示范"养殖水环境监控、营养与饲料、优质苗种生产、健康养殖、病害防治以及水产食品安全检测"等6项关键技术,综合生产能力有所提高。

4.加强渔业"三大安全"监管 一是抓好渔业生产安全。以加强渔业安全生产宣传教育、强化渔业安全生产执法检查、搞好渔业安全生产隐患治理、落实渔业安全生产监管责任、强化渔业安全生产基层基础、完善渔业安全生产设施保障等六项任务为重点,继续深化渔业"安全生产年"活动,集中开展渔业行业"打非治违"专项行动。在一系列活动的推动下,全省渔业生产继续保持平安和谐发展的良好形势,渔业安全生产的各项基础工作得到强化巩固,全年未发生渔业安全生产事故,绥江县被农业部、国家安监总局评定为"全国平安渔业示范县"。二是抓好水产品质量安全监管。规范水产品市场,昆明市在城中村改造和城市建设中,支持和引导有关水产品批发市场搬迁重建,对水产品批发市场布局进行优化。全省水产品市场需求、交易价格稳中有升,水产品养殖生产效益保持稳定。继续在全省组织开展水产品质量安全整治行动。配合省外有关水产品质量检测机构在省内开展了2次产地水产品质量监督抽查、4次大中城市水产品质量例行监测。产地水产品质量监督抽查中,共抽检样本80个,检测合格率100%。大中城市水产品质量例行监测中,共在流通环节抽检水产品样本160个,合格样本142个,合格率88.75%。在全省自产水产品质量状况继续保持良好的同时,大中城市水产品质量水平也维持稳定。三是抓好水生生态安全监管。受农业部委托,省农业厅与腾冲县三岔河电站业主签订了电站工程对槟榔江黄斑褶鮡拟鰋国家级水产种质资源保护区生态补偿协议,主持了电站工程对保护区生态补偿项目实施方案的评审。另外,省农业厅主持牛栏江—滇池补水工程水生生物补偿实施方案的评审。渔业部门调查处理了发生在昆明安宁、大理祥云等地的渔业污染事故,为养殖户挽回了一定的经济损失。

5.抓好水生生物资源养护 一是组织开展好水生生物增殖放流。2012年全省组织增殖放流活动90多次,共放流水生生物5 400多万尾(只),经费投入达到2 200多万元。省政府与农业部联合在景洪举行澜沧江水生生物增殖放流活动,农业部副部长牛盾出席放流活动。省农业厅分别与西双版纳傣族自治州、玉溪市、临沧市政府联合举行了水生生物增殖放流流动。二是继续抓好长江、珠江禁渔。长江禁渔中,全省出动禁渔宣传检查车辆673台次,通过广播、电视、报刊宣传禁渔期制度和禁渔工作730次,张贴禁渔通告1 800份,刷写禁渔标语3 000条,发放禁渔宣传资料46 000份;统一组织禁渔检验行动89次,接受禁渔举报230起,查处禁渔举报案216起,收缴电捕鱼器具150台套,没收非法渔获物217千克。珠江禁渔中,全省召开禁渔动员会议20场,通过电视、电台、报纸宣传禁渔期制度和禁渔工作300次,发放宣传单50 000余份,张贴农业部和当地政府禁渔通告近6 000份,张贴一次性标语5 000多条,制作永久性宣传碑10个;组织执法检查行动20余次,出动执法人员12 460余人次,受理和查处群众举报案件10起,查获违法捕捞和"三无"船只4艘,查获电、炸鱼案件10起,查获非法捕捞渔具200台套,诱捕灯具800个,取缔地笼1 000个,没收违法捕捞和销售渔获物50千克,行政处罚10多人次,罚款2 000元。三是组织好水产种质资源保护区的申报和评审。经农业部审定,丘北官寨河、景洪普文河设立了国家级水产种质资源保护区;经省农业厅审定,双江南勐河设立了省级水产种质资源保护区。到2012年底,全省已有国家级水产种质资源保护区14个、省级水产种质资源保护区3个,对于保护云南土著鱼类种质资源起到了重要作用。

【重点渔业县(区)基本情况】

云南省重点渔业县(区)基本情况

县(区)	渔业产值(万元)	水产品产量(吨)	其中		养殖面积(公顷)
			捕捞	养殖	
罗平县	101 856	29 000	2 600	26 400	4 000

（续）

县(区)	渔业产值（万元）	水产品产量（吨）	其中		养殖面积（公顷）
			捕捞	养殖	
景谷傣族彝族自治县	37 654	26 000	310	25 690	1 750
富宁县	54 851	21 800	2 000	19 800	3 167
景洪市	35 842	21 060	1 603	19 457	2 024
墨江哈尼族自治县	55 159	19 023	1 023	18 000	461
勐海县	21 951	17 960	350	17 610	1 403.4
思茅区	30 122	15 024	80	14 944	2 711.4
大理市	22 153	13 110	7 836	5 274	381.2
麒麟区	22 358	12 554	78	12 476	1 933
陆良县	25 118	12 438	130	12 308	1 800

【大事记】

[1]2 月，绥江县被农业部、国家安监总局评为“全国平安渔业示范县”。

[2]3 月 7 日，中共云南省委第六巡视组到省农业厅专题巡视 2009 年以来全省渔业工作情况。

[3]4 月 19 日，受农业部委托，省农业厅与保山槟榔江水电开发有限公司签订腾冲县三岔河电站工程水生生物保护补偿协议，确定由后者承担腾冲槟榔江黄斑褶鮡拟鰋国家级水产种质资源保护区生态补偿经费 3 566.4 万元。

[4]5 月 9 日，全省渔业工作会在会泽县召开。省农业厅副厅长孙海清出席会议并讲话。会议组织参观了阿穆尔鲟鱼集团养殖基地和天邦水产有限公司养殖场。

[5]5 月 22 日，全国渔业资源生态补偿经验交流会在云南丽江召开。农业部副部长牛盾出席并讲话，省农业厅厅长张玉明在会上致词。

[6]6 月 6 日，珠江流域渔业管理委员会、云南省农业厅、玉溪市人民政府共同举办 2012 年云南省抚仙湖白鱼增殖放流活动，共向抚仙湖投放土著白鱼 100 万尾。省人大常委会副主任杨建甲及省农业厅厅长张玉明、省发展和改革委员会副主任李新平、玉溪市政府副市长周继武等领导出席了放流仪式。

[7]7 月 5 日，省农业厅与临沧市人民政府共同举办 2012 年澜沧江流域渔业资源增殖放流活动，向澜沧江投放各类鱼苗 280 多万尾。省农业厅副厅长孙海清，临沧市委常委、市人民政府副市长李华松出席放流仪式。

[8]8 月 15 日，农业部、省人民政府联合在景洪市举行以“保护澜沧江水生生物资源，促进人与自然和谐发展”为主题的澜沧江水生生物资源增殖放流活动，共放流澜沧江土著鱼 66.2 万尾，其中丝尾鳠 4.2 万尾、叉尾鲶 2 万尾、云南华鲮 60 万尾。农业部副部长牛盾、省农业厅厅长张玉明以及西双版纳傣族自治州州长刀林荫等领导出席放流仪式。

[9]11 月 23 日，省农业厅、财政厅联合发出通知，就 2011 式渔政制服换(配)发及管理工作进行部署和安排。

[10]12 月 7 日，全国休闲渔业发展现场会在云南丽江召开。曲靖市麒麟区沿江旅游开发有限公司、丽江玉水寨生态文化旅游有限公司、景洪市嘎洒渔乐湾、玉溪市红塔区研和明乐休闲农业园被评为“全国休闲渔业基地”。

（云南省农业厅渔业处　鲍　宏　梁剑鸿）

西藏自治区渔业

【概况】 2012 年是实施“十二五”规划重要的一年，西藏渔业管理工作在自治区党委、政府的正确领导和农业部渔业局的关心支持下，全区各级农牧部门强化渔业资源保护，积极开展增殖放流工作，加强渔政机构建设，渔业生产平稳发展。全区水产品产量 400 吨，与上年相比减少 20%，主要是拉萨市水域实行禁渔，捕捞产量有较大幅度下降。2012 年全区捕捞产量 335 吨，与上年相比下降 27%。养殖生产底数小，有较大幅度增长，养殖产量 65 吨，与上年相比增长 52%。全区渔业生产产值 1 015 万元。

1. 水产养殖　异齿裂腹鱼是西藏重要的经济鱼类，在雅鲁藏布江、拉萨河、年楚河、尼洋河等水域均有分布，为了加强对该鱼类的保护利用，在农业部支持下,建立了异齿裂腹鱼原种场。亚东鲑鱼灾后生产得到进一步恢复,稳步增加市场供给。

2.渔业资源保护

一是积极开展鱼类增殖放流工作。为保证放流鱼苗的质量,明确了放流鱼苗提供单位。6~8月,在曲水、林芝、米林、朗县、工布江达、亚东等6个县开展了鱼类增殖放流工作,共计放流鱼苗138万尾,其中异齿裂腹鱼80万尾、黑斑原鮡5万尾、拉萨裂腹鱼15万尾、拉萨裸裂尻鱼15万尾、尖裸鲤10万尾、亚东鲑3万尾,成为放流工作涉及县、放流鱼苗数量最多的一年。

二是国家级水产种质资源保护区建设取得新进展。12月7日,农业部发布公告第1873号,公告了第六批国家级水产种质资源保护区名单,西藏尼洋河特有鱼类水产种质资源保护区位列其中。

3.渔政执法

一是加强渔政执法队伍建设。林芝地区河流众多,鱼类资源丰富,成立渔政执法机构的条件比较成熟,在林芝地区农牧局的多方协调下,2012年,林芝地区渔政执法支队、工布江达县渔政执法大队正式挂牌成立,改变了西藏无专门渔业执法机构的历史。

二是加强渔业地方法规建设。拉萨河是雅鲁藏布江的五大支流之一,也是渔业捕捞生产主产区,近年来,随着经济的快速发展和捕捞活动的加强,拉萨河鱼类资源逐年减少,有些品种甚至面临枯竭的危险,为保护渔业资源。2012年8月15日,拉萨市人民政府发布了《拉萨市野生鱼类保护办法》。该办法规定,在拉萨市江河、湖泊、自然保护区、湿地保护区等水域禁止一切渔业生产,包括垂钓。如有违反,将处以罚金,涉嫌犯罪的,将移交司法机关依法追究刑事责任。

【大事记】 9月5日,西藏首个渔政执法机构——西藏林芝地区渔政执法支队在林芝地区农牧局挂牌成立。农业部渔政指挥中心、林芝地区行署、农业部东海区渔政局、黄渤海区渔政局、南海区渔政局和部分省份渔政系统的领导出席了揭牌仪式。

(西藏自治区农牧厅畜牧草原水产处)

陕西省渔业

【概况】 2012年,陕西省渔业工作在省委、省政府和省水利厅党组的正确领导下,认真贯彻落实陕西省人民政府《关于进一步加快渔业发展的意见》,按照"以人为本、以安为先、以养为主,保安全、转方式、调结构、促发展、增收入、奠基础"的总体发展思路,惠渔政策不断完善,投资力度进一步加大,养殖结构进一步优化,基础设施全面加强,快速发展格局基本形成,渔业保持了快速、稳定、健康、持续发展的良好势头。

据统计,2012年实现水产品产量13.49万吨、渔业经济总产值51.76亿元,分别完成全年目标任务的122.63%和129.40%;水产养殖面积4.78万公顷,比上年度增加0.28万公顷;渔民人均纯收入突破9 000元。超额完成了"省政府2008—2012增加农民收入规划纲要"水产养殖面积4万公顷、水产品产量10万吨、渔业经济产值23亿元、农民人均纯收入5 000元的目标,分别超额完成19.4%、34.9%、125.04%和80.00%。

1.渔业结构调整 进一步完善强渔惠渔政策,全面贯彻和落实陕西省人民政府《关于进一步加快渔业发展的意见》中确定的各项惠渔政策和措施,积极与省发改委、省财政厅等相关部门沟通协调,与省财政厅联合下发了《关于贯彻落实〈陕西省人民政府关于进一步加快渔业发展的意见〉的实施意见》、《陕西省渔业基础设施建设贷款项目财政贴息资金管理暂行办法》等文件,提出以"实施渔业发展重点县(区)工程、加快池塘标准化改造和新建池塘建设步伐、大力推进渔业科技示范园区和原(良)种场建设、进一步优化产业结构提升产业化水平、支持引导大鲵养殖新兴产业健康发展、发挥财政资金引领作用建立多元化的投入机制、制定完善行业管理规范和技术标准、加强对渔业工作的组织领导"等八项具体措施;汉中、榆林、商洛等市人民政府相继出台了加快渔业发展实施意见,安康市政府出台《安康市现代渔业发展实施方案》和《现代农业园区建设实施方案》,全省各市县结合当地渔业发展和资源实际,对《意见》有关政策要求进行了全面分解,提出了贯彻落实具体意见和措施,出台奖励补助政策,黄陵、紫阳、汉阴等部分县(区)政府财政安排一定资金扶持和支持渔业建设。强渔惠渔政策的不断完善,有力促进了全省渔业经济和渔民收入的快速增长。

产业化经营理念不断提升,以龙头企业、渔民自发组织建立渔业专业合作经济组织在全省各地迅速崛起,特别是以大鲵养殖龙头企业、民间老板为代表的以"公司+农户"的水产养殖模式,实现了统一管理、统一技术、统一采购和使用投入品、统一销售等一条龙管理服务模式,据不完全统计,全省已建立渔业专业合作社100余家,大大降低了渔民群众的投资成本和风险,规模化、集约化经营管理模式逐步在全省推进,产业化水平进一步提升,产业结构和发展方式进一步优化,发展模式不断拓展。

养殖结构不断优化,特色养殖初具规模。陕南秦巴山区大鲵、鳟鱼、鲟鱼等冷水性鱼类工厂化养殖全面展开,特别是大鲵养殖逐步向关中、陕北延伸,规模化驯养繁殖场达到160余家,家庭养殖达到3万余户,仿生态鲵苗繁育技术已经成熟,当年繁殖大鲵幼苗约50余万尾;以安康瀛湖水库为代表的网箱养殖已在全省大中型水库普遍展开,全省网箱设施养殖已达到3.5万口,养殖面积超过120万平方米,仅安康市开展网箱养殖达到3.23万口,面积119.88万平方米,产量超过2万吨。

休闲渔业迅速发展,以安康阳光公司、汉中汉水大鲵养殖公司为代表的集养殖、垂钓、观光、餐饮为一体的渔业园区和休闲渔业在城镇周边迅猛发展,在安康、汉中、渭南、西安、榆林等地已经成为带动地方经济发展的支柱产业。发挥黄河、渭河、汉江沿岸得天独厚的地理优势和资源优势,加强政策引导、创新经营机制、完善管理措施,按照"依法、自愿、有偿"和"谁投资、谁受益"的原则,以转包、出租、互换、转让、股份合作等形式流转水域滩涂承包经营权,开展盐碱荒滩地渔业综合开发,当年新增池塘养殖面积800公顷。

2. 基础设施建设 紧紧抓住中央、省农业发展投资重点和西部大开发有利时机,在农业部和省委、省政府的关心支持下和社会各界的广泛参与下,渔业基础设施进一步改善,融资渠道不断拓展,投资力度不断加大,投融资机制基本形成。一是积极争取水产业良种工程、农业综合开发良种繁育和优势特色示范、"菜篮子"水产品生产、增殖放流、渔业种质资源保护、水生生物自然保护区建设、渔政管理、渔船油料补贴、巩固退耕还林成果后续产业水产养殖项目、水产现代农业园区建设、省级渔业财政专项补助资金和渔业基础设施建设省级财政专项等各类建设资金,总投资达到49 277万元,其中:中央资金7 028万元,省级财政资金7 094万元,市县配套590万元,单位自筹34 565万元,建设内容涉及12类316个渔业项目。二是争取省级财政贷款贴息资金1 000万元,吸收金融贷款2亿元,重点用于实施池塘改造和新建池塘、网箱养殖设施建设等。三是在各级政府出台的强渔惠渔政策和财政资金的引领、辐射带动下,吸引民间资本投资大鲵养殖、池塘改造及盐碱地综合开发、大水面渔业综合开发、休闲渔业等建设资金超过5亿元,全年累计投资超过12亿元。渔业投资逐步走向财政资金引导,个人投资、金融扶持、社会资金跟进等多元化的投资新格局,渔业快速发展的基础格局已经形成,发展后劲不断增强,发展势头良好。

3. 水产品质量安全 全面落实农业部、省政府及省食品安全委员会工作部署,成立水产品质量专项整治领导小组,组织区域联合执法检查,广泛开展水产品质量宣传,建立养殖企业黑名单和诚信企业承诺制,适时召开会议分析形势,向社会发布水产品质量情况信息和公开举报电话,落实产地准出和市场准入制度,制定下发水产品质量安全抽检方案,加大监督检查和抽检力度,完成农业部交叉抽检6批次200个样品,其中产地80个样品,合格率为100%,市场抽检4批次160个样品,合格率95.8%;省级抽检中心组织抽检173个样品,其中产地69个样品,合格率为100%,市场104个样品,合格率94.8%;全省各级渔业部门开展水产品快速检测9 987个样品,平均合格率99.36%,退市孔雀石绿残留不合格草鱼1 500千克,没收下架或无害销毁问题冰鲜、水发及河豚鱼等1 000余千克。同时加大了对外地进入本省市场的鲜活水产品和水发水产品进行监督检查和抽检,检测渔药样品112个、渔用饲料样品86个,合格率均在95%以上。全年共组织无公害水产品检查、水产养殖环节专项检查、渔资打假专项治理、节假日水产品大检查、打击渔业非法添加物和滥用添加物等专项整治活动70余次,出动渔政执法人员2 600人次,检查水产养殖场600余家。创建部、省健康养殖示范场36个,无公害产品认证累计达到170个、无公害生产基地72个,认证面积达到0.64万公顷。广大养殖户、经营户法律意识明显提高,源头治理效果明显,水产品质量大幅提升,有力保证了全省水产品安全有效供给。

4. 水产苗种生产 强化水产苗种生产管理,开展水产苗种场执法检查,杜绝使用违禁药物,严格落实生产记录、用药记录和销售记录等管理制度和苗种生产行政许可制度,2012年全省共生产水花苗种9.08亿尾,仅国家级新民家鱼原种场生产鱼苗5.05亿尾。加强苗种检疫检测,全年共检测本省自产、周边地区引进和增殖放流等苗种75批次6.5亿尾,合格率均在95%以上,有效保证了全省苗种安全供应。启动了《陕西省水产种苗管理办法》立法后评估工作,组织专家进行审查并修改完善,初稿已上报省政府法制办公室待审定。组织实施了延安黄陵县、咸阳秦都区、安康旬阳县等5个省级水产良种场建设改造项目工程和中央2个良种场建设项目的初步设计、审查、批复等工作。初步形成以国家级新民家鱼原种场为引领,覆盖陕南、陕北、关中地区水产良种体系,苗种自给率大幅提升,基本能满足本地区苗种供应,为全省渔业发展奠定了坚实的基础。

5. 渔业生态环境保护 认真贯彻国务院《中国水

生生物资源养护行动纲要》,按照《陕西省水生生物资源增殖放流规划(2010—2015)》要求,大力开展水生生物资源增殖放流工作,2012 年分别在汉江汉中段、安康段,丹江商洛段,黄河的渭南段、延安段以及沿渭河宝鸡、咸阳、西安、渭南等地先后开展经济鱼类增殖放流活动 12 次,放流鲤、鲫、鲢鳙、乌鳢、鲇等大规格鱼苗 1 000 余万尾;同时在太白、洛南、略阳、丹凤县等国家和省级自然保护区放流濒危动物大鲵 7 000 余尾,生态效益、社会效益、经济效益凸显,社会各界广泛参与和保护生物资源的积极性不断提高,法律意识明显增强。

特别是 4 月 26 日,由农业部、陕西省人民政府主办,农业部渔业局、陕西省水利厅、汉中市人民政府承办的以"保护汉江鱼类资源,促进人与自然和谐"为主题的汉江鱼类增殖放流启动仪式在汉中市汉江桥闸工程水域南岸举行,陕西电视台以"鱼跃汉江"现场直播了此次活动,时间长达 41 分钟,农业部副部长牛盾、陕西省副省长祝列克等有关领导亲临活动现场指导放流工作。组织召开了陕西省大鲵经济运行分析会和年度审查会,进一步规范了大鲵驯养繁殖和经营秩序,审查批准驯养繁殖场 39 家、经营利用场 28 家,组织对渭河陕西段水生动物资源情况调查和水质状况监测,渭河综合治理效果明显,生物多样性逐步恢复;代表省政府向社会发布渔业水域环境及病害防治状况公报,各项指标均好于往年,渔业水域突发事件较往年明显减少,渔业水域生态环境得到改善,略阳大鲵自然保护区通过环保部的审查并公示,6 个种质资源保护区晋升为国家级种质资源保护区,保护区建设取得显著成效,保护效果明显。

6. 水生动物病害防治 一是加强渔业病害测报工作。在合阳黄河滩区国家级新民家鱼原种场建立渔业病害精准测报点,测报网点增加到 27 个,对 7 个主养品种,36 种病害进行了 8 个月的病害监测,获得有效数据 4 000 余个,以苗种检疫为重点,扎实做好防疫检疫工作,强化渔业投入品监管和规范用药指导,进一步推进"五项制度"、"两项登记"养殖制度的落实,全年水产养殖无重大突发性疫病。二是代表省政府向社会发布《陕西省 2012 年水产养殖病害防治状况公报》,对全省农业部健康养殖示范场和省级良种场养殖环节投入品进行重点检查,加强技术培训,提高基层实验室病害检测能力,举办两期实验室操作技术培训班,培训学员 80 人次,按照《生物安全实验室建筑技术规范》要求,对省防病中心实验室进行更新改造,购置细菌、病毒检测仪器设备 30 余台套,改造功能区 350 平方米,病毒、细菌、寄生虫等微生物综合性检测及化验功能全面提升。

7. 渔业科技创新与推广

一是以全国"渔业科技促进年"活动为契机,广泛开展"渔业科技进塘入场到户"活动,制定"渔业科技促进年"活动实施方案,组建 100 名渔业科技专家服务团,深入生产一线开展指导培训工作,累计开展水产健康养殖、规范用药、病害防治等各类培训班 150 余期,培训技术骨干 1 190 人次,培训渔民 2 万余人次,开展送技术下乡活动 5 000 余人次。举办各类科普宣传和渔业科技服务大型活动5 次,发放科普技术资料 13.8 万余份(本)。

二是科技推广工作成效显著,以健康养殖、规范用药等技术推广为重点,组织实施《池塘健康养殖技术》、《鳟鲟鱼养殖示范》和《大中型水库渔业综合开发》三个重点技术推广项目,累计推广面积达到 1.33 万公顷,引进推广鳟鱼、丁桂、鲈鱼、框鲤等 9 个优良新品种,池塘微孔增氧技术在宝鸡、渭南、西安等市县试验成功。建立全省鱼病远程辅助诊断系统和大鲵 PIT 标记技术,安装 5 套远程诊断终端并对接成功。

三是渔业科技创新研究成果丰硕,"黄河干流及重要支流功能性不断流研究"项目首次应用数学模型对黄河鱼类栖息地变化及渔业资源变动进行了动态分析研究,"世界濒危鱼类兰州鲇种质特性与资源保护研究"项目进行了兰州鲇血清生物学等方面的研究,"大鲵人工繁殖关键技术与示范"项目成功研制出两种不同灭活剂灭活处理的大鲵虹彩病毒细胞培养灭活疫苗,《黄河流域鱼类图志》一书样稿已提交黄河流域渔业资源管理委员会审查,西北首家部级水产品风险评估实验室在省水产研究所挂牌成立。"黄河壶口—三门峡段经济鱼类产卵场环境监测和保护"项目获 2012 年度陕西省水利科技进步一等奖、陕西省科学技术三等奖;"特种水产养殖技术示范与研究"获 2012 年度陕西省水利科技进步一等奖、第 15 届陕西省农业技术成果推广奖;"无公害水产品质量安全生产技术研究"项目获 2012 年度陕西省水利科技进步二等奖。同时,采取"请进来、走出去"的方式方法,加强科技人员培训培养工作,邀请国内外知名水产专家、教授来陕开展学术交流,选派技术骨干外出考察学习和相关机构深造,科技人员业务能力和水平进一步提升,服务意识明显增强。

8. 渔业船舶检验 经过 10 年的实践经验总结和调研论证,在 2002 年颁布的《陕西省渔业船舶管理暂行办法》的基础上,在省法制办公室的关心支持下,2012 年 4 月 1 日,省政府第 6 次常务会议审议并通过了《陕西省渔业船舶管理办法》，并于7月1日起施行。该《办法》的出台，对推进陕西省渔业船舶规范化、经常化、正规化管理奠定了坚实的基础。组织开展了渔船数量普查和登记、检验、发证工作，在安康市瀛湖组织近千艘渔船进行了应急预案演练，对全省机动渔船逐一核查，摸清了数量、功率等基础数据，统一编号挂牌，建立数据库，为渔船安全管理和柴油补贴发放提供了翔实的资料。全面贯彻安全生产工作部署，逐级、逐船、逐场、逐户签订安全生产目标责任书，把责任逐级分解落实到人，强化各项制度落实，全省渔业系统上下形成级级抓、人人抓的良好氛围，组织2次安全生产督查检查，定期分析安全形势，查找安全隐患，完善安全措施，开展船员安全知识培训，严肃查处"三无"渔船从事渔业生产和渔船非法载人载货等营运活动，有效遏制了渔业各类安全事故的发生。

9. 渔政管理 深入开展"渔政队伍建设年"活动和"渔业文明执法窗口"创建工作，把强素质、树形象作为"渔政队伍建设年"活动的重点，加强队伍建设，规范执法办案程序，大力开展执法活动。分期分批对1 200多名渔政员进行了执法证换证和前期培训，参与黄渔委、长渔委组织的黄河、长江资源保护联合执法行动和国家濒危办组织的保护野生动物联合执法检查活动，没收水生野生动物标本玳瑁等及制品10余件(只)。

全省各级累计开展各类执法活动2万余人次，出动执法车辆3 000余台次，查处非法捕捞水生野生动物案件300余起，收缴炸鱼、毒鱼、电鱼各类非法捕捞工具及设备500余件(台)，收缴水生野生动物渔获物1 000余千克并放生，有效打击和遏制了非法捕捞行为，依法征收渔业资源补偿费200余万元。行业管理水平和执法形象明显增强，安康市渔政站被农业部授予2012年度"全国渔业执法文明窗口"单位，新装备4艘渔政执法船(艇)分别在渭南、汉中、安康投入使用，渔政执法在渔业发展过程中的作用和地位不断提升，社会各界普遍认可。

【重点渔业市基本情况】

陕西省重点渔业市基本情况

地区	渔业产值(万元)	水产品产量(吨)	其中		养殖面积(公顷)
			捕捞	养殖	
汉中市	192 554.3	26 340	1 781	24 559	6 439
安康市	166 572	35 936	3 988	31 948	14 315
渭南市	47 867	28 418	518	27 900	5 111
西安市	57 527	14 010		14 010	1 965
宝鸡市	208 95.9	7 077		7 077	3 029

【大事记】

[1]1月6日，陕西省渔业系统在西安举办渔业支撑能力建设项目仪器设备发放仪式。本次向10个地市和20个渔业重点县(区)发放价值1 080万元的水产品质量安全监测仪器设备，为做好全省水产品质量安全监管工作打下了坚实的基础。

[2]1月19日，合阳县被农业部、国家安全总局评为2010—2011年度"全国平安渔业示范县(市、区)"，全国共有45个县(市、区)获此殊荣。

[3]2月6日，渔业部门申报的"无公害水产品养殖技术推广"项目获省农业技术推广成果一等奖；"大鲵规模化繁育技术应用于推广"、"黄河湿地社区渔业水域生态环境保护与渔业高效养殖技术研究及推广"、"陕北地区库坝生态养鱼技术推广"等3个项目获第十四届陕西省农业技术推广成果二等奖1项，三等奖2项，渔业科技创新和技术推广工作取得了显著成绩。

[4]3月1日，副省长祝列克在省政府办公厅、省财政厅、省农业厅、省水利厅等单位有关领导陪同下视察了西安市斑点叉尾鮰苗种繁育基地，在听取渔业工作汇报后强调指出：全省渔业工作要紧紧围绕"农民增收"这条主线，多措并举解决好渔业投入不足等问题；把渔业生产作为今后重点民生工程加大扶持力度，抓紧制定和完善重点项目发展规划；创新方式方法，增加渔业投入，积极争取农业部等国家资金，加大省级财政贴息资金投入，支持渔业发展；重视培育和发展渔业生产龙头企业，优化产业结构、提升渔业发展质量，抓好试点和示范建设；加强渔业船舶监管，确保渔业生产安全。

[5]3月6日，副省长祝列克在省政府办公厅、省财政厅、省农业厅、省林业厅、安康市政府等主要领导

陪同下深入安康瀛湖库区实地调研渔业工作，实地察看了安康汉水生态农业科技开发公司、安康金诺水产科技有限公司养殖匙吻鲟、翘嘴红鲌等名特优水产品网箱养殖项目，对安康市委、市政府近年来高度重视渔业工作，大力扶持发展水产养殖业，促进农民增收致富等方面取得的成绩给予了充分肯定。他要求，陕西省渔业工作要充分利用现有渔业养殖资源，加大名特优水产品引进与繁育力度，创新渔业科技服务手段、强化渔业基础设施建设、延伸渔业产业链条，促进农民增收致富，实现渔业跨越式发展。

[6]3月18日，全省渔业工作会议在西安召开。会议总结了2011年全省渔业工作取得成绩和亮点，安排部署2012年渔业工作，西安、渭南、安康等市和2家企业作了交流发言，省水利厅副巡视员左占清作了重要讲话，并代表水利厅与10市1区及厅直渔业单位签订了安全生产目标责任书。各市(区)水利水务局主管渔业工作的局长、水产渔政站长，渔业重点县(区)及企业代表和新闻媒体共120多人参加会议。

陕西省举行“渔业科技促进年”活动启动仪式。启动仪式上宣读了“陕西省渔业科技促进年”活动实施方案和首席专家名单，向基层水产站赠送了科技书籍资料，开启了“陕西省鱼病远程辅助诊断系统”。

[7]4月1日，省长赵正永主持召开了省政府第六次常务会议。会议审议并原则通过《陕西省渔业船舶管理办法》，并于7月1日起施行。该《办法》的出台，标志着陕西省渔业船舶管理工作向制度化、规范化、经常化管理迈出了重要一步，对促进全省渔业行业依法行政、推进现代渔业建设具有重要而深远的意义。

[8]4月26日，由农业部、陕西省人民政府主办，农业部渔业局、陕西省水利厅、汉中市人民政府承办的以“保护汉江鱼类资源，促进人与自然和谐”为主题的汉江鱼类增殖放流启动仪式在汉中市汉江桥闸工程水域南岸举行。农业部副部长牛盾、副省长祝列克亲临现场指导放流活动，省市有关部门领导、渔民代表和学生代表120余人参加增殖放流启动仪式。陕西省电视台现场直播此次增殖放流活动启动仪式。

[9]4月26～27日，农业部副部长牛盾先后到城固县汉水大鲵开发有限公司、宁陕县龙泉大鲵养殖有限公司及家庭养殖户调研大鲵驯养繁殖情况，深入大鲵养殖生产区仔细查看大鲵养殖和生长状况，详细询问大鲵繁育、经营利用、病害防治和市场销路等情况，观看了远程视频鱼病辅助诊断系统和大鲵PIT追溯标识系统。强调指出：大鲵养殖是一个新型产业，陕西省大鲵繁育和养殖数量占到全国的60%～70%左右，各级政府和渔业主管部门要加强管理，完善制度，提升质量，切实把大鲵产业做大做强，确保产业健康持续发展。

[10]5月15日，省食品安全委员会召开食品安全信息发布会，省食品安全委员会成员单位主要领导参加，省船检局局长、省渔业局副局长管薇代表水利厅参加了会议，向新闻媒体通报了上半年水产品质量安全监管情况，并回答了新闻媒体记者的提问。

[11]5月17日，副巡视员左占清主持召开省水利厅厅直渔业系统领导干部会议，传达贯彻省食品安全委员会第三次全体会议精神和省领导的重要讲话，省渔业局局长刘兴连安排部署全省水产品质量安全监管工作及当前渔业重点工作，副局长管薇传达省食品安全委员会信息发布会情况。副巡视员左占清作了重要讲话，并就水产品质量安全监管工作提出了具体要求。

[12]6月7日，农业部渔政指挥中心副主任、全国水生野生动物保护分会会长肖放参加太白湑水河国家级水生野生动物保护区大鲵增殖放流行动，本次放流大鲵苗500尾。

[13]6月7～9日，以农业部渔政指挥中心副主任肖放为组长的检查组一行6人来陕西省检查2010—2011年中央财政增殖放流资金使用情况。检查组先后深入宝鸡、汉中、安康项目执行单位进行检查，并考察了大鲵等水生野生动物保护工作开展情况。

[14]6月19日，省水利厅厅长王锋深入石头河水产养殖场检查指导工作，查看了虹鳟鱼、大鲵、七彩鲑和秦岭细鳞鲑养殖推广情况。王锋强调指出：水产养殖最怕水污染、微生物污染和寄生虫污染，要按照“做大做强涉水产业链”的指导思想，充分挖掘放大资源优势、特色优势和品牌优势，全力打造集科技推广、养殖孵化、生态观光、休闲养生于一体的立体式、特色化、全省一流、全国知名特色水产养殖基地。

[15]7月3～4日，农业部渔业局副局长李彦亮、水产养殖处处长丁晓明一行到延安调研当地渔业发展及新农村建设情况。调研组实地察看了安塞县沿河湾镇方家河水库、侯沟门村，宝塔区姚家坡现代生态农业园区，对延安市水产工作站和安塞县沿河湾镇人民政府在发展渔业产业，带动群众致富方面所作工作进行了充分的肯定。

[16]7月13日，省法制办、省水利厅联合举行《陕西省水产种苗管理办法》立法后评估启动仪式。省法制办副主任岳喜栋、省水利厅副厅长张玉忠、副巡视员左占清出席会议并做重要讲话。组织专家对《陕西省水产种苗管理办法》提出了修改意见，完善了内容条款，已形成初稿报省法制办公室。

[17]7 月 14 日,陕西省渔业协会筹备成立大会暨第一次会员代表大会在西安召开。省水利厅副巡视员左占清、省民政厅民间组织管理局副局长刘卫平出席成立大会。按大会议程由会员代表通过选举产生理事 81 名,常务理事 39 名,会长、副会长 13 名,秘书长 1 名,左占清当选为名誉会长,刘兴连当选为会长,管薇当选为秘书长。

[18]7 月 15 日,陕西省大鲵经济运行形势分析暨年检会在西安召开。中国水产科学研究院首席专家肖汉兵、陕西师范大学教授吴明耀和行业内学者专家,对全国大鲵资源保护现状和市场行情及陕西省大鲵资源调查、病害防治情况进行了分析和讲解。对全省大鲵驯养繁殖和经营利用证进行了年度审验。各市水产渔政站(处)长、渔业重点县水产渔政站长及来自全省 90 多家大鲵养殖户代表参加了会议。

[19]7 月 23 ~25 日,全省无公害水产品双认证内检员培训班在西安举办。培训班分别就渔业产地环境及健康养殖制度、内检员工作职责及无公害农产品认证程序进行了授课。来自全省各市县水产(渔政)站的业务骨干共 100 多人参加培训学习。

[20]8 月 14 ~17 日,全省渔业船舶管理暨渔业统计培训班在安康市举办,培训班分别就渔业船舶行业管理、渔业统计、渔业油价补贴、渔业船舶登记、渔业安全生产、小型渔业船舶检验与发证实施细则、渔业船员管理、渔政船艇、安全执法和《陕西省渔业船舶管理办法》等内容进行了全面讲解和授课。来自全省各市、县水产站站长、具体负责渔船管理和渔业统计工作的同志共 80 余人参加了培训。

[21]9 月 28 日,由省水利厅、安康市委、市政府联合举办的百万鱼苗增殖放流活动在安康市瀛湖库区流水镇码头启动。省水利厅厅长王锋、副巡视员左占清、长江流域渔业资源管理委员会副主任宋志俊及安康市委、市政府主要领导、渔业系统干部、学生代表等 300 余参加启动仪式。

[22]10 月 18 日,由农业部渔业局、黄河流域渔业资源管理委员会、陕西省水利厅、延安市人民政府主办,陕西省渔业局、延安市水务局、延川县人民政府承办的"中国黄河鱼类增殖放流活动"在延川县延水湾镇黄河岸边举行。农业部渔业局副局长李彦亮、黄渤海区渔政局局长马毅、陕西省水利厅副巡视员左占清、延安市人民政府副市长杨军发和渔业系统等 300 余人参加了增殖放流活动。

[23]10 月 25 日,农业部渔政指挥中心验收组对安康市渔政监督管理站渔业文明执法窗口单位创建工作进行了检查验收。验收组仔细查验了案件档案、会议记录、管理制度和办公环境优化等创建情况,对安康市渔政站近年来在渔业执法工作中所取得的成绩给予了充分肯定,对存在的不足提出了改进措施和意见。

[24]10 月 26 日,黄河洽川段乌鳢国家级水产种质资源保护区增殖放流活动启动仪式在黄河洽川湿地举行。共放流鲤鱼、鲫鱼、乌鳢、甲鱼、黄颡鱼等各类鱼苗 130 万尾。

[25]11 月 14 日,渭河宝鸡段百万尾鱼苗增殖放流活动在石鼓山脚下启动,向渭河宝鸡段放流鱼苗 100 万尾,对恢复渭河流域自然生物链和鱼类种群结构、维护水生生物多样性将发挥重要作用。

[26]11 月 16 日,经省政府新闻办批准,省水利厅在宝鸡召开新闻发布会,向社会发布 2012 年度渔业生态环境暨水产养殖病害防治状况公报。公报显示,2012 年陕西省渔业生态环境质量状况总体优于上年,养殖产地水产品质量合格率达到 100%,水产养殖因病害造成的直接经济损失为 325 万元,较上年减少 7.3%。陕西日报、陕西广播电视台等 6 家新闻媒体派记者参加了新闻发布会。

[27]12 月 29 日,省水利厅组织召开了《大同至西安高速铁路客运专线黄河大桥建设对黄河洽川段乌鳢国家级水产种质资源保护区环境影响专题报告》(以下简称《专题报告》)审查会。原则通过《专题报告》提出的人工增殖放流、生态环境监测、栖息地植被资源恢复、施工期及运营期管理等生态保护措施,并提出了修改意见和建议。

(陕西省渔业局 倪德强 魏美乐)

甘肃省渔业

【概况】 2012 年,甘肃省各级渔业部门认真贯彻中央 1 号文件精神,紧紧围绕渔业增效、渔民增收这条主线,大力开发水域资源,不断加快渔业经济结构调整,着力抓好水产品质量安全,全面推进水产健康养殖和具有区域特色的集约化、规模化养殖,全省现代特色渔业呈现蓬勃发展的良好态势。全省养殖水面 13 306 公顷,同比增长 4.69%;水产品总产量 13 338 吨,同比增长 3.56%;实现渔业产值 2.2 亿元,同比增长 15.85%。

1.水产养殖 一是苗种投放较好,全年投放水产苗种 1.6 亿尾,比上年增长 5% 左右。其中全省自繁孵化鲤鲫等苗种 6 000 多万尾,从湖北、四川调运鲤鲢鳙草等 10 多个品种 6 000 多万尾,鲑鳟鱼自繁苗种约 1 000 万尾,引进苗种约 3 000 万尾。鲟鱼自繁苗种约

100万尾，引进苗种约100万尾。大鲵自繁苗种2万尾，引进苗种约3万尾。二是设施养殖发展较快。全省网箱养殖面积达到12万平方米，增加近10万平方米，增加4倍。大规格网箱总数达到3 000多只，产量达300吨，增加15倍。温室大棚养殖达到14 000多平方米，工厂化养殖达到1 600多平方米，鲑鳟鱼养殖区域已扩展到12个市、州，养殖面积近20公顷。三是市场价格形势较好。从监测的5个水产品批发市场情况来看，水产品市场价格呈上涨态势，且起伏较大，主要品种价格呈现1月和7月高，4月和10月低的“两高、两低”态势。草鱼同比上涨8%；鲤鱼上涨6.4%；鲫鱼上涨6%；虹鳟鱼涨幅在8%左右。

2.产业开发 一是开发利用水域资源特别是大中型水域发展现代特色渔业取得新进展。酒泉市引进6 000多万元，发展高标准设施渔业；张掖市引进投资商连片开发滩涂沼泽地36公顷，发展生态养殖；陇南市引进2 000多万元，发展库区大规模鲟鱼养殖；刘家峡库区引进2 000多万元，发展大规格网箱三文鱼养殖，兴建了全省最大网箱鲟鱼养殖基地。在刘家峡库区、文县翰坪嘴水库形成了12万平方米的两个高标准现代渔业示范基地。二是大鲵产业化取得了新进展。大鲵养殖区域已扩展到康县、文县、秦州区等8个县（区），养殖户达到440多户，养殖总面积超过15公顷，存塘数量超过10万尾，养殖产值达到1.3亿元以上。有的养殖大户年收入100万元以上，普通养殖户年均收入在3万~5万元左右。三是休闲渔业发展迅速。全省休闲渔业企业达600多家，吸引投资1.2亿元以上，经营面积达到1 733公顷，年接待游客72万人次，年产值8 000多万元，有3家企业取得农业部全国休闲渔业示范基地称号。四是鲟鱼产业开发取得了新进展。酒泉金塔、临夏永靖、陇南文县等地自繁鲟鱼苗种取得成功，目前鲟鱼已在河西金塔、敦煌、肃州，中部临夏永靖、定西漳县，南部宕昌、文县等几个地方形成较大生产规模，产量可达300吨，文县、永靖等地部分鲟鱼成鱼已性成熟，为下一步发展高附加值的鱼子酱加工生产奠定了基础，也成为全省渔业养殖中的比较效益较高的新品种。

3.健康养殖 一是推进水产健康养殖示范场创建活动。积极巩固和深化水产健康养殖示范场创建工作，永靖虹大三文鱼有限责任公司通过农业部水产健康养殖示范场复核验收。充分发挥中央财政养殖生态环境修复示范项目和菜篮子产品生产项目的引领带动作用，全年新申报水产健康养殖示范场20家，有19家企业通过了省级验收和农业部审核，全省国家级水产健康养殖示范场已达到27家。通过鱼池标准化改造，提高投饵机、增氧机配置数量，使用优质苗种、饲料等措施，全省无公害水产品生产基地和无公害水产品创建工作有序开展，有8家取得无公害水产品产地认证。二是加大抽检的数量和频次。采取日常抽检和重点抽检相结合的方式，重点抽查了全省水产健康养殖示范场、鲑鳟鱼主要生产基地、专业经济合作组织、无公害渔业生产单位和省级水产原良种场。全年完成了全省4次水产品质量例行抽检，组织了2次全省产地水产品质量安全抽检，两次产地抽检共采集水产品样品63个，抽检合格率达到100%，分两次向全省通报了产地水产品质量安全监督抽查结果。三是加大执法检查力度。全省累计检查水产养殖企业和个人131家、水产苗种生产企业11家、渔药销售门市部57家，对存在质量安全隐患的9家企业和个人进行了整改，没收过期渔药120多千克，禁用渔药40多瓶、假渔药5瓶。同时，各地采取日常监管和节假日期间重点检查相结合的方式，加大水产品批发市场、超市等场所水产品质量安全专项执法检查力度，累计开展执法检查活动130多次。根据农业部的安排和部署，派执法人员参加了督察四川、贵州、云南三省水产养殖质量安全执法工作，配合完成对本省水产养殖质量安全执法交叉督查工作。

4.良种体系 一是加大水产良种场建设力度。2012年，农业部支持甘肃省水产良种场建设资金600多万元，扶持永登冷水鱼良种场等3个良种场改扩建项目，保证了各项工程建设顺利进行。按照《甘肃省省级水产原种场资格验收办法》的规定，对省黄河鲤鱼原种场、省鱼类良种试验站等7家省级水产良种场进行了资格复核，酒泉市海东鲟鱼开发有限公司金塔县海东鲟鱼繁育场、文县碧源白水江特种水产养殖有限公司汉坪嘴渔场2个水产良种场晋升为省级水产良种场。全省累计已有国家级水产良种场1家，省级水产良种场16家，水产良种生产能力逐步得到提升。二是加强冷水鱼苗种繁殖培育。全省年产鲑鳟鱼发眼卵1 000多万粒，生产鲑鳟鱼苗种1 500多万尾，鲑鳟鱼发眼卵推广养殖年可形成3 500吨产量，产值达到7 000万元，为养殖户带来2 500万元纯收益。土著鱼类苗种繁殖取得突破，兰州鲶年孵化鱼苗约35万尾，极边扁咽齿鱼、黄河裸裂尻鱼、花斑裸鲤人工孵化鱼苗60多万尾，秦岭细鳞鲑孵化鱼苗约10万尾。三是切实加强水产苗种监管。组织省渔政管理站对临夏、永登、永昌等地的23家苗种生产单位使用违禁药物情况进行了专项执法检查，加强增殖放流苗种供应单位管理，供种单位必须是市级以上水产良种场，必须持有水产苗种生产许可证，所供应的苗种必须经过检测合格，凡有违禁药物检测不良记录的水产苗种生产单位取消投标资格。

5.渔业科技年 全省渔业科技活动年活动以"联村联户、为民富民"行动为抓手，以有关技术推广示范项目为基础，面向基层，大力推广健康养殖技术、普及科学用药知识，引导水产养殖者转变观念，提高科学养殖水平。由省渔业技术推广总站牵头，在9个市(州)41个示范点实施了水产养殖"三化"技术示范项目，示范面积456公顷。主要示范渔业技术集成化、劳动过程机械化、生产经营信息化。通过示范使主导品种每公顷产量达到11 250千克，产值达到15万元，每公顷纯收入达到3万元。切实加强了虹鳟鱼传染性造血器官坏死病(IHN)疫病防控，鲑鳟鱼引进苗种时，必须索要《动物检疫合格证明》，禁止所有鲑鳟鱼苗种生产单位向疫区县调入鲑鳟鱼发眼卵和苗种，禁止向疫区县调入鲑鳟鱼活鱼，禁止疫区县向其他地方调出鲑鳟鱼发眼卵和苗种，禁止疫区县的鲑鳟鱼活鱼调出，杜绝疫情扩散。组织专业技术人员在酒泉举办了大宗淡水鱼类新品种高效养殖及病害防控技术培训班和大宗淡水产业技术体系培训班，参加人员200多人。积极开展渔业技术宣传与咨询服务，在榆中县高墩营村开展了以宣传水产品质量安全为主的科技下乡活动，制作了宣传展板，发放宣传单2 000多份。大力开展渔业技术培训活动，全省各级渔业技术推广人员驻村服务累计600天以上，联系服务对象200户以上。全年共培训渔业科技人员300多人次，举办形式多样、内容丰富的各类技术培训共1 000多人次，加快了推广人员知识更新，提高了渔业劳动者的科技素质、技能水平和经营能力。

6.渔政执法 一是开展渔业法规宣传和禁渔执法检查。组织开展了形式多样的渔业法律法规的宣传活动，累计散发宣传材料27 000余份，张贴标语620余幅，悬挂横幅176余幅，制作展板16块，新闻媒体宣传47次，出动宣传车(船)47台艘次，营造了良好的渔政执法环境。二是加大打击非法捕捉、走私、经营利用水生野生动物的力度，联合公安、海关等部门累计检查餐馆饭店372家、集贸市场58家、水产品批发市场46家，花鱼市场67家，没收非法捕捉、走私、经营利用的水生野生动物207条，教育处罚非法捕捉、走私、经营利用水生野生动物的单位或个人48家，有力地保护了水生野生动物资源。三是开展黄河流域专项执法检查。由黄河流域渔业资源管理委员会办公室牵头，开展了黄河干流(甘肃段)渔业联合执法检查和督察、抽查活动。先后督察和检查了黄河玛曲段、刘家峡段、兰州段、靖远段禁渔执法、渔业资源保护执法、鱼类"三场"保护执法检查情况；黄河上游特有鱼类国家级水产种质资源保护区建设与管理情况；黄河寺沟峡水电站、河口水电站鱼类增殖放流站建设、运行和增殖放流情况；靖远县、永靖县水产养殖和水产品质量安全情况。共教育处罚非法捕捞人员13人次，没收各类网具27张，禁捕工具3台，责令3家水产养殖企业建立健全记录和台账。四是开展长江流域专项执法检查。组织对长江流域重点渔业水域、主要土著经济鱼类"三场"分布区、水生生物自然保护区等场所累计开展执法检查62次，查处破坏渔业资源的违法行为27次，放生国家和省级重点保护水生野生动物21条，处罚9人，教育27人次。派2名渔政执法人员参加了长江特编渔政执法船队对长江安庆至上海段的执法检查，圆满完成了联合执法检查任务。五是开展了水生生物省级自然保护区非法开发建设项目专项执法检查，对个别企业在保护区外开采金矿，尾矿倾倒在保护区实验区且未落实生态补偿措施，保护区周边群众使用小型船只非法采砂，基础设施建设不足以及标桩设置不合理，设备利用率不够，对保护区的宣传力度不够等问题督促保护区管理部门采取整改整顿措施，督促有关企业依照有关规范进行生态补偿，进一步促进保护区规范有序建设。六是加强渔政队伍建设。制定印发了甘肃省渔政队伍建设年活动方案和渔业文明执法窗口单位创建活动实施方案，开展了渔政机构参公管理推进情况督察，全省新组建渔政机构2个，推进2个机构实现参公管理，秦州区渔政监督管理站获"全国渔业文明执法窗口单位"称号。甘肃省代表参加的黄河流域代表队在全国渔政执法技能大比武中获团体一等奖，参赛人员荣获个人标兵。开展了内陆渔业行政执法处理系统和执法数据统计系统软件应用测试，应用内陆渔业行政执法处理系统办理各类案件29起，渔业执法数据统计系统软件4次。

7.安全生产 一是积极防范黄河特大泄洪对渔业生产的影响。及时下发通知安排部署沿黄各地防范黄河特大泄洪对渔业生产的影响，提早动手撤离受洪水威胁的人员和设备，防止出现漏查，出现事故。二是开展刘家峡库区渔业安全生产整治。省渔政管理总站、省刘家峡水库渔政管理站对刘家峡水库开展了维护渔业生产秩序的专项执法活动。先后出动执法车船135台(艘)次，出动执法人员520人次，预防和及时制止破坏渔业生产秩序、干扰正常化渔业生产活动的行为26起，查处破坏渔业生产秩序的不法行为12起，教育处罚违法人员76人次。三是切实加强渔业船舶的检验和安全管理工作。组织对渔业生产用船、渔政执法船进行了年度检验，检验率100%。加强对业务干部的培训，1 人获得中级验船师资格证书，1 人参加了内陆省区渔业船舶审图资格考试及中级验船师船体检验全国通用资格考试。先后 3 次深入兰州电机股份有限公司对船用电机的安全性能进行了检查，指导西北造船厂获得国家船检部门的资质认可。参与协助举办了 2012 年全国渔船船用产品检验工作研讨会，甘肃省渔船检验局被评为全国渔业船舶检验系统优质船检机构，1 人获全国渔业船舶检验系统"先进工作者"称号，1 人获全国渔业船舶检验系统"优秀验船师"称号。

8.生态保护 一是进一步完善涉渔工程环境评价和生态补偿运行体系，逐步提高涉渔工程环境影响评价报告编制质量。完成了水利建设工程《黑河流域综合规划(2011—2030)水生生物专题评价报告》、高速公路建设工程《渭源至武都高速公路穿越漳县秦岭细鳞鲑省级自然保护区专题评价报告》及电力建设工程《哈密北—重庆±800kV 特高压直流输电工程对康县大鲵省级自然保护区影响专题评估报告》3 个环境影响评价报告，提出的生态补偿要求得到了设计和施工单位的积极支持。二是进一步加强渔业生态环境监测与管理。根据农业部安排，组织对黄河流域刘家峡段花斑裸鲤、兰州鲶产卵索饵场、甘肃黑河张掖段祁连山裸鲤产卵场、黄河刘家峡兰州鲶国家级水产种质资源保护区、黄河上游特有鱼类国家级水产种质资源保护区进行了渔业生态环境监测，完成了常规监测任务。组织对刘家峡水库部分网箱养殖场利用盛装化学原料的废旧铁桶制作浮桶，可能造成渔业水域环境污染的事件进行了查处，责成养殖户立即停止将废旧铁桶投入生产使用，逐户告诫不要使用化学品盛装容器作为浮桶进行网箱养殖。2012 年累计查处渔业污染事故 6 起，为渔民和渔业生产企业挽回直接经济损失 20 余万元，处罚排污企业 5 家。联合环保部门开展渔业生态环境执法检查 20 余次，查处破坏渔业生态环境的不法行为 3 起，为渔业的可持续发展打下坚实的基础。三是进一步加大了渔业资源增殖放流力度。争取中央渔业资源保护补助资金 370 万元，开展水生生物增殖放流活动 10 次，共增殖放流鲤、草、鲢、鳙等各类经济鱼类苗种 1 396 万尾，细鳞鲑 1 万尾，黄河裸裂尻鱼、扁咽齿鱼 20 万尾，兰州鲶 3 万尾，重口裂腹鱼 4 万尾，放流国家二级保护动物大鲵 1 260 尾。

9.基础设施建设 全年共争取中央资金 1 848.75 万元，其中农业部下达增殖放流资金 370 万元；秦州大鲵省级自然保护区建设项目投资 391 万元；泾川县综合水产良种场项目投资 234 万元；永登冷水鱼良种场建设项目投资 266 万元；酒泉金塔县"五一"水产良种场项目投资 228 万元；农业部渔业物种资源保护和第一批渔政管理项目投资 155 万元；渔政船、渔政快艇 180 万元；无公害农产品质量安全监测项目、水生动物疫情检测及黄河渔业资源管理委员会保护区管护经费 24.75 万元。这些基础项目的建设，提升了全省渔业发展后劲，促使其更好更快发展。

10.存在的问题 一是鲑鳟鱼因疫病生产尚未恢复。鲑鳟鱼 HIN 疫病使全省鲑鳟鱼生产遭受重创，主要产地永昌、永登、临泽 3 县的存塘鱼捕杀和无害化处理仍然没有完成，苗种依然没有调运，恢复生产困难重重。二是全省水产养殖因灾损失较大。2012 年 8 月，白银、永靖、兰州连续遭遇暴雨、洪灾袭击，黄河上游水库加大了泄洪流量，其中 8 月 27 日泄洪量 3 200 立方米/秒，这是刘家峡水库 31 年来最大泄洪量，对渔业生产造成严重损害。全省渔业受灾面积 269 公顷，产量损失 560 多吨，苗种损失 50 多万尾，直接经济损失 6 756万元。

【重点渔业市(州)基本情况】

甘肃省渔业重点市(州)基本情况

市(州)	渔业产值(万元)	水产品总产量(吨)	养殖面积(公顷)
张掖市	3 535	2 150	1 706
酒泉市	3 010	1 658	1 500
白银市	2 228.1	1 600	167
临夏州	2 297.46	1 528	6 536
兰州市	2 082.64	1 300	133
天水市	940.36	1 140	135
陇南市	1 962	1 090	2 000
平凉市	1 591.8	1 017	105

【大事记】

[1]2 月 8 日,甘肃省农牧厅印发《2012 年甘肃省水产品质量振兴工作计划》。

[2]2 月 13 日,甘肃省农牧厅印发《关于加强和规范涉渔工程生态补偿资金管理工作的通知》。

[3]2 月 23 日,甘肃省农牧厅印发《关于进一步加强鲑鳟鱼传染性造血器官坏死病(IHN)防控工作的通知》,安排部署永昌县、永登县、临泽县 3 县的 IHN 防控工作。

[4]3 月 13 日,长江流域渔业资源管理委员会批准甘肃省农牧厅为委员单位,王亨通巡视员为委员会委员。

[5]3 月 28 日,甘肃省农牧厅印发《甘肃省渔业科技促进年活动实施方案》。

[6]3 月 30 日,甘肃省农牧厅印发《甘肃省水生生物省级自然保护区非法开发建设项目专项执法检查实施方案》,安排部署了全省省级水生生物保护区内非法开发建设项目专项执法检查工作。

[7]3 月 31 日,甘肃省渔业科技推广工作会议在兰州召开。

甘肃省渔业科技促进年活动启动仪式在兰州举行。

甘肃省农牧厅渔业处编辑的《渔业法规汇编》一书正式向市县渔业部门发行。

[8]4 月 9 日,甘肃省农牧厅印发《2012 年甘肃省水产品禁用药物和有毒有害物质专项整治工作方案》。

[9]5 月 26 至 6 月 2 日,甘肃省农牧厅组织开展了水生生物省级自然保护区非法开发建设项目专项执法检查。

[10]7 月 2 ~ 9 日,由农业部黄河流域渔业资源管理委员会牵头,甘肃省农牧厅组织沿黄甘南、临夏、白银、兰州四市(州)渔政执法人员开展了“甘肃省 2012 年黄河干流护渔行动”。

[11]8 月 14 日,甘肃省农牧厅印发《关于做好汛期渔业安全生产工作的紧急通知》,安排部署沿黄渔业单位严防黄河出现的汛情。

[12]9 月 8 ~ 10 日,由国家大宗淡水鱼类产业技术体系研发中心主办,甘肃省渔业技术推广总站承办、酒泉市渔业局协办的国家大宗淡水鱼类产业技术体系 2012 年重点任务推进会在甘肃省酒泉市召开。甘肃省农牧厅巡视员王亨通、中国水产科学研究院淡水渔业研究中心主任徐跑、国家大宗淡水鱼类产业技术体系首席科学家戈贤平研究员等领导出席了会议。

[13]9 月 19 日,甘肃省农牧厅印发《关于表彰全省渔业先进单位和渔业先进工作者的通报》,表彰全省 42 个渔业先进单位,90 名渔业先进工作者。

[14]10 月 9 ~ 11 日,农业部东海区渔政管理局局长李富荣、农业部长江流域渔业资源管理委员会办公室主任赵益民检查指导甘肃现代特色渔业发展情况。

[15]10 月 31 日,甘肃省现代特色渔业现场会在陇南市文县召开。甘肃省农牧厅巡视员王亨通,陇南市副市长曹成章,中国水产科学研究院东海水产研究所研究员黄宁宇出席会议。

[16]11 月 8 日,2012 年黄河兰州段秋季渔业资源增殖放流活动成功举行,在兰州黄河亲水平台增殖放流 50 ~ 100 克的草、鲤、花白鲢鱼种共计 100 万尾。兰州市人民政府副市长胥波、兰州市农业委员会主任韦青祥等领导和社会各界群众 500 余人参加了活动。

[17]11 月 24 日,甘肃省定西市渔业协会正式成立并召开第一次会员代表大会,同时定西洮河特有鱼类国家级水产种质资源保护区管理局也挂牌成立,定西市人大常委会副主任张敏政出席成立大会,该协会是全省地市级成立的第一家渔业协会。

[18]12 月 3 日,农业部办公厅公布了第一批全国休闲渔业示范基地名单,甘肃省永靖县玉水舫渔家乐、敦煌九连湖休闲渔业示范基地和高台县鱼种场获“全国休闲渔业示范基地”称号。

(甘肃省农牧厅渔业处　李　琦)

青海省渔业

【概况】 2012 年,全省渔业工作认真贯彻全国渔业专业工作会议和青海省委农村牧区工作会议精神,坚持保护与发展并重的原则,紧紧围绕年度工作目标,在开展渔业资源保护的同时,大力发展以鲑鳟鱼为主的冷水鱼网箱养殖,渔业资源保护得到进一步加强,养殖渔业呈现出了强劲的发展势头,开创了高原渔业工作的新局面。全年水产品产量达到 4 520 吨,渔业产值达到 10 316 万元。

1. 渔业资源保护 2012 年继续贯彻省政府封湖育鱼《通告》精神,年初召开了全省封湖育鱼工作会议,安排部署了全省封湖育鱼工作,签订了封湖育鱼目标责任书。全省各级渔政工作人员继续克服各种困难,在元旦、春节两节期间和产卵期间及夏季保护湟鱼专项执法活动中,加大执法力度,共查处涉渔案件 34 起,其中,行政案件 25 起,行政拘留 16 人。刑事案件 9 起,涉案人员 17 人,依法判刑 15 人。销毁网具 4 530 盘、帐篷 6 顶,查扣机动渔船 16 艘,捣毁窝点 9 处,没收渔获物 4 422 千克。有效保护了青海湖渔业资源。

2. 渔业环境监测 2012 年,开展长江、黄河、澜沧江等重点水域,省内 8 处国家级水产种质资源保护区和沿黄网箱养殖水域环境监测,以及积石峡、羊曲等水电站水生生物监测及环境评价。共设监测点 49 个,全年监测频次 2 次。全省渔业环境监测已形成较为规范的监测网络体系,重点渔业水域监测工作稳步开展。

3. 增殖放流 2012 年,依托青海湖裸鲤救护中心沙流河增殖放流站和黄河流域苏只增殖站,6~8 月间先后在青海湖沙柳河,黄河贵德段、甘德段以及拉西瓦、公伯峡、李家峡等水库,长江流域玛可河段红军沟、灯塔寺附近水域及多贡麻水库等地共举行 8 次放流活动,共计放流 781.6 万尾土著鱼苗,其中:放流青海湖裸鲤 700 万尾;放流花斑裸鲤 81.6 万尾。

4. 水产种质资源保护区建设 2012 年新建格曲河、沱沱河两个特有鱼类国家级水产种质资源保护区,在此基础上,又向农业部申报了大通河、楚玛尔河特有鱼类国家级水产种质资源保护区。至此,全省已建立 11 个国家级水产种质资源保护区,水产种质资源保护区的范围不断扩大。同时完成了青海省水产种质资源保护区评审工作办法。

5. 养殖渔业 2012 年,渔业生产在各项惠农政策的支持下,显现出了强劲的发展势头,全省水产品产量达到 4 520 吨,其中池沼公鱼 1 200 吨、虹鳟鱼 2 580 吨、河蟹 105 吨、卤虫 60 吨、鲤科鱼类 575 吨。总产量比上年增加 1 227 吨,增长 37%。

(1)水产技术推广项目顺利完成。2012 年,省级财政支农资金安排水产技术推广资金 400 万元,主要用于水产良种的引进、鲑鳟鱼良种场建设和扶持 10 个健康养殖示范场,拉动养殖场(企业)投入 258.5 万元。上述各项目已全面完成建设任务和验收工作。

(2)招商引资。在 2012 年的青洽会期间,青海龙羊峡民泽水殖生态有限公司与浙江盾安控股集团有限公司签订了 6 000 万元的招商引资项目,资金已经全部落实到位,完成了 11 941 平方米的网箱及其他基础设施的建设。该企业网箱总面积达到 58 984 平方米,鲑鳟鱼产量达到2 300吨。

(3)网箱建设发展迅速。2012 年,网箱建设目标为 25 000 平方米,年内主推了抗风浪深水网箱养殖技术,网箱建设面积已达到 109 155 平方米,比上年新增 51 251 平方米,超额完成年度计划 26 251 平方米,超额完成计划的 105%。网箱养殖的鲑鳟鱼产量达到 2 580吨,比上年增加 1 330 吨,增长 106%。

(4)苗种繁育规模逐步扩大。为了稳步推进鲑鳟鱼养殖业发展,缓解苗种短缺压力,在扩建鲑鳟鱼良种场建设的同时,从美国、丹麦、俄罗斯等国引进三倍体虹鳟鱼发眼卵 100 万粒,高白鲑发眼卵 200 万粒,扩大了苗种生产规模,年内向养殖户(企业)提供大规格的鱼苗 131 万尾,基本解决了苗种短缺的问题。

(5)渔业灾后生产得到及时恢复。7~8 月间,由于连降暴雨,使全省养殖渔业受到不同程度的损失,经及时统计、核实,并积极采取措施,协调省财政厅帮助解决救灾资金 300 万元,使受灾企业生产得以及时恢复,将受灾损失降到最低。

6. 健康养殖 2012 年,根据农业部渔业局工作部署,积极推进水产健康养殖示范场创建活动,先后印发了《关于开展水产健康养殖示范场示范场创建活动的通知》、《关于促进青海省鲑鳟鱼网箱养殖健康发展的指导意见》以及《关于开展水产养殖病害测报工作的通知》,促使规范养殖生产操作和管理以及鱼病防治等工作的扎实推进,并取得良好成效,在上年已有 6 家养殖户(企业)获得农业部水产健康养殖示范场称号的基础上,年内又有 9 家养殖户(企业)通过推荐考核并获农业部水产健康养殖示范场称号。

7. 水产品产地检测 年内对确定的共和、尖扎、化隆、循化 4 县的养殖场从苗种质量管理、养殖环境监测、养殖模式选择、疫病检疫及病害防治、投入品质量管理、水产品质量检测及养殖水产品质量可追溯制度等 7 个方面开展了水产品质量安全全程监控工作。为确保水产品食用安全,指导养殖企业开展绿色产品认证工作,年内共有 16 个养殖企业向有关部门申报了绿色产品认证。

8. 疫病防控 6 月,循化撒拉族自治县苏只水库海鸿养殖场发生了虹鳟鱼传染性造血器官坏死病,疫情暴发后,及时向农业部、省农牧厅领导汇报,并迅速分赴沿黄各养殖场宣传防控知识和预防措施,对疫区进行封锁隔离,发放消毒药品,对死鱼进行无害化处理,并建立每天上报疫情制度,由于采取措施得当,使疫情得到了有效控制。

9. 科技推广和技术培训 2012 年,共组织举办深水网箱养殖技术、鲑鳟鱼养殖技术、鲑鳟鱼养殖模式与药物残留检测技术等培训班 13 期,培训人 450 人次。培训期间对鲑鳟鱼良种选育、专用饲料应用、养殖管理、鱼病防治、鱼品加工及品质保证等方面给予了现场指导,通过技术培训,提高了养殖户的科学养鱼水平。

10. 科研成果 实施完成"目隼白鲑引种及示范养殖试验项目"、"青海省水产养殖病害监测与防治技术研究"等多项科技项目,提升了全省水产养殖技术推广科研水平,为促进渔业科学基础研究、水产新品种示范推广和高原濒危土著鱼类保护工作奠定了坚实基础。

【大事记】

[1]2月9日,全省封湖育鱼工作会议在西宁召开,海南藏族自治州、海北藏族自治州、海西蒙古族藏族自治州、果洛藏族自治州、西宁市政府,海东行署、省公安厅、省工商局、青海湖景区管理局、省农牧厅以及环湖4县及相关地区的渔业行政主管部门的130余人参加了会议,会议由省农牧厅厅长张黄元主持,省政府副秘书长张文华代表省政府与海南州、海北州、海西州、果洛州、西宁市政府,海东行署、省公安厅、省工商局、青海湖景区管理局、省农牧厅签订了2012—2016年封湖育鱼目标责任书,并代表邓本太副省长作了重要讲话,会议全面总结了2010年的封湖育鱼工作,并对2012—2016年的封湖育鱼工作作了具体的部署。

[2]2月19~20日,农业部"菜篮子"产品项目考核组一行4人对青海省实施的2011年渔业"菜篮子"项目进行了考核并获通过。

[3]4月17~21日,中国水产科学研究院长江水产研究所倪朝辉研究员等一行3人应邀来青海省合作开展黄河上游水库鲑鳟鱼网箱养殖容量研究。期间,考察了龙羊峡、李家峡、公伯峡等水库网箱养殖情况。

[4]5月19~21日,丹麦爱乐水产集团(Aller Aqua)总裁汉斯和爱乐水产集团亚洲区项目经理王小洁博士来青海考察鲑鳟鱼养殖,并在西宁举办饲料与养鱼效益及环境保护讲座,省内主要水产养殖企业负责人和相关技术人员20余人参加了培训。同日,向黄河源区甘德段放流2011年培育的花斑裸鲤鱼苗6 000尾。

[5]5月25日,省农牧厅召开紧急会议,下发《关于进一步加强虹鳟鱼传染性造血器官坏死病防控工作的紧急通知》,并安排部署相关应急对策。

[6]5月26~29日,省农牧厅工作组赴循化、化隆、尖扎、互助、门源5县开展疫病防控宣传和指导工作,同时下发《网箱养殖场疫病防控基本要求和禁止事项》等指导性文件。

[7]5月31日,省委书记强卫对省农牧厅《关于青海冷水鱼养殖情况的汇报》给予批复。

[8]6月6~8日,分别在拉西瓦、公伯峡两地举行2012年度黄河鱼类增殖放流活动,共放流花斑裸鲤大规格鱼苗45万尾。

[9]6月11日,2012年度青洽会期间,浙江盾安控股集团有限公司与青海龙羊峡民泽水殖生态有限公司签订《关于建设龙羊峡冷水鱼养殖基地的投资协议书》,投资规模6 000万元。

[10]6月17日,由省农牧厅和贵德县联合举办的以"珍惜黄河渔业资源,共享人间碧水蓝天"为主题的2012年青海"水与生命"黄河鱼类增殖放流活动在贵德举行。当天共向黄河放流规格以上的花斑裸鲤、极边扁咽齿鱼等土著鱼类30万尾。省农牧厅厅长张黄元,副厅长祁生援出席。

[11]6月18日,青海省渔业环境监测站被批准为农业部第三批珍稀濒危水生动物增殖放流苗种供应单位。

[12]7月5日,省农牧厅副厅长祁生援带队赴尖扎县、化隆回族自治县,对2012年财政支农资金执行情况、网箱建设财政补贴情况、苗种供应及养殖生产情况进行了调研,并召开座谈会,座谈交流了今后水产养殖工作打算。

[13]7月24日,中国水产科学研究院与省农牧厅建立了战略合作领导小组,并签订了《青海省农牧厅、中国水产科学研究院科技合作框架协议》。

[14]8月22~25日,农业部渔业局渤海渔业资源生态保护研讨会在西宁召开,省农牧厅副厅长祁生援到会祝贺。

[15]8月26日,2012 · 生命长江 绿色班玛 玛柯河鱼类增殖放流活动仪式,在班玛县玛柯河林场青海省玛柯河川陕哲罗鲑救护中心举行。

[16]9月29日,省长骆惠宁对省农牧厅《关于青海高白鲑及冷水鱼养殖情况的汇报》做出批示。

[17]10月14日,2012年夏季保护湟鱼销毁非法渔具专项行动在青海湖畔举行,集中销毁了年内全省查处没收的非法渔具4 500余件。

[18]10月21~25日,省农牧厅副厅长祁生援赴海南省海口市参加全国渔业污染事故调查处理工作会议,同时参加了西沙渔业资源增殖放流和调研活动。

[18]10月25日,副省长邓本太在省农牧厅厅长张黄元等陪同下,对青海龙羊峡民泽水殖生态有限公司、尖扎县黄河渔业开发公司网箱养殖场进行考察。

[19]11月6~8日,青海民泽龙羊峡生态水殖有限公司等4家水产养殖企业首次亮相大连第十七届中国国际渔业博览会,展示了青海省高原特色的虹鳟鱼(三文鱼)、白鲑鱼等水产品,与国内30多家企业达成供货意向销售订单近1 000万元,发放宣传材料2 000多份,《水产前沿》杂志记者在展会上对青海省三文鱼网箱养殖产业发展状况进行了专访。

[20]12月3日,循化撒拉族自治县公伯峡水产养殖有限公司荣获"全国休闲渔业示范基地"称号。

[21]凯特威德生态渔业有限公司(所属水产养殖场)、青海圣河渔业开发有限公司(所属水产养殖场)、循化撒拉族自治县丰盛水产养殖有限公司、贵德县绿海鱼蟹养殖农民专业合作社、循化撒拉族自治县公伯

峡水产养殖有限公司和化隆回族自治县海林渔业养殖专业合作社、盛世天意水产养殖专业合作社、昌信水产养殖专业合作社、黄河鱼林开发有限公司(所属水产养殖场)等9家养殖场获"农业部水产健康养殖示范场"称号。

(青海省渔业局)

宁夏回族自治区渔业

【概况】

1. 主要渔业经济情况 2012年,宁夏渔业按照发展特色农业、精品农业、优质农业和"一优三高"的总体要求,紧紧围绕"农业增效、农民增收"这一主题,大力推进百万亩适水产业建设,全面完成各项目标任务,全区水产品质量安全水平、渔业生产安全水平、渔业生态安全水平进一步提升,渔业经济继续保持快速、健康的发展态势。全区水产养殖面积达到4.54万公顷,水产品产量14.2万吨,渔业经济总产值25.7亿元,从渔农民人均纯收入7 900元,人均水产品占有量22千克。

2. 产业发展的主要举措、成就及特点

(1)着力打造生态渔业产业带,适水产业发展水平进一步提升。按照自治区"打造一带一廊",培植适水、林果、休闲"三大产业集群"的新要求,以"黄河金岸"宜渔低洼盐碱荒地合理开发、湖泊湿地科学利用为重点,以适水产业基地建设、标准化养殖基地改造、休闲渔业基地创建为抓手,着力打造"黄河金岸"生态渔业产业带,大力推进百万亩适水产业建设。2012年,全区新建规模化、标准化适水产业示范基地20个,改造标准化养殖基地1 000公顷,创建全国休闲渔业示范基地2个;集水产良种繁育、名优新水产品引进试验示范及鲜活水产品试产配送与营销为一体的灵汉渔业生态养殖物流配送综合示范基地全面建成,宁夏渔业向精品渔业、优质渔业、高效渔业迈出坚实步伐。

(2)强化服务管理,稻田综合种养水平进一步提升。2012年,充分发挥政府推动、市场拉动、政策引导的作用,进一步加强组织领导,强化技术服务与管理,完善种养模式,使稻田综合种养技术深入推进。一是规模进一步扩大。全区稻田养蟹面积达到9.13千公顷,比上年增加2.91千公顷;"蟹田稻"总产量84 420吨,"稻田蟹"总产量2 497吨,稻、蟹总产值4.2亿元,与常规单种水稻相比每公顷净增效益15 151.5元。二是组织化、规模化程度更高。全区共有46个专业组织、5家龙头企业加入稻田养蟹,集中连片逾33公顷以上稻田养蟹基地77个、逾66公顷以上的47个、逾666公顷以上的3个,安装高清电子监控设备36处、太阳能杀虫灯70个,基本上实现了基地化、规模化、组织化、科技化发展。三是稻田培育扣蟹取得重大突破。全区稻田养扣蟹面积达1 667公顷,每公顷产300千克以上,最高1 125千克。与外调蟹种相比,蟹种适应性更强,成活率更高。四是稻田综合种养内容更加丰富。出现了稻田养鱼、稻田养鸭和稻田排水沟养鱼并开展休闲垂钓等新模式,为宁夏高效农业发展探索出了新途径,为农民增收拓展了新渠道。

(3)突出省级科研推广单位主体作用,科技示范推广水平进一步提升。以自治区水产所、水产站为主体,以农业科技推广示范项目为引导,围绕良种培育、健康养殖、资源环境保护等关键领域和技术环节,组织实施黄河流域水土节约型池塘生态养殖技术、异育银鲫中科3号北引繁育及健康规范化养殖技术、大宗淡水鱼综合养殖技术等重大科技专项,示范推广名优水产品养殖及繁育技术、稻蟹生态种养技术、渔业病害综合防控技术、沿黄灌区湖泊湿地生态修复与鱼类增养殖技术等。坚持水产良种引进与扩繁并重,攻克了温棚池塘高密度苗种培育关键技术和家鱼繁育关键技术难题,实现了家鱼苗种生产的本地化,先进实用技术推广应用水平进一步提升。2012年,全区特色及名优水产品比重占到养殖总量的50%以上,养殖面积达到369千公顷;共繁育各类鱼苗8.3亿尾。自治区农牧厅与中国水产科学研究院签订了渔业科技合作框架协议,"黄河流域水土节约型池塘生态养殖技术集成与示范"项目正式列入国家"十二五"农村领域科技支撑项目,并由自治区水产所主持,开创了宁夏渔业科研单位主持国家级重大项目的历史性突破。

(4)加强生产环节全程监管,水产品质量安全水平进一步提升。2012年,以县级渔业部门为水产品质量安全监管主体,强化养殖户的主体责任和属地主管部门的监管责任,建立水产品质量安全考核制度,层层签订质量安全目标责任书,强化生产环节全程监管。深入开展水产品质量安全专项整治,累计出动执法人员183人次,严厉查处生产、销售、添加和使用各种违禁药品的不法行为;开展水体环境治理17.1千公顷,监测水样本158批次,其中湖泊与水源水质状况较上年明显改善;检测水产品、水产苗种、渔用饲料样品270个;新创建农业部水产健康养殖示范场11个,全区农业部健康养殖示范场达到54个;在农业部两次产地水产品质量安全监督抽查中,宁夏产地水产品药物残留抽检合格率均达到100%,宁夏水产品质量安全水平进一步提高。

(5)强化水生生物资源养护,渔业生态安全水平进一步提升。2012年,坚持执行黄河休渔制度,深入开展水生野生动物保护专项执法行动，大力开展渔业资源增殖放流和渔业保护区规范管理，推动"资源节约、环境友好"的现代渔业建设。联合自治区公安厅、银川海关开展水生野生动物保护专项执法行动，集中检查餐饮饭店、集贸市场等 285 家(个)，核发国家二级保护水生野生动物驯养繁殖证、经营利用证 3 个，规范水生野生动物经营利用行为；申报特有鱼类国家级水产种质资源保护区 1 个，组织开展了中石化新疆煤制天然气外输管道工程穿越黄河卫宁段兰州鲶国家级水产种质资源保护区生态影响预评审；举办不同规格增殖放流活动 6 次，放流各类经济鱼类 3 870 万尾。特别是，7 月 17 日，自治区人民政府和农业部举行了"2012 年黄河渔业资源增殖放流活动"，农业部副部长牛盾及自治区领导出席，多家中央及地方媒体进行了广泛报道，全社会保护水生生物资源、爱护环境的意识大大增强，参与水生生物保的自觉性明显增强。

(6)加强渔政队伍规范化建设，渔政保障渔业发展的水平进一步提升。2012 年，以"渔政队伍建设年活动"为契机，积极开展渔业文明执法窗口单位创建，加强渔业行政执法督察，大力推进渔政队伍规范化建设。组织召开了全区渔政工作会议，谋划了今后全区渔政工作思路和重点工作；举办各类渔政执法培训 38 次，培训渔政执法人员和渔业管理人员 1 384 人次；组织开展了渔业安全生产事故救援应急演练；全区渔政队伍整体素质显著提高，渔政为渔业发展保驾护航的能力得到全面提升。

3. 存在的主要问题

(1)渔业投入水平与特色产业地位不相适应。旧池塘改造、宜渔盐碱荒地和湖泊湿地生态渔业开发缺乏资金引导，近几年宁夏引黄灌区开发和恢复的一些湖泊湿地，特别是"黄河金岸"形成的水面，还没有很好地利用起来；部分精养池塘淤积老化严重，生产能力下降，池塘单产比全国平均水平低 100 千克。

(2)科技创新能力与结构调整的要求不相适应。在科研上，基础研究薄弱，自主创新能力不强，许多严重制约生产发展的技术问题没有得到及时解决，科技成果的储备及有效供给不足，技术到位率低。

(3)渔业基础体系与快速发展的养殖生产不相适应。水产苗种生产能力低，自繁总量严重不足。原(良)种生产不成体系，一些苗种生产单位亲本老化，种质退化，水产苗种质量参差不齐；水产品质量安全体系不健全，没有形成覆盖全区的水产品质量安全检测体系。

(4)产业化发展水平与现代渔业发展要求不适应。全区渔业经济一、二、三产业中一产产值占渔业经济总产值的比重仍高达 50 % 多。特别是优质水产品市场开拓力度小，知名品牌少，缺乏高端市场引领，不能实现优质优价，影响产业效益。

【重点渔业市(县)基本情况】

宁夏回族自治区重点渔业市(县)基本情况

市(县、区)	总人口(万人)	渔业产值(万元)	水产品产量(吨)	其中		养殖面积(公顷)
				捕捞	养殖	
贺兰县	22.64	41 751.15	33 800	65	33 735	7 606
平罗县	29.38	33 561.5	32 815	60	32 755	11 308
青铜峡市	27.03	14 372.02	14 501	35	14 466	4 699
大武口区	29.07	9 116.08	11 553		11 553	3 829
永宁县	21.83	10 873.83	9 760	3	9 757	1 536
沙坡头区	39.72	10 499.54	9 120		9 120	2 616
金凤区	28.85	9 079.02	8 150	19	8 131	2 800
兴庆区	69	6 299.73	5 100	8	5 092	1 888
灵武市	23.06	3 730.43	4 507		4 507	1 188
中宁县	32.49	3 569.84	3 170	16	3 154	2 285

【大事记】

[1]1 月 19 日，宁夏农牧厅渔业局印发《关于切实加强春节期间渔业安全生产管理工作的通知》，要求各地加强管理，确保春节期间渔业安全生产万无一失。

[2]3 月 2 日，宁夏农牧厅渔业局印发《关于我区开展 2012 年农业部水产健康养殖示范场创建活动的通知》，同时印发了农业部水产健康养殖示范场创建

标准。

[3]3 月 13 日,全区渔业工作会议在银川召开。会议表彰了 2011 年度全区渔业工作先进单位和先进个人,签订了 2012 年渔业重点工作目标责任书和安全生产责任书。自治区农牧厅厅长赵永彪做了重要讲话,巡视员黄全福做了题为《以"一优三高"为引领,加快推进现代渔业建设步伐》的报告。农牧厅渔业局、自治区水产站、自治区水产研究所对 2012 年渔业重点工作进行了安排部署。

[4]4 月 18 日,宁夏农牧厅印发《2012 年宁夏渔业资源增殖放流实施方案》,确定了 2012 年宁夏渔业资源增殖放流工作的主要目标、基本原则、组织机构、放流活动安排、放流苗种数量、品种、规格、放流地点、工作进度以及有关要求等。

[5]4 月 25 日,宁夏农牧厅渔业局印发《关于开展水产苗种检疫、鉴评工作的通知》并启动 2012 年外调水产苗种专项检疫工作。

宁夏农牧厅印发《关于切实加强黄河宁夏段休渔期管理工作的通知》,要求各地一要切实加强对休渔工作的组织领导;二要进一步加大宣传教育力度;三要切实规范休渔期间的执法管理;四要切实做好休渔期间的安全管理;五要完善举报及重大事件及时上报制度。

[6]5 月 9 日,全区稻田养蟹现场会在贺兰县召开。会议现场观摩了水稻新型插秧机械演示和稻田蟹沟及围栏设施,贺兰县介绍了稻田养蟹工作进展情况,农牧厅安排部署 2012 年稻田养蟹工作。

[7]5 月 24 日,全区渔政工作会议在银川召开。会议总结了近年来宁夏渔政工作取得的成效,对下阶段工作进行了安排部署,并表彰了全区渔政工作先进单位和个人。自治区农牧厅厅长赵永彪,巡视员黄全福、马明,总兽医师晁向阳出席会议,全区渔政人员、各市、县(区)农牧局负责人参加了会议。农业部渔政指挥中心督导处处长杨靖应邀参会,并做了题为《依法行政与加强渔政队伍执法能力建设》的报告,对全区渔政执法人员进行了指导培训。

[8]6 月 26 日,宁夏农牧厅渔业局根据农业部办公厅《关于开展 2012 年全国水产养殖质量安全执法交叉督查工作的通知》要求,安排布置相关工作。要求各地加强水产品质量安全宣传和培训,督导各水产养殖企业强化质量意识,坚决杜绝违禁药物使用,建立健全生产记录、用药记录、销售记录等,切实提高健康养殖水平。

[9]6 月 28 日,自治区农牧厅、自治区公安厅、银川海关印发《关于联合开展打击非法捕捉走私经营利用水生野生动物保护专项执法行动的通知》,加强宁夏珍稀濒危水生野生动物保护,规范特许利用管理。

[10]7 月 17 日,农业部和宁夏回族自治区人民政府在黄河银川贺兰段联合举办"2012 年黄河渔业资源增殖放流活动"。活动主题为"养护水生生物资源,促进生态文明建设",共向黄河投放黄河鲶、黄河鲤等鱼类 520 万尾。农业部副部长牛盾,自治区人大副主任马秀芬、政府副主席郝林海、主席助理刘云,农业部渔业局局长赵兴武、副局长李彦亮,全国水产技术推广总站副站长孙喜模,农业部黄渤海区渔政局副巡视员蔡文仙,山西、甘肃、陕西等周边沿黄省份的嘉宾出席了放流活动。放流活动仪式由自治区政府主席助理刘云主持,农业部副部长牛盾作了重要讲话,自治区政府副主席郝林海代表自治区政府作讲话,银川市副市长马凯致欢迎辞。牛盾副部长与自治区人大副主任马秀芬、自治区副主席郝林海共同启动放流活动仪式。

[11]7 月 20 日,宁夏渔业可持续发展与健康养殖技术高级研修班在银川举办。宁夏农牧厅党组书记张柱、巡视员黄全福,自治区人力资源和社会保障厅党组成员、副厅长马力,自治区农牧厅党组成员、副厅长马新民出席了开班仪式。各市、县(区)农牧局水产服务中心主任、中级以上职称水产技术人员、渔业龙头企业及水产养殖大户代表 100 余人参加。培训班邀请了安徽水产研究所所长江河等全国知名专家,围绕宁夏新时期淡水渔业发展的新要求、新任务,以学习借鉴淡水渔业可持续发展与健康养殖的先进理念、先进模式和实践经验为主要内容,开展学术技术研讨与交流,为宁夏水产专业技术人才搭建学习交流先进技术和经营的平台,进一步拓展淡水渔业发展的思路和视野,提高宁夏淡水渔业养殖人才的专业技术水平。

[12]7 月 25 ~ 28 日,以全国水产技术推广总站副站长李可心为组长的北方稻田综合种养技术专家巡回指导组来宁夏调研、指导稻田养蟹工作。专家组先后召开了座谈会,举办了技术培训班,并深入到贺兰县、青铜峡市万亩稻田河蟹生态种养基地、现代渔业发展基地进行实地观摩和现场技术指导。

[13]7 月 26 ~ 28 日,全国水产技术推广总站站长魏宝振一行对宁夏贺兰县、平罗县水产技术推广体制改革情况进行了调研,自治区农牧厅巡视员黄全福陪同调研。调研组重点调研了宁夏平罗县、贺兰县基层水产技术推广机构职能、职责、岗位、人员及推广人员知识更新情况,水产技术推广机构条件保障、人员工资待遇以及按照养殖规模和服务绩效落实工作经费的情

况;详细了解了宁夏基层水产技术推广机构出现的新情况、新问题,在落实中央1号文件中的新经验和新举措以及落实"一个衔接、两个覆盖"政策和2012年全国水产技术推广工作会议精神情况。

[14]8月9日,2012年石嘴山市渔业增殖放流暨安全生产事故应急救援演练活动在星海湖龙腾广场隆重举行。自治区农牧厅巡视员黄全福、自治区安监局党组成员局长助理赵苏庆、石嘴山市政协副主席杨占龙以及自治区农牧厅渔业局、自治区农牧厅安全生产委员会办公室、自治区安监局应急指挥中心、自治区水产技术推广站、石嘴山市农牧局等单位领导出席活动。活动仪式由石嘴山市农牧局局长刘虎主持,黄全福巡视员致辞。增殖放流共向星海投放鲢鱼、鳙鱼、草鱼和鲤鱼苗种共400万尾。渔业安全生产事故应急救援演练活动主要展示了渔业安全生产事故处置的全过程:一是应急演练准备;二是事故报告和指挥救援;三是水中抢救与演练结束。

[15]10月23~25日,宁夏农牧厅渔业局组织有关人员,按照农业部水产健康养殖示范场验收标准对宁夏第七批共11家水产健康养殖示范场进行了验收。

[16]11月23日,宁夏农牧厅渔业局在银川举办全区渔业统计培训班,培训的主要内容有《中华人民共和国统计法》、《中华人民共和国统计法实施细则》、《统计违法违纪处分规定》、《渔业统计工作规定》、渔业统计报表制度及指标解释;讨论新一轮渔民家庭收支调查方案;审核2012年各地渔业统计报表;抽取新一轮渔民家庭收调查样本村及样本户。

[17]11月30日,自治区农牧厅与中国水产科学研究院在银川举行渔业科技合作框架协议签约仪式,自治区主席助理刘云出席了签约仪式。合作协议指出,双方坚持"资源共享、优势互补、互利双赢、促进发展"的原则,建立常态化联系沟通机制,积极拓宽合作领域。一是共同研究解决宁夏渔业发展中的关键性重大科技问题,促进宁夏渔业科技服务能力与水平的大幅度提高。二是共同开展宁夏黄河鲤、黄河鲶等地方品种良种选育,提高宁夏水产养殖良种化率。三是共同开展水产品质量安全领域的技术研究,为宁夏水产品质量安全监管决策提供技术支撑。四是共同开展现代渔业信息自动化管理技术研究,提高宁夏现代渔业养殖管理水平。五是通过科技培训、科技入户、转化项目等方式,加快科技成果转化推广。六是建立开放交流平台,共同开展学术交流和研究工作以及服务,不断提高宁夏渔业发展科技水平。协议的签订,将进一步促进宁夏的渔业资源、区位优势与中国水产科学研究院的科技、人才优势有效结合,实现双方资源共享、优势互补、互利双赢、共同发展,推进宁夏渔业创新发展。

[18]12月3日,农业部办公厅公布了全国休闲渔业示范基地名单,宁夏灵汉鱼米香休闲渔业示范基地和贺兰县光明渔村获得该称号,有效期自2013年1月1日至2016年12月31日。

[19]12月7日,农业部办公厅公布了农业部水产健康养殖示范场(第七批)名单,宁夏11家水产养殖场获得该称号,分别是银川赵府滩渔业专业合作社、银川市通西水产养殖专业合作社、宁夏庆昕源渔业有限公司、贺兰县新明水产养殖有限公司、石嘴山市大武口区隆湖富民水产养殖专业合作社、平罗县鱼种场、宁夏禄渔农业有限公司、宁夏马兰花生态农业开发有限公司、宁夏天源水产品有限公司、宁夏伊群水产养殖专业合作社、青铜峡市源泉生态渔业专业合作社。该称号有效期自2013年1月1日至2017年12月31日。

(宁夏回族自治区农牧厅渔业局 王美云 刘 巍)

新疆维吾尔自治区渔业

【概况】 2012年,新疆水产品总产量12.53万吨,同比增加0.84万吨,增长7.2%,其中养殖产量11.26万吨,增加0.92万吨,增长8.9%,捕捞产量1.27万吨,减少0.08万吨,下降6%,养殖产量占总产量的90%。水产养殖面积71 108公顷,同比减少2 892公顷,下降3.9%。渔业经济总产值19.02亿元,增加1.57亿元,增长9%。渔民人均纯收入1.03万元,增长8.1%,2012年全疆农牧民人均纯收入6 500元,而渔民纯收入是全疆农牧民纯收入的1.6倍。全疆水产品人均占有量5.9千克。

1.养殖结构进一步优化 一是养殖品种不断丰富;二是特有土著经济鱼类开发利用发展迅速;三是养殖方式多样化,技术水平不断提高,池塘、水库、设施渔业养殖等全面发展;四是天然水域渔业资源开发力度加大,冷水性鱼类养殖发展呈较快增长态势;五是休闲渔业蓬勃发展,以垂钓、旅游、餐饮、观光为主的休闲渔业日渐成为新的渔业经济增长点,效益显著;六是水利渔业呈现强劲增长态势,伊犁河建设管理局与中国水产科学研究院黑龙江水产研究所、上海津台投资有限公司合作,投资3 300万元成立新疆伊河鲟鱼养殖科技股份有限公司,发展鲟鱼养殖及深加工;额尔齐斯河建设管理局计划投资6 000多万元,建设年产规模1 000吨工业化循环水养殖设施项目已正式启动,阿克苏河流域管理局、希尼尔水库管理处、下板地水库建设管理局等单位均安排专项资金开展冷水鱼养殖。

2. 水产健康养殖 继续推进以水产健康养殖示范场为主体的养殖生态修复项目，落实中央及自治区财政资金700万元用于池塘标准化改造，把池塘标准化改造和示范场建设结合起来，新创建国家级示范场23个，自治区级示范场38个，同时做好农业部健康养殖示范场复验工作，加强跟踪调查，促使其真正发挥健康养殖示范带动作用。养殖主产区49个产品、11个产地通过无公害水产品认证和认定。

3. 渔业科技 以"渔业科技促进年"活动为契机，继续深入开展渔业科技入户工程、水产养殖规范用药科普下乡以及技术培训等活动，推广渔业主导品种与主推技术，开展技术培训，全面提升渔业从业人员素质。2012年全区共培植渔业科技示范户260户，辐射带动养殖面积0.53万公顷。举办自治区级水产健康养殖技术培训班6期，培训水产养殖技术人员240人，各地、州(市)培训渔民2 100人次，编写《水产健康养殖用药指南》、《水产健康养殖质量安全管理手册》、《新疆维吾尔自治区菜篮子水产品生产项目实施指南》、《水产养殖生产日志》等渔业实用手册免费发放到养殖户，结合实际，公布自治区渔业十项主推技术、十个主养品种，并在新疆渔业网上进行宣传，受到广大渔民好评。2012年，自治区水产局被农业部评为全国农业科技促进年活动先进集体。

4. 依法履行水产品质量安全监管职责 按照农业部统一部署及《2012年新疆维吾尔自治区产地水产品质量安全监管工作要点》、《2012年新疆维吾尔自治区水产品质量安全专项整治方案》、《产地水产品质量安全监督抽查工作方案》，组织开展重点品种禁用药物和有毒有害物质残留专项整治，继续推进水产品质量安全检打联动，水产苗种专项整治行动，强化养殖业专项执法，加强生产单位诚信体系建设，积极创建水产品质量安全监管示范县。

一是突出关键时点。把元旦、春节、五一、国庆，亚欧博览会等重要节日作为监管的重要时点，对生产养殖区域、市场、酒店开展宣传和检查，确保不发生水产品质量安全事件。

二是突出监管重点。把全区重点养殖区域、水产健康养殖示范场、无公害水产品生产企业、水产苗种生产单位等作为重点监管对象重点检查。

三是突出执法任务。对水域滩涂养殖使用证、苗种生产许可证等生产合法性进行检查；检查水产养殖生产记录制度执行情况，包括养殖生产记录、用药记录、销售记录等是否真实完整。将硝基呋喃类代谢物、孔雀石绿和氯霉素、甲基睾丸酮等禁用药物的非法使用情况作为检查重点。

全年组织开展各级各类执法行动7期，出动执法人员1 433人次，检查养殖生产单位、养殖户506家，检查批发市场72家，抽检样品249个，办理渔业违法案例82起，地产水产品检测合格率达97.6%。

5. 渔政执法能力建设不断加强 按照农业部"渔政队伍建设年"的要求，实施渔政执法人员培训，努力提高渔政人员的政治素质和执法水平，推动渔政队伍规范化、专业化建设。全年组织渔政执法培训16次，培训人员446人次。军事训练3次，培训120人。在全国渔政队伍建设年活动中获"印象·中国渔政"摄影比赛优秀组织奖。

6. 水生生物资源养护工作取得新进展 积极组织全疆主要地、州、市、县开展水生生物增殖放流活动，全区放流水生生物经济物种1.03亿尾，珍稀濒危物种17万尾，共计投入3 636.69万元，其中：中央投资620万元，各地自筹3 016.69万元；投放品种包括国家Ⅰ级保护水生野生动物——扁吻鱼，地方保护物种塔里木裂腹鱼、新疆裸重唇鱼、斑重唇鱼、高体雅罗鱼，以及地方经济物种、冷水性鱼类及名特优品种；投放范围涉及两条国际河流(伊犁河、额尔齐斯河)及塔里木河、三大湖泊(博斯腾湖、乌伦古湖、赛里木湖)和部分重点水库及生产建设兵团垦区重点水库等。认真落实《水生生物增殖放流管理规定》，进一步强化增殖放流规范管理。依法强化对额尔齐斯河、乌伦古湖等天然水域及所属流域水库放流品种的前期论证工作，做到科学合理放流。

7. 涉渔工程环境影响评价工作取得新进展 积极与自治区环保厅沟通协商，确立了自治区水产局在涉渔工程环境影响评价工作中的参与权；开展对涉渔工程生态补偿项目和措施的执法检查；监督责任单位落实生态补偿项目和措施。组织专家对自治区重点工程阿尔塔什水利枢纽工程环境影响评价进行评审，为后期各项工作的顺利开展积累经验。2012年自治区水产科研所编制10个水利水电工程项目的水生生物环评报告，设计2项工程的增殖放流站，对2项工程开展水生生态环境监测。

8. 水产品市场开拓体系建设有力推进 全面贯彻落实自治区人民政府《关于加快农产品品牌建设的意见》精神，以自治区人民政府在北京、上海、广州设立的三大展销会为平台，推介、宣传新疆优势渔业资源及特色、优质水产品，大力开展水产品市场开拓工作。依靠各级财政支持，进一步加大对全区具有一定品牌影响、市场发展潜力大的强势企业及专业合作社的扶持力度，促进其做优、做强。新疆阿尔泰冰川鱼股份有限公司水产综合基地项目二期完成，年加工能力5 000

吨的水产品加工厂、500 吨级冷库、1 000 平方米的仓库及综合办公大楼装修,加工厂设备安装完毕,库容500 吨的冷库已投入使用。福海水产有限责任公司按照 QS 标准和有机食品生产标准,改造公司生产环节的各项基础设施,引进了先进的质量管理体系,强化内部管理。率先制定并申报了乌伦古湖(吉力湖)野生鱼生产标准。引入 ISO9000 质量管理体系,严格规范企业内部各个环节的工作程序,以强化产品质量管理。新疆绿波投资有限公司集约化、健康坑塘精养水产苗种和商品鱼试点工作稳步推进。投资 1 140 万元实施80 公顷池塘标准化改造项目。新疆塘巴湖旅游开发有限公司集水产养殖、特色珍禽养殖、特色农业和林果业种植、旅游开发、餐饮服务、娱乐休闲、水力发电为一体的休闲渔业发展迅速。2012 年按照标准化鱼塘的要求对 18 公顷池塘进行了升级改造,投资 1 000 余万元新建了冷水鱼孵化繁育车间,厂房占地面积 1 650 平方米,计划与哈萨克斯坦合作养殖国内外优质冷水鱼。新疆阿尔泰冰川鱼股份有限公司打造冰川有机冷水鱼品牌,占领疆外淡水鱼高端市场。该公司在国家工商行政管理总局注册的冰川鱼系列已经在北京、长沙市场取得了阶段性的成果。特别是冰川小阿刁(池沼公鱼)在北京深受欢迎。福海县水产有限责任公司投资 400 余万元在乌鲁木齐市构建了以"福海湖"有机水产品直销连锁和"吉力渔港"有机餐饮连锁为一体的市场直销平台。聘请两家专业广告营销策划公司,合作策划设计总体方案并协助全程实施。分别与11 家媒体进行合作,集中持续地在乌鲁木齐市进行大规模的广告宣传。分别在天山区、水磨沟区、沙依巴克区、开发区设立了四家福海湖野生有机水产品直销店,同时与乌市友好集团下辖的友好超市合作并设立专柜。博湖县蓝翔食品水产有限公司新建 1 700 平方米低温冷藏库及年产能力 3 000 吨的鱼制品罐头厂并有序进行设备技术改造,投资研发鱼制品、烤制、风干、熏制等一系列各种口味的香酥即食食品,积极开展各类产品推介,拓展产品市场 。"斯腾"牌辣味鱼酱等三种产品获首届新疆特色农产品(北京)交易会金奖,"斯腾"牌商标获新疆著名商标,公司稳占日本市场,并在韩国、澳大利亚建立销售网点,建立乌鲁木齐、喀什、北京、上海、南京、无锡、长春等国内销售网点 15 个;公司于 2012 年 12 月被评为自治区龙头企业。当年创汇295 万美元。

9. 渔业援疆工作取得初步成效 为进一步深化落实 2011 年全国渔业系统援疆工作会议精神,2012年,农业部再次召开部属渔业单位援疆工作会议。会上,中国水产科学研究院、农业部黄渤海区、东海区、南海区渔政局分别与额尔齐斯河、伊犁河流域建设管理局、阿勒泰地区、博尔塔拉蒙古自治州、巴音郭楞蒙古自治州等地渔政站建立一对一援建关系。中国水产科学院选派专家至额尔齐斯河建设管理局挂职工作,全国水产技术推广总站进一步强化适用技术推广,东海区渔政局和南海区渔政局采取参与长江和珠江流域渔政巡航执法行动的方式,为博州、巴州、阿勒泰地区等地州培训一线执法骨干,东海区渔政局向博尔塔拉蒙古自治州渔政站无偿援赠渔政执法装备,黄渤海区渔政局无偿资助阿勒泰地区渔业生态建设,强力助推新疆渔业综合执法及科研水平的提高。福建省、湖北省、河北省水产局分别选派干部来新疆工作;上海援建莎车县"特种水产品引进、繁育、推广"项目已正式竣工投产;黑龙江省援助阿勒泰地区福海县"特色经济鱼类繁育场"项目开工建设;上海海洋大学等单位利用技术优势,积极参与新疆现代渔业规划及设施渔业项目前期工作,北京、山东、海南、湖北、上海、福建等地共向新疆援赠鱼苗 1 200 万尾。

10. 渔业科研推广工作向纵深迈进 2012 年,自治区水产研究所在注重自身建设、科技人才培养的同时,围绕自治区渔业优势资源的转化与保护,积极开展科研及推广项目的申报、名优鱼类苗种的引进与示范、养殖技术培训、实施科技入户工作。争取国家、自治区科研推广项目 9 项;受有关单位委托,签订和执行各类合作项目 15 项;积极开展涉渔水利工程环境影响评价工作,为自治区渔业资源的依法、有效保护奠定了良好的基础。

11. 认真落实国家"支渔惠渔"政策,严格燃油补贴资金发放 一是规范渔船管理,重点开展渔业船舶"三证合一"工作,建立全区渔船数据库;二是统一发放标准,严格按照中央和自治区相关文件要求,依法、公证审核发放燃油补贴,保障渔民合法权益。2012 年下发渔业燃油补贴资金共计 846 万元。加强渔业风险保障体系建设,提高全区渔业风险保障能力,中国渔业互保协会新疆办事处机构申请已通过审批,强化对渔船船东加入渔业保险的宣传力度。

12. 存在的主要问题

(1)鱼类病害防治与测报工作有待进一步加强。随着大市场、大流通格局的形成以及水产养殖生产集约化程度的不断提高,水产养殖鱼类病害的测报与预防越发重要,但是,新疆在技术人员、设施、机构以及经费等方面均严重不足,与经济发展远远不相适应。

(2)推动渔业发展的人才力量非常薄弱。虽然重点渔业县设有水产推广机构,但水产技术人员严重缺乏,制约了水产业的健康持续发展,渔业从业者文化水平和业务技能偏低。

(3)渔业组织化程度低。大多数养殖户处于分散经营状态,规模小,市场风险竞争力弱,渔业增效、渔民增收难度加大。

(4)基础设施投入严重不足。池塘大部分是20世纪80年代建设的,基础设施老化严重,其中70%淤泥严重,配套简陋,养殖效益、质量控制难度很大,极大地影响了渔业生产发展能力。

【重点渔业县(区)基本情况】

新疆维吾尔自治区重点渔业县(区)基本情况

县市	渔业产值(万元)	水产品产量(吨)	其中		养殖面积(公顷)
			养殖	捕捞	
昌吉市	23 076	9 870	9 870		1 267
博湖县	13 024	9 082	2 963	6 119	1 720
伊宁县	8 671	7 968	7 968		507
福海县	12 443.39	5 362	2 817	2 545	4 866
温宿县	6 707	5 100	5 100		367
呼图壁县	5 934	4 500	4 500		807
拜城县	5 264	4 200	4 200		500
新市区	5 420.79	3 957	3 957		380
泽普县	4 320	3 200	3 200		350
米东区	5 383.84	2 910	2 910		587

【大事记】

[1]1月19日,农业部和国家安全生产监督管理总局联合发文,授予新疆博湖县“全国平安渔业示范县”荣誉称号。

[2]3月13日,自治区2012年水产工作会议在乌鲁木齐市召开。自治区党委农办副主任汤国滨、自治区水利厅副厅长马学良等领导到会并讲话,自治区水产局局长古力努·阿不都热扎克做了题为《按照〈关于进一步加快渔业发展的意见〉的目标要求,努力推进自治区渔业优势资源转化及跨越式发展》的工作报告 。

[3]3月15日,全疆水产品质量安全管理工作研讨会在乌鲁木齐市召开,会议回顾总结了近几年全疆开展水产品质量安全专项整治、监督抽查、检测及水产品质量安全执法检查工作情况,并分析了当前水产品质量安全监管存在的问题、面临的新形势和新任务,研究探讨水产品质量安全监管工作的方式方法。

[4]4月26~27日,全疆无公害水产品内检员、绿色水产品检查员培训班举办,特请农业部无公害认证中心的专家授课,参加人员84人,通过考试后全部获得合格证书。

[5]4月,全区渔业科技入户活动在乌鲁木齐市、昌吉回族自治州、伊犁哈萨克自治州举行了启动仪式,现场发放宣传资料600余册,5月底在乌鲁木齐市米东区进行了科技咨询服务活动,现场为渔民解答技术难题。

[6]5月,自治区水产局联合兵团水产局开展水产苗种生产专项检查,检查了昌吉回族自治州、石河子市7家苗种场,重点检查苗种生产、用药、销售三项纪录的真实性、完整性,检查繁育亲体的质量情况,认真听取汇报,同时下文要求苗种生产的重点地、州进行苗种生产专项检查,检查结果以书面形式上报,未发现违规行为。

[7]6月4~8日,由联合国粮农组织和我国农业部联合主办、新疆水产科学研究所承办的中亚和高加索国家水产养殖和渔业发展区域合作规划研讨会在乌鲁木齐市召开。来自联合国粮农组织(FAO)、中亚和高加索地区14个国家以及农业部、中国水产科学研究院无锡淡水渔业研究中心等近50名代表参加了此次会议。会议围绕中亚和高加索地区渔业和水产养殖业近期发展现状及其发展过程中出现的问题、机遇和挑战、限制因素、经验教训等方面进行了交流探讨,进一步寻求各国和区域间渔业领域潜在的双边和多边合作。

[8]7月8日,农业部直属部门渔业援疆工作座谈会在乌鲁木齐市召开,农业部渔业局、渔政指挥中心、渔业船舶检验局、农业部东海区、黄渤海区、南海区渔政局、中国水产科学研究院、全国水产技术推广总站及

自治区水产局、水产研究所、额尔齐斯河流域建设管理局、伊犁河流域建设管理局、阿勒泰地区、博尔塔拉蒙古自治州、巴音郭楞蒙古自治州渔业管理部门负责人及各新闻单位40余名代表参加了会议。会上,农业部直属部门渔业单位与新疆相关地区和单位分别签订一对一援建协议。农业部渔业局副局长李彦亮和自治区水产局局长古力努分别讲话。

[9]8月17~18日,2012年“菜篮子”水产品生产项目管理培训班在乌鲁木齐市举办。自治区水产局局长古力努到会并作重要讲话,来自和田、喀什地区等9个地(州)市的渔业行政管理人员及2012年扶持菜篮子水产品生产项目承担单位负责人共计40人参加了此次培训班。

[10]8月9~12日,全国水产技术推广总站渔业考察组一行4人在自治区水产局处长叶尚明陪同下来伊犁参观考察调研。考察组考察调研了伊犁霍城县、巩留县、新源县、伊宁县冷水鱼养殖及名特优水产品养殖的情况,考察组充分肯定了伊犁发展冷水渔业得天独厚的资源优势和发展潜力。

[11]8月10日、23日,自治区水产局组织昌吉回族自治州渔政站、乌鲁木齐市农牧局、乌鲁木齐市渔政站开展水产品质量安全执法检查,检查地点包括昌吉回族自治州、乌鲁木齐市的七家养殖场,检查主要内容为水产养殖场及水产养殖户等生产单位的养殖生产记录、用药记录、销售记录以及是否有使用违禁药物等情况,没有发现非法使用禁用渔药的现象。

[12]1月、4月、6月、10月,渔政人员对乌鲁木齐市、克拉玛依市、昌吉市等重点渔业养殖基地、养殖户进行了水产品质量安全专项执法检查。根据农业部的安排和部署,协助农业部水产品质量监督检查测试中心(上海)在乌鲁木齐市批发市场、超市进行了4次水产品质量安全监督抽查任务。

[13]3月、8月、10月,自治区党委副秘书长、农办主任代宁祥三次带队,分别赴浙江省、乌鲁木齐县、克孜勒苏柯尔克孜自治州,就新疆与浙江渔业战略合作研究、乌鲁木齐县、克州冷水渔业资源开发利用开展专题调研;中共中央政治局委员、自治区党委书记张春贤以及常委白志杰亦分别对相关工作作出批示和安排。

(新疆维吾尔自治区水产局 杨小蕾)

大连市渔业

【概况】 2012年,大连市实现渔业经济总产值743亿元(不含省属企业在大连分支机构),比上年增长15%,其中渔业产值363.8亿元(含苗种),增长14.8%;渔业经济增加值367.7亿元,比上年增长15%。渔业产值中,苗种产值46.7亿元,比上年增长18.5%。全市地方渔业水产品产量216.8万吨,比上年增长6.2%;出口水产品49.2万吨,比上年下降11.5%;出口贸易额18.8亿美元,比上年下降2.6%;渔民人均收入21 000元,比上年增长14.8%。

2012年大连地方渔业产量及产值

地 区	产量(万吨)	产值(亿元)
总计	216.8	363.8
庄河市	52.8	102.8
长海县	48.8	82.3
金州区(金州新区)	32.2	37.8
普兰店市	20.3	44.1
旅顺口区	18.7	24.5
瓦房店市	13.1	36.8
高新技术产业园区	10.7	8.3
甘井子区	7.7	9.3
花园口经济区	3.7	6.7
中山区	3.1	3.7
市直	3.2	1.3
长兴岛临港工业区	2.5	6.2

2012年大连市地方渔业生产基本情况

项目	数量	比上年增长(%)
渔业经济总产值(亿元)	743.0	15.0
渔业(含苗种)	363.8	14.8
渔业工业和建筑业	225.8	15.4
渔业流通和服务业	153.4	14.9
水产品总产量(万吨)	216.8	6.2
海洋捕捞	74.7	4.6
海水养殖	141.5	7.1
淡水养殖	0.6	-14.3
养殖面积(万公顷)	55.3	9.7
海水养殖	54.4	9.9
淡水养殖	0.9	
渔业船舶拥有量(万艘)	3.0	-3.2
渔业船舶总吨位(万吨)	36.5	-2.4
渔业船舶总功率(万千瓦)	73.8	-0.8

注:水产品产量按可比口径计算。

1.渔业基础设施建设 2012年,市海洋与渔业局加强渔港公共安全基础保障能力,强化渔业安全管理。投资935万元,完成旅顺陈家渔港、大甸子渔港、南湾渔港、袁家沟渔港、庄河河门渔港、长海县褡裢岛渔港、小耗岛渔港、棠梨沟渔港等8座中小型渔港维修项目工程。截止到年末，全市有各等级渔港196座，其中国家中心渔港3座，国家一级渔港5座，国家二级渔港44座，国家三级渔港74座，天然避风口70座。开工建设600吨、1 000吨和1 500吨海监执法船各1艘，完工并入编500吨级渔政船1艘，完成300吨渔政船，400吨海监船各1艘主体工程。

2. 渔业监督执法 2012年，市海洋与渔业局加强渔业监督管理。开展渔业生产观察，首次向朝鲜东部海域作业指挥船委派国家观察员2名，对大连市所有作业船只全程实施组织联检、监督生产，观察历时56天，航程1 600海里，确保大连地区作业船只违法违规生产事件、越界作业事件、非法案件"零发生"。圆满完成首艘航母试验平台扫海警戒护航任务，航行2 000海里，疏导驱离军事演习禁区渔船100余艘次。完成专属经济区巡航执法任务，参加和组织巡航15次，历时150余天，航程1.5万海里，登检渔船800余艘次，查处渔业违规案件39件，罚款78.1万多元，没收"三无"（无船名船号、无船舶证书、无船籍港）渔船5艘，实现专属经济区巡航全覆盖。加强休渔期检查，投入经费814.1万元，出动检查人员1.78万人次，执法巡查船艇1 145航次，航程6.5万海里，派出执法车辆2 600余车次，行程12万千米，登临检查渔船5 100余艘，查处违规渔船554艘，扣港渔船359艘，没收渔具414件，没收渔获5吨多，收缴罚款565.5万元，没收拆解"三无"渔船3艘，刑事拘留2人。

3. 渔业管理服务 2012年，市海洋与渔业局加强渔业管理，提升服务水平。发放渔业生产证件，换发新版养殖证3 328本，发证面积21.1万公顷；新发、换证市本级以上苗种生产许可证55本，发证水体69.54万立方米；发放市本级以上苗种生产许可临时证5本，发证水体1.62万立方米；发放船员证7 038个；年审渔船31 831艘次，办理渔船抵押登记变更注销登记等1 092艘，签发渔船进出港签证12.5万艘次。加强渔船救生筏管理，免费安装救生筏2 000筏，使全市29.42千瓦以上渔船（养殖船除外）气胀式救生筏配备率达到90%以上；启动渔业生产损失救助（渔船救生筏检修费用补贴）项目，制定《大连市渔船救生筏检修费用补贴发放实施办法》，确定符合补贴条件的渔船795筏，发放补贴资金23.9万元，确保渔船气胀式救生筏按期检修率达到100%；继续推广渔业互助保险，投保渔民22 082人次，投保渔船7 441艘次。

4. 渔船安全救助信息服务系统中心平台建设 2012年，市政府将渔船AIS避碰及近岸GPS救助信息系统建设工程确定为2012年市政府为民办实事16大项目之一，市海洋与渔业局作为具体实施部门，组织各区市县配合安装和发放相关设备。全年为29.42千瓦以下渔船安装近岸卫星定位系统（GPS）终端21 500套，为429.42千瓦以上渔船配备渔船自动识别避碰系统（AIS）终端5 000套，建设渔船AIS基站4座，为29.42千瓦以上渔船发放新型渔用对讲机1 106台。

5. 两县（市）入围国家平安渔业示范县 2012年2月23日，全国渔业安全生产暨平安渔业示范县创建工作会议在福建省莆田市召开。农业部和国家安全生产监督管理总局联合表彰获得2010—2011年度全国平安渔业示范县称号的45个县、市、区，大连市的普兰店市和长海县入围。自2010年全国平安渔业示范县创建工作启动以来，普兰店市海洋与渔业局持续加强渔业生产安全宣传教育和监督检查，在皮口港、碧流河港两个港口站对渔船停泊点实行全方位监控和检查，坚决制止和严厉查处超航区、超风级、超载和违章载客、载物行为，确保渔业安全形势平稳，没有发生较大以上安全事故；长海县坚持服务渔民，让群众满意，强化渔业安全生产监管，努力打造平安渔业，有效地推动和促进渔业安全生产工作。

6. 海洋捕捞 2012年，大连市共有渔船船舶3.01万艘，比上年下降1.3%。其中，近海渔船船舶2.98万艘，远洋捕捞渔船242艘，比上年减少30.5%。全年海洋捕捞产量74.7万吨，比上年增长4.6%，产值79.1亿元，比上年下降8.7%。其中，近海捕捞产量62.1万吨，比上年增长3.5%，产值64.3亿元，比上年下降10.4%；远洋捕捞产量12.6万吨、产值14.8亿元，分别比上年增长10.5%和5%。

7. 苗种增殖放流 2012年，市海洋与渔业局继续将增殖放流列为海洋与渔业十大工程，对增殖放流项目实行网上公示，明确苗种政府采购、苗种培育跟踪、质量检验检疫、放流入海验收、放流海域管理等工作措施。全年投入苗种资金4 114万元，比上年增长53%；放流各类苗种24.9亿尾（只），比上年增长34.7%，其中中国对虾13.6亿尾，日本对虾8.7亿尾，梭子蟹648.77万只，牙鲆鱼455.6万尾，淡水鱼929.2万尾。

8. 海洋牧场示范区建设 2012年，大连市大力发展海洋牧场，推进现代渔业建设。开工建设重点人工鱼礁区36处，其中新建人工鱼礁区33处、扩建人工鱼礁区3处（獐子岛海洋牧场示范区、金州区东源人工鱼礁区、三山岛海洋牧场示范区），共投放鱼礁213万立方米，改造海域面积6 066公顷，其中渔业生产部门投放鱼礁173万立方米，改造海域面积5 100公顷，小型渔业生产业户投放鱼礁40万立方米，改造海域面积966公顷。渔业生产部门投放的鱼礁中，长海县人工鱼礁项目18处,投放鱼礁72万立方米,改造海域面积2 366.7公顷;金州新区人工鱼礁项目5处,投放鱼礁22万立方米,改造海域面积533.3公顷;旅顺口区人工鱼礁项目12处,投放鱼礁74万立方米,改造海域面积2 066.7公顷;三山岛人工鱼礁项目1处,投放鱼礁5万立方米,扩建133.3公顷。年内,经农业部2011年批复,获得400万元扶持资金的獐子岛海洋牧场项目全面开始建设,至年末完成藻场5.34公顷,投放人工鱼礁8 200块,完成鱼礁投放计划总量的82%,全部工程预计于2013年4月完成。

9.远洋渔业 2012年,大连市有远洋渔业企业16家,拥有远洋渔船399艘,其中,外省市代理远洋渔船16艘,远洋运输船6艘;捕捞区域涉及印度尼西亚、朝鲜、斐济、乌拉圭、阿根廷、南北太平洋、大西洋等16个国家和地区的海域。399艘远洋渔船中,按作业方式分,拖网360艘,超低温金枪钓18艘,冰鲜金枪钓2艘,鱿鱼钓13艘,运输船6艘。全年远洋捕捞产量12.6万吨,比上年增长10.5%;产值14.8亿元,比上年增长4.9%;运回国内水产品产量7.1万吨,比上年增长9.2%。

10.入韩渔船管理 2012年,市海洋与渔业局全面加强赴韩渔船管理。批准276艘渔船赴韩国专属经济管理海域从事捕捞生产,比上年增加23艘,其中拖网船152艘,流网船109艘,运输船15艘;加强中韩入渔日常生产作业管理,汇总上报渔船进出通报3 900多次,发布每日生产作业通报2.8万次,通报准确率100%;对海上作业时靠近敏感水域的渔船及时进行预警告知,全年通知入韩渔船520艘次,最大限度保证入韩作业渔民的生命财产安全。

11.海水增养殖 2012年,大连市海水养殖面积54.4万公顷,比上年增长9.9%;海水养殖产量141.6万吨,比上年增长7.2%;实现产值(不含苗种)237.1亿元,比上年增长15.9%;鱼、虾、贝、藻、参、蜇6大类30多个品种的苗种实现产值46.7亿元,比上年增长18.5%。

12.水产原良种场建设 2012年,市海洋与渔业局申报并获批辽宁省水产良种场3家,分别为大连水益生海洋生物科技股份有限公司、大连东方润隆水产有限公司和大连市金州区鹿鸣岛渡假村。其中,大连水益生海洋生物科技股份有限公司总投资3亿元,养殖水体1.5万立方米,年产量100吨;大连东方润隆水产有限公司总投资2 150万元,养殖水体6 000立方米,年产量10吨;大连市金州区鹿鸣岛度假村,总投资2.5亿元,养殖水体7 700立方米,年产量30吨。开展对大连鹤圣丰海产品养殖场、大连金瑞水产有限公司和大连福生海洋生物有限公司3家认定证书到期的省级良种场进行实地复查考评,复查结果为通过,予以继续认证。至此,全市拥有国家级良种场2家,省级良种场28家,涵盖刺参、皱纹盘鲍、虾夷扇贝、黄海胆等11个品种。

13.水产品加工 2012年,大连市有水产加工企业596家,比上年增长3.7%;加工能力188万吨,比上年增长18.2%;水产品加工产量149.8万吨,比上年增长9.9%;水产品加工产值205.6亿元,比上年增长16%;出口加工水产品49.2万吨,比上年下降11.5%;出口贸易额18.8亿美元,比上年下降2.6%。

14.水产品加工龙头企业发展加快 2012年,大连市海洋与渔业局继续推进水产品加工龙头企业发展。落实固定资产投资10亿元以上农产品深加工项目7个,其中年内开工项目5个,分别是大连壹桥苗业有限公司海珍品全产业链项目、大连天宝绿色食品股份有限公司水产品深加工和冰淇淋项目、辽渔集团远洋渔业基地项目、大连海洋岛水产集团有限公司水产品深加工全产业链项目、大连獐子岛渔业集团股份有限公司海珍品深加工产业链项目,计划总投资100.1亿元,完成投资16.96亿元。新(扩)建大连玉洋水产有限公司等投资额1 000万元、加工能力1 000吨以上的渔业产业化龙头企业20家,新增投资额6.9亿元。年内,财神岛、晓芹、非得被评为国家驰名商标,全市渔业国家驰名商标达到12个。

15.无公害水产品建设 2012年,大连市继续开展无公害水产品产地认定和产品认证,加强渔业标准化生产。全年新认证无公害水产品22个,复查换证水产品56个,无公害水产品总数达244个;新认定无公害水产品产地24个,复查换证产地81个,无公害水产品产地达到242个。新增无公害水产品生产规模17.84万公顷,总生产规模30万公顷。截止到年末,认证海域养殖面积29.7万公顷,陆地工厂化养殖面积70公顷。

16.水产品质量安全监督管理 2012年,市海洋与渔业局全面加强水产品质量安全监督管理。开展6个县级质检站技术骨干水产品质量安全检测技术培训10期,受训5 000人次,提高县级质检站检测能力;组织县、乡行政管理人员、水产育苗、养殖负责人、技术员等水产品质量安全专项培训12期,受训5 000多人次,发放宣传材料2万余份;开展县级质量安全例行监测,增加抽检批次,加大重点品种、重点地区的产品监测。全年完成水产品抽检2 500余样次,检测药物残留、重金属、贝毒等1.5万项次,禁用渔药检测合格率98.5%,比上年提高0.7个百分点。在2012年农业部组织的全国重点城市批发市场的例行监测,大连市抽检水产品168个,产品抽检合格率99%。

17. 水产品质量安全专项整治 2012年,大连市海洋与渔业局以水产育苗、工厂养殖为重点生产环节,以硝基呋喃类禁用渔药为重点查处对象,继续深入开展全市水产品质量安全专项整治,重点开展6月份全市拉练检查、11月份专项督察检查,组织拉练检查、联合检查、专项执法检查等20余次,共出动执法人员1 200多人次,检查企业1 500余家,处罚违法企业40多家。

(大连市海洋与渔业局 张则飞)

青岛市渔业

【概况】

1. 现代渔业发展 全年实现渔业总产值420亿元,同比增长5.3%;水产品产值133亿元,同比增长4.7%;水产品总产量112.44万吨,同比减少0.85%。渔业标准化示范园区建设累计投入资金7 100余万元,重点抓好青岛市海珍品健康养殖示范基地等一批标准化园区建设,改造标准化养殖区707公顷。全市海水养殖池塘已达7 333公顷,其中海参养殖面积4 000多公顷,总产量1.2万吨,海参产业综合产值100亿元。加大陆基工厂化养殖建设力度,升级改造了一批重点水产养殖企业的生产车间和设备,新上循环水系统10套,扩建养殖车间近4万平方米。大力推进人工鱼礁和海洋牧场建设,全市5处增殖型人工鱼礁区已完成投资4 820万元,投放礁体35.5万空立方米。大力实施渔业资源修复工程,全市增殖放流资金累计达到2 076万元,较上年增加488万元,放流苗种9.5亿尾(只、粒),较上年新增10%,实现放流规模和资金双突破。远洋渔业发展实现新突破,进一步修改完善了《青岛市远洋渔业发展规划》,把远洋渔业发展纳入《青岛市蓝色经济区发展规划》。市政府出台《青岛市关于加快发展远洋渔业的实施意见》,全市新引进青岛远洋渔业有限公司、青岛中泰远洋渔业有限公司等8家注册资金1 000万元以上的外地远洋渔业企业落户青岛。计划新建远洋渔船97艘,其中已批在建渔船20艘,待批待建77艘。已为11艘在建远洋渔船争取国家补助资金9 800万元。积极协调推进中国北方(青岛)国际水产品交易中心和冷链物流基地的规划设计和选址,争取8艘300千瓦以上大功率冷冻拖网渔船入朝鲜东部海域远洋作业项目名额。积极实施渔业品牌战略,成立了青岛市海洋渔业协会,加强了渔业企业的组织管理。组织企业参加了山东名优农产品新加坡精品展、第十届中国国际农产品交易会、山东十大渔业品牌推介会、中国山东(青岛)第一届国际农产品交易会等展会,展示了以"青岛海参"、"青岛鲍鱼"及"崂山金钩海米"等为代表的青岛十大渔业品牌。全年参展企业成交额达到1亿元,较上年增长20%。

2. 渔业科技 加强水产良种繁育体系建设,重点扶持了一批1万立方米以上育苗水体的大型水产育苗基地,组织验收了青岛大菱鲆良种场、青岛刺参良种场等6处省级良种场。重点推广黄海一号中国对虾、仙胎鱼、金乌贼等十大水产良种,促进了水产良种的培育、示范及推广应用,全市水产良种覆盖率达80%以上。大力推行生物过滤循环水技术等十大水产健康养殖技术,选择46家重点养殖企业进行试验示范,以点带面,促进全市渔业科技水平的提升。深入开展"渔业科技促进年"活动,加快渔业科技创新、成果转化和推广。扎实推进渔业科技入户活动,组建10名专家、100名科技指导员、100个科技示范户组成的科技指导队伍,围绕10个主导品种与10项主推技术,对500个渔户进行登门指导,共示范养殖面积2万公顷。加强渔业培训,全市共举办培训班12期,培训人员1 000人次。开展"渔业规范用药指导周"、"渔业科技服务百日行动"等6次科技服务活动,组织专家现场进行技术和信息服务,有效提高基层渔业技术水平。

3. 渔业安全管理 积极开展渔业安全生产"基层基础强化年"活动,全市累计检查渔船、渔港、企业2 600多个,查处各类安全生产违规行为183起。组织开展渔船专项整治,对全市所有渔船采取定时、定点的方式,逐船"对人、验证、登船"联合审验,并登记造册,建立健全渔船信息档案。全市共排查"三无"渔船4 214艘,符合纳入特殊渔船管理的3 673艘,将其余不合格渔船纳入集中处理范围。加强渔船标识整治和清理异地挂靠渔船,共查处渔船标识不清楚、船名号刷写不规范、船证不符、主机功率不符的渔船2 870余艘,清理异地挂靠渔船25艘。认真抓好涉外渔业生产管理,动态监控全市15艘入韩水域、8艘入朝水域作业渔船规范作业,有效防范涉外渔业生产事件发生。切实抓好渔业安全保障,免费为渔民配发救生衣2万件;投入资金100多万元对渔业电台设备进行升级改造;投入资金417万元,为545艘大功率渔船安装北斗卫星船载终端设备,为29.42千瓦功率以下渔船配备CDMA手机503部。加强渔船年审管理,全市共年审渔船4 486艘,捕捞渔船年审率达100%。认真落实渔业油价补贴惠渔政策,累计为5 126艘渔船发放补贴资金2.1亿元。扎实推进政策性渔业互保工作,争取市财政补贴资金880万元,全市入保渔民达到20 000人、入保渔船750艘,总保险额50亿元,渔民平均保险额达24万元,比上年同期增长10.4%。强化水产品质量安全监管,投资200万元,完成青岛市水产养殖疾病远程会诊系统三期建设,建设会诊站点40个,形成较为完善的水产养殖疾病远程会诊网络。完成水产品及苗种抽检任务812批次,水产品综合合格率99.5%。全市新增无公害水产基地24个,总数达123个;新增无公害水产品24个,总量达113个。

4.海洋与渔业执法 扎实推进海洋与渔业立法工作,修订完善了《青岛市海洋渔业安全生产管理办法》,组织开展了《青岛市人工鱼礁管理办法》立法调研。建立了海监、海事、公安边防、海警部门联合执法机制。全年共组织海上联合执法检查36航次,检查涉嫌违法船只21艘。其中,加强了非法盗采海砂专项执法,出动执法船只20航次,检查各类疑似船只15艘;实施了"维稳2012"执法行动,出动执法船只3航次,检查各类疑似船只7艘。积极开展"海盾"、"碧海"、"护岛"、"护渔"专项执法活动,进一步加强"海盾"专项执法检查,重点检查集中集约用海项目2个,查处非法填海案件1宗;加大"碧海"专项执法力度,检查涉嫌危害海洋环境违法行为13起,查处非法倾废案件3宗;组织"护岛"专项执法检查,对全市69个海岛登临检查296次;组织"护渔"专项执法检查,出动执法船只1 320航次,航行55 628海里,查处违规渔船328艘。同时,加强伏季休渔执法,全市累计岸上检查12 360艘次,联合检查市场93次,海上检查1 082航次,查处违规渔船194艘次;加强水产品质量安全专项执法,检查水产养殖、苗种生产单位1 183家,查处违规案件29起;加强水生野生保护动物执法,市海洋与渔业局、公安局、青岛海关首次联合开展了打击"非法捕捉走私经营利用水生野生动物"专项执法行动,检查餐饮、驯养和制作标本单位18家。加快海洋执法装备建设,推进1 500吨、1 000吨、600吨级海洋执法船建设,国家维权执法保障基地维修改造项目开工实施,年内3艘执法艇入列海监队伍。

【重点渔业市(区)基本情况】

青岛市重点渔业市(区)基本情况

市(区)	渔业产值(万元)	水产品产量(吨)	其中			养殖面积(公顷)	其中	
			海洋捕捞	海水养殖	内陆养殖		海水	内陆
青岛市	1 241 494.69	1 124 409	272 091	805 881	46 437	52 279	35 947	16 332
黄岛区	46 292.59	34 346	9 075	25 051	220	3 741	3 528	213
崂山区	65 455.00	71 437	52 060	19 377		1 600	1 600	
城阳区	207 646.00	259 919	48 698	209 228	1 993	9 719	7 958	1 761
胶州市	140 611.00	128 014	31 552	84 398	12 064	4 708	2 308	2 400
即墨市	289 010.00	297 894	65 048	230 847	1 999	13 253	12 079	1 174
平度市	9 571.00	11 005			11 005	3 800		3 800
胶南市	473 040.00	310 620	65 658	236 980	7 982	10 754	8 474	2 280
莱西市	9 869.10	11 174			11 174	4 704		4 704

【大事记】

[1]2月7日,全市海洋与渔业工作会议在青岛海关培训基地召开,会议总结了2011年海洋与渔业工作,对2012年工作目标和重点任务进行了部署。

[2]3月18日,即墨市田横镇周戈庄村举行祭海节,吸引近5万名游客以及当地民众参加。田横祭海节已有500多年历史,2008年被列入第二批国家级非物质文化遗产名录。

[3]4月10日,青岛市水产学会举办刺参健康养殖与产业可持续发展研讨会,山东省海洋与渔业厅、中国海洋大学、黄海水产研究所、山东省海水养殖研究所及有关企业的领导、专家等100余人参加研讨会。会议就青岛市海参的养殖情况、海参产业发展、养殖刺参疾病及防控技术、海参良种繁育及海参营养与加工等多个专题进行了研讨,并对今后青岛海参产业持续健康发展提出建议。

[4]4月15日,启动开展"海盾2012"、"碧海2012"专项执法行动,旨在整治和规范海域开发利用秩序,保护海洋生态环境,切实提升全市海洋综合管控能力,依法查处各类海洋违法行为。行动于11月30日结束。

[5]4月15日至11月30日,青岛市海洋与渔业局、青岛海事局开展联合执法专项行动,清理阻碍航道

渔船,查处渔船侵占航道违章作业行动,共保海上渔船作业安全与商船航行安全。

[6]4 月 26 日,青岛市海洋与渔业局会同青岛水族馆在蓬莱市举行以“保护海洋生态　珍爱地球家园”为主题的人工繁殖斑海豹放生活动。

[7]4 月 27 ~28 日,青岛市首期渔业乡村兽医管理培训班举办,各区(市)渔业乡镇水办工作人员、企业技术人员等 120 余人参加培训。

[8]4 月 28 日,市政府下发文件,任命于成璞为青岛市海洋与渔业局局长,免去黄聿颂的青岛市海洋与渔业局局长职务。

[9]5 月 5 日,青岛市副市长徐振溪到市海洋与渔业局调研,就海洋与渔业工作提出要求。

[10]5 月 9 日,全市渔船专项整治工作会议召开,部署在全市范围内开展渔船专项集中整治工作。年内,全市共排查摸底“三无”渔船达 3 968 艘,经检验合格纳入安全管理渔船 3 899 艘,清理异地挂靠渔船 25 艘。

[11]5 月 25 日,青岛首家大菱鲆省级良种场通过专家验收,该良种场由青岛通用水产养殖有限公司承担建设。

[12]5 月底至 7 月初,青岛近海发生浒苔灾害,青岛市海洋与渔业局组织 110 艘渔船实施清理打捞,期间海上累计出动船只 4 963 艘次,共打捞浒苔 4.59 万吨。

[16]6 月 8 日,青岛市海洋与渔业局在奥帆中心组织世界海洋日暨全国海洋宣传日启动仪式,并同时举办 2012 年度渔业资源增殖放流活动启动仪式。

[17]6 月 21 ~22 日,第六届全国沿海城市海洋与渔业局长联谊会在青岛开发区召开,大连、青岛、宁波、厦门等 14 个主要沿海城市海洋与渔业局长及相关负责同志与会。

[18]6 月 30 日,“胶州湾蛤蜊”在 2011 中国农产品区域公用品牌价值评估中,品牌价值被评估为13.52亿元。

[15]6 ~10 月,开展了全市渔民配备救生衣活动,共免费为渔民发放救生衣 2 万件。

[20]7 月 2 日,青岛市首次组织 8 艘 300 千瓦以上国内冷冻捕捞渔船参加朝鲜东部海域季节性远洋渔业项目。项目结束共捕获鱿鱼等水产品 2 200 吨。

[21]7 月 14 日,第一届中国海洋科学研究生联合会学术论坛在青岛召开。

[23]7 月 19 日,由财政部、税务总局、商务部、工信部、农业部等有关部门组成的联合调研组就鲜活农产品增值税减免等有关问题,到城阳区水产品加工企业进行调研。

[22]7 月 24 日,由山东省海事局、省交通运输厅、省海洋与渔业厅、省气象局等单位组成的防抗台风督查组到青岛市崂山区检查指导渔业港口及渔船的防抗台风工作。

[19]7 ~11 月,市财政安排预算资金 280 万元,对终端设备和年度运营费实施补贴,共为全市 545 艘 44.13 千瓦功率以上渔船配备北斗卫星船载终端。

[24]8 月 16 日,市政协副主席王修林带领政协人口资源环境委员会到市海洋与渔业局调研人工鱼礁和海洋牧场建设工作情况。

[25]9 月 21 日,山东青岛市海洋渔业协会成立,通过了有关报告和章程,并选举产生了协会第一届理事、常务理事及协会领导班子。

[26]9 月 27 ~30 日,市海洋与渔业局组织相关渔业企业参加第十届中国国际农交品交易会,其中“青岛海滨海参”获本届农交会金奖。

[27]9 月 29 日,青岛市人民政府发布实施《关于加快远洋渔业发展的意见》,确定了远洋渔业重点发展内容和扶持政策,拉开了青岛远洋渔业快速发展的帷幕。

[28]10 月 21 日,农业部渔业局、中国水产科学研究院南海水产研究所、中国水产流通与加工协会来青岛调研水产品加工业发展。

[29]11 月 2 ~4 日,市海洋与渔业局组织渔业企业参加第一届中国山东(青岛)国际农产品交易会,市海洋与渔业局展位获“最受观众欢迎奖”,7 家参展企业获本届农交会“最受欢迎农产品”称号。

[30]11 月 30 日,农业部农产品质量安全中心发布农产品地理标志登记公示[2012]第 5 号,对琅玡玉筋鱼实施国家农产品地理标志登记保护。

[31]12 月 20 日,胶南“泊里西施舌”被国家工商行政管理总局商标局批准为地理标志证明商标。

(青岛市海洋与渔业局)

宁波市渔业

【概况】 2012 年,宁波市渔业部门积极实践“三思三创”主题教育活动,以服务保障海洋经济核心示范区建设为重点,以促进渔业转型升级为主线,较好完成各项工作任务,全市渔业行业实现良好发展态势。全市水产品总产量99.15 万吨,增长0.22%,实现渔业总产值 117.8 亿元,增长 7.48%,渔民人均纯收入 20 719 元,增长 8.56%。渔业经济结构进一步改善,产出总量规模不断扩大,其中,捕捞产值 51.25 亿元,养殖产值62.28亿元,加工产值72.14亿元,为全市经济社会平稳较快发展做出积极贡献。

1. 渔业经济运行 国内捕捞生产产量略增,产值增幅较大。全年实现国内海洋捕捞产量59.95万吨,比上年增长0.77%;产值49.59亿元,比上年增长6.08%。奉化原挂靠外地船籍港的63艘大功率渔船入户拉动海洋捕捞产量增加,水产品平均售价上涨引起产值增加。渔货销售价格继续保持上涨态势,平均上扬10%。淡水捕捞产量和产值减少。2012年全市淡水捕捞产量10 393吨,比上年同期减少5.27%;实现产值16 607万元,减少1.13%。养殖面积和产值增加,养殖产量减少。2012年海水养殖面积35 899公顷,增加1 307公顷,比上年增长3.78%,淡水养殖面积23 968公顷,比上年减少324公顷,下降1.33%。海水养殖产量276 914吨,比上年减少2 958吨,减幅1.06%;淡水养殖产量为7.76万吨,比上年减少1 565吨,减幅1.98%。养殖产量减少主要原因是受"海葵"台风影响,特别对南三县影响非常大。受宏观经济影响,养殖品售价上涨,养殖产值增加。另外,生态套养等新技术、新模式的推广、使用,提升了养殖效益。水产苗种生产形势喜人。2012年全市水产苗种发展总体好于上年,全年实现苗种产值25 612万元,比上年增长14.1%。远洋渔业增产不增收。2012年全市有7家农业部远洋资格的企业和32艘远洋渔船在外生产,作业区域主要位于西北太平洋、东南太平洋、西南大西洋和乌拉圭海域。据统计,全年远洋渔业产量为2.72万吨,比上年增加2 800吨,增长11.5%,远洋产值约1.72亿元,比上年减少4 638万元,减幅达21.3%。休闲渔业发展加快。2012年全市实现休闲渔业总产出3.12亿元,比上年增长12.4%;实现税后利润1.14亿元,比上年增长8.8%;当年涉渔设施投资达到1.55亿元,比上年增长7.98%,全市休闲渔船达到141艘,比上年新增26艘,增长22.6%。涉渔投入增加主要是象山海岛休闲游的兴起,使海钓休闲渔船需求增加,2012年该县新增31艘,比上年增加3.1倍,涉渔投资净增6 507万元,比上年增加4.9倍。水产品出口总量和出口总额均出现减少。2012年度全市水产品出口在连续两年高位增长后呈下降态势。据宁波海关提供数据:1~12月份水产品出口总量17 684.2吨,比上年同期减少15.82%;出口创汇67 113.49万美元,比上年同期减少3.88%。

2. 现代渔业发展

(1)现代渔业重点工程加快实施。组织修编渔业水域滩涂养殖规划,新增建设15个优势水产品养殖示范园区,积极推动水产种业园区、三门湾现代渔业养殖园区、海洋牧场试验区建设。国家星火计划重大项目"岱衢族大黄鱼养殖产业提升关键技术集成与示范"开始实施,岱衢族生态大黄鱼在2012年底上市,大黄鱼国家地理标志申请通过农业部答辩,以育苗养殖一体化、立体养殖设施化为核心内容的象山县梭子蟹产业综合提升工程取得阶段性成果,余姚市申报"中国生态甲鱼之乡"获得成功。水产种子种苗工程加快建设。先后引进试养龙胆石斑、笋壳鱼等高效新品种,组织申报2个省级水产原种场和1个省级规模化育苗场,泥蚶国家级原种场建设通过了农业部初审,首次实现苗种出口。休闲渔业蓬勃发展。组织举办开渔节等一大批具有地方特色休闲渔业节庆活动,3家企业被评选为首批国家级休闲渔业示范基地。渔业科技创新和推广不断加强。与中国水产科学研究院建立新的合作机制,开展"渔业科技促进年"活动,象山、宁海、余姚等地继续加快复合生态养殖模式、循环渔业生产方式、高效节能养殖技术,慈溪市加快提高科技服务能力,建立四套在线水质监测系统和小型气象分析站,完成南美白对虾政策性保险试点工作。

(2)岱衢族大黄鱼种养产业化获得成功。自2007年该市启动岱衢族大黄鱼原种开发和种质资源保护工作以来,经过科研团队的不懈努力,攻克了岱衢族大黄鱼的繁育难题,已培育出苗种1 450余万尾;科研人员又先后开展了养殖、品质改良、营养饵料、质量安全管理等多项技术攻关,2012年底前首批3万尾精品岱衢族大黄鱼已陆续供应宁波市场。与市场供应的闽东族大黄鱼相比,养殖的岱衢族大黄鱼身形更长,肚子要小,颜色要黄,味道要鲜美,口味和品质几乎能与野生大黄鱼媲美。宁波市岱衢族大黄鱼和该市已分别获得农业部农产品地理标志和中国生态大黄鱼(岱衢)之乡的称号。

为推动渔业基地规范发展,积极开展休闲渔业基地示范评选活动,2012年东超渔业公司、大桥生态农庄和天地休闲渔业基地被评选为首批国家级休闲渔业示范基地。为更好地给市民百姓提供富有特色的渔业休闲基地,收集整理汇编休闲渔业画册,累计收录全市休闲垂钓渔业基地33家。

3. 渔业行政执法 "平安海区"创建稳步推进,专项整治行动扎实开展。全年完成7 000多艘渔船检验任务,立案查处违规渔船320多艘次、违法船厂17起;开展初级水产品质量安全大整治百日行动、"打非治违"专项行动,象山县率先依法拆解大功率"三无"船舶31艘和非法捕捞红珊瑚渔船9艘。开展隐患排查治理活动,规范基层渔业安全服务站建设,积极探索渔船社会化管理新路子。奉化市建立渔业人力资源管理服务中心，引入专业人力资源管理公司，开展船员社会化管理新模式试点，取得显著成效。强化安全服务与应急保障，发布渔船预警信息21万多条次，开展海上突发应急事件处置演练和渔船单船安全演练，推进渔政艇常态化安全巡航，海上应急处置能力进一步提升。休闲渔船、渔业辅助船审批制度进一步完善。此外还发布实施了《宁波市休闲渔业船舶审批管理规定》等。

4. 存在的主要问题 一是海洋捕捞业可持续发展的矛盾比较突出。一方面渔场缩小、渔业资源衰退现象、"船多鱼少"的矛盾没有缓解；另一方面随着国家加大渔用柴油补助力度，渔民为了增加生产效益，渔船买卖和更新改造大功率渔船的现象有所抬头，转产转业政策推行存在较大阻碍。二是养殖区域的拓展与海洋经济发展的矛盾愈显突出。随着宁波成为浙江省海洋经济示范区建设的核心区域，各地掀起新一轮海洋开发热潮，港口建设、新区建设等重大建设项目用海需求较大，全市海洋资源开发密度较高，受国家土地政策限制，只有向海洋要土地，挤占了不少渔业发展的空间。加之城市化、工业化建设加快，各类污染物的排海量不断增加，海洋环境、养殖环境状况不容乐观，渔业污染事故时有发生。三是水产养殖业综合抗台风能力比较薄弱。2012年8月的"海葵"强台风正面袭击宁波，使宁波养殖业遭受重创，水产养殖大多位于沿海、滩涂和非标准海塘内外，防风、抗浪、抵御风暴潮的能力弱，渔业养殖设施无法在短时间内加固或者撤离，在产品无法大规模提前采捕，在强台风正面袭击下，全市各地普遍发生养殖池塘受淹、养殖网箱渔网破裂、养殖大棚被摧毁、大量养殖鱼虾蟹逃逸等现象，养殖损失占渔业总损失93.8%。

【重点渔业市(县、区)基本情况】

宁波市重点渔业市(县、区)基本情况

县(市、区)	水产品产量(吨)	其中				养殖面积(公顷)	其中	
		海洋捕捞	海水养殖	内陆捕捞	内陆养殖		海水	内陆
象山县	582 441	449 863	111 657		10 296	13 533	10 833	2 700
宁海县	146 404	10 093	130 913	236	5 162	17 276	15 190	2 086
奉化县	136 334	125 613	7 369	719	2 633	3 328	1 651	1 677
慈溪市	50 590	4 711	21 022	2 136	22 721	12 679	6 721	5 958
余姚市	31 679	1 753	196	2 364	27 366	5 537	30	5 507
鄞州区	18 821	2 786	4 752	3 876	7 407	5 309	1 020	4 289

【大事记】

[1]1月10日，在第三届中国余姚·河姆渡农业博览会名优农产品推介会暨产销对接签约仪式上，原农业部副部长、中国渔业协会会长齐景发向余姚市授予了"中国生态甲鱼之乡"称号。

[2]2月，宁波市水产行业协会副会长、宁波南联冷冻食品有限公司董事长叶晓玲，被全国妇联授予"全国三八红旗手"称号。

[3]3月30日，宁波市渔船救助信息服务中心与上海搜救中心合作，成功救助浙宁渔11030。

[4]4月5日，象山港玻璃钢小型捕捞渔船试用交接仪式在奉化永鸿船舶制造有限公司举行，宁波市第一艘象山港玻璃钢小型渔船在鄞州区试航。

[5]5月17日，农业部渔业局副局长崔利锋带队来宁波进行渔业油价补助政策调研。

[6]6月19日，市海洋与渔业局在南韭山自然保护区海域进行岱衢族大黄鱼人工增殖放流，共放流岱衢族大黄鱼300万尾，中日渔委会事务级磋商会议代表一行12人现场观摩了这次岱衢族大黄鱼放流活动。

[7]6月20日，由奉化市海发苗种繁育中心承担的种子种苗项目——"日本蟳人工育苗及养殖技术研究"，通过了由奉化市海洋与渔业局组织有关单位的现场验收，这一育苗技术的成功填补了浙江省日本蟳人工育苗技术的空白。

[8]8月，科技部公布2012年度国家星火计划立项项目清单，浙江余姚市水产技术推广中心申报的"中华鳖嗜水气单胞菌病防控关键技术集成与示范应用"项目榜上有名。

[9]9月15日，第二届中国海洋经济投资洽谈会在宁波国际会展中心开幕。同期举办的首届中国(南方)国际海产品博览会吸引了近200家企业参展。

(宁波市海洋与渔业局 刘御芳)

厦门市渔业

【概况】 2012 年,厦门市坚持以科学发展观为指导,以发展休闲型都市型渔业为目标,通过转变经济发展方式、做强水产种苗产业、拓展休闲渔业内容、推动水产产销合作、深化对台渔业交流和提升水产加工升级等举措,促进了渔业增效、渔民增收和渔业经济的可持续发展。2012 年,渔业产值 6.02 亿元,同比减少 3.2%。水产品总产量 2.96 万吨,同比减少 8.9%,其中,捕捞产量 0.44 万吨,同比减少 26.7%,养殖产量 2.52 万吨,同比减少 4.5%。水产品加工产量 15.37 万吨,同比减少 11.9%,产值 24.92 亿元,同比减少 9.3%。水产苗种产值 5.55 亿元,同比增长 44.4%。生产对虾苗 3 974 亿尾,同比增长 36.56%。水产品出口 8.64 万吨,同比减少 39.33%,出口货值 24 300 万美元,同比减少 22.9%。水产品批发市场交易量 10.23 万吨,同比增长 5.6%,交易额 39.32 亿元,同比增长 15%。渔民人均纯收入 13 068 元,同比增长 1.7%。

1. 休闲渔业 一是努力办好 2012 中国(厦门)休闲渔业博览会暨海峡两岸水族·钓具展。二是做好休闲渔船的试点工作。进一步完善和扩大休闲渔船试点规模,由 2011 年的 2 艘增加到 6 艘。加强休闲渔船引导和管理,核发相关证件,进行休闲渔船职务船员培训,辅导试点单位合理安排线路,准确定位,努力实现可持续发展。三是推动休闲渔业基地建设。开展全国性基地创建工作,将小嶝休闲渔村、五缘湾基地以及休闲渔船推向全国。完成白哈礁休闲垂钓基地建设。同时开展漳州海域浯屿附近无居民海岛矶钓基地建设的调研。

2. 远洋渔业 2012 年,根据全市渔业发展实际,在借鉴省政府相关扶持意见精神和其他地方经验的基础上,组织制订《厦门市扶持远洋渔业发展若干意见》(草案)。积极指导帮助远洋企业申报项目、组建船队、促进项目落地。现有 3 家远洋渔业企业落户厦门。2012 年农业部已批准厦门远洋企业建造 20 艘钢质(每船功率为 920 千瓦、船长 45 米、总吨位 298 吨、单船造价 880 万元)过洋性拖网捕捞渔船船网工具指标,作业区域位于印度尼西亚阿拉弗拉海海域。另有 20 艘大洋性远洋渔船项目也在申报。

3. 水产品加工流通业 一是推动产学研相结合,引导水产加工业向精深化升级。2012 年,多家龙头企业计划投入巨资建设精深加工项目。宝林泰公司投资 1 200 万元,新增生产能力 20 万罐的罐头生产线,预计 2013 年 12 月投产。福建安井公司投资 24 075 万元,建设鱼肉蛋白重组产业化示范高新生产线及配套设施,预计 2013 年 6 月投产。同安源水公司投资 9 600 万元,建设功能性胶原蛋白产业化项目,预计 2014 年 8 月投入使用。东海洋公司投资 1.67 亿元,建设水产品即食料理精深加工产业化项目,预计 2013 年 6 月投产。新阳洲公司投入 950 万元,建设紫菜多肽功能饮料生产线建设项目,预计 2013 年 6 月完成。洋江蚝油公司投资 1 500 万元,建设贝类汁精深加工技术研究及产业化项目,预计 2013 年 6 月完成。二是引导帮助成立水产产销专业合作社。鲜之源、舟和兴等一批水产产销专业合作社成立,由厦门和漳州两市长期从事外海捕捞、收购、运输、销售的渔民、经营企业组成,有社员 100 多人,拥有收购船、捕捞船 50 多艘,此外还有长期合作闽、粤、港澳等地捕捞渔船 1 000 余艘。

4. 水产苗种业 2012 年,厦门市积极推动水产种苗产业结构进一步升级,向质量型发展。一是组织编制全市水产种苗发展十年规划的编制工作。二是稳步推进厦门种苗品牌培育。通过积极引进优良种苗,筛选优良品系。观赏鱼研发和南美白对虾等种苗的提纯复壮稳步推进。2012 年厦门优质虾苗价格已经高出一般虾苗数倍。三是促进水产种苗业向多元化方向发展。种苗生产企业充分利用闲置的育苗池开展石斑鱼苗等品种培育,吴冠村和刘五店均有大量规模培育石斑鱼苗种的企业,经济效益初步显现。四是持续推进对虾种苗业组织化进程,积极引导,鼓励成立了 3 家种苗专业合作社,有效规范苗种业的生产经营行为。五是加强质量监管。加强虾苗的疫病监测和药物残留检测,加强相关法规的宣传和对从业人员的培训,引导虾苗业向培育健康种苗的方向发展,引导重点企业加强质量建设,树立企业的品牌形象。

5. 渔业科技培训与推广

(1)加强人才培养,提升渔业从业者。一是加强以渔业科研杰出人才和创新团队为重点的渔业科研人才队伍建设,推出一批渔业科研杰出人才及创新团队。二是加强以骨干农技人员为重点的农技推广队伍建设,对一批有突出贡献的农技推广人员进行重点培养,对 58 名村级农技人员开展知识更新培训。三是加强以职业农民为重点的农村实用人才队伍建设,依托全省农村远程教育和厦门市水产职业技能鉴定站平台,培训 210 名职业农民、合作社管理人员和科技示范户。

(2)开展渔业推广专家下乡服务行动。由市海洋与渔业研究所牵头,联袂厦门大学、集美大学、省水产研究所、省海洋研究所等科教单位专家,开展 5 批次科技入户工作，通过现场交流，手口传授和专家咨询热线，密切了养殖户和专家的联系，提高了养殖者专业素质，促进了行业发展。

(3)与翔安种苗协会和鳌冠村、上陵村等养殖专业村签订科技共建协议。指定专门技术人员入村定点技术服务，为专业户养殖项目提供技术支持，协助做好养殖基地的规划、建场指导和人员技术培训，帮助共建单位建设一个以水产品养殖知识为主的科技书屋。

6. 水产品质量安全监管 2012 年，厦门水产品质量安全水平整体逐步提升，农业部对全市市场水产品质量开展例行监测 4 次、抽样 80 批次，检测 7 批次不合格，合格率为 91.2%、位居全国前列。一是紧紧抓住监管重点。制订《2012 年水产品质量安全监管工作方案》，有计划、有步骤地开展监管工作。开展"厦门市水产品质量安全分析与监控对策"研究，配合农业部开展水产品产地贮藏保鲜质量安全专项风险评估抽检。二是加大水产品监测力度。制订《2012 年水产品质量安全监测工作的通知》，全年对产地和批发市场水产品药物残留和有毒有害物质抽检 260 批次，甲醛监测 3 000 批次，。三是开展水产健康养殖示范场创建活动。推进规模化养殖、标准化生产和产业化经营，完善养殖场内部质量安全管理机制。完成对第三、第四批农业部健康养殖示范场的复核。

7. 渔业对台合作交流 2012 年，对台合作与交流进一步深化。一是以休闲渔业博览会为平台，增进对台休闲渔业合作。2012 中国(厦门)休闲渔业博览会"突出"对台休闲渔业产业合作与交流的主题，首次与台湾省相关协会共同承办展会。二是推动台湾省水产品登陆厦门。通过大嶝小额贸易平台、小三通、大三通等渠道，批量从台湾省引进石斑鱼等水产品、观赏鱼和水产苗种等，厦门对台区位优势在水产品物流上的效果得到初步体现。三是与台湾省观赏鱼行业协会建立了良好的联络机制。特别突出的是与中华台北水族协会、台湾省水族协会、屏东观赏水族养殖协会等联系密切，合作编撰《海峡两岸观赏鱼名录互认图册》。推动引进台湾水产新技术、新产品，已使厦门成为祖国大陆最大的水晶虾生产基地。

8. 2012 中国(厦门)休闲渔业博览会暨海峡两岸水族·钓具展 本届展会，无论是规模还是效果，均比往年有大幅提高。一是展馆面积增加。展馆面积达到 6 603 平方米，标准展位 330 个，比上年增长 50%。二是展商范围扩大。有来自马来西亚、印度尼西亚以及国内北京、上海、台湾、香港等地和厦门周边地区的水族企业、渔场和个人达 190 家，比上年增长 41%。其中，台湾省展商 76 家，45 个展位。三是参观人流增加。达到3 万人次，超过往年的 30%。四是展会亮点多，影响力大。鱼拓表演、电脑垂钓互动、水族与家居知识讲座，观众反响良好。五是首次尝试市场化运作。六是首次举办两岸水族贸易签约洽谈会，意向金额超过 6 000 万元人民币。

9. 渔港与渔船建设管理 厦门市有在册渔船 1 880艘(不包括公务科研船和其他渔业辅助船 6 艘)，其中捕捞渔船 1 190 艘，44.13 千瓦功率以上外海捕捞渔船7 艘，渔工近 3 700 人。现有渔港 4 个，中心渔港 1 个，群众渔港 3 个。全年共检验渔业船舶 1 839 艘次，办理进出港签证 4 456 艘次，办理职务船员证书发证、审换证 110 人次，办理渔业船舶登记 30 艘次。

10. 渔业安全生产与防御台风 2012 年，市海洋与渔业局认真贯彻落实国家、省、市关于渔业安全生产各项指示精神，坚持"安全第一、预防为主、综合治理"的方针，进一步深化"安全生产年"、"责任落实年"要求，严格落实渔业安全生产各项措施，扎实开展渔港渔船安全监管，加大海上安全执法检查力度，严厉打击各类违法生产行为，加强和规范渔业生产安全隐患排查治理，建立健全隐患排查治理长效机制，积极做好各次台风的防御工作，促进全市渔业安全生产形势的持续稳定发展。全年未发生渔业安全生产事故。

11. 渔业支农惠农 一是继续发放渔业船舶燃油补贴。严格按照上级燃油补贴发放对象，测算发放标准，与市财政局联合下文将 1 070 万元下达到有关区，及时将油价补贴足额发放到渔民手中。二是开展渔工和渔船政策性保险。按照省局有关规定，结合厦门实际，提高渔工保额，从 20 万元提高到 23 万元。办理渔工保险 242 人，保费 61 240 元。三是完善 AIS 系统岸台安装调试。在加大海上渔船手持终端不开机查处力度基础上，开展 AIS 系统岸台安装调试，协调省信息中心扩大对邻近地区进入厦门海域渔船安全监管，促进全市应急指挥平台备用系统的建设。

12. 渔业资源增殖放流 一是组织开展增殖放流苗种公开采购。按照政府公开采购程序，最后以竞争性谈判形式展开，成交价为 206 万元，比原采购价 213.9 万元降低了 7.9 万元，达到了预期效果。二是开展增殖放流评估工作。通过建立科学适用的增殖放流综合评估技术体系，应用标志放流、渔获物市场调查、渔获物统计、渔业资源监测等，综合评估厦门湾黄鳍鲷的增殖放流效果。三是组织实施增殖放流活动。在厦门海域开展增殖放流 10 批次，投放平均规格6.10 厘米真鲷 30.28 万尾，完成了年度任务的 100.93%；投放平均全长规格 7.35 厘米黄鳍鲷 30.2 万尾，完成年度任务的100.67%;投放平均规格6.98厘米黑鲷30.83万尾,完成年度任务的102.77%;投放平均规格1.22厘米长毛对虾7 560万尾,完成年度任务的108%;投放平均规格134.06厘米中华鲟249尾,完成年度任务的125.01%。

13.渔业人口从业情况 2012年,全市有渔业乡3个,渔业村29个,渔业户20 929户,渔业人口69 120个,渔业从业人员31 763人,其中专业从业人员17 923人,兼业从业人员9 932人,临时从业人员3 908人。

【大事记】

[1]2月24日,农业部牛盾副部长莅临厦门高崎闽台中心渔港视察,陪同视察的有农业部渔业局局长赵兴武、副局长陈毅德、东海区渔政局局长李富荣、福建省海洋与渔业厅副厅长张福寿等。厦门市常务副市长林国耀、市海洋与渔业局局长蔺海清、副局长吴国梁陪同视察。

[2]3月2日,市海洋与渔业局副局长孙建国在东海区2012年渔政工作会上,与省海洋与渔业厅领导签订伏季休渔管理责任状。

[3]3月13日,市海洋与渔业局局长林金平到市渔港渔船管理处调研工作。

[4]3月14~15日,市海洋与渔业局局长林金平在蔺海清老局长、吴国梁副局长、廖秋贞副巡视员的陪同下,分别到市海洋与渔业研究所和市闽台渔轮避风港管理处调研工作。

[5]3月23日,2012年厦门市渔业工作会议召开。会上,市海洋与渔业局局长副局长赵晓武代表市海洋与渔业局作主题报告。局长林金平到会并作了重要讲话。会议由副局长吴国梁和孙建国主持。

[6]4月20日,全市2012年度伏季休渔工作会议召开。市海洋与渔业局副局长孙建国进行工作部署。

[7]4月24日,市海洋与渔业局副局长赵晓武参加全国水产品质量安全监管工作会议。

[8]4月25日,市海洋与渔业局局长林金平带领检查组对莲花大桥、双溪大桥、滨海西大道卿朴段、滨海西大道城南排洪沟桥梁等工程汛前安全情况进行检查。副局长吴国梁一同参加。

[9]6月20日,市海洋与渔业局局长林金平主持召开防范2012年第5号热带风暴"泰利"工作部署会议。

[10]6月29日,市海洋与渔业局局长林金平带队前往漳州,与漳州市海洋与渔业局签订高崎中心渔港船舶避险协议书。副局长吴国梁陪同。

[11]7月7日,农业部渔业安全生产和伏季休渔交叉检查组对厦门市渔业安全生产和伏季休渔工作开展交叉检查。检查组由黄渤海区渔政局副局长吴德强带队,福建省海洋与渔业执法总队总队长叶建平陪同。

[12]7月30日,市海洋与渔业局局长林金平主持召开局防抗9号热带风暴"苏拉"部署会。

[13]8月1日,市海洋与渔业局局长林金平参加全省防御第9号台风"苏拉"工作视频会议。

[14]8月2日,张灿民副市长到高崎闽台中心渔港检查防台风工作。市海洋与渔业局局长林金平、副局长吴国梁陪同。

[15]8月23日,市海洋与渔业局局长林金平主持召开全局防御1214号台风"天秤"、1215号台风"布拉万"工作部署会议。

[16]9月15日,市海洋与渔业局局长林金平、副局长赵晓武应邀赴福州参加第七届海峡渔业博览会。

[17]9月27日,赵晓武副局长主持召开防范第17号超强台风"杰拉华"工作部署会。

[18]10月26日,"2012中国(厦门)国际休闲渔业博览会暨海峡两岸水族·钓具展"在厦门国际会展中心举行。此次展会是由厦门市人民政府、福建省海洋与渔业厅主办,厦门市海洋与渔业局、厦门市渔业协会、中华台北水族协会、台湾屏东观赏鱼协会、台中市钓鱼协会协办。

[19]11月8~14日,应台湾省渔会邀请,厦门市海洋与渔业局局长林金平带团参加了2012年台湾观赏鱼博览会,并考察了台湾省休闲渔业、远洋渔业、水产养殖、渔港渔船管理等情况。

(厦门市海洋与渔业局 郑 斌 刘 巍 许金练)

深圳市渔业

【概况】 2012年,深圳市渔业经济总产值79 523万元,水产品总产量31 928吨,其中养殖水产品产量3 701吨,海洋捕捞产量28 227吨,渔民人均纯收入16 051元。

1.远洋渔业工作有序推进

(1)远洋渔业有序推进。

一是积极推进宝安远洋渔业基地建设工作。2012年2月,宝安远洋渔业基地建设被列入深圳市2012年重大项目计划(前期预备项目),市经济贸易和信息化委员会继续推进各项前期工作,首先是在年初完成了宝安远洋渔业基地工程项目勘察测量工作,提交了地质工程初勘及海域测量报告,并已支付项目进度款51

万元，还向市审计专业局申请该项目结算审计。其次是积极探讨宝安远洋渔业基地建设投融资问题。年初与综合开发研究院共同研究《深圳市宝安远洋渔业基地融资、建设及运营方案》，并与市发改委、特建发集团探讨各种投融资方式。第三是积极向市发改委申请将宝安远洋渔业基地工程项目列入2013年重大项目计划和2013年政府投资计划，并按照领导意见继续开展该项目投融资模式调研工作。

二是做好远洋渔业扶持政策评估及专项经费补贴申报工作。根据《深圳市扶持远洋渔业发展若干规定》和《深圳市远洋渔业专项经费管理暂行办法》，由市财政委会同市经济贸易和信息化委员会对实施情况进行评估，并对办法予以修改完善。市财政委已于10月份委托有资质的中介机构对远洋渔业扶持政策实施情况进行评估。

三是积极推进远洋渔船更新改造工作。根据全国渔业发展"十二五"规划及广东省海洋经济发展"十二五"规划，按照省发改委和省海洋与渔业局的有关要求，市经济贸易和信息化委员会会同市发改委认真组织全市海洋捕捞企业和渔民合作组织开展2012年海洋渔船更新改造项目申报工作。全市申报第一批海洋渔船更新改造渔船22艘，申请中央财政补助6 435.12万元。经省发改委审核批复，已下达深圳市第一批渔船更新改造基建投资计划4 673万元。同时，全市已申报第二批海洋渔船更新改造渔船15艘，申请中央财政补助6 447.2万元。

四是认真执行远洋渔业各项管理制度。第一是完成6家远洋渔业企业资格和项目年审，经农业部审查下发了远洋渔业企业资格证书及项目确认文件；第二是做好远洋渔业项目申报审核上报工作。全年受理各远洋渔业公司申请项目8个，并落实了华南公司2012年探捕项目专项资金125万元；第三是做好远洋渔业企业回运自捕水产品和生产情况统计工作。全年总产量2.4万吨，总产值4.6亿元，回运自捕水产品近1万吨，回运品种20多个；第四是加强远洋渔船船位监测管理，认真执行远洋渔船出入口岸备案及过境审批制度，确保远洋渔船安全生产。

(2)积极贯彻落实远洋渔业扶持政策。根据《深圳市扶持远洋渔业发展若干规定》和《深圳市远洋渔业专项经费管理暂行办法》有关规定，积极落实第二批(2009年7月至2010年12月)远洋渔业专项经费资助资金。并针对第一批远洋渔业专项经费资助资金申请工作中存在的一些问题，对专项资金申请资料及申请表格作了调整和修改，给符合条件的5家远洋渔业企业拨付专项经费资助资金1 387万元，解决了企业燃眉之急，有效促进了远洋渔业稳定发展。

(3)积极为远洋渔业企业排忧解难。受到缅甸政局变动及对渔业管理政策调整的影响，我国有88艘在缅甸海域生产的远洋渔船于10月被迫停航，涉及人数300多人，其中包括深圳市深港远洋渔业公司10艘渔船及30人，严重影响了缅甸远洋渔业项目开展，引起我国政府相关部门的高度关注。市经济贸易和信息化委员会接到深港公司报告后，立即要求企业加强行业自律，做好安抚工作，积极向上级主管部门反映情况，要求通过外交渠道协调缅方政府妥善处理后续事宜，确保我方船员和渔船生命财产安全，并委派分管领导带队赴缅甸进行安抚工作，发放船员慰问金5万元。经过多方努力，深港公司在缅渔船于12月初恢复正常生产，顺利渡过了难关。

(4)鼓励远洋渔业企业壮大船队规模，提高行业竞争力。经过多年的发展，深圳市远洋渔业逐渐由过洋捕捞向大洋性捕捞发展。截止到2012年年底，全市经农业部批准具有远洋渔业企业资格的远洋渔业企业共6家，作业渔船93艘(含自有渔船67艘和代理渔船26艘)，主机功率33 990千瓦，其中自有渔船比上年增加11艘。年内新注册成立的远洋渔业企业3家，向省海洋与渔业局申请38艘渔船渔业船网工具指标，计划从事南太平洋、中西太平洋、缅甸、泰国、伊朗等海域远洋渔业项目，已批准13艘远洋渔船船网工具指标。

(5)认真执行远洋渔业管理制度。一是做好远洋渔业企业资格和项目年审。按农业部有关规定为6家远洋渔业企业办理年审申报工作，并经农业部审查下发了远洋渔业企业资格证书及项目确认文件。二是做好远洋渔业项目申请审核上报工作。三是做好远洋渔业回运自捕水产品统计工作。按照海关总署和农业部有关规定，做好远洋渔业回运自捕水产品季度统计汇总工作，2011年度回运自捕水产品总量为9 004.05吨，回运品种达30多个。

2. 积极做好渔业油价补助申请发放及检查工作 按照财政部、农业部《渔业成品油价格补助专项资金管理暂行办法》及有关文件要求，市经济贸易和信息化委员会于2月制定了《深圳市2011年渔业油价补助工作方案》，认真组织各级渔政部门、各远洋渔业企业完成了2011年渔业油价补助用油量测算工作。经审核，中央财政下达深圳市2011年渔业柴油补助资金8 714万元，其中国内渔船油价补助2 854万元，远洋渔船油价补助5 860万元。按照规定程序，市经济贸易和信息化委员会已完成了全市渔业油价补助资金分配方案申报，经市财政委审核后对发放对象进行对外公示，并在公示期结束后向财政委申请拨付资金8 711.69万元。

3.积极推进政策性渔业保险工作 2012年4月，经省政府同意，省保监局、财政厅、海洋渔业局联合出台了《广东省政策性渔业保险实施方案（试行）》。8月，省财政厅、省海洋渔业局、省保监局联合出台了《广东省政策性渔业保险保费补贴资金管理暂行办法》。按照市保监局的要求和市经济贸易和信息化委员会领导的指示，经多次征求市保监局、省互保、市人保、市渔政处、流渔办、渔业服务水产推广站的意见后，制定了《深圳市政策性渔业保险实施方案（试行）》（代拟稿），经领导审定后将报市保监局，由市保监局牵头组织市经济贸易和信息化委员会、财政委共同协商制定。

4.全市渔具渔法调查工作顺利完成 按照《广东省渔具渔法调查工作方案》要求，市经济贸易和信息化委员会于休渔期间组织各区渔业行政主管部门、各级渔政部门、市渔业服务水产推广站开展全市渔具渔法调查工作，并委托广东海洋大学进行专项技术服务。在各级渔业部门的配合下，广东海洋大学技术组于7月底完成渔具作业原理、规格尺度数量、主要捕捞对象、作业场所以及对幼鱼损害程度等实地调查，并根据调查资料填写《渔具渔法调查表》和《渔具渔法调查汇总表》及绘制渔具示意图，出具了全市渔具渔法调查报告。

5.强化渔业安全生产监督管理

一是组织召开全市渔业安全生产会议，全面部署2012年安全生产工作，层层签订《渔业安全生产管理责任书》，落实安全责任，提高安全防范意识、责任意识和安全意识，用一万的努力防范万一的发生，全力以赴保障渔业安全生产。

二是根据全国及全省渔业安全生产工作会议精神，联合渔政部门扎实开展渔业安全生产执法、渔业安全生产治理和渔业安全生产宣传教育“三项行动”，重点对渔船通信、救生、消防、信号等安全设备配备及使用情况、船员配备及其安全技能实操情况、渔港安全基础设施配备及运行情况、安全生产责任制及突发事件应急值班和处置措施落实情况等进行全面深入排查。及时治理事故隐患，有效预防重特大事故的发生，维护广大渔民群众的生命财产安全。

三是认真做好防台防汛工作。在防御第五号台风“泰利”、六号台风“杜苏芮”、八号台风“韦森特”、十三号台风“启德”、十四号台风“天秤”期间，市经济贸易和信息化委员会高度重视，积极部署，要求各区渔业主管部门及各级渔政部门认真落实防风防汛各项措施，建立和完善防台风应急预案，落实24小时值班制度，密切关注台风动向，及时发布防台信息通告，积极落实防台工作“两个百分百”，即所有渔船百分之百回港避风、所有渔排作业人员百分之百转移上岸，使广大渔民群众的生命财产损失降低到最低程度。

6.积极组织申报现代农业生物产业推广项目 按照《深圳市现代农业生物产业推广项目扶持计划申报指南》，市经济贸易和信息化委员会共收到14个海洋渔业申报项目。按照《深圳市现代农业生物产业推广项目扶持计划管理流程》要求，组织对深圳市内的申报项目进行了现场考察，并形成现场考察结果。根据专家组评审和现场考察结果，后经委员会主任办公会议审议及市发改委主持召开的战略性新兴产业发展2012年第7次联席会议的专题研究审议，项目已进行公示。

7.完成无公害水产品示范基地认定 按照《关于开展深圳市无公害农产品示范基地认定工作的通知》，共收到6家企业申报7个水产品示范基地。按规定程序，市经济贸易和信息化委员会组织专家评审小组对申报的示范基地进行检查、评审，拟推荐市海上田园公司海上田园淡水鱼养殖基地、市龙科公司东涌养殖基地、深圳联合水产公司花都养殖基地、深圳旭联公司深水网箱养殖基地4个基地作为全市第二批无公害水产品示范基地。

8.开展渔业资源保护和增殖工作

（1）强化监督管理，确保休渔工作有序开展。为确保全市伏季休渔工作顺利进行，保证渔区社会稳定，促进南海渔业资源的养护与合理利用，一是制定《2012年深圳市海洋伏季休渔管理工作方案》，成立休渔工作领导小组，明确各有关单位的职责分工，确保全部休渔渔船安全度休。二是认真界定休渔渔船。同时对休渔渔船进行登记造册，张榜公布。三是加大宣传工作力度。通过竖立休渔倒计时牌、制作休渔旗、悬挂宣传横幅、发放宣传资料等方式向渔民宣传休渔政策，强化渔民保护渔业资源的意识。四是加强渔船安全管理。开展渔业安全大检查，加强渔船检验，执行24小时应急值班制度，积极组织各类业务培训，举办消防救生演习。

（2）以“休渔放生”为载体，大力推进海洋生态资源的保护工作。为增强全民保护海洋、共建和谐海洋的意识，营造热爱海洋的社会氛围，促进全市海洋渔业资源的保护与利用，按照广东省海洋与渔业局关于2012休渔放生节活动要求，制定了《深圳市2012年渔业资源增殖放流（休渔放生节）工作方案》，加大水生生物资源增殖放流力度，转变增殖放流方式，将水生生物资源增殖放流方式转变为“政府引导、市民参与”的群众活动，市民通过捐款或捐献放流苗的方式参与渔业资源增殖放流活动，取得较好的社会效益。2012年，全年共放流鱼苗114万尾，虾苗541万尾，放流地点主要分布在大鹏湾海域、深圳湾海域。

9.渔政执法管理 加强执法管理力度。2012年组织综合整治行动30多次，出动执法院人员1 200多人次，检查渔船4 360多艘次，依法查扣各类“三无”船舶203艘，收缴非法网具10万米。

一是开展安全生产月活动，制订深圳市2012年“安全生产月”活动工作方案，扎实有序地开展了一系列安全生产月活动。

二是开展封港查船行动，在省海洋与渔业局的统一部署下，在全市开展封港查船行动，制定了《深圳市2012年封港查船行动方案》，对所有渔船进行安全生产隐患大检查，严禁渔船“带病”出海作业。

【重点渔业区基本情况】

深圳市重点渔业区基本情况

重点渔业区	渔业总产值(万元)	水产品总产量(吨)	其中		养殖面积(公顷)	
			海洋捕捞	海水养殖	内陆养殖	海水养殖
大鹏新区	10 165	5 592	2 658	2 343	591	864
宝安区	6 835	1 192	735	312	145	242
南山区	18 780	290	130	160		28

（深圳市经济贸易和信息化委员会）

新疆生产建设兵团渔业

【概况】 2012年新疆生产建设兵团渔业以转变渔业发展方式为主线，以建设现代渔业为方向，加快渔业基础设施和支撑保障体系建设，推进水生生物养护工作，深化养殖品种结构调整，大力发展本地特色鱼类养殖和休闲渔业，努力转变渔业经济增长方式，着力推进水产健康养殖行动，提高水产品质量安全水平，实现了渔业经济的稳定发展，水产品总产量3.54万吨，比上年增加4 472吨，增长14.5%；渔业产值47 578万元，增加8 478万元，增长21.68%；职均收入3万元，增加3 970元，增长15.3%；人均水产品占有量13.44千克，增长13.5%，繁育各类鱼苗10.2亿余尾，生产各类鱼种2 507吨。

1.水产品专项整治 为切实做好2012年兵团水产品质量安全监管工作，进一步提高兵团水产品质量安全水平，保障水产品消费安全，根据有关文件精神，制定了《2012年新疆生产建设兵团产地水产品质量安全监管工作要点》和《2012年新疆生产建设兵团水产品质量安全专项整治方案》，要求各师水利(水产)局细化工作方案，加强领导，明确分工，落实责任。为加强水产苗种监管，从源头上保障水产品质量安全，5月，兵团水产局联合自治区水产局，对昌吉回族自治州和农八师等地的苗种生产企业开展执法检查，重点查处无证生产、销售水产苗种和违法用药行为，督促水产育苗单位建立生产、用药和销售档案，建立苗种生产许可证销售制度。9月，对农二、七、八、十二师重点渔业生产单位水产品进行违禁药物残留检测，抽查品种有鲤鱼、草鱼、鲢鳙、武昌鱼、罗非鱼，检测样本30个，通过检测，未检出违禁药物的使用和残留。通过对辖区内水产养殖的全过程进行监督，兵团水产品未发现质量问题。

2.渔业科技服务年促进活动 为贯彻落实全国渔业工作会议精神，提升渔业科技对现代渔业建设的支撑保障能力，促进兵团渔业发展方式转变，制定了《新疆生产建设兵团渔业科技促进年活动方案》。根据活动方案安排，在兵团渔业工作会议上举行了渔业科技促进年活动启动仪式，公布了专家服务组名单和技术服务热线，并向重点渔业生产单位赠送了科普图书150册；3～6月，组织举办了3期水产健康养殖技术培训班，培训人员200余人；9月，召开了水库渔业及额尔齐斯河特色鱼类养殖工作研讨会；在整个渔业养殖周期的4～10月，各师水产局和水产技术推广站陆续开展了“科技进塘进场入户、助推健康安全增收”活动，技术人员下渔场来到池塘边现场答疑，开展技术咨询和服务，发放技术资料200份。

3.水生生物资源增殖放流 为规范兵团水生生物增殖放流活动，根据有关法律法规，结合兵团实际，制定了《新疆生产建设兵团水生生物增殖放流工作规范》；9～10月，农一师新井子水库、农三师小海子水库、农八师鹰湖水库、农七师柳沟水库、农十师阿克达拉水库、农十二师红岩水库分别开展增殖放流活动，共投放鲢、鳙、草、鲤、鲫、河鲈、丁鲹、江鳕等各类鱼种650万尾，投入资金500万元。

4. 水产品认证 根据农业部要求，积极推进兵团水产品无公害、绿色、有机水产品的认证，年内又有三个单位通过了水产品无公害产地及产品认证。截止到2012年底，兵团已有12家较大规模渔场取得有机、无公害水产品产地、产品认证，认证品种39个，认证养殖规模1.2万公顷。

5. 渔业油价补助 根据《渔业成品油价格补助专项资金管理暂行办法》的要求，兵团、师水产局认真组织符合油价补助条件的渔业生产者完成了补助申请、初核、汇总、公示、补助发放工作。2011年度兵团渔业油价核定补贴用油量642吨，补贴金额287万元，受益船只219艘。

【重点渔业生产单位基本情况】

新疆生产建设兵团重点渔业师基本情况

单位	渔业产值(万元)	水产品产量(吨)	其中		养殖面积(公顷)
			捕捞	养殖	
农一师	8 552	4 969		4 969	8 454
农二师	5 180	3 927		3 927	833
农四师	6 238	5 635	209	5 426	727
农八师	5 510	5 396		5 396	2 592
农十师	11 254	6 026	350	6 026	9 977

（新疆生产建设兵团水产局　王雪梅）

全国渔业重点事业单位

农业部渔政指挥中心

【渔政执法】

(1)全力组织好黄岩岛和钓鱼岛护渔维权巡航。针对2012年4月10日中菲黄岩岛事件和9月11日日本上演钓鱼岛“购岛”闹局，中国渔政恪尽职守、不辱使命，及时组织派遣渔政船和组织渔船，与菲、日展开有理、有利、有节的斗争，取得了阶段性成果，有力维护了国家主权和海洋权益，维护了我渔民的生命财产安全，赢得了各级各界的广泛关注和赞誉，得到了各级领导的高度评价。

(2)继续做好专属经济区和我管辖海域巡航监管工作。认真落实中央关于做好新形势下海洋维权维稳工作要求，组织渔政巡航执法力量，强化我专属经济区等海域巡航监管，全年共组织72艘渔政船执行专属经济区渔政巡航和“护渔行动”任务279航次，航程28.3万海里，登临检查国内渔船1 931艘次、外籍渔船119艘，查处国内各类违法渔船334艘次、外籍渔船10艘，没收外籍渔船5艘，成功解救我被袭扰、抓扣渔船6艘，驱赶外国渔船220艘次。

在加强日常巡航监管的同时，配合公安海警、军方等有关部门加大对重点海域和交界海域的渔船监管工作。在涉朝韩水域，联合相关省市人民政府加强渔船管控工作，与公安部联合派出督导组赴辽宁丹东开展海上制捕专项行动，确保了海上渔业生产形势平稳可控和稳定的外交大局；在双边渔业协定水域，切实加强巡航监管和对渔船、渔民的宣传教育，减少违规作业，增强我履约能力；强化北部湾、西沙、南沙海域监管，坚守美济礁，开展西南渔场巡航伴渔，为南沙生产渔船提供现场保护，南沙作业渔船数量较上年同期有所增加。此外，积极开展中美渔业执法交流，组织渔政船编队赴北太平洋公海开展渔政巡航任务，查扣1艘涉嫌在北太平洋公海非法作业的大型流网渔船。

(3)不断加强渔业资源养护监管工作。以六大“护渔行动”为主线，采取多项措施维护渔业生产秩序，养护水生生物资源。开展渔业安全生产和海洋伏季休渔督查行动、闽粤交界海域护渔联合执法行动、北纬35°线海洋伏季休渔联合执法行动等专项护渔行动，盯住关键区域，狠抓关键节点，使海洋渔业资源养护措施落到实处。首次开展了长江、珠江护渔行动(暨禁渔期同步执法检查行动)，初步将护渔行动引入黄河流域并组织联合执法行动，进一步提升了内陆渔政工作的社会地位，取得良好效果。首次在全国组织开展涉省级以上水生生物自然保护区建设项目执法检查行动，严格查处保护区内的违规项目，全国各地累计开展专项执法行动460次，出动执法人员6 000余人次，车船765台次，共对64个省级以上保护区进行了执法检查。开展养殖执法示范，积极探索和建立有效的水产养殖和水产品质量安全执法规范化模式与工作机制，组织开展全国水产养殖质量安全执法交叉督查工作，督促各有关省对样品中存在的禁用药物超标立案查处情况进行督察，规范生产行为，切实保障水产苗种和产地水产品质量安全。

【渔政队伍建设】

(1)渔政队伍规范化建设水平大幅提升。2012年，全国渔政系统以“渔政队伍建设年”为主线，组织开展了渔业文明执法窗口单位创建活动、规范化建设督察活动、摄影和征文比赛、渔政执法技能比武等四项标志性活动，完成了渔政制服改革并启动了新式制服换装，启动了中国渔政三年执法培训计划并举办4期全国范围的执法培训，培训了1 100名渔政人员，带动各海区、全国各地开展执法培训2 026期，培训人员35 943人次。以南沙精神为基础挖掘提炼中国渔政核心价值观，深化中国渔政精神，促进各级渔政机构转作风、提能力，渔政队伍文化建设进一步加强，工作作风进一步转变。

(2)渔政基础设施建设取得历史性突破。2012年，在农业部的积极争取和国家有关部门的高度重视下,国家发改委下达了渔政船建造经费,为 3 个海区渔政局建造一批渔政船,并启动了 3 个渔政码头基地建设的前期工作,提前超规模完成"十二五"规划。为确保渔政船建造工作的顺利开展,农业部专门成立了大型渔政船建造工作领导小组和全国渔政装备建设专家委员会,启动了渔政船建造统一招标工作。此次渔政装备的建造,将明显改善中国渔政的执法装备状况,进一步提升护渔维权能力。

【渔业船舶水上安全管理】 中国渔政高度重视应急管理工作,不断强化组织领导,认真落实 24 小时值班制度,积极做好防御台风灾害、救助海难事故、处置涉外渔业事件等相关工作。2012 年,全年登陆或影响我国的台风达 13 个,出现双台风、三台风现象及风、暴、潮"三碰头"的重大险情,渔业防灾抗灾形势严峻。各级渔政渔港监督管理机构共组织渔业力量参加海难救助 935 起,调度渔船 1 215 艘次、渔政船(艇)410 艘次,救助渔船 1 252 艘次、救助渔民 6 061 人,投入救助经费 2 619.5 万元,挽回经济损失 4.9 亿元。迅速、妥善地处置了 42 起重大涉外渔业事件,有效维护了我国渔民合法权益,及时组织救助多起遇险的朝鲜、韩国、日本、越南等周边国家的船只和渔民,得到国际社会广泛赞誉。加强渔业应急管理队伍建设,有针对性地开展培训,强化与交通运输部的搜救联动机制,积极推进全国渔业安全应急管理平台体系建设和事故调查操作程序课题研究,全方位提升应急处置工作的能力和水平。

【渔政信息化和渔业通信保障】 完成中国渔政管理指挥系统应急修复与优化项目和二期建设项目,进一步提升了渔政管理和通信指挥能力。组织完成"北斗海洋渔业应用示范项目"立项工作,项目总投资近1 亿元,为 1.1 万艘海洋渔船安装北斗二代终端,与中国电信集团签订《渔业 CDMA 移动通信系统及卫星系统合作协议》。确定了农业部渔业无线电管理办公室领导成员,明确了渔业无线电管理工作机制。组建新一届渔业通信专家组和信息化专家组,形成了集行政、专家、企业三位一体的支撑保障队伍。协调启动海洋渔业船舶制式电台和安全通信设备核查登记工作,为渔船安全和监管提供通信保障。完成 2 000 台渔船新型对讲机配备工作,自 2007 年该项工作启动以来,累计带动地方渔业部门为近 7 万艘渔船配备了新型渔用对讲机。开展重点海域渔业船舶船位监测工作,为部分巡航渔政船配备加密通信设备,督促落实渔政巡航通信安全各项管理制度和措施,为钓鱼岛、黄岩岛渔政巡航提供通信保障。

【水生野生动物保护】 强化水生生物自然保护区建设管理工作,推动自然保护区制度建设,加强保护区日常巡护管理,妥善应对长江江豚死亡事件,组织制订了中华鲟、中华白海豚、斑海豹保护行动计划及长江江豚拯救行动计划;积极开展长江流域长江江豚资源调查工作;长江江豚人工驯养繁殖取得阶段性成果。举办第三届水生野生动物保护科普宣传月活动,制作、播放公益宣传片,开展绘画、摄影、征文、科普知识竞赛等多种形式的宣传活动。推动濒危物种增殖放流规范开展,全国放流各类濒危物种苗种 1 787 万尾,放流物种数量和规模不断增加,社会影响不断增强。

【国际合作交流】 组织参加 2012 年度中日、中韩、中越北部湾渔业协定双边会谈工作,就各协定水域入渔安排等问题和有关国家达成一致意见;顺利举行中美、中韩、中日、中俄双边渔业执法工作会谈,开展中俄黑龙江和乌苏里江联合执法检查、中韩互换乘船执法交流、中越北部湾渔业海上联合检查,以及北太平洋公海中美联合执法行动。积极开展水生野生动物保护国际合作交流,开展中美自然保护交流与合作项目,参加濒危野生动植物种国际贸易公约第 26 届动物委员会、第 62 届常务委员会会议,认真履行有关国际公约,树立良好国际形象。

【南沙渔业管理】 积极推进南沙骨干船队建设工作,参与制定南沙渔船更新改造计划。推动加大南沙涉外损失补助力度,加快《南沙渔业发展规划》编报工作。努力争取、全力推动并于 11 月 30 日在广州正式成立中国渔业协会南海渔业分会,为加强行业自律、沟通行业内外关系、推动南海渔业健康稳定和可持续发展打下了基础。海南省三沙市成立后,及时研究提出扶持三沙市渔业发展和建设工作的意见建议,促进三沙市的建设和发展。组织召开南沙渔业发展研讨会,对南沙渔业生产、渔政执法、涉外渔业管理、资源调查和养护等工作进行研讨,提出相关意见建议,为在南沙开展渔业生产和护渔维权工作提供支撑。

(农业部渔政指挥中心 宗民庆)

农业部渔业船舶检验局

【概况】

2012 年,在全国已经开展检验业务工作的 29 个省(自治区、直辖市)中,渔船检验数量和检验质量逐年提高,检验渔船数量由 2005 年末的 30 万艘增加到 56.4 万艘,检验率达到 91.7%,远洋渔船检验 1 445

艘，检验率达到87.4%，境外检验点作用得到进一步发挥。全国船用设备类产品检验由2006年的25万台件上升到78万台件，产品检验认可率由2006年的不足30%大幅提高到62%，产品检验数量和产品认可率实现双提升，渔船船用产品质量专项治理行动继续深化，船用产品监管长效机制初步构建。2012年底取得渔业船舶设计、修造资质认可的企业分别为144家和1 214家，有效规范整个渔船船舶建设修造市场和质量，从源头上保障渔船质量，2012年将《渔业船舶设计修造单位资质许可管理办法》的制定列入了渔业法规制订计划，管理办法已提交农业部审定，将进一步完善渔船修造企业的管理制度。2012年，全国经业务核定的检验机构达到983个，渔船检验管理人员达11 637人，其中持证在岗验船师达到5 732人，通过举办检验业务培训班、上岗资格考试培训班、检验管理高级研讨班、中高级验船师现场交流会和赴英国进行渔业船舶检验监督管理方面的培训等，全年全国共培训7 852人次，渔船检验机构不断健全，验船师依法履职和服务现代渔业的能力不断增强。

【重点工作】

1. 扎实开展渔船检验质量大检查工作 为认真贯彻《国务院办公厅关于继续深入扎实开展“安全生产年”活动的通知》及农业部、国家安全监管总局联合召开的全国渔业安全生产工作会议精神，扎实做好渔船安全技术监督工作，及时下发了《关于继续深入扎实开展渔船检验工作质量大检查活动的通知》，对2012年度渔船检验工作质量大检查进行了部署。大检查活动分为部署自查、监督检查以及总结提高三个阶段，按照“安全第一、预防为主、综合治理”的方针和属地管理原则，以“强化预防、落实责任、依法治理”为主要措施，开展了形式多样的自查和交叉检查活动，重点检查渔船检验机构及验船师队伍建设、安全生产责任制落实、渔船安全技术状况隐患排查治理及重要渔船船用产品质量专项治理行动开展等情况。在各地自查基础上，先后组织4个督查组赴8个重点省份进行督查，并将2012年渔船检验工作质量大检查工作情况进行通报和报送农业部安委会办公室。通过大检查活动的开展，有效从源头上抓好渔船安全工作，帮助渔民查找、消除渔船安全技术状况隐患，提高渔民和船东自查自纠能力，渔船安全技术隐患得到整改，有效防范了渔船重大安全事故的发生。

2. 深入推进渔船船用产品质量专项治理行动 2012年继续深化渔船船用产品质量专项治理行动，总结分析近两年全国渔船船用产品质量专项治理行动的成效和存在的问题，部局及时向沿海各省（自治区、直辖市）人民政府办公厅通报了全国渔船救生设备抽查情况，有8个省的副省长作了批示和一个省政府办公厅督办函，要求有关单位认真研究“情况通报”，切实整治此等不能容忍的乱象。各地按照统一部署，在做好救生衣、救生圈、救生筏的抽查基础上，还结合当地实际情况，开展了不同形式的船用产品质量治理行动，各地共检查船用产品生产企业227家，经销商121家，渔船修造企业240家；检查渔船22 264艘；检查救生筏检修站63家；检查各类船用产品33 120台（件、套）；查处假冒伪劣船用产品6 985台（件、套）；配合公安等部门依法查处了3起伪造证书案件；召回了2起存在质量隐患的救生筏共2 454只；依法注销了2家救生设备企业和2家救生筏检修站的认可证书，暂停受理（3个月）1家救生设备企业的检验申请，责令3家救生筏检修站限期（3个月）进行整改。通过两年来渔船船用产品质量的专项治理行动，渔船船用产品假冒伪劣泛滥的势头得到了初步遏制，渔船船用产品的质量和安全水平得到了有效提升。

3. 全面进行渔船安全技术状况评价试点 为全面、客观对我国海洋渔船目前的安全技术状况做出评价，进一步提高渔船安全管理的科学性、针对性和可操作性，组织全国各地检验机构以及船舶、海洋科研院所大专院校，近500名验船师及科研院所的专家组成60多个渔船安全评价数据采集小分队，对768艘国内钢质海洋渔船和213艘远洋钢质渔船进行了安全技术状况抽样评价及分析研究，制定了《全国海洋渔船安全技术评价体系（第一版）》。同时还组织全国渔船专家，按照国际渔船公约要求对抽样的海洋渔船安全状况进行全面分析评价和评审，形成了《海洋渔船安全技术状况报告（审查稿）》，在2012年3月中国工程院召开的中国海洋渔船装备技术发展座谈会期间，唐启升等院士和专家对该报告进行了审定，报告于2012年5月份在中国渔船装备技术发展论坛上予以发布。2012年4月24日中国工程院上报国务院的《关于呈报把海洋渔业提升为战略产业和加快推进渔业装备升级改造更新的建议的报告》中，引用《海洋渔船安全技术状况报告》中的相关数据，为海洋渔船装备发展得到国务院领导批示发挥了重要作用。另外，农业部渔业船舶检验局还将《海洋渔船安全技术状况报告》发送给了各沿海省（自治区、直辖市）人民政府办公厅，对相关地区人民政府准确了解和把握我国及本地区渔船安全技术状况和发展趋势，改进渔船管理制度，制定渔船发展战略政策具有重要的借鉴作用，为推进渔船标准化改造进程提供有力的技术支撑。

4. 积极推动渔船船型标准化 为落实农业部副部长牛盾在2011年全国渔业船舶检验工作会议上关于“引导渔船发展方向、促进优质渔船船型发展、逐步限制和淘汰落后渔船船型”的讲话精神，各地渔船检验机构积极行动，认真总结几十年我国渔船设计制造中的成功经验，优化和推广各地设计建造出的优良船型，在各地评选上报的基础上，农业部渔业船舶检验局从安全性、环保性、经济性、节能性、先进性和实用性等6个方面建立了评选评价标准，组织专家和社会各界参与船型评选，对63个船型进行技术经济对比分析，评选出了22个船型，并在《中国渔业报》、《中国船舶报》等报纸以及部局政务网站上，面向社会公开投票，评选活动历时3个月，投票网页点击率3万多人次，共收到有效选票1.2万张，最后选出了10个渔民群众喜爱的船型。在2012年5月中国现代渔船发展论坛上，首次发布了10个渔民群众喜爱的船型，对评选出来的前10个船型的组织推荐、设计单位和建造企业进行了奖励，对其他在评选中获得提名的标准化船型进行通报表扬。从2012年9月开始，为使评选出的船型更具“安全、环保、经济、节能、适居”的特点，又重点对评选出的9个重点船型进行优化修改方案研究，包括优化修改方向、具体内容、关键技术、工作基础、经费预算等方面的研究，为下一步标准化船型的推广应用奠定基础，不断促进渔船装备水平和现代化水平的提高。

5. 努力完成好农业部为农民办实事工作 《农业部2012年为农民办实事工作方案》将《中国渔船》“万本杂志上渔船”活动列入了2012年农业部为农民办理的31件实事，作为农业部为农民办实事送书送信息送广告的一项重要内容，这是关心渔民群众，开创和谐船检工作新局面的重要举措。为将“万本杂志上渔船”活动落实到实处，农业部渔业船舶检验局制定了《农业部渔业船舶检验局开展“万本杂志上万船”活动实施方案》并印发各省（自治区、直辖市）船检机构，并在广西北海市的渔港码头举行了把《中国渔船》杂志免费送上万船的活动启动仪式，要求各船检机构在与渔民、渔船最近的渔港、码头设立发放点，利用万船调查和上船检验之机，依托渔业村和渔业合作社，全年共将12 500本《中国渔船》杂志送到各渔船渔民手中。通过“万本杂志上万船”这一实事工作的开展，有效地将船舶新技术、新装备、新材料等方面的信息传递给了渔民群众，让渔民群众了解了更多的国家政策，进一步充实了渔民群众的精神文化生活。

6. 促进我国渔船检验国际交流合作深入发展 一是参加中韩第六次渔船安全技术交流活动。双方就“休闲渔船安全管理以及休闲渔船管理”、“渔船设计建造企业和船用产品企业的监督管理制度”、“国际渔船安全公约生效的应对”三项议题进行了详尽的讨论交流。二是派员参加了IMO海安会第90次大会，从我国渔船现状出发，建议提高公约生效条件，避免出现以少数发达国家的标准强加给大多数国家，特别是强加给发展中国家的局面。三是积极开展国际渔船安全公约应对研究，起草了《关于积极应对<国际渔船安全公约>生效有关情况的报告》，及时完成了课题研究报告和MSC90会议预案、提案和南非外交大会会议预案，为2012年10月我方参加南非外交大会打下了坚实的基础。

（农业部渔业船舶检验局）

农业部黄渤海区渔政局

【概况】 2012年，黄渤海区渔政局牢牢把握提质务实的工作基调，坚持思想建设、文化建设、队伍建设、业务建设统揽齐抓，团结干事，扎实工作，实现了新老班子的平稳过渡，各项工作有序开展。

1. 加强思想作风建设 坚持理论联系实际，围绕解决辖区渔政工作的热点难点问题，每名班子成员负责一项调研课题，带头深入一线调查研究。以《领导参阅》的形式，把局党组倡导的思想理念、价值取向传递给干部职工。创办了群众性读物《学习型组织面对面》，为干部职工研究工作、抒发见解搭建平台。坚持密切联系群众，召开了黄渤海区渔政工作会议，邀请地方政府的领导参加，在建设“学习型海区”上达成了共识，同时也为增进交流、推动工作搭建了平台。建立了基层联系点制度和班子成员联系渔政船制度，在伏季休渔重点时段、涉外渔业管理敏感时期，班子成员分头带队赴辖区督导和调研。坚持抓基础、谋长远，把制度建设作为一项根本性、长期性、全局性工作，用制度管人、按制度办事，对39项规章制度进行了“回头看”，制订出台了《“三重一大”事项决策规定》等一批新的制度，以制度建设夯实发展基础，保障发展的可持续性。坚持听真话、摸实情，多次召开局内和辖区不同层面的干部群众座谈会，广泛听取意见和建议，把群众关注的热点变成改进工作的着力点。

2. 加强机关文化建设 围绕解决部分干部职工大局意识、团队合作意识、勇于担当的责任意识不强，精神懈怠、作风不实以及“庸懒散”等问题，坚持以加强机关文化建设统领各项工作，研究制订了《关于加强机关文化建设的意见》，通过开展各种形式的文化活动，引导干部职工培育共同价值取向、建设学习型组织、规范工作行为、养成健康文明的生活方式，全面提升机关文化软实力。干部职工的大局观念、集体荣誉感、团队合作精神得到增强，在一些重大活动和重要工作面前表现出积极的参与意识和争先意识。在全国渔政执法技能比武总决赛暨“渔政队伍建设年”活动总结大会筹备和实施过程中，全局干部职工踊跃参与，荣获执法技能比武团体一等奖、二等奖和军体操优胜奖各一个，并在摄影和征文比赛中获得2个二等奖、3个三等奖。在农业部“英语之星”风采大赛中，获得团体一等奖。在农业部职工书画摄影作品征集展览中获得“优秀组织奖”，并有2名同志分获一等奖和二等奖。在“我谈农业部核心价值观”演讲比赛中，1名选手获得第二名。在农业部中青年干部论坛活动中获得“优秀组织奖”。在全国渔业政务信息与宣传工作年终评比中，被授予“优秀组织单位”。固定资产投资决算编报、住房公积金管理、支持地方发展等工作也得到了农业部和地方政府的好评。2012年亚沙会结束后，烟台市政府专门就支援绿潮处置工作发来感谢信。

3. 加强干部队伍建设 以“渔政队伍建设年”为抓手，着力优化干部队伍结构，提升能力素质。一是强化一线执法力量。叫响了“政策向一线倾斜、全员为一线服务、在一线工作光荣”的口号，在人员调配上重点向执法一线倾斜，同时注重事业编制人员的培养。加强了海上专职执法力量，在有条件的渔政船建立了图书室、健身房、棋牌室、文化娱乐室等文化活动场所，并积极为一线船员成长成才创造条件。二是优化内部机构职能。重点是规范机构设置，整合相关职能，实现扁平化管理，提高工作效能。先后撤销10多个处以下内设科室，对部分工作人员进行了调整，分流到执法一线和业务处室，从而解决人员布局结构不合理的问题，并对各处室职能进行了调整。三是加强干部教育培训。改进局务会、党组理论中心组学习会形式，安排所有处级干部限时发言，分管领导逐一点评。干部外出学习、考察、调研后，必须提交书面报告。每次重大活动结束后都及时总结、查找问题，培养干部职工的概括能力和表达能力，养成以问题为导向的工作习惯。组织处级干部、部分青年干部和海上一线执法人员举办了干部能力建设培训班，培育大局意识和团队精神。对青年干部，重点加强思想教育，引导大家在政治上保持清醒，在工作上勤奋刻苦，在为人处事中做到大气。采取走出去、请进来的方法，开阔干部视野，拓宽工作思路。先后邀请广东省渔政总队的同志举行了渔政队伍建设专题报告会，安排15名青年干部到广东省渔政总队进行了为期半个月的学习锻炼，又分批安排15名青年干部到伏休执法一线跟班实习，并选派2名同志到东海区渔政局学习。

4. 加强渔政业务建设 以绩效管理试点为契机，采取切实措施，推进渔政管理上台阶、上水平。海上日常管理，坚持专属经济区巡航、涉朝韩敏感水域管控、渤海中部管理一同部署、一同落实，通过对巡航渔政船实施绩效考核，提高了海上管理船只的到位率和管理效率。按照农业部统一部署，积极组织船只和人员参与了钓鱼岛维权护渔和北太公海渔政巡航。伏季休渔管理，克服刺网休渔期调整、“三无”和套牌套号渔船大量存在等不利因素影响，坚持早宣传、早动员、早部署，着力抓好一线调研和督导检查，使异地停港渔船回船籍港休渔得到了较好落实，并推动了“三无”渔船的清理整顿，伏季休渔工作管住了基本面，未出大事，未乱大局。涉外渔业管理，坚持从基础工作抓起，规范了涉韩入渔指标分配和入渔通报。加强了敏感时期的敏感水域管控，对一些涉外事件及时介入调查处理，及时派员到重点地区督导检查，保证了敏感时期海上秩序稳定。加强中韩执法交流与合作，在巩固与韩国西海地方海洋警察厅合作关系的基础上，注重加强与西海渔业管理团的沟通，敦促韩方减轻对轻微技术违规渔船的处罚力度。海洋渔业资源养护，以渤海环境保护与渔业资源修复为抓手，积极做好修复工程规划，组织申报了北戴河、长岛两个生态修复示范区，利用蓬莱19－3溢油渔业生态补偿资金组织辖区三省一市开展了一系列增殖放流活动和人工鱼礁建设。成立了渤海三湾国家级水产种质资源保护区管理委员会，对保护区内涉渔工程项目单位严格实施环境影响评价，先后参与了13个海洋涉渔工程环评报告的评审。认真落实渔业生态补偿措施，与8家企业签署了资源补偿协议，全年补偿协议资金总额1.18亿元、到位1 300万元，已利用资源补偿款放流各类苗种1.03亿尾（只、粒），形成了涉渔工程单位先与海区局签订资源补偿协议、再批准开工建设的良性机制，提升了渔业部门在涉渔工程监管中的“话语权”。加强渔业生产信息和环保信息网络建设、渔具渔法准用目录审定、捕捞动态信息采集以及资源增殖放流监管等基础工作，年内先后在全国渔业资源生态补偿经验交流会、全国渔业污染事故处理经验交流会上作了典型交流。渔船渔港管理工作，以渔业安全生产为重点，着重加强对辖区渔业安全生产制度、措施落实情况的监督检查。开展了“黄渤海区渔船射频识别技术标准”研究。对辖区9处渔港进行了审核，其中6个被评为“全国文明渔港”。建立了与海事搜救部门的联动协调机制，全年共协调处置海上安全突发事件40起，其中直接参与遇险渔船救助2次。黄河水生生物资源养护工作，围绕

"生态黄河"建设组织开展了"沿黄渔民退出黄河干流捕捞生产可行性研究",并提出相关意见和建议。组织开展了"护渔 2012"执法行动,对黄河海勃湾水利枢纽工程渔业资源补偿工作进行了督查,对小浪底水库调沙引发的洛阳水域渔业损害进行了调查,指导当地渔业部门做好善后工作。成功申报了"黄河鲁豫交界水域国家级水产种质资源联合保护区"。联合沿黄有关省(自治区)开展了 5 次水生生物资源增殖放流活动,全年共放流各种鱼类苗种 415 万尾。渔业行政执法督察工作,组织开展了黄渤海区渔业行政执法案卷评查活动,对辖区 10 个基层渔政机构开展了实地督察,对伏休期间 10 多起群众举报进行了核实处理。认真开展"渔业文明执法窗口单位"验收工作,对河北、吉林、浙江、甘肃四个省的 6 个候选单位进行了实地考核,全部通过命名。渔政执法设施装备建设,抓住国家重视渔政基础设施建设的机遇,积极向农业部争取装备建设项目,积极推进黄渤海区信息资源共享平台建设与应用,对三省一市渔业船舶船位监测系统进行了部分整合。针对海上暴力抗法愈演愈烈的现象,为渔政船执法人员配备了相应的执法装备,在渔政执法安全保障上迈出了实质性步伐。

(农业部黄渤海区渔政局　衣吉龙)

农业部东海区渔政局

【护渔维权及涉外渔业管理】　一是应对日本"购岛"闹剧,加大海上维权力度,实现了渔政船海上护渔维权巡航的无缝衔接。全年共组织实施钓鱼岛护渔维权巡航任务 30 航次,累计巡航 375 天,登临慰问在钓鱼岛海域生产的我国渔船 20 艘次。其中,9 月 17 日至 10 月 16 日,在农业部渔政指挥中心统一协调指挥下,东海区渔政局调动海区 9 艘 500 吨级以上渔政船,并联合黄渤海区 3 艘、南海区 2 艘渔政船,对钓鱼岛海域实施了不间断的护渔维权巡航,创下渔政船赴钓鱼岛巡航规模最大、巡航时间最长、巡航范围最广、航次频率最高等多项纪录,为捍卫国家主权和海洋渔业权益,保障渔民生命财产安全作出了积极贡献。此外,还积极参加"东海协作—2012"军地海上联合维权演习,成功举办中国渔政 206 船入列暨首航仪式,并适时开展护渔维权工作宣传等,有力提升了中国渔政的社会影响力。二是不断强化专属经济区渔政巡航管理,加强专属经济区渔政巡航船队建设,积极整合海上渔政执法力量,合理安排全年航次任务,建立专巡渔政船入列和退出机制,印发试行《东海区专属经济区渔政巡航绩效考核办法》,组织开展专属经济区渔政巡航培训等,确保了全年专巡任务的顺利实施。全年执行专巡任务 106 航次,累计巡航 1 042 天。开展 2012 年北太平洋公海渔政巡航,担负起指挥船重任,进一步探索和完善中美海上联合执法机制,打击非法从事大型流网作业,成功查处北太非法流网渔船"DA CHENG"号案件,维护北太平洋公海渔业生产秩序,切实履行国际公约义务。三是扎实做好实施中日、中韩渔业协定相关工作,积极开展中日渔业协定执行情况研究,全面加强涉外渔业管理。继续做好中日、中韩暂定措施水域专项证审核发放和入渔韩国专属经济区渔船许可工作。继续强化中日、中韩渔业协定暂定措施水域执法监管。全年共组织实施中日渔业协定暂定措施水域巡航 46 个航次,巡航 496 天;中韩渔业协定暂定措施水域 17 个航次,巡航 148 天。

【渔业执法管理】　一是巩固实施海洋伏季休渔制度。2012 年海洋伏季休渔对刺网休渔时间作了调整,除单纯从事钓具作业外的渔船全部纳入休渔,监管难度进一步加大。为确保伏休制度顺利实施,东海区渔政局深入浙江等地开展专题调研,强化政策宣传,做好政策调整解释说明工作;积极推进伏季休渔渔船首报软件试运行工作,真实掌握伏休渔船动态;强化异地休渔渔船监管,全面实行《东海区异地休渔渔船管理暂行办法》,避免监管漏洞;海陆联动,强化伏休督察,共开展海上行动 27 航次,组织陆上伏休督察 4 次,调研 3 次,累计检查 26 个区县、26 个渔港。二是着力深化"护渔 2012"海洋渔业执法行动。全年共开展"护渔"海上执法行动 6 次,开展陆上督察 6 批次,抽查渔船 320 艘次。三是加大渔业违法案件查处力度,海区查处和移交地方查处案件结案率达 100%,顺利完成 601 专案收尾工作。加强长江口和谐渔区建设,联合江、浙、沪渔政、边防等部门开展了"构建长江口和谐渔区"专项联合执法行动。

【水生生物资源养护和水域生态环境修复】　一是深入开展国家级水产种质资源保护区建设与管理,出台《东海带鱼国家级水产种质资源保护区管理暂行办法》和《吕泗渔场小黄鱼银鲳国家级水产种质资源保护区管理暂行办法》,全方位推动保护区各项宣传工作,建立健全保护区工作机制,开展保护区资源环境本底调查,开展保护区巡航执法,维护保护区正常作业秩序。二是全面推进海洋牧场示范区和碳汇渔业实验区建设。与舟山市海洋与渔业局、东极镇人民政府签订协议,建立三方共同管护机制。建设碳汇渔业核心展示区,设立标识并积极投放人工鱼礁,为水生生物提供产床和栖息地。实施人工增殖放流 6 次，放流曼氏无针乌贼受精卵等 5 个品种的苗种约 1 803.98 万尾（只、粒），并指导省市开展生态修复工作，资源和生态修复效果逐步显现。启动渔业碳汇机理研究，并加强与非政府组织的合作交流，共同探索碳汇渔业实践方向，同时强化海洋牧场与碳汇渔业宣传工作，进一步扩大海洋牧场社会影响力，推广碳汇渔业生态文明理念。三是落实“十二五”双控制度开展渔具渔法管理工作，组织编制《东海区海洋捕捞渔具准入实操手册》，抓好东海区渔具准入制度宣传，贯彻落实“十二五”渔船双控制度。继续做好大型渔船捕捞许可证管理、渔船主机功率凭证管理、特许渔船许可证申请等工作。积极开展柴油补贴调研，为部局柴油补贴政策调整提供决策参考。四是深入开展渔业资源和环境保护工作，组织开展东海区海洋捕捞信息采集，依托监测网络平台开展资源、水域环境监测调查，积极协调福建省开展闽东外渔场资源生产监测和定点调查。积极参与涉渔工程环评，督促落实生态补偿项目。

【渔业安全和信息通信管理】 一是扎实有效开展渔业安全生产督察，推动各地加强渔业安全生产管理，确保各项监管措施有效落实。2012 年东海区共发生渔业船舶水上事故 182 起，死亡（含失踪）157 人，沉（毁）渔船 45 艘，直接经济损失 3 537.5 万元。较上年同期分别下降 13.74%、27.65%、25% 和 33.25%，渔业安全生产形势明显好转。二是加强渔业安全管理理论研究和制度探索。顺利完成《渔业船员管理办法》、《渔业船员培训考试发证管理办法》、“我国渔船等级划分与渔业职务船员配置关系研究”、渔港立法调研、“全国渔业安全应急救助平台体系建设可行性研究”课题等任务；深化与海事部门的合作，完善渔业安全重特大事故工作机制；开展渔业劳动力市场建设问题调研，完善对台渔工培训考试发证管理工作，按时完成换发证审核及数据库维护。三是着力提升渔业信息通信保障及服务水平，切实做好突发事件应急处置工作。2012 年，东海区及三省一市共开展各类救助 420 起，救起渔民 3 113 人，救助渔船 491 艘，挽回直接经济损失24 595.2万元。此外，东海区渔政局渔政船和东海区渔船多次成功救助韩国籍渔船，受到韩国南海地方海洋厅的专函感谢。四是大力推广应用渔业现代信息通信技术，扎实开展东海区海上渔政执法移动指挥平台建设，深入做好中国渔政管理指挥系统、东海区渔港渔船安全救助信息系统、全国海洋渔业安全通信网等渔业信息通信系统建设的组织、指导和推动应用工作。

【长江渔业管理】 一是做好长江禁渔工作。组织沿江各级渔业管理部门深化禁渔期管理，推动了长江禁渔期制度的有效落实。组织长江特编船队开展常态化巡航检查。全年累计巡航检查 29 航次，航程 18 200 千米，航时 157 天。加强专项捕捞品种管理。开展长江刀凤鲚专项执法督察，全面查处深水张网、刀凤鲚无证捕捞、逾期鳗苗捕捞等违法行为，维护正常生产秩序。二是加强长江渔业资源和环境保护。持续开展亲本放流，扩大放流累积效应。与湖北省水产局、安庆市农委、世界自然基金会等联合开展灌江纳苗活动，涉水面积达到 56 万公顷。促成第二次三峡生态调度。强化涉渔工程执法和环评。继续做好长江渔业资源与环境监测工作。组织编制完成《水生态与生物多样性监测子系统》工作方案，积极推进三峡工程水生态与生物多样性监测，形成长江禁渔期效果评估报告。推进长江下游刀鲚国家级种质资源保护区申报工作。三是深化国际合作，提升长江流域综合养护能力。5 月 3 日，中美第四轮战略与经济对话期间，在国家发展和改革委员会副主任解振华和美国国务卿希拉里的见证下，长渔委与美国大自然保护协会（TNC）大河伙伴项目在北京钓鱼台国宾馆签订了关于建立“长江—密西西比河”绿色合作伙伴关系的意向书。9 月 23 日，在上海举行了长江流域渔业资源管理委员会与世界自然基金会第三轮五年（2012—2017 年）合作备忘录签字仪式。

【渔业执法基础能力建设】 一是大力推进渔业政策理论研究。根据农业部渔业局要求，开展了生计渔业与商业渔业研究、长江禁渔期捕捞渔民生活补偿机制研究、渔船交易中心运行模式总结推广、《渔业行政处罚规定》修改及《长江渔业资源管理规定》修订等多项课题任务。在江苏南通举办了 2012 年东海区及长江流域渔民民生与渔业发展座谈会（第三届东海论坛），农业部副部长牛盾出席并致辞。二是加强渔业执法制度建设和行政执法督察。全年共组织专项执法督察 7 次，督察执法机构 33 个。组织开展东海区渔业执法案卷规范化制作评查活动，评查渔政机构 49 个，案卷 96 份。三是大力推进局基建项目规划和建设工作。重点推进 3 000 吨级渔政船项目实施，并根据农业部对大型渔政船建造的总体部署，开展相关渔政船的建造工作。完成中国渔政 206 船入列工作，并举办中国渔政 206 船入列和首航仪式，农业部副部长牛盾出席活动。完成“渔政业务用房辅助用房建设项目”、“渔政配电站增容改造项目”和“渔政业务用房改造项目”前期各项工作。积极协调上海市发改委、长兴岛开发办等有关单位推进“新渔政基地选址”工作。四是继续扎实推进2012年绩效管理各项工作。科学构建指标体系，加强过程管理，建立健全日常督办、每周通报、月度汇报和定期督察等工作机制，扎实开展绩效管理年终评估和总结工作。绩效管理试点工作成绩突出，被农业部授予"2012年度农业部绩效管理优秀单位"荣誉称号。五是以"渔政队伍建设年"活动为契机，加强队伍作风建设。开展"渔业文明执法窗口单位"创建工作，中国渔政203船被农业部授予"全国渔业文明执法船"荣誉称号。承办全国"印象·中国渔政"摄影大赛，积极参加全国渔政执法技能比武总决赛活动，并按照"抓班子、带队伍、强基础"的要求，进一步加强制度建设、能力建设和文化建设，继续深化"东海局精神"主题实践活动，营造和谐奋进的机关氛围，不断提高依法行政、服务渔业的能力和水平。

（农业部东海区渔政局）

农业部南海区渔政局

【护渔维权】 针对复杂严峻的海洋渔业权益斗争形势，全年组织25艘渔政船执行专属经济区巡航任务60航次，巡航1 625天，航行8 795小时，航程74 352海里；巡航中观察渔船2 069艘次，登临检查渔船269艘次，驱赶外国渔船204艘次，查处外籍渔船10艘次，没收5艘。一是开展黄岩岛维权。4月10日，菲律宾蓄意制造"黄岩岛事件"，菲方动用军舰企图抓扣我渔船并图谋控制黄岩岛，严重侵犯我国主权。根据有关部署采取坚决措施，及时调整海区执法力量，派出渔政船11批19艘次，正面拦截菲方公务船10多艘次，驱赶菲方船只120多艘次。通过对菲坚决斗争，为维护我黄岩岛主权安全做出了贡献。二是参与钓鱼岛维权。先后调派中国渔政310、44061船赴钓鱼岛海域执行巡航护渔任务，其中310船巡航3 945海里，航程覆盖整个钓鱼岛海域，多次突破日舰的围堵，进入我钓鱼岛领海6.8海里，为维护我海洋权益发挥了积极作用。三是南沙伴航护渔。先后派出7批次渔政船赴南沙维权护渔，现场解救我被袭击抓扣渔船9艘次，驱赶外国渔船4艘，有力保护渔民生命财产安全。四是加强西沙监管。组织7艘渔政船在西沙开展日常和专项监管13航次，驱赶越南侵渔渔船39艘次，查处4艘，没收2艘，没收渔获物1 950千克以及炸药、雷管和其他作案工具一批，有效遏制了越南侵权侵渔行为，维护了西沙主权安全。

【南沙守礁与渔业管理】 坚决服从命令、听从指挥，出色完成南沙美济礁的守礁任务。全年执行守礁任务8航次，驱赶外国船只30多艘次，救治伤病渔民50人次。全海区办理南沙专项捕捞许可证渔船624艘，创近4年来新高，比2011年增加163艘。加强南沙渔业涉外安全管理，随时掌握南沙海上渔船动态，增强紧急涉外情况协调处理能力，涉外事件数量减少，直接经济损失较轻，取得了明显效果。举办3期渔业涉外安全生产培训班、1期基层渔政管理人员培训班，共培训基层管理人员、南沙生产渔船船主（船长）、渔民近700余人。

【南海伏季休渔】 2012年南海区应休渔船25 820艘（包括港澳流动渔船1 803艘），渔船数量众多，休渔管理任务繁重。为加强休渔管理，召开伏季休渔工作会议，指导南海三省（自治区）加强休渔组织和管理，落实休渔管理责任制，做到早准备、早部署、早动员，确保人员到位、措施到位、宣传到位。休渔期间采取有力措施，强化渔政执法检查和休渔督察工作，督查渔业安全生产及防台风减灾责任制的落实情况，及时处理休渔举报，打击违法捕捞行为，同时加强异地休渔管理与协调，及时总结休渔情况，开展完善南海休渔制度的调查研究工作。南海区休渔情况总体平稳，渔区稳定，未出现大规模违规现象和重大安全事故，实现了安全度休。

【北部湾渔业监管】 组织渔政船开展日常监管，保持每天1～2艘渔政船巡航执法；组织12艘渔政船巡航15航次237天，登临检查越南渔船9艘次，驱赶25艘次，查处6艘，没收3艘；开展1次渔政海警联合监管行动；与越南海警联合开展第七次中越北部湾共同渔区渔业联合检查行动。妥善安排共同渔区过线生产许可指标，组织开展北部湾共同渔区渔业资源联合调查。有效地维护了北部湾正常渔业生产秩序，促进了北部湾海域的和谐与稳定。

【护渔2012执法行动】 按照农业部的统一部署，制定"护渔"方案，组织、指导和协调南海三省（自治区）认真开展"护渔2012"海洋渔业执法行动，根据安排开展跨海区交叉督查，维护渔业生产秩序和渔区社会稳定。据不完全统计，南海区全年共出动渔政船6 659艘次，渔政执法人员17.8万人次，登临检查渔船132 537艘次；责令整改违规行为8 677项，处罚违规渔船10 163艘次；罚款1 856.2万元。根据农业部渔政指挥中心的组织安排，联合东海区渔政船开展为期一周的闽粤交界海域"护渔"联合执法行动。

【珠江禁渔】 为确保珠江禁渔期制度实施取得圆满

成功，高度重视，加强组织领导，积极争取沿江地区党委和政府的支持，召开珠江禁渔工作部署会，加大宣传动员力度。禁渔期间加强执法管理，派出中国渔政305、307船会同地方渔政部门联合执法，组成工作组赴6省（自治区）进行禁渔督查、安全督导，建立举报制度，强化社会监督。采取禁养结合的措施开展渔业资源增殖放流活动，据统计禁渔期间全流域共放流各类鱼苗1.3亿尾，投入资金1 000万元。妥善安置特困渔民，禁渔期间各级政府投入补贴或救济金542万元，纳入低保的渔民5 929人，开展技能培训172场次，有563户渔民转产转业。禁渔期间渔区社会平安有序，禁渔期制度顺利实施。

【港澳流动渔民管理】 高度重视港澳流动渔民管理和服务工作，切实做好港澳流动渔民油价补贴工作，保证中央惠渔政策落到实处。认真审核，严格把关，分两次为3 921艘渔船发放8.4亿元柴油补贴，并规范油补档案管理。加强同港澳流动渔民的沟通，密切与港澳地区有关部门和渔民团体的交流，开展流动渔船管理相关问题的调查研究，为上级决策提供科学依据。

【许可管理和资源养护】 严格实施捕捞许可制度，推进渔船动态管理系统建设，完善南海海洋渔具目录。组织协调南海与珠江流域各地开展一系列渔业资源增殖放流活动，并组织增殖放流项目专项检查。稳步推进水产种质资源保护区建设，加大对涉渔工程的渔业生态保护，加强涉渔工程的环境评价工作，抓好涉渔工程生态补偿的跟踪落实，全年参加环评项目20多个，落实渔业生态补偿金额总计4 578万元。完善南海海洋捕捞信息动态采集网络，组织实施南海与珠江流域渔业资源与环境监测项目，为制定渔业发展战略和渔业管理决策提供科学参考。

【渔业安全通信管理】

（1）认真贯彻落实上级关于渔业安全生产紧急通知精神，加强对渔业安全生产管理工作的组织和指导，认真落实防台风、防火等各项措施，做到提早部署、注重预防、加强监管、狠抓落实，切实排除安全隐患。通过开展“安全生产年”、创建“平安渔业示范县”活动，加强渔船基础管理，海陆并举开展渔业安全生产检查和督查工作，有效遏止渔业重大安全事故发生。加强抢险救助工作，及时妥善处理渔业突发事件。积极组织协调有关部门，抽调渔政船，组织渔船参与渔业海难救助，最大限度地保护广大渔民生命财产安全。全年投入救助经费460万元，调动158艘次渔政船和组织206艘渔船参与了183起渔业水上事故的救助行动，救助渔民913人，救助渔船221艘，挽回经济损失3 800万元。死亡人数、沉船数和经济损失同比分别下降20%、8%和8%。

（2）致力于建设和完善通信指挥平台，加强通信值班，确保海陆通信畅通，为护渔维权、抢险救灾提供有力通信保障。加强海上联络沟通，及时掌握渔船动态，妥善处理海上渔船预警、报警信息，为渔民提供服务。推进北斗卫星通信技术在渔业生产中的应用，提高渔业信息化和科学化管理水平，保障渔业生产安全，推进“平安渔业”建设。绩效管理年度创新项目之一的渔政船卫星宽带数字通信系统项目实现了渔政船网络（互联网）、电话（手机）和视频三通的业务功能，提升了渔政船信息系统的综合处理能力，有利于推动渔政指挥管理信息化进程。

【队伍建设】 一是深入学习贯彻党的十八大精神，坚持支部“三会一课”，创新学习方法，坚持用中国特色社会主义理论体系武装党员，进一步推进学习型党组织建设。二是结合特殊的维权护渔实际，以机关党建走在前、创先争优活动、“下基层、接地气、察民情”等活动为载体，配合渔政队伍建设年活动，开展“弘扬南沙精神，创造一流业绩”主题实践活动，努力建设一支守信念、讲奉献、有本领、重品行的南海渔政队伍。组织干部职工参加农业部及地方各类政治理论考察和业务知识培训651人次。三是抓好党风廉政建设。提高党风廉政建设重要性认识和责任意识，健全完善惩治和预防腐败体系，加强权力运行的制约和监督，围绕重点岗位全面开展廉政风险防控长效机制建设，加大源头预防腐败力度，提高拒腐防变能力。四是加强制度建设。认真开展清理防止利益冲突相关法规和规范性文件专项工作，完成154项各类现行制度的评估与清理工作，保留规章制度108项，合并修订46项规章制度为22项，新起草规章制度28项，并组织编印了《渔业法律法规及政策选编》（上、下册）。五是做好绩效管理工作。2012年南海区渔政局被纳入农业部部属事业单位绩效管理试点范围。根据上级有关部署，按照“把握大局、突出重点、体现特色、讲求实效”的思路，加强组织领导，提高职能履行能力，扎实推进绩效管理工作。深化思想认识，把绩效管理作为推动工作落实和加强自身建设的重要抓手，认真履行“一把手”负责制，坚持目标导向，细化指标措施，注重实施过程，增强执行力和落实力，较好地完成了绩效管理各项年度工作计划和指标任务。

（农业部南海区渔政局）

中国水产科学研究院

【概况】 2012年,在农业部党组的领导下,中国水产科学研究院围绕“一流院所、三个基地”发展目标,按照“抓机遇,重产出,育人才,促发展”的总体工作思路,认真落实“渔业科技促进年”各项部署,扎实开展各方面工作,全院事业发展取得了新的成效。

1.科研项目与成果产出 2012年,全院新上科研项目(课题)800多项,总合同经费3.9亿元;20项次成果获得省部级以上科技奖励,其中5项成果获省部级科技进步一等奖;取得软件著作权20项,出版专著21部;发表学术论文1 354篇,其中SCI或EI收录论文250篇,影响因子3.0以上50篇;获得专利授权424项、其中发明专利223项;据中信所统计2011年国际专利授权数163项,居全国同级别科研机构第1位。

2.科技支撑与公益服务 全院扎实开展“渔业科技促进年”各项活动,共派出科技人员1 230人次,在全国20多个省(自治区、直辖市)举办32场重大活动,技术培训、扶持示范户和科技支援西部的力度创历年新高,科技服务生产、支撑管理、救灾复产等方面取得实效,受到广泛好评。院专家在应急处置渤海溢油渔业污染事故中发挥了关键作用。开放办院持续深化,全年签订科技合作协议70个,新建院士工作站6个,新建科技示范基地19个,率先共建草鱼出血病无疫区等,合作区域和研究领域进一步扩大,促进了全院科研与经济发展的紧密结合。组建科技服务百人专家团,深入开展科技入户工程,主推10大品种和50项技术,加快良种良法转化应用。实施科技支援西部行动,推动内蒙古、青海、宁夏等西部7省、自治区渔业发展。全院涌现出一批支撑产业发展和行业管理的工作亮点。

3.开放办院与国际交流 推进实施《中国水产科学研究院国际合作中长期发展规划》。与爱尔兰海洋研究所、泰国亚洲理工学院等国外机构签订了合作协议。积极组织申报国际项目和留学基金取得了新的进步。举办了水产科技论坛、中美渔业科技会议、中日韩三院院长会等13个国际学术会议。与美国农业部水生动物健康研究中心共建“鱼类免疫学实验室”,深入推进了国际合作。另外,大力拓展院地院企合作,提升了科技合作区域和层次水平,促进了科技成果转化和产业化应用。

4.财政支持与条件建设 全院基本建设立项资金和预算投资首次双双超过1亿元。重大项目取得实质性进展,黄海水产研究所、东海水产研究所调查船项目获得前期经费支持。共有6个项目通过竣工验收,基建投资完成率达到84%。全院财政保障水平得到较大提升,2013年预算财政拨款5.91亿元,其中,基本支出比上年增长21%,运转费、修购经费分别比上年增长39%和28%,离退休人员津(补)贴等老大难问题得到有效解决。编制完成2013—2015年修购规划,资金申报规模5.65亿元,为“十二五”后期改善科研设施条件奠定了基础。申报的国家重大科学仪器设备开发专项、重大财政专项、工业和信息化部高技术船舶科研计划项目、国家重大科技成果转化项目等通过评审或立项资助,经费渠道得到了进一步拓宽。科研平台建设水平得到提升,国家级科技创新平台“淡水鱼类育种国家地方联合工程实验室”在黑龙江所挂牌。

5.人才队伍建设 贯彻落实“5511人才工程”,着力加强拔尖人才和创新队伍建设。首次实施高端人才海外深造计划。推进实施“百名科技英才培育计划”,各单位挖掘内部潜力,通过设立青年科技奖、青年人才培养基金、研究生奖励基金以及提供住房安家费等举措,为人才培养和引进创造条件。全院科技拔尖人才队伍得到壮大,1人获中华农业英才奖,2人获全国优秀科技工作者,6人获农业科研杰出人才。新增选院首席科学家5名,引进院外专家1名。全院遴选产生新一批的优秀科技创新团队3个、中青年拔尖人才人选4名。国际化人才培养速度加快,共派出10名中青年优秀人才,赴海外进行为期6个月以上的脱产学习和研修。13人获得国家留学基金资助,规模创历年新高。提拔局级领导干部2人,提拔任用所站级领导干部5人。

【黄海水产研究所】

(1)科研项目与成果。2012年共主持、承担课题371项,其中主持“973”课题3项,参加5项;承担国家“863”计划课题16项;主持科技支撑计划项目1项,课题11项;主持国家自然科学基金对外合作与交流项目和重点项目各1项,面上、青年等各类项目55项;主持科技部国际合作项目4项;有67项专利获得授权(其中发明专利47项,软件著作权6项,实用新型14项);获批新品种1个、申报新品种1个(已通过会评)。共发表各类核心期刊论文390篇,其中SCI收录89篇,EI收录3篇。出版专著6部。3项科技成果通过山东省科技厅组织的科技成果鉴定;有25项课题通过阶段性现场验收。获各级科技奖励12项,其中山东省科技进步一等奖1项、二等奖1项,青岛市科技进步一等奖1项、二等奖1项,水科院科技进步一等奖2项、三等奖1项,山东省海洋与渔业科技一等奖1项、三等奖1

项，海洋工程科学技术二等奖1项，全国渔业生态环境监测优秀成果一等奖1项、三等奖1项。

(2)成果转化与科技服务。组织全所学习科技服务年的活动精神，制定印发《黄海水产研究所渔业科技促进年活动方案》，成立渔业科技促进年活动领导小组，组织协调开展各项活动。组织完成水产科技活动周等3项标志性活动的举办。连续第五年主办全国水产科技周。展出了一批最新实用技术，发放了《黄海水产研究所水产科技成果与实用技术选编》，3位专家在盘锦光合蟹业有限公司科普惠农服务站为当地渔业技术人员作了专题讲座。有关专家到国家虾产业技术体系盘锦试验站与技术人员就海水池塘虾蟹生态养殖等进行了技术交流。在山东、河北、天津、辽宁、福建、江苏、浙江等地开展科技下乡200多次，主办和参与各类培训班100余次，培训基层技术人员7 200余人次，发放技术手册、图谱、新品种、新技术宣传单页9 000余份。

(3)学术交流与国际合作。共组织各种类型的学术交流活动近50次，其中包括第140场中国工程科技论坛，鱼类种子工程与可持续发展科技论坛等重要学术活动。在水科院与日、韩水产研究院三院合作框架下，与韩国西海水产研究所签订了合作框架协议，将在人员互访、资料交流和学术交流等方面开展广泛合作。约50余人次参加国际学术交流会议。结合来访外宾的接待和国际合作项目的实施，共组织了4次国际学术研讨会。

(4)人才队伍建设。1人获中华农业英才奖、1人被评为全国优秀科技工作者、2人被评为山东省科技兴农功勋科学家、1人被评为山东省有突出贡献中青年专家、1人被评为山东省优秀科技工作者(并记二等功)、1人被评为山东省泰山学者特聘专家(另有1人期满考核优秀，获滚动支持)、1人被评为水科院中青年拔尖人才、3人获“市南区专业技术拔尖人才”称号。1人被聘为水科院首席科学家，3人及其团队获2012年农业科研杰出人才及其创新团队表彰，2个团队分别获山东省优秀创新团队、水科院优秀创新团队表彰。4人获国家公派出国留学基金资助资格、2人获留学人员科技活动项目择优资助。2012年培养毕业研究生90人，其中博士5人。2012年已招收研究生93名，其中博士8名；录用毕业生20人，其中博士8名，硕士6名。

(5)科研条件建设。全面完成2011年度修缮购置专项的基础设施改造(1项)和购置项目(4项)。组织申报基本建设项目3项，申报预算资金合计约4 489万元。1项基地建设项目和1项仪器购置项目获批，合计批复经费3 215万元。2012年度1项修缮购置专项和4项仪器购置项目已完成仪器设备公开招标，签订合同，部分仪器设备已经到位并投入使用。胶南基地变配电工程已完成临时用电和长期供电采购并投入使用。

【东海水产研究所】

(1)科研项目与成果。在研项目共363项，其中“973”计划2项、国家科技支撑计划5项、“863”计划7项、国家自然科学基金19项、基本科研业务费项目83项、产业技术体系建设1项、行业科研专项9项、“948”引进计划2项、国家国际科技合作专项1项、国家和部级其他项目26项、标准制(修)订项目9项、国际合作项目12项、省级计划项目37项、地方其他项目3项、其他项目计划147项。在研项目累计合同经费达23 433.62万元，到位经费7 769.89万元。新上项目140项，其中主持122项、参加18项，包括国家科技支撑计划子课题1项、“863”计划6项、国家自然科学基金3项、行业科研专项子课题2项、基本科研业务费专项项目23项、“948”引进计划1项、国家和部级其他项目22项、标准制(修)订项目4项、国际合作项目4项、省级计划项目14项、地方其他项目3项、其他项目计划57项。新上项目合同总经费13 208.35万元，到位经费5 790.41万元。通过成果鉴定1项，获得各类科技奖励3项次，其中中国水产科学研究院科技进步一等奖1项，2012年度海洋工程科学技术奖1项，另外上海市科技进步一等奖1项已通过会评。发表论文256篇，其中SCI/EI 65篇，核心期刊176篇。出版专著3部。申请发明专利68项，授权47项；申请实用新型专利72项，授权52项；授权软件著作权4项。

(2)技术支撑与科技服务。开展东海渔业资源与生态环境监测，对东海及中日暂定水域渔业资源、东海主要渔业水域生态环境进行常规调查，并采集2012年海洋捕捞信息。开展水产品质量安全检测，完成了2012年水产品质量安全例行监测、产地水产品质量安全监督及苗种质量监督抽查、例行监测复检及数据有效性复查、水产品潜在危害因子摸底排查评估等工作。开展涉海工程海洋环境与生态资源评估，完成涉海工程对工程海域环境及渔业资源的影响评估。调查评估成果“涉海工程生物资源影响及修复技术研究”已组织申报上海市科技进步一等奖，目前已通过会评。在福建三门、河北沧州、山东荣成、湖南沅江、甘肃酒泉、江苏启东、大丰、赣榆、浙江宁波、舟山等地区，以科技服务、咨询、培训、指导等方式开展渔业科技服务活动。2012年，派遣科技人员49人次，举办培训班9场、培训人数 3 000 余人。与酒泉卫星发射中心和光明食品集团签订合作协议。

(3)学术交流与国际合作。共新上国际合作项目4 项,在研项目合计 12 项。与中水公司合作派遣到西非技术人员 3 名,所派往国外已达 16 人。主办及承办国际学术会议 6 次,邀请外国专家来所报告、交流 11人次。举办各类学术交流、讲座 32 次,接待美、欧、日、韩等 20 余个国家来访团体或来宾 200 余人次。

(4)人才队伍建设。1 人获得上海市领军人才称号,1 人获农业部农业科研杰出人才称号。增选水科院首席科学家 1 人,获国务院特殊津贴专家 2 人,推荐专家 4 人加入上海市农业专家服务团。32 人签订招聘录用协议,其中 10 人具有博士学位。招收 2012 级上海海洋大学研究生 31 人。截止到 2012 年底,已拥有博士生导师 3 人、硕士生导师 34 人,8 人被聘为大连海洋大学硕士生导师。与各高等院校和研究所联合培养在读研究生 108 人,其中博士研究生 2 人,硕士研究生 106 人。

(5)科技条件建设。申报农业部贝类产品质量安全检验中心(风险监测与预警)建设项目和 721 东海水产研究所海洋渔业综合科学调查船建设项目,项目总金额共计 2.4818 亿元。以渔业环境研究室加工学科为试点,建立水产品加工与综合利用实验室。

【南海水产研究所】

(1)科研项目与成果。主持和承担各类纵向科研项目 300 项,其中主持 271 项、参加 29 项。在研项目合同经费累计达 1.66 亿元,到位经费 5 433.8 万元。新上项目 166 项,合同经费 6 905.5 万元,到位经费4 636.6万元。全年公开发表论文 358 篇,其中被 SCI、EI 收录 38 篇。申请专利 69 项,其中发明专利 41 项,获得授权专利 37 项,其中发明专利 21 项。发布国家、行业、地方标准 29 项。出版专著 8 部,其中主编 5 部。以第一完成单位获得各级各类科技成果奖励 8 项次,其中省级科技进步一等奖 2 项。组织申报各类科研项目 228 项。组织参与国家海洋生物产业专项相关实施方案的编制工作,其中 8 项已列入国家海洋生物专项重点项目。

(2)科技支撑与服务。充分发挥"南锋"号调查船优势,全力参与维护国家海洋渔业权益,主动开展南海"科技维权"和联合护渔。有效维护了我国渔业权益、切实保护了渔民利益和安全。组织做好水生生物资源养护与效果评价,开展了资源增殖放流、人工鱼礁建设、中华白海豚保护等一批公益性工作,广泛参与了国家和地方有关海洋渔业发展的行动纲要、规划、计划、指南等编写编制工作,为行业管理和产业发展提供全方位有力支撑。全面实施渔业科技入户工程,有效开展科技服务和技术推广工作。开展送科技下乡活动,派出科技人员 270 多人次,开展大规模活动 15 次,各类下乡培训活动 220 多次,培训渔业从业者 1 万多人次,发放技术资料 2 万多份。与海南省三沙市签订了战略合作框架协议,成为三沙渔业资源开发和保护的重要科技支撑单位;与广东万事达水产股份有限公司签订了战略合作协议,共同推进水产种业发展。

(3)学术交流与国际合作。全年接待国内外领导、专家来所考察、调研、参观、访问和学术交流 180 多人次,主办小型学术交流会 52 次,承办大型学术研讨会 12 次,参加学术交流会 58 次、237 人次。《南方水产科学》办刊质量和影响力持续提升,入选中文核心期刊,办刊质量再上新台阶。

(4)人才队伍建设。1 人新聘院首席科学家,院首席科学家达到 4 人。择优招收联合培养研究生 50 多人,毕业研究生 60 人。完成了 2 名进站博士后的中期考核。资助攻读博士学位 2 人。

(5)科研条件建设。南海区渔业资源与环境科学调查船("南锋"号)项目顺利通过竣工验收,成为农业部渔业系统迄今单体投资最大竣工完成的项目。"热带海洋生物养护与利用研究中心"项目顺利开工,标志着花都基地建设二期工程正式启动。协同广东、海南两省建立了 4 个深水网箱规模化产业园区,初步建立了深水网箱高效健康养殖技术管理体系。海南中心安游基地搬迁重建工作进展良好,已获批在三亚市天涯镇红塘湾 1.4 公顷用地上进行重建,陵水基地建设项目正式立项,总投资 1 595 万元。组织完成 2010—2012 年度 11 项修购项目的实施工作,完成 2013—2015 年修购项目规划编报, 2013 年修购项目"调查船基地房屋修缮"项目已获批立项实施、项目投资 385万元。

【黑龙江水产研究所】

(1)科研项目与成果。主持和参与国家、省部级重大科研课题为 71 项,年度到位经费 2 871.8 万元。新上课题 56 项(省部级以上课题 43 项),年度到位1 366.3万元。获黑龙江省科技进步二等奖 1 项,黑龙江省农业科技进步一等奖 1 项、二等奖 1 项,中国水产科学研究院科技进步二等奖 1 项、三等奖 1 项。年内验收和鉴定项目 8 项,培育松浦红镜鲤新品种 1 个。共发表科技论文 118 篇,其中 SCI 收录 14 篇,专著2 部、核心期刊 97 篇。授权专利 31 项,其中发明专利9 项,已经受理 52 项。SCI 文章和专利数量创历史最好水平。

（2）成果转化与科技服务。完成与新疆生产建设兵团签订的“茴鱼繁殖”项目和对松辽流域水生生物状况调查项目。鲟鱼课题组赴贵州对贵州水产研究所科技人员进行了为期3天的鲟鱼人工繁殖技术培训。百人专家团成员、国家大宗淡水鱼类产业技术体系北方区养殖岗位专家分赴吉林省吉林市和黑龙江省绥化市开展技术指导。技术推广服务对促进当地淡水养殖产业发展起到了积极的推动作用。全年在西藏、新疆、内蒙古等地开展以冷水性鱼类健康养殖技术、北方地区池塘养殖及病害防治、松浦镜鲤、松浦鲤养殖技术、适于盐碱鱼类的养殖技术等方面的技术培训，举办不同形式的培训班20次，培训农技人员及渔民2 017人，科技人员现场答疑16次。

（3）人才队伍建设。选派两名青年科技骨干赴美国进修深造。新提拔3人为渤海冷水性鱼类试验站正、副站长，健全领导班子。6人入选水科院“百名科技英才培育计划”。全年引进各类人才14人，其中博士4人、硕士6人。13位导师共招收联合培养研究生16名。

（4）科研条件建设。完成淡水鱼育种国家工程实验室的申报工作，并获得了立项批复，为我国水产界搭建起第一个国家级创新平台。淡水鱼类应用基因组研究中心实验楼、黑龙江流域野外科学观测站、呼兰基地等设施按照高标准、多功能、实用性的要求全面完成并投入使用。2012年6个修购项目的进口设备审批、项目设备招标等均顺利完成。按计划开展了2009年“渤海养殖系统改造项目”和2011年“科研楼综合维修项目”的验收工作。

【长江水产研究所】

（1）科研项目与成果。承担各类科技项目152项，项目合同经费14 904.29万元，2012年新上项目100项，新上项目合同经费7 111.514万元。获湖北省科技进步二等奖1项、三等奖2项，中华农业科技奖1项，水科院一等奖1项、二等奖1项。历经30年研究，中华鲟全人工繁殖获得成功，中华鲟连续多代繁育将变为现实。共发表论文105篇，其中SCI收录27篇，EI收录2篇，出版专著2部。

（2）科技支撑与服务。依托本所的农业部淡水鱼类种质监督检验测试中心顺利通过了农业部和国家计量认证农业评审组组织的农产品质量安全检测机构考核、农业部产品质量监督检验测试机构审查认可和国家计量认证“2+1”现场复查评审。承担重庆市2012年水产品质量安全例行监测任务、安徽省水产苗种质量安全监督抽查任务、云南省境内养殖基地水产品质量安全监督抽查任务、湖北等地区水产品产地贮藏保鲜质量安全专项风险评估任务、湖北省水产局下达的湖北省无公害产品及产地的检测任务和其他社会委托检测任务。支持地方开展水生动物增殖放流工作。2012年开展科技入户和科技下乡活动49次，派出科技人员132人次，培训农（渔）民3 130人次，发放技术资料7 700份，赠送微生物制剂产品2 700千克。扶持渔业示范户198户，辐射带动示范户645户。

（3）国际合作与学术交流。承办B超鉴别鲟鱼性腺发育及其鱼子质量培训会和内陆与河口渔业水声学应用进展学术研讨会暨中国渔业声学第四届研讨会等国际会议。与美国BK河流鱼类有限责任公司、巴西HIDRICON水资源咨询有限责任公司在鱼道设施方面签有合作协议；与捷克南波西米亚大学在低温生物学及培养研究生方面保持着长期合作；与赢创德固赛集团在鱼类饲料营养上达成继续合作意向。派出学习考察人员共13人次赴罗马尼亚、巴西、美国等地开展设计考察、合作探讨等活动。

（4）人才队伍建设。1人获批享受湖北省人民政府特殊津贴，制定3人的《院百名科技英才培育计划人选培养工作计划》并上报备案，2人获批得到国家留学基金资助，将根据安排分别前往新加坡、挪威学习。与华中农业大学水产学院设立联合培养研究生奖励基金。博士后科研工作站管理工作进一步完善。2012年共招收研究生25人，毕业博士2人，硕士15人。

（5）科研条件建设。武汉研究中心长江濒危水生动物保护研究基地建设项目通过验收，农业部渔用药物残留及饲料质量安全监督检验中心建设项目进展良好。荆州基地中华鲟保育和增殖放流中心建设项目通过了验收，鲢遗传育种中心建设项目已筹备申请初步验收，中华鲟实验基地修缮项目按计划开展。重庆长江中上游渔业资源环境重点野外科学观测试验站建设项目和长江上游珍稀特有鱼类国家级自然保护区监测能力建设项目稳步推进。

【珠江水产研究所】

（1）科研项目与成果。获批主持“淡水养殖鱼类病害免疫防控关键技术研究与产品开发”、“淡水经济鱼类新品种选育”和“珠江流域高产精养池塘健康养殖技术集成与示范”等3个课题的国家科技支撑项目。转红色荧光蛋白基因唐鱼“红金丝”通过专家生物安全论证；耐盐莫荷罗非鱼制种方法获专利权；建立田字形池塘生态工程化调控养殖模式；“草鱼出血病病毒基因组与抗原蛋白研究”通过专家鉴定，基因工程疫苗田间试验保护效果显著;成功构建了表面呈递异源抗原细菌表达系统,为多联疫苗的研制提供技术支撑;探索建立草鱼疫病定量风险评估模型;建立珠江主要鱼类结构关系模型为资源修复提供数值研究平台;“贺江等足类寄生虫病防治技术研究”在国内首次采用生物防控措施成功防治江河鱼类寄生虫;“菊酯类农药对渔业危害的研究”提出3种菊酯类药物的渔业水体安全限值,填补了国内空白;建立鱼类病原细菌的水生实验动物感染模型;初步揭示福寿螺在不同生境下的分子遗传入侵特征;完成我国第一批观赏鱼行业标准并获批颁布。新上纵向项目66项。新上项目中国家级15项、省部级45项,新上项目合同经费4 870.84万元、年度合同经费2 375.80万元、年度到位经费2 345.76万元。全年在研项目共122项、合同总经费7 211万元、年度到位总经费2 436.76万元。验收、结题和鉴定科研项目30项。获科技成果奖励7项。发表研究论文122篇,其中SCI/EI收录16篇,核心期刊85篇。出版专著3部,其中2部为参编。制定农业行业、地方标准6项。

(2)成果转化与科技服务。积极开展渔业促进年活动,覆盖广东、福建、江西、山东、山西、天津、北京等15个省(自治区、直辖市),开展技术培训176次,派出科技人员256人次,扶持渔业示范户1 090户,辐射带动示范户1 415户,培训渔民和养殖户约10 094人次,现场指导渔业生产近100次,赠送养殖技术与病害防治书籍2 500套,发放技术资料6 470份,赠送可免疫500万尾的草鱼出血病疫苗,中试推广草鱼出血病疫苗近1 000万尾。与江西省渔业局签署合作协议,共同开展草鱼出血病无疫区建设。与广东省开平市、江苏省苏州市相城区和江西省南昌县三家国家现代农业示范区签订渔业科技对接协议,建立了淡水鱼类良种繁育与养殖研究中试基地、优鲈1号繁殖和养殖示范基地等基地共5个。

(3)学术交流与国际合作。举办11场次的学术交流活动,组织科技人员参加国内学术研讨会114人次,参加国际学术交流8人次。与美国农业部水生动物健康研究中心共建“鱼类免疫学实验室”挂牌,并在流行病学、免疫机理、疫苗研究等方面开展了深入的合作研究。与法国图卢兹第三大学在珠江渔业资源、生态研究方面开展了深度合作,共同发表论文。8人次前往巴基斯坦、澳大利亚、南美等地区进行交流考察。邀请了美国农业部水生动物健康研究所和夏威夷海洋生物研究所4人来所访问,越南农业部兽医局、并签署了备忘录。通过引智项目,4名专家来所对疫苗、资源环境等学科领域研究中急需解决的科学问题进行指导。选派1人作为农业部水产专家到南非开展援外任务。

(4)人才队伍建设。加强青年科技人员和高层次人才培养。2012年在全所全年发表的SCI/EI论文中,青年科技人员发表篇数约为九成。1人任亚洲渔业水声学协会(Asian Fisheries Acoustics Society)理事。3人获中国实验动物学会优秀论文奖。1人获中国畜牧兽医学会生物制品学分会优秀论文奖。2012年在所研究生47人,博导3名,硕导17名。支助5名青年科技人员在职攻读博士研究生。1人入选江西省“赣鄱英才555工程”人选,1人获选水科院首席科学家。

(5)科研条件建设。以热带亚热带渔业生物综合实验室建设项目和农业部珠江中下游渔业资源环境重点野外台站建设项目建设为重点,抓好科技条件建设。热带亚热带渔业生物综合实验室建设项目预计2013年12月底工程竣工。农业部珠江中下游渔业资源环境重点野外台站建设项目预计在2013年7月前提前竣工。提前准备2013年的2个修缮项目,力争年度内完成。组织所本部修建性详细规划的设计并获得规划部门的批复,确保了建设项目在立项申报、方案设计、未来发展提供规划依据。制定所“十二五”条件建设规划编制及二级规划,完成4个建设项目可行性报告的编制。积极开展淡水种质库建设调研筹备工作,收集、整理及分析相关材料,为开展该项重点工作奠定基础。

【淡水渔业研究中心】

(1)科研项目与成果。在研项目175项,到位经费3 489.7万元,其中新上项目70项,到位经费2 271.75万元。国家科技支撑计划项目“淡水主养品种选育及规模化繁育技术的研究与示范”和支撑计划课题“长江下游池塘高效生态养殖技术集成与示范”启动实施。制定中心“十二五”重点科研任务,落实重点项目实施,加强院、所两级基本科研业务费项目的申报和实施管理,主持院本级基本科研业务费专项项目3项,课题7项。完成项目验收10项,获得成果奖励7项,其中省部级奖励5项,“长江口及临近水域渔业资源保护和利用关键技术研究与应用”获上海市科学技术奖一等奖和国家海洋科技创新成果一等奖。发表学术论文157篇,其中SCI论文22篇。申请并受理国家专利95项,获得专利授权46项。

(2)成果转化与科技服务。与扬中市、兴化市等签署了合作协议,与南京市、镇江市、江阴市、茂名市等渔业重点市签署技术合作协议,完成“丹阳新桥镇高效渔业示范园区规划”,“江阴现代渔业示范区规划”、

"扬中市河鲀产业园规划"、"无锡市惠山区阳山现代渔业园区规划"。组织专家在江苏、贵州、安徽、上海等20多个省份举办培训、推介活动53次,涉及鱼类遗传育种、营养与饲料、病害防控、淡水鱼贮藏加工技术及产业发展、节水渔业技术、养殖机械发展、新品种推荐等,并结合现场,开展科技咨询服务,为7 700多名养殖户现场指导养殖,赠送技术资料5 939份。

(3)学术交流。接待联合国粮农组织渔业项目考察团、尼日利亚农业部副部长 Tijiani Bukar、英国国际发展部副部长 Mark Lowcock、马拉维农业部总司长布莱特·卡姆韦伯等53批团组到中心访问交流。派出中心科技人员16批次、25人访问了10个国家和地区,参加国际学术会议和开展合作研究。承担国际合作项目5项。为 FAO－TCP 项目"改良尼泊尔鲤科鱼类苗种的遗传品质"培训2名从事鲤科鱼类遗传与育种研发的高级技术人员。承办了为期1个月的美国高中生科技夏令营活动,共有12名中美高中生参加了夏令营。世界自然基金会(WWF)摄制组专程访问淡水中心拍摄中国综合养鱼技术的专题宣传片。

(4)国际培训与国内教育。承担实施了国际培训项目9项,其中商务部下达的多边培训项目5项、中南双边培训项目2项,农业部亚专项1项,科技部援外培训项目1项,来自60个国家的235名高级渔业技术和管理官员参加了培训,培训天数累计288天,培训语言涵盖了英、法、俄等语种。申报了商务部援外水产养殖技术培训基地。完成了商务部、科技部2013年援外培训项目的申报工作,共申报培训项目7项。招收全日制研究生37名(其中学术型22人,专业学位研究生15人),博士生5人。无锡渔业学院36名本科毕业生中,8名本科毕业生录取为国内名牌高校的学术型研究生,本科生就业率达到97.6%。承办江苏省基层农技推广体系改革与建设示范县农技人员培训班,来自江苏省15县(市)的26名基层水产技术干部和业务骨干参加了培训。为香港特区渔农署举办了鲤科鱼类繁殖、苗种场管理培训班。

(5)人才队伍建设。招聘引进新职工12名,其中博士6人、硕士3人、本科3人。选派1人赴新加坡国立大学访问研究,1人赴尼泊尔担任鲤鱼项目(TPC)国际顾问。刀鲚种质资源与繁养技术研究团队入选2012年农业部科研杰出人才及其创新团队。推荐7人参加国务院政府特殊津贴、江苏省中青年突贡专家人选遴选,1人入选为无锡市突出贡献专家。加强博士后流动站建设,2名博士后出站,2人进站工作。

(6)科研条件建设。"湖泊渔业生态实验室建设项目"通过了农业部渔业局组织的竣工验收。"FAO淡水养殖实验基地建设项目"、"长江流域鱼类遗传育种中心备份基地建设项目"开工建设。"长江下游渔业种质资源平台仪器设备购置项目"和"渔业环境与资源生物学研究平台设备购置项目"完成采购安装工作。

【渔业机械仪器研究所】

(1)科研项目与成果。在研科研课题39项,合同总经费5 406万元。2012年新上各类科研课题20项,其中国家级科研课题8项,省部级课题5项,经费总额为1 719万元。3项成果通过鉴定,7个项目通过验收。承担制(修)订的4项行业标准通过审查。全年共发表论文58篇,其中EI收录6篇。申报专利63项,其中发明专利56项,授权专利49项,其中发明专利40项。

(2)科技支撑产业。配合农业部渔业局,在渔船装备升级改造推进工作中发挥科技支撑作用。通过参与中国工程院海洋战略咨询课题,完成我国渔船装备发展战略研究报告,积极参与递交国务院建议的相关材料准备工作。参与国家发改委组织的渔船装备调研活动,提供相关的技术材料,多次在高层次的研讨会上阐述提升我国渔船装备意义与策略。继续支持上海市标准化渔船建造项目,新建36米桁杆拖网标准化渔船9艘。受江苏省渔船检验局委托,承担江苏省万艘渔船升级改造工程的船型研发。配合农业部渔船检验局实施全国渔船救生设备质量整治行动。承担渔船用救生筏监督检查任务,完成了沿海11省20家筏站的抽样检查任务,占国内全部认可筏站总数的27%。与北京市农业局签订科技合作协议,全面支撑北京市现代渔业建设工作。继续支持上海市标准化养殖场建设工程。完成近40家标准化养殖场的统一设计,合计面积达0.24万公顷。为武汉、北京、天津、温州、湛江等地的企业开展技术培训与指导,全年培训总次数为12次,总人数近1 000人。

(3)学术交流。举办所内学科交流5次,参与所外学术交流26人次。举办全国渔业装备与工程学科发展与网箱装备研讨会,组织中国水产学会学术年会的渔业装备与工程分会。与港台渔业学术界开展交流。香港特区渔农署、台湾省水产学会先后组团到访。派出4名科研人员分别参加美国俄亥俄州首府哥伦布市国际会议中心举办的 EcoSummit 2012 年会,以及在美国召开的2012IFT年会。

(4)人才队伍建设。1人获得全国农业科研杰出人才,1人获得院拔尖人才称号,2人获得上海海洋大学硕士生导师的资格。首次申报并获得杨浦区人才发展专项资金（鼎元资金）的资助。共招聘新职工18人，其中硕士以上学历12人。

(5)科研条件建设。如东“水产养殖生态工程实验研究基地”项目已完成综合实验楼、试验车间主体验收。组织编制了《渔业机械仪器研究所2013—2015年修缮购置工作规划》。完成了2012年度5个修购项目、预算总额为495万元的实施方案编制，项目执行情况正常。组织编报了“渔机所如东基地海洋渔业工程实验楼”项目可行性研究报告。

【渔业工程研究所】

(1)科研工作。承担科研课题12项，财政项目5项。科研项目中，国家基础条件平台项目1项、农业部行业专项1项，4项成果获农业工程咨询及设计奖。发表论文8篇。

(2)技术支撑与服务。承担农业部建设项目检查、验收和评审工作，其中完成农业部渔港建设项目检查、验收27项，完成农业建设项目评审91项。作为渔业管理信息化的技术支撑单位，承担完成农业部渔业局“全国动态渔船数据库管理与建设”、中国渔政管理指挥系统二期项目建设以及“中国渔政管理指挥系统”运行维护技术支撑工作，“沿海渔港及渔业航标数据”核查清理等工作，参加渔业信息化标准体系研究，编制“渔政管理指挥系统三期可行性研究报告”、“中韩入渔渔船身份电子识别系统可行性研究报告”、“北斗海洋渔业应用示范项目可研报告”修订及后期咨询服务工作。

(3)国际合作。承担的国家援助外国渔业工程项目“援纳米比亚哈达普水产养殖中心改造项目”和“援突尼斯对虾养殖项目”的立项工作，并开始进行设计。

(4)人才队伍建设。对入选水科院“百名科技英才培育计划”的1人制定培养计划方案。安排18人赴日本及我国台湾省进行考察学习。招录应届毕业生5人。

（中国水产科学研究院）

全国水产技术推广总站

【推广体系】 截止到2012年底，全国水产技术推广机构共有14 711个，其中：省级站36个，地（市）级站336个，县（市）级站2 166个，区域站525个，乡镇站11 648个。水产专业站3 542个，占机构总数的24%。按单位性质分：行政性事业单位有186个，全额拨款单位10 877个，差额拨款单位2 522个，自收自支单位1 126个。全国水产技术推广机构实有人员数为42 598人，其中：省级站1 291人，地（市）级3 764人，县（市）级15 261人，区域站1 499人，乡镇站20 783人。全国水产技术推广机构中技术人员为30 851人，其中：高级职称2 465人，中级10 552人，初级15 517人。推广人员学历：大学本科以上9 145人，大专14 193人，中专10 452人。

【体系改革与建设】 农业部渔业局和全国水产技术推广总站联合有关省站组织了6个工作组分赴内蒙古等18个省（自治区）、53个县（市）宣传中央1号文件精神，并对基层水产技术推广体系改革、公益性职能履行、运行机制创新、条件能力建设等工作落实情况进行了督导调研；并组织召开了全国水产技术推广站长座谈会，总结、交流了政策落实、体系改革与建设等方面的成果，基层水产技术推广人员工资待遇均有大幅度提高，全额拨款的水产技术推广机构人员工资待遇基本实现了与当地事业单位人员工资平均水平相衔接。吉林省2012年底已有31个县的414个乡镇在水利管理所加挂了水产技术推广站牌子，而且都由县编委和行政主管部门发文明确了乡镇站的工作职能。湖南省继续对基层推广体系改革建设进行专项督查，促使怀化市12个县、市的乡镇畜牧水产站得以保留，并全部解决了编制待遇问题。江西省继续按照“整合资源、综合建站，统一协调、分块运作，三权归县、财政保障，双重管理、以县为主”的改革思路，全省11个设区市、95个涉农县全都出台了实施方案，89个县基本完成改革任务。全国水产技术推广总站在石家庄市组织召开了全国水产技术推广新机制、新模式经验交流会，为各地水产技术推广体系改革与机制创新提供了指导。各地水产技术推广部门积极探索完善以国家推广机构为主导，科研院校、专业合作组织、龙头企业等社会主体广泛参与的“一主多元”的新型渔业社会化服务体系的新途径。山西、安徽等省推广站与合作社的合作模式成为当地体系改革与建设的突破方向。贵州省积极扶持和促进推广主体多元化，加强了推广站、企业、渔民间的联结，提高了渔业的组织化程度。全国水产技术推广总站组织对《关于〈中华人民共和国农业技术推广法修正案（草案）〉说明》进行了讨论，并结合新形势下水产技术推广工作的目标任务和特点，从职能定位、绩效管理、人员待遇等方面，提出了修改意见和建议。还积极参与了对《农业技术推广法》实施指导意见的研讨和修订工作。

【技术示范】 全国水产技术推广总站制定了以“科技进塘入场到户，助推健康安全增收”为主题的“渔业科技推广促进年活动”方案，各级水产技术推广部门结合本地实际制定活动实施方案。同时，继续组织遴选和推介主导品种和主推技术，加强对水产技术推广工作的指导，编印了《2012 年渔业新品种、新技术、新产品使用指南》，指导各地推广部门及相关单位开展示范、推广。各省、自治区、直辖市结合自身产业特点遴选发布主导品种、主推模式和主推技术，湖北省利用渔业科技入户平台推广主导品种和主推技术，主导品种入户率、应用率达 95% 以上，主推技术应用面积达 3.33万公顷。组织实施了养殖节能减排新模式宣传与推广项目，编发了《水产养殖节能减排技术汇编》。青岛市在工厂化养殖方面重点推广了封闭式循环养殖技术，在池塘养殖方面推广了微孔底部增氧等技术，推进了高效节能和环保型渔业发展。组织实施稻田综合种养技术示范推广，在辽宁等 10 个省、自治区组织实施稻田综合种养技术示范项目，超额完成了各项任务目标，项目区稻谷产量保持稳中有增，部分地区综合效益增加 50% 以上。云南省在全省开展山区半山区工程化稻田生态养殖技术推广，示范区户均增收 1 500 元。重庆市开展稻鳅等稻田综合种养技术推广面积达 3 500多公顷。一年来，全国水产技术推广系统上下一心，积极配合，将各项活动与技术推广各项工作紧密结合起来，促进年活动蓬勃开展，有声有色，同时技术推广工作也多点开花，取得新成效。2012 年全国总站和云南省水产技术推广站一同获农业部“全国农业科技促进年活动先进单位”称号。

【渔民培训】 全国各级水产技术推广机构共举办渔民技术培训40 183 期、培训渔民 295.34 万人次。全国水产技术推广总站组织编写了国家职业标准，组织编写了《鱼病防治用药指南》、《水产养殖用药指南》等培训教材。举办了水生动物检疫实验室技术骨干培训班、水产药物残留快速检测技术培训班、全国水生动物检疫实验室理论知识培训班、水产养殖动物药物敏感性技术培训班，使水生动物检疫技术队伍不断壮大、素质不断提高。利用稻田综合种养技术示范项目组织培训基层技术骨干 6 500 多人次，利用“规范用药科普下乡系列宣传活动”组织技术培训活动1 000多场次，培训人员 10 多万人次。各地都加大渔民培训工作支撑力度，河北省组织培训班 400 多期，培训渔民 2.3 万人次；云南省组织百名省、州（市）渔业专家开展技术服务，举办培训班 100 多期，培训技术人员和渔民 4 800 多人次。另外，全国各级水产技术推广机构拥有信息网站 811 个，提供手机信息服务用户 80.38 万户，提供技术资料 925.52 万份，均比 2011 年大幅增加，同时，现代信息技术的推广应用，已对推广方式和方法产生了重大影响。

【病害防治、用药指导与质量监控】 不断完善水生动植物疫病监测与防控体系。继续组织 30 个省、自治区、直辖市开展水生动植物疾病测报工作，同时开展病情预警预报，并将预警预报信息及防控措施刊登在中国农业信息网、《中国水产》和远诊网等媒体上。组织 19 个省、自治区、直辖市开展鲤春病毒血症等 5 种一二类水生动物疫病的专项监测工作，基本摸清了全国主要养殖区域的发生特点、发病规律以及危害程度。针对河北、甘肃的虹鳟 IHN 阳性养殖场进行了专题调研，开展了现场防控技术指导。开展用药指导，普及科学用药、安全用药知识。在重点水产养殖省份继续开展“规范用药科普下乡系列宣传活动”，共发放《国家标准渔药及其使用技术》等技术资料 3 万余份；开展水产养殖禁用药物使用与替代情况的普查。强化养殖过程质量安全控制，探索可追溯体系建设。继续在全国 15 个省、自治区、直辖市 45 个县的 71 个养殖场开展水产品养殖全程质量监控技术示范试点，监测面积近 3 300 公顷、网箱 11 万立方米。上海市在 145 家水产养殖场（户）开展食用水产品“准出”试点工作。江苏省率先在全国开通了水产品质量安全追溯系统，覆盖 6 个渔业重点县。此外，在无公害水产品产地认证、水产品质量检测、渔业水域环境监测等方面，各级水产技术推广部门也做了大量具体而富有成效的工作。

【种业建设和资源养护】 协助农业部渔业局做好良种审定和国家级水产原（良）种建设的管理工作，水产原（良）种体系建设更趋规范，功能更加完善，有力推动了现代水产种业建设。浙江省全面服务水产种业建设，各市、县编制了水产种业发展计划，强化了种苗工程专项管理和原（良）种场建设管理。广西壮族自治区举办了以“水产原（良）种体系建设及管理知识”为主要内容的渔业生产规范管理培训班，推动水产原（良）种体系建设和管理各项工作上水平。组织开展优良苗种宣传和示范推广，组织编发了《水产新品种推广指南》，在网络、电视、报刊等传媒上宣传介绍水产新品种。继续组织推进斑点叉尾鮰联合育种工作，促进斑点叉尾鮰良种率提高。天津市实施了“凡纳滨对虾新品种的引进和养殖示范”项目，新品种示范面积 267 公顷，辐射面积 2 667 公顷。内蒙古、上海、云南等地开展向养殖场（户）赠送优质鱼苗活动，产生了良好的示范效应。加强水生生物资源养护服务工作，各级推广部门主动为水生生物资源养护提供技术服务,积极承担增殖放流任务。全国水产技术推广总站完成了250万尾牙鲆、60万尾黑鲷、20万尾半滑舌鳎的放流任务。广东省积极争取项目,在伶仃洋海域开展海水经济鱼类增殖放流。海南省在增殖放流中认真做好放流水域选定、放流苗种检验等技术服务,开展增殖放流效果评估。青海省为水电站开发、水库建设等项目开展水生生物监测及环评工作。

【渔情采集】 继续在16个渔情采集省200个县704多个采集点,开展渔情采集工作,增加定点县月报表,每月采集定点县产量和面积两个指标。6月底在青岛组织召开了2012年上半年全国养殖渔情信息采集分析会、12月份在昆明组织召开2012年下半年全国养殖渔情信息采集分析会,起草了《关于做好2012年全国养殖渔情信息采集分析工作的通知》,组织成立专家分析组,按照重点品种分工撰写分析报告。完成了全国水产养殖渔情信息采集硬件条件建设项目(一期)的设备收货确认、资产管理等相关竣工验收工作,逐一落实16个省级单位和192个县级单位的资产入账工作和最终验收。9月在湖北省宜昌市组织召开了全国养殖渔情信息采集工作总结研讨会,完善了海水养殖渔情信息采集顶层设计,使采集点设置和分析方法更具科学性、规范性,研讨确立了以品种为主线的海水养殖渔情信息采集调整方案,并研究了进一步优化养殖渔情信息采集系统的总体思路,从顶层设计上有所突破。4月初组织召开了养殖渔情信息采集考核暨采集应用系统建设研讨会,邀请农业部渔业局有关领导,河北、山东等省代表以及有关专家参加会议,就考核工作进行专题研讨。10月下发《关于开展全国养殖渔情信息采集单位和采集员考核评估工作的通知》,完成渔情信息采集工作的考核评估评审工作。

【信息服务】 全国水产技术推广总站开通了水生动物疾病远程辅助诊断服务网。一年来,注册用户达1 300个,访问量近7万人次,专家在线诊断病例780多例。全国约有300多个市(区、县)拥有了远程诊断终端平台,渔民可以通过"自主诊断"功能,实现对17个大宗水产养殖种类的130种常见疾病的自我诊断和治疗。陕西、新疆等许多省、自治区也相继开通了水生动物疾病远程辅助诊断技术服务网。对养殖渔情信息采集工作进行了全面总结,编印出版了《养殖渔情信息采集》,更加规范了信息采集工作;组织开展了养殖渔情信息采集考核评估表彰工作。组织开展渔业物联网示范项目顺利实施,制定了水产养殖数字化示范基地建设实施方案,组织召开了技术骨干培训。各地利用现代传媒手段提升水产养殖技术信息服务的质量和覆盖面。辽宁、黑龙江等省利用广播电视传授健康养殖技术知识。福建、广东等省通过互联网、手机短信平台把灾害预警、市场分析等信息第一时间发送到养殖企业、养殖户手上。

【休闲渔业】 全国水产技术推广总站主动开展休闲渔业领域服务。对天津、山西等省、直辖市开展休闲渔业政策调研,参与起草了促进休闲渔业健康发展的指导意见。北京市举办的2012北京金鱼锦鲤大赛吸引了十多个省市参加,在业内产生了极大影响。广西壮族自治区承办了2012年全国钓鱼锦标赛(广西南宁站)、中国—东盟钓鱼大赛和全国休闲渔业垂钓比赛,吸引了来自全国31个省、自治区、直辖市和东盟10国的选手参加比赛。

(全国水产技术推广总站)

渔业社会团体

中国水产学会

【概况】 2012年，在农业部和中国科协的正确领导下，中国水产学会以服务“三农”，促进农业和农业经济科学发展为主线，以“两个千方百计”和“两个努力确保”为目标，以“三服务一加强”为要求，积极地做好支撑服务工作，为渔业科学发展服好务，为广大水产科技工作者和广大会员服好务，较好地完成了各项工作任务，取得了新的成效。

【支撑服务工作】

1. 着力抓好渔业统计工作 3月在温州召开了2011年度全国渔业统计年报汇总会。会议对2011年全国渔业统计数据进行集中汇总，同时对渔业统计的制度与方法进行研讨，并对2012年渔业统计工作进行了总体部署。学会分别在海口、大连举办了两期渔业统计人员培训班，在桂林举办了全国渔业重点县渔业主管部门负责人统计培训班。

5月，学会邀请相关专家在北京召开了渔民家庭收支情况调查样本户轮换工作研讨会。会上国家统计局有关方面专家对新一轮的样本户轮换初步方案进行介绍，与会专家进行了研讨并提出修改建议。为进一步做好渔民家庭收支情况调查工作，学会在大连组织召开了新一轮渔民家庭收支调查工作培训会议。

学会编制了《2011年全国渔业统计数据手册》，印刷出版了《2012年中国渔业统计年鉴》，提前完成了任务。

学会及时组织专家组成员对信息数据进行汇总、评估，与通过全面统计渠道报送的月报、半年报等资料进行比较分析，校验采集网报送的月报、半年报数据的准确性，做出符合我国渔业生产基本形势的分析判断。

2. 水产养殖统计抽样调查工作开展顺利 组织召开2009—2011年度渔业统计抽样调查数据审核会议。配合农业部渔业局在惠州组织召开广东、江西两省抽样调查项目总结会，项目验收专家组评估了两省抽样调查工作的组织管理情况、数据报送情况及数据质量。

组织专家深入基层进行调研指导。学会根据抽样调查工作进展需要，不定期组织渔业统计抽样调查试点工作专家前往广东、江西、河南、江苏、天津等地进行调研和现场指导，与相关省的渔业生产管理部门、技术推广单位、试点县及样本村代表进行技术磋商，对专家发现问题及时进行分析，帮助解决。

3. 加强水产品市场信息工作，及时准确反映价格波动情况 5月中旬在湖南岳阳召开了全国水产品批发市场信息员培训班。培训会首次邀请优秀信息员进行汇报交流，引起信息员广泛共鸣。

加强全国水产品批发市场价格监测、预警工作，及时准确反映市场水产品价格波动情况。督促信息员完成日常信息报送工作。每月定期向农业部渔业局上报全国水产品市场运行情况简报一篇、水产品批发市场月度数据报表一份；报送季度分析文章一篇。

4. 加强水产贸易跟踪研究工作 3月，学会召开了渔业国际贸易跟踪研究专家座谈会，交流渔业国际贸易重点问题和渔业国际贸易研究进展情况，讨论2012年度渔业国际贸易重点研究内容和研究计划。设立“水产品国际贸易及产业政策研究”等6个课题供专家研究，并与专家签订课题研究合同。

学会每月下载水产品进出口海关数据，撰写水产品进出口研究报告，分析水产品国际贸易形势，研判水产品进出口贸易变动原因和趋势，并将研究报告及时提交给农业部渔业局。编辑2011年度《中国水产品进出口贸易统计年鉴》。

5月，学会完成了《中国水产品贸易发展现状与展望》以及《WTO渔业补贴谈判现状与趋势》，并被由牛盾副部长主编的《2011年农产品贸易发展报告》录用。两个报告对2011年水产品国际贸易和渔业补贴谈判进展进行了回顾、总结和展望。

8月，学会在贵阳召开水产品对外贸易形势分析座谈会。会上对2012年以来欧债危机持续发酵,主权信用危机恶化,发达经济体市场需求持续低迷的市场现状进行了分析,结合现状及趋势提出了进一步促进水产品贸易发展的有效建议。

5.围绕中心工作,做好渔业科技促进年活动 以"科技进塘入场到户、助推健康安全增收"为主题,积极配合农业部渔业局做好全国渔业科技促进年活动的启动仪式。积极组织《科学养鱼》杂志社等单位专家在活动中开展现场咨询服务,向渔民群众赠送水产养殖技术图书、资料3 000多册(份)。

5月,在辽宁盘锦举行2012年水产科技活动周暨"863"计划"主要养殖甲壳类良种培育"项目启动仪式。活动包括启动仪式、科技讲座、现场参观、科技服务等,向当地渔民赠送渔业科技成果应用指导手册、甲壳类病害防治及健康养殖书籍、手册、光盘等技术资料近万份(册)。

3~4月,学会分别在北海、昆明举办水产生态健康养殖与设施化养殖培训班和重大水生动物疫病防治及应急监测技术培训班,培训分别就水产养殖业健康发展,水产品质量安全和水产养殖的节能减排等重大技术进行了讲解推介。

【科普服务】

1.积极参与全国食品安全宣传周活动 学会在2012年全国食品安全宣传周活动中,围绕"吃鱼健康,科学选用"这一主题,从水产品营养与健康、科学认识有毒鱼贝和科学挑选烹饪三个方面向群众普及水产品质量安全方面的知识,开展了专家咨询、有奖答卷、标本展示、免费赠书、现场药物残留快速检测演示等活动。活动中学会展示水产加工品、活体及标本20余种,免费发放了1 000余册科普图书。

2.着力推进科普资源开发与应用 学会围绕科技促进年和科技扶贫工作,积极开发水产科普资源。到2012年底为止,学会已组织、出版《水产健康养殖新技术丛书》、《水产养殖病害防治丛书》、《水产健康养殖问答丛书》等3个系列丛书近20种、科普展板3套、共80个,挂图6张。

3.开展科普进学校、进社区活动 8~9月,由学会主办的主题为"关注水产品质量安全,我们在行动!"的水产科普进社区、进学校活动,分别在北京市华威西里社区等6个社区和多所学校举行。活动累计发放科普图书6 000余册,奖品4 000多份,赠送相关单位24套《食品安全宣传挂图》,接待科普咨询千余人次,发放并回收问卷1 000份。

4.认真开展科普日宣传和专家咨询活动 9月,2012年全国科普日活动全国学会专家咨询活动在中国科技馆举办。学会展出知识展板6块、展品30多件,累计发放《水产品营养与健康》等各种宣传资料800余份,奖品2 000多件,接待科普咨询600余人次,回收问卷近700份。

5.做好科技成果科普化工作,注重科普资源的积累集成 2012年,学会组织专家进行科普资源集成开发,努力扩大科普资源的共享范围,开发的图书有《渔业科技成果渔民指导手册(一)(二)》,《盐碱地水产养殖技术汇编》,《节能减排宣传》手册和3套展板80多个,水生生物病害防治挂图一套等。

【学术交流】

1.举办2012年学术年会,打造学会学术品牌 11月,学会以"强化科技支撑 促进成果转化"为主题,在郑州召开2012年中国水产学会学术年会。共有来自全国各地430余名水产科技工作者参会。会上颁发了2011年中国水产学会学术年会优秀论文,30篇优秀论文受到表彰。中国科学院院士朱作言等专家分别做了主题学术报告。会期两天共进行了5个专题学术报告的研讨,口头报告交流152余篇。

2.组织举办第十二届全国水产青年学术年会 8月,学会在大连召开了第十二届全国水产青年学术年会。来自全国16家高校、科研院所的237位青年专家、学者参加了本次会议。期间共有136位青年专家、学者就生物技术、遗传育种、水产养殖、营养饲料、病害与防治、渔业资源与生态环境、渔业经济与管理等方面在各自专题分会场上做了学术报告。

3.联合举办三峡地区特色渔业发展论坛 4月,学会与有关单位共同主办的三峡地区特色渔业发展论坛在重庆万州召开。来自全国近300位水产专家、学者参加了论坛。论坛主题是"汇八方之力,助推三峡地区特色渔业大发展",特邀了20余名专家作专题报告,内容涉及三峡地区特色渔业等方面的研究成果、发展动态和最新技术。期间举办了三峡地区冷水鱼及山区流水养殖座谈会及高产池塘水质调控措施研讨会,编印了《三峡地区特色渔业发展论坛论文集》,共收录相关论文89篇。

4.积极参与2012中国农业区域公用品牌发展推进工作 6月,学会与中国优质农产品开发服务协会等七家协会(学会)联合在北京举行"2012中国农业品牌发展推进会"活动。农业部余欣荣、陈晓华、朱保成和张玉香等领导出席会议。期间举行了"2011最具影响力中国农产品区域公用品牌"授牌和"2012中国农产品区域公用品牌影响力调查"启动仪式。水产方面,威海刺参、盘锦河蟹等荣膺2011最具影响力中国农产品区域公用品牌。

5.联合主办动物行为及其在水产中的应用研讨会 9月,由学会和中国动物学会鱼类学分会联合主办、中国水产科学研究院东海水产研究所承办的动物行为及其在水产中的应用研讨会在上海召开。来自中、英、美等国内外的专家、学者共50多人出席了会议。研讨会的成功举办,将对我国水产动物行为学学科的发展产生积极的推动作用。

【会员服务】

1.认真做好优秀人才举荐工作 2012年,按照中国科学技术协会《关于开展全国优秀科技工作者推荐评选工作的通知》精神,经征集、初审等环节,中国水产学会最终推荐的陈松林、薛长湖和何中央3名候选人获"全国优秀科技工作者"称号。在推荐第九届中国女科学家奖候选人工作中,学会按照推荐程序和要求,最终上报了2名中国女科学家奖候选人。

2.搭建平台,让会员展现自我,提高技艺 2012年来共举办各种学术会议、研讨会、沙龙20多场,参加各种学术交流活动的会员2 000多人次。为会员学术水平的提高,为学科的交叉融合和发展,为创新成果的培育和会员的成长创造了条件。

【科技扶贫】

1.实施民政部盐碱地水产养殖项目 5月,学会在河北海兴举行"水产科技扶贫——盐碱地水产养殖项目"苗种赠送投放仪式。来自全国有关单位共400余人参加了仪式。向当地渔民赠送了罗非鱼鱼种20万尾、凡纳滨对虾300万尾、水质改良剂一批、《盐碱地水产养殖百问百答》及《渔药手册》等技术图书1 000余册。

2.赴吕梁老区开展水产科技扶贫工作 4月,学会组织水产科技专家与山西省水产技术推广站技术人员赴革命老区吕梁地区有关县、市进行实地考察,主要对沿黄渔业资源丰富的地区和拟可开发的项目进行了现场考察和技术咨询服务。期间,在吕梁市举办了水产科技扶贫实用技术讲座,帮助当地农民解决生产中遇到的相关技术问题,并发放《渔业科技入户主推品种和主推技术》等科普资料200余册。

【国际交流】

1.举办国际研讨会,关注水产品加工质量安全 5月22~24日,学会和中国海洋大学联合举办的食品生物技术与海参精深加工国际研讨会在青岛召开。来自联合国粮农组织及美、韩、日等近10个国家和国内相关院校、研究所及企业的专家学者200多人相聚一堂,共议海洋食品加工技术开发,特别是就加强国际海洋食品加工和质量安全控制技术方面的交流与合作,促进世界各国渔业的共同发展等议题展开有益的深入探讨。

2.组织专家赴澳新开展项目合作 学会于5月底至6月初组织专家出访澳大利亚和新西兰,参加中澳人工鱼礁合作项目研讨会,会上,双方专家各自就人工鱼礁建设情况,特别是科学依据、现代技术和管理作了介绍,双方指定了合作项目专家,并就下一步合作草案进行了协商。在为期10天的考察中,代表团考察了西澳人工鱼礁建设、新威尔南士州海洋与渔业管理、昆士兰州的渔业资源和生态保护,考察了新西兰的鱼市场及其水产品贸易管理,与新西兰水与大气国家研究院(NIWA)的有关专家进行了座谈交流。

3.组织中国渔业考察团赴拉美三国考察 学会与中国国际农业交流协会合作,共组织国内19家涉渔企事业单位的有关专家学者赴拉美三国进行考察访问,开展技术交流和水产经贸洽谈。访问期间,代表团分别拜会了智利农业部、厄瓜多尔渔业协会以及巴西农业部,与相关的渔业主管部门进行了专题会谈,并与三国有关的企业进行了广泛的接触或交流。

4.与韩国水产学会签署合作协议 6月,学会与韩国水产学会共同签署了《中国水产学会与韩国水产学会学术交流协议》。双方都希望通过共同举办小型、高端、跨学科的学术交流活动,加深两国水产科研学术领域的交流,通过进行自由的学术交流和讨论,从不同学科角度和视野交流学术见解,提出加强两国水产领域科技合作的意见和建议。

5.中美建立正常交流合作机制 10月,学会组织一行17人参加在美国东部城市坦帕举办的美国第六届沿海和河口水生生物栖息地恢复大会,会上双方介绍了主要职能和活动情况,就共同关心的问题进行了热烈讨论。

【换届大会】 2012年9月28日,中国水产学会第九次全国会员代表大会在江西南昌市召开,来自全国30个省(自治区、直辖市)近160名代表出席了大会。会上,八届理事会理事长唐启升院士代表八届理事会作了题为《发挥优势,开拓奋进,为推进现代渔业建设作出新贡献》的工作报告,对"八大"以来的工作作了总结和回顾,对今后的工作提出了建议和意见;大会通过了新的章程;选举产生了新一届学会理事会(理事170名)、常务理事会(常务理事61名),选举产生了新一届的学会领导集体。贾晓平研究员当选中国水产学会第九届理事会理事长，麦康森、赵进东、张显良、孙松、潘迎捷、魏宝振、吴厚刚、司徒建通为副理事长，司徒建通兼任秘书长。

(中国水产学会)

中国渔业协会

【秘书处】

(1)加强分支机构建设。2012年协会新成立了淡水龙虾分会和南海渔业分会。成立淡水龙虾分会的目的是维护从业者利益，保护野生淡水龙虾资源，同时，加强国内同行业间的交流，不断提高淡水龙虾产业的水平，拓展淡水龙虾行业多元化、多层次市场空间。成立南海渔业分会的目的是协助政府做好南海渔业管理工作，加强行业自律，沟通行业内外关系，加强与国内外有关组织的交流和合作，提高行业整体素质，维护会员的合法权益，推动南海渔业健康稳定和可持续发展。

(2)推进产业品牌建设，帮助会员企业创名牌拓市场。一是经协会专家委员会评审，分别授予福建省福州市“中国鱼丸之都”、浙江省余姚市“中国生态甲鱼之乡”、山东省蓬莱市“中国海参苗种之乡”、浙江省衢州市开化县“中国清水鱼之乡”、浙江省湖州市德清县“中国青虾之乡”荣誉称号。二是根据会员企业的要求，出具证明，向国家工商行政管理总局推荐了7家企业产品参加评选“中国驰名商标”。三是与有关单位联合主办了首届中国(合肥)龙虾节、2012中国(大连)首届世界海洋大会、2012中国(上海)国际水族用品博览会、中国—东盟渔业投资与贸易洽谈会。协办了第二届中国鲈鱼文化节暨海西新经济高峰论坛和2012第四届海峡(福州)渔业周等大型活动。四是与北京餐饮协会合作，在北京举办东方海洋三文鱼推荐活动。

(3)促进铜合金网衣网箱运用，促进水产健康养殖发展。经中国水产科学研究院东海水产研究所3年多时间的试验，证明海洋养殖中使用铜合金网衣网箱的技术能达到高效、健康、环保的作用。为推广这项技术，协会与国际铜业协会、中国水产科学研究院东海水产研究所、有关铜合金网衣网箱制造企业、水产养殖企业和金融机构共同发起成立了“铜合金网衣网箱健康养殖产业联盟”。

(4)继续做好会员服务工作。办好会刊《渔业文摘》和网站，在编辑会刊时，注重不断拓展视角，准确把握宣传视点，及时报道会员和协会的重点消息和活动。举办了三期以渔业安全生产、水产健康养殖、鱼病防治技术等为主题的技术培训班。

(5)加强国际交流与合作，促进渔业国际交流发展。2月，协会秘书长林毅率大连獐子岛渔业集团股份有限公司、山东东方海洋科技股份有限公司、大连凯洋世界海鲜股份有限公司等会员企业的领导，随国家副主席习近平、农业部部长韩长赋出席在美国艾奥瓦州召开的中美农业高层研讨会，并作了主题发言。4月，协会秘书长林毅率团赴韩国参加韩国水协中央会50周年庆典活动。5月，在大连召开中韩民间渔业协议会，中韩双方就7起遗留海事案件进行了磋商。会议着重就倡导共同水域文明执法和公平执法问题交换了意见。会上，还促成了台州市涉外渔业协会与韩国釜山近海延绳钓协会、济州岛渔船主协会的合作，签署了合作协议。6月，协会秘书长林毅赴越南出席第二届世界渔业合作组织大会。11月，由协会会长齐景发率团赴韩国济州岛出席中日韩民间渔业协议会，三方就维持海上安全作业秩序、三国渔业资源管理和三国民间交流合作方案进行磋商。同期举行的中韩民间渔业协议会上，中韩两会就涉韩违规渔船担保金问题和中韩遗留海事案件处理进行了商讨。2012年，接待了韩国水协中央会代表团来华考察，并前往山东省威海、青岛市考察水产养殖、加工企业，并与水产科研单位座谈。接待大日本水产会远洋鱿钓代表团来华考察，并前往浙江省舟山市考察访问水产品市场，并与舟山市远洋渔业协会进行座谈交流。

(6)完成主管部门交办的工作。按时完成中国渔政指挥中心每月一期的《周边国家与地区渔业动态》编辑工作。根据要求，重点加强了关于中韩、中日、中越北部湾三个渔业协定执行工作及韩国、日本、越南及其他周边国家渔业执法方面最新信息的报道；与农业部渔业局、中国农林水利工会联合召开了第七次联席会议，确定了当年的工作计划，重点关注渔民生产生活困难问题，切实维护渔民权益。7~8月，联合组团赴辽宁、山东开展了渔业政策性保险和渔民生产生活状况调研，撰写了《关注渔民生产生活困难，切实维护渔民权益的调查报告》，得到了有关部门的重视。配合农业部渔业局组织开展了休闲渔业调研工作；筹办涉韩违规渔船担保工作。自2001年《中韩渔业协定》生效以来，我国渔船在涉韩水域违反韩国法律法规事件逐年增加，我国渔民与韩国海警冲突事件时有发生，且事态严重性不断升级。在我国渔船违规后，由于韩方处理时间过长，渔民语言不通，且不了解韩国法律，滋生了一些打着代缴罚款、快速解决案件为幌子的黑中介，他们勾结韩方人员违规处理案件并从中牟利，不仅使我国渔民遭受很大的经济损失，也导致我国渔业主管部门无法掌握违规事件的真实数量和情况。为此,中韩渔业联合委员会决定,中韩两国各指定一个民间组织作渔船违规担保单位,依规处理相关案件,协助交纳罚款,加快处理过程,切实维护我国涉外渔民的合法权益。农业部渔政指挥中心指定中国渔业协会为中方唯一担保单位。

【河蟹分会】

5月,召开了二届四次理事会议,审议通过了李国平会长所作的工作报告和增补理事会成员的提案。

9月,在辽宁省盘山县举办了2012中国·盘锦河蟹文化节暨"辽河杯"河蟹大赛及全国河蟹产业先进技术交流会、河蟹产业高峰论坛等活动。

为继续推进河蟹品牌建设,经专家组评审,分别授予山东省微山县高楼乡"中国河蟹之乡"、辽宁省盘山县胡家镇"中国优质河蟹苗种生产基地"、安徽省当涂县湖阳乡"中国贡蟹之乡"、当涂县塘南镇"中国河蟹产业第一镇"、当涂县乌溪镇"中国优质河蟹苗种第一镇"荣誉称号。

定期编印《中国河蟹简报》会刊,并改版了中国河蟹网,不断丰富内容,贴近会员需要,印发了《2012年河蟹销售形势考量》、《近期大闸蟹价格情况》等信息,帮助会员正确预判市场形势,实现养殖效益最大化。

【水族分会】 与有关单位联合主办了2012中国(上海)国际水族用品展览会、首届世界观赏鱼博览会暨世界金鱼大赛,作为支持单位,组织会员参加第十六届中国国际宠物水族用品展览会。

11月,在北京召开了第二次会员代表大会,总结了分会成立以来的工作,选举产生了新一届理事会,并制定了新一届理事会工作计划。

【河豚鱼分会】 2012年三次参与农业部渔业局召开的关于养殖河豚鱼鱼源基地认定管理办法研讨会,召集会员代表参与讨论、起草了《养殖河豚鱼鱼源基地认定管理办法(讨论稿)》。

4月,组织会员赴日本九州等地,考察河豚鱼企业和市场,学习其先进的经营管理理念,加深了对日本河豚鱼文化的了解。

12月,在北京召开了第二次会员代表大会,选举产生第二届理事会。

【鮰鱼分会】 5月,组织专家赴湖北和江西进行调研。为会员掌握鮰鱼市场情况、价格变化提供及时信息。

6月,召开了2012年鮰鱼产业形势分析座谈会。就鮰鱼产业所面临的问题如出口受阻、怎样开拓国内市场等进行了讨论与交流。通报了美国废除鲇鱼检验新规定的相关情况。

为了解决各企业互相压价,乱报价的问题,协商对外统一报价。分会召集重点加工出口企业在北京、合肥和大连召开了3次鮰鱼出口企业加工负责人协调会。

【龟鳖产业分会】 1月,在杭州召开了全国甲鱼疾病防控座谈会,邀请相关专家和养殖企业共同研究防控甲鱼腮腺炎的措施。

6月,召开全国首届闭壳龟类发展保护研讨会,评估闭壳龟类保护和开发利用现状,交流养殖技术,探讨产业发展前景。

为了进一步开拓市场,分会与世界中华美食药膳研究会、《中国渔业报》合作,启动了全国龟鳖烹饪联盟工程,促进名牌企业与龟鳖烹饪名店的高端联合。

定期编印《中国龟鳖》会刊,反映各地产业实际情况,为会员提供准确的数据,加强与会员的信息交流。

【鳗业工作委员会】 协助农业部渔业局做好鳗苗进口及欧鳗进出口管理工作。起草欧鳗再出口管理办法等文件,并组织召开出口企业座谈会,跟踪了解欧鳗进出口存在的问题。

对欧鳗出口企业申报文件进行初审,核减相应进口欧洲鳗苗进口数量;参加欧鳗再出口审批办法研讨会,提出相关意见建议。

参加农业部渔业局组织鳗苗资源调研工作。先后赴福建、上海调研我国鳗苗生产与资源情况;协助起草对日会谈口径,参加农业部渔业局与日本水产厅关于鳗苗资源保护会谈。

为应对国内鳗苗资源紧缺问题,与福建省鳗协等合作在海南省海口市举办花鳗养殖技术研讨会,促进鳗鱼养殖生产持续稳定发展。

组织接待日本鳗业协会代表团来华考察访问。交流中日两国鳗业产销情况,特别是鳗苗生产及资源保护情况等。

【淡水龙虾分会】 7月,在合肥召开了筹备成立大会,讨论了工作条例、第一届理事会工作大纲、会费标准等文件和一届理事会人选。

赴湖北、江苏、安徽等淡水龙虾产业大省,实地考察了淡水龙虾加工、养殖、出口企业,掌握了大量翔实的数据和情况,与相关企业沟通,积极宣传分会。

分会还在进行官网的搭建和资料收集工作。

(中国渔业协会)

中国渔业互保协会

【概况】 2012年,中国渔业互保协会以推进政策性渔业互助保险制度建设为目标,强化机遇意识,坚持规划引领,扎实做好渔业风险保障工作,在争地位、强管理、谋发展方面取得了历史性突破。1～12月,全系统共承保渔民929 414人,渔船69 722艘,互保费收入同比增长11.92%,为渔民群众提供风险保障超过2 000亿元,同比增长17.65%;共处理理赔案件14 213起,其中渔民理赔案件8 118起(死亡836人),渔船理赔案件6 095起(全损180艘),支付赔款37 723.46万元,有效发挥了"安民心、保稳定、促和谐"的重要作用。

【争地位、谋发展】

(1)渔业互助保险立法工作取得重大突破。农业保险立法工作启动以来,协会在农业部领导的关心下,在政法司、渔业局的帮助和协调下,一直积极争取在立法中将涉及渔业互助保险的相关事项予以确定。2012年在农业保险立法工作进入到快车道之后,协会加大了工作力度,通过中央媒体、政府内参等渠道,与有关专家学者、地方协会、省级办事机构一起,积极向国务院法制办等部门反映行业诉求。2012年6月12日,国务院法制办安建副主任在农业部副部长陈晓华陪同下到协会进行专题调研。在各方的共同努力下,国务院审议通过的《农业保险条例》,明确了互助保险组织的法律地位和涉农保险(渔船财产保险、涉及农民的生命和身体等方面的短期意外伤害保险)的主要业务范围。

(2)推动纳入中央财政保费补贴范围。对于推动将渔业互助保险纳入中央财政农业保险补贴的问题,协会明确了"两手抓"的工作思路,即一方面积极与财政部金融司、保监会财险部沟通并进行汇报,争取将纳入保监会业务监管和纳入财政部中央财政农业保险保费补贴范围一揽子解决;另一方面在未纳入农业保险保费补贴范围之前,争取保持农业部现有1 000万元补贴资金规模,并适当增加部分资金进行水产养殖保险试点。2012年4月,财政部李勇副部长调研浙江省农业保险情况时,专门听取了浙江省渔业互助保险情况的汇报;协会还协助农业部渔业局组织召开了渔业政策性保险试点工作会议,研究进一步完善项目执行和加强管理的方式和途径。会议结束后,渔业局就试点的相关问题向部领导作了专题汇报,张桃林副部长和牛盾副部长分别作出了重要批示,要求财务司和渔业局在加强农业部试点工作的基础上,积极推进将渔业纳入中央财政保费补贴范围。

(3)《全国渔业互助保险发展"十二五"规划》印发。根据牛盾副部长关于"加强研究制定中长期发展规划"的指示要求,在广泛听取各级渔业互保机构的建议并征求农业部渔业局、发展计划司相关处室意见的基础上,协会集全系统和有关专家的力量启动了《全国渔业互助保险发展"十二五"规划》的编撰工作。渔业局为此专门召开由渔业局相关处室负责人和有关专家学者参加的论证会,对规划进一步修改完善。2012年7月,农业部办公厅正式印发《全国渔业互助保险发展"十二五"规划(2011—2015年)》,确立了纳入监管、争取补贴、建立政策性渔业互助保险制度的工作任务,明确了"统一互保标识、统一示范条款、统一业务系统、统一会计核算"的"全国一盘棋"基本内涵,成为未来指导全国渔业互助保险发展的纲领性文件。

【强管理、重建设】

(1)加强业务建设。一是大力推动内陆地区渔业互保工作全面开展。协会除加强对现有机构的指导和扶持之外,新设立黑龙江省、河南省、云南省、湖南省和重庆市、新疆维吾尔自治区共6家省(自治区、直辖市)办事处;出台扩大渔民人身平安互保责任范围、提高保险保障数额等惠民措施,促进了内陆地区渔业互保业务数量和质量的整体提升。二是科学掌握协会偿付能力,为风险管控和再保险安排提供数据支持。协会根据业务实际建立了偿付能力计算模型,初步测算出了各项偿付能力指标,并以此为依据,重点开展协会内控制度的研究,继续与瑞士再保险公司商谈再保事宜。调整了浙江、山东等地方协会分保条件,统一并规范直属机构业务政策,优化再保险方案。三是制定全系统相对统一的险种示范条款。协会召集主要省份渔业互保机构业务负责同志,共同拟定了全国渔业互助保险示范条款,为获得农业保险经营资质后的条款报批做了准备。四是加强理赔数据分析和规范化管理。完成了2011年全国渔业互助保险理赔业务分析报告,理顺并健全了团体险理赔流程和拒赔案件处理流程,进一步完善了大案通报制度和报案登记制度,并在此基础上编写制定了《理赔网上操作办法(试行)》、《理赔索赔指南》和《互保综合业务系统理赔工作流程》。五是做好业务系统的改进和推广工作。针对各地反映协会第二代业务系统操作繁琐的情况,协会对业务系统进行了较大规模的升级改造,简化了操作流程,提高了使用效率。

(2)加强队伍建设。协会启动了秘书处中层干部竞聘上岗工作,邀请农业部监察局、渔政指挥中心、水产科学研究院的有关领导作为考官，通过群众投票、演讲面试、考官打分、民主评议和组织研究等程序，择优聘任12名同志走上中层干部岗位，初步形成了干部能上能下的用人机制，对协会全体员工的工作积极性起到了显著的激励作用，也为建立科学规范的秘书处中层干部聘任制度打下了良好的基础；为提升业务骨干的工作和管理素质，协会与农业部管理干部学院联合举办了全国渔业互助保险管理干部培训班，邀请渔业行政主管部门有关领导，中央党校、中央财经大学和对外经贸大学的知名教授，就经济金融形势、突发事件应对、农业保险政策、海洋渔业及热点问题、领导执行能力等方面的知识进行了专题讲解；协会还组织力量编写全国渔业互助保险培训示范教材，为在全系统内开展各层次人员的培训教育工作提供理论保证；作为队伍建设的一项常态化措施，2012年协会选派4名青年员工分别到国家渔业行政主管部门和地方渔业互助保险组织学习锻炼，帮助青年人提高综合素质和业务技能。

(3)加强制度建设。协会按照农业部副部长牛盾提出的"五大建设"的要求，积极采取切实有效的措施打造国家级协会。一是完善规章制度，推进精细化管理。先后出台了《教育培训管理办法》、《保密制度》、《车辆使用管理规定》等内部管理制度，并对协会固定资产重新进行了清查登记，进一步加强了对协会资产的管控。二是细化业务职责分工，对业务流程进行了梳理和再造，为建立科学合理的绩效考核体系奠定了基础。

(4)加强党建文化建设。协会坚持以党建促业务的思路，采用多种形式开展党建工作。为配合换届后的人员分工和部门职责的调整，协会党支部及时调整了支部委员分工，并重新划分了党小组。注重加强青年队伍建设和人才培养，创新青年活动形式和内容，举办一年多次的青年论坛活动。青年人将工作和生活中的感想体会与大家分享的同时，逻辑思维能力和语言表达能力得到锻炼，有效提升了业务能力、综合素质和精神境界。

(5)取得非营利组织免税资格。协会通过了北京市财政局、北京市国家税务局和北京市地方税务局关于非营利组织免税资格的联合审核认定，取得非营利组织免税资格，并从2011年起5年内享受免缴所得税的相关优惠政策，成为农业部主管的少数取得此资格的社会团体之一，也为协会开展的渔船和渔民互保业务符合《农业保险条例》第三十二条关于"有政策支持的涉农保险参照适用本条例"的规定提供了有力支撑。

（中国渔业互保协会）

中国水产流通与加工协会

【概况】 2012年，水产品流通与加工行业历经多年快速平稳发展后，是最不平凡，形势复杂、极具挑战的一年，外部环境受欧洲主权债务危机蔓延，世界主要发达经济体增长乏力的拖累；内部环境，因原材料价格上涨带来的压力，劳动力等成本连续上涨，加上内需增长的放缓使企业经营困难重重。面对这一不利的局面，全行业积极应对，保障了水产品流通与加工市场运行基本平稳。

【完成换届选举】 2012年7月13日，中国水产流通与加工协会在北京召开第五次会员代表大会，来自全国20个省、自治区、直辖市的216名会员代表出席了会议。会议审议并通过了四届理事会工作报告，选举产生了288位五届理事会成员，召开了五届一次理事会，选举产生常务理事、秘书长、副会长、会长。农业部党组成员张玉香当选为会长。在换届大会上，农业部副部长牛盾作了重要讲话，张玉香会长对新一届理事会提出了更高的要求，全体会员充满信心，增强了协会在行业内的凝聚力与向心力，为行业更好发展奠定了基础。

【为行业发展献计献策】

1.组织海参产业调研 根据海参产业呈现出北参南养、营销手段更新、消费市场拓展等一系列新动向、新问题，产业能否健康持续发展等问题，协会在全国海参产业基本情况、消费、海参价格、市场营销、质量及北参南养等方面进行调研。

2.推动水产行业信用体系建设 为树立水产行业诚信经营的良好形象，协会在行业内率先开展水产行业诚信体系建设，获得国家水产行业首家信用评价资质。1月份，协会顺利完成第二批水产行业信用评价工作，共有11家被评为AAA级企业。在5月商务部召开的2012年全国行业信用建设工作会议上，协会作为100多家全国性行业协会代表作了典型发言。通过协会的努力，为全国范围内水产相关行业与水产企业开展贸易活动提供了重要的信用参考依据。

3.通报罗非鱼低价行为 上半年，在罗非鱼产业形势不太景气的情况下，个别出口商屡次向国外采购商低报价，严重扰乱正常市场价格与市场秩序，损害行业利益，致使罗非鱼加工、出口、养殖企业陷于亏损的境地，在业内造成了很坏的影响。协会对此行为在业内进行了公开通报，强调行业自律行为，强化行业规范。

4. 与民生银行建立战略合作关系 为推进金融资本和产业的有效融合,3月份协会与民生银行现代农业金融事业部人员一同赴浙江、福建,对远洋捕捞、水产养殖、水产加工、销售及冷链物流等全产业链各环节进行了调研,与省市相关渔业主管部门、协会及企业座谈,协助其建立标准化渔业金融服务方案。参加民生银行在海洋渔业金融中心成立庆典上的银企座谈会,进一步推动我国海洋渔业的产业化、集约化发展。9月23日,张玉香会长与民生银行副行长毛晓峰在京签订战略合作协议。协会与中国民生银行的合作,开拓了水产行业中协会与金融以及企业多方合作的先河,加快推进中国水产品加工与流通的现代化。

5. 参加国务院食品安全委员会食品安全工作行业协会座谈会 在保障食品安全工作中,行业协会的作用得到充分发挥。中国水产流通与加工协会作为水产行业的代表参加了国务院食品安全委员会办公室召开的食品安全工作行业协会座谈会,在会上交流了关于协会在加强行业食品安全管理方面的做法、存在问题和相关工作建议,并对"国务院食品安全办及有关部门与食品相关行业协会联络协作机制"提出了书面建议,交流行业食品安全管理方面的经验。

【做好水产品相关标准的制(修)订工作】

1. 推动《冻熟对虾》行业标准出台 《冻熟对虾》标准是中国水产流通与加工协会首次牵头组织制订的行业标准,在国内主要大型对虾生产企业及相关科研单位积极参与下,通过近3年的努力,已于2012年3月顺利通过专家评审并进入报批程序,待农业部批准发布。《冻熟对虾》的制定标志着政府对行业协会牵头、企业参与制定标准的途径给予了应有的重视并纳入管理范畴。《冻熟对虾》标准的出台将规范我国水产加工与流通领域产品,对产业有积极的引导作用。

2. 参与食品安全标准梳理 根据卫生部来函征求对调整硫酸铝钾等13种含铝食品添加剂使用规定的意见,协会广泛征求了国内大型水产加工企业对食品添加剂——硫酸铝钾和硫酸铝胺(又称钾明矾和铵明矾)的意见,根据产业实际情况,形成保留硫酸铝钾和硫酸铝胺作为海蜇中食品添加剂的使用建议,以确保海蜇产业的健康持续发展。

根据卫生部来函征求拟撤销2,4-二氯苯氧乙酸等38种食品添加剂意见,广泛征求国内大型水产生产、流通与加工企业及相关专家的意见,从以虾蟹壳等水产加工副产物为原料制备甲壳素是水产品副产物综合利用的有益体现,也是对环境保护的贡献,形成建议保留甲壳素(几丁质)作为食品添加剂的反馈意见。

完成卫生部办公厅征集2013年国家食品安全风险监测计划,经征求专家意见及讨论研究,汇总包括食品中化学污染物及有害因素监测、食源性致病菌监测及病毒、贝毒等检测项目及采样环节共计11项的建议。

3. 参与水产品及水产加工品标准梳理 根据卫生部、农业部着手梳理现有水产标准及完成2013—2015年度的水产品及水产加工品的标准立项计划,将急需制定的标准、会员企业反映的问题及相关企业计划申报制(修)订标准的意愿反映至全国水产标准化技术委员会及相关专家。提供水产品在流通环节的添加剂安全风险隐患的数据,及时总结汇总冻银鱼、鱼油标准修订,鱼鳞胶原蛋白制品制定,冻虾、烤虾及干海参加工技术规范6个水产标准制(修)订项目建议,上报至全国水产标准化技术委员会。同时根据产业发展现状,对《食品安全国家标准 干海参》提出修改建议。

【加强国际合作,扩大协会国际影响力】

1. 承担欧盟可持续项目 中国水产流通与加工协会联合欧洲水产养殖管理委员会(ASC),于4月完成欧盟推动发展中国家环境可持续性建设项目的申请工作,成为国内首家成功申请欧盟资金支持的水产类行业协会。项目资金支持额度100万欧元,通过与各项目相关方的多次协商,已确定实施计划。该项目积极推动中国罗非鱼全产业链的可追溯体系建设,将使这一中国水产养殖的主要品种符合绿色可持续的理念,最终成为水产领域的表率。从项目申请书的撰写,到预算的分配汇总,以及与国际合作方和欧盟主办方的沟通,以极高的效率和严谨的工作态度,受到了合作方的一致称赞,进一步提升协会在国际上的地位。

2. 开展重点消费鱼类调研 应世界自然基金会(WWF)—北京、澳大利亚、香港办事处请求,开展了关于中国石斑鱼、梭子蟹两个产业的调研项目,现已完成福建、广东、海南等主要石斑鱼、梭子蟹产销地的调研工作,基本摸清了石斑鱼、梭子蟹流通渠道和价格形成机制,将为中国石斑鱼、梭子蟹贸易提供有效建议,同时为国际社会正确客观了解中国石斑鱼、梭子蟹现状提供依据。

3. 参加CAC亚洲区域紫菜标准第二次研讨会 参加了5月份在北京召开的CAC亚洲区域紫菜标准第二次研讨会预备会议,提出制定的亚洲区域紫菜标准要从利于中国自身紫菜产业发展方向出发,对于坛紫菜是否列入CAC亚洲区域紫菜标准范围的问题,要充分考虑到是否存在潜在的技术贸易壁垒等问题,从不影响未来国际贸易角度作出决策。并及时将会议信息传递给从事紫菜产品生产、加工的相关企业。

4. 启动 ASC 认证工作，以认证为契机推动罗非鱼产业有序发展 为促进中国罗非鱼企业进一步开拓国际市场，协会联合水产养殖管理委员会（ASC）启动了中国罗非鱼产业 ASC 认证工作，并于 11 月召开了罗非鱼产业中外交流圆桌会议，确定了 8 家中国首批 ASC 认证申请企业。本次会议的召开，向国际展示了我国推动罗非鱼产业可持续发展的决心，树立中国负责任大国的形象，为更多发展中国家的水产养殖做出表率。

另外，协会还参加了爱尔兰海产品委员会在北京举办的贸易洽谈，以及东盟理事会在北京举办的缅甸投资说明会，接待了韩国、墨西哥、巴西等国和帕卡德基金会的代表来访，并建立友好联系。

【以专业会议，引导行业健康发展】

1. 召开水产冷冻技术高级研讨会 5 月份，与中国海洋大学食品学院、美国 JBT 科技三家联合主办了水产冷冻技术高级研讨会，与国际知名的食品加工设备设计和制造公司合作，搭建技术交流平台，将先进的技术等与国内水产加工企业分享，推动加工厂生产机械化水平及水产品精深加工水平的提升。

2. 召开第四届中国对虾产业发展论坛 针对 2012 年对虾出口量和出口额下降，出口企业盈利空间缩小的形势，为响应国家扩大内需号召，进一步提升企业增长空间，推动企业思维创新，5 月份在广东珠海市召开了第四届中国对虾产业发展论坛，大会通过采用产、学、研充分交流的形式，在对虾病害及养殖模式、贸易、养殖体系、加工、养殖机械等方面进行了热烈讨论。论坛已经成为东亚地区对虾产业最有影响力的专题活动，备受包括中国、泰国、越南、印度尼西亚和印度等重要生产国的关注，在带动产业可持续发展方面起到了很好的推动作用。

3. 举办首届中国鱼粉鱼油产业大会 为掌控国内外鱼粉鱼油产业现状与发展趋势，6 月在大连举办首届中国鱼粉鱼油产业大会，国际鱼粉鱼油协会（IFFO）给予了大力支持，会议召集了国内全部重点鱼粉生产商、贸易商和大型饲料商，鱼粉产业内知名人士和著名专家也悉数到会，会议规模近 500 人，在行业内产生了重要影响，已成为鱼粉鱼油产业重要交流和信息发布平台，将为与国际接轨、协调国内产业发展提供有力保障。

4. 举办首届全国大学生水产食品加工与创意大赛 2012 年年初正式启动 2012 第一届“东方海洋”杯全国大学生水产食品加工与创意大赛，经过 9 个月的筹备，在各方的共同努力协作下，共收到来自国内 22 所知名高校的 167 份作品，经过严格筛选最终 30 份作品进入决赛。8 月份举办决赛。大赛开创了食品企业、行业协会、高校、金融四方合作的先河，为未来水产业创新人才和社会之间搭建了良好的沟通平台，为企业提供未来水产人才获取，培养科技研发的中坚力量创造条件。

5. 召开第九届罗非鱼产业发展论坛 为引导产业创新，推动市场开拓，11 月在海南海口召开了第九届罗非鱼产业发展论坛，超过 200 名国内外同业人士参加了会议。本届论坛在理清发展思路，推动转型升级和市场开拓方面取得了一定成效，增强了罗非鱼业者对产业的信心，为今后罗非鱼产业如何走好可持续发展之路提出了新的思考和构想。

另外，11 月协会承办了由农业部主办的全国水产品加工业发展促进工作会议，承担全国水产品加工业发展促进工作会议的筹备和会务工作。

【积极拓展国内外市场】

1. 以展会为平台，拓展国际市场 根据市场需求情况，协会重点组织企业参加了第三十二届美国波士顿国际水产品展览会、第二十届欧洲水产品展览会、第十四届日本东京国际海产品及技术博览会、香港亚洲海鲜展和迪拜国际水产品博览会。其中组织了 53 家企业 100 余人参加美国波士顿国际水产品展览会，租用展位 39 个；组织 24 家企业参加欧洲水产品展览会，租用展位面积 339 平方米，成为本届展会中展位最佳、面积最大、参展企业区域分布最广的中国展区。

2. 组织推介会，扩大内销市场 年内首次和国际著名展览公司合作，承办了中国国际食品和饮料展览会（简称中食展）水产品专区，受到业界的广泛关注，吸引海内外众多专业采购商前来参观、洽谈。

协会连续第十年承办中国国际农产品交易会水产展区。此次交易会将水产展区单独设立水产展馆，展区面积 3 400 平方米，展位面积 1 450 平方米，成为展示品种最多、影响力最大的展区。

协会联合福建省水产加工流通协会在福州渔博会期间开展了以“吃优质水产品，享受健康生活”为主题的“2012 全国名优水产品（福州）推广活动”，推广会员企业提供了具有福建本地特色的“大黄鱼、鲈鱼、海参、鲍鱼、海带、紫菜”等优质水产品。活动期间，还以现场烹饪、视频播放的形式推介优秀水产企业。

【进一步完善会员信息服务功能】

1. 办好《中国水产贸易》会刊 《中国水产贸易》

会刊紧紧围绕国家有关"十二五"时期水产加工与流通行业发展的政策指导，策划栏目内容，提升会刊综合质量。及时宣传报道行业与会员企业的最新动态，以及国内国际政策法规的最新变化；及时反映我国水产品进出口贸易及批发市场的季度、半年、年度等阶段性情况；及时收集欧盟、美国等主要水产品贸易国公布的最新渔业数据；对美国《食品安全现代法案》作深度报道，详细分析其对我国水产品出口的影响，确保我国水产品出口稳定。2012 年会刊共刊登了 37 篇专题研讨文章，2 000 余条国际国内贸易资讯，300 余条食品质量安全与预警信息等等。

2. 继续加强网站建设 网站以服务会员、促进行业发展为宗旨，密切关注行业发展动态，紧密围绕协会的工作和会员需要，及时发布协会工作动态及行业最新信息，共发布行业各类信息 2 800 多条，为会员提供了信息交流的平台和行业信息来源。利用协会网站积极宣传会员企业发展动态及协会开展的各类活动，增强了会员的凝聚力，通过品牌推广等，强化了协会网站对外宣传和会员服务窗口的作用。

3. 加强水产品质量安全舆情监测 为加强对国内外水产品质量安全和主要出口及新兴市场贸易预警，便于企业及时了解国家部委最新政策走向，继续对国内外重要媒体和网站进行监测，每周向政府主管部门和理事通报国内外水产品质量安全、政策调整的情况，对个别水产品质量安全热点问题进行跟踪报道。截止到 2012 年底，已经连续发布 48 期水产品信息周报，并针对"注胶虾"、"家乐福油鱼冒充鳕鱼"、"食用过量水产品导致肌溶解"等重要水产品质量安全事件予以跟踪报道。舆情监测工作受到了主管部门、企业和科研院所的肯定。

4. 开通短信平台，畅通服务 为更好地服务会员，年内开通了短信平台，定期发布水产品质量安全信息以及协会动态。另外创建了会长通讯，以传真和邮件的方式将每个月的重要活动信息通报给副会长及以上单位。

另外，经民政部和农业部批准，协会还成立了墨鱼分会，并于 2012 年 12 月 12 日在广州召开了成立大会。

（中国水产流通与加工协会）

中国休闲垂钓协会

【概况】 中国休闲垂钓协会第一次全国会员代表大会暨一届一次理事会于 2011 年 12 月 23 日在北京召开，会议听取了协会筹备组的工作汇报，审议并通过了《中国休闲垂钓协会章程》、《中国休闲垂钓协会会费标准》和《中国休闲垂钓协会工作规划》；选举产生了以农业部原副部长齐景发为会长的第一届理事会。

当晚，中国休闲垂钓协会举行了成立庆典晚会，全国政协副主席郑万通、农业部副部长牛盾、农业部总经济师杨绍品、国资委监事会副主席杨坚、中国奥委会副主席王钧、农业部渔业局局长赵兴武及农业部有关部门的领导出席了晚会。郑万通副主席、牛盾副部长为中国休闲垂钓协会会牌揭牌。

1. 与地方政府合作，开展建设休闲垂钓之乡工作，促进当地休闲渔业发展 2012 年协会分别和广东饶平市、河南民权县、吉林大安市和安徽舒城县人民政府建立了合作关系。授予了上述 4 个地区"中国休闲垂钓之乡"或"中国国际休闲垂钓基地"的称号，并举办了休闲垂钓活动。结合地方文化特点，适时与当地政府合作举办具有文化特点的活动，如，在平潭，结合福州海峡渔业周，举办"两岸三地'西航杯'海钓锦标赛"；在民权，结合当地举办的庄子文化节，举办"中国书画名家垂钓邀请赛"等。

2. 推动休闲垂钓场所建设 为了让垂钓爱好者享有更多更好的垂钓场所，也为了推动更多有条件的水产养殖场改善经营模式，增加收入，协会开展了评选休闲垂钓基地活动，分为国际级、国家级、省级、地(市)级、县级和会员级等 6 个等级。已评定安徽舒城万佛湖为"中国(万佛湖)国际休闲垂钓基地"，广东饶平柘林湾和四川成都三岔湖已提出申请。协会计划在此基础上成立"垂钓场专业委员会"和"中国好钓场联盟"，开展"钓场管理培训"工作，目的是推动休闲垂钓场所建设、提高垂钓场经营管理水平和增强各钓场之间的协作关系。

3. 促进我国垂钓用品产业发展 近几年，我国垂钓用品产业发展速度较快，受益于生产技术水平不断提高和需求不断扩大，垂钓用品产业在国内和国际市场上的发展形势都十分看好。但是，由于新进入企业不断增多，原材料价格持续上涨，导致行业利润降低等原因，市场竞争也日趋激烈。只有更加注重培育优秀品牌、提高创新能力，才能加强企业竞争优势。为此，协会成立了"垂钓用品专业委员会"，创办了"中国垂钓用品博览会"，开展评选"垂钓用品博览会最佳产品奖和创新产品奖"活动。此外，为了提高我国垂钓饵料的质量水平，协会已在进行饵料行业标准的制订工作，该标准的申请已通过农业部有关主管部门的初审。

4. 做好垂钓文化建设工作 已开展的工作有：(1)与中央电视台科教节目制作中心合作，拍摄 30 集电视纪录片《游钓中国》，计划在我国渔区选取 20 个左右鲜为人知的垂钓胜地，采取自驾车形式，拍摄当地的秀美风光、渔业资源、垂钓场所和风俗民情，在中央电视台5频道和央视网播出，还将制成影碟向全世界发行；(2)创办《中国休闲垂钓》杂志，该杂志由协会主管，于2012年12月23日创刊，办刊初期将主要为协会会员服务，免费发给协会会员，之后逐步转向市场化经营；(3)编辑出版《渔情古韵》一书，农业部原纪检书记、协会顾问宋树友先生收集了100多首与垂钓有关的古诗，秘书处计划请多位我国著名书法家书写这些古诗，赠送给协会，由科学普及出版社出版发行；(4)与央视网华人频道联合筹备"首届休闲渔业文化节暨全国媒体杯休闲垂钓大赛"。

5. 加强机构建设 机构建设工作主要分为三方面：(1)为了更加迅速和有效地开展工作，协会计划逐步在各地建立办事机构，已建立和正在筹备的机构有福建工作委员、河北工作委员会、江苏工作委员会、海南工作委员会和北京工作委员会，正在筹备建立山西和浙江工作委员会，这些机构暂时作为协会的内设机构，待民政部批准后正式成为协会在各地的办事机构，主要任务是：发展本地区会员，开展垂钓活动，向协会反映会员的意见和要求，组织本地会员参加协会活动等；(2)成立专业委员会，计划成立垂钓用品专业委员会、钓场管理专业委员会、钓技钓法专业委员会、垂钓文化专业委员会和专家委员会；(3)成立各类垂钓俱乐部和钓友会，已成立书画名家钓友会、江苏兴化钓友会，正在筹备的有河北海钓钓友会和三沙海钓钓友会。

6. 参加农业部渔业局的休闲渔业调研组，参与调研工作，承担并完成了农业部渔业局委托的制订《全国休闲渔业示范基地标准》及评选办法的工作。

（中国休闲垂钓协会）

中华人民共和国渔业船舶登记办法

第一章 总 则

第一条 为加强渔业船舶监督管理，确定渔业船舶的所有权、国籍、船籍港及其他有关法律关系，保障渔业船舶登记有关各方的合法权益，根据《中华人民共和国海上交通安全法》、《中华人民共和国渔业法》、《中华人民共和国海商法》等有关法律、法规的规定，制定本办法。

第二条 中华人民共和国公民或法人所有的渔业船舶，以及中华人民共和国公民或法人以光船条件从境外租进的渔业船舶，应当依照本办法进行登记。

第三条 农业部主管全国渔业船舶登记工作。中华人民共和国渔政局具体负责全国渔业船舶登记及其监督管理工作。县级以上地方人民政府渔业行政主管部门主管本行政区域内的渔业船舶登记工作。县级以上地方人民政府渔业行政主管部门所属的渔港监督机关（以下称登记机关）依照规定权限负责本行政区域内的渔业船舶登记及其监督管理工作。

第四条 渔业船舶依照本办法进行登记，取得中华人民共和国国籍，方可悬挂中华人民共和国国旗航行。

第五条 渔业船舶不得具有双重国籍。凡在境外登记的渔业船舶，未中止或者注销原登记国籍的，不得取得中华人民共和国国籍。

第六条 渔业船舶所有人应当向户籍所在地或企业注册地的县级以上登记机关申请办理渔业船舶登记。远洋渔业船舶登记由渔业船舶所有人向所在地省级登记机关申请办理。中央在京直属企业所属远洋渔业船舶登记由渔业船舶所有人向船舶所在地的省级登记机关申请办理。渔业船舶登记的港口是渔业船舶的船籍港。每艘渔业船舶只能有一个船籍港。省级登记机关应当根据本行政区域渔业船舶管理实际确定省级以下登记机关的登记权限和船籍港名称，并对外公告。

第七条 登记机关应当建立渔业船舶登记簿，并将渔业船舶登记的内容载入渔业船舶登记簿。权利人和利害关系人有权依法查阅渔业船舶登记簿。

第八条 登记机关应当将登记的事项、依据、条件、程序、期限以及需要提交的全部材料目录和申请书示范文本在办公场所进行公示。登记机关应当自受理申请之日起二十个工作日内作出是否准予渔业船舶登记的决定。不予登记的，书面通知当事人并说明理由。

第二章 船名核定

第九条 渔业船舶只能有一个船名。

远洋渔业船舶、科研船和教学实习船的船名由申请人提出，经省级渔业船舶登记机关审核后，报中华人民共和国渔政局核定。公务船舶的船名按照农业部的规定办理。前款规定以外的其他渔业船舶的船名由登记机关按农业部的统一规定核定。

第十条 有下列情形之一的，渔业船舶所有人或承租人应当向登记机关申请船名：

（一）制造、进口渔业船舶的；

（二）因继承、赠与、购置、拍卖或法院生效判决取得渔业船舶所有权，需要变更船名的；

（三）以光船条件从境外租进渔业船舶的。

第十一条 申请渔业船舶船名核定，申请人应当填写渔业船舶船名申请表，交验渔业船舶所有人或承租人的户口簿或企业法人营业执照，并提交下列材料：

（一）捕捞渔船和捕捞辅助船应当提交省级以上人民政府渔业行政主管部门签发的渔业船网工具指标批准书；

（二）养殖渔船应当提交渔业船舶所有人持有的养殖证；

（三）从境外租进的渔业船舶，应当提交农业部同意租赁的批准文件；

（四）申请变更渔业船舶船名的，应当提供变更理由及相关证明材料。

第十二条　登记机关应当自受理申请之日起七个工作日内作出核定决定。予以核定的，向申请人核发渔业船舶船名核定书，同时确定该渔业船舶的船籍港。不予核定的，书面通知当事人并说明理由。省级登记机关受理远洋渔业船舶船名申请的，应当自受理申请之日起七个工作日内签署审核意见，报中华人民共和国渔政局核定。省级登记机关在审核远洋渔业船舶的船名时，应当同时确定船籍港。

第十三条　渔业船舶船名核定书的有效期为十八个月。超过有效期未使用船名的，渔业船舶船名核定书作废，渔业船舶所有人应当按照本办法规定重新提出申请。

第三章　所有权登记

第十四条　渔业船舶所有权的取得、转让和消灭，应当依照本办法进行登记；未经登记的，不得对抗善意第三人。

第十五条　渔业船舶所有权登记，由渔业船舶所有人申请。共有的渔业船舶，由持股比例最大的共有人申请；持股比例相同的，由约定的共有人一方申请。申请渔业船舶所有权登记，应当填写渔业船舶所有权登记申请表，并提交下列材料：

（一）渔业船舶所有人户口簿或企业法人营业执照；

（二）取得渔业船舶所有权的证明文件：

1. 制造渔业船舶，提交建造合同和交接文件；

2. 购置渔业船舶，提交买卖合同和交接文件；

3. 因继承、赠与、拍卖以及法院判决等原因取得所有权的，提交具有相应法律效力的证明文件；

4. 渔业船舶共有的，提交共有协议；

5. 其他证明渔业船舶合法来源的文件。

（三）渔业船舶检验证书、渔业船舶船名核定书；

（四）反映船舶全貌和主要特征的渔业船舶照片；

（五）原船籍港登记机关出具的渔业船舶所有权注销登记证明书（制造渔业船舶除外）；

（六）捕捞渔船和捕捞辅助船的渔业船网工具指标批准书；

（七）养殖渔船所有人持有的养殖证；

（八）进口渔业船舶的准予进口批准文件和办结海关手续的证明；

（九）农业部规定的其他材料。登记机关准予登记的，向渔业船舶所有人核发渔业船舶所有权登记证书。

第四章　国籍登记

第十六条　渔业船舶应当依照本办法进行渔业船舶国籍登记，方可取得航行权。

第十七条　渔业船舶国籍登记，由渔业船舶所有人申请。

申请国籍登记，应当填写渔业船舶国籍登记申请表，并提交下列材料：

（一）渔业船舶所有人的户口簿或企业法人营业执照；

（二）渔业船舶所有权登记证书；

（三）渔业船舶检验证书；

（四）捕捞渔船和捕捞辅助船的渔业船网工具指标批准书；

（五）养殖渔船所有人持有的养殖证；

（六）进口渔业船舶的准予进口批准文件和办结海关手续的证明；

（七）渔业船舶委托其他渔业企业代理经营的，提交代理协议和代理企业的营业执照；

（八）原船籍港登记机关出具的渔业船舶国籍注销或者中止证明书（制造渔业船舶除外）；

（九）农业部规定的其他材料。国籍登记与所有权登记同时申请的，免予提交前款规定的第一、二、三、四、五、六项材料。登记机关准予登记的，向船舶所有人核发渔业船舶国籍证书，同时核发渔业船舶航行签证簿，载明船舶主要技术参数。

第十八条　从事国内作业的渔业船舶经批准从事远洋渔业的，渔业船舶所有人应当持有关批准文件和国际渔船安全证书向省级登记机关申请换发渔业船舶国籍证书，并将原渔业船舶国籍证书交由省级登记机关暂存。

第十九条　经农业部批准从事远洋渔业的渔业船舶，需要加入他国国籍方可在他国管辖海域作业的，渔业船舶所有人应当持有关批准文件和国际渔船安全证书向省级登记机关申请中止渔业船舶国籍。登记机关准予中止国籍的，应当封存该渔业船舶国籍证书和航行签证簿，并核发渔业船舶国籍中止证明书。依照前款规定中止国籍的渔业船舶申请恢复国籍的，应当持有关批准文件和他国登记机关出具的注销该国国籍证明书或者将于重新登记时立即注销该国国籍的证明书，向省级登记机关提出申请。登记机关准予恢复国籍的，应当发还该渔业船舶国籍证书和航行签证簿，并收回渔业船舶国籍中止证明书。

第二十条　以光船条件从境外租进渔业船舶的，承租人应当持光船租赁合同、渔业船舶检验证书或报告、农业部批准租进的文件和原登记机关出具的中止或者注销原国籍的证明书，或者将于重新登记时立即中止或者注销原国籍的证明书，向省级登记机关申请办理临时渔业船舶国籍证书。

第二十一条 渔业船舶国籍证书有效期为五年。对达到农业部规定的老旧渔业船舶船龄的渔业船舶，登记机关核发渔业船舶国籍证书时，其证书有效期限不得超过渔业船舶检验证书记载的有效期限。

第二十二条 以光船租赁条件从境外租进的渔业船舶，临时渔业船舶国籍证书的有效期根据租赁合同期限确定，但是最长不得超过两年。租赁合同期限超过两年的，承租人应当在证书有效期届满三十日前，持渔业船舶租赁登记证书、原临时渔业船舶国籍证书和租赁合同，向原登记机关申请换发临时渔业船舶国籍证书。

第二十三条 渔业船舶国籍证书或临时渔业船舶国籍证书必须随船携带。

第五章 抵押权登记

第二十四条 渔业船舶抵押权的设定、转移和消灭，抵押权人和抵押人应当共同依照本办法进行登记；未经登记的，不得对抗善意第三人。

第二十五条 渔业船舶所有人或其授权的人可以设定船舶抵押权。渔业船舶共有人就共有渔业船舶设定抵押权时，应当提供三分之二以上份额或者约定份额的共有人同意的证明文件。渔业船舶抵押权的设定，应当签订书面合同。

第二十六条 同一渔业船舶可以依法设定两个以上抵押权，抵押关系设定顺序，以抵押登记的先后为准。

第二十七条 抵押权人和抵押人共同申请渔业船舶抵押权登记，应当填写渔业船舶抵押权登记申请表，并提交下列材料：

（一）抵押权人和抵押人的户口簿或企业法人营业执照；

（二）渔业船舶所有权登记证书；

（三）抵押合同及其主合同；

（四）农业部规定的其他材料。登记机关准予登记的，应当将抵押权登记情况载入渔业船舶所有权登记证书，并向抵押权人核发渔业船舶抵押权登记证书。

第二十八条 抵押权人依法转移船舶抵押权的，应当和承转人持渔业船舶所有权登记证书、渔业船舶抵押权登记证书和船舶抵押权转移合同，向原登记机关申请办理抵押权转移登记。办理渔业船舶抵押权转移登记，抵押权人应当事先通知抵押人。登记机关准予登记的，应当将有关抵押权转移情况载入渔业船舶所有权登记证书，封存原渔业船舶抵押权登记证书，并向承转人核发渔业船舶抵押权登记证书。

第六章 光船租赁登记

第二十九条 以光船条件出租渔业船舶，或者以光船条件租进境外渔业船舶的，出租人和承租人应当依照本办法进行光船租赁登记；未经登记的，不得对抗善意第三人。

第三十条 中国籍渔业船舶以光船条件出租给中国籍公民或法人的，出租人和承租人应当共同填写渔业船舶租赁登记申请表，向船籍港登记机关申请办理光船租赁登记，并提交下列材料：

（一）承租人的户口簿或企业法人营业执照；

（二）渔业船舶所有权登记证书、渔业船舶国籍证书、渔业船舶检验证书和渔业船舶航行签证簿；

（三）租赁合同；

（四）租赁捕捞渔船和捕捞辅助船的，提交出租人所在地渔业行政主管部门出具的捕捞许可证注销证明、承租人所在地渔业行政主管部门同意租赁渔业船舶的证明文件；租赁远洋渔业船舶或者跨省租赁渔业船舶的，还应当经出租人和承租人双方所在地省级人民政府渔业行政主管部门同意后报农业部批准；

（五）渔业船舶已设定抵押权的，提供抵押权人同意出租该渔业船舶的证明文件；

（六）农业部规定的其他材料。登记机关准予登记的，应当将租赁情况载入渔业船舶所有权登记证书和国籍证书，并向出租人和承租人核发渔业船舶租赁登记证书各一份。

第三十一条 中国籍渔业船舶以光船条件出租到境外的，出租人应当持本办法第三十条第一款第二、三、五、六项规定的文件，向船籍港登记机关申请办理光船租赁登记。捕捞渔船和捕捞辅助船还应当提供省级以上人民政府渔业行政主管部门出具的渔业捕捞许可证暂存证明。登记机关准予登记的，应当中止该渔业船舶国籍，封存渔业船舶国籍证书和航行签证簿，将租赁情况载入渔业船舶所有权登记证书和国籍证书，并向出租人核发渔业船舶租赁登记证书和渔业船舶国籍中止证明书。

第三十二条 中国籍公民或法人以光船条件租进境外渔业船舶的，承租人应当填写渔业船舶租赁登记申请表，向所在地省级登记机关申请办理光船租赁登记，并提交下列材料：

（一）承租人的户口簿或企业法人营业执照；

（二）租赁合同；

（三）国家渔业船舶检验机构签发的渔业船舶检验证书或检验报告；

（四）境外登记机关出具的中止或注销该船国籍

的文件，或者将于重新登记时立即中止或注销船舶国籍的文件；

（五）农业部批准租进的文件；

（六）农业部规定的其他材料。登记机关准予登记的，应当向承租人核发渔业船舶租赁登记证书，并将租赁登记内容载入临时渔业船舶国籍证书。

第七章　变更登记和注销登记

第三十三条　下列登记事项发生变更的，渔业船舶所有人应当向原登记机关申请变更登记：

（一）船名；

（二）船舶主尺度、吨位或船舶种类；

（三）船舶主机类型、数量或功率；

（四）船舶所有人姓名、名称或地址（船舶所有权发生转移的除外）；

（五）船舶共有情况；

（六）船舶抵押合同、租赁合同（解除合同的除外）。

第三十四条　渔业船舶所有人申请变更登记，应当填写渔业船舶变更登记申请表，并提交下列材料：

（一）渔业船舶所有人的户口簿或企业法人营业执照；

（二）渔业船舶所有权登记证书、渔业船舶国籍证书、渔业船舶检验证书和航行签证簿；

（三）变更登记证明材料：

1. 船名变更的，提交渔业船舶船名核定书；

2. 更新改造捕捞渔船和捕捞辅助船的，提交渔业船网工具指标批准书；

3. 渔业船舶所有人姓名、名称或地址变更的，提交公安部门或者工商行政管理部门核发的变更证明文件；

4. 船舶抵押合同变更的，提交抵押合同及补充协议和抵押权登记证书；船舶租赁合同变更的，提交租赁合同及补充协议和租赁登记证书；

5. 船舶共有情况变更的，提交共有协议和共有各方同意变更的书面证明。

（四）农业部规定的其他材料。登记机关受理变更登记申请，经审查发现申请变更事项将导致登记机关发生变更的，应当书面通知渔业船舶所有人向有权机关申请办理渔业船舶登记，并将船舶登记档案转交给有权机关。登记机关准予变更登记的，应当换发相关证书，并收回、注销原有证书。换发的证书有效期不变。

第三十五条　渔业船舶有下列情形之一的，渔业船舶所有人应当向登记机关申请办理渔业船舶所有权注销登记：

（一）所有权转移的；

（二）灭失或失踪满六个月的；

（三）拆解或销毁的；

（四）自行终止渔业生产活动的。

第三十六条　渔业船舶所有人申请注销登记，应当填写渔业船舶注销登记申请表，并提交下列材料：

（一）渔业船舶所有人的户口簿或企业法人营业执照；

（二）渔业船舶所有权登记证书、国籍证书和航行签证簿。因证书灭失无法交回的，应当提交书面说明和在当地报纸上公告声明的证明材料；

（三）捕捞渔船和捕捞辅助船的捕捞许可证注销证明；

（四）注销登记证明材料：

1. 渔业船舶所有权转移的，提交渔业船舶买卖协议或所有权转移的其他法律文件；

2. 渔业船舶灭失或失踪六个月以上的，提交有关渔港监督机构出具的证明文件；

3. 渔业船舶拆解或销毁的，提交有关渔业行政主管部门出具的渔业船舶拆解、销毁或处理证明；

4. 渔业船舶已办理抵押权登记或租赁登记的，提交相应登记注销证明书；

5. 自行终止渔业生产活动的，提交不再从事渔业生产活动的书面声明。

（五）农业部规定的其他材料。登记机关准予注销登记的，应当收回前款第二项所列证书，并向渔业船舶所有人出具渔业船舶注销登记证明书。登记机关在注销渔业船舶所有权登记时，应当同时注销该渔业船舶国籍。

第三十七条　渔业船舶所有权因依法拍卖和法院生效判决发生转移，但原所有人未申请注销的，依法取得该渔业船舶所有权的所有人可以向登记机关申请注销所有权登记，并提交第三十六条第一项、第三项、第四项第一目、第五项所列材料。登记机关经审查准予注销登记的，应当向申请人出具渔业船舶注销登记证明书。渔业船舶灭失或失踪、拆解或销毁的，依法取得渔业船舶相关权利的权利人可以依照前款规定向登记机关申请注销登记。登记机关准予注销渔业船舶所有权登记和国籍的，应当予以公告。

第三十八条　渔业船舶有第三十五条第二、三项情形之一，但所有人或者依法取得渔业船舶相关权利的权利人未申请注销所有权登记的，登记机关经查明，可在上述情形发生六个月后，在当地报纸上发布拟注销登记公告。自公告发布之日起三十日内无异议或异议不成立的，登记机关可注销该渔业船舶所有权登记和国籍登记，并予以公告。

第三十九条 有下列情形之一的，登记机关可直接注销该渔业船舶国籍：

（一）国籍证书有效期满未延续的；

（二）渔业船舶检验证书有效期满未依法延续的；

（三）以贿赂、欺骗等不正当手段取得渔业船舶国籍的；

（四）依法应当注销的其他情形。

第四十条 已经办理注销登记的灭失或失踪的渔业船舶，经打捞或寻找，原船恢复后，渔业船舶所有人应当书面说明理由，持有关证明文件，依照本办法向原登记机关重新申请办理渔业船舶登记。

第四十一条 船舶抵押合同解除，抵押权人和抵押人应当填写渔业船舶抵押权注销登记申请表，持渔业船舶所有权登记证书、渔业船舶抵押权登记证书、经抵押权人签字的解除抵押合同的文件和双方身份证明文件，向登记机关申请办理船舶抵押权注销登记。登记机关准予注销登记的，应当注销其在渔业船舶所有权登记证书上的抵押登记记录，收回渔业船舶抵押权登记证书，存入该船登记档案。

第四十二条 中国籍渔业船舶以光船条件出租给中国籍公民或法人的光船租赁合同期满或光船租赁关系终止，出租人和承租人应当自光船租赁合同期满或光船租赁关系终止之日起三十日内，填写渔业船舶租赁登记注销申请表，向登记机关申请办理光船租赁注销登记，并提交下列材料：

（一）渔业船舶所有权登记证书、国籍证书；

（二）渔业船舶租赁登记证书；

（三）光船租赁合同或者终止光船租赁关系的证明文件；

（四）捕捞渔船和捕捞辅助船的捕捞许可证注销证明；

（五）农业部规定的其他材料。登记机关准予注销登记的，应当注销渔业船舶所有权登记证书和国籍证书上的光船租赁登记记录，收回渔业船舶租赁登记证书，向出租人、承租人分别出具渔业船舶租赁登记注销证明书。

第四十三条 中国籍渔业船舶以光船条件出租到境外的光船租赁合同期满或光船租赁关系终止，出租人应当自光船租赁合同期满或光船租赁关系终止之日起三十日内，填写渔业船舶租赁登记注销申请表，向登记机关申请办理光船租赁注销登记，并提交下列材料：

（一）渔业船舶所有权登记证书；

（二）渔业船舶租赁登记证书；

（三）光船租赁合同或者终止光船租赁关系的证明文件；

（四）境外登记机关出具的国籍登记注销证明书或者将于重新登记时立即注销船舶国籍的证明书；

（五）农业部规定的其他材料。登记机关准予注销登记的，应当注销渔业船舶所有权登记证书和国籍证书上的光船租赁登记记录，收回渔业船舶租赁登记证书，向出租人出具渔业船舶租赁登记注销证明书，并发还封存的渔业船舶国籍证书和航行签证簿，依法恢复该船国籍。

第四十四条 中国籍公民或法人以光船租赁条件从境外租进渔业船舶的光船租赁合同期满或光船租赁关系终止，承租人应当自光船租赁合同期满或光船租赁关系终止之日起三十日内，填写渔业船舶租赁登记注销申请表，向登记机关申请办理光船租赁注销登记，并提交下列材料：

（一）渔业船舶租赁登记证书；

（二）光船租赁合同或者终止光船租赁关系的证明文件；

（三）临时渔业船舶国籍证书和航行签证簿；

（四）捕捞渔船和捕捞辅助船的捕捞许可证注销证明；

（五）农业部规定的其他材料。登记机关准予注销登记的，应当注销该光船租赁登记记录，收回临时渔业船舶国籍证书和渔业船舶租赁登记证书，向承租人出具渔业船舶租赁登记注销证明书。

第八章 证书换发和补发

第四十五条 渔业船舶所有人应当在渔业船舶国籍证书有效期届满三个月前，持渔业船舶国籍证书和渔业船舶检验证书到登记机关申请换发国籍证书。渔业船舶登记证书污损不能使用的，渔业船舶所有人应当持原证书向登记机关申请换发。

第四十六条 渔业船舶登记相关证书、证明遗失或者灭失的，渔业船舶所有人应当在当地报纸上公告声明，并自公告发布之日起十五日后凭有关证明材料向登记机关申请补发证书、证明。申请补发渔业船舶国籍证书期间需要航行作业的，渔业船舶所有人可以向原登记机关申请办理有效期不超过一个月的临时渔业船舶国籍证书。

第四十七条 渔业船舶国籍证书在境外遗失、灭失或者损坏的，渔业船舶所有人应当向中华人民共和国驻外使（领）馆申请办理临时渔业船舶国籍证书，并同时向原登记机关申请补发渔业船舶国籍证书。

第九章 监督管理

第四十八条 县级以上人民政府渔业行政主管部门应当加强渔业船舶登记管理信息系统建设，建立健全渔业船舶数据库，提高渔业船舶登记管理和服务水平，保障渔业船舶当事人合法权益。

第四十九条 登记机关应当建立渔业船舶登记档案。渔业船舶所有权、国籍登记注销后，登记档案应当保存不少于五年。

第五十条 禁止涂改、伪造、变造、转让渔业船舶登记证书。有前款情形的，渔业船舶登记证书无效。

第五十一条 违反本办法规定的，依照有关法律、行政法规和规章进行处罚。

第十章 附 则

第五十二条 本办法所称渔业船舶，系指《中华人民共和国渔港水域交通安全管理条例》第四条规定的渔业船舶。

第五十三条 港澳流动渔船的登记备案，按照农业部有关港澳流动渔船管理的规定执行。

第五十四条 渔业船舶登记费的收取、使用和管理，按照国家有关规定执行。

第五十五条 渔业船舶船名核定书、渔业船舶登记簿、渔业船舶所有权登记证书、渔业船舶国籍证书、临时渔业船舶国籍证书、渔业船舶抵押权登记证书、渔业船舶租赁登记证书、渔业船舶注销或中止证明书由农业部统一印制。渔业船舶登记申请表由各省、自治区、直辖市登记机关按农业部规定的统一格式印制。

第五十六条 各省、自治区、直辖市人民政府渔业行政主管部门可依据本办法，结合本地实际情况，制定实施办法，报农业部备案。船长在十二米以下的小型渔业船舶的登记程序可适当简化，具体办法由各省、自治区、直辖市人民政府渔业行政主管部门在制定实施办法时规定。

第五十七条 本办法自2013年1月1日起施行。农业部1996年1月22日发布，1997年12月25日、2004年7月1日、2010年11月26日修订的《中华人民共和国渔业船舶登记办法》（农渔发［1996］2号）同时废止。

渔业船舶水上安全事故报告和调查处理规定

第一章 总 则

第一条 为加强渔业船舶水上安全管理，规范渔业船舶水上安全事故的报告和调查处理工作，落实渔业船舶水上安全事故责任追究制度，根据《中华人民共和国安全生产法》、《中华人民共和国海上交通安全法》、《生产安全事故报告和调查处理条例》、《中华人民共和国渔港水域交通安全管理条例》、《中华人民共和国海上交通事故调查处理条例》和《中华人民共和国内河交通安全管理条例》等法律法规，制定本规定。

第二条 下列水上安全事故的报告和调查处理，适用本规定：

（一）船舶、设施在中华人民共和国渔港水域内发生的水上安全事故；

（二）在中华人民共和国渔港水域外从事渔业活动的渔业船舶以及渔业船舶之间发生的水上安全事故。

渔业船舶与非渔业船舶之间在渔港水域外发生的水上安全事故，按照有关规定调查处理。

第三条 本规定所称水上安全事故，包括水上生产安全事故和自然灾害事故。

水上生产安全事故是指因碰撞、风损、触损、火灾、自沉、机械损伤、触电、急性工业中毒、溺水或其他情况造成渔业船舶损坏、沉没或人员伤亡、失踪的事故。

自然灾害事故是指台风或大风、龙卷风、风暴潮、雷暴、海啸、海冰或其他灾害造成渔业船舶损坏、沉没或人员伤亡、失踪的事故。

第四条 渔业船舶水上安全事故分为以下等级：

（一）特别重大事故，指造成三十人以上死亡、失踪，或一百人以上重伤（包括急性工业中毒，下同），或一亿元以上直接经济损失的事故；

（二）重大事故，指造成十人以上三十人以下死亡、失踪，或五十人以上一百人以下重伤，或五千万元以上一亿元以下直接经济损失的事故；

（三）较大事故，指造成三人以上十人以下死亡、失踪，或十人以上五十人以下重伤，或一千万元以上五千万元以下直接经济损失的事故；

（四）一般事故，指造成三人以下死亡、失踪，或十人以下重伤，或一千万元以下直接经济损失的事故。

第五条 县级以上人民政府渔业行政主管部门及其所属的渔政渔港监督管理机构（以下统称为渔船事故调查机关）负责渔业船舶水上安全事故的报告。

除特别重大事故外，碰撞、风损、触损、火灾、自沉等水上安全事故，由渔船事故调查机关组织事故调查组按本规定调查处理；机械损伤、触电、急性工业中毒、溺水和其他水上安全事故，经有调查权限的人民政府授权或委托，有关渔船事故调查机关按本规定调查处理。

第六条 渔业船舶水上安全事故报告应当及时、准确、完整,任何单位或个人不得迟报、漏报、谎报或者瞒报。

渔业船舶水上安全事故调查处理应当实事求是、公平公正,在查清事故原因、查明事故性质、认定事故责任的基础上,总结事故教训,提出整改措施,并依法追究事故责任者的责任。

第七条 任何单位和个人不得阻挠、干涉渔业船舶水上安全事故的报告和调查处理工作。

第二章 事故报告

第八条 各级渔船事故调查机关应当建立二十四小时应急值班制度,并向社会公布值班电话,受理事故报告。

第九条 发生渔业船舶水上安全事故后,当事人或其他知晓事故发生的人员应当立即向就近渔港或船籍港的渔船事故调查机关报告。

第十条 渔船事故调查机关接到渔业船舶水上安全事故报告后,应当立即核实情况,采取应急处置措施,并按下列规定及时上报事故情况:

(一)特别重大事故、重大事故逐级上报至农业部及相关海区渔政局,由农业部上报国务院,每级上报时间不得超过一小时;

(二)较大事故逐级上报至农业部及相关海区渔政局,每级上报时间不得超过两小时;

(三)一般事故上报至省级渔船事故调查机关,每级上报时间不得超过两小时。

必要时渔船事故调查机关可以越级上报。

渔船事故调查机关在上报事故的同时,应当报告本级人民政府并通报安全生产监督管理等有关部门。

远洋渔业船舶发生水上安全事故,由船舶所属、代理或承租企业向其所在地省级渔船事故调查机关报告,并由省级渔船事故调查机关向农业部报告。中央企业所属远洋渔业船舶发生水上安全事故,由中央企业直接报告农业部。

第十一条 渔船事故调查机关接到非本地管辖渔业船舶水上安全事故报告的,应当在一小时内通报该船船籍港渔船事故调查机关,由其逐级上报。

第十二条 渔船事故调查机关上报事故时,应当包括下列内容:

(一)接报时间;

(二)当事船舶概况及救生、通讯设备配备情况;

(三)事故发生时间、地点;

(四)事故原因及简要经过;

(五)已经造成或可能造成的人员伤亡(包括失踪人数)情况和初步估计的直接经济损失;

(六)已经采取的措施;

(七)需要上级部门协调的事项;

(八)其他应当报告的情况。

情况紧急或短时间内难以掌握事故详细情况的,渔船事故调查机关应当首先报告事故主要情况或已掌握的情况,其他情况待核实后及时补报。重大、特别重大事故应当首先通过电话简要报告,并尽快提交书面报告。事故应急处置结束后,应当及时上报全面情况。

第十三条 渔业船舶在渔港水域外发生水上安全事故,应当在进入第一个港口或事故发生后四十八小时内向船籍港渔船事故调查机关提交水上安全事故报告书和必要的文书资料。

船舶、设施在渔港水域内发生水上安全事故,应当在事故发生后二十四小时内向所在渔港渔船事故调查机关提交水上安全事故报告书和必要的文书资料。

第十四条 水上安全事故报告书应当包括以下内容:

(一)船舶、设施概况和主要性能数据;

(二)船舶、设施所有人或经营人名称、地址、联系方式,船长及驾驶值班人员、轮机长及轮机值班人员姓名、地址、联系方式;

(三)事故发生的时间、地点;

(四)事故发生时的气象、水域情况;

(五)事故发生详细经过(碰撞事故应附相对运动示意图);

(六)受损情况(附船舶、设施受损部位简图),提交报告时难以查清的,应当及时检验后补报;

(七)已采取的措施和效果;

(八)船舶、设施沉没的,说明沉没位置;

(九)其他与事故有关的情况。

第三章 事故调查

第十五条 各级渔船事故调查机关按照以下权限组织调查:

(一)农业部负责调查中央企业所属远洋渔业船舶水上安全事故和由国务院授权调查的特别重大事故,以及应当由农业部调查的渔业船舶与外籍船舶发生的水上安全事故;

(二)省级渔船事故调查机关负责调查重大事故和辖区内企业所属、代理或承租的远洋渔业船舶水上安全较大、一般事故;

(三)市级渔船事故调查机关负责调查较大事故;

(四)县级渔船事故调查机关负责调查一般事故。

上级渔船事故调查机关认为有必要时,可以对下级渔船事故调查机关调查权限内的事故进行调查。

第十六条　船舶、设施在渔港水域内发生的水上安全事故,由渔港所在地渔船事故调查机关调查。

渔业船舶在渔港水域外发生的水上安全事故,由船籍港所在地渔船事故调查机关调查。船籍港所在地渔船事故调查机关可以委托事故渔船到达渔港的渔船事故调查机关调查。不同船籍港渔业船舶间发生的事故由共同上一级渔船事故调查机关或其指定的渔船事故调查机关调查。

第十七条　根据调查需要,渔船事故调查机关有权开展以下工作:

(一)调查、询问有关人员;

(二)要求被调查人员提供书面材料和证明;

(三)要求当事人提供航海日志、轮机日志、报务日志、海图、船舶资料、航行设备仪器的性能以及其他必要的文书资料;

(四)检查船舶、船员等有关证书,核实事故发生前船舶的适航状况;

(五)核实事故造成的人员伤亡和财产损失情况;

(六)勘查事故现场,搜集有关物证;

(七)使用录音、照相、录像等设备及法律允许的其他手段开展调查。

第十八条　渔船事故调查机关开展调查,应当由两名以上调查人员共同参加,并向被调查人员出示证件。

调查人员应当遵守相关法律法规和工作纪律,全面、客观、公正开展调查。

未经授权,调查人员不得发布事故有关信息。

第十九条　事故当事人和有关人员应当配合调查,如实陈述事故的有关情节,并提供真实的文书资料。

第二十条　渔船事故调查机关因调查需要,可以责令当事船舶驶抵指定地点接受调查。除危及自身安全的情况外,当事船舶未经渔船事故调查机关同意,不得驶离指定地点。

第二十一条　渔船事故调查机关应当自接到事故报告之日起六十日内制作完成水上安全事故调查报告。

特殊情况下,经上一级渔船事故调查机关批准,可以延长事故调查报告完成期限,但延长期限不得超过六十日。

检验或鉴定所需时间不计入事故调查期限。

第二十二条　水上安全事故调查报告应当包括以下内容:

(一)船舶、设施概况和主要性能数据;

(二)船舶、设施所有人或经营人名称、地址和联系方式;

(三)事故发生时间、地点、经过、气象、水域、损失等情况;

(四)事故发生原因、类型和性质;

(五)救助及善后处理情况;

(六)事故责任的认定;

(七)要求当事人采取的整改措施;

(八)处理意见或建议。

第二十三条　渔船事故调查机关经调查,认定渔业船舶水上安全事故为自然灾害事故的,应当报上一级渔船事故调查机关批准。

在能够预见自然灾害发生或能够避免自然灾害不良后果的情况下,未采取应对措施或应对措施不当,造成人员伤亡或直接经济损失的,应当认定为渔业船舶水上生产安全事故。

第二十四条　渔船事故调查机关应当自调查报告制作完成之日起十日内向当事人送达调查结案报告,并报上一级渔船事故调查机关。属于非本船籍港渔业船舶事故的,应当抄送当事船舶船籍港渔船事故调查机关。属于渔港水域内非渔业船舶事故的,应当抄送同级相关部门。

第二十五条　在入渔国注册并悬挂该国国旗的远洋渔业船舶发生的水上安全事故,在入渔国相关部门调查处理后,远洋渔业船舶所属、代理或承租企业应当将调查结果经所在地省级渔船事故调查机关上报农业部。

第二十六条　渔船事故调查机关应当按照有关规定归档保存水上安全事故报告书和水上安全事故调查报告等调查材料。

第四章　事故处理

第二十七条　对渔业船舶水上安全事故负有责任的人员和船舶、设施所有人、经营人,由渔船事故调查机关依据有关法律法规和《中华人民共和国渔业港航监督行政处罚规定》给予行政处罚,并可建议有关部门和单位给予处分。

对渔业船舶水上安全事故负有责任的人员不属于渔船事故调查机关管辖范围的,渔船事故调查机关可以将有关情况通报有关主管机关。

第二十八条　根据渔业船舶水上安全事故发生的原因,渔船事故调查机关可以责令有关船舶、设施的所有人、经营人限期加强对所属船舶、设施的安全管理。对拒不加强安全管理或在期限内达不到安全要求的,渔船事故调查机关有权禁止有关船舶、设施离港,或责令其停航、改航、停止作业,并可依法采取其他必要的强制处置措施。

第二十九条 渔业船舶水上安全事故当事人和有关人员涉嫌犯罪的,渔船事故调查机关应当依法移送司法机关追究刑事责任。

第五章 调 解

第三十条 因渔业船舶水上安全事故引起的民事纠纷,当事人各方可以在事故发生之日起三十日内,向负责事故调查的渔船事故调查机关共同书面申请调解。

已向仲裁机构申请仲裁或向人民法院提起诉讼,当事人申请调解的,不予受理。

第三十一条 渔船事故调查机关开展调解,应当遵循公平自愿的原则。

第三十二条 经调解达成协议的,当事人各方应当共同签署《调解协议书》,并由渔船事故调查机关签章确认。

第三十三条 《调解协议书》应当包括以下内容:

(一)当事人姓名或名称及住所;

(二)法定代表人或代理人姓名及职务;

(三)纠纷主要事实;

(四)事故简况;

(五)当事人责任;

(六)协议内容;

(七)调解协议履行的期限。

第三十四条 已向渔船事故调查机关申请调解的民事纠纷,当事人中途不愿调解的,应当递交终止调解的书面申请,并通知其他当事人。

第三十五条 自受理调解申请之日起三个月内,当事人各方未达成调解协议的,渔船事故调查机关应当终止调解,并告知当事人可以向仲裁机构申请仲裁或向人民法院提起诉讼。

第六章 附 则

第三十六条 本规定所称设施,是指水上水下各种固定或浮动建筑、装置和固定平台。

第三十七条 本规定第三条第二款中下列事故类型的含义:

(一)碰撞,指船舶与船舶或船舶与排筏、水上浮动装置发生碰撞造成船舶损坏、沉没或人员伤亡、失踪,以及船舶航行产生的浪涌致使他船损坏、沉没或人员伤亡、失踪;

(二)风损,指准许航行作业区为沿海航区(Ⅲ类)、近海航区(Ⅱ类)、远海航区(Ⅰ类)的渔业船舶分别遭遇八级、十级和十二级以下风力造成损坏、沉没或人员伤亡、失踪;

(三)触损,指船舶触碰岸壁、码头、航标、桥墩、钻井平台等水上固定物和沉船、木桩、渔栅、潜堤等水下障碍物,以及船舶触碰礁石或搁置在礁石、浅滩上,造成船舶损坏、沉没或人员伤亡、失踪;

(四)火灾,指船舶因非自然因素失火或爆炸,造成船舶损坏、沉没或人员伤亡、失踪;

(五)自沉,指船舶因超载、装载不当、船体漏水等原因或不明原因,造成船舶沉没,人员伤亡、失踪;

(六)机械损伤,指影响适航性能的船舶机件或重要属具的损坏、灭失,以及操作和使用机械或网具等生产设备造成人员伤亡、失踪;

(七)触电,指船上人员不慎接触电流导致伤亡;

(八)急性工业中毒,指船上人员身体因接触生产中所使用或产生的有毒物质,使人体在短时间内发生病变,导致人员立即中断工作;

(九)溺水,指船上人员不慎落入水中导致伤亡、失踪;

(十)其他,指以上类型以外的导致渔业船舶水上生产安全事故的情况。

第三十八条 本规定第三条第三款中下列事故类型的含义:

(一)台风或大风,指在准许航行作业区为沿海航区(Ⅲ类)、近海航区(Ⅱ类)、远海航区(Ⅰ类)的渔业船舶分别遭遇八级、十级和十二级以上风力袭击,或在港口、锚地遭遇超过港口规定避风等级的风力袭击,或遭遇Ⅱ级警报标准以上海浪袭击,造成渔业船舶损坏、沉没或人员伤亡、失踪。

(二)龙卷风,指渔业船舶遭遇龙卷风袭击,造成渔业船舶损坏、沉没或人员伤亡、失踪。

(三)风暴潮,指渔业船舶在港口、锚地遭遇Ⅱ级警报标准以上风暴潮袭击,造成渔业船舶损坏、沉没或人员伤亡、失踪。

(四)雷暴,指渔业船舶遭遇雷电袭击,引起火灾、爆炸,造成渔业船舶损坏、沉没或人员伤亡、失踪。

(五)海啸,指渔业船舶遭遇Ⅱ级警报标准以上海啸袭击,造成渔业船舶损坏、沉没或人员伤亡、失踪。

(六)海冰,指渔业船舶在海(水)上遭遇预警标准以上海冰、冰山、凌汛袭击,造成渔业船舶损坏、沉没或人员伤亡、失踪。

(七)其他,指渔业船舶遭遇由气象机构或海洋气象机构证明或有关主管机关认定的其他自然灾害袭击,造成渔业船舶损坏、沉没或人员伤亡、失踪。

第三十九条 渔业船舶水上安全事故报告和调查处理文书表格格式,由农业部统一制定。

第四十条 本规定所称的"以上"包括本数,"以下"不包括本数。

第四十一条 本规定自2013年2月1日起施行,1991年3月5日农业部发布、1997年12月25日修订的《中华人民共和国渔业海上交通事故调查处理规则》同时废止。

全国水产技术推广工作"十二五"规划

"十二五"是我国加快推进现代渔业建设的关键时期,发展现代渔业、促进渔业发展方式转变对水产技术推广工作提出了更高的要求。为明确"十二五"时期水产技术推广工作的发展思路、重点目标和主要任务,切实提高水产技术推广能力,根据《全国渔业发展第十二个五年规划》和《农业科技发展"十二五"规划》,制定本规划。

一、"十一五"水产技术推广工作主要成效

"十一五"期间,全国水产技术推广系统以科学发展观为指导,全面贯彻落实《国务院关于深化改革加强基层农业技术推广体系建设的意见》(国发[2006]30号)和党的十七届三中全会精神,紧紧围绕渔业"两确保、两促进"的中心目标,强化公益职能,创新体制机制,提升服务能力,在保障水产品安全有效供给,促进渔业增效、渔民增收,推进现代渔业建设等方面发挥了重要作用。

(一)水产技术推广体系改革与建设稳步推进。截止到2010年底,全国各级水产技术推广机构共12 794个,其中省级站34个、市级站335个、县级站2 171个、区域站306个、乡镇站9 948个。实有人员36 992人,其中省级1 133人、市级3 752人、县级15 293人、区域级983人、乡镇级15 831人。全额拨款机构数占总机构数的68.83%,技术人员数占实有人数的71.55%。水产技术推广体系的机构和人员趋于稳定,公益性职能得到强化,财政支持力度不断加大,"有机构人员、有办公场所、有示范基地、有信息和交通服务工具、有经费保障"的"五有站"建设步伐加快,水产技术推广体系运行机制创新取得新成果。

(二)水产健康养殖技术示范推广取得显著成效。水产技术推广机构依托科技入户平台,加大主导品种和主推技术的示范推广,每年指导推广养殖面积200多万公顷,受益渔民300多万人,有力地推动了水产健康养殖技术的应用普及。在抗击洪涝、台风、干旱、低温雨雪冰冻、地震等自然灾害的行动中,水产技术推广队伍成为指导渔民开展科技抗灾救灾和灾后复产的主力军。"十一五"期间,各级水产技术推广机构获得省部级以上科技奖励成果102项。

(三)水产品质量安全技术服务能力迅速提升。水产养殖动植物病情测报体系进一步健全,全国建成基层监测点近4 000个,对100个养殖品种的150多种病害进行了有效监测,并及时发布病情信息。重大水生动物疫病专项监测工作步入常态化,疫情应急处理能力不断增强,水产苗种产地检疫技术指导不断强化。水产养殖规范用药科普下乡活动连续多年成为农业部为农民办实事的重要内容,累计培训指导渔民160多万人次,发放技术资料270多万份。创建了水产品养殖全程质量监控技术示范试点县(场)70多个。各地水产品药残日常检测、养殖水质监测等工作全面展开,有关省市的水产技术推广机构在北京奥运会、上海世博会、广东亚运会、西安世园会的水产品质量监测中发挥了重要作用。

(四)渔民培训和渔业公共信息服务呈现新亮点。"十一五"期间,各级水产技术推广机构依托水产健康养殖推进行动、沿海渔民转产转业培训、"金蓝领"高技能人才计划、百万农民大培训等项目,培训鉴定渔业实用技术人员12万多人次,组织举办各类技术培训班17万期,培训渔民1 000多万人次。各地充分利用现代信息技术,创建了"渔民信箱"、"渔技110"、手机短信平台等推广服务新形式。养殖渔情信息动态采集系统基本建成,各类渔业公益性期刊在技术宣传普及中发挥了重要作用。此外,水产技术推广的国际交流与合作不断拓展。

二、"十二五"期间水产技术推广工作面临的形势

(一)面临的机遇

从宏观环境看,《国民经济和社会发展第十二个五年规划纲要》提出了在工业化、城市化深入发展中同步推进农业现代化的战略任务。我国将进入加快现代渔业建设的新阶段,渔业投入机制将更加健全、政策支持将更加有力,这些都为水产技术推广体系推进改革、争取支持、提升能力、扩大影响创造了良好的条件。

从政策保障看,党中央、国务院高度重视农业技术推广体系改革与建设。国发[2006]30号文件明确了农业技术推广机构的公益属性以及职能范围。党的十七届三中全会提出了全国普遍健全基层农业技术推广、动植物疫病防控、农产品质量监管等公共服务机构

和建立新型农业社会化服务体系的目标要求。党的十七届五中全会进一步提出了"推进农业科技创新,健全公益性农业技术推广体系"的重要任务。2012年中央一号文件进一步明确了农业科技的公共性、基础性、社会性的定位,明确了农业技术推广工作的目标任务和工作重点,出台了"一个衔接、两个覆盖"等重大扶持政策,为水产技术推广体系改革与建设提供了有力的政策支撑。

从发展需求看,加快推进现代渔业建设迫切需要一个保障有力、运行高效、服务便捷、贴近渔民的水产技术推广体系。一是转变渔业发展方式需要加强水产技术推广工作。转变渔业发展方式需要水产技术推广体系不断拓展服务领域、创新服务形式、提升服务能力,充分发挥水产技术推广体系在促进渔业发展由数量型向质量与效益型、由资源消耗型向资源节约与环境友好型转变中的技术服务和技术支撑作用。二是确保水产品安全有效供给需要加强水产技术推广工作。确保水产品安全有效供给是渔业发展的基本任务,"十二五"期间,渔业资源环境的刚性约束将更加突出,向养殖要产量、向单产要产量的需求将更为迫切,这需要水产技术推广体系加快创建优质、高效、生态、安全的健康养殖新技术和新模式,不断提高资源利用率和劳动生产率。三是保障水产品质量安全需要加强水产技术推广工作。保障水产品质量安全是关系到渔业发展全局的大事,也是国家水产技术推广机构需要努力建设的一项重要职能。水产技术推广系统要充分发挥体系和技术优势,在水生动物疫病防控、投入品监管、水产品质量检测、养殖产地监测、标准化生产技术服务等关键环节中发挥更加重要的作用。四是促进渔民收入持续较快增长需要加强水产技术推广工作。"十二五"期间农业农村工作将把促进农民增收摆到更加突出的位置。促进渔民增收则需要各级水产技术推广人员深入一线、扎实工作,通过技术培训、示范带动,引导渔民发展名特优养殖,降低生产成本,发展合作经营,实现科技增收。

(二)面临的挑战

水产技术推广体系建设起步较晚,基础薄弱,发展不平衡,在履行公益性职能中还面临诸多困难。一是经费保障不足。水产技术推广工作经费投入不足,多数县乡财政仅能维持推广机构的人员经费。二是设施条件落后。水产技术推广条件建设的投入总体较少,基层水产技术推广机构基本没有专项投入,试验示范基地建设严重滞后,设施条件与"五有站"要求仍存在较大的差距。三是基层队伍不稳。基层水产技术推广人员待遇普遍较低,难以吸引优秀人才和大专院校毕业生到基层推广机构工作,基层推广机构人员断档和人员老化现象突出。四是管理体制不顺。部分综合设置的农业技术推广机构没有设置专职渔技岗位,削弱了水产技术的服务能力,"管理在县、服务在乡"的模式落实有困难。国家水产技术推广机构与渔业科研教育机构、合作经济组织、龙头企业等社会力量的联合协作机制尚不健全。

三、指导思想、基本原则和发展目标

(一)指导思想

以邓小平理论和"三个代表"重要思想为指导,深入贯彻落实科学发展观,按照加快推进现代渔业建设的要求,以提升渔业关键技术推广、水生动物疫病防控、水产品质量检验检测等方面的技术服务能力为目标,加快技术推广的体制机制创新步伐,着力提升人员素质和服务效能,加强水产技术推广机构与渔业科研教育机构的联合协作,强化对渔业合作经济组织、龙头企业的指导和扶持,着力构建以国家水产技术推广机构为主导、多种社会力量广泛参与的新型渔业社会化服务体系,为确保水产品安全有效供给和渔民收入持续较快增长做出新贡献。

(二)基本原则

——坚持围绕中心,服务大局。要始终围绕确保水产品安全有效供给和确保渔民收入持续较快增长的中心目标,以加快渔业发展方式转变为主线,围绕保障渔业生态安全、水产品质量安全、渔业生产安全的中心任务,谋划和组织水产技术推广工作。

——坚持突出公益,注重实效。要始终坚持把为渔民提供公益性服务作为主攻目标和发展方向,不断强化体系公益性职能,面向产业需求,围绕渔业实用技术,创新运行机制,下移工作重心,培育新型渔民,不断提高为渔民解决实际问题的能力和水平。

——坚持发挥优势,分类指导。要充分利用水产技术推广体系贴近渔民的优势,按照水产养殖区域布局特点,因地制宜,突出重点,根据各地不同需求提供有针对性的技术服务。

——坚持广泛联合,充分协作。要积极发挥国家水产技术推广机构在公共服务中的主导作用,不断加强国家水产技术推广体系与渔业科研教育机构、合作经济组织、龙头企业等社会力量的联合协作,构建新型渔业社会化服务体系。

(三)主要目标

到"十二五"末,水产技术推广机构和人员基本稳定,公益性职能进一步强化,设施条件进一步改善,推广队伍素质显著提高,管理制度更加完善,公共服务能

力明显增强,以国家水产技术推广体系为主导、多种社会力量广泛参与的新型渔业社会化服务体系初步建立。具体目标:

——力争创建基层水产技术推广体系建设示范站200个,"十二五"末渔业重点县和乡镇的水产技术推广机构基本达到"五有站"标准。

——推广标准化水产健康养殖技术40项,水产养殖主导品种30个。

——巩固建立水产养殖动植物病情监测点5 000个,配备基层测报人员10 000人,实现水生动物疫病和重要养殖病害的全年监测,监测面积达到全国水产养殖总面积的10%,水生动物疫病监测、预测及应急处置的工作体制和机制进一步得到完善。

——加快水产养殖全程质量监控技术示范县(场)的建设,使全国示范县(场)达到80个,基本建成水产品质量安全技术服务的长效机制。

——五年累计组织培训基层水产技术推广人员2万人次、渔业实用技术人才10万人次、渔民1 000万人次,建立健全水产技术推广人员知识更新培训、渔业实用人才培养的工作机制。

——巩固建立养殖渔情信息采集定点县200个,信息采集范围覆盖重点淡水和海水养殖领域,渔情信息采集分析软件和数据库得到完善,数据分析和发布机制更加完备。

——国家水产技术推广机构与渔业科研教育机构、合作经济组织、龙头企业的联合推广机制得到健全,加快建立"覆盖全程、综合配套、便捷高效"的新型渔业社会化服务体系。

四、重点任务

(一)积极推进体系改革和建设

1.进一步加强改革与建设的督导。继续组织相关部门加大对基层水产技术推广体系改革与建设的督导调研,宣传贯彻落实2012年中央1号文件精神,贯彻落实《农业技术推广法》,强化水产技术推广工作的公益性定位,促进体系改革的依法推进。认真研究事业单位改革对水产技术推广体系的影响,积极争取水产技术推广机构公益一类事业单位的定位。

2.进一步加强基层机构建设。以提升公共服务能力为目标,重点加强县级站建设,引导职能、设施、专业人员向县一级推广机构整合,积极倡导"管理在县、服务在乡"的管理模式。按"分类指导、突出重点"的原则,鼓励在渔业重点地区乡镇设立水产专业站,在乡镇综合站中明确水产技术推广的职责和岗位。鼓励在现有水产技术推广机构的基础上,加挂水生动物疫病防控、水产品质量安全检验检测机构等牌子。通过整合机构、扩充职能、充实人员、提升条件,建立"三位一体"或"多位一体"的渔业公共服务体系。

3.进一步强化公益性职能建设。根据加快现代渔业建设和国家农业技术推广体系改革的要求,结合各地实际,整合资源,在继续巩固关键渔业技术引进和试验示范、水生动植物疫病防控、水产品质量安全检验检测、渔民培训等公益性职能的基础上,进一步落实渔业资源养护、生态环境监测、公共信息服务等公益性职能,拓展服务范围,提高履行公益性职能的能力和水平。

4.进一步创新体系运行机制。加快体系运行机制创新步伐,大力推广责任渔技制度,完善水产技术推广机构的考核机制和推广人员聘用制度。建立推广人员知识更新培训的长效机制,探索村级渔业技术服务站点和技术人员队伍建设的新机制。加强各级水产技术推广机构与渔业科研教育机构、合作经济组织、龙头企业及相关社会力量的联合协作,努力构建以国家水产技术推广机构为主导、多种社会力量广泛参与的新型渔业社会化服务体系。

(二)着力加强六大公益性工作

1.着力加强水产健康养殖技术示范推广。在巩固和发展现有水产健康养殖技术和模式的基础上,加快新技术、新设备、新工艺的应用,集成节水、节地、节能、减排新技术,推进水产健康养殖技术升级。组织培育一批代表性强、示范效果佳的水产养殖新品种,拓展渔业主导品种和主推技术范围。完善水产科技人员下乡、进村、到场、入户的工作机制,加强产、学、研、推广机构的协作,逐步建立分品种、分区域的联合技术示范推广的新模式。

2.着力加强水产养殖良种化技术支撑。不断强化水产技术推广体系在水产现代种业建设中的支撑作用。继续加强水生动物多性状复合育种技术等良种选育技术的试验示范,拓展应用范围,加快新品种的选育步伐。组织做好水产新品种的审定和推广普及,指导各地加强良种配套技术的示范推广,强化对各级原良种场技术指导,充分发挥各级水产原良种场的示范带动作用,引导建立布局合理、品种齐全、规模配套的现代水产种业体系。

3.着力加强水产品质量安全技术保障。积极整合有关资源,着力构建水产品质量安全技术服务的长效机制。加强水产养殖用药指导员队伍建设,组织开展水生动物病原耐药性普查及投入品质量监测,加强对渔民规范用药的指导。加快水产养殖全程质量监控技术示范县(场)的建设,强化养殖环境和投入品监控,健全质量安全源头信息采集系统，探索水产品质量安全可追溯机制，逐步建立养殖水产品生产全过程质量监控的技术服务体系。

4.着力加强水生动物疫病防控工作。健全水生动物疫情报告、突发重大疫情应急处置及流行病学调查的工作机制，不断强化水生动物疫情的预测预报。加强对水生动物防疫体系建设的指导，推进检疫实验室的资质认证认可，逐步建立水生动物疾病远程辅助诊断系统。加快推进水生动物防疫标准的制修订，完善水生动物防疫标准化体系。明确水生动物防疫检疫人员的职业要求，积极参与渔业执业兽医和乡村兽医队伍建设。大力推进水产苗种产地检疫，推广检疫新技术，提升水产苗种检疫技术能力。

5.着力加强渔业技术培训与职业技能鉴定。以阳光工程、高技能人才培训、农村实用人才培训等项目为依托，加大农村渔业实用人才的培训力度。加强国家水产技术推广机构、渔业科研教育机构、合作经济组织、龙头企业等推广主体的联合协作，发挥各自优势，组织开展联合大培训。积极推动水产健康养殖和渔业公共服务关键岗位人员的职业技能鉴定，加强对职业技能鉴定指导站建设与指导，强化专家队伍和考评师资队伍建设，加快相关国家职业标准、试题库、教材的编制，不断完善渔业职业技能鉴定体系。

6.着力加强养殖渔情信息采集工作。继续加强淡水池塘和海水养殖渔情信息采集工作，完善养殖渔情信息动态采集体系。加强信息采集定点县建设，拓展定点县范围，优化信息采集点布局。进一步加强信息采集员队伍建设，完善采集员队伍培训、考核和激励机制。拓展信息采集软件的功能，建立养殖渔情采集数据库和管理平台，促进渔情信息采集工作的数字化和网络化。加强渔情信息的分析应用，不断提升养殖渔情信息的服务功能。

（三）努力拓展四大工作领域

1.积极拓展水生生物资源养护领域的工作。水产技术推广机构应积极参与水生生物自然保护区、水产种质资源保护区、海洋生态修复区建设，结合增殖放流、海洋牧场建设等生态修复行动，加快水域污染生态修复、养殖容量调控、珍稀水生动物繁育、放流苗种检疫、健康捕捞作业等方面的技术集成和推广示范，积极承担增殖放流任务，发挥水产技术推广体系在水域生态环境监测、污染事故和重大生态灾害监测及应急处置中的作用。

2.积极拓展渔业公共信息服务领域的工作。水产技术推广机构要积极争取现代渔业信息技术和设施的投入，通过现代信息技术，创新服务方式，丰富服务手段，拓展服务领域。积极发展远程诊断、远程培训、实时监控等信息服务新技术，加快水产技术推广信息资源的整合、共享及应用，为广大渔民和各级政府提供更为及时、便捷的信息服务。充分发挥《中国水产》等宣传媒体在技术推广和普及中的作用，为加强水产技术推广工作营造良好的舆论环境。

3.积极拓展休闲渔业领域的工作。水产技术推广机构要充分发挥技术优势，加强休闲渔业的宣传和普及，探索创建一批休闲渔业示范基地，积极承办观赏鱼大赛、垂钓比赛、渔文化节等休闲渔业活动，不断提升水产技术推广机构在推进休闲渔业发展中的技术支撑和服务能力。

4.积极拓展水产养殖保险领域的工作。水产技术推广机构要配合相关部门加强水产养殖政策性保险实施方案的研究，参与水产养殖保险试点的创建，发挥推广体系在政策宣传、风险评估、理赔操作等方面的优势，拓展水产养殖政策性保险的实施范围，提高广大渔民应对各类灾害和风险的能力。

（四）整合实施六大推广示范工程

1.基层水产技术推广体系建设示范工程。以县、乡级水产技术推广机构为重点，以基层农业技术推广体系改革和建设补助项目和基层农业技术推广机构条件建设项目为依托，按照政策到位、人员到位、资金到位、条件到位、制度到位的“五到位”的要求，创建一批基层水产技术推广体系建设示范站。

2.水产技术推广信息化示范工程。整合现有水产技术推广体系的信息服务系统，逐步构建公益性水产技术推广应用工作平台和数据库。引导各地加快水生动物疾病远程辅助诊断、水产养殖水质自动监测、手机信息服务、渔技110等公共信息服务系统的建设，创建一批水产技术推广公共信息服务示范县。以《中国水产》和全国水产技术推广网为龙头，联合各地水产技术推广相关期刊杂志、网站、简报等媒体资源，加大对水产技术推广工作宣传的力度。

3.水产健康养殖关键技术示范工程。围绕现代渔业产业发展的要求，以提高资源利用率、单位面积产出率为目标，加强水质综合调控、底部增氧、池塘标准化改造、高效配合饲料等技术的集成和示范推广。围绕渔业空间拓展的要求，加大稻田综合种养、深水抗风浪网箱养殖、盐碱地生态养殖等技术的集成和示范推广。围绕渔业生态环保的要求，加强工厂化养殖循环水处理、生态修复型养殖、微生物生态改良等技术的集成创新，促进水产健康养殖关键技术体系的形成。

4.水产品质量安全示范工程。创建一批水产品质量全程监控技术服务示范县（场）。按照《关于乡镇农产品质量安全监管机构建设的指导意见》的要求，依托县乡两级水产技术推广机构，整合相关职能和资源，逐步建立水产品养殖全程质量监控体系，探索建立水产品质量安全可追溯的长效机制。

5. 新型渔民培育示范工程。引导水产技术推广机构加大新型渔民和农村渔业实用人才培养的力度，扩大培训规模，加快培育一批科技示范户和职业渔民。培养一批懂技术、会经营、善管理、有文化的合作经济组织带头人。

6. 推广人员培训示范工程。按照水产技术推广工作的职责要求，有计划、分步骤地组织各地开展水产技术推广机构负责人和技术骨干的轮训，建立推广人员培训的长效机制，不断提升推广人员的专业技术水平和服务能力。研究制定水产技术推广人员上岗资格条件，在有条件的地区试点开展水产技术推广人员持证上岗。

五、保障措施

（一）加强水产技术推广体系改革与建设的指导

各级主管部门要继续加强水产技术推广体系改革与建设的领导，加强水产技术推广工作的考核，明确考核方式，优化考评机制，力争将水产技术推广体系改革与建设的重点工作纳入各级政府和主管部门的考核目标。加强对基层水产技术推广体系改革与建设的督导，明确工作任务，加大扶持力度，促进各项改革措施的落实到位。

（二）加大水产技术推广体系改革与建设投入

积极落实2012年中央1号文件“一个衔接、两个覆盖”的政策，力争农业技术推广体系改革和建设补助项目覆盖所有渔业重点县，农业技术推广机构的条件建设覆盖所有乡镇水产技术推广机构。认真组织各地按照渔业发展规模和服务绩效做好经费测算，积极争取将水产技术推广机构人员经费和工作经费纳入财政预算，探索中央、省、市、县分级投入机制，努力实现乡镇推广人员工资待遇与当地事业单位平均收入相衔接。积极争取国家和省级水产技术推广专项资金渠道。引导渔业科研教育机构、合作经济组织、龙头企业增加水产技术推广的投入，形成多元化、多渠道的水产技术推广投入新格局。

（三）稳定基层水产技术推广队伍

各级主管部门要逐步推进基层水产技术推广人员绩效工资和特岗补贴制度，明确改革分流人员安置办法，确保改革的稳步推进。按照渔业公共服务的要求，不断明确公益性水产技术推广岗位和编制。争取建立水产技术推广人员专项培训经费，开展分层分类推广人员轮训，选送一批技术推广骨干到大专院校、科研院所研修、深造，逐步建立知识更新培训和后续学历教育的长效机制。探索通过项目扶持、优先培训、经费补贴等激励方式，培育一支相对稳定的村级渔技服务员队伍。积极参与落实农技推广服务特岗计划，鼓励一批水产专业大学毕业生充实到基层水产技术推广机构，探索大学生扎根基层的长效机制。

（四）扩大水产技术推广对外合作与交流

积极参与渔业“走出去”战略，开展双边和多边水产技术的交流合作，积极参与联合国粮农组织、世界动物卫生组织、亚太地区水产养殖中心网等国际和区域的渔业技术合作项目，构建水产技术推广国际交流平台。加强水产技术推广的国际交流人才队伍建设，加快国际先进适用技术的引进、消化和吸收。

农业部关于促进休闲渔业持续健康发展的指导意见

农渔发[2012]35号

各省、自治区、直辖市及计划单列市渔业主管厅（局），新疆生产建设兵团水产局，有关单位：

休闲渔业是全国渔业发展第十二个五年规划确定的现代渔业五大产业之一。近些年来，我国休闲渔业迅速发展，"十一五"期间产值年均增长22.6%，一批发展潜力大、带动能力强、品牌优势明显的休闲渔业实体迅速壮大，显示出强大的生命力。作为新兴产业，我国休闲渔业尚处在起步阶段，还存在发展水平低、基础设施差、管理不规范、政策扶持不足等突出问题。为促进休闲渔业持续健康发展，提出如下意见。

一、重要意义

（一）充分认识发展休闲渔业的重要意义

休闲渔业是以渔业生产为载体，通过资源优化配置，将休闲娱乐、观赏旅游、生态建设、文化传承、科学普及以及餐饮美食等与渔业有机结合，实现一二三次产业融合的一种新型渔业产业形态，主要包括休闲垂钓、渔家乐、观赏鱼、渔事体验和渔文化节庆等类型。促进休闲渔业持续健康发展，对进一步拓展渔业功能，转变渔业发展方式，提高渔业发展质量和效益，促进渔民转产转业，增加渔民收入，丰富城乡居民物质文化生活，全面建设渔区小康社会具有重要意义。

（二）我国休闲渔业发展前景广阔

我国水域辽阔、渔业生产形式多样、渔文化底蕴深厚，发展休闲渔业条件优越。随着全面建设小康社会进程的深入推进，城乡居民收入不断增加，生活方式不断改变，休闲需求日益扩大，发展休闲渔业潜力巨大。各级渔业主管部门要进一步增强紧迫感和责任感，及时更新观念、创新思路，将休闲渔业摆上更加突出的位置，采取更加有力的政策措施，促进休闲渔业持续健康发展。

二、指导思想和基本原则

（三）指导思想

坚持以科学发展观为指导，以渔业增效、渔民增收和现代渔业建设为目标，加强政策引导和扶持，因地制宜，创新发展，突出特色，鼓励发展文化多元的休闲渔业。着力提升休闲渔业发展水平和可持续发展能力，着力加强休闲渔业规范化管理，不断丰富和拓展渔业的休闲功能和文化内涵，逐步形成政府引导、市场主导、渔民主体、社会参与的休闲渔业发展新格局，为建设现代渔业、促进渔民增收和渔区经济社会发展作出积极贡献。

（四）基本原则

坚持因地制宜，突出特色。从自然资源和人文资源出发，依托渔业生产过程、渔民文化生活和渔区风情风貌，突出特色，增强休闲渔业文化功能、科技含量和转化增值能力，提升休闲渔业发展整体规模、层次和水平。

坚持科学规划，加强引导。加强休闲渔业发展的规划引导，与渔业发展、经济社会发展、新农村建设、旅游业发展等规划相衔接，分类规划，合理布局，有重点、有步骤地推进，避免盲目发展和低水平重复建设。

坚持以安为先，强化管理。始终将安全问题放在休闲渔业发展和管理的突出位置，制定完善标准规范体系，加强生产安全、渔业生态环境保护、水产品质量和食品卫生安全等监督管理，保障从业者和消费者的安全和合法权益，确保休闲渔业规范发展、安全发展、可持续发展。

坚持市场调节，政策扶持。发挥市场在资源配置中的基础性作用，调动渔户、渔民专业合作社和龙头企业等主体的积极性，合理引导各种资源投入休闲渔业发展。充分用好国家和地方支持渔业发展、环境保护、小城镇建设、扶贫开发等相关政策措施，着力加强休闲渔业基础设施建设，增强科技支撑能力，健全公共服务体系，提升产业整体素质。

三、加强规划引导

（五）做好休闲渔业发展规划

加强休闲渔业发展的调查研究，根据自然资源禀赋、渔业发展状况和旅游需求，深入分析区域资源特色和市场发展潜力，合理确定优先发展区域，科学制定休闲渔业发展规划。把休闲渔业发展纳入渔业发展规划和当地经济社会发展总体规划，将休闲渔业有机融入经济社会发展大局，引导休闲渔业高起点起步、高层次发展。

（六）促进休闲渔业合理布局

引导休闲渔业开展特色经营和多种经营，努力建设适应不同层次、不同需求、不同规模、不同类型的休闲渔业基地，增强休闲渔业发展活力。要避免一哄而上，合理规划布局，防止低水平重复建设。沿海地区休闲渔业发展要结合现代渔村建设、人工鱼礁建设和滨海旅游开发，展示丰富多彩的渔文化、海洋文化和海洋景观。内陆地区要依靠江、河、湖、库等资源，打造各具特色的休闲渔业项目。大中城市周边，以现有水产养殖场所为基础，发展垂钓、观赏、娱乐、餐饮、住宿等功能齐全的休闲渔业基地。要结合地域优势和传统特色，积极引导观赏渔业发展，规划建设一批现代化的观赏鱼、水族装备生产基地和批发市场。

四、开展示范引领

（七）深入开展休闲渔业示范创建活动

按照休闲渔业的主要类型和地域分布特点，分期分批创建一批有规模、有特色、效益好、管理规范、带动能力强的休闲渔业示范基地。通过开展示范创建活动，进一步探索休闲渔业发展规律，激发社会公众的参与热情，加快培育一批经营特色化、管理规范化、产品品牌化、服务标准化的休闲渔业示范基地，引领和带动休闲渔业全面发展。

（八）加强宣传推广

通过多种方式，加强宣传推广，为休闲渔业发展搭建平台，支持举办渔文化展示、垂钓比赛、观赏鱼评比、水族器材（包括钓具、钓饵等）展销等各类活动，推广渔业休闲文化，增强行业的吸引力，促进休闲渔业做大、做强。

（九）提高从业人员素质

按照行业规范和服务标准，依托推广机构、行业协会、龙头企业、合作社等组织，开展专家授课、现场参观、经验交流、典型示范等多种形式培训，提高从业人员的素质和能力。积极争取将休闲渔业技能培训纳入"阳光工程"，尤其要加强对沿海捕捞渔民的培训，提高转产就业的能力。

五、加强监督管理

（十）制定完善休闲渔业相关制度和标准

加快制定休闲渔业管理办法，强化环境保护、安全生产、食品卫生、休闲渔船管理、观赏鱼引进管理等制度，使休闲渔业发展有法可依，管理有章可循。加强对公共水域垂钓活动的管理，积极探索建立公共水域垂钓管理制度。根据休闲渔业的不同类型，制定海钓、垂钓、体验式捕鱼、水上餐饮等生产操作规范及服务标准，制定钓饵标准、休闲渔船（艇）安全标准、观赏鱼品种标准等，引导休闲渔业经营主体标准化生产、规范化经营。

（十一）加强对休闲渔业的监督管理

积极推动地方政府建立休闲渔业管理协调机制，建立职责明确、分工合理、运转高效的协调机制和监管体系，对休闲渔业生产经营活动进行监督检查，督促休闲渔业经营主体建立健全安全管理制度及应急预案、落实各项安全生产措施和操作规程，促进合法、规范、安全经营。对于休闲渔业发展中的突出问题，要共同开展专题调研，协同破解发展难题。各级渔业行政主管部门要立足渔业管理职能，加强对休闲渔业发展的监管。

六、加大政策扶持

（十二）健全投融资体系

积极争取各级政府加大对休闲渔业发展的支持力度，将休闲渔业的公共基础设施建设纳入当地基础设施建设规划予以支持。鼓励民间资本采取多种形式参与休闲渔业开发和经营。鼓励金融机构对信用状况好、资源优势明显的休闲渔业项目适当放宽担保抵押条件，并在贷款利率上给予优惠。

（十三）完善扶持政策

将休闲渔业纳入现有渔业产业政策体系，在水产健康养殖、渔船改造、柴油补贴、海洋牧场等方面进行支持，鼓励依托水产健康养殖示范场、水产良种繁育基地、海洋牧场和人工鱼礁建设兴办休闲渔业，支持近海老旧木质渔船通过更新改造转向休闲渔业。各地要积极争取把休闲渔业场所纳入政府采购体系。要加大政策衔接力度，争取休闲渔业经营户、合作社减免营业税政策，休闲渔业场所销售自产的初级农产品及初级加工品享受免税政策，休闲渔业用水用电享受农业用水用电收费政策。

（十四）加强公共服务

各级渔业部门要加大服务力度，为休闲渔业创造良好的发展环境。要重视和加强对休闲渔业的科学研究和技术推广服务，重点开展休闲渔业配套设备研究和开发、优质钓饵研究和开发、观赏鱼养殖技术研究和新品种开发，全面开展水产技术推广服务。建设公共信息服务平台，有效衔接供需，宣传推介渔文化、普及渔业知识，让消费者和从业者都能方便、及时、准确地获得休闲渔业的真实信息。做好休闲渔业的统计分析工作，为政府决策提供依据。

七、加强组织领导

（十五）切实将休闲渔业作为建设现代渔业的重点领域抓紧抓好

各级渔业行政主管部门要顺势而为，乘势而上，加强组织领导，切实将休闲渔业作为建设现代渔业的重点领域抓紧抓好，将《全国渔业发展第十二个五年规划》的部署落到实处。要进一步明确职责分工，做到有领导分管、有处室主抓、有人员落实、有经费保障，休闲渔业各项工作做到有计划、有措施、有落实、有考核。要充分发挥大专院校、科研院所、技术推广等机构的积极性，为休闲渔业发展提供技术支撑。要加大对行业协会和中介服务组织的管理支持，加强行业自律，促进休闲渔业有序发展。

农业部

2012 年 12 月 3 日

农业部办公厅关于公布第一批全国休闲渔业示范基地名单的通知

农办渔［2012］145 号

各省、自治区、直辖市及计划单列市渔业主管厅（局），新疆生产建设兵团水产局，有关单位：

根据《农业部办公厅关于开展休闲渔业示范基地创建工作的通知》（农办渔［2012］108 号）精神，我部采取自下而上、逐级推荐、择优申报、专家评审的方式组织开展了"全国休闲渔业示范基地"评审工作。经过综合评审、公示，决定授予浙江杭州明朗休闲渔业示范基地等 111 家单位"全国休闲渔业示范基地"称号，有效期自 2013 年 1 月 1 日至 2016 年 12 月 31 日。

现将农业部全国休闲渔业示范基地（第一批）名单予以公布。请各级渔业行政主管部门加强对本辖区内休闲渔业示范基地的监管和指导，强化休闲渔业发展的政策引导和支持，推进休闲渔业示范基地建设，树立和宣传典型，充分发挥示范带动作用，为提升休闲渔业发展整体水平做出更大的贡献。

附件：农业部全国休闲渔业示范基地（第一批）名单。

农业部办公厅

2012 年 12 月 3 日

附件

全国休闲渔业示范基地名单

（第一批）

北京市（2个）

北京松海盛达养殖科技发展有限责任公司

北京圣水渔村餐厅

天津市（3个）

天津市诺恩水产技术发展有限公司

天津市宁河县新佳水产品养殖场

天津正跃水产储养有限公司

河北省（4个）

迁西县永友水产养殖服务有限公司

隆化县御水庄园渔业示范基地

秦皇岛市海洋牧场增养殖有限公司

秦皇岛冀弘水产养殖观光有限公司

山西省（4个）

榆社县云竹水库管理处

山西世泰湖风景旅游开发中心

山西省潞城市响泉水产发展有限公司

清徐县金玉观光农业示范园

内蒙古自治区（3个）

内蒙古呼伦湖旅游景区休闲渔业基地

内蒙古达里诺尔湖休闲渔业示范基地

内蒙古鄂尔多斯达拉特旗大树湾养鱼协会休闲渔业示范基地

辽宁省（5个）

葫芦岛葫芦山庄有限责任公司

盘锦辽河绿水湾休闲渔业示范基地

大石桥市沟沿镇金河农庄

沈阳市金山水产休闲渔业示范基地

凌海市达莲海珍品养殖有限责任公司

吉林省（2个）

查干湖休闲渔业示范基地

德惠市钱林塘休闲渔业度假村

黑龙江省（4个）

哈尔滨丁香岛渔业有限公司

绥化金龟山庄水产养殖有限公司

宾县二龙山水库

甘南县绿色水产养殖场

上海市（1个）

泖田风情园

江苏省（5个）

南通市世外桃园休闲农庄

江苏泓膏大闸蟹有限公司弘膏生态园

常州久红农业生态观光园

吴江市水产养殖有限公司（长漾渔业生态科技示范园）

丽铭农庄（南京丽铭农业生态发展有限公司）

浙江省（5个）

杭州水邻天农业休闲观光有限公司

杭州明朗休闲渔业示范基地

荻港渔庄休闲渔业示范基地

绍兴市（狭）（猕）湖休闲渔业示范基地

舟山市白沙岛旅游开发有限公司

安徽省（5个）

舒城县万佛湖休闲渔业基地

淮南市焦岗湖水产旅游开发有限公司

全椒丰乐新农业开发有限公司

合肥金葡萄旅游开发有限公司

颍上县八里河渔场

福建省（5个）

大福湾度假休闲水乡渔村

福鼎市小白鹭海滨度假村开发有限公司

漳平市九鹏溪水乡渔村

光泽县鸿建庄园水乡渔村

斗姆岛海鲜垂钓休闲中心

江西省（5个）

江西盛水实业集团公司胜利水库休闲渔业示范基地

军山湖生态休闲度假园

九江市谷山湖畔生态休闲渔业基地

鹰潭市仙塘水产开发有限责任公司

新余市绿丰休闲渔业山庄

山东省（5个）

临沂沂河休闲渔业文化长廊

东方海洋休闲渔业牟平垂钓俱乐部

山东济宁南阳湖农场休闲渔业示范基地

日照市万宝水产集团总公司休闲渔业示范基地

威海西港休闲渔业示范基地

河南省（5个）

陆浑休闲渔业园区

驻马店市薄山湖余瑶度假村

信阳市南湾水库渔业开发有限公司休闲渔业基地

安阳县漳苑水产养殖有限公司

开源"绿色生态"休闲旅游文化产业园区

湖北省（5个）

庙湖鱼禾园

汉川市汈汊湖月色荷塘度假村

大冶市秀水湾生态园

湖北省罗田县大别山国家森林公园天堂湖风景区
洪山区洪山街先建村陈家湖千亩休闲渔业示范基地

湖南省(5 个)
益阳市皇家湖庄园绿色农业综合开发有限公司皇家湖生态旅游度假区
长沙千龙湖生态农业开发有限公司(长沙市鲌鱼良种场)
长沙市都遨农业生产有限公司
湘阴县大湖生态农业休闲旅游开发有限责任公司
湖南大通湖锦大特种水产有限公司锦大渔村

广东省(2 个)
惠州市潮运海洋渔业发展有限公司
清远市碧水蓝天休闲渔业有限公司

广西壮族自治区(3 个)
广西渔牧生态园休闲渔业基地
广西水牛城渔乐园
金谷乐苑农庄、满华温泉渔场及康元生态特种水产养殖场

海南省(1 个)
海南海研热带海水鱼类良种场

重庆市(2 个)
重庆市江津区明翰热带鱼养殖专业合作社养殖场
上天池度假村休闲渔业示范基地

四川省(2 个)
通威(成都)三文鱼有限公司胥家三文鱼基地
三岔湖国际垂钓文化休闲中心

贵州省(2 个)
安顺汇成特色农业科技发展有限责任公司(所属养殖基地)
绥阳县风华镇银鱼村鱼子孔养殖基地

云南省(4 个)
曲靖市麒麟区沿江旅游开发有限公司
丽江玉水寨生态文化旅游有限公司
景洪市嘎洒渔乐湾
红塔区研和明乐休闲农业园

陕西省(3 个)
汉滨区阳光生态渔业示范园区
陕西黄河湾温泉湖主题公园有限公司
汉中市水产试验站

甘肃省(3 个)
永靖县玉水舫渔家乐
敦煌九连湖休闲渔业示范基地
高台县渔种场

青海省(1 个)
青海省循化县公伯峡水产养殖有限公司

宁夏回族自治区(2 个)
宁夏灵汉鱼米香休闲渔业示范基地
贺兰县光明渔村

新疆维吾尔自治区(3 个)
新疆杜氏旅游景区
塘巴湖休闲渔业示范基地
新疆阿克苏多浪度假村

大连市(3 个)
獐子岛海洋牧场休闲渔业示范基地
大连阿大休闲渔业示范基地
大连鹭岛海洋休闲渔业基地

青岛市(2 个)
渔盐古镇韩家民俗村
莱西市产芝水库管理局

宁波市(3 个)
宁波市大桥生态农业有限公司
余姚市东超渔业有限公司
宁波市天地水产养殖有限公司

厦门市(1 个)
厦门小澄休闲渔村水乡渔村

新疆生产建设兵团(1 个)
双湖景区休闲渔业示范基地

渔业经济统计

一、经济核算

全国渔业经济总产值、增加值
（按当年价格计算）

单位:万元

指标	2012 年		2011 年		2012 年比 2011 年增减（±）	
	产值	增加值	产值	增加值	产值	增加值
渔业经济总产值	173 218 756.30	79 152 157.37	150 050 146.06	68 816 712.23	23 168 610.24	10 335 445.14
1. 渔业	90 487 460.26	50 779 541.23	78 839 661.69	44 207 595.66	11 647 798.57	6 571 945.57
其中:海水养殖	22 645 362.95	13 081 797.96	19 313 644.55	11 413 688.39	3 331 718.40	1 668 109.57
淡水养殖	41 948 183.53	23 330 860.10	37 196 744.73	20 556 729.28	4 751 438.80	2 774 130.82
海洋捕捞	17 066 706.68	9 603 542.87	14 884 521.29	8 077 841.65	2 182 185.39	1 525 701.22
淡水捕捞	3 698 492.48	2 094 001.87	3 190 339.08	1 909 241.23	508 153.40	184 760.64
水产苗种	5 128 714.62	2 669 338.43	4 254 412.04	2 250 095.11	874 302.58	419 243.32
2. 渔业工业和建筑业	41 271 932.50	14 365 663.18	35 267 133.02	12 481 010.02	6 004 799.48	1 884 653.16
其中:水产品加工	31 476 752.53	10 997 962.43	26 880 549.81	9 525 542.52	4 596 202.72	1 472 419.91
渔用机具制造	2 462 188.53	901 785.36	2 016 190.05	772 908.99	445 998.48	128 876.37
其中:渔船渔机修造	1 503 279.10	535 777.24	1 382 928.03	502 944.30	120 351.07	32 832.94
渔用绳网制造	853 401.87	288 242.66	501 589.20	192 433.37	351 812.67	95 809.29
渔用饲料	4 475 049.88	1 398 622.47	3 811 709.36	1 226 436.79	663 340.52	172 185.68
渔用药物	116 648.64	39 722.56	131 562.88	43 594.65	-14 914.24	-3 872.09
建筑业	1 579 796.69	586 347.27	1 327 631.81	500 510.50	252 164.88	85 836.77
其他	1 161 496.23	441 223.09	1 099 489.11	412 016.57	62 007.12	29 206.52
3. 渔业流通和服务业	41 459 363.54	14 006 952.96	35 943 351.35	12 128 106.55	5 516 012.19	1 878 846.41
其中:水产流通	34 531 615.50	11 104 260.15	29 504 862.64	9 431 826.67	5 026 752.86	1 672 433.48
水产(仓储)运输	2 202 544.16	870 165.31	1 819 801.70	688 398.01	382 742.46	181 767.30
休闲渔业	2 978 795.75	1 314 035.99	2 560 136.35	1 120 710.34	418 659.40	193 325.65
其他	1 746 408.13	718 491.51	2 058 550.66	887 171.53	-312 142.53	-168 680.02

各地区渔业经济总产值、渔业产值
（按当年价格计算）

单位：万元

地　区	2012 年		2012 年比 2011 年增减（±）		渔业产值占农业产值比重（%）
	渔业经济总产值	其中：渔业产值	渔业经济总产值	其中：渔业产值	
全国总计	173 218 756.30	90 487 460.26	23 168 610.24	11 647 798.57	9.70
北　京	220 329.80	129 778.20	7 561.22	458.49	3.28
天　津	795 084.00	633 694.00	33 525.37	32 229.00	16.41
河　北	2 214 141.23	1 898 171.96	246 498.21	181 574.67	3.33
山　西	66 836.95	47 710.87	10 266.25	3 307.39	0.65
内蒙古	230 442.73	171 515.01	17 678.36	12 362.37	1.06
辽　宁	13 406 862.00	7 170 705.00	1 441 782.00	773 897.00	15.23
吉　林	320 860.85	251 615.71	14 925.08	12 151.84	1.36
黑龙江	946 610.40	800 660.00	216 074.80	173 429.00	1.97
上　海	814 771.50	637 130.50	77 667.82	66 518.03	17.86
江　苏	18 575 480.00	11 004 952.00	2 323 937.16	938 877.16	21.27
浙　江	17 199 272.00	7 160 864.00	1 334 222.00	435 139.00	25.84
安　徽	5 630 826.73	3 494 967.06	827 330.79	113 286.28	10.31
福　建	20 173 181.20	9 412 635.07	2 503 050.46	1 276 809.40	30.04
江　西	7 172 468.83	3 613 245.20	1 163 512.83	634 222.20	13.88
山　东	31 538 529.00	13 469 600.00	4 774 425.16	2 888 318.39	15.95
河　南	1 871 344.00	998 386.00	252 223.00	175 509.00	1.29
湖　北	14 868 981.00	7 069 226.00	4 246 672.00	1 465 716.00	13.23
湖　南	3 153 804.29	2 799 382.30	284 875.44	248 975.80	5.71
广　东	19 836 416.37	9 413 271.28	1 547 645.81	746 856.44	19.63
广　西	4 603 541.42	3 489 522.93	351 049.81	326 728.66	9.50
海　南	3 490 645.00	2 532 863.00	538 732.00	374 700.00	21.83
重　庆	716 851.70	488 951.52	155 245.61	111 266.23	3.21
四　川	2 781 190.23	1 795 425.98	247 548.09	176 043.35	3.01
贵　州	450 146.00	435 548.00	253 079.00	250 906.00	1.96
云　南	877 468.02	553 627.38	157 807.98	111 302.37	2.35
西　藏	1 463.40	1 015.00	409.60	453.20	0.19
陕　西	517 652.40	403 334.30	105 343.70	93 474.89	0.63
甘　肃	19 863.06	16 262.16	873.52	715.16	0.13
青　海	10 955.00	10 955.00	2 474.00	2 474.00	0.21
宁　夏	257 102.93	152 599.20	38 792.60	31 686.22	3.47
新　疆	190 234.26	164 445.63	15 780.57	10 811.03	0.67
中农发集团	265 400.00	265 400.00	-22 400.00	-22 400.00	

各地区渔业经济总产值(一)
(按当年价格计算)

单位:万元

地 区	总计	一、渔业产值			
		合计	海水养殖	淡水养殖	海洋捕捞
全国总计	173 218 756.30	90 487 460.26	22 645 362.95	41 948 183.53	17 066 706.68
北 京	220 329.80	129 778.20		89 606.10	9 500.00
天 津	795 084.00	633 694.00	52 806.00	458 133.00	90 455.00
河 北	2 214 141.23	1 898 171.96	662 214.95	552 309.36	437 772.05
山 西	66 836.95	47 710.87		44 961.17	
内蒙古	230 442.73	171 515.01		127 670.32	
辽 宁	13 406 862.00	7 170 705.00	3 478 586.00	1 538 953.00	1 402 045.00
吉 林	320 860.85	251 615.71		203 048.39	
黑龙江	946 610.40	800 660.00		647 459.40	
上 海	814 771.50	637 130.50		429 038.00	179 433.00
江 苏	18 575 480.00	11 004 952.00	1 240 634.00	7 569 226.03	1 208 890.74
浙 江	17 199 272.00	7 160 864.00	1 293 400.00	1 859 323.00	3 551 863.00
安 徽	5 630 826.73	3 494 967.06		2 721 487.38	
福 建	20 173 181.20	9 412 635.07	4 364 715.83	1 667 181.92	2 806 197.93
江 西	7 172 468.83	3 613 245.20		2 966 547.00	
山 东	31 538 529.00	13 469 600.00	6 556 070.00	2 332 025.00	3 733 109.00
河 南	1 871 344.00	998 386.00		813 895.00	
湖 北	14 868 981.00	7 069 226.00		5 781 478.00	
湖 南	3 153 804.29	2 799 382.30		2 572 988.22	
广 东	19 836 416.37	9 413 271.28	3 245 277.17	4 518 700.03	1 212 530.96
广 西	4 603 541.42	3 489 522.93	1 079 913.00	1 253 461.00	853 096.00
海 南	3 490 645.00	2 532 863.00	671 746.00	375 013.00	1 316 414.00
重 庆	716 851.70	488 951.52		408 193.00	
四 川	2 781 190.23	1 795 425.98		1 506 960.00	
贵 州	450 146.00	435 548.00		388 631.00	
云 南	877 468.02	553 627.38		464 974.24	
西 藏	1 463.40	1 015.00		536.00	
陕 西	517 652.40	403 334.30		371 973.20	
甘 肃	19 863.06	16 262.16		15 611.97	
青 海	10 955.00	10 955.00		10 955.00	
宁 夏	257 102.93	152 599.20		133 392.70	
新 疆	190 234.26	164 445.63		124 452.10	
中农发集团	265 400.00	265 400.00			265 400.00

各地区渔业经济总产值(二)
(按当年价格计算)

单位:万元

地区	一、渔业产值(续)		二、渔业工业和建筑业		
	淡水捕捞	水产苗种	合计	水产品加工	渔用机具制造
					小计
全国总计	**3 698 492.48**	**5 128 714.62**	**41 271 932.50**	**31 476 752.53**	**2 462 188.53**
北京	6 016.50	24 655.60	27 107.30	4 409.25	46.00
天津	15 181.00	17 119.00	11 203.00	645.00	
河北	125 076.64	120 798.96	234 042.47	188 975.33	10 794.00
山西	1 794.20	955.50	2 053.04		
内蒙古	31 824.38	12 020.31	17 265.71	17 265.71	
辽宁	77 761.00	673 360.00	3 372 096.00	2 828 620.00	129 910.00
吉林	33 339.56	15 227.76	39 020.00	38 750.00	50.00
黑龙江	93 267.70	59 932.90	41 903.00	17 050.00	
上海	12 053.00	16 606.50	165 394.00	165 394.00	
江苏	606 519.79	379 681.44	2 612 236.75	1 652 975.80	186 829.25
浙江	165 895.00	290 383.00	5 997 556.00	4 974 564.00	260 822.00
安徽	560 591.08	212 888.60	814 701.38	331 074.41	389 972.68
福建	195 525.61	379 013.78	6 737 756.00	5 468 094.00	657 514.00
江西	364 032.00	282 666.20	2 179 918.10	1 612 312.95	12 776.18
山东	230 640.00	617 756.00	10 491 364.00	8 245 773.00	701 980.00
河南	50 113.00	134 378.00	230 884.00	57 883.00	2 004.00
湖北	480 790.00	806 958.00	2 780 459.00	2 366 927.00	11 754.00
湖南	45 174.76	181 219.32	158 665.56	108 417.20	1 141.35
广东	163 888.82	272 874.30	3 540 388.61	2 177 812.00	64 909.57
广西	130 976.00	172 076.93	501 019.20	434 092.20	1 245.00
海南	21 045.00	148 645.00	809 944.00	712 852.00	27 364.00
重庆	41 714.00	39 044.52	58 767.48	1 533.03	2 068.50
四川	131 040.00	157 425.98	271 500.74	8 811.05	5.00
贵州	25 715.00	21 202.00	7 133.00	189.00	145.00
云南	44 217.94	44 435.20	108 712.60	56 002.10	
西藏	479.00				
陕西	15 278.70	16 082.40	24 873.50	15.00	858.00
甘肃		650.19	26.15		
青海					
宁夏	234.50	18 972.00	26 473.41	2 500.00	
新疆	28 308.30	11 685.23	9 468.50	3 815.50	
中农发集团					

各地区渔业经济总产值(三)
(按当年价格计算)

单位:万元

地　区	二、渔业工业和建筑业(续)					
	渔用机具制造		渔用饲料	渔用药物	建筑	其他
	渔船渔机修造	渔用绳网制造				
全国总计	1 503 279.10	853 401.87	4 475 049.88	116 648.64	1 579 796.69	1 161 496.23
北　　京		46.00	19 210.00	242.05	3 200.00	
天　　津			5 166.00	5 392.00		
河　　北	7 603.00	2 322.00	28 097.00		5 850.00	326.14
山　　西			356.15	1 610.89	86.00	
内 蒙 古						
辽　　宁	92 487.00	21 673.00	152 164.00	6 273.50	233 588.50	21 540.00
吉　　林			220.00			
黑 龙 江			24 403.00	440.00		10.00
上　　海						
江　　苏	97 261.34	78 733.35	593 936.91	40 147.67	49 421.83	88 925.29
浙　　江	177 321.00	79 206.00	399 041.00	2 225.00	255 018.00	105 886.00
安　　徽	5 662.32	384 310.36	47 390.25	1 762.28	10 411.29	34 090.47
福　　建	605 342.00	51 922.00	378 525.00	1 357.00	58 235.00	174 031.00
江　　西	960.88	11 815.30	440 913.42	6 415.00	97 071.66	10 428.89
山　　东	464 560.00	167 440.00	190 038.00	14 402.00	647 692.00	691 479.00
河　　南	44.00	1 960.00	166 036.00	3 929.00	1 032.00	
湖　　北	2 345.00	9 409.00	246 353.00	9 010.00	143 971.00	2 444.00
湖　　南	418.99	722.36	44 823.40	2 824.21	983.40	476.00
广　　东	29 640.07	35 269.50	1 214 097.00	4 817.94	53 710.36	25 041.74
广　　西	1 169.00	76.00	63 131.68	1 523.12	1 016.00	11.20
海　　南	17 114.00	7 119.00	64 360.00	2 303.00	1 291.00	1 774.00
重　　庆	995.50	1 073.00	48 693.85	234.60	5 856.00	381.50
四　　川	5.00		252 335.81	10 336.88		12.00
贵　　州		145.00	6 799.00			
云　　南			47 718.00	136.00	4 806.50	50.00
西　　藏						
陕　　西	350.00	160.00	11 727.00	1 154.50	6 530.00	4 589.00
甘　　肃					26.15	
青　　海						
宁　　夏			23 973.41			
新　　疆			5 541.00	112.00		
中农发集团						

各地区渔业经济总产值(四)
(按当年价格计算)

单位:万元

地区	三、渔业流通和服务业				
	合计	水产流通	水产(仓储)运输	休闲渔业	其他
全国总计	**41 459 363.54**	**34 531 615.50**	**2 202 544.16**	**2 978 795.75**	**1 746 408.13**
北京	63 444.30	24 300.00	3 760.00	35 272.30	112.00
天津	150 187.00	84 590.00	15 029.00	26 977.00	23 591.00
河北	81 926.80	35 285.70	11 263.00	19 679.10	15 699.00
山西	17 073.04	13 416.62	590.50	2 865.92	200.00
内蒙古	41 662.01	20 406.56	3 604.69	17 650.76	
辽宁	2 864 061.00	2 083 345.00	265 914.00	289 984.00	224 818.00
吉林	30 225.14	18 642.00	210.00	11 056.14	317.00
黑龙江	104 047.40	52 948.00	5 279.40	43 165.00	2 655.00
上海	12 247.00	3 203.00		9 044.00	
江苏	4 958 291.25	4 195 240.13	180 905.60	389 866.39	192 279.13
浙江	4 040 852.00	3 535 124.00	145 473.00	170 359.00	189 896.00
安徽	1 321 158.29	1 050 538.26	65 928.87	194 611.58	10 079.58
福建	4 022 790.13	3 570 231.15	173 327.44	44 580.00	234 651.54
江西	1 379 305.53	1 240 115.45	46 089.13	81 627.07	11 473.88
山东	7 577 565.00	5 435 452.00	885 669.00	565 331.00	691 113.00
河南	642 074.00	567 252.00	4 334.00	69 047.00	1 441.00
湖北	5 019 296.00	4 398 332.00	146 907.00	462 133.00	11 924.00
湖南	195 756.43	144 514.89	4 398.85	44 259.81	2 582.88
广东	6 882 756.48	6 560 878.00	57 045.93	226 926.31	37 906.24
广西	612 999.29	504 552.90	49 186.18	12 516.25	46 743.96
海南	147 838.00	114 014.00	6 454.00	2 981.00	24 389.00
重庆	169 132.70	126 350.94	8 765.31	27 955.41	6 061.04
四川	714 263.51	437 304.91	96 500.10	167 787.47	12 671.03
贵州	7 465.00	5 083.00	339.00	1 841.00	202.00
云南	215 128.04	180 698.41	12 696.26	21 610.37	123.00
西藏	448.40	358.40		90.00	
陕西	89 444.60	55 189.80	4 166.20	25 161.60	4 927.00
甘肃	3 574.75	932.55	54.81	2 586.34	1.05
青海					
宁夏	78 030.32	66 895.83	7 782.89	2 800.80	550.80
新疆	16 320.13	6 420.00	870.00	9 030.13	
中农发集团					

各地区渔业经济增加值(一)
(按当年价格计算)

单位:万元

地 区	总计	一、渔业增加值			
		合计	海水养殖	淡水养殖	海洋捕捞
全国总计	79 152 157.37	50 779 541.23	13 081 797.96	23 330 860.10	9 603 542.87
北 京	71 038.16	45 580.69		32 092.84	500.00
天 津	341 231.00	303 305.00	26 070.00	215 965.00	43 694.00
河 北	1 219 499.75	1 109 291.01	391 419.16	326 456.65	258 756.43
山 西	11 345.87	8 500.84		8 030.10	
内蒙古	122 831.63	98 261.29		70 391.91	
辽 宁	6 809 708.00	4 569 391.00	2 266 344.00	931 432.00	892 958.00
吉 林	93 178.06	81 203.17		64 844.23	
黑龙江	448 340.40	383 117.00		310 780.50	
上 海	187 397.45	146 540.02		98 678.74	41 269.59
江 苏	8 323 461.00	5 701 841.00	624 891.00	3 952 261.37	639 373.25
浙 江	5 974 614.00	4 029 786.00	822 318.00	1 182 507.00	1 897 646.00
安 徽	2 578 215.32	2 009 448.31		1 563 938.69	
福 建	10 705 000.11	5 215 183.71	2 439 211.00	931 700.63	1 568 237.00
江 西	3 711 340.97	2 529 271.64		2 076 582.90	
山 东	14 911 874.00	8 066 092.00	3 999 203.00	1 422 535.00	2 194 786.00
河 南	883 071.00	650 514.00		547 495.00	
湖 北	6 714 657.00	4 238 753.00		3 482 381.00	
湖 南	2 052 497.95	1 822 117.92		1 674 758.03	
广 东	6 419 159.01	3 416 178.02	1 238 790.31	1 557 970.14	445 907.24
广 西	2 754 130.85	2 327 174.57	788 336.49	814 749.65	563 043.36
海 南	2 160 253.00	1 887 941.00	485 215.00	285 055.00	1 019 519.00
重 庆	449 135.70	368 957.58		318 446.00	
四 川	1 347 514.64	1 016 613.87		843 897.00	
贵 州	351 670.00	340 678.00		305 247.00	
云 南	172 930.85	131 069.20		95 074.19	
西 藏	645.60	410.60		149.60	
陕 西	163 383.99	131 197.89		123 956.49	
甘 肃	7 797.97	7 395.32		7 075.56	
青 海	218.00	218.00		218.00	
宁 夏	73 270.56	59 212.12		51 343.32	
新 疆	54 892.53	46 444.46		34 846.56	
中农发集团	37 853.00	37 853.00			37 853.00

各地区渔业经济增加值(二)
(按当年价格计算)

单位:万元

地区	一、渔业增加值(续)		二、渔业工业和建筑业		
	淡水捕捞	水产苗种	合计	水产品加工	渔用机具制造
					小计
全国总计	**2 094 001.87**	**2 669 338.43**	**14 365 663.18**	**10 997 962.43**	**901 785.36**
北京	2 545.22	10 442.63	5 847.00	1 165.85	2.00
天津	7 990.00	9 586.00	3 058.00	158.00	
河北	73 929.76	58 729.01	71 919.14	55 967.50	3 881.00
山西	273.32	197.42	418.44		
内蒙古	21 171.51	6 697.87	7 455.85	7 455.85	
辽宁	52 167.00	426 490.00	1 064 751.00	928 416.00	32 827.00
吉林	11 494.46	4 864.48	3 828.00	3 698.00	20.00
黑龙江	44 768.50	27 568.00	15 296.30	7 843.00	
上海	2 772.19	3 819.50	38 040.62	38 040.62	
江苏	302 427.83	182 887.55	936 154.78	597 408.20	69 141.40
浙江	12 364.00	114 951.00	1 198 717.00	972 244.00	71 686.00
安徽	337 521.05	107 988.57	278 294.71	109 613.84	133 196.04
福建	109 269.02	166 766.06	3 561 680.53	2 952 770.76	282 731.02
江西	254 822.40	197 866.34	756 884.88	562 288.38	4 415.98
山东	140 690.00	308 878.00	3 422 854.00	2 543 272.00	255 601.00
河南	35 451.00	67 568.00	60 594.00	25 074.00	684.00
湖北	327 275.00	429 097.00	990 875.00	839 641.00	6 391.00
湖南	29 404.24	117 955.65	103 121.17	70 471.19	741.88
广东	57 606.23	115 904.10	1 311 577.53	915 538.40	33 604.87
广西	85 134.40	75 910.67	173 940.03	158 658.22	462.40
海南	15 313.00	82 839.00	219 617.00	192 154.00	5 316.00
重庆	32 537.00	17 974.58	14 180.75	414.18	559.77
四川	85 176.00	87 540.87	83 159.89	2 601.00	2.00
贵州	19 466.00	15 965.00	5 371.00	142.00	109.00
云南	19 784.16	16 210.85	18 391.90	11 261.94	
西藏	261.00				
陕西	4 004.90	3 236.50	7 118.50		413.00
甘肃		319.76	3.14		
青海					
宁夏	90.28	7 778.52	9 673.74	420.00	
新疆	8 292.40	3 305.50	2 839.28	1 244.50	
中农发集团					

各地区渔业经济增加值(三)
(按当年价格计算)

单位:万元

地 区	二、渔业工业和建筑业(续)			
	渔用饲料	渔用药物	建筑	其他
全国总计	**1 398 622.47**	**39 722.56**	**586 347.27**	**441 223.09**
北 京	3 716.00	97.15	866.00	
天 津	2 190.00	710.00		
河 北	9 651.00		2 145.00	274.64
山 西	91.42	301.52	25.50	
内蒙古				
辽 宁	34 828.00	2 079.00	57 811.00	8 790.00
吉 林	110.00			
黑龙江	7 321.00	132.00		0.30
上 海				
江 苏	209 726.22	15 297.34	14 661.04	29 920.58
浙 江	80 020.00	702.00	50 152.00	23 913.00
安 徽	12 285.03	563.06	3 171.66	19 465.08
福 建	200 618.25	719.21	30 864.55	93 976.74
江 西	151 366.05	2 045.60	33 269.20	3 499.67
山 东	64 577.00	4 869.00	305 006.00	249 529.00
河 南	33 757.00	805.00	274.00	
湖 北	78 125.00	4 360.00	61 558.00	800.00
湖 南	29 145.68	1 835.60	611.67	315.15
广 东	332 900.70	1 785.12	18 831.08	8 917.36
广 西	13 743.06	564.23	511.00	1.12
海 南	20 934.00	702.00	106.00	405.00
重 庆	10 567.60	89.38	2 463.37	86.45
四 川	78 746.22	1 807.67		3.00
贵 州	5 120.00			
云 南	6 108.70	27.20	988.06	6.00
西 藏				
陕 西	2 158.50	198.00	3 029.00	1 320.00
甘 肃			3.14	
青 海				
宁 夏	9 253.74			
新 疆	1 562.30	32.48		
中农发集团				

各地区渔业经济增加值(四)
(按当年价格计算)

单位:万元

地区	三、渔业流通和服务业				
	合计	水产流通	水产(仓储)运输	休闲渔业	其他
全国总计	**14 006 952.96**	**11 104 260.15**	**870 165.31**	**1 314 035.99**	**718 491.51**
北京	19 610.47	1 688.00	2 843.90	15 030.16	48.41
天津	34 868.00	6 082.00	2 408.00	16 249.00	10 129.00
河北	38 289.60	14 888.18	3 350.00	7 198.42	12 853.00
山西	2 426.59	1 689.61	76.50	636.48	24.00
内蒙古	17 114.49	5 802.80	2 020.90	9 290.79	
辽宁	1 175 566.00	890 724.70	113 497.50	130 623.80	40 720.00
吉林	8 146.89	4 301.29	33.90	3 760.10	51.60
黑龙江	49 927.10	25 400.00	2 534.10	20 719.00	1 274.00
上海	2 816.81	736.69		2 080.12	
江苏	1 685 465.22	1 384 070.44	54 687.10	171 055.64	75 652.04
浙江	746 111.00	570 162.00	41 169.00	61 319.00	73 461.00
安徽	290 472.30	181 273.56	27 055.28	78 950.79	3 192.67
福建	1 928 135.87	1 713 710.95	76 264.07	23 181.60	114 979.25
江西	425 184.45	379 809.59	15 875.06	25 967.58	3 532.22
山东	3 422 928.00	2 407 837.00	383 153.00	292 877.00	339 061.00
河南	171 963.00	142 634.00	915.00	27 869.00	545.00
湖北	1 485 029.00	1 238 208.00	48 170.00	193 987.00	4 664.00
湖南	127 258.86	93 949.15	2 858.46	28 771.92	1 679.33
广东	1 691 403.46	1 559 669.14	30 221.55	88 801.68	12 711.09
广西	253 016.25	225 607.15	10 254.51	5 671.94	11 482.65
海南	52 695.00	44 609.00	3 508.00	2 304.00	2 274.00
重庆	65 997.37	47 269.86	3 881.20	11 851.44	2 994.87
四川	247 740.88	129 430.27	38 692.30	74 116.96	5 501.35
贵州	5 621.00	3 827.00	255.00	1 386.00	153.00
云南	23 469.75	13 795.63	1 688.75	7 952.40	32.97
西藏	235.00	167.00		68.00	
陕西	25 067.60	14 820.32	1 488.50	7 495.78	1 263.00
甘肃	399.51	72.53	16.32	310.66	
青海					
宁夏	4 384.70	97.92	2 996.41	1 078.31	212.06
新疆	5 608.79	1 926.37	251.00	3 431.42	
中农发集团					

全国渔民人均纯收入

单位:元

地 区	2012 年	2011 年	2012 年比 2011 年增减(±)	
			绝对量	幅度(%)
全国总计	11 256.08	10 011.65	1 244.44	12.43
北 京	12 357.39	11 987.00	370.39	3.09
天 津	17 355.01	15 070.07	2 284.94	15.16
河 北	9 639.01	9 180.00	459.01	5.00
山 西	6 035.60	5 320.91	714.69	13.43
内 蒙 古	9 086.00	8 095.00	991.00	12.24
辽 宁	13 800.00	13 000.00	800.00	6.15
吉 林	8 533.42	6 081.58	2 451.84	40.32
黑 龙 江	9 370.03	8 000.02	1 370.01	17.13
上 海	18 200.16	15 850.00	2 350.16	14.83
江 苏	15 710.00	13 100.00	2 610.00	19.92
浙 江	16 160.00	14 820.00	1 340.00	9.04
安 徽	9 401.35	8 516.00	885.35	10.40
福 建	11 601.32	10 333.81	1 267.52	12.27
江 西	9 513.00	8 433.46	1 079.54	12.80
山 东	12 533.00	11 387.00	1 146.00	10.06
河 南	9 823.04	9 303.00	520.03	5.59
湖 北	9 585.00	8 200.00	1 385.00	16.89
湖 南	7 178.41	5 829.00	1 349.41	23.15
广 东	11 136.78	10 261.77	875.01	8.53
广 西	14 896.23	13 712.56	1 183.67	8.63
海 南	11 839.44	10 478.00	1 361.44	12.99
重 庆	9 180.00	8 160.00	1 020.00	12.50
四 川	9 523.00	8 463.00	1 060.00	12.53
贵 州	6 939.57	3 998.00	2 941.57	73.58
云 南	5 783.78	4 803.95	979.83	20.40
西 藏				
陕 西	7 243.52	7 462.00	-218.48	-2.93
甘 肃	3 044.24	2 504.31	539.93	21.56
青 海				
宁 夏	7 900.00	7 155.08	744.92	10.41
新 疆	10 221.37	9 528.00	693.37	7.28

各地区渔民家庭收支调查(一)

单位:万元

地　区	一、全年总收入	(一)家庭经营收入	1.出售水产品	2.家庭其他经营	(二)工资性收入	1.渔业	2.其他行业
全国总计	263 249.98	234 572.42	217 899.90	16 672.52	12 969.33	6 056.28	6 913.05
北　京	499.45	452.61	437.46	15.15	21.10	0.70	20.40
天　津	5 366.28	5 278.51	5 258.21	20.30	14.50	0.70	13.80
河　北	6 539.61	5 567.36	5 239.50	327.86	90.54	39.35	51.19
山　西	531.84	505.89	450.23	55.66	3.00		3.00
内蒙古	306.32	250.57	186.37	64.20	30.00	5.00	25.00
辽　宁	28 620.03	25 956.48	24 741.20	1 215.28	1 931.59	1 708.50	223.09
吉　林	705.60	687.40	641.71	45.69	10.20	2.72	7.48
黑龙江	2 433.70	2 366.28	1 985.30	380.98	16.10		16.10
上　海	4 819.41	3 987.63	3 937.81	49.82	651.85	474.49	177.36
江　苏	24 752.09	21 680.67	20 750.60	930.07	1 755.44	259.43	1 496.01
浙　江	20 000.96	16 312.84	15 490.85	821.99	1 561.44	429.22	1 132.22
安　徽	7 908.62	7 187.69	6 507.22	680.47	330.48	84.47	246.01
福　建	18 621.05	15 796.37	15 063.90	732.47	1 335.71	685.98	649.73
江　西	3 553.91	3 253.67	2 841.52	412.15	151.38	65.64	85.74
山　东	53 575.31	49 485.42	48 416.24	1 069.18	1 386.61	694.50	692.11
河　南	1 271.16	1 237.38	1 145.31	92.07	21.65		21.65
湖　北	11 118.70	10 316.13	9 500.53	815.60	348.97	25.61	323.36
湖　南	3 599.06	3 011.01	2 670.19	340.82	224.63	54.95	169.68
广　东	31 184.44	28 475.15	23 318.73	5 156.42	1 146.82	642.17	504.65
广　西	11 716.19	10 223.11	9 222.57	1 000.54	271.55	54.03	217.52
海　南	9 541.37	8 077.91	7 925.00	152.91	240.30	153.10	87.20
重　庆	2 530.18	2 466.62	2 301.78	164.84	40.62	2.40	38.22
四　川	2 931.49	2 672.29	2 311.85	360.44	120.57	20.47	100.10
贵　州	249.58	228.13	213.60	14.53	2.75	1.65	1.10
云　南	995.15	968.72	913.14	55.58	3.98		3.98
西　藏							
陕　西	7 368.00	5 732.00	4 302.00	1 430.00	1 214.00	632.00	582.00
甘　肃	1 154.60	1 089.90	867.10	222.80	26.20	9.20	17.00
青　海							
宁　夏	368.68	325.48	319.48	6.00	9.35	2.00	7.35
新　疆	987.20	979.20	940.50	38.70	8.00	8.00	

各地区渔民家庭收支调查(二)

单位:万元

地区	一、全年总收入(续)			二、全年总支出				
	(三)财产性收入	(四)转移性收入	(五)其他收入		(一)生产费用支出	1. 家庭经营费用支出	(1)渔业生产支出	①燃料及冰费用
全国总计	2 479.45	11 037.98	2 190.80	220 188.99	184 593.53	178 173.69	162 602.23	34 983.72
北京	3.48	21.18	1.08	438.91	378.36	366.58	361.94	21.30
天津	15.43	53.44	4.40	4 949.31	4 652.74	4 586.36	4 515.12	188.00
河北	35.36	841.63	4.72	6 170.01	5 278.65	5 131.01	4 642.63	927.20
山西	0.22	17.49	5.24	453.34	414.53	398.97	355.77	11.12
内蒙古	2.10	5.15	18.50	242.55	183.95	165.30	152.47	11.52
辽宁	284.69	194.18	253.09	25 537.25	21 954.83	21 531.01	19 683.11	3 553.94
吉林	5.12		2.88	597.72	514.73	485.27	438.41	33.27
黑龙江	6.28	35.74	9.30	2 250.51	1 804.65	1 781.15	1 613.71	120.35
上海	30.04	131.34	18.55	4 000.08	3 608.19	3 576.83	3 497.94	772.47
江苏	279.03	856.51	180.44	18 406.10	15 230.87	14 614.71	13 786.88	1 249.99
浙江	250.71	1 709.97	166.00	15 807.67	12 168.90	11 369.52	10 672.52	3 213.49
安徽	100.71	227.84	61.90	6 382.83	5 023.06	4 801.04	4 328.42	209.50
福建	180.64	1 237.16	71.17	16 263.61	12 660.79	12 187.73	10 958.91	4 608.31
江西	19.88	109.43	19.55	2 930.19	2 308.55	2 233.49	1 904.64	105.99
山东	401.30	1 572.72	729.26	50 451.65	43 641.48	42 242.89	40 249.24	12 057.25
河南	0.32	10.13	1.68	1 041.60	828.26	787.74	742.22	8.21
湖北	70.44	332.38	50.78	7 988.49	6 485.63	6 419.73	5 974.60	124.16
湖南	99.70	229.60	34.12	2 791.90	1 974.46	1 907.66	1 701.69	82.23
广东	549.17	712.41	300.89	24 513.65	21 367.93	20 474.42	16 110.42	3 350.24
广西	64.11	1 002.63	154.79	9 084.51	7 672.12	7 412.15	6 689.79	1 885.77
海南	16.36	1 200.41	6.39	6 853.33	5 864.30	5 636.95	5 381.80	1 982.50
重庆	0.75	18.30	3.89	2 465.52	2 261.29	2 243.52	2 085.33	20.70
四川	25.79	112.84		2 324.11	1 985.09	1 941.92	1 753.59	61.62
贵州	4.06	6.76	7.88	211.16	151.46	143.26	126.92	5.84
云南	15.16	2.54	4.75	854.00	748.98	746.49	719.55	19.65
西藏								
陕西		387.00	35.00	5 145.00	3 609.00	3 214.00	2 504.00	226.00
甘肃	18.60	9.20	10.70	749.15	670.10	637.50	579.50	84.10
青海								
宁夏			33.85	329.39	291.93	289.79	287.11	13.70
新疆				955.45	858.70	846.70	784.00	35.30

各地区渔民家庭收支调查(三)

单位:万元

地 区	一、全年总支出(续)							
	(一)生产费用支出(续)							(二)税费支出
	1. 家庭经营费用支出(续)						2. 购置生产性固定资产支出	
	(1)渔业生产支出(续)			(2)固定资产折旧支出		(3)其他家庭经营费用支出		
	②雇工费用	③饲料及苗种费用	④其他生产支出		其中:渔业固定资产折旧			
全国总计	29 085.68	83 318.94	15 213.89	6 581.79	5 694.16	8 989.67	6 419.84	3 106.84
北 京	18.62	288.82	33.20	2.51	2.51	2.13	11.78	8.37
天 津	329.74	3 457.70	539.68	61.94	56.44	9.30	66.38	
河 北	937.52	2 256.48	521.43	252.64	165.36	235.74	147.64	21.80
山 西	39.98	267.89	36.78	7.56	7.56	35.64	15.56	3.60
内蒙古	12.75	116.40	11.80	4.75	3.90	8.08	18.65	0.30
辽 宁	4 895.24	9 826.71	1 407.22	1 376.44	1 312.38	471.46	423.82	779.82
吉 林	91.10	280.44	33.60	29.42	23.68	17.44	29.46	
黑龙江	134.70	1 242.18	116.48	13.03	9.86	154.41	23.50	12.35
上 海	382.50	1 905.69	437.28	40.36	33.66	38.53	31.36	25.08
江 苏	1 338.15	9 968.84	1 229.90	449.25	357.75	378.58	616.16	283.31
浙 江	1 529.94	4 702.54	1 226.55	325.33	287.19	371.67	799.38	179.91
安 徽	849.37	2 974.11	295.44	195.23	161.65	277.39	222.02	182.58
福 建	1 619.91	3 975.46	755.23	663.98	529.99	564.84	473.06	56.06
江 西	73.78	1 511.40	213.47	80.30	54.17	248.55	75.06	3.79
山 东	11 327.30	12 231.75	4 632.94	1 312.74	1 154.02	680.91	1 398.59	836.41
河 南	19.06	658.22	56.73	10.12	9.67	35.40	40.52	54.89
湖 北	239.52	5 328.89	282.03	146.16	129.79	298.97	65.90	279.53
湖 南	51.85	1 469.65	97.96	36.37	26.22	169.60	66.80	23.44
广 东	1 654.04	9 398.53	1 707.61	684.73	588.84	3 679.27	893.51	91.58
广 西	533.10	3 915.54	355.38	311.07	272.11	411.29	259.97	34.15
海 南	2 497.20	559.30	342.80	114.45	106.80	140.70	227.35	56.02
重 庆	114.97	1 759.60	190.06	65.18	49.61	93.01	17.77	1.45
四 川	78.34	1 471.69	141.94	28.05	27.06	160.28	43.17	0.10
贵 州	1.22	114.86	5.00	5.62	3.60	10.72	8.20	
云 南	25.78	627.49	46.63	7.88	5.76	19.06	2.49	0.10
西 藏								
陕 西	198.00	1 702.00	378.00	298.00	271.00	412.00	395.00	156.00
甘 肃	14.20	423.10	58.10	13.20	9.60	44.80	32.60	12.25
青 海								
宁 夏	24.30	239.66	9.45	0.78	0.78	1.90	2.14	
新 疆	53.50	644.00	51.20	44.70	33.20	18.00	12.00	3.95

各地区渔民家庭收支调查(四)

单位:万元

地　区	一、全年总支出(续)						三、全年纯收入	
	(二)税费支出(续)	(三)财产性支出	(四)转移性支出	(五)生活支出		(六)其他支出		
	其中:渔业税费支出				其中:食物支出			其中:渔业纯收入
全国总计	2 619.89	2 631.51	1 117.90	23 581.89	14 519.78	5 157.32	81 969.45	53 039.90
北　京	8.34	2.43	0.50	30.73	20.25	18.52	124.50	65.37
天　津		2.50	0.34	271.63	144.17	22.10	779.92	687.35
河　北	8.70	87.40	9.58	615.82	308.49	156.76	1 386.80	462.16
山　西		7.21		25.65	7.89	2.35	129.27	86.90
内蒙古	0.20	3.30	0.10	38.60	26.10	16.30	140.72	34.80
辽　宁	697.26	57.29	93.43	2 244.12	1 664.78	407.76	6 309.20	4 756.95
吉　林		1.40		58.77	37.28	22.82	220.33	182.34
黑龙江	8.38	1.38	6.40	373.20	216.38	52.53	640.20	353.35
上　海	24.18	20.62	1.00	326.15	210.80	19.04	1 217.50	856.52
江　苏	267.00	216.45	102.73	2 009.51	1 248.67	563.23	9 854.07	6 598.40
浙　江	165.17	566.28	128.01	2 264.03	1 200.75	500.54	8 451.53	4 795.19
安　徽	170.28	102.38	46.74	830.07	509.66	198.00	2 925.00	1 931.34
福　建	55.14	207.91	53.31	2 873.13	2 074.77	412.41	6 377.26	4 205.84
江　西	3.21	0.84	10.13	562.02	409.53	44.86	1 316.63	945.14
山　东	584.79	513.68	247.89	4 260.34	2 054.76	951.85	10 496.01	7 122.69
河　南	50.89			140.99	78.48	17.46	428.53	342.53
湖　北	260.30	109.16	42.12	853.36	592.11	218.69	4 419.44	3 161.45
湖　南	16.38	91.60	84.68	544.55	407.78	73.17	1 667.96	980.85
广　东	75.14	97.34	48.66	2 300.52	1 623.31	607.62	10 618.44	7 186.50
广　西	32.23	61.02	31.43	1 008.21	697.04	277.58	4 269.89	2 282.47
海　南	51.35	306.70	2.41	466.10	261.02	157.80	3 848.40	2 538.15
重　庆		1.96	9.54	162.54	79.28	28.74	285.21	169.24
四　川	0.10		26.85	312.07	202.16		989.47	551.57
贵　州		15.20	6.47	24.90	12.72	13.13	106.32	84.73
云　南	0.10	1.66		78.07	56.68	25.19	248.56	187.73
西　藏								
陕　西	126.00	145.00	160.00	785.00	300.00	290.00	3 998.00	2 033.00
甘　肃	10.80	8.80	4.80	25.50	21.50	27.70	504.85	276.40
青　海								
宁　夏		2.00	0.78	30.81	17.02	3.87	78.89	33.59
新　疆	3.95			65.50	36.40	27.30	136.55	127.35

二、生　　产

全国水产品总产量

单位:吨

指　　标	2012 年	2011 年	2012 年比 2011 年增减(±)	
			绝对量	幅度(%)
水产品总产量	59 076 760	56 032 090	3 044 670	5.43
海水产品	30 333 437	29 080 487	1 252 950	4.31
淡水产品	28 743 323	26 951 603	1 791 720	6.65
养殖产量	42 883 553	40 232 630	2 650 923	6.59
海水养殖	16 438 105	15 513 292	924 813	5.96
淡水养殖	26 445 448	24 719 338	1 726 110	6.98
捕捞产量	16 193 207	15 799 460	393 747	2.49
海洋捕捞	12 671 891	12 419 386	252 505	2.03
远洋渔业	1 223 441	1 147 809	75 632	6.59
淡水捕捞	2 297 875	2 232 265	65 610	2.94
养殖产品中:鱼类	24 369 533	22 818 257	1 551 276	6.80
甲壳类	3 592 588	3 291 589	300 999	9.14
贝类	12 343 169	11 795 839	547 330	4.64
藻类	1 772 689	1 609 046	163 643	10.17
其他类	805 574	717 899	87 675	12.21
捕捞产品中:鱼类	10 394 482	10 222 415	172 067	1.68
甲壳类	2 551 297	2 415 261	136 036	5.63
贝类	844 197	870 654	-26 457	-3.04
藻类	25 764	27 406	-1 642	-5.99
头足类	698 909	695 251	3 658	0.53
其他类	455 117	420 664	34 453	8.19

各地区水产品产量(一)

单位:吨

地区	2012年							
	总产量	1. 养殖产品小计	海水养殖	淡水养殖	2. 捕捞产品小计	海洋捕捞	远洋渔业	淡水捕捞
全国总计	59 076 760	42 883 553	16 438 105	26 445 448	16 193 207	12 671 891	1 223 441	2 297 875
北京	63 842	50 440		50 440	13 402		9 580	3 822
天津	365 042	326 266	14 285	311 981	38 776	16 516	10 793	11 467
河北	1 163 172	813 009	382 061	430 948	350 163	252 570		97 593
山西	41 243	40 121		40 121	1 122			1 122
内蒙古	131 575	100 442		100 442	31 133			31 133
辽宁	4 786 268	3 477 043	2 635 627	841 416	1 309 225	1 079 288	178 376	51 561
吉林	182 100	161 974		161 974	20 126			20 126
黑龙江	452 840	400 894		400 894	51 946			51 946
上海	297 132	162 104		162 104	135 028	20 387	110 198	4 443
江苏	4 937 399	4 023 327	904 959	3 118 368	914 072	566 085	13 770	334 217
浙江	5 395 806	1 845 133	861 364	983 769	3 550 673	3 160 189	290 881	99 603
安徽	2 074 938	1 751 444		1 751 444	323 494			323 494
福建	6 286 826	4 061 193	3 326 595	734 598	2 225 633	1 927 150	212 330	86 153
江西	2 370 007	2 105 141		2 105 141	264 866			264 866
山东	8 418 937	5 781 326	4 362 443	1 418 883	2 637 611	2 363 321	134 982	139 308
河南	717 210	675 643		675 643	41 567			41 567
湖北	3 889 476	3 676 396		3 676 396	213 080			213 080
湖南	2 214 376	2 109 424		2 109 424	104 952			104 952
广东	7 895 004	6 198 303	2 757 362	3 440 941	1 696 701	1 510 457	55 616	130 628
广西	3 038 700	2 238 555	977 307	1 261 248	800 145	666 603	4 012	129 530
海南	1 727 340	596 638	216 102	380 536	1 130 702	1 109 325		21 377
重庆	330 720	315 822		315 822	14 898			14 898
四川	1 189 102	1 128 781		1 128 781	60 321			60 321
贵州	134 675	120 389		120 389	14 286			14 286
云南	401 200	372 878		372 878	28 322			28 322
西藏	400	65		65	335			335
陕西	105 429	100 675		100 675	4 754			4 754
甘肃	13 340	13 340		13 340				
青海	4 520	4 460		4 460	60			60
宁夏	123 538	123 320		123 320	218			218
新疆	121 700	109 007		109 007	12 693			12 693
中农发集团	202 903				202 903		202 903	

各地区水产品产量(二)

单位:吨

地区	2011 年							
	总产量	1. 养殖产品小计	海水养殖	淡水养殖	2. 捕捞产品小计	海洋捕捞	远洋渔业	淡水捕捞
全国总计	56 032 090	40 232 630	15 513 292	24 719 338	15 799 460	12 419 386	1 147 809	2 232 265
北　京	61 228	49 757		49 757	11 471		7 532	3 939
天　津	352 148	316 074	13 305	302 769	36 074	17 051	7 986	11 037
河　北	1 067 131	716 072	311 520	404 552	351 059	251 761		99 298
山　西	36 137	35 016		35 016	1 121			1 121
内蒙古	122 900	92 432		92 432	30 468			30 468
辽　宁	4 514 693	3 245 972	2 435 184	810 788	1 268 721	1 061 607	161 167	45 947
吉　林	172 816	152 729		152 729	20 087			20 087
黑龙江	419 685	365 482		365 482	54 203			54 203
上　海	287 314	160 066		160 066	127 248	21 457	100 129	5 662
江　苏	4 759 669	3 847 553	842 408	3 005 145	912 116	568 108	10 324	333 684
浙　江	5 158 098	1 794 683	844 941	949 742	3 363 415	3 030 202	234 703	98 510
安　徽	1 995 505	1 676 215		1 676 215	319 290			319 290
福　建	6 037 385	3 852 473	3 161 489	690 984	2 184 912	1 916 560	183 570	84 782
江　西	2 172 700	1 928 402		1 928 402	244 298			244 298
山　东	8 138 280	5 490 465	4 134 775	1 355 690	2 647 815	2 384 444	127 993	135 378
河　南	654 730	616 373		616 373	38 357			38 357
湖　北	3 562 198	3 356 227		3 356 227	205 971			205 971
湖　南	1 999 353	1 902 978		1 902 978	96 375			96 375
广　东	7 625 332	5 970 419	2 655 746	3 314 673	1 654 913	1 452 615	73 896	128 402
广　西	2 892 338	2 099 658	923 804	1 175 854	792 680	665 281	4 140	123 259
海　南	1 602 445	531 130	190 120	341 010	1 071 315	1 050 300		21 015
重　庆	275 600	262 645		262 645	12 955			12 955
四　川	1 121 464	1 062 273		1 062 273	59 191			59 191
贵　州	108 802	95 104		95 104	13 698			13 698
云　南	342 400	318 283		318 283	24 117			24 117
西　藏	412	43		43	369			369
陕　西	81 800	74 712		74 712	7 088			7 088
甘　肃	12 879	12 879		12 879				
青　海	3 293	3 230		3 230	63			63
宁　夏	105 422	105 222		105 222	200			200
新　疆	111 564	98 063		98 063	13 501			13 501
中农发集团	236 369				236 369		236 369	

各地区水产品产量(三)

单位:吨

地 区	2012 年比 2011 年增减(±)							
	总产量	1. 养殖产品小计	海水养殖	淡水养殖	2. 捕捞产品小计	海洋捕捞	远洋渔业	淡水捕捞
全国总计	**3 044 670**	**2 650 923**	**924 813**	**1 726 110**	**393 747**	**252 505**	**75 632**	**65 610**
北 京	2 614	683		683	1 931		2 048	-117
天 津	12 894	10 192	980	9 212	2 702	-535	2 807	430
河 北	96 041	96 937	70 541	26 396	-896	809		-1 705
山 西	5 106	5 105		5 105	1			1
内 蒙 古	8 675	8 010		8 010	665			665
辽 宁	271 575	231 071	200 443	30 628	40 504	17 681	17 209	5 614
吉 林	9 284	9 245		9 245	39			39
黑 龙 江	33 155	35 412		35 412	-2 257			-2 257
上 海	9 818	2 038		2 038	7 780	-1 070	10 069	-1 219
江 苏	177 730	175 774	62 551	113 223	1 956	-2 023	3 446	533
浙 江	237 708	50 450	16 423	34 027	187 258	129 987	56 178	1 093
安 徽	79 433	75 229		75 229	4 204			4 204
福 建	249 441	208 720	165 106	43 614	40 721	10 590	28 760	1 371
江 西	197 307	176 739		176 739	20 568			20 568
山 东	280 657	290 861	227 668	63 193	-10 204	-21 123	6 989	3 930
河 南	62 480	59 270		59 270	3 210			3 210
湖 北	327 278	320 169		320 169	7 109			7 109
湖 南	215 023	206 446		206 446	8 577			8 577
广 东	269 672	227 884	101 616	126 268	41 788	57 842	-18 280	2 226
广 西	146 362	138 897	53 503	85 394	7 465	1 322	-128	6 271
海 南	124 895	65 508	25 982	39 526	59 387	59 025		362
重 庆	55 120	53 177		53 177	1 943			1 943
四 川	67 638	66 508		66 508	1 130			1 130
贵 州	25 873	25 285		25 285	588			588
云 南	58 800	54 595		54 595	4 205			4 205
西 藏	-12	22		22	-34			-34
陕 西	23 629	25 963		25 963	-2 334			-2 334
甘 肃	461	461		461				
青 海	1 227	1 230		1 230	-3			-3
宁 夏	18 116	18 098		18 098	18			18
新 疆	10 136	10 944		10 944	-808			-808
中农发集团	-33 466				-33 466		-33 466	

全国水产养殖产量(按水域和养殖方式分)

单位:吨

指标		2012 年	2011 年	2012 年比 2011 年增减(±)	
				绝对量	幅度(%)
总计		42 883 553	40 232 630	2 650 923	6.59
1. 海水养殖		16 438 105	15 513 292	924 813	5.96
按水域分	海上	8 981 398	8 180 844	800 554	9.79
	滩涂	5 639 855	5 641 770	-1 915	-0.03
	其他	1 816 852	1 690 678	126 174	7.46
养殖方式中	池塘	2 127 020	1 957 561	169 459	8.66
	普通网箱	393 510	348 386	45 124	12.95
	深水网箱	70 974	56 190	14 784	26.31
	筏式	4 537 271	4 149 901	387 370	9.33
	吊笼	966 704	832 943	133 761	16.06
	底播	4 409 046	4 309 850	99 196	2.30
	工厂化	158 916	131 292	27 624	21.04
2. 淡水养殖		26 445 448	24 719 338	1 726 110	6.98
按水域分	池塘	18 664 241	17 435 044	1 229 197	7.05
	湖泊	1 614 977	1 541 527	73 450	4.76
	水库	3 337 690	3 093 002	244 688	7.91
	河沟	843 142	802 276	40 866	5.09
	其他	654 020	647 627	6 393	0.99
	稻田养成鱼	1 331 378	1 199 862	131 516	10.96
养殖方式中	围栏	495 806	459 572	36 234	7.88
	网箱	1 273 153	1 108 217	164 936	14.88
	工厂化	203 917	164 357	39 560	24.07

全国海水养殖产量(一)

单位:吨

指　标	2012 年	2011 年	2012 年比 2011 年增减(±)	
			绝对量	幅度(%)
海水养殖	16 438 105	15 513 292	924 813	5.96
1. 鱼类	1 028 399	964 189	64 210	6.66
其中:鲈鱼	125 836	122 964	2 872	2.34
鲆鱼	113 551	111 589	1 962	1.76
大黄鱼	95 118	80 212	14 906	18.58
军曹鱼	38 014	37 210	804	2.16
鲕鱼	13 094	13 325	-231	-1.73
鲷鱼	52 328	56 313	-3 985	-7.08
美国红鱼	65 712	64 838	874	1.35
河鲀	13 176	11 632	1 544	13.27
石斑鱼	72 785	59 534	13 251	22.26
鲽鱼	10 431	8 463	1 968	23.25
2. 甲壳类	1 249 554	1 127 189	122 365	10.86
虾	1 005 729	895 423	110 306	12.32
其中:南美白对虾	762 494	665 588	96 906	14.56
斑节对虾	64 554	60 691	3 863	6.37
中国对虾	41 213	41 646	-433	-1.04
日本对虾	49 409	50 991	-1 582	-3.10
蟹	243 825	231 766	12 059	5.20
其中:梭子蟹	99 580	92 907	6 673	7.18
青蟹	128 983	121 458	7 525	6.20

全国海水养殖产量(二)

单位:吨

指　　标	2012 年	2011 年	2012 年比 2011 年增减(±)	
			绝对量	幅度(%)
3. 贝类	12 084 393	11 543 626	540 767	4.68
牡蛎	3 948 817	3 756 310	192 507	5.12
鲍	90 694	76 786	13 908	18.11
螺	214 346	203 266	11 080	5.45
蚶	278 058	293 200	-15 142	-5.16
贻贝	764 395	707 401	56 994	8.06
江珧	15 061	30 126	-15 065	-50.01
扇贝	1 419 956	1 306 124	113 832	8.72
蛤	3 735 484	3 613 349	122 135	3.38
蛏	720 466	744 794	-24 328	-3.27
4. 藻类	1 764 684	1 601 764	162 920	10.17
海带	979 006	908 221	70 785	7.79
裙带菜	175 121	134 175	40 946	30.52
紫菜	112 329	102 745	9 584	9.33
江蓠	196 778	151 359	45 419	30.01
麒麟菜	9 588	6 180	3 408	55.15
石花菜	412		412	
羊栖菜	11 226	11 131	95	0.85
苔菜	890	910	-20	-2.20
5. 其他类	311 075	276 524	34 551	12.49
海参	170 830	137 754	33 076	24.01
海胆(千克)	5 852 710	6 756 194	-903 484	-13.37
海水珍珠(千克)	9 663	10 101	-438	-4.34
海蜇	63 790	69 749	-5 959	-8.54

全国淡水养殖产量

单位:吨

指　　标	2012 年	2011 年	2012 年比 2011 年增减(±)	
			绝对量	幅度(%)
淡水养殖产量	**26 445 448**	**24 719 338**	**1 726 110**	**6.98**
1. 鱼类	23 341 134	21 854 068	1 487 066	6.80
2. 甲壳类	2 343 034	2 164 400	178 634	8.25
虾	1 628 654	1 515 160	113 494	7.49
其中:罗氏沼虾	124 713	122 933	1 780	1.45
青虾	237 431	230 248	7 183	3.12
克氏原螯虾	554 821	486 319	68 502	14.09
南美白对虾	690 747	659 961	30 786	4.66
蟹(河蟹)	714 380	649 240	65 140	10.03
3. 贝类	258 776	252 213	6 563	2.60
其中:河蚌	92 347	90 765	1 582	1.74
螺	111 736	105 254	6 482	6.16
蚬	22 931	22 327	604	2.71
4. 藻类(螺旋藻)	8 005	7 282	723	9.93
5. 其他类	494 499	441 375	53 124	12.04
其中:龟	32 826	27 682	5 144	18.58
鳖	331 424	285 875	45 549	15.93
蛙	83 331	78 064	5 267	6.75
珍珠(千克)	2 548 441	2 305 243	243 198	10.55
6. 观赏鱼(万尾)	210 077	358 366	-148 289	-41.38

全国淡水养殖主要鱼类产量

单位:吨

指　　标	2012 年	2011 年	2012 年比 2011 年增减(±)	
			绝对量	幅度(%)
青鱼	494 908	467 736	27 172	5.81
草鱼	4 781 698	4 442 205	339 493	7.64
鲢鱼	3 687 751	3 713 922	-26 171	-0.70
鳙鱼	2 851 419	2 668 305	183 114	6.86
鲤鱼	2 896 957	2 718 228	178 729	6.58
鲫鱼	2 450 450	2 296 750	153 700	6.69
鳊鱼	705 821	677 887	27 934	4.12
泥鳅	293 911	232 244	61 667	26.55
鲶鱼	408 750	392 435	16 315	4.16
鮰鱼	224 132	205 177	18 955	9.24
黄颡鱼	256 650	217 380	39 270	18.07
鲑鱼	2 560	1 908	652	34.17
鳟鱼	25 901	19 654	6 247	31.78
河鲀	3 804	4 020	-216	-5.37
短盖巨脂鲤	97 915	94 942	2 973	3.13
长吻鮠	26 264	17 086	9 178	53.72
黄鳝	320 966	292 410	28 556	9.77
鳜鱼	281 502	274 576	6 926	2.52
池沼公鱼	14 929	13 769	1 160	8.42
银鱼	20 804	18 104	2 700	14.91
鲈鱼	243 196	208 334	34 862	16.73
乌鳢	480 594	446 448	34 146	7.65
罗非鱼	1 552 733	1 441 050	111 683	7.75
鲟鱼	55 184	44 211	10 973	24.82
鳗鲡	212 464	208 266	4 198	2.02

各地区海水养殖产量（按品种分）（一）

单位：吨

地　区	海水养殖产量	1. 鱼类	其中					
			鲈鱼	鲆鱼	大黄鱼	军曹鱼	鰤鱼	鲷鱼
全国总计	**16 438 105**	**1 028 399**	**125 836**	**113 551**	**95 118**	**38 014**	**13 094**	**52 328**
天　津	14 285	3 666	115	2 254				100
河　北	382 061	12 173	70	4 116				
辽　宁	2 635 627	57 823	1 620	35 235			156	
上　海								
江　苏	904 959	72 986	1 757	3 108				59
浙　江	861 364	29 898	8 490	236	3 260		5	2 449
福　建	3 326 595	213 271	18 302	3 341	83 505	587	3 375	22 561
山　东	4 362 443	148 757	23 490	64 446	75			
广　东	2 757 362	399 414	59 912	815	8 278	24 415	8 677	18 380
广　西	977 307	40 426	8 882			245	6 285	
海　南	216 102	49 985	3 198			12 767	881	2 494

各地区海水养殖产量（按品种分）（二）

单位：吨

地　区	1. 鱼类（续）				2. 甲壳类	(1) 虾		
	其中（续）						其中	
	美国红鱼	河鲀	石斑鱼	鲽鱼			南美白对虾	斑节对虾
全国总计	**65 712**	**13 176**	**72 785**	**10 431**	**1 249 554**	**1 005 729**	**762 494**	**64 554**
天　津	60	189	268	19	10 619	10 619	10 594	
河　北		2 106		477	19 513	17 866	10 312	
辽　宁		3 423		236	29 460	27 603	11 911	
上　海								
江　苏		172	13	1 400	94 920	61 873	15 288	1 638
浙　江	7 821	199	278	117	94 566	46 925	31 188	1 111
福　建	13 585	1 388	18 844	465	134 302	80 671	58 635	5 902
山　东	5 696	5 021	12	7 563	118 276	93 169	51 571	2 050
广　东	31 535	625	35 039	154	412 654	361 558	294 865	39 639
广　西	4 756		2 315		213 627	199 415	175 152	11 688
海　南	2 259	53	16 016		121 617	106 030	102 978	2 526

各地区海水养殖产量(按品种分)(三)

单位:吨

地区	2. 甲壳类					3. 贝类
	(1)虾(续)		(2)蟹	其中		
	其中(续)					
	中国对虾	日本对虾		梭子蟹	青蟹	
全国总计	41 213	49 409	243 825	99 580	128 983	12 084 393
天津	5					
河北	4 241	3 313	1 647	1 442		341 718
辽宁	11 767	2 504	1 857	1 285		2 099 631
上海						
江苏	4 549	1 300	33 047	29 359	2 012	705 550
浙江	1 440	1 143	47 641	21 083	26 038	682 269
福建	3 550	9 677	53 631	22 089	27 472	2 249 568
山东	7 151	25 980	25 107	21 234	350	3 398 061
广东	8 510	5 318	51 096	3 008	43 576	1 863 087
广西		174	14 212		14 212	720 525
海南			15 587	80	15 323	23 984

各地区海水养殖产量(按品种分)(四)

单位:吨

地区	3. 贝类(续)								
	其中(续)								
	牡蛎	鲍	螺	蚶	贻贝	江珧	扇贝	蛤	蛏
全国总计	3 948 817	90 694	214 346	278 058	764 395	15 061	1 419 956	3 735 484	720 466
天津									
河北	20		28	9 389	1 050		296 015	29 753	
辽宁	146 636	5 309		26 740	40 929		352 734	1 119 988	24 854
上海									
江苏	39 438		58 104	30 545	53 576			363 041	87 717
浙江	148 687	726	11 888	108 072	77 054		350	60 532	218 377
福建	1 476 422	65 247	3 784	43 634	73 503		6 159	299 329	205 899
山东	669 534	11 470	15 526	5 407	422 189		674 034	1 320 698	159 409
广东	1 027 268	7 317	88 339	50 646	86 723	15 061	88 474	310 778	23 105
广西	439 295		34 630	2 878	9 371		2 140	220 646	1 105
海南	1 517	625	2 047	747			50	10 719	

各地区海水养殖产量(按品种分)(五)

单位:吨

地 区	4. 藻类	其中					
		海带	裙带菜	紫菜	江蓠	麒麟菜	石花菜
全国总计	1 764 684	979 006	175 121	112 329	196 778	9 588	412
天 津							
河 北							
辽 宁	325 575	195 717	129 858				
上 海							
江 苏	22 916	550		21 026	1 268		
浙 江	46 864	11 626	95	24 714	844		
福 建	708 858	532 300		55 874	107 397		
山 东	566 429	234 762	44 771	885	21 335		
广 东	73 866	4 051	397	9 830	54 624	3 000	412
广 西							
海 南	20 176				11 310	6 588	

各地区海水养殖产量(按品种分)(六)

单位:吨

地 区	4. 藻类(续)		5. 其他类	其中			
	其中(续)						
	羊栖菜	苔菜		海参	海胆(千克)	海水珍珠(千克)	海蜇
全国总计	11 226	890	311 075	170 830	5 852 710	9 663	63 790
天 津							
河 北			8 657	6 649			
辽 宁			123 138	64 512	142 550		42 602
上 海							
江 苏			8 587	523			4 673
浙 江	8 244	890	7 767	531			1 741
福 建	2 972		20 596	15 459	21 000		1 081
山 东			130 920	82 905	3 816 000		11 852
广 东	10		8 341	238	1 873 160	6 903	1 703
广 西			2 729	13		760	138
海 南			340			2 000	

各地区海水养殖产量（按水域和养殖方式分）（一）

单位：吨

地区	海水养殖产量	按水域养殖分			养殖方式中
		1. 海上	2. 滩涂	3. 其他	4. 池塘
全国总计	16 438 105	8 981 398	5 639 855	1 816 852	2 127 020
天津	14 285			14 285	10 935
河北	382 061	307 763	45 035	29 263	34 324
辽宁	2 635 627	1 624 699	812 986	197 942	177 706
上海					
江苏	904 959	186 837	511 899	206 223	285 433
浙江	861 364	272 533	354 188	234 643	234 836
福建	3 326 595	2 084 258	1 019 061	223 276	239 300
山东	4 362 443	3 028 391	1 178 004	156 048	293 528
广东	2 757 362	1 130 718	1 149 113	477 531	511 525
广西	977 307	299 751	457 543	220 013	199 181
海南	216 102	46 448	112 026	57 628	140 252

各地区海水养殖产量（按水域和养殖方式分）（二）

单位：吨

地区	养殖方式中（续）					
	2. 普通网箱	3. 深水网箱	4. 筏式	5. 吊笼	6. 底播	7. 工厂化
全国总计	393 510	70 974	4 537 271	966 704	4 409 046	158 916
天津						3 350
河北			295 934		43 532	6 363
辽宁	2 845	2 220	739 982	13 223	998 281	37 839
上海						
江苏	20	111	106 757	1 600	429 129	8 789
浙江	31 719	1 653	205 953	4 067	246 623	717
福建	171 643	8 137	1 145 776	95 858	379 466	11 164
山东	37 350	22 252	1 503 710	714 758	1 706 768	83 977
广东	101 336	19 982	282 345	135 073	395 071	4 041
广西	32 357	2 129	256 814	2 080	199 541	
海南	16 240	14 490		45	10 635	2 676

各地区淡水养殖产量(按品种分)(一)

单位:吨

地 区	淡水养殖产量	1. 鱼类	其中				
			青鱼	草鱼	鲢鱼	鳙鱼	鲤鱼
全国总计	**26 445 448**	**23 341 134**	**494 908**	**4 781 698**	**3 687 751**	**2 851 419**	**2 896 957**
北 京	50 440	50 222	1 021	13 175	4 325	2 876	15 208
天 津	311 981	253 289		26 951	43 698	8 240	106 202
河 北	430 948	397 083	184	68 501	75 351	33 140	150 835
山 西	40 121	39 580	18	10 264	7 255	3 696	12 295
内蒙古	100 442	98 124		12 604	16 754	11 785	39 245
辽 宁	841 416	755 274	6 214	81 399	110 841	58 689	309 275
吉 林	161 974	161 036	829	15 197	43 078	30 086	41 214
黑龙江	400 894	396 431		31 264	82 126	35 197	163 543
上 海	162 104	97 467	3 790	24 305	13 949	8 811	760
江 苏	3 118 368	2 343 119	70 934	403 251	470 900	220 151	146 862
浙 江	983 769	643 290	42 263	86 570	131 228	90 543	32 766
安 徽	1 751 444	1 426 788	70 038	237 648	274 035	258 815	112 955
福 建	734 598	628 204	11 408	150 011	64 397	58 208	49 114
江 西	2 105 141	1 912 270	44 482	436 235	261 907	319 474	141 272
山 东	1 418 883	1 323 277	14 302	232 132	22 726	126 698	345 799
河 南	675 643	653 983	6 093	105 595	158 717	97 297	200 863
湖 北	3 676 396	3 168 141	99 652	859 057	626 792	397 165	170 091
湖 南	2 109 424	2 048 590	65 904	589 105	398 244	331 764	158 478
广 东	3 440 941	3 079 516	36 792	674 709	219 550	356 030	122 518
广 西	1 261 248	1 227 613	12 271	271 795	219 101	156 294	143 280
海 南	380 536	369 982	1 099	8 988	7 656	7 181	5 930
重 庆	315 822	314 158	1 279	72 063	78 961	29 815	31 474
四 川	1 128 781	1 116 944	1 461	199 316	248 277	131 422	140 619
贵 州	120 389	118 502	1 188	18 729	13 345	16 877	34 834
云 南	372 878	371 477	3 291	61 773	38 544	29 688	96 477
西 藏	65	65		10			16
陕 西	100 675	99 458	384	20 632	23 985	13 742	30 330
甘 肃	13 340	13 262	11	3 349	1 634	572	4 490
青 海	4 460	4 355		99	96		220
宁 夏	123 320	121 391		36 379	14 552	6 783	53 525
新 疆	109 007	108 243		30 592	15 727	10 380	36 467

各地区淡水养殖产量(按品种分)(二)

单位:吨

地　区	1. 鱼类(续)						
	其中(续)						
	鲫鱼	鳊鲂	泥鳅	鲶鱼	鮰鱼	黄颡鱼	鲑鱼
全国总计	**2 450 450**	**705 821**	**293 911**	**408 750**	**224 132**	**256 650**	**2 560**
北　京	3 320	1 396	168	1 252	254	16	
天　津	55 997	1 150	65	7 836	200		
河　北	37 704	683	1 831	522	46	60	55
山　西	1 625	258	9	471	28	5	
内蒙古	12 207	615	571	1 944	1	156	
辽　宁	95 144	6 364	15 884	39 616	502	5 620	631
吉　林	16 963	1 282	1 472	2 847	65	1 545	29
黑龙江	61 309	785	2 139	4 042	60	2 277	
上　海	35 469	2 883	190	162	127	369	
江　苏	562 766	179 952	74 050	12 893	526	21 733	2
浙　江	79 673	27 476	4 074	2 547	3 326	24 354	70
安　徽	165 789	88 389	32 668	15 023	16 691	22 086	
福　建	27 042	4 606	1 259	8 447	1 868	3 638	12
江　西	189 090	59 810	68 101	50 940	29 611	37 813	344
山　东	138 778	14 468	8 574	32 694	163	2 711	163
河　南	42 479	11 531	5 862	11 039	4 645	1 358	
湖　北	398 605	157 406	32 175	34 162	45 060	69 194	
湖　南	101 908	67 749	10 960	26 781	27 087	15 305	3
广　东	133 353	36 632	6 914	29 156	14 981	23 361	422
广　西	35 419	1 801	2 536	32 702	10 402	2 583	2
海　南	1 639	1 082	745	1 861			
重　庆	67 986	3 240	4 494	4 761	7 436	2 367	53
四　川	131 779	30 749	18 080	75 303	53 364	18 615	372
贵　州	6 943	2 389	432	3 052	6 351	745	257
云　南	24 109	968	375	6 299	616	232	17
西　藏	5						
陕　西	5 027	431	122	777	404	494	
甘　肃	941	74		31	1		118
青　海	160						
宁　夏	7 695	888	161	824	228		
新　疆	9 526	764		766	89	13	10

各地区淡水养殖产量(按品种分)(三)

单位:吨

地 区	1. 鱼类(续)						
	其中(续)						
	鳟鱼	河鲀	短盖巨脂鲤	长吻鮠	黄鳝	鳜鱼	池沼公鱼
全国总计	25 901	3 804	97 915	26 264	320 966	281 502	14 929
北 京	1 735		12			21	
天 津							
河 北	2 158		33				5 289
山 西	1 212						2
内蒙古	114						600
辽 宁	5 200					1 101	3 304
吉 林	163					293	4 150
黑龙江	384					482	31
上 海					16	315	
江 苏		2 720	8 185	8 185	7 307	27 547	30
浙 江	149	24	857	71	906	12 715	15
安 徽		16	3 477	92	40 806	36 361	
福 建	172	451	4 069	131	725	1 462	5
江 西	60		22 124	521	77 332	43 917	
山 东	4 093		1 018		2 453	2 925	20
河 南	217		618	13	1 740	552	22
湖 北		13	51	862	144 398	31 026	
湖 南	511		18	348	28 635	16 210	
广 东	625	580	27 642	5 672	2 559	100 639	1
广 西	171		28 223	817	1 649	234	
海 南			1 062		352		
重 庆	354		336	778	687	412	
四 川	1 019		15	7 865	10 510	4 660	
贵 州	113			895	308	19	
云 南	3 219		158	14	275	43	119
西 藏	30						
陕 西	558		15		308	538	
甘 肃	581						
青 海	2 580						1 200
宁 夏							
新 疆	483		2			30	141

各地区淡水养殖产量(按品种分)(四)

单位:吨

地区	1. 鱼类(续)						2. 甲壳类
	其中(续)						
	银鱼	鲈鱼	乌鳢	罗非鱼	鲟鱼	鳗鲡	
全国总计	20 804	243 196	480 594	1 552 733	55 184	212 464	2 343 034
北京		185	35	1 501	3 335		94
天津				1 264			57 816
河北	782	30	61	15 773	3 856		27 536
山西	30	13	2	1 097	1 106		92
内蒙古	168		1 268	85			431
辽宁	1 355	106	2 422	2 482	1 150		75 175
吉林	751	92	944	27			934
黑龙江	1 212	10	144	118			4 419
上海		209		38	57	109	63 885
江苏	49	32 544	35 923	3 971	1 354	3 854	693 007
浙江	27	18 358	51 308	1 759	3 267	1 789	147 746
安徽	2 413	4 473	26 026	4 646	302	3 497	242 241
福建	74	9 588	1 982	123 081	2 835	80 105	58 342
江西	1 627	19 434	54 193	7 251	1 782	17 271	97 852
山东	3 093	912	134 327	11 831	11 685		86 504
河南	1 494	302	1 567	962	730		13 208
湖北	2 170	2 800	32 164	3 860	8 110	160	446 830
湖南	1 899	2 060	41 547	1 704	957		17 110
广东	1 006	137 239	83 893	664 647	931	105 455	295 178
广西	596	721	2 471	265 268	881		5 919
海南			123	331 918	21	223	1 475
重庆		876	1 715	3 093	918		1 013
四川	1 455	10 455	7 320	3 757	5 792		2 761
贵州	184	2 179	10	1 559	1 182		108
云南	267	139	918	99 267	3 588	1	468
西藏				4			
陕西	147	53	155	656	700		64
甘肃	2		1	29	420		76
青海							105
宁夏			27		161		1 929
新疆	3	418	48	1 085	64		716

各地区淡水养殖产量(按品种分)(五)

单位:吨

地区	1. 甲壳类(续)						3. 贝类	
	(1)虾	其中				(2)蟹		其中
		罗氏沼虾	青虾	克氏原螯虾	南美白对虾			河蚌
全国总计	1 628 654	124 713	237 431	554 821	690 747	714 380	258 776	92 347
北京	92				92	2		
天津	56 607		175	17	56 415	1 209		
河北	23 946		799		22 702	3 590	30	25
山西	62	1			60	30		
内蒙古	103		103			328		
辽宁	3 764				3 684	71 411	19	19
吉林	202		192			732	4	4
黑龙江	380				60	4 039		
上海	48 855	4 139	645		44 071	15 030	173	170
江苏	366 494	67 625	107 330	83 711	107 308	326 513	48 536	12 772
浙江	138 984	10 923	19 310	4 963	102 855	8 762	11 615	3 511
安徽	137 022	2 650	45 731	85 704	2 822	105 219	50 527	28 117
福建	56 895	1 064	1 600	120	53 443	1 447	31 202	4 259
江西	83 385	595	23 731	58 387	672	14 467	43 290	12 669
山东	57 793	520	3 224	7 224	45 093	28 711	2 629	1 195
河南	11 296	704	2 481	7 500	611	1 912	118	74
湖北	331 295	1 444	25 113	302 179	2 559	115 535	25 595	20 014
湖南	10 734	470	4 365	1 999	242	6 376	18 124	8 183
广东	290 319	32 779	1 600	13	245 125	4 859	19 027	230
广西	5 202	1 507	727	266	2 173	717	3 845	424
海南	1 225				325	250	142	
重庆	939			666	260	74	69	2
四川	2 474	130	114	1 993	90	287	3 366	552
贵州	68	21	2	11	1	40	207	66
云南	401	141	182	66	12	67	190	43
西藏								
陕西	32		2	2		32	20	18
甘肃	8					68		
青海						105		
宁夏	3				3	1 926		
新疆	74		5		69	642	48	

各地区淡水养殖产量(按品种分)(六)

单位:吨

地区	3. 贝类(续)		4. 藻类	5. 其他类					6. 观赏鱼(万尾)
	其中(续)				其中				
	螺	蚬			龟	鳖	蛙	珍珠(千克)	
全国总计	111 736	22 931	8 005	494 499	32 826	331 424	83 331	2 548 441	210 077
北京				124	26	60			32 427
天津				876	31	498			37 139
河北	5			6 299	3	5 184			5 967
山西				449		449			625
内蒙古			1 887						11
辽宁				10 948	5		10 943		
吉林									7 007
黑龙江				44			42		
上海				579	100	361	45		12 715
江苏	30 593	4 906	650	33 056	1 641	27 164	1 615	331 000	16 878
浙江	7 560	364	69	181 049	12 380	155 312	8 183	1 198	8 782
安徽	20 318	1 303		31 888	4 640	18 567	4 615	404 185	4 787
福建	3 715	9 770	693	16 157	627	6 519	7 215	15 000	5 228
江西	26 403	4 171	3 364	48 365	3 649	20 821	22 747	997 000	5
山东	1 128	149	33	6 440		5 694			8 710
河南	36	8	252	8 082	49	7 994	39		25 324
湖北	5 276	305		35 830	2 493	31 626	1 460	251 000	265
湖南	7 492	1 155		25 600	2 103	9 670	8 657	549 058	174
广东	3 108	599	30	47 190	2 798	17 426	5 905		21 703
广西	3 014	201	75	23 796	2 095	19 516	686		15
海南	132		579	8 358	115	1 133	6 874		30
重庆	67			582	1	265	302		4 366
四川	2 551			5 710	64	1 164	3 958		6 431
贵州	141			1 572		1 539	33		57
云南	147		373	370	6	234	12		10 493
西藏									
陕西	2			1 133		226			409
甘肃				2		2			
青海									
宁夏									400
新疆	48								131

各地区淡水养殖产量(按水域和养殖方式分)(一)

单位:吨

地 区	淡水养殖产量	按水域分			
		1. 池塘	2. 湖泊	3. 水库	1. 河沟
全国总计	**26 445 448**	**18 664 241**	**1 614 977**	**3 337 690**	**843 142**
北 京	50 440	45 494	25		
天 津	311 981	301 848		5 362	2 309
河 北	430 948	288 009	13 450	120 941	5 175
山 西	40 121	25 689	2 017	12 108	91
内蒙古	100 442	59 127	17 987	21 029	1 852
辽 宁	841 416	634 070	30	113 369	2 901
吉 林	161 974	68 351	27 146	62 234	2
黑龙江	400 894	288 045	42 495	45 367	17 253
上 海	162 104	158 675	295		2 634
江 苏	3 118 368	2 263 404	212 884	72 009	245 651
浙 江	983 769	429 784	5 553	87 455	83 576
安 徽	1 751 444	1 024 531	353 543	150 922	105 543
福 建	734 598	492 682	4 700	158 802	37 369
江 西	2 105 141	1 123 501	300 004	529 037	63 243
山 东	1 418 883	994 785	104 376	250 543	20 989
河 南	675 643	510 856	7 006	75 121	12 636
湖 北	3 676 396	2 952 683	331 737	195 760	18 410
湖 南	2 109 424	1 593 582	128 169	211 322	23 862
广 东	3 440 941	3 141 331	7 376	221 052	14 648
广 西	1 261 248	707 104		417 003	86 432
海 南	380 536	273 093	6 088	92 296	57
重 庆	315 822	268 216		30 227	5 548
四 川	1 128 781	564 819	937	216 554	83 140
贵 州	120 389	12 314	206	85 326	1 343
云 南	372 878	208 536	5 074	119 139	2 781
西 藏	65	65			
陕 西	100 675	59 096	2 476	23 197	1 609
甘 肃	13 340	9 610	870	2 057	2
青 海	4 460	292	388	3 780	
宁 夏	123 320	80 158	39 832	1 225	406
新 疆	109 007	84 491	313	14 453	3 680

各地区淡水养殖产量(按水域和养殖方式分)(二)

单位:吨

地　区	按水域分(续)		养殖方式中		
	5. 其他	6 稻田	围栏	网箱	工厂化
全国总计	654 020	1 331 378	495 806	1 273 153	203 917
北　京	4 921				2 036
天　津	2 382	80			300
河　北	2 391	982	2 520	82 033	2 039
山　西	72	144	100	2 191	
内 蒙 古		447	969	978	210
辽　宁	21 799	69 247	3 208	46 251	1 031
吉　林	3 594	647	4 485	3 844	61
黑 龙 江	3 579	4 155	337	2 229	10
上　海	500				300
江　苏	106 224	218 196	43 132	43 132	15 298
浙　江	77 168	300 233	14 124	21 354	88 795
安　徽	44 639	72 266	206 329	95 175	5 897
福　建	25 549	15 496	1 411	22 299	34 043
江　西	29 285	60 071	54 066	96 230	10 197
山　东	47 948	242	37 761	131 869	30 255
河　南	69 672	352	3 108	67 012	2 660
湖　北	12 610	165 196	70 566	157 935	2 557
湖　南	62 089	90 400	31 990	122 675	326
广　东	53 005	3 529	1 830	7 495	196
广　西	36 559	14 150	11 618	157 643	
海　南	9 002		2 649	2 410	625
重　庆	3 112	8 719	1 230	3 434	382
四　川	9 622	253 709		60 315	70
贵　州	1 572	19 628	781	70 483	404
云　南	5 697	31 651	2 283	54 996	5 280
西　藏					
陕　西	14 159	138	1 309	18 278	150
甘　肃	800	1		161	
青　海				2 580	
宁　夏		1 699			
新　疆	6 070			151	795

全国海洋捕捞产量

单位:吨

指　　标	2012 年	2011 年	2012 年比 2011 年增减(±)	
			绝对量	幅度(%)
海洋捕捞产量	**12 671 891**	**12 419 386**	**252 505**	**2.03**
1. 鱼类	8 758 466	8 639 947	118 519	1.37
2. 甲壳类	2 207 391	2 091 282	116 109	5.55
虾	1 560 129	1 473 324	86 805	5.89
其中:毛虾	568 540	529 569	38 971	7.36
对虾	131 369	125 645	5 724	4.56
鹰爪虾	305 951	290 517	15 434	5.31
虾蛄	292 862	294 752	-1 890	-0.64
蟹	647 262	617 958	29 304	4.74
其中:梭子蟹	400 348	366 207	34 141	9.32
青蟹	71 146	70 165	981	1.40
蟳	62 010	61 267	743	1.21
3. 贝类	563 422	584 078	-20 656	-3.54
4. 藻类	25 728	27 362	-1 634	-5.97
5. 头足类	698 909	695 251	3 658	0.53
其中:乌贼	127 126	126 566	560	0.44
鱿鱼	385 845	390 393	-4 548	-1.16
章鱼	124 117	126 067	-1 950	-1.55
6. 其他类	417 975	381 466	36 509	9.57
其中:海蜇	206 885	190 126	16 759	8.81

全国海洋捕捞主要鱼类产量

单位:吨

指　　标	2012 年	2011 年	2012 年比 2011 年增减(±)	
			绝对量	幅度(%)
海鳗	363 028	359 291	3 737	1.04
鳓鱼	83 262	84 614	-1 352	-1.60
鳀鱼	824 153	766 639	57 514	7.50
沙丁鱼	131 963	140 189	-8 226	-5.87
鲱鱼	17 617	18 325	-708	-3.86
石斑鱼	97 074	95 062	2 012	2.12
鲷	166 397	167 564	-1 167	-0.70
蓝圆鲹	580 982	561 687	19 295	3.44
白姑鱼	120 502	124 935	-4 433	-3.55
黄姑鱼	86 092	84 706	1 386	1.64
鲵鱼	42 157	36 232	5 925	16.35
大黄鱼	71 075	65 234	5 841	8.95
小黄鱼	400 615	399 462	1 153	0.29
梅童鱼	290 979	283 112	7 867	2.78
方头鱼	43 624	40 729	2 895	7.11
玉筋鱼	135 042	135 337	-295	-0.22
带鱼	1 096 694	1 118 221	-21 527	-1.93
金线鱼	332 192	323 068	9 124	2.82
梭鱼	139 423	150 636	-11 213	-7.44
鲐鱼	509 546	563 179	-53 633	-9.52
鲅鱼	459 274	467 905	-8 631	-1.84
金枪鱼	41 608	43 346	-1 738	-4.01
鲳鱼	341 304	358 461	-17 157	-4.79
马面鲀	194 614	202 484	-7 870	-3.89
竹荚鱼	29 417	29 827	-410	-1.37
鲻鱼	112 271	116 690	-4 419	-3.79

全国海洋捕捞产量(按海区、渔具分)

单位:吨

指标		2012 年	2011 年	2012 年比 2011 年增减(±)	
				绝对量	幅度(%)
合计		12 671 891	12 419 386	252 505	2.03
按捕捞海域分	渤海	1 043 391	1 058 812	-15 421	-1.46
	黄海	2 927 666	3 046 544	-118 878	-3.90
	东海	5 178 074	4 921 439	256 635	5.21
	南海	3 522 760	3 392 591	130 169	3.84
按捕捞渔具分	拖网	6 045 343	6 132 565	-87 222	-1.42
	围网	969 593	888 465	81 128	9.13
	刺网	2 728 031	2 621 322	106 709	4.07
	张网	1 636 913	1 609 744	27 169	1.69
	钓具	357 949	324 179	33 770	10.42
	其他渔具	934 062	843 111	90 951	10.79

全国淡水捕捞产量

单位:吨

指标	2012 年	2011 年	2012 年比 2011 年增减(±)	
			绝对量	幅度(%)
淡水捕捞产量	2 297 875	2 232 265	65 610	2.94
1. 鱼类	1 636 016	1 582 468	53 548	3.38
2. 甲壳类	343 906	323 979	19 927	6.15
虾	282 625	275 349	7 276	2.64
蟹	61 281	48 630	12 651	26.01
3. 贝类	280 775	286 576	-5 801	-2.02
4. 藻类	36	44	-8	-18.18
5. 其他类	37 142	39 198	-2 056	-5.25
其中:丰年虫	945	2 714	-1 769	-65.18

各地区海洋捕捞产量(按品种分)(一)

单位:吨

地　区	海洋捕捞产量	1. 鱼类	其中				
			海鳗	鳓鱼	鳀鱼	沙丁鱼	鲱鱼
全国总计	12 671 891	8 758 466	363 028	83 262	824 153	131 963	17 617
天　津	16 516	10 312			1 115		
河　北	252 570	129 709			36 421		
辽　宁	1 079 288	657 146	64	631	95 358	2 447	19
上　海	20 387	10 672	348	70			
江　苏	566 085	335 060	8 358	3 193	2 685	1 575	2
浙　江	3 160 189	2 114 884	86 460	10 303	61 874	24 540	1 483
福　建	1 927 150	1 440 628	66 928	12 907	80 732	12 087	3 556
山　东	2 363 321	1 613 399	18 536	11	503 682	6 628	226
广　东	1 510 457	1 112 922	80 163	24 975	28 641	60 696	4 022
广　西	666 603	384 233	13 908	23 005		12 987	949
海　南	1 109 325	949 501	88 263	8 167	13 645	11 003	7 360

各地区海洋捕捞产量(按品种分)(二)

单位:吨

地　区	1. 鱼类(续)							
	其中(续)							
	石斑鱼	鲷	蓝圆鲹	白姑鱼	黄姑鱼	鮸鱼	大黄鱼	小黄鱼
全国总计	97 074	166 397	580 982	120 502	86 092	42 157	71 075	400 615
天　津								4 243
河　北	50				280		2 197	6 107
辽　宁	2 151	87		1 548	3 133	1 158	26 565	116 091
上　海					86		10	155
江　苏		280	50	4 980	7 932	2 198	620	35 413
浙　江	1 193	3 865	109 854	54 033	35 166	23 024	615	103 370
福　建	17 165	61 139	242 405	9 407	7 805	8 578	3 857	9 104
山　东	473	513		16 585	8 436	1 184	3 303	87 306
广　东	30 896	41 264	114 026	22 500	5 144	4 774	22 606	21 976
广　西	6 037	26 585	71 170	1 498	87	815		
海　南	39 109	32 664	43 477	9 951	18 023	426	11 302	16 850

各地区海洋捕捞产量（按品种分）（三）

单位：吨

地区	1. 鱼类（续）							
	其中（续）							
	梅童鱼	方头鱼	玉筋鱼	带鱼	金钱鱼	梭鱼	鲐鱼	鲅鱼
全国总计	290 979	43 624	135 042	1 096 694	332 192	139 423	509 546	459 274
天　津	5			9		305	1 440	261
河　北	391		67	5 740		8 425	58	13 101
辽　宁	7 979	500	9 054	21 846	125	23 107	37 982	75 522
上　海	409			517			2	94
江　苏	77 602	220	1 200	57 322	358	9 585	18 819	8 324
浙　江	178 273	15 891	30 130	452 498	3 306	6 544	190 381	66 979
福　建	21 125	4 496	19 760	165 420	10 444	16 307	120 776	51 943
山　东	985		72 361	82 402		32 251	85 480	174 569
广　东	2 747	9 195	1 437	133 344	84 418	22 307	30 175	29 469
广　西				31 424	36 241	10 497	13 680	2 207
海　南	1 463	13 322	1 033	146 172	197 300	10 095	10 753	36 805

各地区海洋捕捞产量（按品种分）（四）

单位：吨

地区	1. 鱼类（续）					2. 甲壳类	(1) 虾	其中
	其中（续）							
	金枪鱼	鲳鱼	马面鲀	竹荚鱼	鲻鱼			毛虾
全国总计	41 608	341 304	194 614	29 417	112 271	2 207 391	1 560 129	568 540
天　津						2 645	1 961	171
河　北		1 777			2 941	62 465	43 811	11 200
辽　宁		7 038	1 821	45	10 403	204 068	142 802	42 294
上　海		166		40		9 474	2 293	
江　苏		36 704	2 013		14 206	127 183	49 409	22 712
浙　江	4 487	103 629	24 728	416	18 382	846 609	685 943	264 335
福　建	3 414	58 178	61 723	10 208	15 113	306 204	176 638	57 368
山　东		24 841	3 444		343	264 966	230 938	93 634
广　东	17 200	56 585	53 313	4 213	28 785	217 029	139 242	43 197
广　西		11 663	29 852	410	8 619	122 737	69 243	28 120
海　南	16 507	40 723	17 720	14 085	13 479	44 011	17 849	5 509

各地区海洋捕捞产量(按品种分)(五)

单位:吨

地区	2. 甲壳类(续)						
	(1)虾(续)			(2)蟹			
	其中(续)				其中		
	对虾	鹰爪虾	虾蛄		梭子蟹	青蟹	蟳
全国总计	131 369	305 951	292 862	647 262	400 348	71 146	62 010
天　津	133		1 424	684	414	205	65
河　北	1 385	1 868	22 250	18 654	13 751	49	887
辽　宁	4 220	8 225	65 150	61 266	27 338	2 151	27 084
上　海	58	643		7 181	3 271		
江　苏	3 091	10 410	9 133	77 774	66 238	2 003	6 426
浙　江	30 879	180 773	74 196	160 666	99 577	3 177	14 362
福　建	22 255	41 760	33 468	129 566	84 191	12 498	5 096
山　东	3 926	32 569	54 618	34 028	21 862	510	2 863
广　东	44 910	16 965	23 516	77 787	43 135	26 002	2 596
广　西	16 938	8 336	7 454	53 494	30 846	10 553	2 071
海　南	3 574	4 402	1 653	26 162	9 725	13 998	560

各地区海洋捕捞产量(按品种分)(六)

单位:吨

地区	3. 贝类	4. 藻类	5. 头足类				6. 其他类	
				其中				其中
				乌贼	鱿鱼	章鱼		海蜇
全国总计	563 422	25 728	698 909	127 126	385 845	124 117	417 975	206 885
天　津	2 415		1 011		749	239	133	133
河　北	19 167		10 530	1 595	946	5 951	30 699	25 285
辽　宁	91 816	10	51 807	5 933	30 884	8 676	74 441	28 797
上　海			88	20	23	45	153	99
江　苏	54 868	1 280	19 030	2 269	11 574	4 702	28 664	17 404
浙　江	17 622	2 692	144 575	23 279	82 163	30 377	33 807	2 221
福　建	49 649	1 861	112 402	33 710	55 950	16 453	16 406	11 515
山　东	177 268	1 797	164 059	9 785	106 531	28 768	141 832	64 753
广　东	61 716	4 785	75 533	20 285	30 136	17 086	38 472	20 215
广　西	59 896		47 863	16 941	23 777	6 835	51 874	35 583
海　南	29 005	13 303	72 011	13 309	43 112	4 985	1 494	880

各地区海洋捕捞产量(按海域分)

单位:吨

地　区	海洋捕捞产量	按捕捞海域分			
		1. 渤海	2. 黄海	3. 东海	4. 南海
全国总计	12 671 891	1 043 391	2 927 666	5 178 074	3 522 760
天　津	16 516	7 658	8 858		
河　北	252 570	203 821	48 749		
辽　宁	1 079 288	392 524	661 715	22 089	2 960
上　海	20 387			20 387	
江　苏	566 085	524	494 508	71 053	
浙　江	3 160 189			3 156 594	3 595
福　建	1 927 150			1 734 630	192 520
山　东	2 363 321	438 864	1 713 836	173 321	37 300
广　东	1 510 457				1 510 457
广　西	666 603				666 603
海　南	1 109 325				1 109 325

各地区海洋捕捞产量(按渔具分)

单位:吨

地　区	海洋捕捞产量	按捕捞渔具分					
		1. 拖网	2. 围网	3. 刺网	4. 张网	5. 钓具	6. 其他
全国总计	12 671 891	6 045 343	969 593	2 728 031	1 636 913	357 949	934 062
天　津	16 516	3 906		9 210	135		3 265
河　北	252 570	43 067		134 483	58 753		16 267
辽　宁	1 079 288	437 987	5 795	448 829	90 828	13 707	82 142
上　海	20 387	15 846		740	3 776	25	
江　苏	566 085	80 373	18 173	143 804	236 496	247	86 992
浙　江	3 160 189	1 864 514	226 905	244 551	667 311		
福　建	1 927 150	733 805	278 716	299 752	339 932	39 573	235 372
山　东	2 363 321	1 440 886	36 876	442 380	186 425	84 971	171 783
广　东	1 510 457	739 928	154 142	447 020	16 551	101 796	51 020
广　西	666 603	469 602	35 686	75 650	198	7 118	78 349
海　南	1 109 325	215 429	213 300	481 612	36 508	90 435	72 041

各地区淡水捕捞产量(按品种分)

单位:吨

地区	淡水捕捞产量	1. 鱼类	2. 甲壳类	其中		3. 贝类	4. 藻类	5. 其他类	其中
				虾	蟹				丰年虫
全国总计	2 297 875	1 636 016	343 906	282 625	61 281	280 775	36	37 142	945
北京	3 822	3 790	22	7	15			10	
天津	11 467	6 906	2 094	1 404	690	976		1 491	
河北	97 593	87 058	5 962	5 415	547	3 756		817	
山西	1 122	1 074	17	15	2			31	31
内蒙古	31 133	30 712	343	335	8			78	78
辽宁	51 561	42 478	8 328	3 073	5 255	130		625	
吉林	20 126	19 493	350	323	27	258		25	
黑龙江	51 946	51 093	495	495		356		2	
上海	4 443	4 135	52	52				256	
江苏	334 217	194 920	59 643	43 923	15 720	73 714	15	5 925	
浙江	99 603	59 194	8 306	6 958	1 348	29 594	4	2 505	
安徽	323 494	212 732	66 365	56 047	10 318	36 033		8 364	
福建	86 153	59 246	10 085	5 134	4 951	15 574		1 248	
江西	264 866	175 438	55 566	52 772	2 794	29 528		4 334	
山东	139 308	116 699	15 855	7 643	8 212	6 380	3	371	20
河南	41 567	35 232	5 846	5 365	481	474		15	
湖北	213 080	133 540	60 660	55 806	4 854	15 528		3 352	
湖南	104 952	84 983	13 499	12 306	1 193	5 103		1 367	
广东	130 628	71 882	10 969	8 786	2 183	46 168		1 609	
广西	129 530	106 045	8 521	7 228	1 293	13 411		1 553	
海南	21 377	18 638	814	571	243	1 702		223	
重庆	14 898	13 548	918	743	175	391		41	
四川	60 321	55 188	4 158	3 622	536	686		289	
贵州	14 286	11 934	1 839	1 690	149	383		130	
云南	28 322	23 384	2 771	2 705	66	614		1 553	
西藏	335	263						72	72
陕西	4 754	4 454	151	135	16	16	14	119	7
甘肃									
青海	60							60	60
宁夏	218	218							
新疆	12 693	11 739	277	72	205			677	677

各地区远洋渔业

单位:吨、万元

地区	远洋捕捞产量	返回国内量	境外出售量	远洋渔业总产值	2012年比2011年增减(±) 远洋捕捞产量	返回国内量	境外出售量	远洋渔业总产值
全国总计	1 223 441	722 406	501 035	1 320 900	75 632	88 393	-12 761	63 091
北京	9 580	7 474	2 106	9 600	2 048	-58	2 106	2 200
天津	10 793	7 204	3 589	12 600	2 807	2 692	115	1 420
河北								
辽宁	178 376	86 896	91 480	191 600	17 209	9 167	8 042	11 128
上海	110 198	37 749	72 449	124 500	10 069	10 573	-504	25 682
江苏	13 770	8 014	5 756	21 600	3 446	3 275	171	2 325
浙江	290 881	277 594	13 287	235 900	56 178	58 336	-2 158	12
福建	212 330	141 886	70 444	204 000	28 760	21 008	7 752	53 439
山东	134 982	48 938	86 044	182 200	6 989	8 223	-1 234	-10 745
广东	55 616	17 023	38 593	69 100	-18 280	-3 851	-14 429	-752
广西	4 012		4 012	4 400	-128		-128	730
海南								
中农发集团	202 903	89 628	113 275	265 400	-33 466	-20 972	-12 494	-22 348

各地区远洋渔业主要品种产量

单位:吨

地区	远洋捕捞产量	其中 金枪鱼	鱿鱼
全国总计	1 223 441	171 686	455 857
北京	9 580	567	4 672
天津	10 793	2 227	1 985
河北			
辽宁	178 376	6 748	26 808
上海	110 198	58 884	11 935
江苏	13 770		780
浙江	290 881	22 602	253 407
福建	212 330	2 393	22 081
山东	134 982	25 229	83 509
广东	55 616	13 934	1 100
广西	4 012	1 131	
海南			
中农发集团	202 903	37 971	49 580

三、生产要素

全国水产养殖面积(按水域和养殖方式分)

单位:公顷

指标		2012年	2011年	2012年比2011年增减(±)	
				绝对量	幅度(%)
总计		8 088 403	7 834 950	253 453	3.23
1. 海水养殖		2 180 927	2 106 382	74 545	3.54
按水域分	海上	1 216 714	1 150 795	65 919	5.73
	滩涂	691 322	677 207	14 115	2.08
	其他	272 891	278 380	-5 489	-1.97
养殖方式中	池塘	437 630	405 396	32 234	7.95
	普通网箱(m^2)	39 831 261	21 180 352	18 650 909	88.06
	深水网箱(m^3)	4 379 017	7 236 108	-2 857 091	-39.48
	筏式	395 233	371 641	23 592	6.35
	吊笼	104 604	84 204	20 400	24.23
	底播	998 334	850 011	148 323	17.45
	工厂化(m^3)	19 243 855	14 904 654	4 339 201	29.11
2. 淡水养殖		5 907 476	5 728 568	178 908	3.12
按水域分	池塘	2 566 859	2 449 911	116 948	4.77
	湖泊	1 024 785	1 023 009	1 776	0.17
	水库	1 911 468	1 851 877	59 591	3.22
	河沟	274 817	272 684	2 133	0.78
	其他	129 547	131 087	-1 540	-1.17
	稻田养成鱼	1 294 919	1 207 914	87 005	7.20
养殖方式中	围栏(m^2)	2 440 782 222	2 193 595 380	247 186 842	11.27
	网箱(m^2)	148 436 410	156 619 341	-8 182 931	-5.22
	工厂化(m^3)	28 571 447	21 074 422	7 497 025	35.57

全国海水养殖面积(按品种分)

单位:公顷

指　　标	2012 年	2011 年	2012 年比 2011 年增减(±)	
			绝对量	幅度(%)
海水养殖	2 180 927	2 106 382	74 545	3.54
1. 鱼类	72 898	73 899	-1 001	-1.35
2. 甲壳类	289 953	307 371	-17 418	-5.67
虾	229 162	244 518	-15 356	-6.28
其中:南美白对虾	134 971	131 418	3 553	2.70
斑节对虾	16 720	15 835	885	5.59
中国对虾	21 624	24 028	-2 404	-10.00
日本对虾	26 762	32 729	-5 967	-18.23
蟹	60 791	62 853	-2 062	-3.28
其中:梭子蟹	29 036	31 389	-2 353	-7.50
青蟹	27 357	27 037	320	1.18
3. 贝类	1 474 890	1 409 107	65 783	4.67
牡蛎	130 165	121 788	8 377	6.88
鲍	12 736	12 288	448	3.65
螺	45 760	39 945	5 815	14.56
蚶	66 909	72 800	-5 891	-8.09
贻贝	52 680	46 464	6 216	13.38
江珧	1 052	1 474	-422	-28.63
扇贝	542 056	506 015	36 041	7.12
蛤	402 599	404 512	-1 913	-0.47
蛏	61 456	58 113	3 343	5.75
4. 藻类	120 801	119 233	1 568	1.32
海带	40 201	39 921	280	0.70
裙带菜	7 778	8 030	-252	-3.14
紫菜	61 351	60 408	943	1.56
江蓠	8 222	6 671	1 551	23.25
麒麟菜	624	558	66	11.83
石花菜	1		1	
羊栖菜	1 273	1 131	142	12.56
苔菜	156	130	26	20.00
5. 其他类	222 385	196 772	25 613	13.02
其中:海参	181 544	153 626	27 918	18.17
海胆	10 845	10 177	668	6.56
海水珍珠	3 306	3 339	-33	-0.99
海蜇	9 707	10 923	-1 216	-11.13

各地区水产养殖面积(一)

单位:公顷

地区	2012年			
	总面积	海水养殖面积	淡水养殖面积	池塘
全国总计	8 088 403	2 180 927	5 907 476	2 566 859
北京	4 364		4 364	4 254
天津	41 342	3 992	37 350	31 725
河北	212 072	134 682	77 390	29 629
山西	15 046		15 046	2 435
内蒙古	116 949		116 949	17 838
辽宁	1 015 636	813 035	202 601	47 173
吉林	294 413		294 413	29 767
黑龙江	373 364		373 364	109 440
上海	22 027		22 027	19 696
江苏	771 180	199 352	571 828	371 140
浙江	302 967	89 747	213 220	71 592
安徽	556 611		556 611	203 416
福建	242 819	145 486	97 333	37 056
江西	432 098		432 098	153 950
山东	803 437	523 705	279 732	139 739
河南	235 756		235 756	102 918
湖北	680 067		680 067	367 512
湖南	436 670		436 670	219 757
广东	575 210	201 834	373 376	279 147
广西	229 096	53 249	175 847	78 197
海南	56 341	15 845	40 496	23 061
重庆	84 342		84 342	47 813
四川	192 803		192 803	100 290
贵州	49 325		49 325	4 189
云南	124 016		124 016	34 352
西藏	30		30	30
陕西	48 151		48 151	11 535
甘肃	13 306		13 306	2 029
青海	42 431		42 431	318
宁夏	45 426		45 426	16 044
新疆	71 108		71 108	10 817

各地区水产养殖面积(二)

单位:公顷

地 区	2011 年			
	总面积	海水养殖面积	淡水养殖面积	池 塘
全国总计	**7 834 950**	**2 106 382**	**5 728 568**	**2 449 911**
北 京	4 860		4 860	4 344
天 津	40 426	4 110	36 316	30 304
河 北	210 098	134 264	75 834	28 266
山 西	16 233		16 233	2 032
内 蒙 古	111 594		111 594	16 497
辽 宁	952 986	751 387	201 599	48 158
吉 林	277 667		277 667	27 603
黑 龙 江	338 180		338 180	97 205
上 海	23 886		23 886	21 033
江 苏	769 402	201 073	568 329	364 914
浙 江	304 013	90 839	213 174	71 483
安 徽	544 205		544 205	194 979
福 建	237 728	142 315	95 413	35 348
江 西	428 196		428 196	150 210
山 东	782 935	512 126	270 809	119 908
河 南	223 993		223 993	88 352
湖 北	666 733		666 733	354 181
湖 南	410 020		410 020	200 668
广 东	573 914	203 410	370 504	278 123
广 西	225 719	52 212	173 507	77 209
海 南	54 994	14 646	40 348	22 930
重 庆	81 245		81 245	45 397
四 川	188 423		188 423	98 952
贵 州	32 572		32 572	2 974
云 南	117 017		117 017	33 372
西 藏	28		28	28
陕 西	45 531		45 531	9 593
甘 肃	12 710		12 710	1 185
青 海	42 431		42 431	318
宁 夏	43 211		43 211	15 294
新 疆	74 000		74 000	9 051

各地区水产养殖面积(三)

单位:公顷

地　区	2012年比2011年增减(±)			
	总面积	海水养殖面积	淡水养殖面积	池　塘
全国总计	253 453	74 545	178 908	116 948
北　京	-496		-496	-90
天　津	916	-118	1 034	1 421
河　北	1 974	418	1 556	1 363
山　西	-1 187		-1 187	403
内蒙古	5 355		5 355	1 341
辽　宁	62 650	61 648	1 002	-985
吉　林	16 746		16 746	2 164
黑龙江	35 184		35 184	12 235
上　海	-1 859		-1 859	-1 337
江　苏	1 778	-1 721	3 499	6 226
浙　江	-1 046	-1 092	46	109
安　徽	12 406		12 406	8 437
福　建	5 091	3 171	1 920	1 708
江　西	3 902		3 902	3 740
山　东	20 502	11 579	8 923	19 831
河　南	11 763		11 763	14 566
湖　北	13 334		13 334	13 331
湖　南	26 650		26 650	19 089
广　东	1 296	-1 576	2 872	1 024
广　西	3 377	1 037	2 340	988
海　南	1 347	1 199	148	131
重　庆	3 097		3 097	2 416
四　川	4 380		4 380	1 338
贵　州	16 753		16 753	1 215
云　南	6 999		6 999	980
西　藏	2		2	2
陕　西	2 620		2 620	1 942
甘　肃	596		596	844
青　海				
宁　夏	2 215		2 215	750
新　疆	-2 892		-2 892	1 766

各地区海水养殖面积(按品种分)(一)

单位:公顷

地区	海水养殖面积	1. 鱼类	2. 甲壳类					
				虾	其中			
					南美白对虾	斑节对虾	中国对虾	日本对虾
全国总计	2 180 927	72 898	289 953	229 162	134 971	16 720	21 624	26 762
天　津	3 992	27	3 965		3 962		3	
河　北	134 682	1 217	20 772	19 352	9 409		6 434	3 509
辽　宁	813 035	6 175	15 823	14 911	744		5 484	2 623
上　海								
江　苏	199 352	8 100	25 341	15 607	1 674	287	2 604	404
浙　江	89 747	4 288	30 008	14 456	7 582	374	576	724
福　建	145 486	12 317	24 343	15 348	8 219	2 144	1 424	3 117
山　东	523 705	8 810	67 513	56 554	35 459	1 550	2 833	14 944
广　东	201 834	28 207	70 496	59 572	42 579	10 225	2 266	1 152
广　西	53 249	1 044	21 700	20 378	17 790	1 839		289
海　南	15 845	2 713	9 992	9 019	7 553	301		

各地区海水养殖面积(按品种分)(二)

单位:公顷

地区	2. 甲壳类(续)			3. 贝类					
	蟹	其中			其中				
		梭子蟹	青蟹		牡蛎	鲍	螺	蚶	贻贝
全国总计	60 791	29 036	27 357	1 474 890	130 165	12 736	45 760	66 909	52 680
天　津									
河　北	1 420	1 365		103 013	55		15	5 288	835
辽　宁	912	532		659 987	10 218	1 399		37 329	2 050
上　海									
江　苏	9 734	9 341	372	124 649	4 934		22 046	5 444	3 682
浙　江	15 552	3 857	11 032	44 255	4 722	84	3 560	9 417	1 304
福　建	8 995	4 728	4 029	71 266	35 297	3 213	406	3 304	1 230
山　东	10 959	8 908	133	346 995	21 009	6 312	10 410	2 821	37 490
广　东	10 924	300	9 724	94 085	36 091	1 660	6 498	2 973	5 918
广　西	1 322		1 322	28 921	17 495		2 701	204	171
海　南	973	5	745	1 719	344	68	124	129	

各地区海水养殖面积(按品种分)(三)

单位:公顷

地　区	3. 贝类(续)				4. 藻类				
	其中(续)					其中			
	江珧	扇贝	蛤	蛏		海带	裙带菜	紫菜	江蓠
全国总计	1 052	542 056	402 599	61 456	120 801	40 201	7 778	61 351	8 222
天　津									
河　北		78 903	17 917						
辽　宁		356 617	140 961	3 093	13 390	7 120	6 270		
上　海									
江　苏			74 127	9 653	38 761	772		37 689	300
浙　江		51	6 733	15 508	10 397	726		8 251	24
福　建		201	13 441	12 660	35 697	15 398		14 417	5 017
山　东		100 111	121 656	17 227	17 977	16 100	1 499	367	10
广　东	1 052	5 986	20 571	3 216	3 327	85	9	627	2 262
广　西		182	6 532	99					
海　南		5	661		1 252				609

各地区海水养殖面积(按品种分)(四)

单位:公顷

地　区	4. 藻类(续)				4. 其他类				
	其中(续)					其中			
	麒麟菜	石花菜	羊栖菜	苔菜		海参	海胆	海水珍珠	海蜇
全国总计	624	1	1 273	156	222 385	181 544	10 845	3 306	9 707
天　津									
河　北					9 680	9 521			
辽　宁					117 660	105 903	3 331		6 714
上　海									
江　苏					2 501	1 510			932
浙　江			1 112	156	799	40			300
福　建			141		1 863	1 594	4		87
山　东					82 410	62 673	4 754		1 570
广　东	60	1	20		5 719	286	2 756	2 254	56
广　西					1 584	17		932	48
海　南	564				169			120	

各地区海水养殖面积(按水域和养殖方式分)(一)

单位:公顷

地　区	海水养殖面积	按养殖水域分			养殖方式中	
		1. 海上	2. 滩涂	3. 其他	池塘	普通网箱(m^2)
全国总计	2 180 927	1 216 714	691 322	272 891	437 630	39 831 261
天　津	3 992			3 992	3 992	
河　北	134 682	89 087	26 364	19 231	30 193	
辽　宁	813 035	611 668	130 046	71 321	62 328	204 993
上　海						
江　苏	199 352	39 835	130 605	28 912	45 001	25 000
浙　江	89 747	16 596	45 002	28 149	34 107	1 328 150
福　建	145 486	68 715	53 246	23 525	30 756	29 480 552
山　东	523 705	310 996	191 405	21 304	128 404	1 443 571
广　东	201 834	60 068	84 949	56 817	74 229	5 505 834
广　西	53 249	16 628	19 632	16 989	17 650	454 094
海　南	15 845	3 121	10 073	2 651	10 970	1 389 067

各地区海水养殖面积(按水域和养殖方式分)(二)

单位:公顷

地　区	养殖方式中(续)				
	深水网箱(m^2 水体)	筏式	吊笼	底播	工厂化(m^2 水体)
全国总计	4 379 017	395 233	104 604	998 334	19 243 855
天　津					388 000
河　北		75 235		24 217	1 766 978
辽　宁	493 000	96 247	872	568 090	2 952 658
上　海					
江　苏	21 893	41 761	821	96 727	418 877
浙　江	653 408	10 613	166	25 025	127 835
福　建	285 140	36 843	5 581	20 663	5 660 178
山　东	2 056 054	113 563	87 324	210 907	7 120 127
广　东	684 394	13 223	9 395	40 863	426 126
广　西	113 416	7 748	155	11 018	
海　南	71 712		290	824	383 076

各地区淡水养殖面积（按水域和养殖方式分）（一）

单位：公顷

地 区	淡水养殖面积	按水域			
		1. 池塘	2. 湖泊	3. 水库	4. 河沟
全国总计	5 907 476	2 566 859	1 024 785	1 911 468	274 817
北 京	4 364	4 254	34		
天 津	37 350	31 725		3 555	473
河 北	77 390	29 629	4 141	41 729	1 497
山 西	15 046	2 435	2 163	10 235	35
内蒙古	116 949	17 838	41 291	53 722	4 098
辽 宁	202 601	47 173	200	103 915	1 900
吉 林	294 413	29 767	99 906	164 733	3
黑龙江	373 364	109 440	106 029	133 923	20 629
上 海	22 027	19 696	283		1 826
江 苏	571 828	371 140	93 099	21 331	69 050
浙 江	213 220	71 592	2 738	95 784	36 653
安 徽	556 611	203 416	204 566	86 673	49 121
福 建	97 333	37 056	797	52 487	4 956
江 西	432 098	153 950	103 686	156 363	14 756
山 东	279 732	139 739	12 290	115 390	7 114
河 南	235 756	102 918	3 396	119 584	9 562
湖 北	680 067	367 512	196 168	109 434	4 647
湖 南	436 670	219 757	88 980	125 522	858
广 东	373 376	279 147	2 319	79 984	2 190
广 西	175 847	78 197		88 178	7 101
海 南	40 496	23 061	306	16 903	21
重 庆	84 342	47 813		27 980	7 914
四 川	192 803	100 290	4 281	69 112	18 987
贵 州	49 325	4 189	530	40 439	2 242
云 南	124 016	34 352	14 086	74 128	1 302
西 藏	30	30			
陕 西	48 151	11 535	7 470	26 708	1 883
甘 肃	13 306	2 029	1 187	9 940	3
青 海	42 431	318	4 254	37 859	
宁 夏	45 426	16 044	27 660	1 292	430
新 疆	71 108	10 817	2 925	44 565	5 566

各地区淡水养殖面积(按水域和养殖方式分)(二)

单位:公顷

地区	按水域(续)		养殖方式中		
	5. 其他	6. 稻田养成鱼	围栏(m^2)	网箱(m^2)	工厂化(m^2 水体)
全国总计	129 547	1 294 919	2 440 782 222	148 436 410	28 571 447
北京	76				477 870
天津	1 597	10 000			197 667
河北	394	2 557	7 937 800	3 723 312	1 254 086
山西	178	273	50 025	55 954	
内蒙古		2 063	35 178 600	16 415	16 468
辽宁	49 413	92 035	3 500 000	250 421	358 080
吉林	4	4 017	171 880	27 250	10 000
黑龙江	3 343	25 535	2 966 950	136 448	13 000
上海	222				26 000
江苏	17 208	133 850	70 350 780	14 017 758	4 110 301
浙江	6 453	78 512	15 703 585	2 891 639	8 513 343
安徽	12 835	50 332	1 222 589 680	20 963 710	520 360
福建	2 037	19 245	104 187	1 246 963	7 173 495
江西	3 343	63 081	215 444 573	10 012 627	1 839 072
山东	5 199	452	58 704 220	23 327 466	1 440 690
河南	296	692	73 917 730	4 747 266	159 935
湖北	2 306	185 829	519 170 000	45 500 000	342 000
湖南	1 553		118 512 522	8 747 574	1 780
广东	9 736	2 334	404 521	353 766	2 798
广西	2 371	43 284	58 327 754	5 696 140	
海南	205		465 600	28 762	595 000
重庆	635	40 063	21 381 200	52 500	45 648
四川	133	299 418		917 910	1 200
贵州	1 925	122 383	3 579 689	2 942 536	25 449
云南	148	109 600	3 193 436	1 270 717	1 339 943
西藏					
陕西	555	220	9 127 490	1 387 973	22 979
甘肃	147			9 348	
青海				109 155	
宁夏		9 144			
新疆	7 235			2 800	84 283

全国水产苗种数量

指　　标	计量单位	2012 年	2011 年	2012 年比 2011 年增减(±)	
				绝对量	幅度(%)
淡水鱼苗产量	**亿尾**	**11 181**	**11 197**	**-16**	**-0.14**
其中:罗非鱼	亿尾	219	203	16	7.91
淡水鱼种产量	吨	3 490 287	3 213 789	276 498	8.60
投放鱼种产量	吨	3 821 089	3 592 815	228 274	6.35
河蟹育苗量	千克	841 873	816 752	25 121	3.08
扣蟹	千克	48 631 951	43 705 044	4 926 907	11.27
稚鳖数量	万只	62 137	51 922	10 215	19.67
稚龟数量	万只	6 881	6 240	640	10.26
鳗苗捕捞量	千克	23 333	23 198	135	0.58
海水鱼苗产量	**万尾**	**489 142**	**453 840**	**35 302**	**7.78**
其中:大黄鱼	万尾	242 154	207 688	34 466	16.60
鲆鱼	万尾	27 293	25 208	2 085	8.27
虾类育苗量	亿尾	8 732	7 356	1 375	18.70
其中:南美白对虾	亿尾	6 948	6 332	616	9.72
贝类育苗量	万粒	134 989 515	128 544 631	6 444 884	5.01
其中:鲍鱼育苗量	万粒	746 441	604 700	141 741	23.44
海带育苗量	亿株	289	395	-105	-26.66
紫菜育苗量	亿贝壳	171	26	145	557.27
海参	亿头	584	470	114	24.24

各地区水产苗种数量(一)

地 区	淡水鱼苗(亿尾)	其中:罗非鱼(亿尾)	淡水鱼种(吨)	投放鱼种(吨)	河蟹育苗(千克)	扣蟹(千克)
全国总计	11 181.32	218.56	3 490 287	3 821 089	841 873	48 631 951
北 京	12.28		15 588	10 123		
天 津	47.33		16 044	27 554	200	131 728
河 北	30.08	0.39	22 647	36 039	350	4 500
山 西	3.80	0.15	3 345	4 770		
内蒙古	6.35	0.21	12 148	14 590		
辽 宁	102.00	3.00	84 818	85 422	62 000	17 049 056
吉 林	10.35		13 367	17 318		
黑龙江	9.81		46 061	43 691		
上 海	18.17		5 527	18 659	9 500	6 832 000
江 苏	458.74	0.18	350 121	470 697	750 301	8 877 486
浙 江	128.83	1.34	51 699	94 058	1 092	60 860
安 徽	358.61		270 443	324 249		11 723 414
福 建	27.65	8.11	14 546	30 683		
江 西	310.61	3.23	266 188	398 641		291 043
山 东	61.36	1.66	103 341	155 387	17 160	260 078
河 南	64.21	0.15	125 441	128 052		86 855
湖 北	773.00	7.00	942 616	923 123		3 275 137
湖 南	307.11	2.67	426 241	332 313		21 000
广 东	7 658.25	104.40	287 035	159 683	1 020	
广 西	291.08	17.13	102 122	117 114		
海 南	76.46	59.31	7 953	9 605		
重 庆	54.60		58 401	66 328		
四 川	188.71	0.78	141 901	189 565	250	
贵 州	70.44		10 856	17 261		
云 南	69.00	8.50	62 233	85 920		494
西 藏	0.02		6	6		
陕 西	9.08	0.30	6 864	15 673		9 100
甘 肃	1.53	0.01	2 073	2 289		1 200
青 海				2		8 000
宁 夏	8.31		25 296	27 821		
新 疆	23.55	0.04	15 366	14 453		

各地区水产苗种数量(二)

地 区	稚鳖（万只）	稚龟（万只）	鳗苗捕捞（千克）	海水鱼苗（万尾）	其中	
					大黄鱼(万尾)	鲆鱼(万尾)
全国总计	**62 137.11**	**6 880.70**	**23 333**	**489 142.11**	**242 154.00**	**27 293.40**
北 京	4.00					
天 津	310.00			990.00		680.00
河 北	1 844.30			2 925.00		1 687.40
山 西	193.00					
内蒙古						
辽 宁	2.00			2 601.00	150.00	2 048.00
吉 林						
黑龙江						
上 海	26.00	21.00	358			
江 苏	3 790.00	697.00	12 249	11 466.00		176.00
浙 江	23 022.00	1 642.00	2 253	6 360.00	4 537.00	
安 徽	3 162.79	459.56				
福 建	183.00	350.00	7 501	314 510.00	237 225.00	595.00
江 西	3 449.14	683.38				
山 东	1 735.66	2.00		34 615.00	50.00	21 768.00
河 南	3 427.00	267.00				
湖 北	6 193.00	1 027.00				
湖 南	3 645.30	703.59				
广 东	6 024.00	578.00	972	98 500.00	192.00	339.00
广 西	4 847.74	443.95		32.11		
海 南	105.00			17 143.00		
重 庆	34.30					
四 川	138.50	6.22				
贵 州	0.23					
云 南	0.15					
西 藏						
陕 西						
甘 肃						
青 海						
宁 夏						
新 疆						

各地区水产苗种数量(三)

地 区	虾类育苗(亿尾)	其中:南美白对虾(亿尾)	贝类育苗(万粒)	其中:鲍鱼(万粒)	海带(亿株)	紫菜(亿贝壳)	海参(亿头)
全国总计	8 731.81	6 948.01	134 989 515	746 441	289.32	171.35	583.74
北 京							
天 津	155.25	146.25					
河 北	853.16	761.70	284 900				6.83
山 西							
内蒙古							
辽 宁	76.00	33.00	5 346 928	19 659			291.00
吉 林							
黑龙江							
上 海	60.76	43.10					
江 苏	207.20	140.21	150 000			3.90	
浙 江	507.00	350.00	21 211 207			32.75	
安 徽	106.59		76 115				
福 建	5 283.26	4 467.98	75 760 314	541 617	207.32	4.70	0.11
江 西	8.09		12 602				
山 东	241.00	182.00	31 422 711	103 290	81.00		285.80
河 南	2.55						
湖 北	246.00		80 410				
湖 南							
广 东	190.00	179.00	589 053	75 773	1.00	130.00	
广 西	205.05	202.46	25 065	235			
海 南	585.79	439.79	30 210	5 867			
重 庆							
四 川	4.03	2.50					
贵 州							
云 南	0.08	0.02					
西 藏							
陕 西							
甘 肃							
青 海							
宁 夏							
新 疆							

全国渔船年末拥有量(一)

指标		2012 年			2011 年			2012 年比 2011 年增减(±)		
		艘	总吨	千瓦	艘	总吨	千瓦	艘	总吨	千瓦
渔船合计		1 069 910	10 098 512	21 735 732	1 069 577	9 571 418	21 412 243	333	527 094	323 489
机动渔船合计		695 555	9 542 349	21 735 732	696 186	9 022 317	21 412 243	-631	520 032	323 489
1. 生产渔船		663 468	8 535 647	19 777 962	662 613	8 100 892	19 547 026	855	434 755	230 936
(1)捕捞渔船		451 358	7 707 435	17 309 721	452 549	7 305 954	17 123 664	-1 191	401 481	186 057
441 千瓦及以上		1 797	700 491	1 179 501	1 803	578 275	987 750	-6	122 216	191 751
44.1~441 千瓦		66 222	5 166 997	10 305 428	65 962	4 918 833	10 282 342	260	248 164	23 086
44.1 千瓦及以下		383 339	1 839 947	5 824 792	384 784	1 808 846	5 853 572	-1 445	31 101	-28 780
(2)养殖渔船		212 110	828 212	2 468 241	210 064	794 938	2 423 362	2 046	33 274	44 879
2. 辅助渔船		32 087	1 006 702	1 957 770	33 573	921 425	1 865 217	-1 486	85 277	92 553
(1)捕捞辅助船		28 654	845 441	1 473 034	30 401	798 323	1 461 602	-1 747	47 118	11 432
(2)渔业执法船		2 300	68 310	375 659	2 180	58 993	337 716	120	9 317	37 943
机动渔船按船长分	24 米(含)以上	34 748	5 027 422	8 806 720	34 672	4 559 110	8 433 910	76	468 312	372 810
	12(含)~24 米	95 940	2 371 474	5 336 233	100 123	2 411 915	5 483 872	-4 183	-40 441	-147 639
	12 米以下	564 867	2 143 453	7 592 779	561 391	2 051 292	7 494 461	3 476	92 161	98 318
非机动渔船合计		374 355	556 163		373 391	549 101		964	7 062	

全国渔船年末拥有量(二)

指标		总数			海洋渔船			内陆渔船		
		艘	总吨	千瓦	艘	总吨	千瓦	艘	总吨	千瓦
渔船合计		1 069 910	10 098 512	21 735 732	288 572	7 729 607	15 950 851	781 338	2 368 905	5 784 881
机动渔船合计		695 555	9 542 349	21 735 732	280 450	7 714 262	15 950 851	415 105	1 828 087	5 784 881
1. 生产渔船		663 468	8 535 647	19 777 962	264 996	6 828 126	14 270 050	398 472	1 707 521	5 507 912
(1)捕捞渔船		451 358	7 707 435	17 309 721	194 240	6 517 469	13 270 770	257 118	1 189 966	4 038 951
441 千瓦及以上		1 797	700 491	1 179 501	1 737	697 688	1 161 393	60	2 803	18 108
44.1～441 千瓦		66 222	5 166 997	10 305 428	60 401	5 060 661	10 014 695	5 821	106 336	290 733
44.1 千瓦及以下		383 339	1 839 947	5 824 792	132 102	759 120	2 094 682	251 237	1 080 827	3 730 110
(2)养殖渔船		212 110	828 212	2 468 241	70 756	310 657	999 280	141 354	517 555	1 468 961
2. 辅助渔船		32 087	1 006 702	1 957 770	15 454	886 136	1 680 801	16 633	120 566	276 969
(1)捕捞辅助船		28 654	845 441	1 473 034	14 077	743 515	1 325 091	14 577	101 926	147 943
(2)渔业执法船		2 300	68 310	375 659	522	50 187	250 987	1 778	18 123	124 672
机动渔船按船长分	24 米(含)以上	34 748	5 027 422	8 806 720	34 087	4 979 643	8 735 761	661	47 779	70 959
	12(含)～24 米	95 940	2 371 474	5 336 233	55 398	1 837 335	4 470 515	40 542	534 139	865 718
	12 米以下	564 867	2 143 453	7 592 779	190 965	897 284	2 744 575	373 902	1 246 169	4 848 204
非机动渔船合计		374 355	556 163		8 122	15 345		366 233	540 818	

各地区机动渔船年末拥有量

地区	2012 年			2011 年			2012 年比 2011 年增减(±)		
	艘	总吨	千瓦	艘	总吨	千瓦	艘	总吨	千瓦
全国总计	695 555	9 542 349	21 735 732	696 186	9 022 317	21 412 243	-631	520 032	323 489
北京	30	4 461	7 129	29	5 225	7 085	1	-764	44
天津	4 039	37 420	104 688	2 817	28 662	78 102	1 222	8 758	26 586
河北	13 202	236 128	534 214	12 731	212 604	487 670	471	23 524	46 544
山西	237	622	4 039	218	482	3 294	19	140	745
内蒙古	1 423	2 538	18 866	1 366	2 543	17 871	57	-5	995
辽宁	44 058	754 313	1 575 586	44 477	765 935	1 582 479	-419	-11 622	-6 893
吉林	4 381	7 660	46 927	4 196	6 158	46 247	185	1 502	680
黑龙江	11 647	16 014	104 812	11 427	14 942	100 202	220	1 072	4 610
上海	1 477	126 746	190 829	1 644	118 669	189 635	-167	8 077	1 194
江苏	131 106	985 840	3 169 760	129 033	960 983	3 112 170	2 073	24 857	57 590
浙江	49 640	2 686 820	4 558 649	50 258	2 468 441	4 398 653	-618	218 379	159 996
安徽	31 294	319 381	430 082	30 946	320 581	425 088	348	-1 200	4 994
福建	63 014	994 307	2 408 140	62 967	905 823	2 334 050	47	88 484	74 090
江西	32 272	181 178	448 755	32 718	177 055	437 302	-446	4 123	11 453
山东	65 304	1 061 661	2 225 971	71 030	1 050 208	2 350 868	-5 726	11 453	-124 897
河南	4 578	16 742	70 126	4 254	14 191	62 834	324	2 551	7 292
湖北	50 685	115 236	421 328	50 587	114 145	417 952	98	1 091	3 376
湖南	42 666	90 755	302 109	42 666	90 755	302 109			
广东	66 615	883 435	2 443 419	67 405	832 386	2 424 288	-790	51 049	19 131
广西	26 887	364 105	865 265	26 679	303 271	928 713	208	60 834	-63 448
海南	27 469	439 074	1 244 938	26 948	417 252	1 192 784	521	21 822	52 154
重庆	5 637	18 582	58 086	5 777	14 204	48 748	-140	4 378	9 338
四川	8 262	10 628	77 474	7 845	10 455	72 587	417	173	4 887
贵州	5 277	18 709	81 296	4 322	11 923	66 759	955	6 786	14 537
云南	1 475	3 718	22 972	1 381	3 572	22 018	94	146	954
西藏	7	12	61	8	12	70	-1		-9
陕西	1 276	8 978	32 006	884	4 350	17 806	392	4 628	14 200
甘肃	18	51	569	13	51	481	5		88
青海	172	693	3 755	172	693	3 755			
宁夏	19	103	1 628	16	88	1 496	3	15	132
新疆	1 035	3 311	16 790	1 021	3 263	16 019	14	48	771
中农发集团	353	153 128	265 463	351	163 395	263 108	2	-10 267	2 355

四、加工与贸易

全国水产加工情况

指　　标	计量单位	2012 年	2011 年	2012 年比 2011 年增减(±)	
				绝对量	幅度(%)
1. 水产加工企业	个	9 706	9 611	95	0.99
水产品加工能力	吨/年	26 380 416	24 293 673	2 086 743	8.59
其中:规模以上加工企业	个	2 737	2 648	89	3.36
2. 水产冷库	座	8 835	9 173	-338	-3.68
冻结能力	吨/日	588 946	677 680	-88 734	-13.09
冷藏能力	吨/次	4 515 020	4 276 993	238 027	5.57
制冰能力	吨/日	245 369	239 727	5 642	2.35
3. 水产加工品总量	吨	19 073 913	17 827 840	1 246 073	6.99
淡水加工产品	吨	3 439 881	3 051 392	388 489	12.73
海水加工产品	吨	15 634 032	14 776 448	857 584	5.80
(1) 水产冷冻品	吨	11 749 664	11 037 216	712 448	6.45
其中:冷冻品	吨	5 633 597	5 452 898	180 699	3.31
冷冻加工品	吨	6 116 067	5 584 318	531 749	9.52
(2) 鱼糜制品及干腌制品	吨	2 734 370	2 597 930	136 440	5.25
其中:鱼糜制品	吨	1 171 552	1 040 174	131 378	12.63
干腌制品	吨	1 562 818	1 557 756	5 062	0.32
(3) 藻类加工品	吨	1 013 879	969 560	44 319	4.57
(4) 罐制品	吨	355 387	265 566	89 821	33.82
(5) 水产饲料(鱼粉)	吨	1 952 634	1 821 526	131 108	7.20
(6) 鱼油制品	吨	60 208	48 049	12 159	25.31
(7) 其他水产加工品	吨	1 207 771	1 087 993	119 778	11.01
其中:助剂和添加剂	吨	74 241	74 248	-7	-0.01
珍珠	千克	168 759	174 284	-5 525	-3.17
4. 用于加工的水产品总量	吨	21 358 082	19 810 438	1 547 644	7.81
其中:淡水产品	吨	5 108 055	4 572 755	535 300	11.71
海水产品	吨	16 250 027	15 237 683	1 012 344	6.64
5. 部分水产品年加工量	吨	1 510 701	1 382 097	128 604	9.30
其中:对虾	吨	535 710	462 814	72 896	15.75
克氏原螯虾	吨	174 895	153 407	21 488	14.01
罗非鱼	吨	623 465	595 111	28 354	4.76
鳗鱼	吨	109 527	112 188	-2 661	-2.37
斑点叉尾鮰	吨	67 104	58 577	8 527	14.56

各地区水产加工品总量

单位:吨

地区	2012年		2011年		2012年比2011年增减(±)			
					绝对量		幅度(%)	
	水产加工品总量	其中:淡水加工产品	水产加工品总量	其中:淡水加工产品	水产加工品总量	其中:淡水加工产品	水产加工品总量	其中:淡水加工产品
全国总计	19 073 913	3 439 881	17 827 840	3 051 392	1 246 073	388 489	6.99	12.73
北京	2 004	2 004	4 019	2 030	-2 015	-26	-50.14	-1.28
天津	1 346	626	1 126	616	220	10	19.54	1.62
河北	141 550	12 639	131 000	13 001	10 550	-362	8.05	-2.78
山西								
内蒙古	8 418	8 418	8 179	8 179	239	239	2.92	2.92
辽宁	2 132 874	40 346	1 969 610	37 257	163 264	3 089	8.29	8.29
吉林	12 783	1 145	10 655	605	2 128	540	19.97	89.26
黑龙江	2 275	2 275	2 065	2 065	210	210	10.17	10.17
上海	26 972	18 663	18 681	12 364	8 291	6 299	44.38	50.95
江苏	1 587 634	839 063	1 278 441	657 633	309 193	181 430	24.19	27.59
浙江	2 207 803	145 257	2 235 327	147 307	-27 524	-2 050	-1.23	-1.39
安徽	135 784	131 304	121 950	121 950	13 834	9 354	11.34	7.67
福建	2 905 173	159 941	2 737 450	144 593	167 723	15 348	6.13	10.61
江西	311 710	311 710	287 658	287 658	24 052	24 052	8.36	8.36
山东	5 946 635	139 144	5 625 478	156 707	321 157	-17 563	5.71	-11.21
河南	21 403	21 403	18 875	18 875	2 528	2 528	13.39	13.39
湖北	771 837	771 837	671 339	671 339	100 498	100 498	14.97	14.97
湖南	144 242	144 242	130 322	130 322	13 920	13 920	10.68	10.68
广东	1 456 988	376 789	1 437 863	369 905	19 125	6 884	1.33	1.86
广西	709 103	155 081	610 514	116 854	98 589	38 227	16.15	32.71
海南	523 202	134 177	505 198	130 042	18 004	4 135	3.56	3.18
重庆	163	163	117	117	46	46	39.32	39.32
四川	2 859	2 859	1 509	1 509	1 350	1 350	89.46	89.46
贵州	1 034	1 034	3 959	3 959	-2 925	-2 925	-73.88	-73.88
云南	17 193	17 193	14 154	14 154	3 039	3 039	21.47	21.47
西藏								
陕西	480	120			480	120		
甘肃								
青海								
宁夏	167	167	150	150	17	17	11.33	11.33
新疆	2 281	2 281	2 201	2 201	80	80	3.63	3.63

各地区用于加工的水产品总量

单位:吨

地区	用于加工的水产品总量	其中	
		淡水产品	海水产品
全国总计	21 358 082	5 108 055	16 250 027
北京	2 355	2 355	
天津	1 370	630	740
河北	366 973	15 124	351 849
山西			
内蒙古	8 735	8 735	
辽宁	2 984 897	44 921	2 939 976
吉林	42 433	3 333	39 100
黑龙江	3 490	3 490	
上海	27 155	18 846	8 309
江苏	1 728 929	827 141	901 788
浙江	2 482 530	175 372	2 307 158
安徽	162 654	155 613	7 041
福建	3 509 497	185 080	3 324 417
江西	582 459	582 459	
山东	3 982 775	98 159	3 884 616
河南	51 679	51 679	
湖北	1 481 521	1 481 521	
湖南	162 958	162 958	
广东	2 064 048	588 043	1 476 005
广西	827 320	227 208	600 112
海南	829 563	420 647	408 916
重庆	892	892	
四川	4 095	4 095	
贵州	2 753	2 753	
云南	43 252	43 252	
西藏			
陕西	280	280	
甘肃			
青海			
宁夏	350	350	
新疆	3 119	3 119	

各地区水产品加工企业、冷库基本情况

地区	水产品加工企业			水产品冷库			
	小计（个）	水产品加工能力（吨/年）	其中:规模以上加工企业（个）	数量（座）	冻结能力（吨/日）	冷藏能力（吨/次）	制冰能力（吨/日）
全国总计	9 706	26 380 416	2 737	8 835	588 946	4 515 020	245 369
北　京	5	7 685	1	215	68	28 120	69
天　津	6	2 265		19	237	196 380	65
河　北	252	520 938	15	221	6 206	57 421	4 711
山　西							
内蒙古	39	7 200	17	32	350	2 289	237
辽　宁	903	2 779 116	386	846	68 708	647 740	18 860
吉　林	24	21 096	5	22	105	1 355	2
黑龙江	30	4 700		23	318	4 055	65
上　海	23	62 961	4	62	949	13 235	237
江　苏	1 028	1 577 814	332	1 133	29 794	163 577	20 482
浙　江	2 174	2 495 505	368	1 421	41 994	877 782	32 370
安　徽	111	200 804	61	347	11 715	37 763	724
福　建	1 129	3 576 237	387	770	14 868	389 719	20 555
江　西	178	228 905	43	144	1 871	18 451	3 383
山　东	1 941	8 379 983	687	2 122	280 917	1 506 316	98 746
河　南	76	59 012	12	61	1 024	7 861	454
湖　北	236	1 380 601	125	310	72 864	97 208	11 509
湖　南	117	335 447	43	248	16 348	42 389	1 962
广　东	1 130	2 592 573	131	539	20 262	285 993	15 232
广　西	191	1 084 914	58	51	2 475	90 723	3 028
海　南	42	713 410	42	150	4 427	33 767	12 338
重　庆	3	1 700	2	20	12 057	5 092	66
四　川	8	30 340	4	8	160	1 750	13
贵　州	13	2 100		9	21	215	19
云　南	40	301 300	10	20	418	2 551	238
西　藏							
陕　西				4	26	35	4
甘　肃							
青　海							
宁　夏	1	10 000	1	5	500	800	
新　疆	6	3 810	3	33	264	2 433	

各地区水产品贸易情况(进出口)

单位:万美元,吨

地区	2012 年		2011 年		2012 年比 2011 年增减(±)			
					绝对量		幅度(%)	
	金额	数量	金额	数量	金额	数量	金额	数量
全国总计	2 698 139.14	7 924 968	2 580 902.20	8 161 197	117 236.94	-236 230	4.54	-2.89
北京	38 443.40	158 026	39 135.76	202 513	-692.36	-44 487	-1.77	-21.97
天津	22 893.69	93 353	21 866.93	107 543	1 026.76	-14 190	4.70	-13.19
河北	25 322.97	37 408	24 327.19	35 153	995.78	2 255	4.09	6.42
山西	1.08		11.18	80	-10.10	-80	-90.34	-99.69
内蒙古	36.64	152	59.18	259	-22.54	-107	-38.09	-41.16
辽宁	382 767.19	1 568 539	397 821.12	1 656 404	-15 053.93	-87 865	-3.78	-5.30
吉林	19 343.16	95 248	15 220.89	74 694	4 122.27	20 554	27.08	27.52
黑龙江	1 655.41	9 459	441.23	2 446	1 214.18	7 013	275.18	286.75
上海	92 470.55	192 467	78 312.93	195 386	14 157.62	-2 919	18.08	-1.49
江苏	46 077.41	104 670	40 572.97	104 705	5 504.44	-35	13.57	-0.03
浙江	228 478.51	601 347	225 955.79	629 615	2 522.72	-28 268	1.12	-4.49
安徽	8 125.80	31 109	8 348.91	37 677	-223.11	-6 568	-2.67	-17.43
福建	519 684.98	1 115 663	444 063.59	1 091 019	75 621.39	24 645	17.03	2.26
江西	33 814.17	16 488	28 000.09	29 481	5 814.08	-12 992	20.76	-44.07
山东	751 146.41	2 517 954	784 264.98	2 679 783	-33 118.57	-161 829	-4.22	-6.04
河南	1 411.59	2 356	657.17	601	754.42	1 755	114.80	292.09
湖北	26 454.48	29 510	16 359.84	20 252	10 094.64	9 258	61.70	45.71
湖南	2 644.19	7 222	1 904.02	4 473	740.17	2 749	38.87	61.46
广东	382 325.74	984 465	348 677.41	940 711	33 648.33	43 754	9.65	4.65
广西	40 706.83	114 121	32 367.14	88 848	8 339.69	25 272	25.77	28.44
海南	57 032.74	146 548	53 383.13	138 165	3 649.61	8 383	6.84	6.07
重庆	3 134.67	16 113	1 084.29	10 116	2 050.38	5 998	189.10	59.29
四川	4 209.68	21 173	4 937.90	27 089	-728.22	-5 917	-14.75	-21.84
贵州			0.01		-0.01		-100.00	
云南	8 839.56	57 398	11 399.22	75 410	-2 559.66	-18 012	-22.45	-23.88
陕西	627.22	2 577	1 085.92	5 840	-458.70	-3 263	-42.24	-55.87
甘肃			5.51	28	-5.51	-28	-100.00	-100.00
青海	107.90	172	276.00	1 271	-168.10	-1 099	-60.91	-86.47
宁夏	26.37	155	9.69	39	16.68	116	172.14	299.69
新疆	356.81	1 275	352.21	1 599	4.60	-324	1.31	-20.26

各地区水产品贸易情况(出口)

单位:万美元,吨

地区	2012 年		2011 年		2012 年比 2011 年增减(±)			
					绝对量		幅度(%)	
	金额	数量	金额	数量	金额	数量	金额	数量
全国总计	1 898 311.28	3 801 211.31	1 779 230.51	3 912 417.50	119 080.77	-111 206.20	6.69	-2.84
北京	205.69	174.43	497.12	806.65	-291.43	-632.22	-58.62	-78.38
天津	6 389.54	7 192.91	5 202.59	7 186.19	1 186.95	6.72	22.81	0.09
河北	22 525.15	31 181.20	23 338.18	32 013.88	-813.03	-832.67	-3.48	-2.60
山西								
内蒙古								
辽宁	243 498.02	685 866.04	240 794.05	723 341.74	2 703.97	-37 475.70	1.12	-5.18
吉林	7 328.28	13 869.93	7 687.75	11 558.81	-359.48	2 311.12	-4.68	19.99
黑龙江	183.26	1 166.76	119.47	521.04	63.79	645.73	53.39	123.93
上海	10 028.05	9 832.80	9 953.23	10 528.62	74.82	-695.81	0.75	-6.61
江苏	33 635.55	53 987.09	31 399.89	56 738.11	2 235.66	-2 751.03	7.12	-4.85
浙江	195 539.16	431 495.70	197 463.41	475 675.29	-1 924.25	-44 179.59	-0.97	-9.29
安徽	4 967.87	6 089.94	3 520.83	3 795.66	1 447.04	2 294.28	41.10	60.44
福建	456 117.64	688 688.62	384 871.97	690 676.02	71 245.67	-1 987.40	18.51	-0.29
江西	32 888.68	9 803.41	25 283.21	10 808.90	7 605.47	-1 005.48	30.08	-9.30
山东	488 987.84	1 146 165.25	492 568.69	1 218 907.14	-3 580.85	-72 741.89	-0.73	-5.97
河南	919.44	996.21	557.73	567.43	361.71	428.78	64.85	75.57
湖北	25 688.17	23 983.75	15 739.48	15 844.64	9 948.68	8 139.11	63.21	51.37
湖南	2 081.63	3 260.76	1 830.29	4 300.32	251.34	-1 039.56	13.73	-24.17
广东	273 608.20	439 171.38	257 420.76	436 533.41	16 187.45	2 637.98	6.29	0.60
广西	39 210.59	103 939.21	30 540.54	77 105.31	8 670.05	26 833.90	28.39	34.80
海南	52 119.58	138 603.28	48 793.78	130 314.50	3 325.80	8 288.78	6.82	6.36
重庆								
四川	714.94	356.73	435.30	280.64	279.64	76.09	64.24	27.11
贵州								
云南	1 312.42	4 502.83	769.73	3 174.94	542.68	1 327.88	70.50	41.82
陕西	2.89	4.80	5.14	5.12	-2.25	-0.32	-43.75	-6.24
甘肃								
青海	102.07	164.97	274.94	1 251.21	-172.87	-1 086.24	-62.88	-86.82
宁夏								
新疆	256.66	713.31	162.41	481.97	94.24	231.35	58.03	48.00

各地区水产品贸易情况(进口)

单位:万美元,吨

地　区	2012 年		2011 年		2012 年比 2011 年增减(±)			
					绝对量		幅度(%)	
	金额	数量	金额	数量	金额	数量	金额	数量
全国总计	799 827.87	4 123 756.21	801 671.69	4 248 779.57	-1 843.82	-125 023.36	-0.23	-2.94
北　京	38 237.71	157 852.06	38 638.64	201 706.52	-400.93	-43 854.46	-1.04	-21.74
天　津	16 504.15	86 159.69	16 664.34	100 356.56	-160.19	-14 196.87	-0.96	-14.15
河　北	2 797.82	6 226.94	989.01	3 138.83	1 808.81	3 088.11	182.89	98.38
山　西	1.08	0.25	11.18	79.88	-10.10	-79.63	-90.32	-99.69
内蒙古	36.64	152.23	59.18	258.73	-22.54	-106.50	-38.09	-41.16
辽　宁	139 269.17	882 672.76	157 027.06	933 062.46	-17 757.90	-50 389.70	-11.31	-5.40
吉　林	12 014.88	81 377.78	7 533.13	63 134.75	4 481.75	18 243.03	59.49	28.90
黑龙江	1 472.16	8 292.17	321.76	1 924.69	1 150.40	6 367.48	357.53	330.83
上　海	82 442.50	182 634.23	68 359.70	184 856.96	14 082.80	-2 222.72	20.60	-1.20
江　苏	12 441.86	50 682.43	9 173.07	47 966.71	3 268.78	2 715.72	35.63	5.66
浙　江	32 939.35	169 851.25	28 492.39	153 939.73	4 446.96	15 911.52	15.61	10.34
安　徽	3 157.93	25 019.34	4 828.08	33 881.68	-1 670.15	-8 862.35	-34.59	-26.16
福　建	63 567.34	426 974.81	59 191.62	400 342.69	4 375.72	26 632.12	7.39	6.65
江　西	925.49	6 685.01	2 716.88	18 671.83	-1 791.39	-11 986.82	-65.94	-64.20
山　东	262 158.57	1 371 788.34	291 696.29	1 460 875.83	-29 537.71	-89 087.48	-10.13	-6.10
河　南	492.15	1 359.99	99.44	33.50	392.71	1 326.50	394.93	3 959.93
湖　北	766.31	5 525.78	620.36	4 407.18	145.96	1 118.61	23.53	25.38
湖　南	562.57	3 960.80	73.74	172.44	488.83	3 788.36	662.93	2 196.91
广　东	108 717.54	545 293.63	91 256.65	504 177.43	17 460.89	41 116.19	19.13	8.16
广　西	1 496.25	10 181.64	1 826.60	11 743.04	-330.35	-1 561.40	-18.09	-13.30
海　南	4 913.17	7 944.91	4 589.35	7 850.93	323.82	93.98	7.06	1.20
重　庆	3 134.67	16 113.25	1 084.29	10 115.57	2 050.38	5 997.68	189.10	59.29
四　川	3 494.75	20 815.77	4 502.60	26 808.38	-1 007.86	-5 992.60	-22.38	-22.35
贵　州			0.01		-0.01		-100.00	
云　南	7 527.15	52 895.65	10 629.49	72 235.04	-3 102.34	-19 339.39	-29.19	-26.77
陕　西	624.32	2 572.30	1 080.78	5 834.90	-456.46	-3 262.61	-42.23	-55.92
甘　肃			5.51	28.00	-5.51	-28.00	-100.00	-100.00
青　海	5.83	7.00	1.06	20.00	4.77	-13.00	451.21	-65.00
宁　夏	26.37	154.84	9.69	38.74	16.68	116.10	172.25	299.69
新　疆	100.16	561.36	189.79	1 116.61	-89.64	-555.25	-47.23	-49.73

五、渔政管理

各地区渔政管理机构情况(按机构性质分)

单位:个

地区	渔业执法机构个数	其中				
		行政单位	参照公务员法管理单位	依照公务员制度管理单位	事业单位	其他性质单位
全国总计	**2 969**	**528**	**558**	**197**	**1 671**	**15**
部直属	5		5			
北京	15	4	1	1	9	
天津	15	3	5	6	1	
河北	131	29	10	5	87	
山西	85	41			44	
内蒙古	108	6	35	5	62	
辽宁	92	11	22	8	51	
吉林	65	1	6	2	51	5
黑龙江	107	23	26	30	28	
上海	11		8	2	1	
江苏	124	4	17	16	87	
浙江	109	6	34	24	45	
安徽	131	30	9	5	87	
福建	85		59	1	25	
江西	119	13	24	2	80	
山东	184	38	31	3	112	
河南	173	73	3	4	93	
湖北	119	7	19	5	88	
湖南	131	3	26	36	66	
广东	104	80	10	6	8	
广西	101	1	80		20	
海南	29	1	3	2	23	
重庆	42	2	21	2	17	
四川	208	26	25	5	152	
贵州	99	11	6	1	81	
云南	152	17	10	6	119	
西藏	10	9			1	
陕西	103	13	12	3	75	
甘肃	87	15	10	5	57	
青海	25	3	6	6	10	
宁夏	21	20			1	
新疆	67	18	24	5	20	
大连	38	1	3		34	
青岛	14		2		12	
宁波	12		1	1	10	
厦门	6	1	4		1	
深圳	6	6				
新疆兵团	36	12	1		13	10

各地区渔政管理机构情况(按执法业务类型分)

单位:个

地 区	渔政	渔监	船检	渔政渔监船检综合执法	渔政与农业执法单位合署	渔政与水产研究或推广单位合署	渔政与渔业生产单位合署
全国总计	1 715	82	40	584	101	410	37
部直属	4		1				
北 京	15						
天 津				15			
河 北	68	8	2	20	13	19	1
山 西	76	1		3		5	
内蒙古	48	1	1	15	8	34	1
辽 宁	52	8	5	1		26	
吉 林	11			41		13	
黑龙江	93		2	7		5	
上 海	3	1			7		
江 苏	53	6	1	57	1	6	
浙 江	52		13	32	4	8	
安 徽	63	4	2	44	2	16	
福 建	52			21	2	10	
江 西	65	1		15	12	24	2
山 东	125	21		23	2	13	
河 南	145	3		7		17	1
湖 北	32			82	4	1	
湖 南	118			5		8	
广 东	43			59	1	1	
广 西	42	4		33		18	4
海 南	17	6		6			
重 庆	8			23	7	4	
四 川	143	2	2	29	8	22	2
贵 州	58			11	1	28	1
云 南	54			9	10	60	19
西 藏	10						
陕 西	47		1	2	3	45	5
甘 肃	62				4	21	
青 海	13			4	7		1
宁 夏	20					1	
新 疆	62		1	1	1	2	
大 连	11	11	8	6		2	
青 岛	7	4		3			
宁 波	3		1	6	2		
厦 门	3	1			2		
深 圳	2			4			
新疆兵团	35					1	

六、科技与推广

全国渔业科技基本情况

一、渔业科研机构个数	110	其他	54 080
二、渔业科研机构从业人员(人)	6 939	非政府资金小计	156 622
1. 科技活动人员	5 015	技术性收入	108 042
按职称分:高级职称	1 482	(2)生产经营收入	192 422
中级职称	1 633	(3)其他收入	135 993
初级职称及其他	1 900	四、科研机构固定资产情况	
按学位分:研究生	1 388	年末固定资产合计	2 424 812
大学	1 912	五、科技著述和专利申请情况	
大专	977	发表科技论文(篇)	2 335
其他	738	国外发表	235
2. 生产经营活动人员	822	出版科技著作(种)	52
3. 其他人员	1 102	专利受理数(件)	359
三、本年度收入(千元)	1 904 172	专利授权(件)	301
(1)科技活动收入	1 575 757	发明专利	184
政府资金	1 419 135	国外授权	
财政拨款	896 237	拥有发明专利总数	371
承担政府项目	468 818		

各地区水产技术推广机构情况

单位:个

地　区	数量	其中		地(市)级站		县(市)级站		区域站		乡(镇)站	
		水产站	综合站	水产站	综合站	水产站	综合站	水产站	综合站	水产站	综合站
全国总计	14 711	3 541	11 170	288	48	1 618	548	111	414	1 490	10 158
北　京	31	8	23	5	6	2					17
天　津	90	39	51			12		8		18	51
河　北	247	92	155	11		70	68	7	55	3	32
山　西	104	51	53	10		33	9			7	44
辽　宁	379	131	248	13		49	15	10	1	58	232
吉　林	473	49	424	9		39	10				414
内蒙古	105	81	24	10	2	48	22			22	
黑龙江	373	82	291	10		71					291
上　海	93	21	72	8	1					12	71
江　苏	1 027	119	908	13		77	9	7		21	899
浙　江	497	75	422	10		55	12	5	14	4	396
安　徽	630	158	472	12	3	61	25	10	16	74	428
福　建	772	201	571	7	2	74	2			119	567
江　西	1 147	126	1 021	11		88	11	9		17	1 010
山　东	1 197	515	682	15	1	114	16			385	665
河　南	250	95	155	17	1	75	41		7	2	106
湖　北	849	378	471	15		76		19		267	471
湖　南	1 507	198	1 309	13	2	98	53	7	15	80	1 238
广　东	1 090	231	859	18	2	85	22	11	13	116	822
广　西	669	95	574	13	1	70	34	1		10	539
海　南	47	22	25	2		13	3			7	21
重　庆	377	26	351			25	13				338
四　川	1 717	269	1 448	12	7	81	50	17	292	158	1 099
贵　州	285	84	201	8	1	61	32			14	168
云　南	263	141	122	13	3	86	27			41	92
陕　西	96	78	18	10		67	18				
甘　肃	80	47	33	8	5	37	28			1	
青　海	13	5	8		1	4	7				
宁　夏	31	8	23	2	3	5	9				11
新　疆	39	28	11	9	3	17	7		1	1	
大　连	62	45	17			7	1			37	16
青　岛	61	12	49			8	1			3	48
宁　波	90	20	70			6				13	70
深　圳	4	3	1			2	1				
厦　门	6	3	3			2	1				2
新疆兵团	10	5	5	4	4		1				

七、灾　害

各地区渔业灾情造成的经济损失(一)

单位:万元

地　区	1. 水产品损失					
	小计	台风、洪涝	病害	干旱	污染	其他
全国总计	1 942 836.61	961 064.30	361 449.41	270 895.85	184 688.48	164 738.57
北　京	6 885.14	5 599.55				1 285.59
天　津	9 402.00	4 291.00	141.00			4 970.00
河　北	88 892.00	78 164.00	1 253.00	955.00	990.00	7 530.00
山　西	192.00	3.00	182.00			7.00
内蒙古	4 642.00	1 414.00	214.00	1 394.00		1 620.00
辽　宁	279 853.00	154 822.00	65 642.00		2 913.00	56 476.00
吉　林	1 712.00	217.00	399.00	736.00	71.00	289.00
黑龙江	3 473.00		82.00	3 391.00		
上　海	2 854.60	389.00	2 337.00		128.60	
江　苏	136 758.00	89 127.00	28 812.00	7 956.00	9 931.00	932.00
浙　江	142 042.00	117 793.00	18 402.00	6.00	4 268.00	1 573.00
安　徽	104 292.23	39 778.00	12 365.00	40 771.93	7 680.27	3 697.03
福　建	161 969.00	17 090.00	60 431.00	796.00	80 146.00	3 506.00
江　西	157 611.00	91 937.00	20 052.00	23 882.00	5 515.00	16 225.00
山　东	218 798.60	138 299.60	19 816.00	2 808.00	47 065.00	10 810.00
河　南	83 285.00	1 990.00	3 812.00	76 970.00	142.00	371.00
湖　北	44 070.00	2 538.00	29 007.00	6 382.00	6 143.00	
湖　南	145 055.87	68 094.22	18 475.75	50 877.80	500.60	7 107.50
广　东	184 317.41	73 700.16	59 452.23	1 283.73	14 149.79	35 731.50
广　西	41 279.41	19 469.48	4 521.23	7 158.00	3 395.30	6 735.40
海　南	9 906.88	7 418.00	2 462.88	26.00		
重　庆	15 526.76	11 875.25	2 238.59	909.15	387.16	116.61
四　川	42 702.16	25 342.14	4 149.92	12 047.80	384.30	778.00
贵　州	2 708.87	820.85	133.08	1 139.32	84.18	531.44
云　南	40 218.53	6 863.65	3 398.68	27 032.32	404.38	2 519.50
西　藏						
陕　西	5 327.75	3 292.90	907.35	55.30	11.80	1 060.40
甘　肃	1 226.90	24.00	1 190.00	10.00	1.10	1.80
青　海						
宁　夏	598.50	260.00	271.00			67.50
新　疆	7 236.00	451.50	1 301.70	4 308.50	377.00	797.30

各地区渔业灾情造成的经济损失(二)

单位:万元

地 区	2.(台风、洪涝)损毁渔业设施							
	小计	池塘	网箱(鱼排)	围栏	沉船	船损	堤坝	泵站
全国总计	431 112.21	200 837.37	41 885.54	13 384.22	2 283.39	7 862.76	48 559.49	1 308.30
北 京	4 849.03	3 434.53					29.50	
天 津	2 075.00						2 025.00	
河 北	27 145.00	14 747.00	362.00	145.00	202.00	705.00	1 310.00	25.00
山 西								
内 蒙 古	514.35	494.00					2.35	
辽 宁	103 052.00	32 261.00	1 000.00		15.00	1 409.00	19 804.00	
吉 林								
黑 龙 江								
上 海	120.00				40.00	20.00		
江 苏	19 092.00	5 510.00	7 183.00	1 153.00	207.00	354.00	343.00	5.00
浙 江	31 070.00	11 999.00	2 694.00	1 107.00	776.00	395.00	2 159.00	369.00
安 徽	15 636.45	6 877.13	2 302.01	2 605.02	72.00	277.78	1 054.56	70.00
福 建	6 645.00	3 617.00	1 211.00	2.00	174.00	246.00	223.00	
江 西	41 647.00	25 792.00	6 415.00	358.00	12.00	1 260.00	3 387.00	124.00
山 东	28 630.00	9 706.00	3 646.00	62.00	209.00	850.00	3 159.00	15.00
河 南	338.00	174.00	153.00			10.00		
湖 北	50 784.00	29 291.00	3 321.00	5 941.00	38.00	378.00	3 801.00	483.00
湖 南	35 583.15	21 240.60	4 356.29	1 386.00	101.50	682.83	2 988.00	98.00
广 东	35 884.80	20 698.72	3 868.50	462.00	194.00	589.00	6 269.28	107.00
广 西	8 082.61	2 060.57	4 416.64			388.90	454.50	
海 南	2 457.65	1 195.00	217.20		147.20	116.25	19.00	
重 庆	4 905.30	4 064.30	180.00	110.00	51.00	60.00	330.00	
四 川	9 165.34	6 541.69	266.70		43.69	41.00	849.10	7.80
贵 州								
云 南	671.03	591.03	9.00				25.00	3.00
西 藏								
陕 西	2 364.90	250.80	284.20	51.20		70.00	313.20	1.50
甘 肃	365.60	277.00					14.00	
青 海								
宁 夏								
新 疆	34.00	15.00		2.00	1.00	10.00		

各地区渔业灾情造成的经济损失(三)

单位:万元

地　区	2.(台风、洪涝)损毁渔业设施(续)							直接经济损失合计
	涵闸	码头	护岸	防波堤	工厂化养殖	苗种繁育场	其他	
全国总计	2 125.00	10 386.00	12 198.00	10 153.50	26 319.45	15 507.30	38 301.89	2 373 948.82
北　京						1 058.80	326.20	11 734.17
天　津							50.00	11 477.00
河　北	80.00	4 000.00	80.00	2 000.00	1 136.00		2 353.00	116 037.00
山　西								192.00
内蒙古	18.00							5 156.35
辽　宁	5.00	350.00	5 760.00	3 850.00	16 650.00	3 920.00	18 028.00	382 905.00
吉　林								1 712.00
黑龙江								3 473.00
上　海						60.00		2 974.60
江　苏	2.00		133.00	158.00	1 717.00	580.00	1 747.00	155 850.00
浙　江	610.00	3 082.00	1 026.00	942.00	2 167.00	1 814.00	1 930.00	173 112.00
安　徽	70.00		479.10	119.70	188.45	121.00	1 399.70	119 928.68
福　建		86.00	55.00	394.00	30.00	200.00	407.00	168 614.00
江　西	144.00	2.00	454.00	229.00	163.00	584.00	2 723.00	199 258.00
山　东	91.00	454.00	1 509.00	391.00	4 037.00	3 531.00	970.00	247 428.60
河　南							1.00	83 623.00
湖　北	427.00	683.00	1 226.00	701.00	180.00	414.00	3 900.00	94 854.00
湖　南	127.00	317.00	228.00	172.00		963.30	2 922.63	180 639.02
广　东	548.00	296.00	710.00	584.00		1 288.60	269.70	220 202.21
广　西		680.00				43.00	39.00	49 362.02
海　南		435.00	40.00	288.00				12 364.53
重　庆			1.00				109.00	20 432.06
四　川	2.00		489.00	245.00		192.00	487.36	51 867.50
贵　州								2 708.87
云　南	1.00					42.00		40 889.56
西　藏								
陕　西			2.90	76.80	23.00	652.00	639.30	7 692.65
甘　肃				3.00	28.00	43.60		1 592.50
青　海								
宁　夏								598.50
新　疆		1.00	5.00					7 270.00

各地区渔业灾情造成的数量损失(一)

地　区	1. 受灾养殖面积(公顷)						2. 水产品损失(吨)		
	小计	台风、洪涝	病害	干旱	污染	其他	小计	台风、洪涝	病害
全国总计	1 087 782	487 653	176 118	273 142	46 323	104 546	1 385 443	647 591	251 727
北　京	615	502				113	2 324	2 077	
天　津	4 354	3 117	170			1 067	4 877	3 912	125
河　北	84 110	37 024	2 321	727	90	43 948	59 866	44 705	471
山　西	1		1				187	3	182
内蒙古	3 432	1 038	281	1 912	1	200	3 301	818	114
辽　宁	24 883	17 412	4 311		639	2 521	129 048	61 171	47 028
吉　林	20 422	267	10 996	3 926	2 689	2 544	1 902	241	443
黑龙江	8 526		128	8 398			2 996		70
上　海	1 549	97	1 405		47		1 224	167	1 002
江　苏	101 795	44 433	28 362	22 303	5 520	1 177	109 985	66 960	22 176
浙　江	52 440	44 485	5 203	5	2 405	342	82 404	74 067	6 285
安　徽	141 226	76 946	7 901	47 512	3 490	5 377	92 371	32 960	10 649
福　建	15 011	6 735	3 020	249	3 469	1 538	65 875	23 514	13 497
江　西	110 379	50 268	24 565	31 868	1 913	1 765	159 819	97 323	20 546
山　东	94 739	53 789	5 020	2 687	12 745	20 498	141 166	57 152	21 948
河　南	60 474	106	2 749	57 276	77	266	81 412	1 757	3 848
湖　北	44 545	7 072	15 441	15 768	6 264		33 040	1 446	23 100
湖　南	144 169	66 587	27 089	45 574	167	4 752	127 771	64 786	16 292
广　东	81 439	48 442	17 865	950	2 763	11 419	148 234	55 853	47 985
广　西	23 668	6 623	4 637	4 913	2 455	5 040	43 050	19 541	4 407
海　南	1 616	1 003	559	30	4	20	3 646	2 017	1 585
重　庆	6 984	4 248	1 705	876	105	50	10 803	8 199	1 561
四　川	16 206	8 982	3 171	3 668	151	234	36 389	20 492	3 483
贵　州	6 406	3 694	160	1 270	61	1 221	1 531	456	73
云　南	23 366	1 972	1 490	19 559	45	300	33 092	5 748	2 682
西　藏									
陕　西	7 920	2 527	5 260	46	3	84	2 451	1 793	321
甘　肃	124	4	110	1		9	429	10	414
青　海									
宁　夏	1 252	144	1 085			23	585	230	290
新　疆	6 131	136	1 113	3 624	1 220	38	5 665	193	1 150

各地区渔业灾情造成的数量损失(二)

地区	2. 水产品损失(吨)(续)			3.(台风、洪涝)损毁渔业设施					
	干旱	污染	其他	池塘(公顷)	网箱(鱼排)(箱)	围栏(千米)	沉船(艘)	船损(艘)	堤坝(米)
全国总计	253 548	123 479	109 098	138 062	239 237	40 292	874	4 333	1 356 635
北　　京			247	353					240
天　　津			840						714 000
河　　北	1 655	330	12 705	6 988	579	7	80	677	29 600
山　　西			2						
内 蒙 古	1 809		560	181					85
辽　　宁		8 723	12 126	3 595	1 270		48	273	98 826
吉　　林	818	79	321						
黑 龙 江	2 926								
上　　海		55					1	2	
江　　苏	11 341	8 774	734	5 366	55 716	2 746	105	127	54 074
浙　　江	4	1 451	597	11 827	8 371	84	84	131	23 498
安　　徽	39 633	6 492	2 637	10 620	32 795	7 735	79	199	30 340
福　　建	703	26 185	1 976	1 358	13 221	4	18	95	1 450
江　　西	21 801	5 360	14 789	11 523	11 416	4 608	23	862	101 013
山　　东	3 292	48 190	10 584	23 543	10 060	12 183	170	568	86 946
河　　南	75 382	189	236	15	1 861			2	
湖　　北	4 377	4 117		22 480	85 407	7 636	119	344	118 276
湖　　南	41 258	467	4 968	26 092	11 227	2 415	70	607	58 419
广　　东	1 350	7 842	35 204	7 282	3 364	2 259	31	194	18 605
广　　西	7 804	3 649	7 649	1 796	1 405			95	3 105
海　　南	24		20	302	259		14	75	750
重　　庆	570	401	72	884	42	609	7	52	5 966
四　　川	11 402	320	692	2 931	228		23	18	5 198
贵　　州	626	84	292	83	146	2			
云　　南	23 338	233	1 091	86	44				2 860
西　　藏									
陕　　西	97	32	208	671	1 826	2		7	3 063
甘　　肃	3	1	1	78					321
青　　海									
宁　　夏			65						
新　　疆	3 335	505	482	8		2	2	5	

各地区渔业灾情造成的数量损失(三)

地　区	3.(台风、洪涝)损毁渔业设施(续)							4. 人员损失			
	泵站(座)	涵闸(座)	码头(米)	护岸(米)	防波堤(米)	工厂化养殖(座)	苗种繁育场(个)	小计	失踪(人)	死亡(人)	重伤(人)
全国总计	**328**	**1 710**	**22 528**	**211 258**	**51 463**	**245**	**383**	**164**	**55**	**78**	**31**
北　　京							15				
天　　津											
河　　北	7	65	12 627	1 800	1 080	28		27	6	19	2
山　　西											
内 蒙 古		18									
辽　　宁		3	400	45 020	2 610	2	26	19	5	14	
吉　　林											
黑 龙 江											
上　　海							2	11	3	6	2
江　　苏	5	2		9 575	4 065	27	16	8	7	1	
浙　　江	17	125	2 080	15 740	2 219	44	45	24	7	16	1
安　　徽	14	24		4 955	500	15	6				
福　　建			217	650	1 312	1	1	17	10	7	
江　　西	71	139	200	35 305	11 988	1	14				
山　　东	5	105	573	27 061	1 954	122	75	16	16		
河　　南											
湖　　北	116	240	1 860	44 438	12 396	1	13				
湖　　南	41	108	2 941	13 541	5 524		86	25			25
广　　东	43	877	640	7 823	3 898		37	4		4	
广　　西			486				11				
海　　南			4	40	129			6		6	
重　　庆				220							
四　　川	4	2		3 845	2 350		25	3	1	2	
贵　　州					50						
云　　南	2	2					2				
西　　藏											
陕　　西	3			245	1 280		8	4		3	1
甘　　肃					108	4	1				
青　　海											
宁　　夏											
新　　疆			500	1 000							

领 导 讲 话

农业部副部长牛盾在全国渔业工作会议上的讲话

（2012 年 12 月 23 日）

一、深入学习贯彻十八大精神，谋划推进中国特色渔业现代化

党的十八大明确提出了全面建成小康社会的总目标，进一步强调解决好农业农村农民问题是全党工作的重中之重，明确城乡发展一体化是解决“三农”问题的根本途径，同步推进工业化、信息化、城镇化和农业现代化；要把生态文明建设放在突出位置，努力建设美丽中国；坚决维护国家海洋权益，努力建设海洋强国。这一系列战略决策和部署，是新时期我们做好渔业工作的重要指导思想和行动指南。我们要深入学习领会，全面贯彻落实。

渔业是农业农村经济的重要组成部分。渔业系统学习贯彻十八大精神要紧密结合渔业发展、渔民增收和渔区建设实际，认真分析把握渔业发展的内外部环境，科学谋划渔业发展的大思路、大目标、大举措，全面推进现代渔业建设，为全面建成小康社会做出积极贡献。

关于大思路：要以邓小平理论、“三个代表”重要思想、科学发展观为指导，坚持以养为主、以安为先、生产生态并重，加快转变渔业发展方式，创新体制机制，加快改善装备和基础设施，大力推进现代渔业建设，着力增强渔业综合生产能力、抗风险能力、可持续发展能力和国际竞争力，着力改善渔民民生，着力维护国家海洋权益，着力加强水生生物资源和水域生态养护，不断提升规模化、标准化、产业化、组织化、国际化水平，保障水产品有效供给和渔民收入持续较快增长，实现渔业持续健康发展。

关于大目标：总的设想是到 2020 年，渔业基础设施状况得到显著改善，物质装备水平显著提高，科技支撑能力显著提升，水产养殖生态健康高效，渔船数量和捕捞强度与渔业资源可再生能力大体相适应，水产品供给品种丰富、质量安全，渔业生态环境得到明显改善，渔民收入比 2010 年翻一番，生产生活条件明显改善，维护海洋权益作用明显增强，实现生产发展、装备先进、渔民增收、产品优质、生态平衡、平安和谐的现代渔业发展新格局。

关于大举措：一是争取重大政策。十六大以来中央连续 9 年发出 1 号文件部署“三农”问题，并就粮食、生猪、农机及牧区发展等出台了一系列政策，开启了“三农”发展的又一个黄金期。在中央“三农”政策体系中，渔业还是“短板”。随着经济社会的不断发展进步，渔业的生产安全、生态安全问题日益凸显，水产品质量安全、涉外渔业安全等受到广泛关注，渔业基础薄弱、装备落后等问题不断累积，严重制约现代渔业发展。这一系列新情况、新问题、新挑战，迫切需要在指导思想、政策措施和资金投入等方面进行系统地研究和部署。对此，国务院领导高度重视，按照温家宝总理的重要批示，国家发展和改革委员会已经牵头制定了扶持海洋渔业发展的政策，同时兼顾内陆渔业。类似重大政策的争取是渔业的大事，是我们工作的“重中之重”，各级渔业部门都要举全系统之力，努力将政策谋划好、落实好，争取各级政府对渔业发展的重视和支持。

二是推进重大改革。1985 年中共中央、国务院发出《关于放宽政策、加速发展水产业的指示》，渔业率先将市场机制引入到生产经营的全过程，实现了快速发展。随着时间的推移和经济社会环境的巨大变化，渔业发展的深层次矛盾不断凸显，主要表现在：主要依靠市场机制而缺乏足够的政府投入，难以矫正由于市场失灵导致的渔业基础性、公益性职能的弱化，不能有效履行水域生态环境和国家海洋权益维护职能，不能为渔民生命财产安全提供有效的保护；渔业基本经营制度，尤其是水域滩涂使用和渔业资源利用制度不健

全、不完善，渔民养殖权不稳定，捕捞权不清晰，严重影响渔业持续发展和渔区和谐稳定；渔业组织化程度低、社会化服务体系不健全，与构建集约化、专业化、组织化、社会化相结合的新型农业经营体系的新要求不相适应；渔船管理不到位，捕捞能力严重过剩，燃油补助政策不配套，导致渔业资源持续衰退、枯竭甚至荒漠化。要加强对这些重大问题的研究，寻求突破点，加强改革的顶层设计。

三是突破关键技术。目前我国渔业科技整体发展水平还不高，与国际先进水平相比、与建设现代渔业的要求相比依然有较大差距，重大创新成果不多、应用转化效率较低、创新型人才不足、从业人员技术素质不高，成为发展现代渔业的重大制约因素。如水产种业发展远落后于种植业和畜牧业；高效低毒低残留渔药研发滞后，养殖、保鲜、运输、加工环节不合理使用药物的现象较为普遍；海水鱼类养殖中天然鱼虾投喂量大、配合饲料使用率低；重大渔业装备研发落后等等。要不断提升先进技术和装备支撑水平，广泛采用各种新技术、新材料、新工艺，充分吸纳和融合现代生物技术、信息技术、材料技术的新成果，在新品种培育、水产健康养殖、资源养护、节能减排、设施装备等方面取得突破，提高水域产出率、资源利用率、劳动生产率和科技贡献率，使渔业的发展真正建立在依靠技术进步和不断提高从业者技术素质基础上。

二、渔业发展保持良好态势，为农业农村好形势做出了重要贡献

2012 年是极不寻常的一年，国际金融危机和欧债危机的影响持续发散，国内经济下行压力加大，周边环境不安定因素增加。在党中央、国务院和农业部党组的坚强领导下，各级渔业部门以科学发展观为指导，按照“稳中求进”的总基调，全面贯彻落实全国农业工作会议、全国渔业工作会议精神，以转变渔业发展方式为主线，以加快推进现代渔业建设为主攻方向，开拓创新，顽强奋斗，圆满完成全年各项目标任务。渔业经济保持良好的发展态势，渔业生产稳定增长，水产品市场平稳运行、质量安全稳步提高，渔民收入保持较快增长。

一年来，渔业工作克服了前进道路上的重重困难，战胜了来自国内外的种种挑战，重点多、亮点多、成效多。一是海洋渔业发展战略得到国务院领导的高度重视。农业部按照总理批示积极配合国家发改委制定了关于促进海洋渔业又好又快发展的若干意见，征求意见后即将报国务院；二是护渔维权成效显著，我渔政在黄岩岛、钓鱼岛维权行动中不畏艰险，果断出击，有力地维护了国家海洋权益，受到举国关注；三是渔业资源损害补偿取得历史性突破，在渤海溢油事件中获得渔业赔偿 13.5 亿元，为今后同类事件的处理提供了成功案例；四是渔业装备升级取得历史性突破，今年国家追加渔业基本建设投资 80.1 亿元，用于更新建造大型渔政船、远洋渔船、三沙渔船和近海渔船，为提升渔业装备水平开了个好头。

回顾十六大以来的十年，渔业工作深入贯彻落实科学发展观，紧紧围绕渔业增效和渔民增收，积极推进渔业科技进步，加快产业结构调整步伐，着力构建现代渔业产业体系和现代渔业支撑保障体系，成功应对了周边渔业协定实施和加入 WTO 带来的挑战，有效克服了石油大幅涨价、国际金融危机以及自然灾害频发等不利影响，我国渔业在扩大生产、调整结构、质量安全、资源养护、国际合作等方面取得了显著成就，探索了中国特色渔业现代化道路。渔业的持续较快发展，进一步巩固了我国的渔业大国地位，有力地保障了国家食物安全和生态安全，有效地促进了渔民增收和国家海洋权益维护，为农业和农村经济发展作出了突出贡献，渔业的战略地位显著提升。

渔业发展取得的重大成就，得益于中央强农惠农富农的方针政策，得益于各级政府的高度重视和各有关部门的大力支持，得益于全国渔业系统干部职工的努力工作和广大渔民群众的辛勤劳动。在这里，我代表农业部向全国渔业系统干部职工和科教工作者、向支持渔业发展的各有关部门、向各渔业企业和广大渔民群众致以崇高的敬意和衷心的感谢！

三、解放思想，求真务实，努力开创渔业发展新局面

当前，我国渔业发展正处于加速向现代渔业转变的关键阶段。各级渔业主管部门要切实增强责任感和使命感，解放思想，求真务实，抢抓机遇，乘势而上，努力开创渔业发展的新局面。

（一）在转变渔业发展方式上取得新突破

转变渔业发展方式是实现科学发展的必然要求。在资源、环境的双重约束下，实现渔业的持续健康发展，必须坚持以人为本，坚持全面、协调、可持续的科学发展观，改变以破坏资源和生态环境为代价的粗放式发展模式，围绕保供、增收和可持续发展，不断提高渔业发展的质量和效益。要加快推进渔业结构战略性调整，以保供给为主要任务，大力发展水产健康养殖，不断提高养殖在水产品总产量中的比重；以资源的合理利用和可持续利用为目标，调整捕捞结构，压缩近海捕捞强度，适度发展外海，稳步发展远洋渔业；以水产冷

链建设为突破口，大力发展水产品流通加工业；以开展增殖放流、建设人工渔礁、海洋牧场为手段，大力发展增殖渔业；以休闲垂钓、渔家乐、观赏鱼等为重点，大力发展休闲渔业。要不断优化渔业产业区域布局，根据不同地区渔业发展的资源禀赋、产业基础、比较优势、资源环境承载能力，明确区域功能定位、发展导向和发展重点，培育优势产区，建成若干现代渔业示范区。要着力提高渔业组织化程度，针对我国现阶段渔业组织化程度不高、生产规模小、经营主体分散的实际，通过扶持专业合作组织、中介服务组织和龙头企业，打造区域品牌等措施，提高渔业组织化程度和产业化水平，提升渔业市场竞争力。要着力提高渔业安全生产保障能力，切实加强渔业安全装备和设施建设，建立健全渔业安全生产制度和渔业安全应急救助机制，加强安全教育，深入贯彻《农业保险条例》，巩固完善互助保险，推动渔业保险全面发展，确保渔民生命财产安全。

（二）在海洋渔业发展上取得新突破

我国是海洋大国，海洋渔业是现代农业和海洋经济的重要组成部分。改革开放以来，海洋渔业发展取得重大成就，海水养殖持续快速发展，远洋渔业从无到有，水产加工业发展壮大，海水产品产量大幅度增长，对增加渔民收入、带动沿海地区经济社会发展发挥了重要作用，对维护国家海洋权益做出了重要贡献。但是，我国海洋渔业发展面临严峻挑战，捕捞能力总体过剩和局部不足并存，渔业装备和设施现代化程度低，发展方式总体上还比较粗放，护渔维权任务日益繁重。

目前，国务院正在研究制定促进海洋渔业又好又快发展的意见。这是海洋渔业发展面临的重大机遇。要高度重视海洋渔业发展。认真贯彻落实党中央、国务院决策部署，围绕实施海洋强国战略，以加快转变海洋渔业发展方式和切实维护国家海洋权益为主线，坚持以养为主、养捕结合、保护近海、拓展外海、发展远洋，努力实现海洋渔业可持续发展，开创海洋渔业发展新局面，促进海洋渔业率先实现现代化。要加快海洋渔船更新改造。目前国家已下达三批渔船更新项目任务，这项工作时间紧、任务重、难度大，各地要继续努力，加快进度，保证质量，确保按期完成，为进一步争取投资支持创造条件。力争通过5～10年的努力，明显提升远洋渔船生产能力，建成南沙骨干船队，使国内捕捞渔船装备水平大幅度提升。要切实加强基础设施建设。加强渔港、渔政码头等基础设施建设，加快推进池塘标准化改造步伐，在渔业基础设施建设方面实现新的突破。

（三）在渔政队伍建设和渔政管理上取得新突破

今年是我国海上护渔维权任务最为艰巨的一年。中国渔政上下一心、共克时艰，全面取得阶段性胜利，渔政管理和队伍建设有亮点、有突破、有作为，成效明显。护渔维权出色完成了“看住黄岩岛、维权钓鱼岛”的光荣任务，资源养护监管有力有序，处置突发事件及时有效，渔政文化建设有声有色。渔政指挥管理系统建设也得到了进一步完善，渔业通信和信息化保障能力显著增强。但是我们也要看到，目前渔政队伍的现代化、正规化、专业化水平还存在一定的差距，人员编制、机构性质、经费保障难以满足渔政执法工作的需要，制度建设、作风建设的任务还很重。对此我们务必保持清醒的头脑，增强责任意识、使命意识和忧患意识。加强渔政队伍建设，首先要解决人员、经费问题，要根据今后一个时期渔政船建造补充的数量，合理确定人员配备数量，积极争取增加人员编制、人头经费和运行维护经费。其次，要在制度建设方面有新突破。要让制度覆盖各个方面的工作、覆盖工作的各个方面，用制度管人、管事、管权，而且全国渔政要统一，一个声音、一个规矩、一个标准，不能“各吹各的调”、五花八门，这样我们渔政队伍才能拉得出、叫得响、过得硬。第三，要在履行职能方面有新作为。各级渔业主管部门及其渔政机构，要紧紧抓住能力建设这个关键，通过请进来送出去、压担子交任务等多种形式和办法，不断提高渔政队伍的综合能力。要牢固树立大局意识、责任意识和形象意识，积极承担并圆满完成党和国家赋予我们的各项任务，以实际行动诠释“忠诚、责任、公正、奉献”的中国渔政核心价值观。

（四）在生态文明建设上取得新突破

水域生态建设是国家生态文明建设的重要组成部分。渔业是资源型产业，水生生物资源和水域生态环境是渔业可持续发展的物质基础和前提。尊重自然、顺应自然、保护自然是做好渔业工作的基本要求。在现代渔业建设过程中，必须把维护渔业生态安全放在更加重要、更加突出的位置，采取多种措施，合理利用和养护水生生物资源，推进绿色发展、循环发展、低碳发展。要加强水域滩涂养殖规划和养殖证制度建设，合理确定养殖容量，全面推广生态健康养殖，发展生态型、环保型渔业，保护渔业水域滩涂资源和养殖环境。要全面实施《中国水生生物资源养护行动纲要》，坚持并完善渔船“双控”制度，调整捕捞作业结构，加强渔具渔法管理。要继续完善休渔禁渔制度，扩大人工鱼礁建设和水生生物资源增殖放流规模，开展海洋牧场和保护区建设，养护好天然水生生物资源和环境。要加强渔业节能减排，积极开展渔船节能减排工作，大力推进养殖用水循环利用。

在现有工作的基础上，要拓展新思维、争取新突破。要全面开展渔业资源调查。最近一次渔业资源全面调查还是在20世纪80年代初，已经30多年过去了，渔业资源的全面情况是什么样，没有权威的资料。要下定决心将渔业资源普查制度化规范化，建立健全资源调查评估制度，科学制定资源利用规划。要研究启动实施限额捕捞制度。选择合适的品种和区域，开展海洋捕捞限额试点。在试点的基础上，总结推广，逐步扩大，推动渔业捕捞科学化和精细化管理。要健全渔业生态补偿机制。进一步加强渔业水域环境监测体系建设，健全突发性水域污染事故调查处理快速反应机制。加强涉渔工程渔业水域生态环境损害和修复评估，完善和落实好渔业生态补偿机制。

农业部副部长牛盾在全国渔政工作会议上的讲话

（2012年2月25日）

一、总结五年工作，全面准确把握当前形势

2007年全国渔政工作会议以来的五年，是我国经济社会发展和“三农”工作极不平凡的五年，也是全国渔政工作者历尽艰辛、团结奋进、敢于担当、勇创佳绩的五年。面对复杂严峻的周边海上形势、严重多发的自然灾害，以及不容乐观的水生生物资源状况，各级渔业主管部门及其执法机构齐心协力、攻坚克难，确保了全国渔业持续健康发展，取得了显著的成绩。

一是护渔维权维稳卓有成效，中国渔政社会影响力持续增强。我们坚持开展200海里专属经济区渔政巡航和双边渔业协定水域执法监管，与周边有关国家建立了渔业海上执法合作机制，维护了周边稳定大局；坚持强化重点水域的护渔维权和渔船管控，常年守护朝韩敏感水域警戒线，适时启动钓鱼岛海域常态化护渔，重点开创南沙渔场伴随式巡航，积极发挥渔业“屯海戍疆”作用，坚守美济礁17年，有力维护了国家主权和海洋权益；坚持履行部门间渔业联合监管机制和协调配合机制的职责，及时解救被外方武装袭扰抓扣的渔船渔民，有力维护了我国渔民的合法权益和生命财产安全；坚持在遥远的北太平洋巡航执法，作为我国第一支走出国门、在公海行使国家行政管理权的队伍，兑现了负责任政府的庄严承诺，为中国渔政在国际上赢得了荣誉。

二是资源养护监管全方位拓展，生态效益、经济效益、社会效益显著增强。为确保海洋伏季休渔以及长江、珠江禁渔等资源养护制度的顺利实施，沿海、沿江各级政府及其渔业部门，尤其是渔政队伍付出了巨大努力，取得了显著成效，产生了重大的社会影响，渔政队伍也得到了锻炼和提高。从专项执法到部门间常态化联合执法，我国水生生物资源养护和监管的手段不断丰富、执法空间和领域不断拓展，水生野生动物和生物多样性得到保护，生态环境有所改善，渔民群众得到实惠，社会认同度大幅提高，有力推动了渔业发展方式的转变。

三是渔船管理深入推进，安全监管和应急处置能力逐步提升。各级渔政机构积极做好渔船“双控”工作，初步遏制了违规渔船盲目增长势头；建立健全科学规范的应急处置机制，不断完善应急预案，实施24小时渔业应急值班制度，开展涉外安全、渔业海难救助等突发事件处置工作，跨海区调动渔政船、圆满完成远洋遇险渔船国际大救助，成功避免了重特大安全事故的发生。五年累计救助渔船5 000余艘、渔民2.5万多人，挽回直接财产损失超过15亿元。在近年遭受台风、地震、旱灾等重大自然灾害的应急处置过程中，各级渔政机构积极组织渔船避风、及时抢险救灾、协助灾后恢复生产，救在第一时间，抗在关键时点，顶在危难之际，功不可没，功在渔业。

四是水产养殖执法步入正轨，水产品质量安全监管稳步推进。农业部出台了水产养殖执法的指导意见，明确了工作方向和重点，编印了养殖执法培训教材和执法实务。各级渔政机构积极主动作为，不断摸索经验，理清了工作思路，健全了工作机制，掌握了相关法规和工作方法，建立了渔政与技术推广、质检、水生动物防疫等有关部门的联合监管机制，不合格水产品查处率都达到了100%。促进了健康养殖制度得到更好的落实，水产苗种市场秩序进一步好转，水产品质量安全水平有效提高。全国水产养殖和水产品质量安全执法工作正向制度化、规范化有序迈进。

五是渔政队伍建设明显加强，依法行政能力不断提高。为适应渔政管理的需要，五年来中央和地方各级财政加大对渔政基础设施建设的投入，建造了一批300吨级以上大中型海洋渔政船和内陆渔政执法快艇，使我国渔政的执法装备状况有了明显改观，依法行政和安全保障能力进一步提升。目前，全国共有渔政执法机构2 910个，渔政执法及相关人员3.5万人，执法人员大专以上学历的已达67%。创建了178个渔业文明执法窗口，基本建立了全国渔政执法督察机制。

六是渔政指挥系统不断完善，渔业通信和信息化保障能力显著增强。渔政管理指挥系统涵盖渔船管

理、捕捞许可管理、养殖证管理、柴油补贴管理等各项工作，涉及从中央到地方的各级渔业部门，系统用户已达到2.3万个。海洋渔船动态管理系统自去年启用以来，推广应用工作取得了良好效果，为规范渔船管理程序、提高渔政部门服务质量和效率发挥了重要作用。"四网合一"的海洋渔业安全通信网有效整合，为渔船搭建了安全屏障，赢得了渔民群众的广泛赞誉，被称为渔民海上安全的"守护神"。

中国渔政五年来的出色表现，得到了中央和农业部党组的充分肯定，赢得了社会各界的广泛赞誉。成绩来之不易，应当认真总结，倍加珍惜。概括起来，这些成就的取得，归功于中央和农业部党组的正确领导，归功于地方各级政府和有关部门对渔政工作的高度重视和大力支持，归功于全国渔业系统干部职工和渔政人员的共同努力，归功于广大渔民群众的理解支持。在此，我代表农业部向全国渔政战线干部职工，向所有关心和支持中国渔政发展的有关部委、地方和军队单位，表示衷心的感谢！

随着我国经济社会的不断发展和国际、周边形势的复杂多变，渔政工作也面临新老问题的困扰和挑战，我们必须保持清醒头脑，增强忧患意识。从渔业和渔政工作面临的复杂形势等方面分析，当前渔政管理面临的主要矛盾归纳起来有三个方面：

第一，资源占用、工程建设与资源养护监管之间的矛盾。以牺牲环境为代价换取经济发展的模式，不利于渔业的可持续发展，有悖于现代负责任渔业大国的发展理念。随着我国经济社会的快速发展，水利电力、交通航运、海洋海岸建设等工程对渔业资源及其水域生态环境造成严重影响；沿海沿江污染排放量居高不下，主要渔业水域均遭受不同程度污染；过度捕捞没有得到有效遏制，从事渔业生产的"三无"船舶问题依然没有得到解决。这些导致水生生物资源和环境恶化的趋势没有得到根本扭转，资源养护和渔业生态安全监管面临巨大压力。

第二，渔业秩序维护、护渔维权维稳工作与渔政装备落后之间的矛盾。从渔政管理的职责讲，我们首先要完成好国内渔业资源、渔船和生产秩序的管理，这关系到国内社会的稳定。而随着我国综合国力和国际影响力持续上升、国际关系新一轮调整，我周边国家围绕海洋权益的斗争趋于激烈，关系错综复杂，热点焦点问题不断，涉外渔业管理令人担忧。在当前国内外各种不确定因素明显增多的情况下，渔政工作任务更为繁重、难度不断增大。但与此同时，大中型现代化渔政船数量严重不足，部分渔政船严重老化、装备性能落后，渔政基础设施、信息化和应急装备建设滞后，内陆基层执法单位，特别是承担大江大湖及边境水域渔政管理任务的执法单位，执法手段与承担的任务不相适应。

第三，渔政管理体制、队伍建设与履行职责之间不相适应的矛盾。由于经济发展水平差异和各地重视程度不同等原因，一些地方渔政机构仍未理顺渔政管理体制，至今还属于自收自支单位，人员经费和工作经费没有纳入财政预算。有些地方甚至还存在"以罚代管"、"以收费和罚款维持机构运转"的现象，严重损害了渔政机构在渔民群众中的地位和形象。"大渔政"的要求已提出多年，但渔政、船检、港监三家建立有效联动监管机制的地方并不多。渔政队伍的专业知识、法律素养、办案水平还需进一步提高，依法行政能力有待进一步增强。

面对这些矛盾和挑战，我们要进一步增强责任感和危机感，带好队伍、打牢基础，抢抓改革机遇、尽快理顺体制机制，不等不靠、主动作为，切实做好应对各种挑战的准备，努力巩固我们这支队伍在国家执法部门中的地位，奋力开创全国渔政工作新局面。今后几年，我国渔政工作的指导思想是：凝聚力量、形成合力，以维护国家渔业安全和秩序、保护水生生物资源为核心，持续推进渔政队伍建设，重点加强制度建设、能力建设和文化建设，全面提升依法行政能力，努力构建适应现代渔业发展的渔政管理体系，为实现渔业产业健康发展、渔区社会和谐稳定、渔民生活幸福安康和护渔维权坚实有力提供可靠保障。

二、以制度建设为保障，推动渔政执法依法规范

当前渔政队伍的发展面临事业单位分类改革和海上执法体制改革的双重影响，渔政队伍要发展，制度建设是保障。其根本在于制定规范、强化责任、约束行为，保证法律法规的正确实施。当前需要从两个方面加以推动。

（一）推动相关法律法规和规章制度的制（修）订

目前，我国已初步形成了以《渔业法》为基础，相关涉渔法律法规为补充，辅以其他配套法规规章的渔业法律体系。近年来，农业部根据国务院的统一部署，多次开展执法依据梳理工作，对执法主体、执法依据和具体执法职权内容等开展了全面清理，进一步优化和完善了相关制度和执法程序，同时将清理结果向社会公布，做到了执法依据公开透明。

但是，面对新形势下许多复杂而严峻的问题，渔政执法工作的立法需求越来越突出。"十二五"期间，渔政执法的立法工作要从服务大局出发，从着力解决执

法中的深层次矛盾和问题，为现代渔业发展、渔区社会和谐提供保障入手，认真贯彻落实国务院《全面推进依法行政实施纲要》，按照“先急后缓、突出重点、加强储备、适时突破”的原则，加强立法调研和协调，积极争取立法资源。同时，注重和相关法律制度之间的衔接，增强渔业法律法规规章的严肃性、规范性和可行性。要争取经过五年的努力，制订一批、修订一批、储备一批、研究一批，进一步健全渔业法律体系，推动建设“有法可依、有法必依、执法必严、违法必究”的渔业法制新局面。

（二）推动渔政队伍的规范化建设

渔政执法人员作为国家公权力的行使者，其职业操守、专业能力、形象素质令社会各界和渔民群众高度关注和期望。因此，除了应当具备国家公务员的任职条件外，还应当具备其他一些特殊的职业要求。我想，推动渔政队伍规范化建设主要解决三个问题：一是从制度上完善队伍建设相关机制，确保队伍具备较高的政治素质、法律素养和业务能力；二是从措施上加强队伍履职的物质和身份保障，增强职业的神圣感和荣誉感；三是从效果上提高队伍的执行力，确保政令畅通、做到全国渔政“一盘棋”。

渔政队伍规范化建设是一项系统工程，涉及执法理念、执法主体、执法行为等方面的内容。目前，各地渔政机构名称五花八门，执法文书样式各异，执法装备参差不齐，甚至有些地方的着装都不规范。规范化建设就是要有针对性地去解决这些问题。一是端正执法理念。解决好“为谁执法、为谁服务”的认识问题，克服地方或部门保护主义，坚决惩处以权谋私、徇私枉法、执法不公、损害群众利益的违法违纪行为，将尊重法律、敬畏法律、捍卫法律、忠于职守作为渔政队伍的职业道德底线。二是规范执法主体。要坚持行政处罚与行政许可相分离，以及渔业行政处罚权相对集中的体制改革方向，明确行政处罚主体资格并依法授权，做到权责明晰、执法主体合格。要尽快解决自收自支渔政机构的整改问题，并规范渔政机构名称，建立健全渔政人员的准入和淘汰机制。三是促进行为规范。要针对执法中最容易发生问题的薄弱环节制定操作规范，如紧追和登临检查违规渔船、检查外国渔船、巡航护渔等，建立健全操作性强的执法程序规范和渔政执法工作规范，确保依法、严格、公正、文明、理性地执法，避免引发不必要的争议和行政复议。

三、以能力建设为依托，提升渔政队伍执法水平

渔政事业要做大做强，执法水平要稳步提升，能力建设是关键。没有合格的人才，怎么依法行政？没有必要的装备，怎么保障执法？人员与装备，软件和硬件都要兼顾。我们一方面要大力开展培训，提高渔政执法队伍整体素质，另一方面要加强装备建设，用现代技术装备武装队伍，提升队伍的执法能力与水平。

（一）大力开展培训，提高队伍的业务能力和“五种意识”

新形势和新任务要求我们必须建立全面覆盖的渔政执法培训体系以及严格的培训管理制度，大力开展全面、系统、有组织的专业培训、演练、实操和学历教育等活动，努力提高队伍整体素质。根据农业部的安排部署，将要对培训项目加以整合、规范，编制相应的培训规划，尽快建立完善的培训教育体系，组建师资队伍，统一和规范培训内容，结合各地实际和队伍现状，开展形式多样、内容新颖的教育培训，从不同角度全方位提升执法人员的业务能力。这里，我要强调：通过培训我们不仅要达到提升渔政人员专业素质和业务技能的目的，而且要让广大渔政人员牢固树立和强化“五种意识”。

一是法治意识。国务院《关于加强法治政府建设的意见》明确提出：行政机关工作人员特别是领导干部要带头学法、遵法、守法、用法，要重视提拔使用依法行政意识强，善于用法律手段解决问题、推动发展的优秀干部。当前，有法不依、执法不严、随意执法等现象在我们队伍中也有存在，如何解决？我认为，通过培训要进一步树立法治理念，自觉养成依法办事的习惯。我们渔政人员特别是领导干部必须带头依法办案，敢于坚持原则，严格按法律程序办事。要进一步完善制约和监督机制，确保渔政执法在阳光下运行。

二是责任意识。国家和人民将维护法律尊严、维护国家权益和人民利益的重担放在我们肩上，这是一份沉甸甸的信任和责任。我们的工作涉及政治外交、安全生产、民生权益等敏感问题，政策性强、时效性高、牵涉面广，领导高度重视、社会非常关注。因此，我们要不断增强责任感和使命感，严格遵照上级指示，加强协调合作，及时妥善处置各类重大突发应急事件和群众上访等工作。决不允许因推诿扯皮、责任心不强而贻误时机，酿成严重后果。

三是大局意识。我们虽然身处各地，但都是中国渔政的一员。在涉及国家政治外交、渔业渔民重大利益等问题上决不能含糊，要有大局意识和全局观念，决不能片面强调本海区、本地区和本单位的局部利益，也不能仅仅站在渔政管理的角度来看问题，而应当站在国家利益的高度，按照中央和农业部的统一部署来执行。对于工作中出现的摩擦和矛盾，要以大局为重，不

能因为小问题扯出大麻烦。当前尤其要注意防患由于个别地区、个别单位管理不力、处置不当,造成一些局部的海上冲突、渔事纠纷,特别是大规模违规越界捕捞或重大安全事故干扰和影响国家大局。

四是服务意识。在依法行政中牢固树立执法为民的意识,既要依法履行职责、严肃查办案件、维护法律尊严,也要从我国现阶段"渔民多、渔船多、资源差、基础薄弱"的基本国情出发,维护好广大渔民群众的合法权益。在为渔民审批办证、检验签证、接待投诉等方面提供便捷、周到的服务;在为渔船安装通信导航和安全设备、为渔民开展法规技能培训、发放渔业燃油补贴和涉外损失补助、救助遇险渔民等方面提供及时的帮助,创造一个良好的办事环境,消除与管理相对人的对立情绪,构建良好互动的渔政渔民关系。

五是廉政意识。作为执法人员,面临的利益诱惑不少,经受考验的机会很多。从基层和群众反映看,在我们队伍中确实存在一些问题和弊端,虽然是个别现象,但影响很坏。这些年,农业系统其他行业出现了几起侵占国家支农惠农补贴款的大案、窝案,渔政队伍中也有人因为类似情况栽了跟斗。我们必须引以为戒,警钟长鸣。要严于律己,管住自己的手,不该拿的东西坚决不拿;管住自己的脚,不该去的地方坚决不去。做到不侵不占、不吃拿卡要,保持一心为民、廉洁奉公、洁身自好的公正执法形象。

(二)大力加强装备建设,用现代化技术手段武装渔政队伍

多年以来,特别是"十一五"时期,在发改委、财政、军队等部门的大力支持下,国家和地方共同加大了对渔政基础设施和装备的投入,执法设施不断增加,执法装备有所改善,执法手段进一步增强,履行职责的能力也有了明显提高。近五年来,中央财政累计安排近9亿元,建造了一批渔政船、渔政和渔港监督艇,改扩建沿海渔政码头,购置渔政执法车,建设了全国近海渔业安全救助通信网、中国渔政管理指挥系统二期、黄渤海区重点渔港监控系统等项目。3艘海军退役舰船也入列中国渔政,进一步壮大了实力。

这些年渔政装备能力建设虽然成效显著,但由于起点低、欠账多,同日益繁重的执法任务和日益严峻的周边海上局势相比,我国渔政基础设施和装备建设的整体规模、装备水平和保障能力仍然比较落后,问题仍然突出,是当前制约中国渔政有效履行职责的"瓶颈"。因此,我们要充分利用"十二五"期间现代渔业建设大发展和国家加大对渔业、渔政事业投入的难得机遇,积极争取有关部门继续支持渔政能力建设,以增强渔政执法的手段和能力。

渔政基础设施和装备建设是一个系统工程,农业部渔业局和渔政指挥中心要认真研究、积极争取、精心组织、确保进度,要把设施装备的建设与运行维护统筹起来考虑,把大型渔政船、渔政码头的建设运行和海区总队执法人员的编制、待遇等问题统筹起来考虑。要和海区渔政局一道,积极向财政、编制等主管部门汇报、争取落实相关问题。希望各地也根据各自实际,编制本地建设规划,做好项目的资金配套工作。

四、以文化建设为动力,弘扬中国渔政精神

党的十七届六中全会提出加快推进文化体制改革、推动社会主义文化大发展大繁荣的决定,为开创文化建设新局面指明了方向。历史和现实表明,一个民族的觉醒,首先是文化上的觉醒;一个政党的力量,很大程度上取决于文化自觉的程度;一支队伍的发展,离不开灵魂旗帜和精神驱动。某种意义上说,一支没有文化的队伍,就是没有战斗力和影响力的队伍。

(一)弘扬中国渔政光荣文化传统

渔业是一个古老产业,几千年的历史积淀培育了深厚而灿烂的传统渔文化。随着时代的变迁,赋予渔业更多的现代元素,渔业产业的发展带动了渔业文化的繁荣,渔业文化的发展又推动了渔业产业的进步。作为当代渔业的"守夜人",中国渔政的历史并不长,但却有着光荣的文化传统。在17年守礁和对敌斗争中,南海区渔政局锻造的"特别能吃苦、特别能战斗、特别能奉献、特别有作为"的"南沙精神",是中国渔政精神的先进代表,是弘扬社会主义核心价值理念的中国渔政文化的具体展现。这是在坚决贯彻中央战略决策、依法维护国家权益、养护渔业资源的工作中创造出来的;这是在自觉服务基层和渔民、与群众互联互动中培育出来的;这是在坚决保护我国渔民生命财产安全、与敌对力量展开周旋较量中铸造出来的。它充分展示了对党和人民忠诚、勇于担当、业务过硬的精神风貌,是基层一线渔政执法人员的真实写照,具有强烈和鲜明的行业特征。它所弘扬的"舍小家为国家"的无私精神,创造了良好的文化氛围,有力提升了队伍管理的效能,在行业内外引起强烈反响和广泛共鸣,具有强烈的时代感召力。"南沙精神"已经作为农业部"三种精神"之一,在全国农业系统树立了一面旗帜。

透过对渔政文化的分析,可以从中发现包含着"自立、自觉、自强、自信"的要素。自立,就是渔政队伍立足自身实际,依靠自己的力量,突出渔政执法监管特色,走出自己的发展道路;自觉,就是渔政队伍在责任担当上的觉醒和觉悟,忠诚践行法律赋予的神圣职

责,不断满足时代新要求和人民新期待;自强,就是渔政队伍充分发挥主观能动性,善于凝聚各方智慧和力量,不懈追求事业进步,从不骄傲自满、居功自傲;自信,就是对渔政事业有坚定的信念,有开放包容的胸怀、辩证取舍的态度和革新自我的能力。正是渔政文化"四自"特点,赋予了中国渔政广泛的凝聚力、持久的战斗力、独特的感召力和顽强的生命力,它和其他社会主义先进文化共同谱写了时代强音。

(二)加强文化建设是渔政队伍建设的一项硬任务

文化是软实力,但文化建设绝不是软任务。在渔政文化建设中,我们要从实际出发,科学制定方案,提供必要的支持和保障。要坚持两个"相同步"原则,一是与队伍行风作风建设相同步,着眼于建立一支德才兼备的新时期渔政队伍;二是与管理和服务渔民相同步,着眼于构建融洽的渔政渔民关系。

文化能够振奋精神、舒缓压力、促进和谐。近年来,渔政文化建设与时俱进,内涵不断丰富,包括廉政文化建设、渔业文明执法窗口创建以及渔政船上组织开展的促进温馨和谐、缓解心理压力的健康文体活动,都为我们加强思想作风建设,打造政治坚定、公正廉洁、纪律严明、业务精通的队伍提供了强大的精神动力。我们应当系统加以总结提炼,并用形象生动、形式活泼的文艺表现手法加以展示、扩大宣传。比如能否从海区渔政局做个样板,在自己的渔政船上打造"五个一"工程,即:安排一期业务技能演练,构建一个局域网络,设立一个船上流动书屋,策划一台甲板晚会,设置一个健身中心,以不断满足渔政船员日益增长的精神文化需求。

以文惠民如春雨,以文化人润无声。文化是促进渔区社会和谐的重要力量。我们在开展涉外管理、休渔禁渔、质量安全监管等工作的政策宣传过程中,要善于利用文化感召渔民,用群众喜闻乐见的形式获得广大渔民群众的理解和支持。总之,各级渔政机构要贯彻落实好党的十七届六中全会精神,立足实际推进文化建设,发挥优势弘扬中国渔政精神,为事业的发展提供强大的精神动力。

我希望通过几年的制度建设、能力建设和文化建设,尽快推动我们这支队伍的能力和水平上一个新台阶,为我国渔政事业的发展打开一片新天地。最后,我再谈一下执行力问题。

五、以提高执行力为目标,为现代渔业建设保驾护航

执行力是指执行法律法规、方针政策、规划计划、决策政令的能力,是衡量一支队伍执法能力和工作绩效的重要标准,是执法队伍的生命力、竞争力和凝聚力。目前存在的一些问题,虽然有制度设计不完善的因素,但主要原因是执行不力。比如我们到一些渔港看一看,就会发现一些渔船的船名号不规范,有的甚至没有船名号,而我们的渔政渔监人员就在旁边。所以这不是制度的问题,是执行力的问题。我总结了一下这方面存在的问题:执行标准不高、执行速度不快、执行力度不大、执行能力不强、执行动机不纯、执行办法不多,造成了一些地方当断不断、效能低下,当上不上、畏难不前,当抓不抓、推诿扯皮,议而不决、决而不断,怕担责任、怕冒风险,不推不动、推也不动。我们必须深刻反思、深入剖析,认真研究提高队伍执行力的有效措施。

我认为,提高渔政队伍的执行力,解决不认真落实和落实不到位的问题,就应该要有一股敢于执法、善于执法的劲头,要像工兵一样敢于排雷,像消防员一样敢于冲进火海。渔政执法涉及到五种安全的监管,执行起来既危险又有难度,但是我们不能因为有困难有危险就放弃或逃避,要始终保持一种锐气,有一种持之以恒的毅力,具体来讲,应该做到"五个敢、五个不松劲"。

一要敢负责,切实保护渔民生命财产安全,任务不完成不松劲。渔政队伍担负着维护渔民生命财产安全的神圣职责,我们要敢于担负起这个重任。针对渔业灾害重、风险大、安全生产形势严峻的情况,一定要加强安全生产监管,提高防灾减灾能力,以建设"平安渔业"为目标,切实保护渔民生命财产安全。当前尤其要强化渔船的港口管理、渔业船员培训考试管理和新建渔船等方面的管理。要进一步加强对渔业船舶设计、修造企业的监督管理,不断提高渔船和船用产品的检验质量和水平,从源头上治理低质量渔业船舶和违规造船行为。要抓好渔业安全生产的隐患排查和专项治理工作,开展商船与渔船碰撞事故对策研究,坚决遏制重大渔业事故增多的态势,切实承担起保护渔民生命财产安全的任务。

二要敢碰硬,坚决维护水上作业秩序安全,问题不解决不松劲。目前,从事渔业生产的"三无"船舶和套牌渔船数量不少,且有增加的趋势,但是我们底数不清,渔政管理难度越来越大。船主身份的日益复杂和渔船标识的混乱,进一步助长了违法渔船铤而走险、暴力抗法的嚣张气焰。近年来海上暴力抗法案件增多,从国内到国外,去年发生的违规进入韩国管辖水域作业等事件,给我们工作造成了很大的被动。一些渔政机构不敢执法,任凭这些违法违规渔

船罚了放,放了以后继续违规作业。还有一些地方的"渔霸"在海上违法圈海,不同地方、不同村子的船队在海上拼命争抢地盘,引发械斗纠纷等等,这些都对维持水上作业秩序构成严峻挑战。因此,渔政队伍一定要敢碰硬,切实有效打击"暴力抗法"的嚣张气焰,营造一个良好的执法环境,问题不解决绝不松劲。

三要敢执法,牢固构筑渔业水域生态安全,事情不办好不松劲。目前,除了渔船管理存在的问题外,近年来渔业水域污染事件频发,大连石化工厂爆炸、蓬莱19-3油田溢油等重大污染事件对渔业资源和养殖渔民的利益造成了难以估量的损失。在有些自然保护区、种质资源保护区范围内,未经环评或者没有补偿到位就直接开工的现象也时有发生。面对这些情况,我们渔政队伍积极应对,做了大量工作,但也暴露出一些地方渔政机构不敢执法、处理不规范等问题,我们要切实履行好应尽的职责,要敢于执法,坚决查处破坏水生生物资源的行为,稳固构筑渔业水域生态安全。同时,继续执行好海洋伏季休渔、长江珠江禁渔等资源养护制度,巩固提高休渔禁渔的效果。

四要敢维权,全面落实"三维护"指示精神,目标不达到不松劲。中央要求我们做好涉外渔业管理工作,切实维护国家主权和海洋权益,维护渔民生命财产安全,维护周边稳定大局。当前,涉外渔业管理面临复杂严峻的形势,渔政队伍一定要讲政治、讲大局、讲协作,不断完善涉外渔业管理机制、联合监管机制和应急事件处理机制,增强涉外渔业管理综合能力。要加大护渔维权和涉外执法力度,加大对违法违规行为的处罚力度。按照维权维稳相统一、相协调、相促进的要求,不仅要完成好对外护渔维权的重担,也要持之以恒地做好国内渔业资源、渔船和生产秩序的管理。我希望各级渔政部门的领导都要有带头上船执法的经历,了解真实情况,在一线指挥的同时,研究解决长期存在的问题,这应当形成制度。

五要敢破题,千方百计保证水产品质量安全,工作不做好不松劲。水产品质量安全监管链条长、影响因素多、量大面广,监管的基础和难点在基层,最薄弱的环节也在基层,保证水产品质量安全是一项重大课题。我们要配合主管部门认真履行水产品质量安全监管职责,加强水产养殖执法,细化任务、明确分工,构建横向到边、纵向到底的广覆盖监管网络,消除死角盲点。要继续完善检打联动制度,以执法查处促进监管工作,尽快实现水产品质量安全风险隐患排查的制度化和常态化,努力保持对不合格产品查处率100%的成果,不达目的绝不松劲。

农业部渔业局局长赵兴武在全国渔业工作会议上的讲话

(2012年12月23日)

一、2012年工作回顾

2012年,渔业发展实现了稳中有进,进中有好,是渔业发展进程中大事多、好事多、重要活动多、各方支持多、社会关注度高的一年。

(一)渔业经济持续较快增长,水产品总量稳定增加

预计全国水产品总产量达到5 906万吨,同比增长5.4%。其中,养殖产量4 305万吨,增长7%;捕捞产量1 483万吨,与上年基本持平;远洋渔业产量118万吨,增长2.8%。水产品市场运行平稳。2012年1~11月份水产品批发市场综合平均价格19.31元/千克,同比增长6.7%。另据对可比的48家水产品批发市场成交情况统计,水产品成交量720.32万吨,同比增长11.99%;成交额1 426.24亿元,同比增长17.44%。水产品出口顺差独好。2012年1~10月份水产品进出口总量646.94万吨,进出口总额216.44亿美元,同比分别下降3.31%和增长4.92%。其中出口304.47万吨,同比下降3.68%,出口额150.46亿美元,同比增长7.41%。进口342.47万吨,同比下降2.98%,进口额65.98亿美元,同比下降0.36%。贸易顺差84.48亿美元,同比增长14.38%。渔民收入持续较快增长。全国渔民人均纯收入达到11 256元,比上年增加1 244元,增长12.43%。渔业经济总产值持续较快增长,预计达到17 255亿元,增长15 %。

(二)渔业投入实现重大突破

农业部部长韩长赋、副部长牛盾高度重视渔业投入工作,亲自与国家发改委、财政部领导沟通协调,使渔业投入大幅增加。"菜篮子"项目渔业扶持资金达到2亿元,扩大到26个省份;增殖放流资金达到4亿元;比上年分别增加1亿元。国内海洋渔船更新改造投入实现零的突破。8月23日后,国家发改委先后三次安排海洋渔船更新改造及渔政装备建设资金80.1亿元,成为渔业历史上最大的投入。柴油补贴创历史新高,达到351.13亿元。其中2011年239.97亿元,比上年增长39.8%;预安排2012年111.16亿元。远洋渔业探捕资金增加400万元,远洋渔业捕捞与加工关键技术国家"863"专项已下达项目资金2 062万元。渔政巡航执法经费和海难救助补助经费分别比上年增加 4 160 万元和 2 000 万元，增长 106% 和 242.4 %。用于渔业的基层农业技术推广体系改革与建设的补助资金达到 2 亿元以上，占补助总额的 10% 左右。新增水产育种、资源、饲料和装备类科研项目资金近亿元。

（三）渔政执法装备设施建设投资提前完成“十二五”规划

《全国渔政执法装备设施建设规划（2011—2015年）》预计中央投资 43.94 亿元，到目前已安排 45.87 亿元，增加 1.93 亿元。计划建造船艇 661 艘，已安排建造 705 艘，增加 44 艘，规划总吨位 52 870 吨，实际安排 87 878 吨，增加 35 008 吨。此外还给南海区渔政局 7 000 吨级渔政船、东海区渔政局 5 000 吨级渔政船、水科院东海水产研究所、黄海水产研究所以及上海海洋大学的资源调查船和三个海区局的三个渔政执法基地安排了前期经费。与《渔政十二五规划》相比，3 000 吨级、1 000 吨级渔政船各增加 10 艘，300 吨级增加 8 艘，100 吨级增加 15 艘，200 吨级增加 1 艘，50 吨级增加 32 艘，执法艇增加 13 艘。

（四）护渔维权举国关注

2012 年，按照中央的统一部署，农业部与外交、公安边防、海监、总参等部门密切配合，紧密结合专属经济区渔政巡航，妥善应对海上突发事件，护渔维权工作取得显著成效。在黄岩岛海域，农业部通过迅速组织渔政船和渔船，在海上与菲律宾开展有理、有利、有节的斗争，实现对黄岩岛海域的有效管控。在钓鱼岛海域我渔政船队坚持常态化巡航，打破了日方所谓的实际控制，有效维护了主权。在涉朝韩敏感水域西侧开展海上行动，严格查处违规作业渔船。南沙伴航护渔和守礁工作取得新成效，妥善处置、成功解救多起我渔船被菲、越追袭、抓扣突发事件，渔民安全感增强，南沙作业渔船数量较去年同期有所增加。北部湾、西沙海域在相关联合监管机制的管控下，形势保持平稳。周边渔业协定工作和北太公海巡航管理顺利实施，海上渔业生产秩序稳定，未发生重大涉外渔业事件。中国渔政护渔维权得到党和国家领导人的充分肯定，在社会上产生了巨大反响，受到广泛赞誉。渔政队伍建设年活动扎实推进，全国共举办各类执法培训 2 026 期，培训人员 3.59 万人次，修订渔政执法管理制度 347 项，制度建设、能力建设和文化建设不断加强，队伍整体素质进一步提高。

（五）渔业科技促进年活动成效明显

认真贯彻落实中央 1 号文件精神，以“科技进塘入场到户，助推健康安全增收”为主题，组织实施了水生生物疾病远程辅助诊断服务网、稻田综合种养技术示范、百人专家团科技下乡、渔业科技周、渔业专家西部行、百万渔民大培训、现代水产种业建设促进等 10 项活动，收到了显著效果，受到了渔民的欢迎。稻田综合种养技术示范扩大到 10 个省（自治区）。重大科研计划争取进展顺利。渔业标准化工作稳步推进，25 项国家和行业标准经批准发布实施。渔业节能减排试点示范工作取得新成效。

（六）渔业综合生产能力不断提升

水产健康养殖示范场创建活动继续扩大，新建健康养殖示范场 979 家，超过年初设定目标 96% 以上。养殖水域滩涂规划编制和养殖证发放工作加快，全年新发养殖证 5.6 万本，新增确权面积 107 万公顷。新建渔港 11 个。创建全国休闲渔业示范基地 111 个。作业远洋渔船总数达 1 822 艘，同比增长 11.9% 。“十二五”以来，新增远洋企业 22 家，共批准建造专业远洋渔船 931 艘，已投产 202 艘，在建 729 艘，全部投产后，全国远洋渔船将超过 2 400 艘，提前完成了“十二五”末远洋渔船达 2 300 艘的规划目标。已扶持海洋渔船更新改造 500 艘。

（七）渔业安全态势总体平稳

1～11 月，全国渔业船舶水上生产安全事故发生 224 起，死亡（失踪）130 人，同比分别增加 34 起、减少 29 人；水上交通事故 17.5 起，死亡（失踪）63 人，同比分别减少 9 起、44 人；自然灾害事故 40 起，死亡（失踪）69 人，同比分别增加 9 起、减少 6 人；未发生特殊船舶事故和重特大渔船安全生产事故。救助遇险渔船 904 艘、渔民 4 302 人，挽回经济损失 2.9 亿元。水产苗种抽查合格率达到 88.3%，同比提高 4 个百分点；水产品抽查合格率达到 98.5%，同比提高 0.2 个百分点。全年没有发生水生动物重大疫病。台风防御工作成效显著，保障了渔民生命财产安全。

（八）渔业资源养护成效显著

农业部与 9 个省（自治区、直辖市）联合开展了 10 次大型增殖放流活动，全国共投入增殖放流资金 9.7 亿元，增长 15.6%；放流重要水生生物苗种达 307.7 亿尾，增长 3.95%，促进了资源恢复和渔民增收。海洋伏季休渔总体稳定，长江禁渔在总结基础上创新提高，珠江禁渔在巩固基础上不断规范。珍稀濒危水生生物保护力度加大。首次在全国开展了省级以上保护区建设项目执法检查，对非法建设项目进行了查处。会同公安、海关联合开展了水生野生动物保护专项执法行动，查处案件 1 300 多起。

（九）渔业污染事故应急处置创造范例

蓬莱 19－3 油田溢油事故发生后，农业部高度重视，勇于担当，把维护养殖渔民合法权益摆在首位，在调查研究、科学分析的基础上，既协调地方政府又协调国家有关部委；既协调央企又协调美国康菲公司，经过多次反复协调，落实蓬莱19－3溢油事故养殖渔民和渔业资源赔偿补偿资金13.5亿元，成为国内乃至国际通过行政协调处置渔业污染事故的成功范例。多次派出督导组到有关省县区进行督导，有关省市县区乡镇党委政府高度重视，成立领导小组，制定工作方案，建立责任制，克服诸多困难，全面稳妥完成了养殖渔业赔偿补偿金发放工作，有效维护了社会稳定。制定了渤海渔业资源生态修复总体方案和管理办法，并启动实施。

（十）渔业工作得到了有关方面的大力支持和国务院领导的高度重视

4～7月，宋健、周济、潘云鹤、唐启升等27名院士联名以中国工程院文件给国务院上报《关于呈报把海洋渔业提升为战略产业和加快推进渔业装备升级更新的建议报告》，国务院研究室上报《从战略大局出发加快解决渔业发展突出问题》，住房城乡建设部、农业部、发改委和国土资源部联合上报《关于推进以船为家渔民上岸安居的报告》后，引起了国务院领导的高度重视。总理温家宝、副总理李克强、回良玉先后予以批示；农业部部长韩长赋做出指示并亲自与国家发改委等主要领导沟通协调，落实相关工作。其中，以船为家渔民上岸安居工程已由住建部和农业部具体落实，开始摸底登记，无房户每户将补助2万元，危房户改造住房每户补助7 500元。

（十一）渔业调研成果显著

6月11日，农业部余欣荣副部长与国家发改委领导一起主持召开会议，会上成立了国家发改委副主任杜鹰为组长、农业部副部长牛盾为副组长，国家发改委、农业、科技、外交、工信、财政、人力资源与社会保障、国土资源、交通运输部、国家海洋局、总参、海南省政府为成员的海洋渔业调研领导小组，下设国家发改委牵头的综合组、农业部牵头的海洋渔业组、工信部牵头的海洋渔业装备组、外交部、农业部共同牵头的南海组。8月初，4个组分赴各地调研，形成了4份调研报告，5个重大专题报告和10个沿海省份的调研报告。在此基础上领导小组组织起草了《国务院关于促进海洋渔业又好又快发展的若干意见（送审稿）》上报国务院，提升了海洋渔业的战略地位，有力地推动了海洋强国战略实施。9月6日，农业部邀请国务院研究室的同志一起到南海调研并参加渔政巡航。11月22日，国务院研究室向中央和国务院领导先后报送了《南海渔业发展问题——南海渔业调查（上）》和《南海渔业发展的几点意见——南海渔业调研（下）》两篇文章，既反映了存在的突出问题，又提出了真知灼见。这些调研成果及时得到转化和应用。

成绩来之不易，这是各级领导关爱的结果，各有关部门大力支持的结果，各级渔业主管部门共同努力的结果。在此，我代表农业部渔业局一并表示衷心感谢，并致以崇高敬意！

在肯定成绩同时，我们也要看到，渔业行业自身问题和外部影响严重制约现代渔业建设。受外部需求减弱、国内生产成本增加等因素影响，渔业发展面临较多困难。渔业发展方式粗放，生产经营分散，组织化程度和产业化水平低；近海过度捕捞和水域污染加剧，水域滩涂不断被挤占，渔业资源衰退问题突出；渔船装备落后，渔港、池塘等基础设施条件差；渔业生产安全形势严峻，渔业灾害风险保障制度尚未建立；传统作业渔场范围缩小，海洋权益斗争日趋激烈，渔政执法能力难以满足护渔维权的需要等等。这些困难和问题都需要我们在今后的工作中，认真加以克服和解决。

二、2013年主要工作

2013年，是贯彻党的十八大精神、全面建成小康社会的开局之年，是实施“十二五”规划的承上启下之年，是完成渔业规划目标的关键之年，渔业工作要以邓小平理论、“三个代表”重要思想、科学发展观为指导，深入贯彻落实十八大精神，紧紧围绕中央农村工作会议、全国农业工作会议的部署要求，加快落实国务院即将出台的《关于促进海洋渔业又好又快发展的若干意见》，着力调整海洋渔业生产结构和海区生产布局，进一步推进现代渔业产业体系建设；着力提高渔业装备水平和组织化、规模化水平，进一步提高渔业综合生产能力、抗风险能力和国际竞争力；着力加强水生生物资源和水域生态养护，进一步提升海洋渔业可持续发展能力；着力加强渔政执法能力和水平建设，进一步完善护渔维权机制；着力强化渔业安全生产监管，保障渔民生命财产安全，做到生产生态并重、增收增效并举、维权维安并进，进一步促进渔业持续健康发展。

（一）认真贯彻落实，进一步夯实现代渔业建设基础

各级渔业部门要主动作为、积极协调，认真贯彻落实中央农村工作会议、全国农业工作会议精神，加快落实即将出台的《关于促进海洋渔业又好又快发展的若干意见》。一是继续加大渔业装备升级改造力度，加快推进海洋渔船更新改造和渔政船建造，各地要按照国家发改委和农业部关于下达渔船更新改造项目和渔政船建造项目计划通知要求，抓紧督促有关单位和企业加快项目实施，确保按期保质保量完成船舶更新改造和建造。二是加快渔港及水产原（良）种、防疫体系建设,各地要提高项目前期工作质量,加大项目储备力度,努力争取进一步增加渔业基础设施投入。三是加大协调力度,继续争取将渔业纳入中央财政农业保险保费补贴范围,总结调研养殖权、捕捞权抵押贷款等涉渔信贷金融开展情况。四是加大项目资金监管力度,把加快项目建设实施进度、规范资金使用作为项目管理的重点,督促各类项目加快实施。

(二)积极发展渔业生产,确保水产品有效供给和渔民持续增收

一是科学发展水产健康养殖。新创建农业部水产健康养殖示范场500个以上;推进健康养殖向深度和广度进军,启动健康养殖示范县创建活动,使健康养殖从点上示范向整县推进。继续实施水产良种工程,加强原(良)种保种和品种创新,加快亲本更新;积极推进现代水产种业建设,组织评选现代水产种业示范企业,引导种业企业向"育繁推一体化"发展;严格苗种生产行政许可管理,加强事后监管和日常执法,切实维护公平竞争的市场秩序。全面推进养殖权登记和养殖证核发工作,保护渔民养殖权益,稳定水产养殖面积;要加快推进池塘标准化改造,建设高标准"菜篮子"产品生产基地,保障水产品有效供给。

二是培育远洋渔业发展后劲。各地要按照《农业部关于促进远洋渔业持续健康发展的意见》要求,积极推动老旧远洋渔船更新升级,争取远洋渔业海外基地建设财政支持,继续争取加大对远洋渔业资源探捕支持力度。要根据国际渔船安全和船员公约的要求,加快制定《渔业船员管理规定》,建立远洋渔业船员管理制度,继续加强远洋渔业项目、企业、渔船和船员监管,强化远洋渔业安全生产管理。举办远洋渔业培训班,培养远洋渔业急需人才。继续加强多双边渔业合作,抓好印度尼西亚、缅甸、朝鲜东部、俄罗斯、阿根廷、摩洛哥、毛里塔尼亚、南太平洋岛国以及金枪鱼、鱿鱼、南极磷虾等重点项目的实施。

三是加快发展水产品加工和流通。支持各地开展展销、促销、品牌培育打造、推介等活动,推动出台《农业部关于促进水产品加工业发展的若干意见》。各省(自治区、直辖市)渔业主管部门要积极协调争取水产品精加工和综合利用、做强水产品加工龙头企业等方面的政策支持和投入,做好水产品加工项目储备。要加强水产品市场贸易信息服务,继续做好水产品信息监测和公布,提高水产品流通效率。积极开展水产品加工业发展相关政策研究,争取水产品加工方面的扶持政策,力争在水产品加工业扶持项目上有所突破。

(三)狠抓渔业安全监管,进一步提高渔业安全水平

一是进一步加强水产品质量监管。要深入强化重大隐患治理,继续推进重点水产品种质量安全综合治理,督导个别地区下大力量解决个别水产品种存在的突出质量安全问题,探索按照风险隐患程度建立生产单位信用档案的分类监管模式。努力提高生产者自控能力,积极引导生产者开展健康养殖和标准化生产。继续加强舆情监测分析,及时果断处理焦点性、苗头性信息,防止酿成重大突发事件。切实做好监测执法,确保对不合格产品生产单位执法查处率达到100%。继续加强贝类产品卫生监测,切实加强生产区域管理。切实加强养殖产品药物残留监督抽查和苗种监督抽查,公开发布监督抽查结果;组织开展监管体系系统培训,切实提高执法监管能力。

二是进一步强化水生动物防疫。继续实施水生动物防疫体系建设二期规划,加强执业兽医、乡村兽医队伍和县级水生动物防疫站建设,充分发挥其在水生动物防疫和病害防治工作中的主导作用。启动水产苗种产地检疫并逐步实现制度化,从源头控制疫病传播。加强水生动物疫情监测,提高预警预报能力;积极开展健康养殖和病害防治技术指导与培训,提高企业和养殖户科学防控能力。健全重大水生动物疫病防控应急预案,切实做好突发重大疫病的控制扑灭工作,确保不发生重大疫病的蔓延流行。

三是进一步加强渔船安全生产管理。各地要高度重视渔船安全生产工作,继续以创建"文明渔港"和"平安渔业示范县"为抓手,以点带面,打牢渔船安全生产基础,全面提升渔船安全生产管理能力和水平。强化渔船检验安全管理,开展渔船安全评价及法规执行评估研究。着力加强渔船安全生产宣传教育和船员培训,完善渔船船员培训、考试和发证制度,构建平安渔业长效机制,扎实做好渔业船舶水上突发事件应急处置和安全事故调查处理等工作,确保渔船安全生产持续好转。

(四)切实加强渔业资源和生态养护,建设渔业生态文明

一是严格控制近海捕捞强度。要坚持并不断完善海洋渔船控制制度,完善老旧渔船报废、定点拆解和木质渔船退出制度。要切实加强渔船建造和购置环节的监督管理,严格限制建造底拖网、帆张网和单船大型有囊灯光围网(即三角虎网)等对资源破坏强度大的作业船型。要进一步强化渔船管理手段,加强渔船动态管理和电子标识系统建设,积极开展渔船流转管理、休闲渔船管理和捕捞业准入制度研究。

二是继续组织实施好增殖放流。科学确定增殖放流品种和数量,全国水生生物增殖放流300亿尾以上。

继续做好增殖放流效果评估，抓好增殖放流相关技术规范制订，规范放流行为，推进增殖放流科学规范有序有效实施。

三是加强资源养护制度建设。不断完善海洋伏季休渔、长江、珠江禁渔期制度，深入研究海洋伏季休渔制度调整的意见建议。做好《全国海洋捕捞渔具准用目录》发布和宣传贯彻、培训工作。启动渔业资源增殖保护费征收政策调整研究。

四是强化水产种质资源保护区和自然保护区管理。省级渔业主管部门要积极推进设立水产种质资源保护区，使水产种质资源保护区数量不断增加。重点推进海洋水产种质资源保护区建设和执法管理。出台《全国水产种质资源保护区总体规划》，出版国家级水产种质资源保护区面积范围和功能分区。推动水生生物湿地保护示范区建设，组织开展长江江豚拯救和中华白海豚保护行动，考核自然保护区管护效果，强化保护区管理。

五是强化渔业生态环境保护。进一步推动建立涉渔工程建设生态补偿机制，出台渔业资源生态补偿资金和措施落实办法以及涉渔工程建设项目环评指导意见。加强渔业污染事故调查处理，开展渔业生态环境监测，及时妥善处置突发污染事件。

（五）严格渔政执法，努力提升护渔维权和维护生产秩序能力

一是努力做好护渔维权工作。重点加强钓鱼岛、黄岩岛、涉朝韩敏感水域西侧、西沙、南沙等重点敏感水域的巡航护渔工作，加大专属经济区渔政巡航监管力度，提高涉外渔业管理水平，执行好三个渔业协定，争取稳定的周边环境，确保不发生重大渔业涉外事件。

二是努力做好渔政执法。继续重点打击从事渔业活动的“三无”船舶、渔船“大机小标”和套牌、冒牌等行为，加强海洋伏季休渔中后期海上和渔港渔船管理，强化异地挂靠休渔渔船管理，完善渔政协作办案制度，维护海上正常作业秩序。强化内陆和边境水域渔政执法，以长江、珠江禁渔、内陆查非为突破口，深入开展内陆护渔行动，维护内陆和边境水域渔业生产秩序。推进水产养殖质量安全执法，完善养殖执法示范。

三是继续推进渔政执法工作制度化和规范化。强化培训，推行《渔政执法船舶海上执法操作规程》、《中美联合执法工作手册》、《渔政执法工作手册》、《涉外渔业海上执法操作规程》等规章制度，推进渔业行政执法文书电子化制作软件及统计软件的使用。

四是继续下大力气抓好渔政队伍建设。认真总结渔政队伍建设年的经验，继续探索和推动建立队伍建设常态化、标准化、规范化的长效机制，制定《渔政队伍建设纲要》，加强人员培训和人才培养，深入开展渔业文明执法窗口创建和渔政督察工作，努力建设正规化、专业化、高素质的渔政执法队伍，尽快形成覆盖全国、指挥畅通、反应快速、相互支持的渔政执法体系。开展渔政管理机构和职能问题调研，加快推进解决渔政船员编制、待遇和出海补贴等问题，充实渔政执法队伍，确保渔政船等装备及时维护、正常运转。

五是加强渔政基础建设。各海区渔政局和承担建设任务的地方各级渔政部门要加快渔政船艇、执法码头等项目建设，争取早日投入使用，并为今后的渔政船艇和码头等建设项目的争取创造条件。要进一步加大渔政指挥系统建设，尽快提高渔政通信和信息化水平，形成通信畅通、数据共享、调度有力、安全保密的指挥系统。

（六）继续推进渔业科技创新，努力提高渔业科技支撑水平

一是实施好各类渔业科技项目，着力解决制约产业发展的技术难题，突破关键技术和共性技术。重点抓好现代渔业产业技术体系建设、公益性行业科研专项和支撑计划渔业项目的实施，要出大成果，出有影响力、有生产力的成果，支撑和引领渔业发展。

二是推进“一个衔接、两个覆盖”在渔业领域的实施，落实好基层农技推广体系改革与建设补助项目。继续开展稻田综合种养技术示范，扩大示范面积，总结提炼模式，加强宣传培训，提高综合效益。

三是加强渔业标准体系建设，加快标准制（修）订进度，完成35项以上国家和行业标准审定，推进标准实施与应用，提升参与国际标准化活动的能力。

四是积极推进渔船技术进步和高技术船舶科研计划渔船项目的实施，编制渔船技术发展规划，疏理渔船研发技术需求，争取不同资金渠道对渔船及装备研究的支持。实施好渔船及装备研究科技项目，在船型研究、船型标准化等方面取得新进展，为渔船更新改造和渔业装备升级提供技术支撑。

五是进一步推进渔业节能减排，组织实施渔业节能减排试点项目，推进渔船标准化改造，示范推广玻璃钢渔船和渔船节能技术与产品，开展节能环保型养殖模式示范。

（七）深入开展政策法规研究，创新渔业发展体制机制

各级渔业部门要进一步解放思想，敢于面对发展困难，善于破解发展难题，加强制度、体制和机制创新，强化政策研究。积极开展渔民专业合作社示范社创建，鼓励渔民以股份合作等形式创办各种专业合作组织，引导龙头企业与合作组织有效对接。

加强渔业基本经营制度研究，健全渔业捕捞权和养殖权制度，研究制定养殖水域保护制度，像保护耕地一样保护养殖水域和滩涂。编制转产转业规划，研究完善油价补贴与转产转业政策，调动渔民减船转产积极性，继续推动休闲渔业加快发展。开展渔民社会保障制度调研，实施好渔民安居工程。

开展渔业法律法规制（修）订研究，推进《渔业法》、《渔业法实施细则》、《渔港管理条例》、《渔业水域环境保护条例》、《水产养殖管理条例》等法律法规进入制（修）订程序。

各级渔业主管部门要按照农业部党组和副部长牛盾的要求，继续深入实际，深入渔港、渔村、渔企，深入渔民群众，大兴为民、务实、清廉之风，大力加强学习型、服务型、创新型、务实型、廉洁型渔业机关建设。坚持围绕加快现代渔业建设、推进渔业生态文明建设和促进渔区和谐稳定大局，加快打造一支政治坚定、能力过硬、作风优良、奋发有为的渔业干部队伍。积极谋划渔业发展，主动协调有关部门，科学指导上下主管部门，善谋管长远之计，善定打基础之策，要会要钱、会花钱、还要会管钱、用好钱，确保资金和项目安全，使有限的资金为渔业发展发挥更大的效益，让党和政府放心、让渔民群众开心。

农业部渔业局局长赵兴武在全国渔政工作会议上的讲话

（2012 年 2 月 25 日）

一、认真学习贯彻落实农业部副部长牛盾重要讲话

刚才，牛盾副部长在重要讲话中，对过去五年渔政工作进行了全面总结，充分肯定了渔政工作所取得的成绩，科学概括了渔政工作所积累的经验，系统分析了渔政工作存在的问题和面临的新形势、新情况，明确了渔政工作的指导思想，提出了渔政工作的目标任务、具体措施和要求。牛盾副部长的重要讲话，重点突出、主题鲜明、内涵丰富、高屋建瓴，具有很强的思想性、理论性、前瞻性、指导性和可操作性，为渔政工作指明了方向，是今后一个时期做好渔政工作的纲领性文件，我们一定要认真学习，深刻领会，坚决贯彻，全面落实。

今年是我国发展史重要的一年，全面做好各项渔政工作，至关重要，意义重大，影响深远。请农业部属渔政各单位、各地渔业主管部门及其所属渔政机构，一定要把思想认识和行动统一到牛盾副部长重要讲话上来，统领渔政班子建设、队伍建设、制度建设、作风建设、廉政建设、能力建设、文化建设，统领渔政管理、渔业执法、涉外渔业管理、护渔维权、安全应急管理等各项工作，真正做到认识到位、管理到位、执法到位、服务到位、建设到位，也就是将牛盾副部长的重要讲话，学习到位、领会到位、贯彻到位、落实到位，把渔政各项工作做到位，绝不给各级党委和政府添乱，更不能给中央和国务院添乱。要一级抓一级，层层抓落实，一级对一级负责，人人认真履行职责，努力使渔政工作上水平、上台阶、上质量，扩影响、树形象。

二、切实加强渔政队伍建设

全面落实牛盾副部长重要讲话，做好渔政各项工作，成也在人，败也在人；好也在人，坏也在人，关键在人。主要在班子，根本在队伍。去年 7 月 20 日，在厅局长座谈会上，牛盾副部长对渔政队伍建设提出了明确要求。会后，农业部渔业局、渔政指挥中心进行了认真学习和研究，确定在全国开展渔政队伍建设年活动。去年 12 月 29 日，在全国渔业工作会上，对此进行了部署和安排，前不久印发了《方案》。

全国现有 3.5 万渔政人员，总的看，绝大多数是好的。但是，也有部分人员存在素质不高，能力不强，法治意识淡薄，执法不力，形象不好，作风不实，规章不遵，纪律不守，为政不廉，个别渔政机构倒卖马力指标，侵吞国家燃油补贴，收受贿赂，私放渔船伏休期出海捕捞等违法行为。这些问题不解决，不但直接影响渔政形象，影响渔政与渔民的关系；还将影响渔政事业的发展，影响渔政地位的巩固和提高。所以，部属渔政各单位，各地渔业主管部门和所属渔政机构一定要充分认识加强渔政队伍建设的重要性、紧迫性和必要性，切实增强抓好渔政队伍建设的紧迫感、责任感和使命感，下定决心，花大力气，切实抓紧，抓实，抓好，长抓不懈，抓出成效。

加强渔政队伍建设，首先要加强渔政班子建设。班子建设是纲，纲举目张。各级渔业主管部门要在渔政机构班子建设上狠下功夫，要下决心选好配强渔政机构的“一把手”。对工作责任心不强，不敢管理，不敢负责，不敢担当，不敢执法，形象不好，对己要求不严，为政不廉的，要下决心调整。要大胆选拔和启用那些政治合格、德才兼备、作风优良、执法严格、敢于担当、大公无私的人担任渔政机构的“一把手”和领导。同时，对班子及其成员要经常加强教育，强化管理。既要交任务，压担子，又要帮助解决实际问题。通过组织调整和严格教育管理，努力建设思想政治好，创先争优好，执法守纪好，作风形象好，为民服务好，勤政廉洁好

的“六好班子”。

加强渔政队伍建设，要下决心解决存在的突出问题。据反映，目前渔政队伍建设存在的突出问题主要是三个字，即软、懒、散。软的表现是：不敢执法，不敢碰硬，该管不管，畏难不前，前怕狼，后怕虎，遇到问题绕着走，出了问题找理由。懒的表现是：思想懒惰，作风漂浮，沉不下去，群众观念淡薄，衙门作风浓厚，脱离实际、脱离群众，不接“水气”；渔船出港不检、进港不查；名曰渔政机构的领导和人员，有的却常年甚至多年未上过渔政船，更有甚至在渔政工作多年，直到退休没出过海；有的渔政船名曰出海，却经常避风，有的召之难来、来了难开、开了难行、行了难到，到了不登临不检查。渔业安全生产大检查，隐患大排查走马观花，坐车看港，蜻蜓点水，满足于听听汇报，看看材料，既查不出问题，又看不到隐患，结果检查组前脚走，后脚就发生事故。散的表现是：纪律松弛，有规不循，有章不遵，有纪不守，有制度不执行，有部署不行动，有要求不落实，自由散漫，我行我素，无视党纪国法，执法不公；关键的时候，找不到人，上不了阵，更有甚者，与不法船主勾结在一起，海上组织联打行动，为其通风报信，甚至包庇说情，严重损害了渔政形象，败坏了渔政的威信，导致守法渔民看在眼里，骂在嘴上，不法船主得了便宜也骂娘，影响极坏，等等。此外，还有一些其他问题，请各单位、各地结合本单位本地的实际，有针对性地解决自身存在的问题。同时也要认真解决编制经费等问题，特别是要下大力量解决渔政机构的自收自支问题、出海补助和渔政船员待遇等问题。

加强渔政队伍建设，要进行思想整顿，作风整顿，纪律整顿。思想整顿，就是通过加强学习，把思想认识统一到牛盾副部长重要讲话上来，统一到作为渔政人，就要做好本职工作，为渔政增光添彩上来，努力提高思想政治素质和业务能力上来。作风整顿，就是要转变作风，经常深入基层，深入渔村渔港渔船，认真听取渔民的呼声和反映，帮助渔民办实事，解难事，做好事。纪律整顿，就是务必严格遵守六条禁令，严格遵章守纪，严格遵守党纪国法，同时要务必做到“六个不准”，即不准在执勤和执法期间饮酒；不准在执勤期间和在渔政船上进行赌博；不准在执法行动中泄露执法信息，为船主通风报信；不准在执法中包庇、袒护和放纵违法行为；不准在执法行动中擅离职守；不准对管理相对人推诿刁难、态度蛮横、挟私报复。如有违犯，予以纪律处分，造成严重后果的，予以辞退或开除。

加强渔政队伍建设，要进一步完善落实制度，努力做到学、转、树。学，就是建立和完善学习教育培训制度，大兴学习之风，努力建设学习型渔政。大力倡导和学习中国渔政南沙精神，大力学习渔政身边的好人好事，用身边的事教育身边的人，鼓舞激励身边的人。学习培训，终身受益，贵在坚持。要多渠道，全覆盖地开展渔政人员培训。坚持渔政工作需要什么就培训什么，渔政人员缺什么就补什么，坚持创新方式，上下结合，统筹协调，充分整合利用各种培训资源和手段，课堂教育与远程教育相结合，短期培训与自觉学习相结合，为渔政人员提供更多的受教育培训机会，创造更好的受教育培训条件；坚持统一指导、分级管理、分类实施，根据不同地区、不同类别、不同层次、不同岗位渔政人员的实际开展教育培训，增强教育培训的针对性、系统性、全面性，突出教育培训的实效性。转，就是建立完善领导干部带头出海执法制度、联系点制度和对渔业违法重点地区蹲点值守监管制度，转变作风，大兴求真务实之风，努力建设务实型渔政。部属渔政机构、地方渔业主管部门及其所属渔政机构的领导和机关人员都要带头乘渔政船出海巡航执法，形成制度，长期坚持。要带头深入渔村、渔港、渔船，建立与渔村渔港定点联系制度，每年都要到渔村渔港住上一个月或更多的时间，吃渔家饭，知渔家情，交渔家友，把握第一手材料和情况。会后，渔政指挥中心、黄渤海区渔政局要统筹安排，到石岛建立联系点，了解实情，解决实际问题。东海、南海区渔政局也要建立自己的联系点。省市县渔业主管部门和所属渔政机构也要建立和完善这一制度，共同发扬优良传统，深入基层，密切联系渔民，真心实意服务渔民。当前，渔业违法事件多发频发的问题在有的地方十分突出，主要表现是：在同一地区或渔港码头，短时间内同时出现大量的渔业违法事件或反复出现相同的违法事件。有关海区局和地区要针对这一问题，建立蹲点值守、监管值守制度，问计于民，问政于民，问需于民，摸清底数，“解剖麻雀”，查清原因，限期整改，严惩不法，以儆效尤，堵塞漏洞，建立健全监管机制，防止类似问题再次发生。树，就是大力培养和树立渔政工作和渔政队伍建设的先进集体和个人，通过培育先进典型，弘扬正气、狠刹歪风邪气，树立渔政为民、务实、清廉、勤政的新形象，努力建设党和政府放心，渔民群众满意的渔政。

加强渔政队伍建设，上级渔政要给下级渔政作表率，上级渔政要做给下级渔政看，带着下级渔政干，帮助下级渔政建。首先，农业部渔业局、渔政指挥中心、渔船检验局、各海区渔政局作为国家级渔政领导机关和机构，要为全国3万多渔政人员作表率，凡是要求全国渔政人员做到的，我们要带头做到；凡是要求全国渔政人员不做的，我们坚决不做。其次，省（自治区、直辖市）渔业主管部门和渔政机构，都要为基层作表率，都要牢固树立为基层服务的理念和意识，坚决破除“门难进、脸难看、话难听、事难办”的官僚主义习气，对各地在工作中向上反映的困难和问题，要尽力帮助解决，特事特办，急事快办，不推诿，不扯皮，倡导奋发有为、积极向上、勇于任事、清正廉洁的机关作风。

通过开展渔政队伍建设，特别是通过抓班子、建制度、改问题、学先进、转作风、树典型、作表率，努力建设一支政治合格、作风优良、执法严格、行为规范、服务热情、技术过硬、勤政廉洁、创先争优，特别能吃苦、特别能战斗、特别能奉献、特别有作为的中国渔政队伍。

三、全力做好各项渔政工作

（一）精心组织开展海洋渔业执法

1. 扎实开展专属经济区渔政巡航。参加专巡的各单位要以高度的责任感和使命感来完成此项任务，尤其是抽调的地方渔政船，要服从命令听指挥，执行任务不打折扣，坚决杜绝敷衍了事、只在港口或近海待机不巡航等情况的发生。各海区局要强化渔政巡航船队建设，根据重点海域、重点时段科学安排航次任务，确保航次任务要求真正落到实处。要将专巡与中韩、中日、中越北部湾双边渔业协定水域巡航执法相结合，重点加强靠近相对国一侧的协定水域巡航，制止无入渔许可证船只非法越界作业，有效维护协定水域渔业生产秩序。

2. 扎实开展“护渔行动”。要切实维护重点敏感海域、交界海域、双边渔业协定水域的渔业生产秩序。农业部渔政指挥中心要抓好北纬35°线、闽粤交界的台浅渔场等跨界海域的联合执法行动。为落实执法责任、提高执法效率、确保执法效果，“护渔行动”执行情况要进行绩效考核。

3. 切实加强渔船管控。各级渔政、渔监、船检要密切配合，通力协作，切实强化渔船管控。对“三无”船舶、违规建造渔船、使用假船名标识及“套牌”渔船、骗取或伪造渔船证书证件、擅自涂改遮挡船名船号、擅自改变主机功率等主要船舶技术参数等严重违法行为，要加大查处力度，绝不能手软，更不能姑息迁就。同时，要充分发挥渔船信息化管理对执法监管的支持保障作用，全面推进渔船动态管理系统推广应用，研究启动渔船射频身份识别（RFID）系统建设，遏制“三无”和套牌船舶的泛滥势头。

4. 切实加强海洋伏季休渔管理和港口监管。各级渔政、渔监机构要进一步强化伏季休渔执法管理，要早研究、早安排、早部署、早宣传、早落实，让渔民早知道，要集中力量着力破解异地休渔渔船监管难的问题。福建省去年积极争取省里有关部门加大对渔港监督机构编制的支持，增编400多人，新建了近百个基层机构，大大提高了渔政执法港口码头监管的效率。希望各地在进一步强化渔政渔监在港口联合执法的同时，学习借鉴福建的经验，积极争取增加渔监机构编制，增强港口监管力量。要加强渔港监控装备建设，执法资源配置和执法重心要向港口倾斜，充分发挥在渔港监管成本较低，执法覆盖面广、执法效率高的优势。

5. 完善海上执法制度机制。为保护渔政执法人员人身安全，要加快修订《渔业行政处罚规定》，尽快研究制定《涉外渔业海上执法操作规程》、《国内渔船管理海上执法操作规程》，推行海查陆处执法模式和渔业行政执法协作办案制度。要完善专属经济区渔政巡航管理制度，制定《专属经济区渔政巡航绩效考核办法》，对专巡任务和经费保障建立严格的挂钩制度，加强对巡航任务执行情况的监管，对不遵守规定且整改不力的渔政船，要进行通报，并限期整改。要加强对《行政强制法》生效后执法制度和机制调整的研究。从上到下都要加强与公安边防、海事、工商等部门的联系与合作，有条件的地方还可借鉴广东、福建建立的渔政管理协作机制的成功经验，与相邻省份建立相应的执法合作机制。

（二）进一步加强内陆渔业、养殖和水产品质量安全执法

1. 加强内陆渔业执法。要努力破解当前一些内陆地区执法力量薄弱、执法手段单一、地方保护主义严重等突出问题。要建立健全举报奖励等制度，及时查处不法行为，切实维护内陆渔业生产秩序。要继续完善长江、珠江禁渔期制度，同时巩固黑龙江、乌苏里江等边境水域的良好作业秩序。要对实施黄河流域禁渔制度进行深入研究，拿出切实可行方案。内陆大流域执法要加强交流合作。组织开展长江流域水生生物自然保护区渔政联合执法检查，会同公安、工商、海关等有关部门联合开展水生野生动物保护专项执法行动。

2. 强化养殖和水产品质量安全执法。各地必须高度重视养殖和水产品质量安全，强化风险防范意识，建立健全责任制，要把健康养殖示范场、示范区作为执法的重点对象和重点区域，通过示范效应，以点代面，从源头保证水产品质量安全。对苗头性事件，要及时上报，查找来源，封堵漏洞，消除隐患。要针对重点药物和重点品种，继续开展水产苗种和产地水产品质量安全监督抽查，向社会公告检测结果；加强检打联动，对抽检出的阳性样品要全部依法查处，水产品产地检测合格率要保持在98%以上，确保不发生重大水产品质量安全事件，严防因质量安全问题给消费者健康和

产业发展造成重大损害。启动产地水产品质量安全管理考核工作,着力构建质量安全监管长效机制。

(三)推动水生野生动物保护工作再上新台阶

组织制订海洋、湖泊、河流类型的水生生物自然保护区管理规范以及涉保护区工程对水生生物影响评价技术规范,完善相关制度,进一步加强渔业水域生态环境保护,借鉴蓬莱19-3溢油事故赔偿的经验,建立健全水域污染应急和调查处理机制、工程建设资源生态补偿机制,加强渔业资源调查和水域生态环境监测。要进一步推动新的《国家重点保护野生动物名录》的报批工作,组织实施豚类保护行动计划。要继续推动濒危物种增殖放流工作,组织对放流苗种供应单位进行核查,加强放流苗种质量监管。组织有关单位开展中华鲟放流效果评估。继续组织开展全国水生野生动物保护科普宣传月活动。

(四)切实强化涉外渔业管理

1.坚决制止我渔船涉朝韩水域越界捕捞。要在地方党委、政府的领导下,切实加强与公安边防、外事等部门的沟通配合,采取果断措施坚决制止越界捕捞,切实加大对暴力抗法行为的查处力度。对越界捕捞渔船、暴力抗法渔船要按照《渔业成品油价税补助支持资金管理办法》的规定,取消其柴油补贴。要利用与韩国海警的沟通渠道,敦促其文明执法,并加强执法合作。

2.积极开展护渔维权。要继续开展北部湾和西沙渔业联合监管,打击外国侵渔渔船,坚持南沙伴航护渔,保护我渔船正常作业、免遭外国无理抓扣。要继续开展钓鱼岛海域的常态化巡航护渔,维护我钓鱼岛主权权益。在南沙、钓鱼岛海域的护渔维权中,要做好年度巡航计划,遇特殊情况坚持"一事一报"原则,及时请示汇报,确保稳定周边外交大局。要为我与周边有关国家开展海上划界谈判做好准备,尤其是涉及中越北部湾湾口外划界和中韩海上划界的省(市),要早作研究,避免划界影响渔区社会稳定和渔民群众生活。要积极推动国务院南沙工作协调会确定的各项工作措施的落实,做好国内相关工作的统筹协调,进一步推动《南沙渔业发展战略与行动纲要》尽快出台。

3.努力做好双边渔业工作。继续发挥三个双边渔业协定的积极作用,争取在协定确立的合作框架内解决面临的困难和问题,为我国渔民正常作业争取稳定的周边环境。推动与周边各国的渔业合作,加强对朝鲜东海岸项目的全程监管。进一步加强涉外渔业法律知识宣传培训,积极推动各地建立渔民自律组织,增强我渔民依法作业、文明生产意识,提高我履约能力和水平。要重视宣传工作,加强对国内和国际舆论的宣传引导,尽力扭转我渔民是周边海域"麻烦制造者"的不良形象。要继续对北太非法流网作业保持高压态势,坚决防止公海流网非法作业反弹。继续利用中美联合执法和北太平洋海岸警备执法机构论坛的平台,积极维护我负责任渔业大国形象。

4.进一步完善有关机制。要不断完善北部湾渔业海上联合监管机制、西沙海域渔业联合监管机制、军队与中国渔政海上行动协调配合机制,深化与外交、公安、总参、海军等部门的合作,明确职责、加强协同,确保机制高效运转,加强对相关海域的联合监管。要加强涉外敏感海域的巡航保密工作。

(五)继续做好渔业安全应急管理工作

认真贯彻落实全国渔业安全生产暨平安渔业示范县创建工作会议精神,继续按照《国务院办公厅关于加强渔业安全生产工作的通知》和《渔业安全生产工作规划》要求,构建渔业安全监管长效机制,加强渔业24小时应急值班,提升渔业船舶水上突发事件应急处置工作的规范化水平,加强同有关部门的沟通联系,逐步提高海难救助的补助标准,采取资金、物资、精神奖励相结合等多种形式,进一步调动渔船参与海难救助的积极性,充分发挥渔船快捷、高效的作用,把海难损失降到最低。在巩固现有合作机制的基础上,进一步拓宽农业部与交通运输部海上搜救、国家气象、海洋预报等部门的合作范围,逐步形成以应急体系建设为抓手,以防灾减灾为目的,以强化渔业救助为重点的多渠道、多功能、多层次的渔业安全监管机制。确保不发生重特大渔船安全生产责任事故。

各地要积极争取政府支持,加强专业渔业安全监管队伍建设,在编制、经费方面予以保障。要加强渔业安全通信网络建设,提升渔业安全生产的信息化保障能力,改善渔船通信、监控和避碰等安全设施和装备,推进渔业生产、安全救助和渔政执法的远程数字化和可视化。继续提高渔政管理信息化水平,年内完成中国渔政管理指挥系统二期建设,加快系统升级改造。

同志们,渔政工作任重道远,渔政事业大有可为。让我们认真学习中央农村工作会议和全国渔业工作会议精神,全面落实牛盾副部长的重要讲话要求,加强渔政队伍建设,打牢渔政执法基础,创新渔政执法方式,提高渔政管理水平,奋力开创渔政工作新局面,为加快推进现代渔业建设和保障渔业的持续健康发展做出新的更大的贡献!

专 题 论 坛

现代渔业的根本出路在于渔业科技创新

赵兴武

一、我国是文明古国,渔业科技源远流长

渔业是一个古老的产业。科技推进了渔业的发展,渔业的发展也带动了渔业科技进步。据史料记载,早在石器时代,我们的先民,除了用手抓鱼,棍棒打鱼之外,还用鱼镖叉鱼,弓箭射鱼,钩钓、网捕,甚至驯化鸬鹚捕鱼。当时的鱼镖叉鱼,弓箭射鱼,钩钓网捕和对鸬鹚的驯化应该说都具有一定的科技含量。特别是到了2万年前的中石器时代,我们的先人开始驾着筏舟捕鱼。有时由于捕获的渔获物很多,导致筏舟装不下、容纳不了。于是,我们的先人们设法在筏舟四周加上木板来增加容量。用木板增加容量的筏舟就成了木板船的雏形。这个木板船的雏形就是现代船舶工业的鼻祖。现代船舶工业的发展应该说起源于我们渔业的发展,现代船舶工业是高科技含量的产业。因此,从筏舟到木板船的雏形,再到现代船舶工业,它既包含着渔业对人类社会发展的贡献,也包含着渔业对科技进步的带动。同时,也记载着科技进步对渔业的推动。

我国养鱼起源很早。公元前11世纪周文王就在灵池中养鱼,这是史料对我国养鱼的最早记载。大家都知道,养鱼是一门技术活,没有一定的技术是养不活的。公元前460年左右,范蠡撰写了养鱼经,是世界最早的一部养鱼专著,距今已有2 500多年的历史。目前,范蠡养鱼经已被译成英、法、日、俄、西班牙文,成为人类水产养殖的宝贵文化遗产和科学技术宝藏。这也是渔业带动科技进步,科技推进渔业发展最好的例证,是中华民族对世界文明的巨大贡献。刚才潘校长讲到海洋大学已建校百年,最早是水产学校,那应该说先有水产后有学校,由于有了渔业才有了上海海洋大学的发展和进步,所以,渔业的贡献很大。本人是农业部渔业局局长,也有人管我叫“鱼头”。所以,我就为渔业说话,你们别有意见。因此,我们渔业是渔业科技创新、教育等各方面最好的载体,也请大家继续对渔业多关心多支持多帮助,就像宋主任一样在百忙之中来参加我们的论坛并作重要报告。

二、我国已成为世界渔业大国,渔业科技做出了重要贡献

方针好,科技兴,人努力,天帮忙,一个渔业科技大国巍然屹立在世界的东方。

方针好就是,1980年4月,我国改革开放的总设计师邓小平同志为渔业发展确立了一个非常好的发展方针。他明确指出:渔业有个方针问题,究竟是应该以捕捞为主,还是以发展养殖为主呢?看起来应该以养殖为主,把各种水面包括水塘都利用起来。于是以养为主成为我国渔业发展的方针。在以养为主的方针指导下,到了1988年,我国水产养殖产量达到532万吨,首次超过全国的水产捕捞产量。1987年,我国水产品总量首次突破千万吨,达到1 091.93万吨。1988年达到1 152万吨,首次跃居世界第一位,成为世界主要渔业国家,成功地走出了一条具有中国特色的以养为主的渔业发展道路。

但这些年来,我国水资源不断减少,江河缺水草,池塘面积难增加,在这种情况下,我国渔业能跃居世界第一位,除了指导方针好,发展路子对头外,更重要的是渔业科技的发展和广泛的推广应用发挥了至关重要的作用。实践证明,渔业科学技术已成为名副其实的促进渔业发展的第一生产力。

1993年,我国水产品总产量突破2 000万吨,达到2 152.31万吨;从1987年的1 091.93万吨到1993年的2 152.31万吨,用了6年时间。

本文是作者在2012年10月19日在上海海洋大学“中国渔业经济专家论坛上”的演讲。

1996年,突破3 000万吨,达到3 280.72万吨,用了3年时间。2003年,突破4 000万吨,达到4 077.02万吨,用了7年时间。2009年,突破5 000万吨,达到5 116.4万吨,用了6年时间。2008年,《谁来养活中国》的美国作者,在接受《环球时报》记者采访时,高度赞扬我国的水产养殖业。他说,中国水产养殖业是对世界的一个重大贡献,中国水产养殖的贡献率比较高,是以减少植物换取动物蛋白的方法,是世界上最有效率的技术。好方针加上世界上最有效率的技术,使我国渔业实现了平稳较快发展。到2011年末,我国水产品产量达到5 603万吨,连续23年世界第一。成为名副其实的渔业大国。

渔业大国,世界第一,来之不易。它凝聚着广大渔业科技工作者的心血、智慧和汗水,也记载着所有渔业科技工作者的辛劳功绩和奉献。

几十年来,全国广大渔业科技工作者,风里来,雨里去,不分昼夜,不辞辛苦,不畏艰难,始终奋战在渔业科研攻关和技术推广的第一线,研发出一批又一批重大科研成果,成功地推广了一批又一批最有效率的技术,涌现出一批又一批渔业科研模范人物和领军人物。象"唐碳汇"、"雷多宝"、"雷工业"、"王稻蟹"就是他们中的杰出代表。"唐碳汇"大家都比较熟悉,就是唐启升院士,他提出了关于渔业的碳汇理论;"雷多宝",多宝鱼已经成了一个产业,就是雷霁霖院士,现在他又提出养殖渔业工业化,用工业的理念发展渔业;"王稻蟹"就是上海海洋大学的王武教授,他几年如一日,在辽宁盘锦盘山县实施稻田养蟹工程,成功培育了盘锦模式,并从东北推广到西北,在宁夏等西部地区开花结果,在盘锦市委、市政府推广稻田养蟹模式会上就提出了双千五的工程,水稻增收1 500,河蟹增收1 500,总体来讲是一个富民工程,还是一个生态工程,大米由于稻田养河蟹,品质很好,非常安全,卖价很高,河蟹也都非常好,每年还举办河蟹节。所以,他们不但在国内享有盛誉,也在国际上具有重要影响。古有陶朱公的养鱼经,现有唐院士的渔碳论,古有周文王的灵池养鱼,今有雷院士的工业养鱼,养鱼工业化,以及王武同志的稻田养蟹。借此机会,我代表农业部渔业局向唐启升院士、雷霁霖院士、王武教授及在座的各位专家和全国广大渔业科技工作者一并表示衷心地感谢,并致以崇高的敬意!

三、现代渔业建设的根本出路在于渔业科技创新

建设渔业强国是全国人民的共同心愿。由渔业大国向渔业强国迈进,也是在座各位的重要使命。建设渔业强国,渴盼渔业科技创新。养鱼致富是渔业部门和渔民的共同愿望,离不开渔业科技创新。发展现代渔业是建设渔业强国的重要途径,根本出路在于渔业科技创新。渔业是一个广阔天地,渔业科技创新大有可为。

当前,渔业和渔民有五盼:一盼良种,二盼良药,三盼良法,四盼良信,五盼良心。

一盼良种就是优良的鱼种;二盼良药就是有效的低药物残留的无害的渔药;三盼良法就是能够增产增效还安全健康的优良的渔业养殖方法;四盼良信就是优良真实可靠的信息,现在虚假的信息太多,导致渔民上当受骗;五盼良心就是渔民渔业都希望和期盼我们搞渔药的搞鱼饲料的搞技术推广的都要有一个好的良心,别坑蒙拐骗,别糊弄、别忽悠,卖真别卖假。这五盼非常突出,为此,满足渔民所想所盼,在扎实深入开展渔业科技促进年活动中,大力开展渔业科技创新,要努力实施好十大工程。

(一)良种工程

良种工程,也就是优良鱼种工程。好种出好苗,好苗出好鱼。好鱼卖好价,好价渔民发。只有渔民发,渔业才强大。良种是发展水产养殖的根本。目前,我国水产养殖业良种覆盖率不高,严重制约着养殖渔业持续健康发展。在渔业新品种选育技术上,与国外先进国家和我国种植业与畜牧业相比有很大差距。今后,要着力抓好渔业育种方法和育种材料创新。加大渔业新品种选育力度,加快良种推广应用,提高良种覆盖率。因此,希望渔业科技工作者在创新中,要千方百计想方设法为渔民研发出优良的各类鱼种,通过提纯复壮,繁育杂交,引进等各种途径来实施渔业良种工程,或者叫鱼种革命。在这方面我们的老一辈专家有好的方法,例如在品种引进方面都做了大量的鲜为人知的工作,有一个品种叫虾夷扇贝,它的引进有一个动人的故事。把良种工程作为渔业科技创新的头等大事,重中之重和首要任务来抓好,实施好,使一个优良品种成为一个产业。挪威的一条三文鱼,经久不衰,畅销世界,三文鱼正成为挪威渔业兴国之本,值得借鉴和推广。

近些年来,我们也有一些品种初步形成了规模,出现了规模效益,如多宝鱼、海参、大闸蟹、小龙虾、罗非鱼、鳗鱼等,这些经验值得总结推广,规模值得进一步扩大,产业值得进一步壮大。良种工程,大有文章可做,大有创新可搞。

(二)安保工程

养鱼致富,吃鱼健康,安全第一,重在防疫。养出健康安全放心的水产品是渔业部门和科研部门的重要职责和神圣使命。养殖渔业必须以人为本,以安为先,以防为主。

希望渔业科研机构和人员要在防疫上狠下功夫，加大科研攻关力度，要积极主动大力研发既能防治鱼病发生，又没药物残留的渔用疫苗和药品。为养殖渔业保驾护航，为消费者保健护康。就拿海参来说，投下的是人民币，养出的是软黄金，育苗若有病，有病不用药，眼看要死掉，投钱打水漂，有病不用药，确实难做到。要想无药物残留，必须要攻关。科研攻关必须加大力度。谁要能突破，既是在创新，也是做贡献，必将青史留名，也能像范蠡一样，万古流芳。

当前，渔业养殖面临环境恶化、病害多发、药物滥用，渔用饲料蛋白源紧缺、饲料总体水平不高等问题，严重影响养殖产品的质量和安全。概括起来，就是渔业缺医少药，不管饲料。构建安全、高效的渔业安全技术保障体系迫在眉睫。因此，希望科研机构和人员要抓紧研究开发更高效、成本更合理的实用饲料，研发快速检测和监控技术，研发采用疫苗、有益微生物菌剂、免疫增强剂等生物安全制剂来控制渔业养殖动物病害技术，提高养殖渔业安全保障水平。让消费者吃鱼放心不担心，真正达到吃鱼健康。

（三）推广工程

论文获奖，奖状上墙，不是渔业科技创新的目的。渔业科技创新应该把论文写在池塘、养殖场、江河湖泊水库和海洋上，技术体现在效益上，夸奖来自渔民的心窝上。论文再好，实用性不强，也只有束之高阁。

希望科技人员要深入一线，把精力放在实用技术和良法研发和推广上，要努力研发和推广促进养殖渔业发展的好技术，好方法，好品种，帮助渔民养好鱼，多养鱼，获得好效益，受到好评价。金奖银奖，不如渔民夸奖；金杯银杯，不如渔民口碑。

（四）信息工程

一机在手，万事能求，喂鱼按键，卖鱼不愁。

信息时代的到来，电脑、手机、视频的普及与广泛应用，将为渔业发展装上千里眼和顺风耳，使渔民在家里通过视频、电脑看池塘，看工厂，看稻田养蟹。手机一按，饲料投遍。打开电脑咨询有关技术和进行网上销售。同时也为渔业科技创新和技术推广应用开辟了广阔天地和研发领域。

希望科技人员在软件研发设计，推广应用上下功夫，多出具有时代特色和信息功能的新成果、新技术、新产品，为渔业发展增添新平台和新动力。为发展信息渔业、智慧渔业，献计献策，知情出力，大胆创新。

（五）示范工程

转变渔业养殖发展方式，发展生态健康安全渔业养殖是渔业可持续发展的重点，必须靠示范引领。

转变渔业养殖发展方式就是推动养殖渔业从数量粗放型向质量效益型转变，从增加养殖种类和扩大养殖规模向优良新品培育和生态、健康、安全的现代养殖转变。说一千道一万，实现转变靠示范。要想转变渔业养殖发展方式，必须在创新渔业养殖示范上狠下功夫。

因此，希望渔业科技工作者要积极探索和完善不同养殖示范，培育示范典型，发挥示范作用。要在池塘健康安全养殖技术，大水面生态健康安全增养殖技术，深水网箱健康安全养殖和工厂化循环水健康安全养殖技术等方面加强研究和示范引领，做好技术支撑工作，使养殖渔业真正实现健康化、安全化、规模化、效益化、信息化、智能化和现代化。

（六）精加工程

精加工程就是指渔业精深加工工程。延长渔业产品产业链，从初加工向精深加工转变，实现渔业产品的高附加值、高产出、高效益、高质量，也是渔业科技进步和创新的重要任务之一。

希望渔业科技工作者，大胆引进和充分利用现代生物技术，努力突破水生生物代谢产物和制品在工业、农业、医药、环保和养殖领域应用的技术瓶颈，并大胆创新，积极培育发展和研发生物能源、功能食品、生物材料、生物医药等高附加值的精深加工产业群。进一步加强渔业产品精深加工技术和装备研发，努力实现全鱼利用和零排放，提高渔业资源利用率。

（七）探捕工程

当前，我国海洋渔业面临近海渔业资源枯竭，远海和远洋渔业资源亟待开发利用的新形势、新情况、新问题和新任务。向“两远”进军，拓展海洋渔业发展空间已成为我国海洋渔业发展的时代特征。

因此，希望渔业科技工作者要大力研发探测、评估、采捕与利用技术，努力做好探捕工作，着力发掘远海、大洋、深海、极地渔业等新资源、新空间。进一步加大对海洋重要经济生物基因资源的研究，全力研发利用海洋生物基因资源。深入开展远海、极地与远洋渔业资源调查评估技术研发与示范，使远海、远洋和极地渔业资源为我所用。在这方面，我认为上海海洋大学的领导班子和同志们是有远见的，积极推进远洋渔业调查船的建造，又建立远洋渔业学院和工程中心等，向远洋进军、向远海进军、向深海进军，起到了很好的引领示范作用，具有前瞻性、战略性，会为我国渔业特别是远洋渔业的发展做出重要的贡献。

（八）节减工程

节减工程是指渔业节能减排工程。渔业是一个对资源能源依赖性很强和消耗很大的产业。推进渔业节能减排，发展资源节约型、环境友好型渔业是转变渔业发展方式的重要任务。渔业节能重点是渔船,减排重点是养殖。

希望渔业科技工作者,要以渔船节能和养殖减排为主攻方向,深入开展渔业节能减排科研攻关,加强碳汇渔业理论和应用研究,加强精深加工资源利用技术研究,为提高我国渔业资源利用率,降低消耗提供技术支撑。

今年4月26日,宋健、周济、潘云鹤、唐启升等27位院士以中国工程院文件向国务院上报了《关于呈报把海洋渔业提升为战略产业和加快推进渔业装备升级更新的建议的报告》。5月9日,温总理在报告上做了重要批示,内容是:请克强、良玉同志阅示。关于海洋渔业发展战略问题应进行专题研究,并提请国务院讨论。如同意,可请发改委会同农业部、国土资源部准备。李克强、回良玉副总理分别于5月14日、5月13日圈阅。

5月16日,农业部部长韩长赋批示:"请牛盾同志批处。家宝总理的批示很重要,很明确。我们应抓住机遇,把海洋渔业大力推进一步,争取形成一个国家文件。"

5月17日、18日,牛盾副部长、余新荣副部长也都做了重要批示。根据温家宝总理的批示精神,成立了国家发改委牵头的国家海洋渔业调研工作领导小组。6月11日、7月16日和10月16日,国家发改委和有关部委召开会议。国家发改委副主任杜鹰主持会议,讨论关于发展海洋渔业的调研和研究工作方案,余欣荣副部长、牛盾副部长分别出席会议。会议成立由杜鹰副主任、牛盾副部长任正副组长的研究工作领导小组,发改委、总参、外交部、科技部、工信部、财政部、国土资源部、交通运输部、国家海洋局等部门和海南省人民政府为小组成员。研究组下设4个专题组,即综合组、海洋渔业组、南海组、装备组。从8月初开始各组进行调研。在此期间,农业部认真研究提出了扶持政策建议,组织编制了《海洋渔业装备升级更新工程规划方案》,提出了资金需求,从8月23日到9月17日,先后2次直到今天,国家发改委决定安排80.1亿元的资金用于海洋渔船的更新改造和全国渔政执法船的建造,其中渔政执法船的建造资金为39.7亿元,也包括上海海洋大学的资源调查船,同时还为水科院东海所、黄海所的资源调查船安排了前期工作经费,现在的资金应该很充裕,就渔政船建造来讲,给国家的三个海区局建造1 000吨级以上的执法船为27艘,一条船的服务年限按30年计算,30年内不用再建1 000吨级渔政船了,提前完成了好几个五年计划。但是,现在遇到一个突出问题,海洋渔船没有一个科学的现代的标准的船型,渔政船也是如此,资源调查船正在研发。所以,希望渔业科技工作者在大型渔船标准化,大型玻璃钢渔船,渔业资源调查船,网箱养殖装备的机械化、自动化、规模化、集约化,高效节能工厂化养殖装备,自主品牌渔船配套设备,现代化大型远洋渔船,海洋渔业装备行业标准建设等方面加大研发力度,并研有所成,努力填补国内甚至国际上的空白。我们的远洋渔船比较落后,全国600多艘远洋渔船多数是买国外的二手渔船,所以如何研究出一流的先进的远洋渔业设备任重而道远。在这次政策的争取方面,唐院士做出了重要的贡献。

(九)人才工程

渔业科技创新,成也在人,败也在人,好也在人,坏也在人,关键在人。

在渔业科技创新中,人是最可宝贵的。渔业科技人才是渔业可持续发展、现代渔业建设和渔业强国建设的前途和命运,也是第一资源。实现渔业可持续发展、建设渔业强国,必须有可持续的渔业科技人才做保证。

希望上海海洋大学、中国水产科学研究院和各大专院校科研机构要加大人才培养力度。老院士、老教授、老专家要做好传帮带,年轻的科技工作者要主动向老院士、老教授、老专家拜师学艺。通过组织培养,传帮带和个人努力相结合,使一代又一代渔业科技工作者成为渔业科技的领导人才、领军人物和骨干人才,培养更多的像袁隆平一样的渔业领域的袁隆平,为建设渔业强国提供坚强的科技人才保证。

(十)咨询工程

为党委、政府渔业发展提供咨询服务,我认为也是渔业科技创新的一项重要内容,也是重大任务,这次80.1亿元资金的得到,就是我们的专家在咨询服务上,在建言献策上发挥了重要的不可替代的作用,像中国工程院给国务院打的报告就是为国家决策提供了重要的助手作用,建言参政的作用。唐院士、渔机所还有局里有关处室的同志都做出了重要贡献。因此,热切地希望渔业科技人员,积极为渔业可持续发展建言献策,为党和政府制定出台更好的惠渔、富渔、强渔政策提供好咨询服务。

实现渔业科技创新,必须要有一种精神。我真诚地希望渔业科研机构和渔业科技工作者,要努力培育和打造一种五加二、白加黑,不图索取、无私奉献、刻苦创新的中国渔业科研精神。要不图名不图利,只图创新再创新。图名图利勿搞渔业科研,为渔为民献身创新攻关。

作为农业部渔业局长,我愿意为大家开展渔业科研创新当好后勤处长，全力做好服务工作，努力做到热情服好务，满意在科研。

我相信，渔业科技工作者能够创新，也一定能够创新。

水生生物自然保护区建设管理亟待加强

——四川云南水生生物自然保护区专题调研报告

陈毅德 肖 放 樊祥国

一、两省自然保护区建设管理基本情况

云南、四川两省江河湖泊众多，多条河流是我国渔业资源的重要栖息地、淡水鱼类种质基因库和跨国界鱼类产卵场繁殖场，生存着100多种珍稀濒危及特有水生野生动物种类。建立水生生物自然保护区，保护好这些珍贵物种及其栖息地，维护生物多样性和生态平衡，促进渔业可持续发展是渔业部门的重要职责。1995年起，云南、四川两省水生生物自然保护区建设工作开始起步，从无到有逐步发展，目前已形成一定规模，部分重要的渔业水域得到了基本管护，一些珍稀濒危物种得到了抢救性保护。

（一）划定保护区域，进行设施投入

截止到2011年6月，云南省设立水生生物自然保护区16个，保护区总面积13.13万公顷，其中：国家级1个，州市县级15个；四川省设立水生生物自然保护区10个，保护区总面积4.68万公顷，其中：国家级2个，省级3个，市县级5个。主要对达氏鲟、胭脂鱼、大理裂腹鱼、金线鲃、鼋等10多种国家重点保护动物和地方特有鱼类进行保护。保护区设立后，两省机构编制委员会办公室均批准所在地渔政处（站）加挂保护区管理局（站）牌子，但没有增加编制，自然保护区管理人员全部由各级渔政人员兼职。农业部利用基本建设资金和长江上游保护区生态补偿资金对两省省级以上保护区进行了投资，建设了办公楼、宣教室、救护中心、执法快艇等设施。

（二）形成管理制度，依法履行职责

自然保护区的设立，明确了以渔业部门为主的监管职责，两省不断摸索管理经验，建立了基本管理制度和工作措施。一是日常看护制度，编制工作计划，对自然保护区域实施定期巡视管理。二是禁渔制度，按照国家和省里规定，在禁渔期加大管理力度。三是环评制度，对涉自然保护区工程实施专题影响评价，制定生态补偿方案，落实生态补偿措施。四是开展专项执法行动，对违规工程和偷滥捕行为依法进行查处。今年，根据农业部、环保部要求，四川省政府责成泸州市政府对泸州市张坝、纳溪防汛工程和方山航道码头3个涉保护区违法工程进行了严厉查处。

（三）开展社区共建，合力保护资源

云南省澜沧江自然保护区地幅辽阔、道路不畅、管理面广，保护区管理者积极探索建立群防、群管、群治的管护模式，统一开展适度捕捞并加强保护，任务到村，责任到寨，人人参与管理，个个相互监督，在保护区周边群众中建立起良好的保护氛围。四川省宜宾市自然保护区管理处积极通过电视、广播等新闻媒体及散发传单、发布通告、开展咨询活动等方式广泛宣传保护法律法规，以典型案例教育市民，使保护区周边群众知法、懂法、守法、护法。

（四）推进驯养繁育，开展增殖放流

两省积极开展珍稀濒危鱼类驯养繁殖技术攻关，达氏鲟、胭脂鱼、金线鲃、岩原鲤等一些珍稀特有鱼类驯养繁殖技术陆续取得突破。两省还高度重视增殖放流，每年都在自然保护区内开展增殖放流活动，组织社区群众共同参与，不仅促进自然种群恢复，而且增强了群众对自然保护区的认知和感情。

（五）完善地方法规，争取各方支持

四川省出台了《四川省自然保护区管理条例》。《云南省渔业条例》也已通过省人大审议即将发布，其中对水生生物自然保护区建设和水生野生动物保护做出了明确规定。两省都颁布了省级重点保护水生野生动物目录。在完善法规规范同时，两省亦积极争取环保、公安等部门支持，四川省从前几年普遍存在工程建设不经渔业部门审批的现象到目前已基本形成渔业部门必须介入前置环评的工作程序。

我国的水生生物自然保护区是经国务院或地方各级政府批准设立的珍稀濒危水生野生动植物主要保护区域，在国家生态文明建设和资源环境保护中发挥着重要作用。为了推动解决水生生物自然保护区建设管理中面临的困难和问题，切实发挥水生生物自然保护区的功能和作用，2011年，农业部渔政指挥中心邀请部财务司领导赴云南、四川两省开展了水生生物自然保护区建设管理工作专题调研。现将有关情况报告如下：

二、面临的主要矛盾和问题

尽管两省在水生生物自然保护区建设和管理方面取得了一定成效，但总体上看，自然保护区建设标准、发展水平和管理能力还比较低，尚停留在抢救性保护阶段，自然保护区内工程建设、偷捕滥捕仍屡禁不止，部分物种濒危程度仍在加剧，保护形势依然严峻。究

其原因,我们认为存在着"两大矛盾"和"两大问题"。

存在的两大矛盾:

一是经济发展与生态保护的矛盾。云南、四川作为我国西部欠发达地区,大力发展地方经济的任务很重,心情迫切,使得保护与发展的矛盾日益突出,也使得保护区的建设和管理难度越来越大。随着经济发展,长江上游人为活动不断增加,保护区内涉水工程建设项目日益增多。长江上游珍稀特有鱼类国家级自然保护区建立以来,通过渔业部门进行专题影响评价的工程建设项目就有12个,还有一些工程未经过环评批准就擅自动工建设,在保护区的一些江段挖沙采沙现象非常普遍,这些工程项目对保护区及保护物种均造成不同程度的影响。另外,四川、云南水能资源丰富,水电开发已成为一些贫困地区经济发展的重要支柱产业,一些地方政府从发展经济的角度考虑,限制自然保护区的建立,对一些珍稀水生动物重要栖息地,只要有水电开发需要就不同意建立保护区,甚至对已建的保护区还要求撤销。

我们认为,随着我国经济社会的不断发展,发展和保护的矛盾将长期存在,如何妥善处理好这对矛盾,切实需要各级政府和有关部门按照科学发展观的要求,妥善处理关系,不断探索解决矛盾的新途径和新方法。

二是履行职责与手段薄弱的矛盾。由于流域的跨界特点和水生生物的游动特性,多数水生生物自然保护区需要跨区域管理,有的还涉及几个省,管理难度大、任务重,必须具备必要的管理机构、人员、装备和工作经费,才能有效履行保护职责。从调研情况看,两省在自然保护区开展保护工作的能力和手段还相当薄弱。主要表现为:保护区管理机构建设不健全。云南、四川两省已建立的水生生物自然保护区中还没有一个成立专门的保护管理机构,全是和现有的水产或渔政管理机构合署办公,都只是挂个牌,没有专门编制、专职人员和专项经费,大量的保护区日常管理工作全部由渔政站承担,很难有效履行职责。缺乏管理人员。两省保护区管理人员多数属于兼职,人员编制满足不了实际工作需要。据统计,四川省、云南省河流型自然保护区每10千米巡护人员平均分别只有1.2人、0.8人,而根据地方同志的测算,要按照每周巡护2次工作计划,应该每10千米配备3人,一般300千米的河流型自然保护区需要约90名专职管护人员。缺少工作经费。由于自然保护区管理人员均为兼职,人员工资等按原渠道由地方财政负责,对自然保护区所需运转费和工作经费大都没有着落。目前农业部每年对云南、四川两省国家级保护区每个补助25万~30万元,对四川的1个重点省级保护区补助10万~15万元。而四川省、市、县都没有自然保护区专项经费,2011年省水产局才从省级预算中调剂50万元用于省内保护区工作。云南省各级政府从未安排过保护区工作补助经费。根据测算,一个国家级自然保护区,年需管理经费400万元左右。而目前捉襟见肘的经费确实难以保证管护工作质量,一些专项的工作部署和要求难以落实到位。设施设备落后。尽管农业部利用基本建设资金对国家级和重点省级保护区建设给予了适当投入,但大多数自然保护区装备依然不足,缺少必需的执法车船艇和办公设施,即使有基础设施也已陈旧落后,与其他水上执法部门装备相比,存在很大差距。

存在的两大问题:

一是保护区数量偏少,物种得不到有效保护。目前,水生生物自然保护区的数量与规模远不能满足当前水生物种保护实际需要,许多珍稀濒危物种栖息地、重要水生生物湿地和生态系统尚未建设自然保护区。而据了解,全国受保护区保护的国家重点保护陆生野生动物物种已达85%,而受保护区保护的水生野生动物物种仅占40%,这与水生物种的重要地位和其目前的濒危程度极不相称。据统计,全国林业部门建立的自然保护区达到1 800多个,仅国家级保护区就有240多个,而我们渔业部门建立的自然保护区总数量还没有林业部门建立的国家级自然保护区数量多。此外,一些渔业传统水域如云南丽江的拉市海、四川攀枝花的二滩水库等被林业等部门划为保护区域进行管理,一定程度上影响了渔业部门对水生物种资源的研究和渔业水域及其水生生物的保护管理。

二是保护管理水平亟待提高的问题。目前水生自然保护区管理方式方法多采用陆地保护区固定模式,且科学研究未得到足够重视,满足不了水生物种特殊保护的需要。首先,保护方式缺乏针对性。由于水生生物与陆生生物不同,其主要生活在水中,具有天然的隐蔽性,人们客观上难以直接感受到其濒危程度的加剧,社会危机感普遍不足,保护工作不易引起关注;同时水生生物所具有的洄游性,加上天然水域的开放性决定了水生生物自然保护区不可能像陆地保护区那样相对独立进行封闭建设,特别是一些处于人类活动较频繁的"城郊型"自然保护区,其管理更面临交通航运、涉水工程、酷渔滥捕、工业和城市排污等诸多不利因素困扰,需要全社会配合和多部门共同协作。此外也有一些自然保护区处于人迹罕至的崇山峻岭的河谷地带,管理成本同样很高,因此,必须针对水生生物特点、不同的地理地貌环境,从水生生物保护的实际需要和保护工作的客观规律出发,有的放矢地加强对不同保护区的保护方式的研究和探索,并积累经验。其次,科研支撑不足。农业部对水生珍稀濒危物种的专项科研投入极少,四川、云南更是没有安排过这方面专项预算。一直以来主要依靠一些从事保护研究的专家从不同渠道争取一些科研项目,或有些地方依托救护中心、水产原良种场开展一些有限的研究。由于投入不足,研究力量薄弱,对重要水生生物物种的生物学与生态学特性缺乏基本研究,一些珍稀濒危物种的驯养繁殖技术仍未突破或技术还不成熟,难以通过人工措施遏制其濒危程度的加剧。再次,法律法规和标准尚不健全。目前水生野生动物保护相关法律法规、规章制度多数是20世纪90年代制定的,部分条款已不适应当前形势和管理需要,国家重点保护动物名录颁布20多年了也没有修订过,缺少操作性强的水生濒危物种和自然保护评估体系和标准。

三、认识和建议

通过此次调研活动,我们对水生生物自然保护区工作有了进一步的了解和认识。水生生物自然保护区是一项层次很高、意义深远的工作,第一,它涉及国家生态安全,是国家生态文明建设的重要内容,是经济社会可持续发展、更是渔业持续健康发展的重要基础,关系到人类生存环境的重大问题;第二,是践行科学发展观的重要行动和实施《中国水生生物资源养护行动纲要》的重要内容,是保护渔业资源基因库、拯救濒危物种、实施就地保护、保存重要自然历史遗迹的有效措施;第三,水生生物自然保护区由国务院和地方各级政府批准设立,经过非常严格的审查程序,其重要性、严肃性不言而喻,因此必须依法加大投入,加强建设管理;第四,国家法律法规对自然保护区工作提出了明确要求,切实做好保护区管理工作是履行法律法规和渔业部门职责的需要。

针对水生生物自然保护区的重要意义、现实作用和面临的突出矛盾问题,我们认为自然保护区工作亟待加强、刻不容缓。在新的历史时期和新的发展阶段,必须将水生生物自然保护区建设和管理摆上重要议事日程,与经济建设、社会发展和环境保护各项工作统筹协调。加强工作部署,加大支持力度,规范管理行为,提高保护能力。为此,建议在"十二五"期间,积极采取以下措施,努力推进水生生物自然保护区建设和管理水平再上新台阶,在国家生态文明建设和渔业可持续发展中发挥更加重要的作用。

(一)应继续加快水生生物自然保护区建设工作

把水生生物自然保护区建设和管理工作作为各级渔业部门的一项重要任务来抓。加强宏观战略性研究,进一步理清工作思路,制定水生生物自然保护区中长期发展规划。在力争继续增加自然保护区数量和规模基础上,将管理工作摆上更加重要的位置,加大对现有保护区的规范化管理。加强工作指导,牢固树立"发展中保护、保护中发展"的理念,权衡保护和发展的关系,妥善化解保护中遇到的各种问题,积极争取地方政府对自然保护区建设管理的支持和领导。

(二)必须加大对水生生物自然保护区的财政投入

自然保护区工作是一项公益性事业,《自然保护区条例》明确规定,管理自然保护区所需经费,由自然保护区所在地的县级以上地方人民政府安排。国家对国家级自然保护区的管理,给予适当的资金补助。但目前我国对水生生物自然保护区的财政投入明显偏少。随着我国经济社会的快速发展,自然保护区建设与地方经济发展的矛盾越来越突出,自然保护区建设和管理的难度越来越大,在这种情况下,中央和省级财政更应该加大对自然保护区建设和管理的投入。增加自然保护区投入要具体情况具体分析,不同的自然保护区具有不同的经济、社会和生态条件,保护区岸线、面积和管理任务都不一样,需要的管理经费也不一样,要从实际出发,提出科学、合理和切实可行的投入支持方案。抓紧研究自然保护区内渔民转产转业政策问题。

(三)努力提高自然保护区管理能力和水平

一是完善管理机构。按照法律法规要求,深入研究自然保护区的机构设置问题,督促地方依法建立保护区专门机构或内设科室,争取增加管理人员编制,妥善解决管理人员短缺问题。二是健全工作制度。督促各自然保护区制定日常巡护计划并加以落实,依法对自然保护区内的违法行为进行严厉查处。要抓紧建立自然保护区管理考核评估制度,定期对自然保护区进行考核评估并实施奖惩措施。对涉及自然保护区的建设项目环境影响评价要从严把关,规范审批程序。三是创新保护方式。研究探索不同类型保护区和主要保护对象的科学管理措施,努力改变目前存在的不分类型、不分物种、笼统对待的粗放型保护管理方式。四是强化资源监测。要求每一个自然保护区都要将资源监测工作放在更加重要的位置,全面摸清保护区基本情况,有针对性地保护。做好监测数据、巡护记录、研究成果等重要资料的收集和建档工作。

(四)要建立健全水生野生动物保护体系

充分发挥现有的资源养护管理和渔政执法队伍、自然保护区队伍、科研单位、驯养企业和海洋馆水族馆等4支水生野生动物保护力量的作用,建立起以自然保护区为基础、科研企业为支撑、行政执法为手段的全国水生野生动物保护体系,各司其职、各有侧重,相互配合、形成合力,既保护好物种的生存环境,又规范好物种的驯养繁殖和经营利用行为。对已建的自然保护区救护中心,应根据不同条件适当引进市场机制,拓展功能,争取多渠道筹措资金,除了为保护区配套服务外,还应发挥设施潜力为产业发展服务,提高设施的使用运转效率。

(五)抓紧修订水生野生动物保护和自然保护区的规章制度

高度关注《野生动物保护法》、《自然保护区条例》及有关湿地管理法律法规的起草修订工作,力争在法中充分体现渔业主管部门的"三定"职能。争取国务院尽快批准新的《国家重点保护水生野生动植物名录》,根据实际需要提高部分濒危物种的保护级别。研究适合水生生物自然保护区的针对性、可操性较强的保护规定,探索将国家重点保护物种主要栖息地强制列为国家级自然保护区的法律可行性。根据云南、四川自然保护区开展渔政执法情况,结合广东、湖北、吉林等省自然保护区执法中的经验和问题,研究授权水生生物自然保护区管理机构渔政执法权问题。组织制定水生生物自然保护区建设标准、评估规定、管理规范,研究制定国家级水生生物自然保护区工程建设生态补偿经费统一管理使用办法。

(六)积极争取各部门和全社会支持

自然保护区理工作,离不开各部门的大力支持。工作中要变被动为主动,主动汇报、积极沟通、加强联系、争取支持。国家层面应加强与环境保护部、水利部、交通运输部、国家林业局等部委的合作,为地方开展工作和协调营造良好的环境。近期渔业部门应上下联动争取水利部门支持,通过部门合作推动对自然保护区内非法挖沙行为的治理,同时关注林业在湿地方面的动态。进一步加大水生野生动物保护宣传力度,积极开展水生野生动物保护知识进校园、进社区和保护宣传月等宣传教育活动,学会运用网站等新型媒体提高宣传广度和范围。积极开展社区共建,争取社区渔农配合和参与,有条件的保护区探索开展生态旅游试点,使保护区工作更加深入人心,形成全社会支持保护区事业发展的良好局面。

浙江福建三角虎网情况调研报告

李书民　孙生智　刘　勇

一、浙江、福建三角虎网作业的发展现状

"虎网"目前主要分布在浙江台州地区和福建泉州地区,被浙闽渔民俗称为三角虎网。东海区渔政局根据《东海区海洋捕捞渔具渔法与管理》有关规定,将其归为围网类,称之为"大型单船有囊深水灯光围网"(以下简称三角虎网)。

三角虎网是浙江台州温岭渔民2005年从台湾省引进的,因其产量高效益好,在温岭地区得到迅速发展。根据台州市渔政执法大队的统计,到目前为止,台州地区三角虎网渔船已发展到130~150艘(不包括船名挂靠在江苏、福建等其他省市建造的渔船),已发放许可证的有120艘,其中温岭占绝大多数,约有110艘。目前有约10~20艘船正在建造,还有许多渔船老板正积极申请。前几年,地方政府不仅在政策上积极鼓励和支持三角虎网渔船的发展,而且每造一艘船给予30万~50万元的补贴。近两年来,地方渔业主管部门和一些渔民认识到三角虎网作业对渔业资源的掠夺性破坏,如盲目发展下去,可能使东海的渔业资源断子绝孙。因此,浙江省海洋与渔业局于2010年10月18日发文紧急暂停了三角虎网渔船的建造审批,对各地的三角虎网渔船进行总量控制。"上有政策,下有对策",省内指标拿不到,渔民就转向福建、江苏等地造船,另外还出现买卖指标现象。调研组在台州石塘港就看到一艘挂着福建牌子的新船准备出航。

在福建晋江,三角虎网是2009年从台湾省引进,主要集中在渔业大镇深沪镇。由于生产效益好、成本回收快,渔民竞相建造,短短三年深沪镇三角虎网船已经发展到34艘,另外正在船厂建造的有11艘,旧船改造为小型三角虎网船的有15艘,预计在7月份全部投入生产。由于其他作业渔船比较效益下降,三角虎网渔船规模仍有继续扩大的趋势。福建省把此类作业作为新型灯光围敷网进行管理,对其发展在政策上积极支持,还给予资金、技术上的扶持。晋江深沪镇是福建三角虎网渔船集中的地区,目前每造一条三角虎网渔船,政府补贴12万元;政府对三角虎网作业的发展仍持积极乐观的态度,并建议不加以限制,靠市场进行调节。

二、三角虎网作业的技术特点

(一)三角虎网作业渔船的规模和设备

调研组通过在温岭的石塘港和晋江的深沪港登上渔船进行实地查看、现场观察并结合相关人员的介绍,对该作业渔船的特征留下深刻的印象。第一个特征是船体较大。温岭的三角虎网船船体较大,比一般的拖网船大2~3倍,而晋江的三角虎网船船体比温岭的要小,但也比停靠在渔港的一般灯光围敷网渔船大一半。据当地管理人员介绍,这种"三角虎网"渔船一般宽8

米左右、长50米左右,总吨位250吨左右。第二个显著特征是配备大型绞机和超大规格网具。船的后甲板上有一个巨大的滚轴,上面缠着厚厚的网;该滚轴是渔船用来放网和收网的绞机,相比过去围网的生产方式,劳动量大大降低、生产效率大大提高。据介绍,绞机上缠着的网具,放到水中围起来的周长能达到1 000~1 200米,网的高度达到100~280米。第三个特征是配备大功率的集鱼灯。船的两侧甲板边缘均匀分布带有电缆的圆筒状水下集鱼灯,功率在2 000~5 000千瓦,一般每艘船安装30~40盏。船的驾驶舱顶部装有水上集鱼灯,一般安装80~200盏,功率在2 000~4 000千瓦。由于灯光强度大,渔民把三角虎网渔船叫"大照"。与此相对应,原有的灯光围网或灯光敷网按大小分别叫"中照"和"小照"。第四个特征是配备高效的吸鱼泵。船的前甲板都配有一台吸鱼泵,一头放在船舷边上,一头通向鱼仓,其功率大,吸力强,不仅极大地降低了劳动强度,同时也节省了作业时间,据介绍,把海水中的鱼直接吸到船舱中的冰水中,鱼的质量好于其他作业方式。第五个特征是配备先进的渔探仪。在渔船驾驶台上都配有一台特殊的渔探仪,与常见的竖立长方形渔探仪不同,此渔探仪呈正方形、屏幕面积是一般渔探仪的2倍,据说其功能强大,不仅能水平扫描,还能垂直扫描,探测范围能达到方圆3海里,探鱼的效率得到大大提高。第六个特征是船上的空间开阔。不管是驾驶台、还是船员活动的区域,空间都比一般渔船大很多,船员的住宿条件、工作条件好于一般渔船。

(二)三角虎网作业的生产特点

三角虎网渔船作业主要是利用灯光集鱼、再用网围捕,渔获物以中上层鱼为主。浙江渔船主捕鲐鱼,其他有鱿鱼、带鱼、马面鱼,福建渔船主捕鲐鱼、蓝圆鲹和鲣鱼。

虎网船由于灯光强度高、集鱼能力强,打破了围网的常规作业习惯,不管是否有潮水都能够保证持续生产,大大延长了作业时间。围网生产习惯一般是农历十三返航、十九出海生产。而随着集鱼灯的盏数越来越多、灯的功率越来越大,即使在农历十三至十九的明月夜,通过强光照样能吸引到鱼进行生产。目前三角虎网除伏休期外,一般常年都能出海生产,其生产旺季主要集中在7月中下旬至10月上中旬之间。

由于使用超大规模网具,被网围住的鱼群,基本上都能一网打尽。目前的网具造得越来越大,网具最长的达到1 200米,最高的达280米(普通的深水围敷网,长只有400米,高只有40~50米),下网后一般都是下纲着地、上纲浮在水面上(普通深水围敷网作业一般只捕半水),作业渔民反映,底纲上经常有污泥。渔民说"有些鱼是围进来的,而不是灯照进来的"。与其他围网作业相比,三角虎网的捕捞效率大大提高,过去普通深水围敷网作业只能抓到被围网中鱼的30%~40%,而三角虎网仅有20%左右的鱼能逃脱,被围到网中的鱼类基本都能一网打尽。

此外,由于三角虎网作业渔船的规模较大,生产渔场相比普通深水围网要靠外海。浙江渔船作业海域一般在温州中部正东约100海里外至250海里的海域。福建渔船作业海域一般在闽东外海和温外渔场,最北的可达舟山外海渔场。

(三)三角虎网作业的优势

一是产量高,效益好。东海区渔政局所调查的6艘三角虎网渔船,年渔获量约在800~1 000吨,相比其他作业产量要高许多;好的单船年产值达1 300万元,差的也有800万元,生产成本大约都在500万元,利润高的有800万元,差的也有300万元,效益相当可观。这种渔船造价一般在1 200万~1 400万元,遇上近几年中上层鱼连续旺发,一般二年就可收回投资。二是生产成本大幅度降低。由于三角虎网渔船的自动化程度高,比如收放网用绞机,收集渔获物用吸鱼泵,大大降低了对劳动力的需求,原来需要50人的生产规模,现在仅需要20~30人,因此该作业的渔工人数相比普通深水围敷网作业大幅度下降,工资成本也大大降低。配备的渔探仪技术先进,探渔能力强,缩短了寻找鱼群的时间,节省了燃油成本。三角虎网作业相比双拖或单拖渔船,无需连续航行进行拖网作业,只要停在选定渔场,用灯光集鱼捕捞,可节省燃油。三是作业的安全性显著提高。三角虎网作业自动化程度高,那些站在船沿收网、放网和手抄网收集渔获等危险的工作,只需控制绞机和操作吸鱼泵就能完成,在降低渔工劳动强度的同时,也减少了工作风险,提高了安全生产水平。

三、三角虎网作业存在的问题

(一)对渔业资源造成破坏

三角虎网作业光照强度大,不仅捕捞中上层鱼类,也捕捞带鱼等中下层鱼类;深水围敷网作业7月1日开捕时正处于带鱼快速生长期,此时如果中上层鱼类鱼汛不好,难免会有一些渔民把捕捞的重点调整到带鱼等资源上。据浙江渔船监测调查,渔获物中带鱼比例最多时能达到43%左右。调研时,有浙江渔民反映,捕捞的对象不仅仅是鲐鱼,而是有什么鱼捕什么鱼,在方圆1海里范围内,只要是能浮上来的鱼,都会被灯光聚集起来,没有选择性,而且一般都是一网打尽。尤其是水下集鱼灯光太强,聚集的生物密度大,许多鱼因缺氧致死;跑出去的鱼,眼睛被照瞎,因无法觅食而死亡。渔民还反映,水下集鱼灯也会杀死大量幼鱼和鱼卵。用渔民的话说就是:"照鱼不怕,最怕死鱼,照大鱼不怕,怕死小鱼",反映了三角虎网作业对资源的破坏现状,也反映了渔民对该作业盲目发展的担忧。

(二)强光对渔民身体健康造成伤害

浙江温岭三角虎网船上的集鱼灯强度高达4~5千瓦,对甲板上工作的船工眼睛、头发、皮肤等部位会造成伤害,经常有渔工头发烤焦、皮肤灼伤的情况发生,渔工作业时必须戴上墨镜。

(三)引发渔场纠纷

三角虎网作业自动化程度高,渔探仪探测范围大。三角虎网船在周边的普通深水围敷网渔船已完成集鱼但还未下网的情况下开启高强度集鱼灯,把别人辛苦诱集的鱼群吸引走,引发海上矛盾纠纷。例如,在温岭渔民间就曾发生多次类似纠纷。

四、工作建议

管理好三角虎网这一新发展起来的作业方式,应当以资源保护为出发点,以实现东海渔业资源的可持续发展为目标,制定相应的管理措施,引导其合理有序发展。为此,提出以下工作建议:

(一)开展调查研究,为加强管理提供科学依据

一是建议农业部渔业局协调东海区渔政局组织海区内有关科研单位开展三角虎网渔具及作业专项研究,跟踪调查该作业的渔场、渔期、渔获物、灯光及辅机、灯诱效果及对仔稚鱼的杀伤程度等,积累数据资料,为该渔具渔法的管理提供决策依据。二是进一步加大渔业资源监测力度,延长监测时间,增加监测密度,扩大监测种类和范围,以更全面地掌握渔业资源变动情况。三是在掌握以上科学数据的基础上,对三角虎网作业对资源的破坏程度做出定性定量分析,为渔业行政主管部门制定管理措施提供科学依据。

(二)慎重发展,加强管理

由于产量高、效益好,近年来,三角虎网作业方式不仅在浙、闽迅猛发展,而且在江苏、山东等地也开始发展。若任凭这一作业盲目发展,将可能成为继帆张网、拖网之后,对渔业资源具有强大破坏力的捕捞方式之一。因此我们要高度重视,慎重对待,在掌握三角虎网作业科学数据的基础上,从政策设计上引导此类作业的有序发展,严格控制其发展规模。建议农业部渔业局会同东海区渔政局尽早出台关于三角虎网渔船发展的意见,限制三角虎网渔船的数量和规模,引导地方及渔业企业、渔民科学有序发展三角虎网作业。

(三)区别对待,适当引导

目前在浙、闽两省已有三角虎网渔船近300艘,已建好的和已审批在建的渔船已经花费了大量人力、物力、财力,不能简单予以扼杀取缔。如何使它们在获取经济利益的同时把对资源的破坏降低到最小程度,需要各级渔业行政主管部门制定周密细致的管理措施,依法行政,严格执法,加强对这些渔船的监督和规范管理。建议东海区渔政局会同浙江、福建两省渔业主管部门尽快制定三角虎网渔船管理措施,对现有渔船,要从网目大小、网具长度和高度、集鱼灯功率和辅机功率等方面加强管制,限定其捕捞量、捕捞区域和作业时间,并加强对其产量、渔获物等方面的经常性检查。对申请建造的渔船,要严格审批,严禁新增渔船。鼓励开发南海和远洋资源,合理利用和分配有限资源,开辟三角虎网渔船作业空间。

(四)控制规模,严格准入

根据三角虎网的生产特性,应将其归为大型单船有囊深水灯光围网类,但目前浙江和福建仅把其归类为灯光围网和灯光敷网,其控制效果不尽理想。建议将大型围网按《渔业捕捞许可管理办法》收归国家审批。同时建议农业部渔业局在制定渔具准入制度时,严格设定三角虎网的准入条件,提高准入门槛。一是控制网具规格和网目尺寸,防止该网具形成"顶天立地"之势,将所围鱼群一网打尽。二是控制辅机功率。通过控制辅机功率来控制集鱼灯总强度,减少灯光对渔业资源造成的破坏以及对渔工身体健康造成的伤害。根据三角虎网生产特性,在确定其渔具准入标准时,应将其列入过渡目录,并逐渐加以取缔。建议在发放柴油补贴时,对这种破坏资源严重的作业方式不予发放或减少发放。

耕蓝色牧场 揽万里海疆

——中国远洋渔业踏浪扬帆二十七年

余向东 周泉涌

千百年来,临海而居的人们,敬海、畏海、爱海、惜海。我国南海诸岛及东南亚各国沿岸的考古发现,不断印证我国先民出海捕鱼的踪迹。

海纳百川,有容乃大。在人类赖以生存的地球上,70%的面积被海洋覆盖。蔚蓝色的海洋,蕴藏着丰富的生物资源,是鱼虾贝藻的美丽家园;承载着人类的历史与梦想,是生生不息的生命摇篮。

古老的中国,开启了鉴真东渡、郑和下西洋等航海壮举,将民族智慧汇入世界海洋文明的大潮。千百年来,临海而居的人们,敬海、畏海、爱海、惜海;张网捕鱼,是沿海渔民的习惯和本能,更是"靠海吃海"的生存之道。我国南海诸岛及东南亚各国沿岸的考古发现,不断印证我国先民出海捕鱼的踪迹。

新中国成立以后,近海捕捞业逐渐复苏。伴随着世界走向和平利用海洋资源的时代,我国政府开始把眼光移向外海大洋。毛泽东主席有关"三山六水一分田,渔业大有可为"的论断,显然喻指开发利用包括地球面积70%的海洋;周恩来总理发出"向深海远洋进军"的号令,更加坚定了我国开发利用海洋资源、融入渔业全球化的决心。但是,限于捕捞设备和技术长期落后,物力财力不足,以及国际环境多变,作为一项经济产业,我国远洋渔业迟迟没有起步。

"中国远洋渔业元年"的1985年,值得铭记。党的十七届三中全会提出"扶持和壮大远洋渔业",把重视远洋渔业的方针举措,明确写进了中央决定。

改革开放,解放了思想,开阔了眼界,找准了航向。随着我国渔业产业和渔业企业经济实力的壮大,物资装备和技术水平的提升,使我国渔业有条件、有信心走向深蓝,耕耘蓝色牧场。

20世纪80年代,我国开始全面研究开拓海洋渔业新局面的方针、政策、措施。1985年3月,中共中央、国务院《关于放宽政策、加快发展水产业的指示》,提出了"以养殖为主,养殖、捕捞、加工并举,因地制宜,各有侧重"的方针。远洋渔业迎来了发展机遇。

1985年3月10日,在古老的福州马尾港,由中国水产总公司所属烟台、舟山、湛江公司,及福建省远洋公司联合组成的我国第一支远洋渔业船队,共13艘44.13千瓦功率的拖网渔船和一艘冷藏运输船,迎着八级风浪驶出闽江口。船队沿台湾海峡驶向南中国海,穿越红海、苏伊士运河、地中海,经直布罗陀海峡进入大西洋。223名勇士远征大洋,劈波斩浪,历时50天,航行1万多海里,于4月29日到达西班牙加那利群岛的拉斯帕尔马斯港,开始在西部非洲协议合作国家的海域作业。当年年底,辽宁大连海洋渔业集团的"耕海"号大型单拖渔轮驶出白令海峡。随后,各支远洋渔业船队陆续向北太平洋、南太平洋、印度洋和大西洋海域进发。"中国远洋渔业元年"的1985年,值得铭记。

进入新时期,我国远洋渔业翻开新的一页。

2001年10月20日,国务院批准《我国远洋渔业发展总体规划》,相继落实了一系列扶持政策,大大促进了我国远洋渔业的发展。党的十七届三中全会提出"扶持和壮大远洋渔业",把重视远洋渔业的方针举措,明确写进了中央决定,《国民经济和社会发展第十二个五年规划纲要》明确提出"发展远洋捕捞"。国家主席胡锦涛、国务院总理温家宝分别在出国途中,视察了中水集团设在西班牙拉斯帕尔马斯的远洋渔业基地。

远洋渔业的长足发展,得益于党中央、国务院的高度重视,得益于相关部门、各地政府的大力支持,得益于行业组织的精心协调和服务,得益于远洋渔业企业及几代远洋人的奋力开拓,得益于坚持改革创新精神,得益于科技力量的支撑和保障,得益于开放务实的国际合作思路和方法。

我国渔业挺进外海大洋,实施"走出去"战略,是一个充分利用两种资源、开发两个市场、不断创新发展的历程,是干出来的、闯出来的。

"一头在内、三头在外",是远洋渔业最大的特点,即企业在国内,资源利用、渔船劳力、贸易经营在外,属于高投入、高产出、高科技、高风险的产业。海上捕捞作业,被联合国粮农组织认定为"世界上最艰苦的行业"。

远洋渔业具有众多风险:包括天气海况、资源变化、市场波动、政策调整和社会动荡等等。细细分析,任何一项风险,都可能成为企业家选择放弃的理由。但是,我国的远洋渔业企业,以大海捞针般的坚韧,以蛟龙入海般的果敢,一步步向未知领域迈进,从未退却;我国的远洋渔业工人,年复一年搏海斗浪,承受着别人难以想象的寂寞与艰辛,从不放弃。

20多年来,仅中水集团(现中农发集团)就有近50名职工,为了远洋渔业事业长眠在异国他乡的土地上。那"独立船头,望尽天涯路"的苍凉,热盼与亲人妻儿团聚的感伤,随时与生命危险相伴的悲壮,感人肺腑,感天动地。对大海母亲的眷恋,是对远洋事业的执着,是为国争光的使命感,才使他们能够长年累月、锲而不舍地坚守在天遥地远的工作岗位上。

一位渔业企业的老总曾经说过:"我的脑海里回荡着涛声,血管里奔涌着浪潮;我深深地爱着蓝色海洋,因为她是抚育我成长的摇篮。"

我国远洋渔业能有今天的局面,是干出来的、闯出来的。

经过27年的开疆进取,我国远洋渔业不断壮大实力,形成了"政府管理、协会组织、科研支持、企业参与"有序灵活的发展机制。

坚强地"走出去",分享资源,参与竞争,体现存在,赢得了生存空间,赢得了发展机遇,赢得了广阔前景。发展远洋渔业,一定程度上缓解了近海捕捞压力,促进了企业增效和渔民增收,丰富了"菜篮子"食品供应,减轻了过去远洋食品对国外市场的依赖。在为国家创造大量外汇的同时,每年运回国内的60万吨自捕水产品,丰富了国内水产品供应,一条条"外国鱼"装进了老百姓的菜篮子、一份份"洋鱼虾"端上了老百姓的餐桌。

2011年,我国远洋渔业企业达116家,作业渔船1 600余艘,作业海域分布于37个国家的专属经济区和太平洋、大西洋、印度洋公海及南极海域,总产量约115万吨、总产值126亿元;在国际公海渔业份额中占有了重要的一席之地。

经过27年的开疆进取,我国远洋渔业稳步发展:作业海域从最初的几个西非国家近海,发展到30多个国家专属经济区,及太平洋、大西洋、印度洋公海,在海外建立了100多个代表处、合资企业和后勤补给基地;金枪鱼产量和产值保持基本稳定,鱿钓渔船数量有序增加,企业通过投资收购开展合作的方式更加成熟;尤其是按照资源养护与合理开发并重的原则,拉开了南极磷虾等生物资源利用的序幕。

我国远洋渔业产业结构不断优化。按照农业部"两个轮子一起转"的战略部署,在稳定和提升过洋性渔业基础上,加快发展大洋性渔业,着力增强公海渔业资源利用能力。大洋性渔业占远洋渔业的比重已从2001年的10%迅速增加到目前的近50%,占世界利用公海渔业资源的比重从1%提高到6%。其中:金枪鱼产量达到16万吨,大型金枪鱼围网船队规模仅次于日本、韩国和我国台湾省。

管理制度得到逐步健全。根据国际渔业管理通行规则和我国渔业管理实际,2003年制定的《远洋渔业管理规定》,形成了远洋渔业准入审批、年度审查和行业自律三大基本管理制度,建立了以生产情况报告、标准化捕捞日志、渔船船位监测、派遣国家观察员、签发合法捕捞证明等为主要内容的远洋渔业监管体系,为促进远洋渔业持续健康发展提供了管理保障。

总体来说,我国远洋渔业在发展规模、研发能力、综合产业链、政策扶持、管理手段等方面逐步走向成熟,形成了"政府管理、协会组织、科研支持、企业参与"有序灵活的发展机制。

作为负责任的渔业大国,我国积极拓展国际渔业合作,在参与公海渔业资源管理、维护国际渔业新秩序等方面发挥了重要作用。

海洋是人类未来生存与发展的物资宝库,也是维系地球生命与生态系统的重要组成部分,大约90%的动物蛋白存在于海洋之中。随着全球人口增加,食品需求的压力增大,各国竞相发展渔业,制定"向海洋要食品"计划。

根据有关专家测算,海洋提供蛋白质的潜在能力是全球耕地生产能力的1 000倍,在不破坏生态平衡的前提下,所能提供的水产品足以养活300亿人。目前全球海洋生物资源的利用率尚不足2%,开发潜力依然巨大、开发前景非常广阔。尤其作为中国这样一个人多地少、资源承载重的发展中国家,在稳定发展近海捕捞业和加快发展水产养殖业的同时,大力开拓远洋渔业,合理利用世界海洋生物资源,是满足人民群众日益增长的食用需求、确保国家食物安全的现实需要、是顺应国际海洋开发潮流的时代要求,是拓展中华民族生存发展空间的战略选择。

作为全球负责任的渔业大国,我国积极拓展国际渔业合作,在参与公海渔业资源管理、维护国际渔业新秩序等方面发挥了重要作用。目前,我国已经加入了三大洋金枪鱼渔业组织、南极海洋生物资源养护委员会等8个政府间国际渔业组织,与有关国家签署了14个双边政府间渔业合作协定、9个部门间渔业合作协议,与十多个多边国际组织就渔业问题建立了合作关系。

合作与发展,是海洋资源开发利用与国际渔业的主题。我国的对外渔业合作,通过采用劳务与技术合作、资源与资金合作、承担政府间协议项目等多种方式,发展水产捕捞、冷藏加工、物资贸易等合作,带动了合作国家渔业经济发展,繁荣当地水产品市场,实现双赢。中国水产总公司在南部非洲国家的渔业合作项目,累计解决当地10万人次就业,常年聘用当地员工5 000余人,累计上缴税金高达10亿美元。

中国远洋渔业协会将充分发挥协调、管理、服务功能,整合全国远洋渔业资源,引导企业联合御风险、抱团闯市场,形成更强大的产业凝聚力。

远洋渔业挑战与机遇并存,大有希望、大有潜力。在当前国际形势下,我国将继续实施"走出去"发展战略,积极利用"两种资源、两个市场",以加快转变远洋渔业发展方式为主线,以提升远洋渔业综合实力和国际竞争力为目标,着力增强企业实力和产业综合效益,坚持国内管理和国际规则相衔接,努力将我国远洋渔业建设成为布局合理、装备优良、配套完善、管理规范、支撑有力的现代产业体系,在合理开发利用国际渔业资源的同时,为世界海洋资源环境保护事业,为发展中国家经济社会发展,做出应有的贡献。

为了与国际接轨,我国积极扶持组建远洋渔业行业组织,中国远洋渔业协会经国家批准正式成立,必将成为政府和远洋渔业企业之间的桥梁和纽带,推动行业组织与服务工作再上新台阶。

中国远洋渔业协会以服务成员企业为宗旨,以辅助行政部门为己任,以促进行业发展为目标,将充分发挥其协调、管理、服务、合作功能。在我国远洋渔业持续奋力开疆的进程中,通过协会组织,整合全国远洋渔业资源,搭建良好的业内合作平台,积极促进各省(自治区、直辖市)、各地区开展协作,鼓励引导分散的企业联合御风险、抱团闯市场,让"远洋渔船结成大航母",必将形成更强大的产业凝聚力。

撒万里渔歌,掬万吨渔货。时至今日,悬挂着五星红旗的远洋渔船,往来驰骋于五大洲、四大洋,那是一方方"流动的国土"。中国渔业坚定地挺进大洋,方向更加准确,航道更加开阔。

2012年渔业大事记

1 月

11 日　农业部渔业局与科技教育司、部属在京渔业事业单位联合召开座谈会,就开展“渔业科技促进年”活动、渔业科技发展等问题进行深入交流和探讨。局长赵兴武出席会议并讲话,副局长李书民主持会议。

12 日　农业部发布《关于调整刺网休渔时间的通告》,调整后黄渤海区和东海区刺网休渔时间统一为 6 月 1 日至 8 月 1 日,南海区刺网休渔政策暂不变更。

12 ~ 13 日　2011 年全国渔业节能减排项目总结验收会在黑龙江省哈尔滨市召开,农业部渔业局副局长李书民出席会议并讲话。

14 日　农业部部长韩长赋致信全国渔政人员,表示春节慰问。

15 日　农业部副部长牛盾率团赴黄渤海区渔政局,慰问全体工作人员,出席该局总结表彰大会并作重要讲话。农业部渔业局局长赵兴武、农业部渔政指挥中心主任陈毅德随团参加慰问活动。

19 日　农业部和国家安全生产监督管理总局联合下发通知,公布辽宁省长海县等 45 个 2010—2011 年度“全国平安渔业示范县”名单。

农业部办公厅印发《远洋渔船船位监测管理暂行办法》,要求经农业部批准从事远洋渔业生产的渔船安装船位监测设备并纳入农业部远洋渔船船位监测系统。

21 日　国务院办公厅发布河北青崖寨等 28 处新建国家级自然保护区名单,其中包括湖北咸丰忠建河大鲵、四川诺水河珍稀水生动物、陕西太白湑水河珍稀水生生物、广东南澎列岛 4 处水生生物自然保护区。至此,国家级水生生物自然保护区数量达到 20 处。

农业部与康菲石油中国有限公司、中国海洋石油总公司就解决蓬莱 19 - 3 油田溢油事故渔业损失赔偿和补偿问题达成三方协议。根据协议,康菲石油中国有限公司出资 10 亿元,用于解决河北、辽宁等省部分区县养殖生物和渤海天然渔业资源损害损失赔偿和补偿问题。此外,康菲石油中国有限公司、中国海洋石油公司还将从海洋环境与生态保护基金中,分别列支 1 亿元和 2.5 亿元,用于天然渔业资源修复和养护、渔业资源环境调查监测评估和科研方面工作。农业部渔业局局长赵兴武代表农业部签署了三方协议。

25 日　农业部、康菲石油中国有限公司及中国海洋石油总公司对外发布三方就蓬莱 19 - 3 油田溢油事故渔业损失赔偿补偿问题达成协议的消息。

2 月

7 日　农业部和交通运输部举行落实《水上安全管理合作备忘录》定期联席会议。农业部副部长牛盾、交通运输部副部长徐祖远出席会议并讲话。农业部渔业局局长赵兴武、农业部渔政指挥中心主任陈毅德、副局长崔利锋、副主任胡学东参加活动。

8 日　为期 35 天的农业部“百乡万户调查”活动正式启动。农业部渔业局副局长崔利锋带队赴海南开展调查。

13 日　水产标准化委员会及各分技术委员会秘书长会议在北京召开,农业部渔业局副局长李书民出席会议。

15 日　水产养殖禁用药物使用分析评估会在广州召开,农业部渔业局副局长李彦亮出席会议。

农业部办公厅印发《全国渔业科技促进年活动方案》,对 2012 年全国渔业科技促进年活动进行了全面部署和安排。

17 日　农业部水生野生动植物保护办公室组织有关专家对中华白海豚及长江江豚保护行动计划中央财政项目实施方案进行审查。农业部渔政指挥中心副主任肖放出席会议。

农业部渔业局副局长李书民会见日本农林水产省水产厅次长宫原正典率领的访华团。双方就水产品贸易管制、太平洋金枪鱼管理、新型围网作业方式(有囊围网)管制等问题进行了磋商和交流。

20日 经我国政府提名、国际海事组织第106届理事会批准，浙江省温岭籍渔民郭文彪和“浙平渔0158”船长庄传银日前分别获得了“2011年IMO海上特别勇敢奖奖状”和“2011年IMO海上特别勇敢奖表扬信”。

23~24日 全国渔业安全生产暨“平安渔业示范县”创建工作会议在福建莆田召开，会议研究部署全年渔业安全生产工作，并为辽宁省长海县等45个“平安渔业示范县(市、区)”授牌。农业部副部长牛盾和国家安全生产监督管理总局监管二司副巡视员赵瑞华出席会议并讲话，农业部渔业局局长赵兴武主持会议。

25日 2012年全国渔政工作会在江苏南京召开，会议总结了5年来全国渔政执法工作取得的成就，交流了各地渔政管理经验，并对2012年及今后一个时期渔政队伍建设、渔政执法工作等重大问题进行了研究部署。农业部副部长牛盾、农业部渔业局局长赵兴武出席会议并讲话，农业部渔政指挥中心主任陈毅德主持会议。

26日 渔业发展政策座谈会在北京召开，中国农业产业部办公室、国务院研究室、国务院发展研究中心、人民大学、中国农业科学院等单位的领导专家参加。农业部渔业局局长赵兴武主持会议，副局长李书民出席。

3月

1日 《青鱼鱼苗、鱼种》等9项国家标准和《淡水鱼苗种池塘常规培育技术规范》等11项水产行业标准，自即日起陆续实施。

2日 全国水产技术推广工作会议在湖南长沙召开，农业部渔业局局长赵兴武、副局长李书民出席会议并讲话。

2012年东海区渔政管理工作会议在海南海口召开，农业部渔业局副局长崔利锋出席会议并讲话。

5日 农业部渔业局局长赵兴武带队赴海南省就渔港等基础设施建设情况进行调研。海南省海洋与渔业厅厅长赵中社和正在海南调研的农业部渔业局副局长崔利锋等人陪同调研。

5~10日 中俄渔业合作混合委员会第21次会议在吉林省延吉市召开，就黑龙江、乌苏里江、图们江等边境水域水生生物资源养护、签署政府间打击非法水产品贸易协定、中国远洋捕鱼船队重返俄罗斯海域以及水产养殖合作等交换了意见。

10~14日 农业部渔业局副局长李书民赴福建调研虎网作业情况。

12日 广东珠江口中华白海豚国家级自然保护区首次成功救护1头误入广东内河的200千克重的中华白海豚。

13~15日 农业部渔业局局长赵兴武率领由农业部、外交部、公安部等部门组成的联合调研组，赴黄渤海区就涉韩作业渔船管理工作进行深入调研。农业部渔政指挥中心主任陈毅德、副局长崔利锋陪同调研。

16日 农业部渔业局副局长李彦亮赴广西桂林，参加北部湾划界资源调查会。

18日 全国渔业科技促进年活动启动仪式在浙江省三门县举办，农业部渔业局局长赵兴武、副局长李书民出席仪式并讲话。

20日 我国最大淡水湖鄱阳湖中午12时起启动为期3个月的春季禁渔期。期间，在禁渔范围内禁止所有捕捞作业及其他任何破坏渔业资源的渔业生态环境的作业活动。

21日 农业部渔业局副局长李彦亮一行赴上海参加网具标准审定会。

23日 渔业年鉴工作会议在广西北海召开，农业部渔业局副局长李书民出席会议并讲话。

23日至4月3日 农业部副部长牛盾出访非洲博茨瓦纳、马拉维、莫桑比克三国，农业部渔政指挥中心主任陈毅德等陪同出访。

27~30日 农业部渔业局副局长李书民带队赴浙江、福建两省调研虎网作业对渔业资源的影响情况。

28日 农业部副部长张桃林赴鄱阳湖调研春季禁渔、增殖放流和涉渔工程管理等方面的工作。农业部渔业局局长赵兴武陪同。

30日 农业部水生生物自然保护区非法开发建设项目专项执法检查行动启动仪式在辽宁大连和江苏镇江两地同步举行，专项执法行动将在全国范围内开展，为期半年。

农业部渔业局副局长李彦亮一行赴海南海口调研中越渔业协定执行情况。

农业部渔业局副局长崔利锋赴陕西西安参加《渔港条例》起草和“文明渔港”创建标准研讨会。

4月

1日 农业部渔业局、渔政指挥中心会同长江流域渔业资源管理委员会(以下简称长渔委)、珠江流域渔业资源管理委员会(以下简称珠渔委)分别在江苏南京、广西柳州举行长江、珠江流域“护渔行动”暨长江、珠江禁渔期同步执法行动启动仪式。副局长李彦亮出席珠江禁渔启动仪式。

农业部渔业局与中国水产科学研究院(以下简称水科院)在北京召开2012年渔业经济与发展战略重大基础性问题研究项目启动及研讨会，就渔业发展空间与趋势、渔业新兴产业、渔民增收、碳汇渔业等战略性、基础性问题展开深入研讨。副局长李书民出席会议。

3 日 全国政协副主席、九三学社中央副主席王志珍，农业部副部长张桃林，到水科院淡水渔业研究中心泰州试验基地考察刀鲚（俗名刀鱼）、美洲鲥等鱼类人工繁殖情况。

4～7 日 农业部渔业局副局长崔利锋赴上海出席“2012 台湾名品博览会”，并陪同台湾省同行访问东海区渔政局等渔业单位。

5 日 农业部渔业局副局长李书民出席北京市—水科院渔机所科技合作签字仪式。

8 日 南极科学考察船“雪龙”号顺利抵岸，随船的第 28 次南极科学考察队大洋队成员、水科院东海水产研究所陈帅完成南大洋生物生态项目的南极磷虾资源声学调查部分承担工作，顺利归来。

10 日 8 时 30 分，菲律宾一艘军舰以封堵出口方式将我 12 艘琼海籍渔船困于黄岩岛潟湖内。农业部部署“中国渔政 303”紧急赶往黄岩岛海域开展护渔行动。经外交部门交涉和渔政船现场解救，菲方舰艇于 16 时 50 分停止无理封堵行为，驶离该海域，我被困 12 艘渔船及船上 154 名船员全部安全。

黄河流域渔业资源管理委员会会议在山西太原召开。农业部渔业局副局长、黄渔委副主任委员李彦亮出席会议并讲话。

农业部渔业局组织召开印度尼西亚远洋渔业项目工作会议，农业部渔业局副局长崔利锋出席会议。

10～12 日 农业部渔政指挥中心在上海组织召开了渔业通信和信息化标准体系建设、渔业制式电台管理两项研究课题启动会。副主任居礼出席会议。

11 日 农业部国际合作工作会在北京召开，农业部渔业局局长赵兴武、农业部渔政指挥中心主任陈毅德、副局长崔利锋出席会议。

农业部渔业局会同全国水产技术推广总站和中国休闲垂钓协会，成立了推进休闲渔业发展工作组，研究推进休闲渔业发展有关工作。

12 日 国家星火计划重大项目——三峡地区（重庆）特色水产业关键技术集成及产业化启动暨重庆市水产产业技术创新战略联盟成立大会在重庆市万州区召开。

内陆最大的集海水产品品种培育、养殖、研发为一体的高新科技水产养殖基地正式落户重庆（江津）现代农业园区。该项目总投资 3 亿元，建设占地 60 余公顷。

为贯彻落实党的十七届三中全会“扶持和壮大远洋渔业”重要精神及《中华人民共和国国民经济和社会发展第十二个五年规划纲要》中的要求，农业部向国务院报请审定《农业部关于促进远洋渔业持续健康发展的意见》。

13 日 农业部渔业局副局长陈毅德出席海峡两岸农业交流协会第三次会员代表大会。

农业部发布公告：第四届全国水产原种和良种审定委员会第四次会议审定通过的松浦红镜鲤等 9 个品种为适宜推广品种。

13～16 日 农业部部长韩长赋出席在韩国济州岛召开的中日韩农业部长会议，农业部渔业局局长赵兴武陪同。

15 日 农业部三年渔政执法培训计划在北京启动，全国各地渔政执法业务骨干共 246 名学员参加了学习，副部长牛盾出席活动并为学员上第一课。

16 日 农业部副部长牛盾在农业部会见俄罗斯渔业署署长卡利亚尼一行，并就两国渔业合作问题举行会谈。农业部渔业局副局长崔利锋参加会谈。

18～19 日 农业部渔政指挥中心和外交部边界与海洋事务司共同召开 2012 年度西沙海域渔业联合监管机制和北部湾渔业海上联合监管机制会议，公安部、国家安全部、总参谋部、海军等部门派员参加。

19 日 黄渤海区渔政工作会在江西南昌召开，农业部渔政指挥中心副主任居礼出席会议并讲话。

韩国法院对中国渔船船长涉嫌刺死韩国海警案宣判，中国船长程大伟被判处 30 年有期徒刑，罚款约 11.2 万元。

20 日 第十三次中日渔业联合委员会会议召开，就 2012 年 1 月 1 日至 2013 年 5 月 31 日期间执行《中日渔业协定》有关问题达成协议，其中，为解决近年来因渔委会召开时间晚、渔民上半年不能作业的实际问题，渔期由自然年度调整为 6 月 1 日至翌年 5 月 31 日。农业部渔业局局长赵兴武、副局长李书民赴日出席会议。

21 日 针对连续发生的洞庭湖长江江豚死亡现象，农业部与相关部门紧急磋商，并会同湖南岳阳市人民政府在当地召集专家分析原因，研究保护对策。

22 日 长江渔民生存状况与补偿机制政策理论研讨会在北京召开，会议介绍了当前长江流域水生生物资源情况、渔民生存状况、水生生物资源养护形势和挑战以及渔民补偿机制的初步设想。农业部渔业局局长赵兴武出席会议并讲话。

23 日 韩国南海地方海洋警察厅致电东海区渔政局，对克服恶劣海况、及时成功救助 10 名韩籍海上遇险渔民的浙江省温岭籍渔船“浙岭渔 20198”船长及全体船员表示感谢。

23～25 日 全国渔船检验工作会议在河北唐山召开，

会议总结了2011年全国渔船检验工作，部署下一阶段重点任务，农业部渔业船舶检验局局长柳正出席会议并发表讲话。

24日 全国水产品质量安全监管工作会议在广西南宁召开，农业部渔业局局长赵兴武出席会议并讲话，副局长李彦亮主持会议。

24～25日 农业部渔业局副局长崔利锋赴江苏开展渔船捕捞许可工作调研，主持召开渔船和捕捞许可管理有关问题研讨会，并出席在南京召开的2011年度远洋渔业资源探捕项目实施情况验收总结会和金枪鱼渔业工作组会议。

25日 全国都市现代农业现场交流会在上海举行，农业部渔业局局长赵兴武出席。

26日 农业部、陕西省人民政府在陕西省汉中市举办汉江鱼类增殖放流活动，共向汉江投放鲢鱼、鳙鱼等230万尾。农业部副部长牛盾出席并讲话。农业部渔业局副局长李彦亮主持活动仪式。

农业部党组成员张玉香、渔业局局长赵兴武一行参观上海松江区三泖标准化水产养殖场。

5月

3日 中国长江流域渔业资源管理委员会和美国大自然保护协会大河伙伴项目在北京签订关于建立“长江—密西西比河”绿色合作伙伴关系的意向书。东海区渔政局局长李富荣代表中方签字，农业部渔业局局长赵兴武出席签字仪式。

8日 2012年中美渔业执法工作会议在浙江杭州举行，中美代表总结双方联合打击北太平洋大型非法流网作业经验，研究确定2012年中美渔业联合执法计划。

10日 农业部办公厅、国家安全监管总局办公厅联合下发《关于深入开展“文明渔港”创建活动的通知》，决定开展“文明渔港”创建活动，并组织2012年第二批“全国文明渔港”考核评定工作。

10～11日 军队与中国渔政海上执法行动协调机制会议在浙江召开，农业部渔政指挥中心主任陈毅德出席会议。

11日 农业部水产养殖病害防治专家委员会成立大会在北京举行，54名来自相关科研、教学、推广和行政单位的专家组成首届委员会。农业部渔业局副局长李彦亮出席大会。

11～15日 黄渤海区渔政局与韩国农林水产食品部西海渔业指导事务所互派3名渔业执法公务员乘船执法交流。此次执法交流中方渔政船累计航行40小时，航程520海里。

14日 农业部部长韩长赋会见智利农业部部长马约尔一行，双方就加强中智人员交流、科研合作、扩大渔业领域合作等方面进行广泛深入讨论。农业部渔业局局长赵兴武陪同会见。

15～16日 农业部渔业局副局长李书民出席在辽宁省盘锦市举办的2012年水产科技活动周启动仪式，并调研辽宁省鞍山市休闲渔业。

16～18日 农业部渔业局副局长崔利锋参加在浙江杭州举行的中日海洋事务磋商，并调研浙江渔业油价补贴政策实施情况。

18日 2012年渔业博览会在浙江省舟山市举办，农业部渔业局局长赵兴武出席渔博会并考察舟山水产市场建设情况。

9时40分，越南3艘军警船在南沙海域（我传统疆界线内）驱赶我两艘广西籍渔船。我方开展近5个小时救援工作，越南方面停止追赶行为。

19日 首届中国鱿鱼产业大会在浙江舟山举行，农业部渔业局局长赵兴武出席大会并讲话，副局长崔利锋陪同出席。

20日 经农业部与外交部、公安部等部门积极配合、共同努力，促使朝方放回我被抓扣的“辽丹渔23536”、“辽丹渔23979”和“辽丹渔23528”等3艘渔船及29名渔民。

21日 农业部文明单位考核组就创建“农业部文明单位”工作对农业部渔业局进行考核，局长赵兴武作了汇报，其他局领导班子成员全部出席。

23日 渔业资源生态补偿经验交流会在云南省丽江市召开，农业部副部长牛盾出席会议并作重要讲话，农业部渔业局副局长李彦亮主持会议。

23～24日 中国渔船装备技术发展论坛在江苏南京开幕，农业部党组成员张玉香出席论坛并讲话，渔业局局长赵兴武、船检局局长柳正陪同出席。

23～26日 农业部渔业局副局长李书民赴重庆调研大水面增养殖、鱼稻共生、鱼菜共生等渔业技术。

24日 5月14日，韩国颁布新修订的《对大韩民国专属经济区管理水域的外国人渔业活动行使主权的相关法律》，根据相应法律，韩方将大幅提高违规渔船的罚款额度，并没收渔具和渔获物。为提醒广大渔民，避免我国渔船在相关水域违规作业成本大大增加现象，农业部办公厅下发《关于入渔韩国专属经济区管理水域有关问题的通知》，进一步加强入渔渔船管理工作。

25日 以农业部渔业局副局长崔利锋为团长的中方代表团与以副国务秘书长米格尔·巴斯塔门特为团长的阿根廷代表团在北京就远洋渔业和水产养殖合作问题进行了会谈。

26日　农业部渔业局局长赵兴武出席北京密云水库渔业增殖放流活动。

28日　农业部渔业局副局长李书民出席在河北省海兴县召开的"水产科技扶贫——盐碱地水产养殖项目"苗种赠送活动。

29日　《全国水产技术推广工作"十二五"规划》以农业部办公厅名义印发,规划明确了"十二五"期间我国水产技术推广的主要目标和重点任务。

中国远洋渔业协会第一届会员代表大会在北京举行。会议选举农业部副部长牛盾为会长,农业部渔业局局长赵兴武和农业部渔政指挥中心主任陈毅德为副会长。当天,中国远洋渔业协会成立大会在人民大会堂举行。国务院副总理回良玉发来贺信,农业部部长韩长赋出席大会并致辞,副部长牛盾主持会议。

30日　农业部渔政指挥中心指挥处获"青年文明号"荣誉称号,渔业局、渔政指挥中心举行"青年文明号"揭牌仪式。局长赵兴武出席揭牌仪式并讲话,主任陈毅德主持仪式。

6月

1日　当日12时起,我国北纬35°以北的渤海和黄海海域进入为期3个月的伏季休渔期;同时,南海海域北纬12°至"闽越海域交界线"(含北部湾)也进入为期2个月的伏季休渔。

4日　农业部和环渤海地区的河北、辽宁、天津、山东省(直辖市)人民政府分别在秦皇岛市、绥中县、滨海新区、蓬莱四地同步举行2012渤海生物资源修复放流活动。农业部副部长牛盾、农业部渔业局局长赵兴武、副局长李彦亮出席了河北秦皇岛主会场的活动;农业部党组成员张玉香、农业部渔政指挥中心主任陈毅德、副主任肖放分别出席山东、天津、辽宁三个分会场的活动。

5~6日　农业部渔业局副局长陈毅德在山东调研伏季休渔工作情况,并看望农业部渔业局、农业部渔政指挥中心在山东挂职的两位干部。

5~7日　农业部渔业局副局长崔利锋出席在新疆召开的联合国粮农组织研讨会,并对博尔塔拉蒙古自治州渔业进行了调研。

7日　农业部渔业局、中国农林水利工会、中国渔业协会在全国总工会召开联席会议,农业部渔业局副局长李书民出席。

国务院副秘书长丁学东主持召开研究蓬莱19-3油田溢油事故调查处理后续有关工作的会议,农业部渔业局副局长李彦亮带队参加。

7~8日　农业部渔政指挥中心主任陈毅德赴大连参加农业部、外交部召开的周边涉外渔业管理工作会议。

7~9日　农业部渔政指挥中心副主任肖放带队到陕西汉中、安康检查陕西省2010—2011年中央财政下达濒危物种增殖放流资金使用和工作开展情况。

8日　2012年世界海洋日活动在北京举行,农业部渔业局副局长李书民出席活动。

世界贸易组织(WTO)裁定美国在对华输美暖水虾进行的反倾销调查中使用"归零"方法计算倾销幅度,不符合WTO规则,我国获得全面胜诉。

10~15日　中国远洋渔业协会与朝鲜胜利会社就朝鲜东部海域捕捞合作项目事宜举行会谈并达成协议。

11日　海洋渔业发展战略研究工作会议在北京召开,外交部、科技部、工业和信息化部、财政部、国土资源部、交通运输部、国家海洋局、总参谋部及海南省政府等派代表出席会议。会议由国家发展和改革委员会副主任杜鹰主持,农业部副部长余欣荣带队出席会议。

农业部致函河北、辽宁两省人民政府,部署加快推进蓬莱19-3油田溢油事故养殖渔业损失赔偿补偿资金发放工作。

11~13日　农业部渔业局副局长李书民赴福建、上海两地调研鳗鱼资源保护与人工繁殖情况。

11~15日　农业部党组成员张玉香赴澳门、香港两地出席渔民团体活动,农业部渔业局副局长李彦亮陪同。

12日　国务院法制办副主任安建、财政金融司司长刘长春一行到中国渔业互保协会进行《农业保险条例》立法专题调研,农业部副部长陈晓华、农业部渔业局副局长崔利锋等领导陪同调研。

12日　农业部在北京召开朝鲜项目协调会,部署2012年朝鲜东部海域远洋渔业项目相关工作。

14日　农业部负责组织实施的"十二五"国家科技支撑计划"淡水养殖品种选育及规模化繁育技术研究与示范"和"海洋重要生物资源养护与环境修复技术研究与示范"两个项目在江苏省无锡市正式启动实施。渔业局副局长李书民出席仪式。

15日　农业部办公厅发布《关于加强朝鲜东部海域远洋渔业项目管理的通知》,对2012年朝鲜东部海域远洋捕捞合作项目进行了部署。

2013年远洋渔业探捕项目立项专家评审会在北京举行。农业部渔业局副局长崔利锋出席会议并讲话。

18日　中国渔船入渔阿根廷水域协调会在浙江杭州举行。农业部渔业局副局长崔利锋出席并讲话。

19~21日　农业部渔业局副局长李彦亮赴河北、辽宁两省督查19-3溢油渔民赔偿执行情况。

20日　全国渔业政策性保险试点工作会议在江苏省

连云港市召开,国务院法制办、辽宁等7个试点省渔业行政主管部门、中国渔业互保协会有关人员参加会议,农业部渔业局副局长李书民出席会议。

24日至7月5日 根据《中华人民共和国海洋渔业船员发证规定》,应中国农业发展集团公司邀请,农业部渔业局组织人员赴中国水产总公司西非远洋渔业基地进行船员培训并组织考试,副局长崔利锋带队参加相关活动,并对远洋渔业发展和船员管理情况进行调研。

26日 2012年黑龙江嫩江增殖放流活动举行,农业部副部长牛盾出席活动并讲话,农业部渔业局局长赵兴武主持活动仪式,副局长李彦亮陪同出席。

28日 农业部、公安部、海关总署联合在北京举行水生野生动物保护专项执法启动仪式,2012年为期半年的联合执法行动开始。农业部渔政指挥中心副主任肖放出席仪式。

海洋渔业发展战略研讨会在北京召开,农业部渔业局局长赵兴武主持会议。部分沿海重点省海洋渔业厅(局)长、海区渔政局局长参加。

7月

3~4日 农业部渔业局副局长李彦亮一行到陕西延安调研当地渔业发展及新农村建设情况,并看望农业部在延安挂职同志。

6日 农业部渔政指挥中心副主任居礼到上海复兴岛渔政码头迎接并慰问完成南海海域护渔维权任务归来的中国渔政201船全体将士。

7日 第九届全国政协副主席、中国工程院原院长宋健院士视察黄海水产研究所,国家首席兽医师于康震、农业部渔业局局长赵兴武等陪同视察。

8日 农业部直属部门渔业援疆工作座谈会在乌鲁木齐市召开,农业部渔业局副局长李彦亮出席会议并讲话。

9日 农业部捕捞渔具(海洋)专家委员会2012年第二次工作会议在甘肃兰州召开,会议对增补、归类后的84种渔具(30种准用、13种禁用以及41种过渡)逐一进行审核。

"中国渔政202、204、35001、33001"船组成渔政船编队启航赴钓鱼岛海域执行伏季休渔管理等巡航执法任务。

10日 农业部副部长牛盾主持召开在京直属渔业单位2012年上半年工作汇报会。渔业局、渔政指挥中心、船检局、中国水产推广总站和水产学会分别汇报了上半年工作情况和下半年工作打算。

11日 2012年中国航海日大会在江苏南京举行,农业部副部长牛盾出席活动。南海区渔政局、辽宁省大连海洋渔业集团公司等15个单位或个人荣获大会颁发的"航海文化贡献奖"。

12日 农业部办公厅印发《全国渔业互助保险发展十二五规划(2011—1015)》。

海南省三亚港,30艘渔船自发组成捕捞船队,分2个编队6个小组,启程前往南沙捕捞作业。该航次作业时间约20天,生产地点在北纬10°永暑礁附近海域。

13日 中国水产流通与加工协会第五届全国会员代表大会在北京召开,会议圆满完成各项预定议程,选举产生新一届理事会,农业部党组成员张玉香当选会长。农业部副部长牛盾出席大会并做重要讲话,农业部渔业局局长赵兴武陪同出席。

13~14日 "三北"及沿黄地区低洼盐碱荒地渔业开发现场会在内蒙古自治区达拉特旗召开。农业部渔业局副局长李彦亮出席会议并讲话。

15日 国家发改委副主任杜鹰主持召开海洋渔业发展战略研究工作会议,研究工作方案。农业部副部长牛盾带队出席会议。

16~19日 农业部渔业局副局长崔利锋带队就远洋渔业发展问题赴广东和福建两省进行调研,并召开座谈会。

17日 农业部副部长牛盾出席由农业部和宁夏回族自治区人民政府在宁夏贺兰段共同举办的2012年黄河渔业资源增殖放流活动。农业部渔业局局长赵兴武、副局长李彦亮陪同。

19日 农业部东海区渔政局所属中国渔政202船和黄渤海区渔政局所属中国渔政118船编队分别从上海、威海出发,赴北太平洋执行为期一个月的公海渔政巡航管理任务,其中包括与美国海岸警备队执法船RUSH号开展为期6天的联合巡航。

我国首家全国渔业验船师培训基地——厦门海洋职业技术学院通过资质认定审查。

21日 农业部部长韩长赋出席在黑龙江省佳木斯市举办的2012年松花江生物增殖放流活动。副部长牛盾陪同出席,总经济师陈萌山主持仪式,渔业局局长赵兴武、副局长李彦亮一同出席。

22~27日 中国农林水利工会与农业部渔业局、中国渔业协会组成联合调研组,由渔业局副局长李书民带队,赴辽宁大连和山东烟台进行渔民权益维护专题调研。

24日至8月4日 中国农业科技十年发展成就展在全国农业展览馆举行,水科院组织的水产优良新品种、渔业装备工程、远洋渔业、水产病害防控、水产品加工等多领域12项自主创新成果入选参展。

25～26 日 农业部渔业局副局长李彦亮一行赴江西考察水科院珠江水产研究所与江西共创的草鱼出血病无疫区建设情况。

27 日 7 月下旬以来，我国北方部分地区遭遇强暴雨袭击，第 8 号台风“韦森特”在我国东南沿海登陆。为切实做好水产养殖防灾减灾及灾后复产工作，农业部办公厅下发《关于做好水产养殖防灾减灾和灾后复产工作的通知》。

31 日 针对浙江等地已发生多起因食用织纹螺引致的中毒事件，农业部办公厅下发《关于加强贝类产品质量安全监管的紧急通知》，要求各地加强重点贝类产品毒素监测管理、贝类安全消费知识宣传，并配合有关部门做好突发事件处理。

8 月

1～2 日 农业部渔政指挥中心主任陈毅德带队调研福建省渔政队伍建设工作。

2 日 农业部渔业局副局长崔利锋带领农业部渔业防台风工作检查组赴江苏、山东两省，检查、指导开展防抗第 10 号台风“达维”工作。

以船为家渔民上岸安居工作座谈会在北京召开，各有关省（自治区、直辖市）渔业主管部门派代表出席会议，农业部渔业局副局长李书民出席会议并讲话。

6 日 农业部副部长牛盾、渔业局副局长陈毅德一行到渔业船舶检验局宣布人事任命：李杰人同志担任船检局局长。

7～8 日 中国—印度尼西亚渔业双边会谈在印尼巴厘岛召开，农业部渔业局副局长崔利锋率团与印试尼西亚代表团就签订两国渔业合作协议进行了会谈。

7～10 日 农业部渔业局副局长李书民调研海南、山东两省海洋渔业装备情况。

8 日 在农业部与外交部、我驻哈巴罗夫斯克总领馆的协调下，7 月间被俄方抓扣的我 4 艘渔船 65 名渔工，于当日 13 时 50 分由东宁口岸回国。

9 日 2012 年中蒙界湖贝尔湖渔业资源增殖放流活动举行，农业部副部长牛盾出席活动并讲话，农业部渔业局副局长陈毅德陪同出席。

11 日 中越北部湾渔业联合委员会第九届年会在越南胡志明市举行，与会双方对上年度合作协定执行情况进行了回顾和评价，并就 2012—2013 年度北部湾共同渔区渔船安排、开展共同渔区资源联合调查、海上联合执法检查等问题达成一致。农业部渔业局局长赵兴武出席会议。

13～19 日 由农业部、外交部、国土资源部、交通运输部和国家海洋局组成的海洋渔业发展战略调研组赴广东、福建、广西开展调研。农业部副部长牛盾参加了广东省的调研活动，农业部渔业局局长赵兴武全程参加了三省（自治区）调研。

14 日 中共中央政治局常委、国务院总理温家宝在浙江调研经济运行情况期间，来到长兴县洪桥镇橡树下村，实地视察了洪桥省级现代渔业示范区。

15 日 中国渔政 202 船与中国渔政 118 船编队顺利将涉嫌在北太平洋公海非法从事大型流网作业的无国籍渔船“DA CHENG”号押送到浙江省舟山市沈家门港。该船在中美渔业海上联合执法行动中被查获，船上 27 人均为中国公民（大陆 26 人，台湾省 1 人）。

农业部渔业局、渔政指挥中心、南海区渔政局在海南省琼海市潭门镇举行黄岩岛护渔维权渔民座谈会，副主任居礼出席会议并代表农业部向参加南海护渔维权的渔民表示了亲切慰问。

15 日 2012 年澜沧江水生生物资源增殖放流行动在西双版纳傣族自治州景洪市澜沧江举行，农业部副部长牛盾出席活动并讲话，农业部渔业局副局长李彦亮陪同出席。

16 日 农业部渔政指挥中心副主任居礼带队前往海南省检查、指导防抗第 13 号台风“启德”工作。

农业部党组成员、驻部纪检组组长朱保成一行到农业部东海区渔政局视察指导。

18 日 首届全国水生野生动物保护摄影大赛暨 2012 年长江胭脂鱼增殖放流活动启动仪式在安徽省无为县举行，农业部渔政指挥中心副主任肖放出席仪式。

24 日 农业部渔业局副局长李书民与日本农林水产省水产厅次长宫原正典会谈。

《南太平洋公海渔业资源养护和管理公约》正式生效，我国参与了公约谈判并签署公约。

27 日 国务委员兼国务院秘书长马凯、中央机构编制委员会办公室（以下简称中编办）主任王东明、副主任王峰一行赴江苏南通调研，在中国渔政 201 船上听取了东海区渔政局关于中国渔政主要职责、机构编制、执法力量、运行情况及与相关部门协调配合情况的汇报。

28 日 海洋渔业装备发展座谈会在北京举行，会议听取了远洋渔船、渔政船、资源调查船等渔业装备现状与需求情况汇报，交流了渔业装备研发、设计与建造情况，提出了渔业装备升级更新政策建议。农业部渔业局副局长李书民出席会议。

28～30 日 农业部渔政指挥中心副主任肖放带队对长江上游珍稀特有鱼类国家级自然保护区贵州江段的仁怀县、习水县、赤水市进行检查。

29 日 海洋渔船更新改造工作会在辽宁大连举行，农业部渔业局局长赵兴武、副局长崔利锋、李书民出席。

29～31 日 农业部渔政指挥中心主任陈毅德赴湖北考察调研渔政队伍建设情况。

31 日 农业部下发通知，部署开展长江流域渔政专项执法护渔行动，行动于 9 月开展，任务主要包括查处电炸毒鱼等有害作业方式、取缔非法从事渔业生产的"三无"船只等。

9 月

4 日 北纬 35°线伏季休渔联合执法启动仪式在江苏省连云港市举行，黄渤海、东海区 10 艘渔政船参与行动，为期两周。

4～7 日 涉外渔业及海事专家组研讨会在西藏林芝地区召开，农业部渔政指挥中心主任陈毅德、副主任胡学东出席研讨会。

5 日 农业部办公厅发布《关于加强印度洋作业渔船海盗防范工作的通知》，要求加强印度洋作业渔船海盗防范和安全保卫工作。

5～6 日 农业部渔业局局长赵兴武出席在香港举办的世界第十届海产峰会并发表讲话。

6 日 农业部渔业局副局长崔利锋出席《联合国海洋法公约》签署 30 周年纪念会并讲话。

7 日 农业部会同外交、公安、人力资源和社会保障、交通运输等部及部分省市渔业主管部门、远洋渔业企业召开远洋渔业外籍船员管理工作座谈会。农业部渔业局副局长崔利锋主持会议。

10 日 农业部渔业局副局长崔利锋、李书民赴海南调研渔船更新改造项目。

11 日 农业部渔政指挥中心主任陈毅德会见来访的美国海岸警备队太平洋区司令保罗·楚孔夫特中将一行，双方就中美渔业联合执法相关内容进行了深入讨论。

11～14 日 2012 年度第一次产地水产品质量安全会商会在湖北武汉召开，农业部渔业局副局长李彦亮出席会议。

13～14 日 中国印度尼西亚渔业合作双边会谈在福建福州举行，双方就两国部门渔业合作谅解备忘录文本交换了意见，并就文本主要内容达成一致。农业部渔业局副局长崔利锋出席会谈。

14 日 两岸渔业合作会谈在福建福州举行，双方就加强渔业执法管理、资源养护等方面的合作达成共识。农业部渔政指挥中心主任陈毅德出席会谈。

14～16 日 农业部渔业局副局长李书民赴浙江参加淡水渔业政策研讨会。

15 日 2012 海峡（福州）渔业周暨第七届海峡（福州）渔业博览会在福州隆重开幕。国家首席兽医师于康震出席活动并宣布开幕，农业部渔业局副局长陈毅德陪同出席。

16 日 第十五届中国开渔节开幕式暨开船仪式在浙江象山石浦港举行。农业部渔业局局长赵兴武出席活动。

17 日 中国缅甸渔业会在北京召开，农业部副部长牛盾出席会议，农业部渔业局副局长崔利锋陪同出席。

18 日 农业部渔业局副局长崔利锋出席中国—印度尼西亚海上合作技术委员会会议。

19 日 中国渔政管理指挥系统运行维护工作座谈会在江西南昌召开，农业部渔政指挥中心副主任肖放出席会议并讲话。

23 日 长江流域渔业资源管理委员会与世界自然基金会在上海举行双方第三轮五年（2012—2017 年）合作备忘录签字仪式。

农业部部长韩长赋致电钓鱼岛海域护渔巡航全体渔政人员，向他们致以诚挚问候和国庆、中秋的节日祝福。

25 日 农业部、住房和城乡建设部联合下发通知，部署开展以船为家渔户居住情况摸底调查工作。

25 日至 10 月 6 日 农业部副部长牛盾出席在老挝召开的东盟 10+3 农业部长会议，并访问尼泊尔、朝鲜两国。农业部渔业局副局长李书民全程陪同。

27 日 山东十大渔业品牌产品推介盛会在北京举办，农业部党组成员、中国水产流通与加工协会会长张玉香，渔业局局长赵兴武出席推介会。

全国渔业通信和无线电管理暨渔业通信专家组和信息化专家组换届工作会议在陕西西安召开，农业部渔政指挥中心副主任肖放出席会议。

27～28 日 鱼类种子工程与可持续发展科技论坛在山东青岛召开，农业部副部长张桃林出席大会并讲话，农业部渔业局副局长崔利锋陪同出席。

28 日 中国水产学会第九次全国会员代表大会在江西省南昌市召开，农业部渔业局副局长李书民出席会议。

28 日 中国淡水产品交易中心授牌签约仪式暨湖北名优水产品推介会在北京隆重举行。农业部副部长陈晓华出席推介会并讲话，农业部渔业局副局长李彦亮陪同出席。

29 日 钓鱼岛海域护渔巡航第一阶段工作总结会议在浙江省温州市召开，农业部渔政指挥中心副主任居礼出席会议并讲话。

10 月

9 日　2012 年新式渔政制服换装仪式举行，农业部渔业局、渔政指挥中心和船检局全体人员参加。部长韩长赋、副部长余欣荣出席仪式并讲话，副部长牛盾主持仪式。

11 日　全国水产技术推广站长座谈会在北京召开，农业部渔业局副局长李书民出席并讲话。

11～12 日　中韩渔业联合委员会第十二届年会及 2012 年中韩渔业高级别会议在韩国济州岛召开。农业部渔业局局长赵兴武作为中方代表团团长出席会议，并应邀参加济州岛增殖放流活动。副局长崔利锋一同出席。

12 日　农业部渔业局副局长李书民出席水科院渔业发展战略研究中心成立大会。

12～13 日　农业部渔业局副局长李彦亮带队到山东泰安调研泰山螭霖鱼保护发展情况和原良种体系建设工作。

13 日　农业部渔业局副局长崔利锋赴上海出席第五届海洋生物高技术论坛，并应邀作《我国远洋渔业发展展望》的报告。

首艘中国自主研发建造、被科技部纳入“863”高科技攻关计划的大型金枪鱼围网船“金汇 8”开赴中西部太平洋公海。

上海海洋大学远洋渔业学院、国家远洋渔业工程技术研究中心暨海洋捕捞协调创新中心在上海海洋大学成立并揭牌，农业部渔业局副局长崔利锋出席揭牌仪式。

16 日　国家发改委副主任杜鹰主持召开海洋渔业发展战略研究工作，听取各专题研究组研究报告，研究部署下一步推进工作。农业部副部长陈晓华带队出席会议。

农业部副部长牛盾一行在山东省副省长贾万志陪同下，到山东省海洋与渔业厅座谈调研渔业工作。

17 日　《渔业 CDMA 移动通信系统及卫星系统合作协议》和《渔政船船载移动通信系统赠送协议》签字仪式在北京举行，农业部副部长牛盾、中国电信集团公司总经理杨杰出席签字仪式。农业部渔业局局长赵兴武、农业部渔政指挥中心主任陈毅德、副主任肖放陪同出席。

17～18 日　以主题为渔业资源可持续利用与生态环境修复的 2012 水产科技论坛在上海举行，来自美国、加拿大、日本、韩国以及中国等 5 个国家的近 170 位专家学者参加论坛。农业部渔业局局长赵兴武出席论坛。

18 日　中国黄河鱼类增殖放流活动在陕西省延川县延水湾镇黄河岸边举行，农业部渔业局副局长李彦亮出席放流活动。

20 日　农业部渔政指挥中心主任陈毅德一行赴上海亲切慰问中国渔政东海总队渔政将士们，并就钓鱼岛护渔维权工作进行了专题调研。

22 日　《渔业船舶登记办法》经 2012 年农业部第 10 次常务会议审议通过，当日以农业部令公布，该《办法》自 2013 年 1 月 1 日起施行。

渔业污染事故调查处理工作会议和南海休渔制度调查座谈会在海南召开，农业部渔业局副局长李彦亮出席会议并讲话。

23 日　农业部渔业局联合南海区渔政局、海南省海洋与渔业厅及三沙市人民政府，在西沙永兴岛举行西沙渔业资源增殖放流活动。农业部渔业局副局长李彦亮出席并讲话，南海区渔政局局长吴壮主持活动。

23～24 日　农业部渔政指挥中心副主任居礼带队赴广东、海南调研三沙渔业发展和渔船建造情况。

25 日　2012 年东海区及长江流域渔民民生与渔业发展座谈会暨第三届东海渔业论坛在江苏省南通市召开。农业部副部长牛盾出席并致辞。

25～26 日　农业部渔业局邀请有关专家在北京召开 2013 年南极海洋生物资源开发利用项目、远洋渔业资源探捕项目、海洋捕捞生产结构调查项目评审会。

26～27 日　农业部副部长牛盾赴江苏苏州、无锡等地调研现代渔业发展情况，农业部渔业局副局长崔利锋陪同调研。

2012 年内陆水域渔政执法工作座谈会在云南昆明召开，农业部渔政指挥中心副主任居礼出席并讲话。

28～29 日　农业部渔政指挥中心主任陈毅德一行到农业部渔业局和渔政指挥中心基层联系点——山东省荣成市渔政监督管理站、荣成市海宇渔业有限公司调研。

29～30 日　渔业船员管理制度建设研讨会在四川成都举行，农业部渔业局副局长崔利锋参加研讨并讲话。

31 日至 12 月 1 日　农业部渔业局副局长李书民赴大连参加大连渔业协会换届大会并对该市渔船更新改造项目进行调研。

11 月

2 日　农业部副部长牛盾、农业部渔业局局长赵兴武、农业部渔政指挥中心主任陈毅德、船检局局长李杰人等领导到东海区渔政局视察工作，并赴中国渔政东海总队亲切慰问了一线渔政执法人员。

3日 上海海洋大学举行百年校庆,农业部副部长牛盾出席活动并讲话,农业部渔业局局长赵兴武陪同出席。

5日 全国水产品加工业发展促进工作会议在大连召开,农业部副部长牛盾出席并作重要讲话。农业部渔业局局长赵兴武陪同出席,副局长李彦亮主持会议。

6日 农业部渔业局副局长崔利锋参加与日本水产次长会谈远洋合作问题。

7日 农业部渔业局局长赵兴武赴大连会见阿根廷副国务秘书,副局长崔利锋陪同出席。

农业部发布《关于促进远洋渔业持续健康发展的意见》,对"十二五"及未来一段时期我国远洋渔业发展的目标、重点和措施作出了整体部署。

8日 《渔业船舶水上突发事件应急预案》正式印发施行。

9日 农业部渔业局副局长崔利锋在北京主持召开西南大西洋公海拖网项目座谈会。

11日 长江江豚资源调查行动在武汉启动,将持续7周对长江宜昌至上海段干流进行往返调查。

12~15日 农业部和国家安全监管总局组织联合考核小组,赴沿海省份开展"文明渔港"考核,农业部渔业局副局长崔利锋及国家安全监管总局二司副司长官山月带队赴浙江、福建两省进行考核,并开展渔业安全生产督查。

13~15日 重大水生动物疫病专项监测会在安徽合肥召开,农业部渔业局副局长李彦亮出席会议。

14日 全国渔业科技促进年稻田综合种养技术示范标志性活动总结会在湖北武汉召开,农业部渔业局副局长李书民出席会议并讲话。

农业部和交通运输部举行落实《水上安全管理合作备忘录》定期联席会议。农业部副部长牛盾、交通运输部副部长徐祖远出席会议并讲话,农业部渔政指挥中心主任陈毅德、副主任胡学东和部船检局局长李杰人陪同出席。

15日 农业部渔业局副局长李书民带队到江苏调研"万船更新改造"情况。

16日 农业部办公厅印发《关于加强远洋渔船更新建造管理工作的通知》,决定对远洋渔船建造规模和速度进行适度控制,以促进远洋渔业规范、有限、健康发展。

17~19日 第三届海峡两岸三地鲸类研究和保护交流会在南京师范大学举行,来自两岸三地的88名鲸类生物学家和保护工作者参加了交流会。

20日 朝鲜东部海域项目总结会在山东省威海市召开,农业部渔业局副局长崔利锋出席并讲话。

26日 农业部副部长牛盾到山东省烟台市调研海洋渔业工作,农业部渔政指挥中心主任陈毅德陪同调研。

27日 全国渔政执法技能比武总决赛暨渔政队伍建设年活动总结大会在山东省烟台市举行。农业部副部长牛盾,山东省副省长贾万志,农业部渔业局局长赵兴武,渔业局副局长、渔政指挥中心主任陈毅德等领导出席活动。

水产健康养殖执法示范工作总结会在山东临沂召开,农业部渔政指挥中心副主任居礼出席会议并讲话。

《全国海洋捕捞渔具目录》审定会议在广州召开。农业部渔业局副局长李彦亮出席会议。

28日 辽宁渔船"辽大金渔养81388"发生水上安全事故,船上16人失踪。据调查结果,该养殖渔船涉嫌擅自改变作业性质和非法载客。农业部高度重视,当日下发明电,要求各地加强渔船安全检查,尤其强调严格禁止渔船非法载客行为。

涉外渔业事件应急处置和调查座谈会在北京召开,农业部渔政指挥中心主任陈毅德出席会议并讲话,副主任胡学东一同出席。

29日 全国水产种业建设和苗种生产监管工作会议在广东省湛江市召开,农业部渔业局局长赵兴武出席会议并讲话,副局长李彦亮一同出席。

30日 "全国文明渔港"评审委员会评审确定了第二批17个"全国文明渔港"建议名单。农业部渔业局副局长崔利锋主持评审,农业部渔政指挥中心副主任胡学东出席。

中国渔业协会南海渔业分会成立大会暨揭牌仪式在广州召开,农业部副部长牛盾、广东省副省长刘昆出席并为分会成立揭牌。农业部渔业局局长赵兴武主持成立大会暨揭牌仪式。

第四届全国水产标准化技术委员会第二次全体委员会议在北京召开,农业部渔业局副局长、全国水产标准化技术委员会主任委员李书民出席会议并讲话。

12月

1日 中日、中韩和中越北部湾渔业协定执行工作交流会在广州召开,农业部渔政指挥中心副主任居礼出席会议并讲话。

3日 农业部办公厅公布第一批111家全国休闲渔业示范基地名单。

4日 辽东湾渤海湾莱州湾国家级水产种质资源保护区管理工作座谈会在天津召开,农业部渔业局副局长李彦亮出席会议并讲话。

农业部发布《关于促进休闲渔业持续健康发展的指导意见》。

4～5 日 第六次南极海洋生物资源开发利用项目船员和观察员培训班暨南极探捕备航会在大连举办，农业部渔业局副局长崔利锋出席并讲话。

5 日 2012 年长江流域水生生物资源养护工作会议在杭州召开。农业部渔业局副局长、长江流域渔业资源管理委员会副主任委员李彦亮出席并做总结讲话。

7 日 农业部审定山海关海域等 86 处获批建立国家级水产种质资源保护区。

7～8 日 休闲渔业发展现场会暨渔业政策法规座谈会在云南丽江举行，农业部渔业局副局长李书民出席活动并讲话。

8 日 南沙渔业发展研讨会在云南腾冲举行，农业部渔业局副局长崔利锋出席会议并讲话，农业部渔政指挥中心副主任居礼主持会议。

10～11 日 水产品质量安全会商会在陕西西安召开，农业部渔业局副局长李彦亮出席会议并讲话。

11 日 迄今，最大吨位渔政船——5 800 吨级"中国渔政 206 船"入列暨首航仪式在上海举行，农业部副部长牛盾、农业部渔业局局长赵兴武、农业部渔政指挥中心主任陈毅德出席。

11～12 日 农业部渔业局局长赵兴武带队赴上海、浙江督导渔船更新建造情况。

12～15 日 农业部渔业局副局长李书民赴海南、广东、广西三地督导渔船更新改造情况。

12～16 日 农业部渔业局副局长崔利锋赴俄罗斯出席中俄渔业合作混合委员会第 22 次会议。

13～15 日 全国养殖生产形势分析会在湖北武汉召开，农业部渔业局副局长李彦亮出席会议并讲话。

17 日 全国渔业科技促进年活动总结会在北京召开，农业部渔业局副局长李书民出席会议并讲话。

19 日 农业部渔业局副局长崔利锋在北京主持召开北太平洋公海围网渔业论证会。

20～21 日 农业部渔业局副局长崔利锋赴浙江省开展渔船交易管理和交易中心建设试点工作专题调研，并主持召开集中研讨会。

23 日 2012 年全国渔业工作会议在北京召开，会议传达学习了中央农村工作会议、全国农业工作会议精神，总结了 2012 年渔业发展情况，部署了 2013 年全国渔业工作，并对今后一段时期渔业发展思路进行研究谋划。农业部副部长牛盾出席会议并作重要讲话，农业部渔业局局长赵兴武对 2012 年工作做了具体部署，农业部渔政指挥中心主任陈毅德主持会议。

25 日 农业部部长韩长赋签发 2012 年第 9 号部长令，正式公布《渔业船舶水上安全事故报告和调查处理规定》，该规定将于 2013 年 2 月 1 日正式施行。

26～27 日 农业部渔业局副局长崔利锋赴海南参加南海金枪鱼探捕调查启航活动。

30 日 经过 8 小时奋战，我国在东经 169 度 48 分 815 秒、南纬 74 度 20 分 160 秒的南极罗斯海域成功捕获南极磷虾，这是我国首次在该海域开展南极磷虾资源拖网调查研究。

（农业部渔业局　唐　婷）

索　引

说　明

一、本索引采用分析索引方法，按汉语拼音顺序排列，同音字按声调排列。

二、“法律法规文献”、“渔业经济统计”、“领导讲话”、“专题论坛”栏目中的具体内容未作索引。“各地渔业”栏目中的条目按正文排列，不参与排序。

三、索引词条后的数字表示内容所在的正文页码。

图书在版编目（CIP）数据

中国渔业年鉴. 2013 / 农业部渔业局主编. - - 北京
：中国农业出版社，2013. 10
ISBN 978 - 7 - 109 - 18545 - 6

Ⅰ. ①中… Ⅱ. ①农… Ⅲ. ①渔业经济 - 中国 -
2013 - 年鉴 Ⅳ. ①F326. 4 - 54

中国版本图书馆 CIP 数据核字（2013）第 261355 号

中国农业出版社出版
（北京市朝阳区农展馆北路 2 号）
（邮政编码 100125）
责任编辑　徐晖　贾彬　耿增强

中国农业出版社印刷厂印刷　　新华书店北京发行所发行
2013 年 10 月第 1 版　　2013 年 10 月北京第 1 次印刷

开本：787mm × 1092mm 1/16　　印张：20. 25　　插页：54
字数：720 千字
定价：200. 00 元